U0682243

普通高等教育铁道部规划教材

大跨度铁路桥梁

赵人达　主　编

雷俊卿　副主编

高宗余　主　审

中国铁道出版社

2012年·北京

内 容 简 介

　　本书为普通高等教育铁道部规划教材。全书共分九章,主要有:绪论,大跨度铁路连续梁桥,大跨度铁路刚构桥,大跨度铁路拱桥,大跨度铁路斜拉桥,大跨度铁路桥梁的车—桥耦合振动,大跨度铁路桥梁的抗风与抗震,大跨度铁路桥梁的静动载实验与健康检测,大跨度铁路桥梁的振动控制。

　　本教材适用于道路、铁路工程及土木工程的本科生和研究生使用,也可供高职院校铁道工程及土木工程专业使用,以及从事铁路桥梁设计、施工、建设管理和养护维修的科技工作者参考。

图书在版编目(CIP)数据

大跨度铁路桥梁/赵人达主编. —北京:中国铁道出版社,2012.3
普通高等教育铁道部规划教材
ISBN 978-7-113-13707-6

Ⅰ.①大… Ⅱ.①赵… Ⅲ.①长跨桥:铁路桥—桥梁工程—高等学校—教材 Ⅳ.①U448.13

中国版本图书馆 CIP 数据核字(2011)第 203808 号

书　　名:大跨度铁路桥梁
作　　者:赵人达　主编　雷俊卿　副主编

策　　划:刘红梅　　　电话:010-51873133　　　邮箱:mm2005td@126.com　　　读者热线:400-668-0820
责任编辑:刘红梅
封面设计:崔丽芳
责任校对:焦桂荣
责任印制:李　佳

出版发行:中国铁道出版社(100054,北京市西城区右安门西街8号)
网　　址:http://www.edusources.net
印　　刷:北京鑫正大印刷有限公司
版　　次:2012年3月第1版　　2012年3月第1次印刷
开　　本:787mm×1092mm　1/16　印张:24　字数:607千
印　　数:1～3000册
书　　号:ISBN 978-7-113-13707-6
定　　价:48.00 元

版权所有　侵权必究

凡购买铁道版的图书,如有印制质量问题,请与本社教材图书营销部联系调换。电话:(010)63550836
打击盗版举报电话:(010)63549504

前　　言

本书是普通高等教育铁道部规划教材,是由铁道部教材开发领导小组组织编写,并经铁道部相关业务部门审定,适用于高等院校铁路特色专业教学以及铁路专业技术人员使用。本书为"铁道工程"系列教材之一。

随着铁路建设的快速发展,急需培养铁路专业技术高级人才,为此目的,在土木工程专业中开设铁路工程专业很有必要,编写针对铁路专业同时又与最近几年铁路建设紧密结合的本科教材是开展专业教学的基础。

《大跨度铁路桥梁》教材主要介绍在铁路上使用的大跨度桥梁的设计原理、结构形式与特点、计算方法、施工方法和健康检测。为适应高速与重载铁路的发展,书中比较详细地介绍了各种大跨度铁路桥梁,如铁路连续梁桥、刚架和连续刚构桥、拱桥、斜拉桥等,在论述其结构构造和用静力学分析各种大跨度铁路桥梁的同时,重点突出了大跨度铁路桥梁的动力学的分析计算的作用,涉及车—桥耦合振动、桥梁抗风与抗震以及振动控制。

本教材适用于铁路工程专业的本科生和研究生使用,也可供从事铁路桥梁设计、施工、建设管理和养护维修的科技工作者参考。

全书由中铁大桥勘测设计院有限公司高宗余主审,西南交通大学赵人达担任主编、北京交通大学雷俊卿担任副主编。本书编写人员分工如下:第一章、第三章第一至四节由赵人达编写;第二章第一、三、四节由西南交通大学向天宇编写,第二节由西南交通大学唐继舜编写,第五节和第三章第五节由中国中铁二院工程集团有限责任公司陈列编写;第四章、第八章由北京交通大学雷俊卿编写;第五章由西南交通大学沈锐利编写;第六章由西南交通大学李小珍编写;第七章由西南交通大学郑史雄编写;第九章第一节由雷俊卿编写,第二节由北京交通大学刘保东编写,第三、四节由北京交通大学张楠编写。

感谢西南交通大学谢幼藩教授对第四章内容的审校。

由于编者水平所限,书中定有不少缺点和错误,敬请读者批评指正。

编　者

2011 年 12 月

目　　录

第 一 章
概　　论

第一节　大跨度铁路桥梁的分类

在我国现行的《铁路桥涵设计基本规范》中,桥梁的分类是:桥长20 m及以下的桥梁为小桥,桥长20 m以上至100 m为中桥,桥长100 m以上至500 m为大桥,桥长500 m以上为特大桥。这里的桥长,对于梁桥系指桥台挡砟前墙之间的长度;拱桥系指拱上侧墙与桥台侧墙间两侧伸缩缝外端之间的长度;刚架桥系指刚架顺跨度方向外侧间的长度。

而现行《公路桥涵设计通用规范》的分类则考虑了多孔跨径总长和单孔跨径两个因素,具体情况如表1-1所示。由此可见,公路桥梁当其单孔跨度为40 m以上时,桥梁便属于大桥范畴。需要补充说明,表中的单孔跨径系指标准跨径;梁式桥、板式桥的多孔跨径总长为多孔标准跨径的总长;拱式桥为两岸桥台内起拱线间的距离;其他形式桥梁为桥面系行车道长度;管涵及箱涵不论管径或跨径大小,孔数多少,均称为涵洞;标准跨径:梁式桥、板式桥以两桥墩中线之间桥中心线长度或桥墩中线与桥台台背前缘线之间桥中心线长度为准;拱式桥和涵洞以净跨径为准。

表 1-1　公路桥梁涵洞分类

桥涵分类	多孔跨径总长 L/m	单孔跨径 L_K/m
特大桥	$L>1\,000$	$L_K>150$
大 桥	$100 \leqslant L \leqslant 1\,000$	$40 \leqslant L_K \leqslant 150$
中 桥	$30<L<100$	$20 \leqslant L_K <40$
小 桥	$8 \leqslant L \leqslant 30$	$5 \leqslant L_K <20$
涵 洞	/	$L_K<5$

虽然本书取名为大跨度铁路桥梁,但内容并非按桥梁规模进行讲述,而是从桥梁不同结构形式的设计计算和施工技术进行论述。在现有的桥梁结构中,简支梁结构使用十分广泛,设计计算简单,在本系列教材的先期课程中已做了论述,因此本书主要涉及超静定桥梁结构,包括:连续梁桥、刚构桥、拱桥、斜拉桥,这些结构的计算和内力影响因素较简支梁桥复杂,在大型桥梁中又广泛使用,故列为本书重点内容;此外,结合这些桥梁的特点,以及我国高速铁路桥梁建设的需要、既有桥梁的状态评定与合理利用的需要,介绍了桥梁的抗风与抗震、车桥耦合振动、桥梁振动控制、桥梁静动载试验和健康检测等。

目前,在特大跨度桥梁中,悬索桥跨度首屈一指,但在我国铁路桥中尚处于研究阶段,暂未列入该部分内容,今后视发展情况在修订教材时增补。

第二节 大跨度铁路桥梁的发展概况

2009 年迎来了新中国的 60 华诞，我国桥梁工程事业伴随着祖国的不断强大而发展。在建国初期，在桥梁工程领域我国派出了许多留学生赴苏联学习他们的预应力混凝土和钢桥技术。在苏联专家的帮助下，铁道部筹建了山海关、丰台、宝鸡和株洲桥梁厂。通过学习、实践，桥梁工作者队伍日益壮大，桥梁建设成就日益辉煌。

按照结构形式划分，对几种桥型的主要发展情况概略介绍如下。

一、拱 桥

拱桥由于主要承受压力，因此，我国从古代即开始修建了不少拱桥，且多以石头为建筑材料。中华人民共和国成立以来，至 20 世纪 80 年代末，西南、华北、西北等山区铁路共修建了石拱桥 330 余孔，其中大多数是在五十年代建成的。成渝线于 1952 年 7 月 1 日正式通车。沿线地质多属砂页岩，适宜作拱桥基础，故小跨桥梁多选用石砌拱，共修建了石拱桥 10 座，计 16 孔，并在大中型桥梁的引桥采用了石砌拱 51 孔。例如：王二溪桥由 13 孔 12.6 m 钢筋混凝土拱及 9 孔 6 m 石拱组成。桥位于半径为 382 m 的曲线和 7‰ 坡道上，除桥端各布置 1 孔石拱外，在桥址中部的突出岩层上布置了 7 孔石拱与钢筋混凝土拱相联。当时使用本地石料修建石拱，成本仅为混凝土的一半，节约了建设资金。

石太线改建工程于 1951 年 8 月开工，阳泉至太原段共修建石砌拱桥 37 孔，其中净跨 10 m 的 32 孔、15 m 的 1 孔、18 m 的 3 孔及 36 m 的 1 孔。

宝成线于 1952 年 7 月及 1954 年 1 月自南北两端相向先后开工，全线共修建石拱桥 156 座，计 188 孔，总长约 3 800 延米。其中跨度 15～38 m 的 46 孔；桥长大于 20 m 的 46 座，计 56 孔，总长约 1 800 延米；桥长大于 100 m 的 4 座计 15 孔，总长约 580 延米。

宝成线观音山车站内的竹园沟三线石拱桥，靠山一线（第三线）的桥短，最外侧一线的桥长。在各线桥长不等的情况下，第三线设计为 1 孔 9 m 石拱桥；第二线为 2 孔 9 m 石拱及 1 孔 12 m 钢筋混凝土梁桥；第一线为 2 孔 9 m 石拱及 1 孔 16 m 钢筋混凝土梁桥。该桥是在山区铁路上较早建成的一座车站桥梁，于 1955 年 6 月开工，1956 年 5 月竣工。

成昆线修建期间，为减少铺轨架梁时间，一度拟大量采用拱桥。但拱桥的圬工量大，需用劳力较多，工期过长，并且由于后来串联式预应力混凝土梁和新型架桥机（即 66 型架桥机）的试制成功，故仅在地势特别险要、架梁困难的地段修建拱桥，并采用了各种不同的结构形式（空腹、实腹、陡拱、坦拱、宽拱圈、窄拱圈等），及建筑材料（砌石、混凝土砌块及钢筋混凝土等）。其中石拱桥 10 座，计 11 孔，实腹石拱达 9 孔（跨度 15 m 的 3 孔、20 m 的 1 孔、25 m 的 4 孔、38 m 的 1 孔）；空腹石拱 2 孔：跨度 54 m 的成昆线一线天桥和跨度 48 m 的锦川桥。

为了便于推广应用，还完成了石拱桥的标准设计。1950 年 6 月成渝线复工时，西南铁路工程局曾编制石砌拱桥标准图一套。载重等级为中华-20 级，净跨为 4 m 与 6 m；拱圈内弧为半圆、外弧为同心圆圆弧，厚度分 0.6 m 与 0.8 m 二种，至拱座处扩为五角石；拱宽 4.2 m，桥面宽 4.4 m，采用矩形桥墩和实体桥台，基础要求筑在岩层上。这是中华人民共和国成立后的第一套石拱桥标准图。

为推广与发展石砌拱桥结构，1952 年，铁道部设计局翻译了苏联交通部中央桥梁设计局的石砌拱桥设计图,跨度 4~25 m,桥梁载重等级为苏联 H-7 级,跨度 4~7 m 的采用圆弧拱,矢跨比为 1:3.5;跨度 8~25 m 的矢跨比分 1:3 与 1:4 两种,拱轴线采用恒载压力线。跨度在 10 m 及以下的拱宽为 4.4 m;跨度在 12~25 m 的拱宽为 4.6 m。按这套设计图修建的石拱桥宝成线有 100 余孔,川黔线及黔桂线有 20 余孔。

1953 年铁道部设计局补充编制了 28 m、33 m、38 m 石砌拱桥设计图,桥梁载重等级为中-26 级。1956 年重编这套图纸,其中 38 m 拱圈因考虑墩顶位移,拱顶截面应力超出许可值,利用虚拟荷载法调整拱轴,稍稍偏离于真正恒载压力线,得到比较满意的结果,还增补了墩台设计图。

1958 年,根据宝成线的施工经验,由铁专院(目前改为中铁工程设计咨询集团有限公司)重新编制了两套窄拱圈石拱桥标准设计,活载中-26 级,跨度有 15 m、20 m、25 m、30 m 和 38 m 五种,拱宽采用 3.6 m 及 3.0 m。拱圈减窄后,圬工量分别减少了 25%及 50%左右。1967 年,成昆线按这套标准图修建三座窄拱圈石拱桥,跨度 15 m 的 2 孔、跨度 25 m 的 2 孔。1953~1958 年,陆续编制了工字梁常备式钢拱架图与说明书,与石拱桥标准图配套使用。

除利用石材外,也利用混凝土材料建成混凝土拱桥 100 多孔,其中桥长大于 100 m 的有 10 座,计 92 孔,如石太线净跨 10 m 的 28 孔,宝成线跨度 8~15 m 的 16 孔,川黔线跨度 20 m 的 3 孔,成昆线跨度 10~25 m 的 19 孔,龙坎支线跨度 38 m 的 6 孔,津浦线净跨 8~16 m 的 37 孔,北同蒲线净跨 20 m 的 3 孔等。这些桥大部分是由于石料供应困难或为工期所限,而按照石拱桥的轮廓尺寸就地灌注混凝土拱圈,或用预制混凝土砌块代替拱石修建的。采用预制混凝土块砌筑拱圈,可以改善就地灌注混凝土拱圈因温度变形与收缩徐变而引起的开裂。

这些混凝土拱桥,都是在拱架上施工的,耗费劳力多,工期长。为改变这种情况,1966 年成昆线学习公路方面的经验,在上普雄桥上试点,建成 9 孔 15 m 悬砌拱桥,全长 176.75 m,其外形尺寸与石拱桥相同,拱圈由基肋与挂块组成,预制块件悬臂砌筑。施工时,先分段悬砌基肋,合龙后安装中间及两边的挂块。悬砌拱桥不用拱架,与石拱桥及就地灌注混凝土拱桥相比,可节省劳力,加快进度。1970 年,该线又建成新民二号桥(1 孔 20 m,全长 40.39 m),红卫二号桥(2 孔 25 m,全长 60.94 m)及铁口山桥(1 孔 15 m,全长 35.68 m)等三座悬砌拱桥。

上普雄悬砌拱桥在设计中曾采取加重拱上结构的方法,以改善拱圈的应力状态。红卫二号桥采用等截面大脚拱的拱圈使拱圈应力接近均衡,取得较好经济效果。但由于悬砌拱的挂块重量由基肋承担,故拱圈截面上的应力分布和采用拱架砌筑的拱圈应力分布有很大的差别。砌块的设计,力求简单易制。基肋有斜板式、倒 T 形、L 形三种砌块,采用 C25 干硬性混凝土。四座悬砌带桥建成通车多年,使用情况良好,但 20 世纪 80 年代发现拱圈灰缝部分渗水,究其原因是:拱圈砌块间灰缝深 60 cm,不易插捣密实;防水层质量较差;填腹圬工不够密实。

此外,由川黔线綦江县赶水车站出岔的松藻矿区铁路专用线合掌坡 2 号桥,全长 100.96 m,由 3 孔跨度 12 m 及 1 孔跨度 44 m 组成混凝土悬砌拱。主跨跨越沟宽 35 m 的 V 形沟谷,路基面至沟底高约 33 m,由铁道部第二设计院设计,四川省煤炭局第十二工程处施工,采用起重能力为 60 t 的缆索起重机吊装悬砌。混凝土预制块每段块件重量 50 t 左右。44 m 主拱的矢跨比为 1:3.5,拱轴采用变截面悬链线无铰拱,拱顶厚 1.4 m,拱脚厚 2.535 m,拱宽 4.3 m,拱上建筑采用空腹式。主拱拱圈设计为上下两层,先悬砌下层拱圈,合龙后再安砌上层,上层施工中的荷载,由下层承受。44 m 及 12 m 拱的拱圈预制块均为 250 号干硬性混凝土,用 250 号砂浆砌筑。全桥圬工 2 693 m³,钢筋 2.23 t。该桥 1968 年 7 月开工,1969 年 5

月建成,悬砌拱圈仅用 14 d。建成后使用情况良好。

铁路拱桥,早期多用石砌,间或以混凝土代替石料就地灌注拱圈或预制混凝土块砌筑。但无论是石拱桥或是混凝土拱桥,两者的跨越能力均属有限。随着跨度的发展,以钢筋混凝土拱桥取代前者是必然的趋势。

1949 年以前,我国有钢筋混凝土拱桥 339 孔。拱圈结构都是实腹式板拱,拱轴线多为半圆或圆弧,拱圈材料为 1∶2∶4 钢筋混凝土。这类拱桥,在东北各线上有 161 孔,大部分集中在沈吉线上(计 122 孔)。跨度最大的是粤汉线株韶段的碓硇冲桥、省界桥及燕塘桥,净跨为40 m。

中华人民共和国成立后的前 40 余年间,共修建钢筋混凝土拱桥 236 孔。其中 1952 年以前建成的有 112 孔,对于当时节约钢材曾起到一定的作用,但结构形式仍是实腹式板拱,跨度不超过 20 m。1956 年建成的东岗镇黄河桥,发展了跨度和结构形式,采用 3 孔 53 m 空腹式上承肋拱。1958～1966 年,又修建了大通河桥(跨度 53 m)、丹河桥(上、下行各一座,跨度均为88 m)、清江二号桥(53 m)、永定河七号桥(150 m)、黄河溢洪桥(64 m)等六座共 13 孔较大跨度的空腹式肋拱。1966 年以后,修建了跨度 10～50 m 板拱桥 23 孔,8～50 m 双曲拱桥 81 孔,30 m 及 56 m 管芯拱桥各一孔。

回顾我国钢筋混凝土铁路拱桥的发展过程,大致可分为以下几个阶段。

20 世纪初以来,较长时间跨度未超过 20 m,及至 30 年代中期粤汉线修建拱桥,跨度发展到了 40 m。此后 20 年内,拱桥跨度一直保持在这个水平。1956～1966 年,从东岗镇黄河桥开始至永定河七号桥的建成,是我国钢筋混凝土拱桥跨度发展较快的时期。十年内,跨度由 53m 增长到 150 m;在结构形式上,采用了空腹式肋拱,并由上承式发展到中承、拼装式。拱肋截面设计为工字形及箱形。拱轴线采用悬链线及抛物线。施工技术方面,以常备式钢拱架代替满布排架式木拱架。混凝土工艺采用重量配合比及机械搅拌。

但是,20 世纪 60 年代中期以后钢筋混凝土拱桥发展缓慢,主要是由于大跨度拱桥采用钢拱架施工用钢料较多,工艺较复杂,成本较高,工期较长。1966～1973 年期间曾出现钢筋混凝土管芯拱桥及双曲拱桥,在铁路桥梁建设中发挥了作用。

改革开放以来,尤其是进入 20 世纪 90 年代后,我国的铁路运输和交通事业飞速发展,大跨度拱桥的材料和结构均发生了变革,利用不同结构体系的协同工作、利用组合材料充分发挥不同材料的潜力,使桥梁跨越能力大幅度提高。

贵州水柏铁路北盘江大桥于 2001 年 11 月建成,主桥为钢管混凝土拱桥,拱圈中心跨度236 m,矢高 59 m,矢跨比 1∶4,拱轴系数 $m=3.2$。总体布置图如图 1-1 所示。该桥是我国首座铁路钢管混凝土拱桥,采用转体法施工。

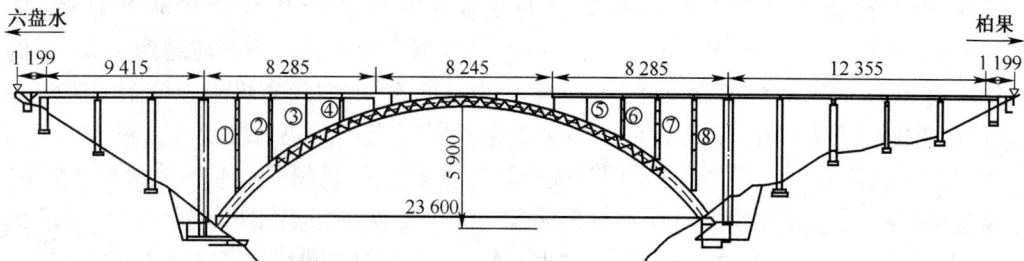

图 1-1 贵州水柏铁路北盘江大桥总体布置图(单位:cm)

重庆宜万铁路万州长江大桥全长 1 106.3 m,其中主桥长 696 m,是跨径布置为(168+360+168) m 的连续钢桁系杆拱桥,于 2005 年 12 月建成,是国内跨度最大的铁路桥梁,总体布置图如图 1-2 所示。

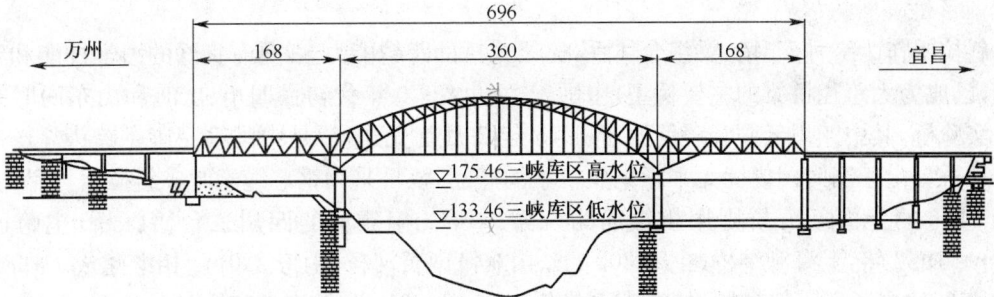

图 1-2 重庆宜万铁路万州长江大桥总体布置图(单位:m)

南京大胜关长江大桥位于长江下游的南京大胜关河段,在已建成的南京三桥上游 1.55 km。桥址两岸防洪大堤之间宽约 2.8 km,洪水期主流表面最大流速为 2.28 m/s。南京为典型季节性气候,台风影响集中在 5~11 月,江面最大风力达 7~9 级;年最大降雨量 1 266 mm。桥位区河段顺直,航槽、岸线稳定。桥梁通航净空高度不低于 24 m;通航净空宽度:单孔单向不小于 280 m,单孔双向不小于 490 m。桥址区河道内覆盖层主要由粉、细、中、粗、砾砂及圆砾土层组成,厚度 38~65 m。基岩为薄层全风化、强风化、弱风化泥岩,下为微风化泥岩。地震基本烈度为Ⅶ度。

该大桥全长约 9.27 km,主桥六跨连续钢桁梁拱桥中,主跨 2×336 m 连拱为世界同类桥梁跨度最大者。桥上按 6 线布置:分别为京沪高速铁路双线、沪汉蓉铁路双线和南京地铁双线。其中高速铁路的设计行车速度目标值为 300 km/h,设计荷载为 ZK 活载;沪汉蓉铁路为Ⅰ级干线,客货共线,客运列车设计速度 200 km/h,设计荷载为中一活载;南京地铁设计速度 80 km/h,设计荷载为 B 型车辆活载。

主桥为六跨连续钢桁拱桥,跨度布置为 108 m+192 m+336 m+336 m+192 m+108 m。拱矢高 84 m,矢跨比 1/4。跨中拱顶处桁高 12 m,支点处桁高 53 m,边跨钢桁连续梁桁高 16 m,节间长 12 m。主桥为空间三桁结构,相邻两片主桁间距 15 m,总桁宽 30 m,四线铁路合建于桁内,沪汉蓉和京沪客运专线分置于中桁上下游侧,南京地铁外挂于主桁悬臂上,桥面全宽 41.6 m。该桥结构总体布置图见图 1-3,它具有大跨、承载高速运营车辆、活荷载大等特点。

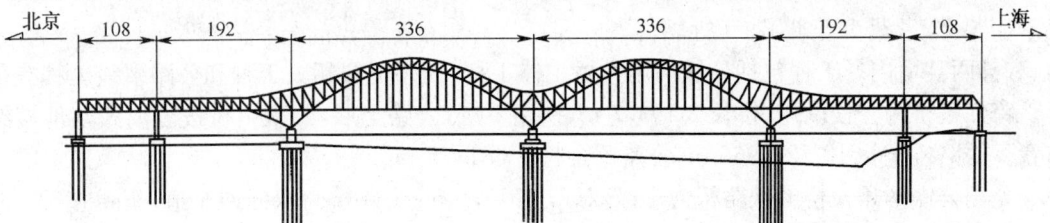

图 1-3 南京大胜关长江大桥总体布置图(单位:m)

在拱桥方面,我国 1997 年建成的万县长江公路大桥,主跨 420 m,是带有钢管混凝土劲性骨架的箱形断面混凝土拱桥,保持该类桥型的世界纪录;2003 年 6 月建成的上海卢浦大桥,为钢箱拱桥,主跨 550 m,保持该类桥型的世界跨度纪录。重庆朝天门大桥(公路、轻轨两用,双层桥面)的主跨为 552 m,是中承式钢桁系杆拱桥,较澳大利亚悉尼港大桥的主跨还要长。巫山长江公路大桥主跨 460 m,是目前世界最大跨度的钢管混凝土拱桥。

二、斜 拉 桥

斜拉桥作为一种索、塔、梁组合体系,比梁式桥的跨越能力大,具有良好的力学性能和经济指标,已成为大跨径桥梁的主要桥型,中国于 20 世纪 70 年代初在四川、上海和山东同时开始修建实验桥,其中四川云阳汤溪河桥于 1975 年 2 月首先建成,是中国第一座主跨为 75.84 m的斜拉桥。由于当时国内尚无平行钢丝拉索的产品,该桥采用钢芯缆索制成斜拉索,而另一座主跨 54 m 的上海新五桥则用粗钢筋为拉索。1980 年建成的四川三台涪江桥,主跨已达128 m。1982 年,上海泖港桥(主跨 200 m)、山东济南黄河桥(主跨 220 m)相继建成。1987 至1988 年间建成了多座斜拉桥,如海南西樵桥($L=124.6$ m),天津永和桥($L=260$ m),南海九江桥(2×160 m),重庆石门桥($200+230$ m)和广州海印桥($L=175$ m)。

近 30 多年来,斜拉桥在我国得到了充分发展和推广,展现出强大的生命力。1991 年建成上海南浦大桥(主跨 423 m),开创了我国修建 400 m 以上大跨径斜拉桥的先河,大跨径斜拉桥如雨后春笋般地发展起来。世界建成和在建跨度 400 m 以上斜拉桥有 77 座,中国占 39 座;跨度 600 m 以上斜拉桥世界有 15 座,中国占 12 座。令世人震撼的是,2008 年 6 月正式通车的苏通长江大桥(主跨 1 088 m,后文详述)和 2009 年 12 通车的香港昂船洲大桥(主跨 1 018 m)两座千米级斜拉桥,取得了重大突破,创下了多项世界第一的纪录,为世界最大跨度斜拉桥,超越了 1995 年法国建成的诺曼底桥(主跨 856 m)和 1999 年日本建成的多多罗大桥(主跨890 m),是斜拉桥建设史上的里程碑。

以下简要介绍几座具有代表性的桥梁。

1981 年,在湘桂复线红水河上,建成了我国第一座预应力混凝土铁路斜拉桥,跨度组成为(48+96+48)m,桥梁概貌如图 1-4 所示。该桥的建成,为发展我国大跨度预应力混凝土铁路桥梁提供了实践经验。

2000 年 9 月建成的芜湖长江大桥位于安徽省芜湖市及巢湖市所辖无

图 1-4 红水河斜拉桥(铁路桥)

为、和县两县境内。工程包括公铁两用大桥主体工程、铁路枢纽相关工程和公路引线工程三部分。跨江正桥为公铁两用,桥长 2 193.7 m,铁路下层,公路上层,公铁引桥按分离式落地接线布置。铁路桥全长 10 520.966 m,公路桥全长 5 681.25 m。

芜湖公铁两用大桥的铁路桥为 I 级双线,宽 12.5 m;公路桥为双向四车道,车道宽 18 m,两侧各 1.5 m 宽的人行道,全宽 21.7 m;主航道等级 I -(1),通航净高 24 m,净宽 160 m;副航道净高 20.5 m,净宽 120 m;地震基本烈度 Ⅵ度,按 Ⅶ度设防。

芜湖长江大桥的正桥共 14 孔,桥孔排列自西向东,无为侧副航道 0~9 号墩的孔径为(120 m+2×144 m)+2(3×144 m)三联连续钢桁梁,主航道 9~12 号墩的孔径为 180 m+312 m+180 m 一联用斜拉索加劲的连续钢桁梁(简称斜拉桥,图 1-5),芜湖侧副航道 12~14

号墩的孔径为 2×120 m 一联连续钢桁梁。是国内首座公铁两用矮塔斜拉桥。

2009 年 12 月开放交通的武汉天兴洲长江大桥位于武汉长江二桥下游 9.5 km 的天兴洲江段(图 1-6)。桥址处长江被天兴洲分隔成南北两汊。跨长江南汊主航道主桥为双塔三索面钢桁梁斜拉桥,桥面按上、下两层布置,上层为公路桥面,下层为铁路桥面。跨长江北汊副航道为预应力混凝土连续梁桥,公路桥与铁路桥平行分建,铁路在下游,公路在上游。跨天兴洲区段为从双层桥到平行桥的过渡区段,大桥全长 4 657.1 m。

图 1-5 芜湖长江大桥(公铁两用桥)

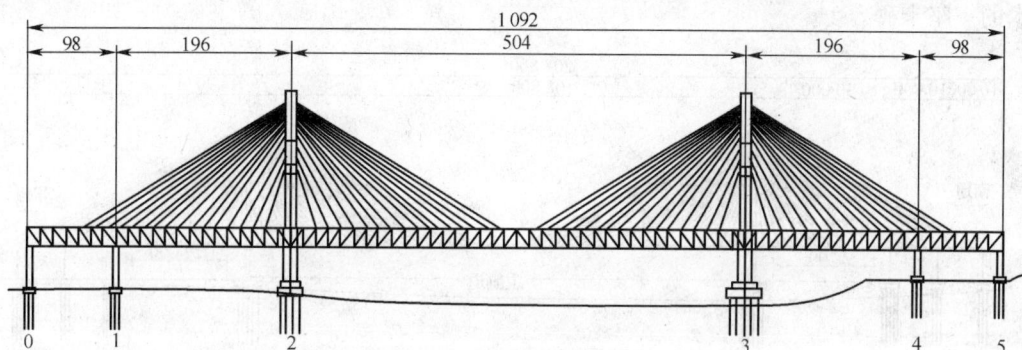

图 1-6 天兴洲公铁两用南汊主桥(单位:m)

该桥为公铁两用桥,公路部分按城市快速路标准设计,设计速度 80 km/h;双向六车道,桥面宽 27 m;设计基本风速:29.9 m/s。铁路部分,线路等级:客运专线,I 级;正线数目:四线,客运专线和 I 级干线均分别为双线;正线间距:客运专线 5 m,I 级线 4.2 m,客运专线与 I 级线间距 8.6 m;旅客列车设计行车速度:200 km/h 以上,按 250 km/h 作动力仿真设计;设计荷载:客运专线采用"ZK 活载",I 级铁路采用"中-活载"。地震基本烈度 Ⅵ度。主航道通航净空要求:航道等级 I-(1),净宽不小于 455 m;净高:最高通航水位以上不小于 24 m;北汊通航孔净空高度:设计最高通航水位以上不小于 10 m,考虑洪水期可通航小型船舶,统一设置两个净宽不小于 60 m 的通航孔。

南汊主桥为双塔三索面三片主桁双层桥面钢桁梁斜拉桥,孔跨布置为 98 m+196 m+504 m+196 m+98 m=1 092 m(图 1-6),采用半飘浮体系,两边跨各设一辅助墩。边墩、辅助墩以及主塔墩上均设有竖向支座和约束梁体横向位移的支座或构造,主塔-钢桁梁之间设约束梁体纵向位移的阻尼装置。公路桥面:两端 168 m 为预制混凝土板,其余为钢正交异性板桥面。铁路桥面:混凝土槽板道砟桥面。

该桥主跨 504 m 的公铁两用斜拉桥为世界最大跨度,也是世界上荷载最大的公铁两用斜拉桥;首次采用三片桁架主梁、三索面结构;深水基础首次采用直径 3.4 m 的大直径钻孔灌注桩。

苏通长江大桥位于江苏省长江南通河段,距长江口约 108 km,南北两岸为苏州市与南通市。大桥全长 8 146 m,由北引桥、主桥、南引桥组成,主桥主跨采用 1 088 m 钢箱梁斜拉桥

（图 1-7）。

大桥桥位处江面宽 6.2 km，最大水深 36 m，最大设计垂线平均潮流速 4.0 m/s。覆盖层厚约 300 m，主要由亚黏土、砂层等组成。桥位区年平均气温 15.2℃、降雨量 1 082 mm、相对湿度 79%。每年 7 月上旬到 9 月为台风多发期。

大桥采用六车道高速公路标准，设计速度 100 km/h，桥梁宽度 34 m，设计基本风速 38.9 m/s。主桥通航净高≥62 m，双向航道通航净宽≥891 m；主塔基础船舶撞击荷载标准：顺水流方向 130 MN，横水流方向 65 MN。辅桥通航净高 39 m，净宽 220 m；船舶撞击力：顺水流方向 49.8 MN，横水流方向 24.9 MN。地震基本烈度Ⅵ度，设计采用两水准设防，其中 Pl 设防标准采用 100 年 10%（重现期 950 年）。

主桥桥跨布置为 100 m＋100 m＋300 m＋1 088 m＋300 m＋100 m＋100 m＝2 088 m，是七跨双塔双索面钢箱梁斜拉桥。

大桥主跨达 1 088 m，是世界上第一座主跨超过千米的斜拉桥，是我国和世界斜拉桥建设技术的一座丰碑。

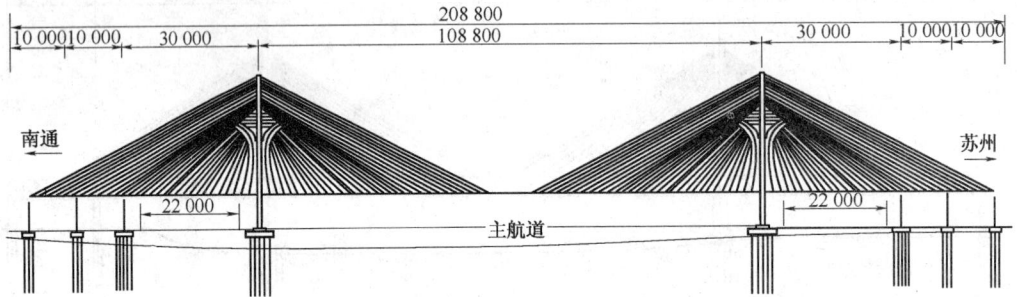

图 1-7　苏通长江公路大桥（单位:cm）

三、悬 索 桥

悬索桥是特大跨径桥梁的主要形式之一，其优美的造型和宏伟的规模，使其享有"桥梁皇后"之美称。20 世纪 80 年代以来，世界修建悬索桥达到鼎盛时期，时隔十余年，我国现代悬索桥建设进入快速发展阶段。1995 年率先建成汕头海湾大桥（加劲梁为三跨双铰预应力混凝土梁，截面为单箱三室结构，桥跨布置:154 m＋452 m＋154 m＝760 m，概貌见图 1-8），1997 年建成香港青马大桥（跨径布置:63 m＋76.5 m＋355.5 m＋1 377 m＋4×72 m＝2 106 mm，总体布置情况见图 1-9），1999 年建成江阴长江大桥（跨径布置为:336.5 m＋1 385 m＋308.34 m）等千米级以上悬索桥。至今，世界建成和在建跨度 800 m 以上悬索桥有 40 座，中国占 16 座；跨度 1 000 m 以上悬索桥世界有 26 座，中国占 10 座。日本于 1998 年建成明石海峡大桥（主跨 1 991 m），为当今世界最大跨径悬索桥，是悬索桥建设史上的里程碑。2009 年我国建成的舟山西堠门大桥（主跨 1 650 m，跨径布置为

图 1-8　汕头海湾大桥全景

578 m+1 650 m+485 m),将载入世界第二大跨径悬索桥史册。

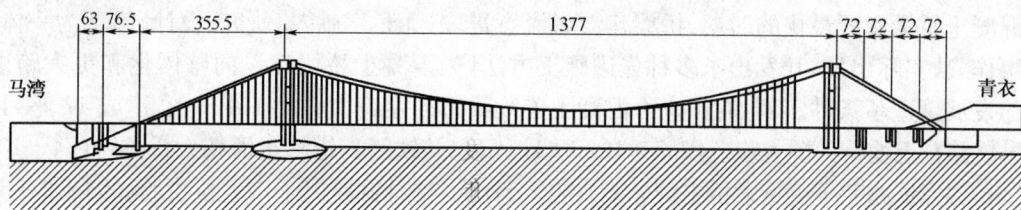

图 1-9 香港青马大桥总体布置图(单位:m)

四、梁 式 桥

梁式桥是以受弯为主的结构,是一种最为经济实用的桥型。按材料分,目前建造的大跨度梁式桥主要为混凝土桥和钢桥。

1. 混凝土梁式桥

我国铁路混凝土桥梁包含钢筋混凝土梁和预应力混凝土梁。建国初期,铁道部根据当时我国工业发展水平和铁路建设需要,作出以混凝土梁替代钢梁的决定,由于当时受到建筑材料的制约,桥梁跨度较小,以钢筋混凝土梁为主。随着我国工业的发展和新材料、新工艺、先进施工方法的出现,1956 年以后通过高强度材料的采用和施工技术的发展,研制出了预应力混凝土梁,减轻了结构自重,提高了结构刚度和抗裂性,可代替较大跨度的钢梁,逐步使跨度在32 m 以内的桥梁都可采用混凝土梁。目前,我国铁路上的大、中、小桥及特大桥中的引桥大都采用预应力混凝土简支梁。

1965 年开始,广大铁路桥梁工作者针对当时国际上发展迅速的大跨度预应力混凝土梁技术,选择了成昆线旧庄河一号桥(跨度组成:24 m+48 m+24 m,我国首座悬拼法预应力混凝土铰接悬臂梁铁路桥,1966 年 5 月竣工)和孙水河五号桥(跨度组成:1 孔 23.8 m 纵向分段横向接缝预应力串联梁,32.3 m+64.6 m+32.3 m 三孔预应力混凝土铰接悬臂梁,用悬臂灌注法施工,1970 年 7 月通车)作为试验桥工点,成功修建了我国第一座采用无支架悬拼法和悬灌法施工的预应力混凝土铰接悬臂梁铁路桥。随后建成了邯长线浊漳河预应力混凝土斜腿刚构桥,为我国修建更大跨度的预应力混凝土桥梁积累了宝贵的经验。

20 世纪 80 年代以来,广大桥梁工作者积极贯彻铁道部"高强、轻质、整孔、大跨"的科技八字方针,充分发挥桥梁工作者的聪明才智,以铁路技术政策为主导,总结以往成功经验,勇于探索,相继建成了南防铁路茅岭江主跨(48.5+80+48.5)m 预应力混凝土连续箱梁桥、衡广复线白面石武水主跨(32+64+32)m 预应力混凝土连续箱梁桥、杭州钱塘江二桥(45+65+14×80+65+45)m 预应力混凝土箱梁桥、大秦铁路郑重庄主跨 27 联 3×8 m+6 m 钢筋混凝土简支板梁挂孔组成的连续刚架特大桥,在技术上为我国大跨度铁路桥梁设计和施工工艺进行了开创性的工作。其中,杭州钱塘江二桥在技术上解决了长联结构的一系列特殊问题,例如制动力分配、大位移量和较大水平力的大吨位支座、大位移量伸缩装置、大吨位群锚体系、多跨连续梁的体系转换等技术,均具有国际先进水平,为推广建设更大跨度预应力混凝土梁桥积累了成功经验,并提供了有益的借鉴。

20 世纪 90 年代进入改革开放全面发展的新时期,鉴于我国国民经济高速发展和西部地区大开发政策的需要,对铁路桥梁工作者提出了进一步奋发拼搏的要求,以便把中国的桥梁科技水平提升到一个新高度,以适应重载、快速和山区铁路建设的需要。自1990年以来,是我国历史上混凝土桥梁发展最快的时期,桥梁建设者锐意进取、无私奉献,集研究、设计、施工为一体,团结协作,从实际出发,开发出了多种先进施工方法,为混凝土桥梁建设向整体化和更大跨度方向的发展创造了条件。例如:预应力混凝土连续梁系列主跨为64～104 m,已建成17座,其中内昆铁路花土坡特大桥主跨(64+2×104+64)m,包兰铁路三道坎黄河特大桥主跨(64+104+64)m,赣龙铁路芋子英特大桥主跨(60+100+60)m,侯月铁路海子沟大桥主跨(63+2×84+63)m,湘黔铁路湘江特大桥主跨(42+10×75+42)m,以及采用大型造桥机施工方法建成的石长铁路湘江大桥主跨(61.65+7×96+61.65)m;部分预应力混凝土连续梁桥系列主跨为45～100 m,已建成6座,其中石长铁路沅江公铁特大桥主跨(62+5×96+62)m,长荆铁路汉江大桥主跨(56+3×100+56)m,广深准高速铁路石龙特大桥和京九铁路黄沙尾特大桥主跨均为(40+3×72+40)m,以及南昆铁路八渡南盘江特大桥主跨(54+2×90+54)m的V撑连续梁桥(图1-10);预应力混凝土连续刚构桥系列主跨为72～168 m,已建成5座,其中攀枝花金沙江大桥(图1-11)主跨(100+168+100)m、沪州长江大桥主跨(84.5+3×144+84.5)m、南昆铁路清水河大桥主跨(72+128+72)m和喜旧溪大桥主跨(56+88+56)m,以及板其二号大桥位于平面曲线半径R=450 m上,主跨为(44+72+44)m;预应力混凝土刚构—连续组合梁桥1座:内昆铁路李子沟特大桥主跨(72+3×128+72)m;预应力混凝土梁桥尚有京九铁路卫运河特大桥主跨(32.5+65+32.5)m斜拉式预应力

图1-10 南昆铁路八渡南盘江特大桥(1996年8月建成)

图1-11 攀枝花金沙江大桥(1995年6月建成)

混凝土连续桁架梁桥,多点顶推法施工的宝中铁路中卫黄河特大桥主跨7×48 m预应力连续箱梁桥和第一例采用移动支架法(造桥机)施工的灵武支线黄河特大桥和南昆铁路白水河1号大桥、打埂大桥、神延铁路秃尾河特大桥、株六复线南山河大桥跨度分别为48 m、56 m、64 m预应力混凝土简支箱梁;还有预应力混凝土斜腿刚构、连续刚构、独塔斜拉桥等立交桥梁工程。

在公路建设中,1988年建成广东洛溪大桥(主跨180 m),开创了我国修建大跨径预应力混凝土连续刚构桥的先例。2006年建成重庆石板坡长江大桥(主跨330 m),为世界最大跨径钢—混组合连续刚构桥。世界已建跨径250 m以上预应力混凝土梁桥有20座,中国占12座。

总之,90年代我国铁路桥梁工作者从易处着手,突出创新意识,重视美的哲理和自然环境的和谐,逐步解决桥梁建设中遇到的种种关键技术问题,取得了丰硕成果,使我国铁路混凝土

桥梁建设有了长足进步。目前,综合技术能力已达到国内外先进水平。

为了便于预应力混凝土桥梁的推广应用,1958 年我国编制的第一套预应力混凝土梁标准图问世,梁跨为 31.7 m、23.8 m、19.8 m 和 15.8 m。1964 年我国颁布桥梁跨度标准后,于 1970 年编制的标准图将跨度修改为 32 m、24 m、20 m、16 m。

1979 年开始将标准设计向更大跨度发展,编制了跨度 40 m 主筋为 24×5 钢丝分片式梁设计图,结合南防铁路柳州良凤江大桥编制了跨度 48 m 整孔箱形梁图;同年还编制了 3×40 m、4×40 m、3×48 m、4×48 m(顶推法)连续梁标准图和通用图。1995 年编制了采用移动支架法施工的跨度 32 m、40 m、56 m、64 m 整孔道砟桥面后张法预应力混凝土简支梁标准图。

低高度、超低高度后张法预应力混凝土梁,适用于平原地区或立交工程中需压低梁的建筑高度的桥梁,1987 年编制了跨度 16 m、32 m 低高度道砟桥面后张法预应力混凝土槽形梁。1991~1992 年间分别编制了 24 m、32 m 低高度、超低高度梁通用图。

90 年代以来,为适应提高行车速度、增加梁的横向刚度的要求,编制了两侧拼接式跨度 24 m 部分预应力整孔箱梁设计图,并用于京九铁路。2000 年又配套编制了跨度 16~32 m 适应旅客列车运行速度 160 km/h 的普通高度、低高度先、后张法预应力混凝土标准梁图。

预应力混凝土梁标准图的编制,在提高工程质量、加快工程进度、降低工程造价方面取得了卓越成果,为我国快速、优质建设新线铁路起到了不可替代的作用,很好地满足了铁路建设项目的需要。

2. 钢梁式桥

在铁路大跨度桥梁中,钢桥扮演着重要的角色。桥梁技术的发展表现在其载重的增加和跨越能力的加大,与设计分析技术、桥梁结构形式、建筑材料、制造安装方法、施工机具密切相关,近年来还更加注意其艺术表现性。

20 世纪 50 年代,中国从自己负担全国铁路桥梁的修复和重建任务起,于 1958 年建成万里长江第一桥的武汉长江大桥(采用 3 孔一联等跨的连续钢桁梁,共计 3 联,每孔计算跨度为 128 m,其概貌见图 1-12),是当年世界上规模巨大的桥梁。我国连续在二十余年的时间里,完成南京长江大桥 (1969 年 5 月建成,主桥浦口岸第一孔为跨度 128 m 的简支钢桁梁,其余 9 孔为三联 3 孔等跨 160 m 的连续钢桁梁,是我国桥梁建设的又一个里程

图 1-12 武汉长江大桥

碑)、枝城长江大桥(1971 年 9 月建成通车,跨度组成:5×128 m 钢桁梁 1 联、4×160 钢桁梁 1 联)、大渡河桥、宜宾金沙江桥[1968 年 10 月竣工,我国第一座伸臂架设跨中合龙的钢桥,桥式布置:25 孔 23.8 m 预应力混凝土梁、1 孔 32 m 钢板梁、3 孔(112+176+112)m 的连续钢桁梁]、三堆子金沙江桥(1969 年 10 月竣工,主跨 192 m 的钢桁梁是当时我国最大跨度的简支铆接钢桁梁)、济南黄河桥等铁路或公铁两用桥梁。

20 世纪 70 年代以前,铁路钢桥材料多用强度较低的 A3 低碳钢,1966 年开始,大跨度钢

桥采用 16Mnq 钢。钢桥结构绝大部分为铆合工字形杆件,节点板铆接。桁式大部分是菱格形腹杆桁架,虽有其优点,但有过多成滥、缺乏新意之感。

20 世纪 70 年代后期生产出了 15MnVN 钢,90 年代生产出耐候钢、14MnNbq 等钢材。伴随材料的进步,大跨度钢梁桥的设计与施工技术均有长足发展。结构上采用了正交异性板有砟桥面(柘皋桥),杆件连接改铆接为栓焊连接,采用高强螺栓(九江长江大桥,1994 年 10 月 1 日开通,主跨利用柔性拱和刚性桁梁的组合,最大跨度达 216 m;正桥桥式组成由北向南为:两联 3×162 m 连续钢桁梁;一联 180+216+180 m 柔性拱刚性桁梁;一联 2×126 m 连续钢桁梁,总体布置见图 1-13),箱形断面弦杆、整体节点、节点外拼接(渠江桥、赣江桥等)以及更为简洁的无竖杆三角桁架(孙口、东明黄河桥等),增大了铁路桥的跨越能力。

铁路中、小跨度钢梁,多采用标准设计。钢梁标准设计跨度在 20 m~128 m 之间,梁型有板梁、箱梁、桁梁及结合梁,其发展过程由编译前苏联图纸开始逐渐走上根据国情自主设计之路,由铆接、铆焊、栓焊发展至全焊结构,满足了铁路建设不同阶段的需要。

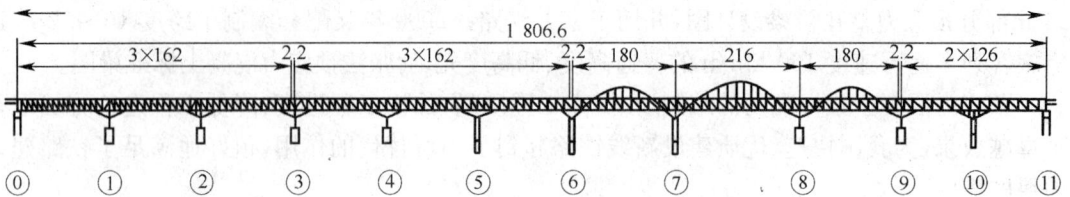

图 1-13　九江长江大桥正桥总体布置图(单位:m)

五、高速铁路桥梁

中国地域辽阔,河流密布,沟谷纵横,因此,在高速铁路和客运专线的建设中,在跨越大江、大河时,必须采用大跨度桥梁方案。

高速铁路或普通铁路桥梁与公路桥梁在技术要求上最大的不同,除了运行速度快、荷载大等特点外,还表现在车辆的运行方式上。列车在桥上运行需要由轨道加以约束,而轨道则直接固定于梁上。对于明桥面,轨道通过枕木扣件与梁结构基本上成为刚性结合;对于道砟桥面,轨道通过道砟的摩擦作用与梁结构的承重面形成缓冲结合,无论采用哪一种的结合方式,车辆在运行中由于车架的晃动和轮轨间的冲击,均将引发梁体结构的回应。对于这样一种铁路桥梁特有的车桥共振的动力响应现象,随着桥梁跨度的增大而主梁构造尺寸相对柔细的情况,如仍然限于传统的模式,难以保证列车以高速度安全、平稳、舒适地通过桥梁。因此,如何采取恰当的技术手段来提高大跨度柔性桥梁的抗侧弯和竖弯等方面的结构刚度以适应铁路行车的特点,是桥梁设计者正在面临并必须解决的一项新课题。

目前,在国外高速铁路中,跨度超过 100 m 的桥梁不是很多,但受国情、路况的制约,我国客运专线中跨度达 100 m 及以上的大跨度桥梁很多。据不完全统计,在建与拟建客运专线中,100 m 以上跨度的高速桥梁在 200 座以上。其中,预应力混凝土桥的最大跨度为 180 m,钢桥的最大跨度为 504 m。中国大跨度桥梁的杰出代表是武广客运专线的天兴洲长江大桥和京沪高速铁路的大胜关长江大桥(见前述的斜拉桥、拱桥)。

对于常用跨度桥梁,通过经济、技术综合比较,结合我国客运专线桥梁比重较高、地质条件复杂和工期紧张的具体情况,推荐梁的生产以预制架设为主、现浇和移动模架为辅的架梁方案;梁型、梁跨以 32 m 简支梁为主,2 孔 40 m,2 孔 32 m 连续梁和 24 m 简支梁为辅的梁式方案。当然,还有其他的连续梁方案。

随着我国高速铁路建设的不断深入,高速铁路桥梁的设计建设经验将进一步丰富,并有望创造出更多适合高速铁路运行要求的桥梁结构形式。

第三节 大跨度铁路桥梁的发展展望

对于本世纪的桥梁发展,上世纪末就有许多学者撰文阐发自己的观点,中国虽然还是一个发展中国家,但在 20 世纪最后 20 年中所取得的成就鼓舞下,也开始构想 21 世纪更大规模的发展。

就铁路桥而言,《中长期铁路网规划》中明确提出:到 2020 年,全国铁路营业里程达到 10 万 km,主要繁忙干线实现客货分线,规划建设新线约 1.6 万 km,规划既有线增建二线 1.3 万 km,这为铁路桥梁的技术发展提供了广阔的舞台和机遇。未来的铁路桥梁将在安全经济的前提下,更加关注旅客乘坐的舒适性、环保和景观,在深水基础、结构形式、材料应用和施工工艺等诸多方面的技术取得更大的发展。

面对铁路桥梁的发展,有学者指出需要面对和解决如下问题:

列车高速度运行要求:铁路为满足国民经济和社会发展需要,要求进一步提高列车运行速度和旅客舒适度,方便旅客出行。我国既有铁路不断实施大提速,高速铁路和客运专线的建设如火如荼,客运专线设计速度均在 250 km/h 以上,最高达 350 km/h。高速度需要桥梁结构提供较大的整体刚度。需要对列车动力相关参数进行研究,在对轨道不平顺参数进行大量测试并形成特征谱的基础上,将"列车-轨道-桥梁"作为一个整体,进行系统的耦合动力分析。

桥上无缝线路和无砟轨道技术的应用:桥上无缝线路的应用要求桥梁选取适中的温度跨度,提供足够的纵向抗推刚度。桥上无砟轨道技术的应用要求桥梁提供更匀顺的桥面,减小基础沉降和混凝土收缩徐变,需要从结构体系和新材料方面入手,以获得良好的解决方案。

大跨度桥梁的合理结构形式和关键结构构造:我国幅员辽阔,江河宽阔,海岸线漫长,地震烈度大,台风频繁,西部多高山峡谷,跨越宽阔江河、海湾、峡谷需采用大跨度桥梁。需开展千米级铁路桥梁以及跨越山区峡谷、交通不便地区的大跨桥梁的合理结构形式研究,研究满足列车高速度运行要求的桥上轨道温度伸缩调节器和梁端伸缩装置。研究以阻尼装置为代表的减隔震技术代替传统的、以提高结构刚度为主的抗震设计方法。

新材料的开发与应用:继续研究新型高强度、高韧性钢材在铁路桥梁上的应用;研究工作性能好、耐久性能优越、强度高的高性能混凝土材料;研究耐久性能好的新型钢结构涂装体系。

进一步发展施工技术:结合基础新结构形式的研究,以及跨海工程的需要,开展大型深水基础的新颖施工方法研究;大型钢结构桥的整节段架设设备和方法研究;全焊接铁路钢桥的施工工艺研究。

此外,现代计算机技术和通信技术的发展使社会高度信息化,从而也使家庭生活、办公室工作、工厂企业生产、交通运输、工程建设、教育培训、医疗保健、国家管理等活动都可利用可视通信网络和多媒体"信息高速公路"实现智能化和自动化。人类的智慧和计算机网络的结合,使知识创新成为最有价值的产品,成为经济的主体和各行业的核心。因此,需要注意信息时代对桥梁工程产生的深远印象,在桥梁规划、设计、建造和管理中,需要重视:在桥梁的规划和设计阶段,桥梁工作者将运用高度发展的计算机辅助手段进行有效、快速的优化和仿真分析,虚拟现实技术的应用使业主可以十分逼真地事先看到桥梁建成后的外形、功能,模拟地震和台风袭击下的表现,对环境的影响和昼夜的景观等以便于决策;在桥梁的制造和架设阶段,人们将有可能运用智能化的制造系统在工厂完成部件的加工,然后用全球定位系统(GPS)和遥控技术,在离工地千里以外的总部管理和控制桥梁的施工;在桥梁建成交付使用后,将通过自动监测和管理系统,保证桥梁的安全和正常运行。一旦有故障或损伤,健康诊断和专家系统将自动报告损伤部位,并做出养护对策。

总体而言,21世纪的桥梁工程和其他行业一样,具有智能化、信息化和远距离自动控制的特征。受计算机软件管理的各种智能性建筑机器人将在总部控制人员的指挥下,完成野外条件下的水下和空中作业,精确按计划完成桥梁工程建设,这将是一幅21世纪桥梁工程的壮观景象。有待21世纪的工程师们不断努力,创造中国桥梁的新辉煌!

? 复习思考题

1. 简述大跨度铁路桥梁的分类。
2. 简述我国钢筋混凝土铁路拱桥的发展过程。

第 二 章
大跨度铁路连续梁桥

第一节 连续梁的结构构造

一、概　　述

简支梁桥受施工及结构等条件的限制,当跨度超过一定范围时(如 40～50 m),就很难作出经济合理的设计。因而,大跨度桥通常采用内力分布较为合理的其他结构体系,如拱桥、悬臂梁桥、连续梁桥、刚构桥和斜拉桥等。本章主要讨论预应力混凝土连续梁桥和钢桁架连续梁桥。

连续梁是一种古老的结构体系,具有变形小,结构刚度好、行车平顺舒适、伸缩缝少、养护简易和抗震能力强等优点。比较图 2-1(a)、(b)可以发现,在内力分布与变形方面,两跨连续梁要比同跨度的简支梁合理。虽然绝对最大弯矩都是 $ql^2/8$,但连续梁跨中最大弯矩只有简支梁的 56%,跨中最大挠度仅为简支梁的 40%。因而,从刚度和强度两方面考虑,连续梁都可采用比简支梁小的跨中梁高。支点负弯矩值可以通过调整跨径比来降低,以受均布荷载作用的三跨连续梁为例,假定梁的各跨截面相同,设边跨跨径为 l_1,中跨跨径为 l_2,从图 2-2 可以看出,当 $\lambda = l_1/l_2 = 0.4～0.5$ 时,中间支点截面的最大负弯矩值约为 $0.07ql_2^2$,中间跨度内跨中截面处的最大正弯矩值约为 $0.055ql_2^2$,显然比等跨布置时为小。

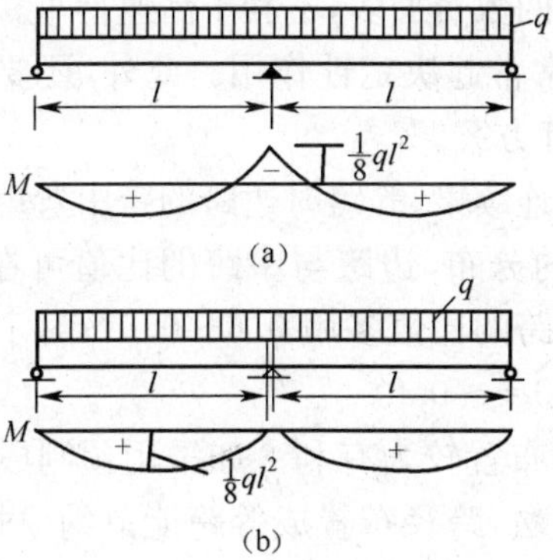

图 2-1　简支梁与连续梁的弯矩比较

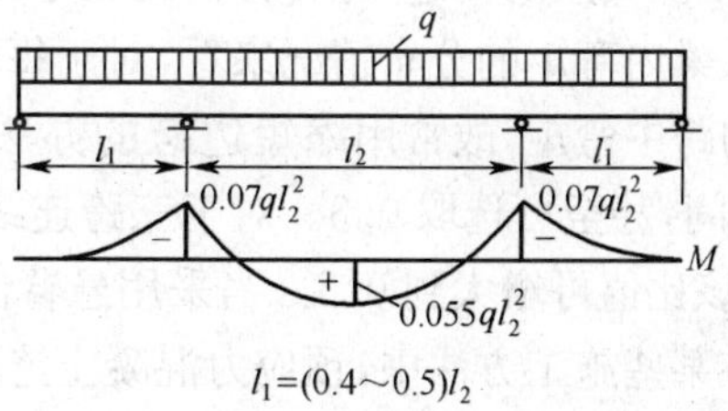

图 2-2　三跨连续梁的弯矩图

对于超静定结构而言,结构各部分中内力的大小与截面抗弯刚度直接相关。因此,若将连续梁中间支承截面的刚度加大,做成变高度梁,可以调低跨中的正弯矩,使预应力钢筋的大部分布置在梁的顶部,便于张拉。虽然中间支座处的负弯矩有所增大,但由于梁的高度也相应加高,并不会导致钢筋用量的增加。

除上述优点外,当超载时,连续梁有可能发生内力重分布,提高整个梁部结构的承载能力;

对于基础不均匀沉降的影响,只要不使结构物产生损坏性的裂缝,它所引起的附加内力可由于混凝土的徐变特性而适当调整。

连续梁在中间桥墩上只有一个支座,在竖直荷载作用下桥墩只受轴向的压力,除制动墩外,连续梁的桥墩及其基础的尺寸都可以做得相对小一些。

除预应力混凝土连续梁桥外,大跨度连续桁架桥在现代铁路桥梁中也得到了广泛的应用。在我国,除著名的武汉和南京长江大桥采用大跨度连续桁架桥外,在其他铁路路线上也修建了许多这种类型的桥梁。相比于简支桁架桥,连续桁架桥具有下列优点:

1. 便于采用悬臂拼装方法架设钢梁,这是连续桁架桥的一个显著的优点。因为在恒载和活载作用下,连续桁架桥的杆件内力与简支桁架桥在安装钢梁时的杆件内力较为相似,桁架杆件不会因为采用悬臂拼装架梁而过多地加大截面或采用临时加固的措施。

2. 具有较大的竖向刚度和横向刚度。当采用高强度钢设计大跨度钢梁时,竖向刚度问题常成为一突出的问题。连续桁梁具有较大的竖向刚度,当其他条件相同时,它比简支桁梁较易满足相关桥梁规范规定的刚度要求。

3. 采用大跨度连续桁架桥在用钢量方面可比同跨度的简支桁架桥稍有节省,当跨度大于100 m 时,大致可省钢 4%~7%左右。

4. 从抢修要求出发,对大跨度桥梁,采用连续桁架桥具有重要意义。当桁梁遭到局部破坏时,其余部分不易坠毁,修复较易。但是,在跨度大小能够用拆装式桁梁跨越的情况下(中、小跨度),简支桁架桥被破坏后,有时更易于迅速抢修。

二、预应力混凝土连续梁桥的构造特点

1. 孔跨分布

预应力连续梁桥可以做成三跨或四跨一联,甚至多跨一联,但一般不超过六跨。每联跨数太多,受温度变化及混凝土收缩等影响产生的纵向变形较大,使伸缩缝及活动支座的构造复杂,对桥梁的墩台受力不利;每联长度太短,则使伸缩缝的数目加多,不利于高速行车。建桥处的地形、地质与水文条件,以及通航要求等对孔跨分布常常起决定性作用。此外,还要结合墩台、基础及支座的构造,综合分析比较才能选出最优设计方案。

从梁内弯矩的分布情况来看,对于每联三跨以上的连续梁,等跨时边跨的跨中弯矩大于中间跨的跨中弯矩,故常用缩短边跨的办法来调整弯矩的分布,边跨与中跨的比值可在 0.7~0.5 之间,甚至可选取 0.3。对于三跨连续梁,边跨与中跨的比值多用 0.6~0.67;对于多跨连续梁,该比值可增大到 0.8。当采用悬臂法施工时宜取 0.5~0.6。

在某些施工方法中,预应力混凝土连续梁采用等跨布置较为有利。如采用预制成简支梁进行墩上架设,再连接成整体后转变为连续梁的施工方法,跨径布置成等跨能节约模板,施工简便、迅速。采用顶推法施工的连续梁,由于顶推时悬出端的负弯矩常常控制施工设计,布置成等跨径也比较合理。

2. 预应力连续梁桥截面形式

预应力混凝土连续梁的截面布置有等高度和变高度等形式,当跨度大于 60 m 时,多采用变高度梁。但有时为了美观或施工等要求,即使跨度较大,仍采用等高度梁,如委内瑞拉的卡罗尼河桥,最大跨度达 96 m,为了便于顶推施工,采用等高度梁。

对于大跨度铁路桥梁,截面形式一般采用箱形断面。一般而言,箱形截面在中间支座处的梁高约为跨度的 1/16～1/26(等高度梁)或 1/12～1/22(变高度梁),铁路桥梁一般取较大的比值。对于高速铁路预应力混凝土连续梁桥而言,支点处高跨比一般控制在 1/12～1/16。变高度梁的跨中梁高与支点梁高的比约为 0.2～0.85,平均为 0.4 左右。腹板厚度应根据抗剪强度、钢筋的布置以及浇筑混凝土等要求来确定,通常梁在支承处的腹板厚度约为其截面高度的 1/12～1/16(等高度梁)或 1/15～1/20(变高度梁),当腹板内有竖向预应力钢筋时,可取较小值。

对于铁路预应力混凝土连续梁桥,单线铁路梁常用单室箱;双线铁路梁可用两个平行的单室箱,也可用一个单室箱或一个多室箱。

3. 预应力钢筋的形式

对于支架浇筑的连续梁,考虑弯矩变化情况,连续梁跨中部分的钢筋要放置在梁的下翼缘内,中间支承附近的钢筋应布置在梁的上翼缘内。因而,预应力钢筋一般布置成波浪形,如图 2-3(a)所示。跨度较大的连续梁常设计成变高度梁,梁的截面重心线也为曲线形,这样预应力钢筋的弯曲可以平缓些[图 2-3(b)],以利于张拉工作,减小摩阻损失。

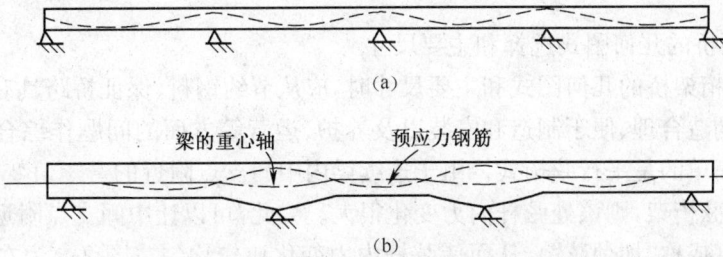

(a)

(b)

图 2-3　支架浇筑连续梁的预应力钢筋布置图

当梁轴线的变化较陡时,为便于张拉,预应力钢筋可以布置成直线形,如图 2-4(a)所示;或者贯通全梁的预应力钢筋采用直线形布置,同时在各中间支承处配置短的帽筋,如图 2-4(b)所示,以满足支点负弯矩的需要。这些帽筋锚固在中间支承两边的梁下翼缘内。

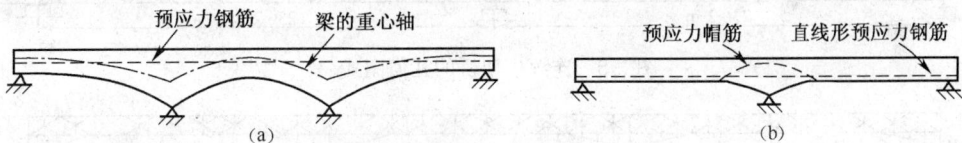

(a)　　　　　　　　　(b)

图 2-4　连续梁的预应力钢筋布置图

为了减少摩阻损失,可以缩短张拉钢筋的长度,增加张拉的次数,采用交叉配筋的方式把预加力联结起来,如图 2-5 所示。图 2-6 所示也是一种缩短钢筋张拉长度以减小摩阻损失的

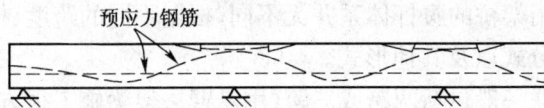

图 2-5　在连续梁中间支承处的交叉配筋图

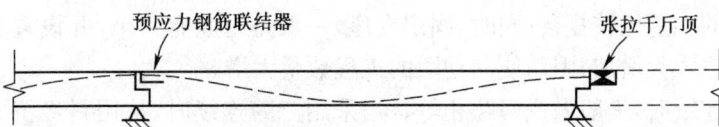

图 2-6　逐跨顺序建造预应力混凝土连续梁

方法。其做法是:从连续梁的一端向另一端逐跨顺序浇筑混凝土、张拉钢筋,在接缝处用钢筋联结器把已张拉的钢筋联结起来,接缝位置最好选择在梁的反弯点处。

图 2-7 为用悬臂法施工的预应力混凝土连续梁的预应力钢筋布置图。其通过支承处的钢筋分段向下弯至腹板内,并锚固于各段的接缝处;跨中部分的钢筋,从反弯点处梁的顶部开始向下弯曲到梁的底部,待接缝混凝土浇筑并达到设计强度后,在桥面板上进行张拉,并锚固于梁的顶部。前者叫做悬臂索,后者则称为连续索。

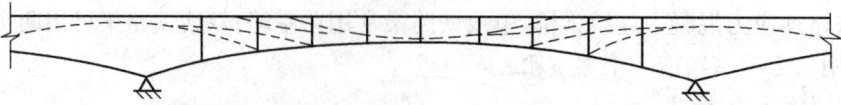

图 2-7　用悬臂法施工的连续梁的预应力钢筋布置图

总而言之,设计者应根据具体情况,采用不同的布筋形式来满足施工、运营阶段的受力要求。

三、连续桁架桥的构造特点

1. 连续桁架桥的几何图式选择和主要尺寸

在拟定连续桁架桥的几何图式和主要尺寸时,应从节约钢料、保证桥跨具有必需的竖向和横向刚度、结构构造合理、便于制造和安装以及养护、运营等方面的问题作综合考虑。和简支桁架桥一样,最简单的是平行弦桁式。由于连续梁内中间支点附近的弯矩值变化急剧,若采用桁高相等的平行弦桁架,则该处弦杆内力变化很大。为此,可以让中间支点附近的桁高局部加大或加设第三弦(或称"加劲弦"),从而使弦杆内力变化比较均匀。图 2-8 为在中间支承处加大桁高的两跨连续桁架桥。但这种做法会使杆件长度变化较多,并使架梁时架桥机难于在上弦行走。较好的方法是在下弦设第三弦杆,如图 2-9 所示,南京长江大桥就采用了这个方法。

图 2-8　连续桁架桥的几何图式一

图 2-9　连续桁架桥的几何图式二

连续桁架桥和简支桁架桥的腹杆体系并无不同,根据不同的跨度、桁高和节间长度可分别采用三角形、m 字形、再分式以及其他形式。

连续桁架桥的每一联一般包括两跨或三跨(用悬臂法架梁施工很方便,五跨连续与三跨连续相比,差别很小)但随着连续的跨度数目增加,梁端因温度变化而引起的水平位移将加大,这就使梁端伸缩处的构造比较复杂;同时,固定支座(一般是每联有一个,并设置在中间支点处)所传递的制动力也大大增加,因而使制动墩的工程数量大增。

当采用两跨连续时,一般做成两跨相等。当采用三跨连续时,从用料经济方面考虑,可让边跨的长度等于中间跨长的 0.75～0.8 左右,使边跨所受弯矩减小,而和中跨所受弯矩大致相近。当全桥有多联的三跨连续梁时,为使桥梁从总体上看比较匀称美观,应采用三跨相等。

从省料和刚度要求考虑,连续桁架桥的桁高可比简支桁架桥小些。对下承式连续桁梁,大致可取跨长的 $\frac{1}{7} \sim \frac{1}{8}$ 左右。

前已指出,连续桁架桥不仅具有较大的竖向刚度,而且具有较大的横向刚度。因此,在其他条件相同的情况下,下承式连续桁架桥的主桁中心距可较简支桁架桥稍小些一般连续梁中跨主桁中距不小于 $\frac{1}{25}$ 跨长,对简支或连续桁架桥边跨,主桁中距不小于跨长的 $\frac{1}{20}$)。为使连续桁架桥具有较大的横向刚度,其平纵联也必须是连续的。为此,在端支承及中间支承处均需设置桥门架,以传递横向水平力。

至于主桁的节间长度,我国设计的连续桁架桥一般均采用 8 m(和简支桁架桥相同)。考虑到大跨度连续桁架桥的杆件截面大,若仍用 8 m 的节长,则因节点刚性所生的次应力将较高(次应力的大小和杆件截面高度与杆件长度比值有关)。由于主桁高度大,为了维持适当的斜杆倾角,采用较大的节间长度也是有必要的。因此,对于大跨度的连续桁架桥,如供料无问题,可考虑采用大于 8 m 的节长。

2. 构造特点

(1)桥门架、纵梁断开及制动撑架的布置

对于下承式连续桁架桥,除设置端桥门架外,还应在中间支点处设置中间桥门架。由于在中间支点处增设了桥门架,为上平纵联提供了中间支承,从而使它成为一个连续的平面桁架,加强了它的横向刚度。

中间桥门架的结构图式,与下承式桁架桥的横向联结系相似,它是用主桁杆件作为它的腿杆,并在腿杆上部增设楣杆。中间桥门架的布置有两种方法:第一种是利用竖杆作为腿杆,在支点处形成一个竖直的中间桥门架;第二种是利用支点处左右两斜杆作为腿杆,而在支点处形成左右两个斜的中间桥门架。前者构造较简单,便于制造与架设,但为此必须增大支点处竖杆的截面。另一种布置的中间桥门架,即利用中间支点两侧的主桁斜杆作为腿杆所形成的桥门架,由于在主荷载作用下两斜杆受力很大,用主荷载设计的截面常较强大,通常无需因设置桥门架而增大其截面。从传递上平纵联的水平支承反力来说,这种布置方法也较第一种为优。

纵梁不断开的连续桁梁,其制动撑架设在跨中;当纵梁需断开时,则断开点设在跨中,而制动撑架则设置在支点与纵梁断开点间的中部(图 2-10)。

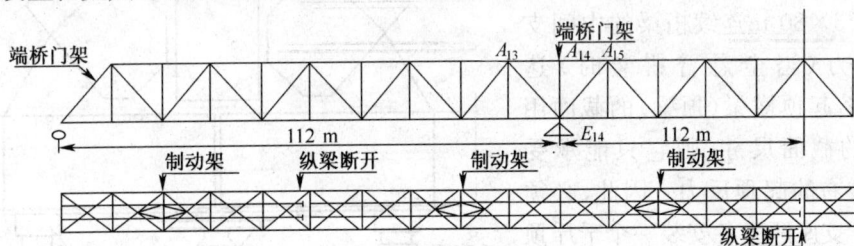

图 2-10　连续桁梁制动撑架设置及纵梁断开

(2)支座的布置

连续桁梁的几个支点中只有一个支点设置固定支座,而作用在梁上的制动力却较同跨度的简支桁梁大几倍。制动力的绝大部分是通过固定支座传递到墩、台上去的,因此,最好将固定支座布置在高度较低而基础较好的墩、台之上,以节省墩台及基础的用料。

从下部结构的受力来看,这样的布置可能带来一些不利的影响:

①将固定支座设在端支承节点,使端节点的弦杆和斜杆受力不利。

②将固定支座设在端支承节点,使桁梁另一端由于活载及温度变化产生的总伸缩量较大,当伸缩量过大时,将使梁端连接及线路构造变得复杂。

③将固定支座设在端节点对支座受力不利。

综合上述各点,可见连续桁梁固定支座的布置不仅影响桥梁下部结构,而且影响上部结构,在处理这个问题时,应从各个方面综合考虑。

(3)主桁中间支承处节点的构造特点

图 2-11 为 3×80 m 单线铁路下承式连续桁梁中间支点处主桁节点实例的示意图,节点板的下缘磨光,与平纵联节点板顶紧。在平纵联节点板之下,设有座板Ⅱ,它是 1-□730 mm×20 mm×800 mm 的钢板,直接支承在支座的上摆顶面上。支座反力通过座板Ⅱ传到节点板上,再通过节点板与各杆件的内力平衡。在主荷载作用下,支座反力相当大(达 6 600 kN)。为了加强传递支座反力的板束刚度,在节点中央处弦杆内加设横隔板。

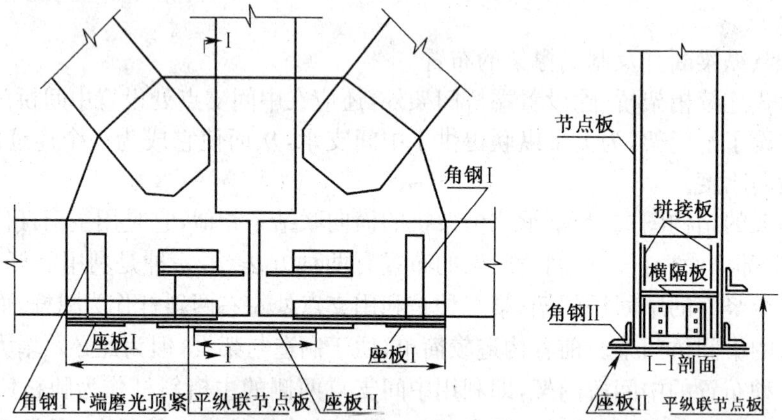

图 2-11 单线铁路下承式连续桁梁中间支点处主桁节点实例

为了安装和维修时顶、落梁的需要,中间支点处的主桁节点应考虑设置千斤顶的需要。3×80 m 连续桁梁的中间支点安装反力(当全悬臂拼装时)达 4 390 kN,若起顶横梁(顶梁)的截面用普通横梁的截面尺寸,则它只能承受 1 500 kN 左右的起顶反力。因此,必须在节点板下支座两旁各安装一个千斤顶(图 2-12),即每侧主桁共布置三个千斤顶(图 2-13),每个顶点的控制起顶力按 1 500 kN 计,则可满足全悬臂拼装时起顶的要求。

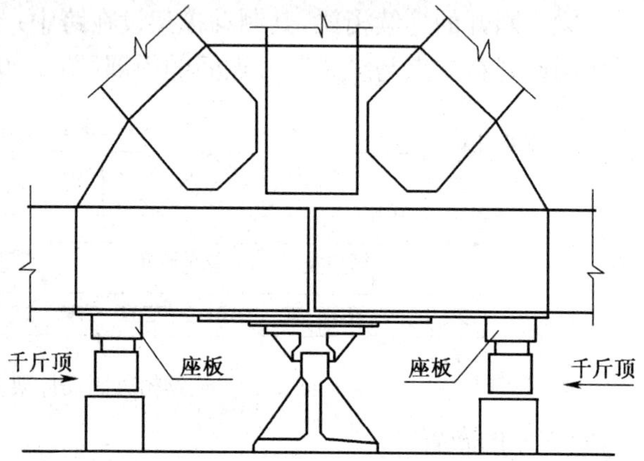

图 2-12 中间支点处顶梁设计

(4)桁梁活动端与桥台及相邻桥跨的连接

桁梁活动端的伸缩是由于活载及温度变化使弦杆变形而产生的,伸缩量的大小主要与桁梁最大温差有关(最大温差可达 80℃)。相邻两梁端之间或梁端与桥台挡砟墙之间的伸缩量,与温度跨度的长度成正比。所谓温度跨度是指相邻两联桁梁固定支座的间距或与桥台毗邻的桁梁的固定支座至桥台挡砟端的距离(图 2-14)。

连续桁梁的温度跨度往往较大,相邻两梁端之间或梁端与桥台挡砟墙之间需留有较大的净距,以便桁梁活动端可伸缩无阻。若此净距甚大,致使桥枕净距超过钢轨所能跨越的最大净距时(一般为 300 mm),则此处应加设小滑梁(图 2-15)。

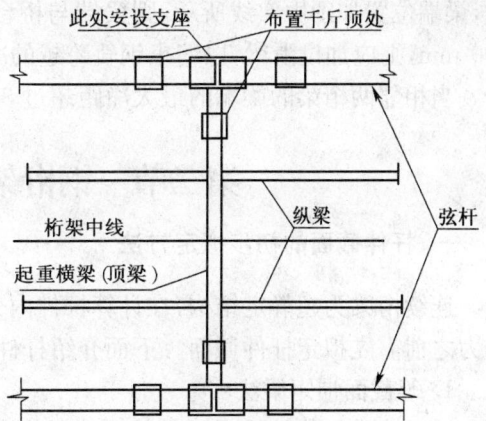

图 2-13　中间支点处千斤顶布置

图 2-14　温度跨度

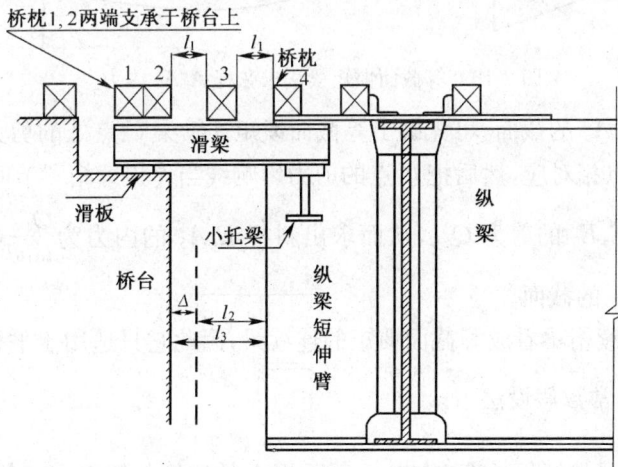

图 2-15　连续桁梁梁端小滑梁设置

图 2-15 所示桁梁活动端与桥台之间的连接,图中虚线表示当桁梁伸长到最大值时的梁端位置,Δ 为考虑养护方便所需的梁端最小缝隙。若梁端最大伸缩量为 l_2,当桁梁缩短到最大值

时,梁端位置如图中实线所示,则梁端与桥台之间的最大净距 l_s 应等于 $(\Delta + l_2)$,如果 l_s 大于 300 mm,则应加设滑梁,以缩小钢轨跨越的净距。

当相邻两桁梁的梁端的最大净距超过 300 mm 时,也应加设滑梁。

第二节　钢桁架连续梁的结构计算

一、杆件截面的初步拟定方法

连续桁梁为超静定结构,在计算杆件内力时,必须先知道杆件的截面尺寸。为此,在分析内力之前需先拟定杆件截面。下面介绍杆件截面初步拟定的两种方法。

1. 等截面惯矩梁法

该方法是把连续桁梁近似地看成具有等截面惯性矩的连续梁。例如要拟定图 2-16 中弦杆 A_3A_5 的截面时,可先画出具有等截面惯矩的连续梁在 4 点处的弯矩影响线,并把它作为连续桁梁 E_4 处的弯矩影响线,然后按影响线面积法求出 E_4 处的弯矩 M_4,从而可求得弦杆 A_3A_5 内力为 $\dfrac{M_4}{h}$(h 为主桁高度),再根据此内力设计弦杆 A_3A_5 的截面。

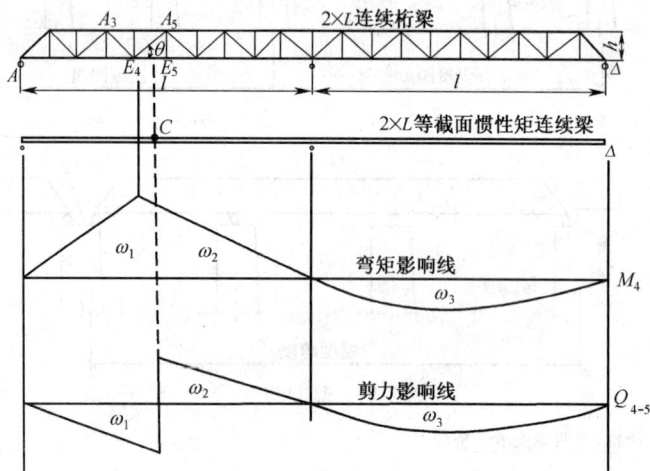

图 2-16　等截面惯矩梁法求弦杆 A_3A_5 内力

若要拟定斜杆 E_4A_5 的截面,可先画出等截面惯矩连续梁 C 点处的剪力影响线,C 点的位置与节间 E_4E_5 的中点相对应,然后把 C 点的剪力影响线当作连续桁梁节间 E_4E_5 的剪力影响线,据此可求得节间 E_4E_5 的剪力 Q_{4-5},从而求出斜杆 E_4A_5 的内力为 $\dfrac{Q_{4-5}}{\sin\theta}$($\theta$ 为斜杆的水平倾角),并拟定斜杆 E_4A_5 的截面。

由于此法是把连续桁梁看成等截面惯矩的连续梁,因此它只适用于平行弦的连续桁梁。

2. 桁梁杆件 $\dfrac{l}{A}$ 为常数假设法

此法是把连续桁梁的杆件长度 l 与其毛截面积 A 的比值 $\dfrac{l}{A}$ 假定为一常数 K。然后用结构力学解连续桁梁的方法求杆件内力,进而拟定杆件的截面尺寸。下面以两跨连续桁梁(图 2-17)为例加以说明。

例如在拟定弦杆 A_2A_3 的截面尺寸之前，应先求出其在竖向荷载作用下所生的最大内力 $N_{A_3A_5}$，其值等于 E_2 点的最大弯矩值 M_2 除以桁高 h。

求弯矩 M_2 时，应先作 M_2 的影响线。为此，需先将多余力的影响线求出。若取 A 点的反力 R_A 为多余反力，计算的基本结构如图 2-17(b)所示，根据交点 A 的竖向变位等于零的条件得

$$\delta_{A1}R_A + \Delta_{AP} = 0 \qquad (2\text{-}1)$$

所以

$$R_A = -\frac{\Delta_{AP}}{\delta_{A1}} = \frac{\sum \dfrac{\overline{N}_A N_P}{E} \dfrac{l}{A}}{\sum \dfrac{\overline{N}_A \overline{N}_A}{E} \dfrac{l}{A}} \qquad (2\text{-}2)$$

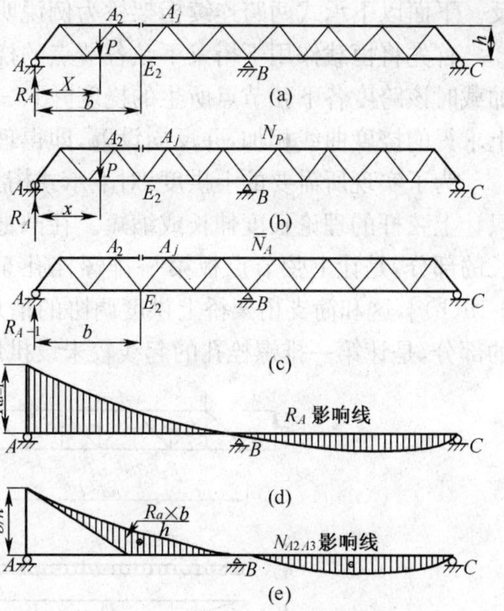

图 2-17　桁梁杆件 $\dfrac{l}{A}$ 常数假设法求内力

式中　$\overline{N}_A$——单位力作用在基本结构的 A 点时各杆件的内力[图 2-17(c)]；

N_P——外力 P 作用在基本结构时所生的各杆件内力[图 2-17(b)]。

δ_{A1}（单位力作用在 A 点时，该点的变位）为常数项，故式(2-2)即为求余反力 R_A 的影响线的方程式。该式中各杆件的截面积 A 均为未知数。计算时可假定弦杆及腹杆的 $\dfrac{l}{A}$ 值为一常数 K，从式(2-2)简化为

$$R_A = -\frac{\sum \overline{N}_A N_P}{\sum \overline{N}_A \overline{N}_A} \qquad (2\text{-}3)$$

R_A 的影响线如图 2-17(d)所示。求出 R_A 的影响线后，各杆件的内力影响线将不难求得。例如 $N_{A_2A_3} = \dfrac{M_2}{h}$。当单位竖直力 P 在点 E_2 之左移动时，M_2 影响线可用下式求算：

$$M_2 = R_A \times b - 1 \times (b - x) \qquad (2\text{-}4)$$

式中"$-|x(b-x)|$"为单位力作用在基本结构时 E_2 点的力矩，故当 $x \leqslant b$ 时，$N_{A_2A_3}$ 影响线的方程式为

$$N_{A_2A_3} = \frac{[R_A \cdot b - (b - x)]}{h} \qquad (2\text{-}5)$$

当单位力在点 E_2 之右移动时，$M_2 = R_A \cdot b$，故

$$N_{A_2A_3} = \frac{R_A \cdot b}{h} \qquad (2\text{-}6)$$

杆件 A_2A_3 的内力影响线如图 2-17(e)所示。

有了杆件内力影响线，即可按影响线面积法求出最大杆力，进而拟定各杆件截面尺寸。

二、上拱度的设置

和简支桁架桥一样，为使列车通过桥梁时所遇到的线路转折角尽可能小，连续桁架桥也必须设置上拱度。预设的上拱度值应尽可能等于恒载加半个静活载所产生的挠度值，但方向相

反。下面以下承式两跨连续桁架桥为例说明。

首先将恒载作用下桁梁下弦各节点的挠度值求出[图 2-18(a)]，然后求半个静活载在左跨加载时该跨度各下弦节点所生的挠度[图 2-18(b)]；按同法在右跨加载，求相应的挠度。将以上求得的挠度曲线相加，并反向设置，即得理论上拱度[图 2-18(c)]。

为了实现所需要的上拱度，对下承式桁架桥，设计通常是让下弦杆和腹杆的长度不变，而只让上弦杆的理论长度伸长或缩短。在凸曲线部分[见图 2-18(d)]，即上弦杆理论长度需伸长的部分，是让上弦节点板第一排螺栓孔至节点中心的距离 a 较未设上拱度时增大 Δ_1[图 2-19(b)]，这和简支桁架桥上拱度调协的情形相同；在凹曲线部分，即上弦杆理论长度需缩短的部分，是让第一排螺栓孔的起线较未设拱度时缩小 Δ_2[图 2-19(c)]。

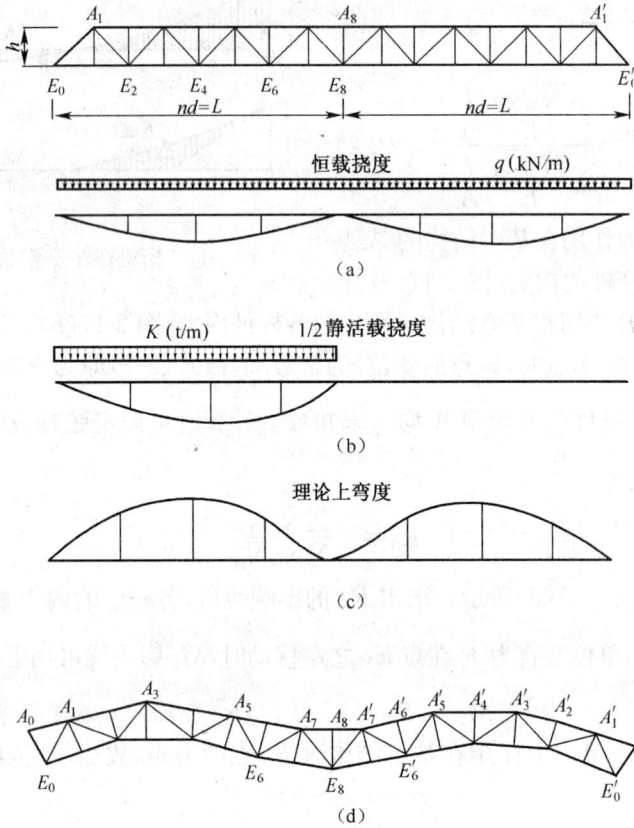

图 2-18　上拱度设置

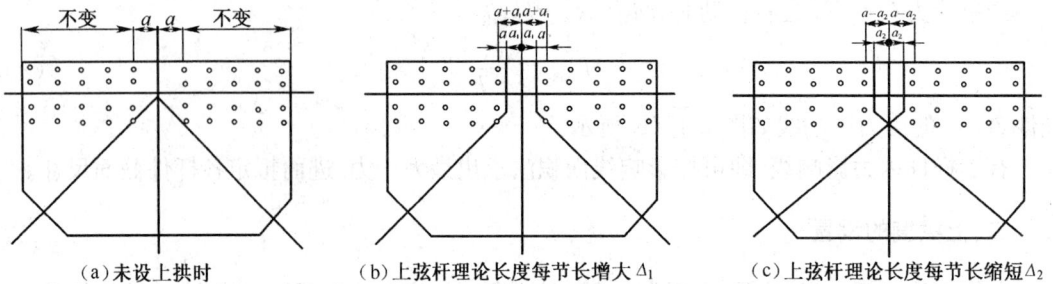

（a）未设上拱时　（b）上弦杆理论长度每节长增大 Δ_1　（c）上弦杆理论长度每节长缩短 Δ_2

图 2-19　实际上拱度设置

三、内力调整

在超静定结构中,为了杆件内力均匀,常采取内力调整的措施,使其在恒载作用下的杆件内力发生变化。连续桁架桥的内力调整,通常是用升高或降低某些支点来实现的,这相当于在支点处施加一定数值的反力,从而使桁架各杆件内力发生变化,达到调整内力的目的。

例如,三等跨连续梁的边跨正弯矩常比中跨正弯矩大很多。为了降低边跨正弯矩,可设想将两端支点移去,然后各施以一向下力 P。如图 2-20 显示了在集中力 P 作用下的弯矩图和剪力图。

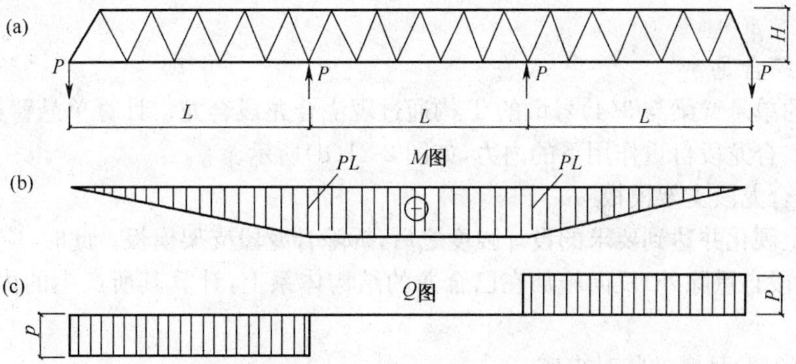

图 2-20　三等跨连续梁在集中力 P 作用下的弯矩图和剪力图

在恒载和活载所产生的各杆件最大内力求出后,根据调整内力所需达到的要求,研究确定 P 的具体数值,使内力调整后杆件截面的设计较为经济合理,并符合工厂制造和工地安装的条件。在工程实践中,在 P 值确定后,即可按结构力学求变位的方法,算出当集中力 P 作用在两端支承节点时,各端支承节点的挠度 Δ_P 及其余节点挠度值,并将它和恒载及半个静活载所生的挠度曲线相加,按其总和来设置主桁的上拱度。

第三节　混凝土连续梁的结构计算

一、恒载作用下的内力计算

预应力混凝土连续梁的恒载内力与所采用的施工方法密切相关。为了正确计算连续梁的恒载内力,必须与它所采用的施工方法联系起来进行讨论。

1. 采用满堂支架施工的连续梁

施工方法为连续梁在满堂支架上现场整体浇筑,穿束张拉并锚固后,拆除支架。采用这种施工方法,施工过程中没有发生体系转换,恒载内力按连续梁计算即可。

2. 采用悬臂法施工的连续梁

悬臂施工法在大跨度连续梁桥的建设中应用十分广泛,现以一 5 跨连续梁为例,分析其恒载内力的计算问题。已知该桥的跨度组成为(47+3×70+47) m,采用悬臂拼装法施工,施工程序为:

(1)悬拼完毕,拆除吊机

首先在所有桥墩内预埋铁件,安装临时支架,浇筑墩顶节段。在永久支座两侧安设临时支座,用粗钢筋将墩顶节段临时锚固在桥墩上。悬拼完毕并拆除吊机后的恒载内力如图 2-21(a)

所示。

(2)现浇边跨部分

在边跨内另立排架,现浇部分节段,并使之与边跨的悬臂拼装段相接。待混凝土硬化并达到要求的设计强度之后,拆除排架,结构受力图式为一端固定,另一端简支的梁,在现浇段自重作用下的恒载内力如图 2-21(b)所示。

(3)拆除 2 号墩、5 号墩上的临时支座

这时需计算由一端固定一端简支的梁式结构转换成两端简支的单悬臂结构的内力,即计算由临时支座所释放的不平衡弯矩在两端简支的单悬臂梁上所产生的内力,如图 2-21(c)所示。

(4)次边跨合龙

将边跨的单悬臂梁与 3(4)号墩的 T 构通过现浇合龙段合龙。计算单悬臂梁和 T 构在支架、模板重量、合龙段自重作用下的内力,如图 2-21(d)所示。

(5)拆除合龙段支架模板

待混凝土硬化并达到要求的设计强度之后,拆除合龙段支架模板。此时,应将合龙段的上述重量(合龙段自重除外)反向施加在已合龙的结构体系上,计算其所产生的内力,如图 2-21(e)所示。

(6)拆除 3(4)号墩的临时支座

计算因拆除临时支座所产生的内力,如图 2-21(f)所示。

(7)中跨合龙

将左、右两半跨合龙成 5 跨连续梁,在合龙段混凝土硬化前,计算合龙段两侧悬臂端在支架、模板重量、合龙段自重作用下的内力,如图 2-21(g)所示。

(8)拆除合龙段支架模板

在合龙段混凝土硬化并达到要求的设计强度之后,拆除合龙段支架模板,这时,应将上述重量(合龙段自重除外)反向施加在 5 跨连续梁上,计算所产生的内力,如图 2-21(h)所示。

(9)自重作用下的恒载内力

连续梁在自重作用下的最终恒载内力如图 2-21(i)所示。

3. 采用顶推法施工的连续梁

当采用顶推法施工时,梁的弯矩和剪力在顶推过程中不断地正负交替变化,这对混凝土梁很不利。特别是梁的前端常处于悬臂状态,这与就位后的受力情况完全不同,使得预应力钢筋布置困难。各滑移支垫高程的调整,除影响梁部结构的内力分布和可能引起扭矩外,还将使墩台承受较大的纵向或横向偏心荷载。在推移过程中,墩台受到较大的水平推力,可能引起不小的墩顶位移。

在顶推阶段,连续梁的受力情况,与导梁的长度对被顶推梁的跨度之比、刚度之比、自重之比,以及有无临时中间墩,或临时缆索等有关。

顶推过程的计算分析必须从顶推开始位置到最后落梁就位的整个区间,划分为若干个区段,计算出每向前顶推一段,梁内各截面的弯矩和剪力,然后汇总得出最大、最小的弯矩和剪力图。

考虑顶推时结构体系变化的特点,通常取基本体系为支承于中间墩上的简支梁。通过计算构件自重和预应力作用产生的简支梁的梁端转角,根据各中间支承截面相对转角为零的条

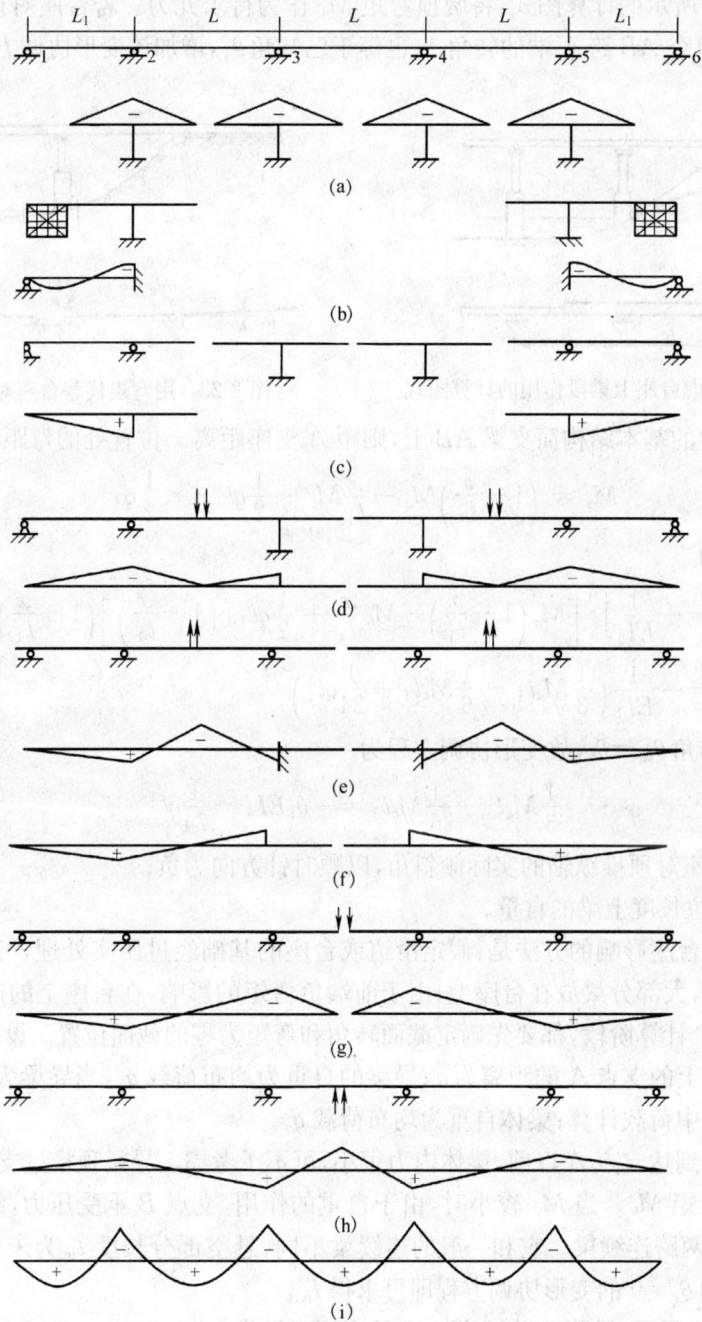

图 2-21　5 跨连续梁施工程序及其恒载内力图

件,建立变形协调方程组。求解这些联立方程,可得出各中间支承处的弯矩,据此,其他截面的内力便容易求出了。

　　在计算结构内力时,对于支承在台座滑道上的部分梁段,应视其工艺特点和填土性质,适当考虑其影响。在标准设计中,通常不考虑台座上梁段的作用,即在计算图式中取靠近台座的桥台上的支承为完全铰,如图 2-22 所示。在某些情况下,需要更精确地考虑台座对梁中内力分布的影响,例如当台座很长路基相对高时,以及台座地基土壤有可能沉降时,应特别注意。

可以采用图 2-23 所示的计算图式,将墩顶弯矩 M_a 作为待求冗力。若台座对顶推纵轴的实际倾斜角为 θ_1,则可令 AB 跨 A 端的转角 θ_{ab} 也等于已知角 θ_1,增加该变形协调方程后,即可求出冗力 M_a。

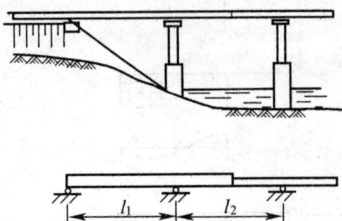

图 2-22　不考虑台座上梁段作用的计算图式　　　图 2-23　用弯矩代替台座对梁的作用

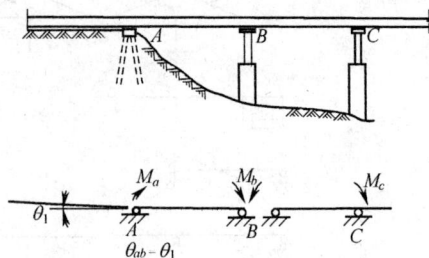

在图 2-22 中的基本结构简支梁 AB 上,则距 A 支座距离 x 位置处的弯距为

$$M_x = \left(1 - \frac{x}{l_1}\right)M_a - \frac{x}{l_1}M_b + \frac{1}{2}ql_1x - \frac{1}{2}qx^2 \tag{2-7}$$

则转角 θ_{ab} 可写为

$$\theta_{ab} = -\frac{1}{EI_1}\int_0^{l_1}\left[M_a\left(1 - \frac{x}{l_1}\right) - M_b\frac{x}{l_1} + \frac{1}{2}ql_1x\left(1 - \frac{x}{l_1}\right)\right]\left(1 - \frac{x}{l_1}\right)\mathrm{d}x$$

$$= -\frac{1}{EI_1}\left(\frac{1}{3}M_al_1 - \frac{1}{6}M_bl_1 + \frac{1}{24}ql_1^3\right) \tag{2-8}$$

因为梁 A 端的转角 $\theta_{ab} = \theta_1$,故变形协调方程为

$$\frac{1}{3}M_al_1 - \frac{1}{6}M_bl_1 = -\theta_1EI_1 - \frac{1}{24}ql_1^3 \tag{2-9}$$

式中　θ_1——台座对顶推纵轴的实际倾斜角,以顺时针方向为负;

　　　q——单位长度上梁的自重。

另一种考虑台座影响的方法是:假定滑道或台座的基础经过压实处理,可视为刚性支承。在顶推开始阶段,大部分梁放在台座上,由于前端负弯矩的影响,在台座上的部分梁段可能悬空。因此,在每个计算阶段,都要先确定截面转角和弯矩为零的截面位置。设滑道的开始点 B 至桥台支承垫石上的支点 A 的距离为 a;导梁的自重为均布荷载 q_1,当导梁为钢桁架时,可按作用于节点的集中荷载计算;梁体自重为均布荷载 q_2。

当导梁尚未到达支点 A 以前,梁体内力很小,可不予考虑。导梁顶推过支点 A 以后,悬出段产生支点负弯矩 M_0。当 M_0 较小时,由于自重的作用,支点 B 承受压力,结构变形将如图 2-24(a)所示,为两跨连续梁。它和一般的连续梁不同,悬空部分长度 l_{bc} 为未知数。通过增加在截面 C 处转角 $\theta_c = 0$ 的变形协调方程即可求得 l_{bc}。

如图 2-24(a)所示,梁跨 BC 上,任一点的弯矩表示为

$$M_x = \left(\frac{x}{l_{bc}} - 1\right)M_b + \frac{1}{2}q_2l_{bc}x - \frac{1}{2}q_2x^2 \tag{2-10}$$

则

$$\theta_c = \frac{1}{EI_2}\int_0^{l_{bc}}\left(\frac{x}{l_{bc}}M_b - M_b + \frac{1}{2}q_2l_{bc}x - \frac{1}{2}q_2x^2\right)\frac{x}{l_{bc}}\mathrm{d}x$$

$$= \frac{1}{EI_2}\left(-\frac{1}{6}M_bl_{bc} + \frac{1}{24}q_2l_{bc}^3\right) \tag{2-11}$$

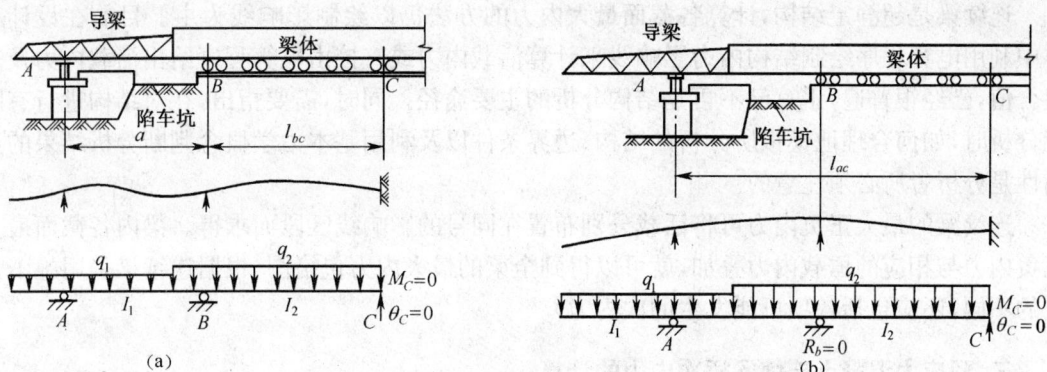

图 2-24 假定台座为刚性支承的计算方法

由条件 $\theta_c = 0$,得附加方程为

$$M_b = \frac{1}{4} q_2 l_{bc}^2 \tag{2-12}$$

再根据变形协调条件:$\theta_{ba} = \theta_{bc}$,便可联解出弯矩 M_b 和梁跨 BC 的长度 l_{bc}。若 l_{bc} 为负值,则说明支点 B 脱空,其变形将如图 2-24(b)所示,结构是 C 端角变位为零的单跨梁。根据变形条件 $\theta_c = 0$,可以算出该单跨梁的跨度 l_{ac}。

当梁体推过支点 A 以后,负弯矩较大,滑道前端常悬空,支点 A 至 C 端的长度 l_{ac} 可根据 $\theta_c = 0$ 和 $M_c = 0$ 的条件求出:

$$l_{ac} = 2\sqrt{\frac{M_a}{q_2}} \tag{2-13}$$

当梁体推近前方桥台时,可能使其尾端变成简支(即 $\theta_c \neq 0$)或脱空而形成悬臂。

当按条件 $\theta_c = 0$ 和 $M_c = 0$ 的条件求得的 l_{ac} 大于其实际可能的值时,先按尾端简支情况计算连续梁内力,此时 $\theta_c \neq 0$,$M_c = 0$,$M_a \neq (1/4)q_2 l_{ac}^2$,尾端梁体的跨度取实有的梁段长度。当按尾端简支连续梁计算求得的尾端支点反力 $R_c \leqslant 0$ 时,说明梁体尾部已脱空,形成悬臂。此时

$$M_a = \frac{1}{2} q_2 l_{ac}^2 \tag{2-14}$$

4. 逐孔架设法施工的连续梁

采用逐孔预制拼装架设法建造的多跨连续梁,一般采取逐孔计算,最后叠加。按此方法施工的连续梁,其结构体系从静定转化到超静定结构,前拼孔数越多,超静定次数越高,每阶段的恒载内力计算均应注意这一特点。

以上主要针对连续梁在自重作用下的内力计算问题进行论述,可见施工方法不同,其恒载内力的计算亦不同。因此,在计算自重作用下的恒载内力时,必须根据施工方法和施工顺序进行。

连续梁在二期恒载作用下的内力计算,相对简单。直接求解连续梁在二期恒载作用下的各项内力即可。

二、活载作用下的内力计算

连续梁在活载作用下的内力计算步骤与简支梁基本相同。这里仅就计算上的主要不同点进行简略介绍。

连续梁是超静定结构,计算各截面最大内力的方法仍以绘制影响线为主。目前在设计工作中利用电算程序绘制结构内力影响线来计算活载内力或直接由电算程序给出活载内力及其组合值,已经很普遍,手算已不再是结构分析的主要途径。同时,需要指出,在对结构进行有限元分析时,如何合理地模拟所分析的结构、边界条件以及利用基本力学概念判断分析结果的正确性是分析者所必须注意的。

连续梁的最大正负内力可将活载分别布置在同号的影响线区段而求得。梁内各截面最大正负内力与相应的恒载内力叠加,就可以得到全梁的最大内力包络图(根据连续梁采用施工方法的不同,还应包括各项可能发生的次内力)。

三、预应力混凝土连续梁桥次内力的计算

1. 温度变化引起的次内力的计算

自然条件变化而引起的温度效应一般可归纳为日照、降温、年温度变化等三个原因。年温差是指常年缓慢变化的年气温,它对结构的影响主要导致桥梁的纵向位移,一般通过桥面伸缩缝、支座位移或柔性桥墩等构造措施予以协调,只有在结构的位移受到限制时才会引起温度次内力,例如在拱桥、刚构结构及某些斜拉桥结构中即是如此。日照辐射及寒冷骤然降温则属于局部温度影响,导致结构的温度次内力或温度次应力是产生结构裂缝的主要因素。

(1)温度梯度模式

温度梯度模式及温度设计值大小是否接近实际状态是正确计算结构温度应力的关键。温度梯度模式一般可分为线性与非线性分布两种情况,前者如图 2-25(a),后者如图2-25(b)~(d)所示。根据大量实测资料与理论

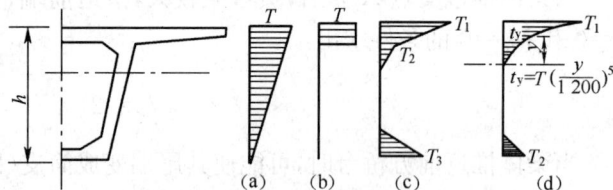

图 2-25 温度梯度模式

研究的分析表明,箱梁沿梁高的温度梯度一般是非线性分布的。

(2)温度应力计算方法

在确定了温度梯度模式及温度设计值后,温度应力可按一般结构力学或有限元方法进行计算。对于连续梁而言,若温度梯度为零(均匀升降温),则结构只有纵向位移,无温度应力;若温度梯度呈线性变化,则结构将产生上拱,而该变形受到支承条件的约束,将使结构产生温度次内力;若温度梯度呈非线性变化,温度应力将由两部分组成:①梁的温度变形受到纵向纤维之间的相互约束(因梁变形仍服从平截面假定,实际截面的最终变形仍为直线),在截面上产生自平衡的纵向约束应力,一般称为自应力;②梁的温度上拱变化受到支承条件约束的温度次应力。

①箱梁的温度自应力 σ_s。

如图 2-26 所示,设温度梯度沿梁高按任意曲线 $t(y)$ 分布,取单位梁长的微段,当纵向纤维之间不受约束且自由伸缩时,沿梁高各点的自由变形为

$$\varepsilon_t(y) = \alpha \cdot t(y) \tag{2-15}$$

式中,α 为材料线膨胀系数。

由平截面假定,梁截面上的最终变形应为直线分布,即

$$\varepsilon_f(y) = \varepsilon_0 + \psi \cdot y \tag{2-16}$$

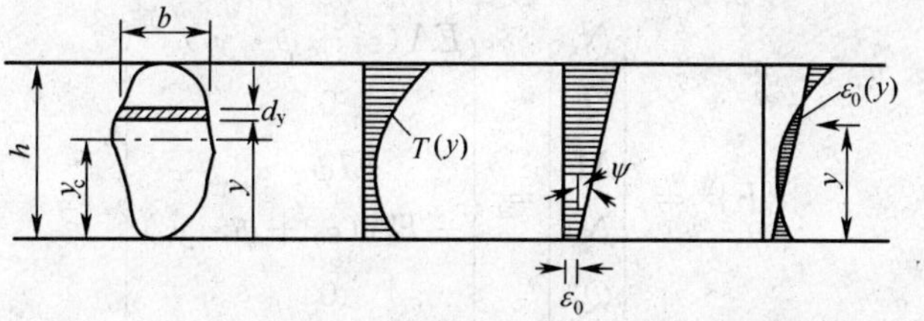

图 2-26 当温度梯度沿梁高按任意曲线 $t(y)$ 分布时梁的变形

式中 ε_0——沿梁高 $y=0$ 处的变形；

ψ——截面变形曲率。

自由变形与实际最终变形之差，即图上阴影部分，为由纤维之间的约束产生的应变

$$\varepsilon_\sigma(y) = \varepsilon_t(y) - \varepsilon_f(y)$$

$$= \alpha \cdot t(y) - (\varepsilon_0 + \psi \cdot y) \tag{2-17}$$

则由应变 $\varepsilon_\sigma(y)$ 产生的应力称为温度自应力 $\sigma_s(y)$

$$\sigma_s(y) = E \cdot \varepsilon_\sigma(y) = E[\alpha \cdot t(y) - (\varepsilon_0 + \psi \cdot y)] \tag{2-18}$$

自应力是自平衡状态的应力，可利用截面轴力 N 与对截面重心轴的力矩为零的条件求出 ε_0 与 ψ 值。

$$N = E \int_h \varepsilon_\sigma(y) \cdot b(y) \mathrm{d}y$$

$$= \int_h [\alpha \cdot t(y) - (\varepsilon_0 + \psi \cdot y)] b(y) \mathrm{d}y \tag{2-19}$$

$$= E \left\{ \alpha \int_h t(y) b(y) \mathrm{d}y - \varepsilon_0 A - A y_c \psi \right\}$$

$$M = E \int_h \varepsilon_\sigma(y) \cdot b(y) \cdot (y - y_c) \mathrm{d}y$$

$$= E \int_h [\alpha \cdot t(y) - (\varepsilon_0 + \psi \cdot y)] b(y) \cdot (y - y_c) \mathrm{d}y \tag{2-20}$$

$$= E \left\{ \alpha \int_h t(y) \cdot b(y) \cdot (y - y_c) \mathrm{d}y - \psi \cdot I \right\}$$

式中 $A = \int_h b(y) \mathrm{d}y$；

$S = \int_h y \cdot b(y) \mathrm{d}y = A y_c$；

$I = \int_h b(y) \cdot y \cdot (y - y_c) \mathrm{d}y$。

从 $N=0$ 和 $M=0$ 的条件可求得

$$\psi = \frac{\alpha}{I} \int_h t(y) \cdot b(y) \cdot (y - y_c) \mathrm{d}y \tag{2-21}$$

$$\varepsilon_0 = \frac{\alpha}{A} \int_h t(y) \cdot b(y) \mathrm{d}y - y_c \psi \tag{2-22}$$

②超静定结构中的温度次内力及其次应力 σ_s'

在预应力混凝土超静定结构中，上述温度变形 ε_0 及曲率 ψ，将受到超静定赘余约束的制约，将产生温度次内力。根据结构力学知识，此时温度变化引起单元的节点荷载向量 $\{F\}^e$ 为

$$\{F\}^e = \begin{Bmatrix} N_i \\ Q_i \\ M_i \\ N_j \\ Q_j \\ M_j \end{Bmatrix} = \begin{Bmatrix} EA(\varepsilon_0 + \psi \cdot y_c) \\ 0 \\ EI\psi \\ -EA(\varepsilon_0 + \psi \cdot y_c) \\ 0 \\ -EI\psi \end{Bmatrix} \qquad (2\text{-}23)$$

将杆件单元节点力变换到结构总体坐标系,然后集成各个杆件单元节点的节点荷载,得到节点外力向量$\{F\}$。矩阵位移方程可表示为

$$[K]\{\Delta\} + \{F\} = 0 \qquad (2\text{-}24)$$

式中　$[K]$——结构总刚度矩阵;

　　　$\{\Delta\}$——单元结点位移向量。

在求得结构各单元因温度变化引起的节点位移后,由单元的杆端力与单元刚度矩阵、单元节点位移的关系$\{f\}^e = [k]\{\Delta\}^e$求出结构的温度次内力$N_T$、$Q_T$、$M_T$及其次应力。

因而,在超静定结构中,总的温度应力为

$$\sigma_t(y) = \frac{N_T}{A} + \frac{M_T}{I}y + E[\alpha \cdot t(y) - \varepsilon - \psi \cdot y] \qquad (2\text{-}25)$$

2. 预加力引起的次内力的计算

构件在预加应力作用下要发生变形,假如构件是超静定结构,它的变形在支承处将受到约束,并引起附加的反力。由此附加反力产生的弯矩叫做二次弯矩(或称次弯矩)。次弯矩可以按照超静定结构分析的一般方法计算,现多用电算程序进行。下面以两跨连续梁为例来说明二次弯矩的特点以及影响二次弯矩的主要因素。

图 2-27 所示为二跨等截面连续梁,预应力钢筋为直线布置,其偏心距为e,总的预加力值为N_y。

计算由预加应力产生的上拱度,可将梁视为跨度为$2l$的简支梁,两端受弯矩为$N_y e$的作用,其产生的向上挠度为

$$\Delta_b = 2 \cdot \frac{1}{16} \frac{N_y e}{EI}(2l)^2 = \frac{N_y e l^2}{2EI} \qquad (向上) \qquad (2\text{-}26)$$

由作用于跨中的集中荷载R_b产生的跨中挠度为

$$\Delta_b' = \frac{R_b(2l)^3}{48EI} = -\frac{R_b l^3}{6EI} \qquad (向下) \qquad (2\text{-}27)$$

考虑到

$$\Delta_b + \Delta_b' = 0 \qquad (2\text{-}28)$$

得

$$R_b = \frac{3N_y e}{l} \qquad (2\text{-}29)$$

支承反力R_b是由预应力引起的,所以叫做次反力。为使构件保持静力平衡状态,在支承A和C处也相应地有向上的次反力,其值为$3N_y e/2l$。则中间支承处B点的次弯矩为

$$M_b = \frac{3N_y e}{2l} \times l = \frac{3}{2}N_y e \qquad (2\text{-}30)$$

次弯矩在两支点间变化是线性的,将各截面的原力矩与次弯矩叠加便是由预加应力产生

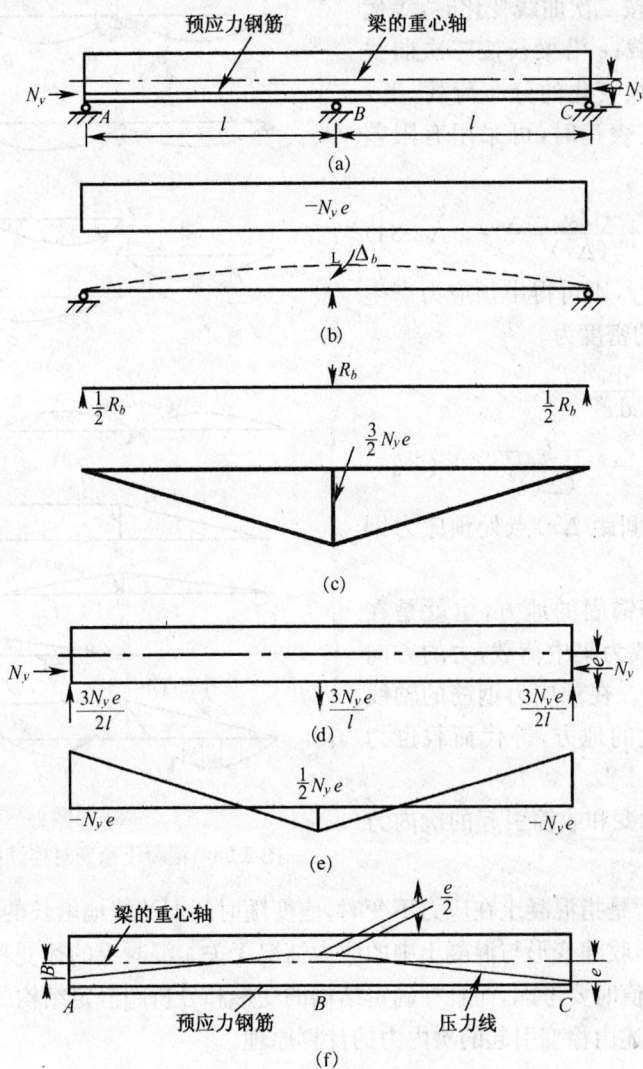

图 2-27 预加应力的影响

的实际的弯矩[图 2-27(e)]。将叠加后的弯矩除以总的预应力 N_y，可得压力线的偏心距 e[图 2-27(f)]。

当在构件中采用曲线形的预应力钢筋时，其由预加应力引起的次反力（或次弯矩）也可以按照上述的方法分析计算。现结合具有曲线形预应力钢筋的连续梁，说明利用等代荷载计算的方法。对于在弹性范围内的小挠度梁，其荷载与弯矩的关系可用下式表示

$$\omega = \frac{\mathrm{d}^2 M}{\mathrm{d} x^2} \tag{2-31}$$

由预加应力产生的弯矩为

$$M_y = N_y \cdot e \tag{2-32}$$

式中，e 为预加应力的合力 N_y 对截面重心轴的偏心距。则等代荷载为

$$\omega_e = N_y \frac{\mathrm{d}^2 e}{\mathrm{d} x^2} \tag{2-33}$$

当偏心距 e 沿梁长按二次曲线变化时,等代荷载 ω_e 为均布荷载;e 沿梁长按三次曲线变化时,ω_e 为按直线变化的分布荷载;当 e 的变化不方便显式表达时,可采用有限差分方程式

$$\frac{\mathrm{d}^2 y}{\mathrm{d}x^2} = \frac{y_{n-1} - 2y_n + y_{n+1}}{(\Delta x)^2} \qquad (2\text{-}34)$$

用 e 代替上式中的 y,则可得由预应力产生的 x_n 处等代荷载的密度为

$$\omega_e = N_y \frac{\mathrm{d}^2 e}{\mathrm{d}x^2}$$

$$= N_y \frac{e_{n-1} - 2e_n + e_{n+1}}{(\Delta x)^2} \qquad (2\text{-}35)$$

式中,e 为各等分(间距 Δx)点处预应力钢筋的偏心距。

在预应力钢筋锚固的地方,也就是在它的端部,等代荷载为集中荷载,力的方向与钢筋的轴线相切。在预应力钢筋的轴线斜率发生突然变化的地方,等代荷载也为集中荷载。

3. 混凝土的徐变和收缩引起的次内力计算

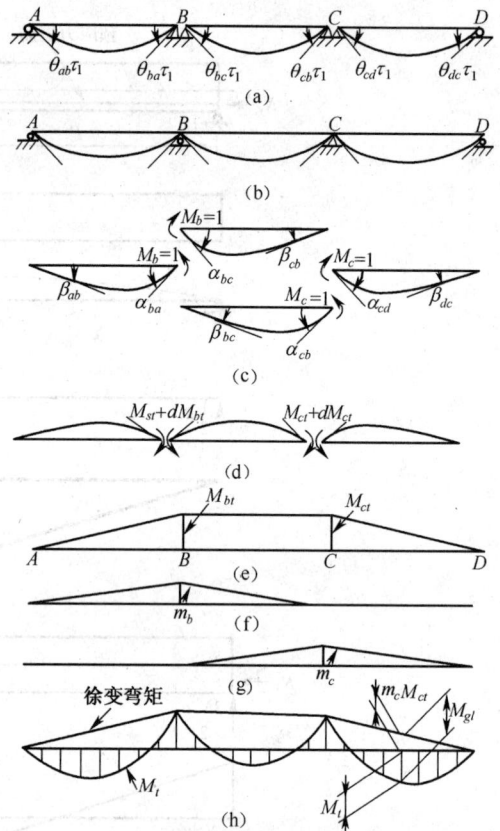

图 2-28　混凝土徐变对连续梁内力的影响

混凝土的徐变,是指混凝土在应力不变时,应变随时间而持续地增长的特性。混凝土蒸发失水时会产生收缩,收缩变形与混凝土中的应力情况无关。混凝土的徐变和收缩的影响,不仅在计算预应力损失值时要考虑,而且在确定结构的变形和分析超静定结构的内力时,也应该考虑。本书仅简单论述由徐变引起的次内力的计算原理。

当混凝土应力不超过其极限强度的 $40\% \sim 50\%$ 时,可按线性理论计算徐变对构件变形的影响。然后,根据结构变形的协调条件,便可求出徐变对超静定结构内力的影响。现以如图 2-28 所示的三跨连续梁为例说明徐变对超静定结构内力的影响。

设该连续梁的先期结构为三孔简支梁,它在自重及预加应力作用下的弹性挠度曲线如图 2-28(a)所示。在混凝土龄期为 τ_1 时,在各中间墩上面把它们联结起来,成为三跨连续梁。

设混凝土龄期为 t 时,在中间支承 B 处,AB 梁 B 端角变位的弹性部分为

$$\theta_{bat} = \theta_{ba,\tau1} + M_{bt}\alpha_{ba} \qquad (2\text{-}36)$$

BC 梁 B 端角变位的弹性部分为

$$\theta_{bct} = \theta_{bc,\tau1} + M_{bt}\alpha_{bc} + M_{ct}\beta_{bc} \qquad (2\text{-}37)$$

两相邻梁端的角变位差为

$$(\theta_{ba,\tau1} + \theta_{bc,\tau1}) + (\alpha_{ba} + \alpha_{bc})M_{bt} + M_{ct}\beta_{bc} \qquad (2\text{-}38)$$

由于混凝土徐变的影响,在瞬时 $\mathrm{d}t$ 内角变位差的变化为

$$\mathrm{d}\theta_b = (\theta_{ba,\tau1} + \theta_{bc,\tau1})\mathrm{d}\varphi_t + (\alpha_{ba} + \alpha_{bc})M_{bt}\mathrm{d}\varphi_t + M_{ct}\beta_{bc}\mathrm{d}\varphi_t \qquad (2\text{-}39)$$

考虑到梁端已经联结了，不能再发生角变位差的变化，故 M_{bt}、M_{ct} 必然发生变化。设 B 点的弯矩增加 $\mathrm{d}M_{bt}$，C 点的弯矩增加 $\mathrm{d}M_{ct}$，则变形协调方程为

$$(\theta_{ba,\tau1} + \theta_{bc,\tau1})\mathrm{d}\varphi_t + (\alpha_{ba} + \alpha_{bc})(M_{bt}\mathrm{d}\varphi_t + \mathrm{d}M_{bt}) + \beta_{bc}(M_{ct}\mathrm{d}\varphi_t + \mathrm{d}M_{ct}) = 0 \quad (2\text{-}40)$$

式中，$\mathrm{d}\varphi_t$ 为混凝土龄期为 t 时，徐变系数 φ_t 的变化率。α_{ba}、α_{bc} 和 β_{bc} 等的定义见图 2-28。

在中间支承 C 处，同理可得

$$(\theta_{cb,\tau1} + \theta_{cd,\tau1})\mathrm{d}\varphi_t + (\alpha_{cb} + \alpha_{cd})(M_{ct}\mathrm{d}\varphi_t + \mathrm{d}M_{ct}) + \beta_{cb}(M_{bt}\mathrm{d}\varphi_t + \mathrm{d}M_{bt}) = 0 \quad (2\text{-}41)$$

联解式(2-40)及(2-41)，得

$$M_{bt}\mathrm{d}\varphi_t + \mathrm{d}M_{bt} = -\frac{(\theta_{ba,\tau1} + \theta_{bc,\tau1})(\alpha_{cb} + \alpha_{cd}) - \beta_{bc}(\theta_{cb,\tau1} + \theta_{cd,\tau1})}{(\alpha_{ba} + \alpha_{bc})(\alpha_{cb} + \alpha_{cd}) - \beta_{bc}^2}\mathrm{d}\varphi_t \quad (2\text{-}42)$$

$$M_{ct}\mathrm{d}\varphi_t + \mathrm{d}M_{ct} = -\frac{(\theta_{cb,\tau1} + \theta_{cd,\tau1})(\alpha_{ba} + \alpha_{bc}) - \beta_{bc}(\theta_{ba,\tau1} + \theta_{bc,\tau1})}{(\alpha_{ba} + \alpha_{bc})(\alpha_{cb} + \alpha_{cd}) - \beta_{bc}^2}\mathrm{d}\varphi_t \quad (2\text{-}43)$$

令

$$M_b = -\frac{(\theta_{ba,\tau1} + \theta_{bc,\tau1})(\alpha_{cb} + \alpha_{cd}) - \beta_{bc}(\theta_{cb,\tau1} + \theta_{cd,\tau1})}{(\alpha_{ba} + \alpha_{bc})(\alpha_{cb} + \alpha_{cd}) - \beta_{bc}^2} \quad (2\text{-}44)$$

$$M_c = -\frac{(\theta_{cb,\tau1} + \theta_{cd,\tau1})(\alpha_{ba} + \alpha_{bc}) - \beta_{bc}(\theta_{ba,\tau1} + \theta_{bc,\tau1})}{(\alpha_{ba} + \alpha_{bc})(\alpha_{cb} + \alpha_{cd}) - \beta_{bc}^2} \quad (2\text{-}45)$$

则

$$\left.\begin{array}{l} M_{bt}\mathrm{d}\varphi_t + \mathrm{d}M_{bt} = M_b\mathrm{d}\varphi_t \\ M_{ct}\mathrm{d}\varphi_t + \mathrm{d}M_{ct} = M_c\mathrm{d}\varphi_t \end{array}\right\} \quad (2\text{-}46)$$

上列线性微分方程组的通解为

$$M_{bt} = M_b + C_b \cdot e^{-(\varphi_t - \varphi_{\tau1})}$$
$$M_{ct} = M_c + C_c \cdot e^{-(\varphi_t - \varphi_{\tau1})} \quad (2\text{-}47)$$

当结构体系由简支梁转换为连续梁时，$t = \tau_1$ 时，$M_{b\tau1} = 0$，$M_{c\tau1} = 0$。代入上式得 $C_b = -M_b$，$C_c = -M_c$。则最终的解可写为

$$\left.\begin{array}{l} M_{bt} = M_b[1 - e^{-(\varphi_t - \varphi_{\tau1})}] \\ M_{ct} = M_c[1 - e^{-(\varphi_t - \varphi_{\tau1})}] \end{array}\right\} \quad (2\text{-}48)$$

从上式可以看出，M_b、M_c 是作用在先期结构体系上的荷载（自重和预加应力等作用），按后期结构体系（连续梁）计算所得的支点弯矩。由此可见，徐变的影响能使初弯矩为零的支点弯矩最终趋近于 M_b、M_c，即趋近于按后期结构计算的结果。

由于混凝土徐变的影响，龄期为 t 时梁内各截面的徐变弯矩如图 2-28(e)所示。将其与原先期结构简支梁的弯矩 M_0 叠加，便得龄期为 t 时梁内任意截面的弯矩为：

$$\begin{aligned} M_t &= M_0 + m_b M_{bt} + m_c M_{ct} \\ &= M_0 + m_b M_b[1 - e^{-(\varphi_t - \varphi_{\tau1})}] + m_c M_c[1 - e^{-(\varphi_t - \varphi_{\tau1})}] \\ &= M_0 + m_b M_b + m_c M_c + [M_0 - M_0 - m_b M_b - m_c M_c]e^{-(\varphi_t - \varphi_{\tau1})} \end{aligned} \quad (2\text{-}49)$$

式中　M_0——作用在先期结构上的荷载按先期结构体系计算的弯矩，以下用 M_{g1} 表示；

m_b——由于 $M_b = 1$ 引起的，按先期结构体系计算的弯矩[图 2-28(f)]；

m_c——由于 $M_c = 1$ 引起的，按先期结构体系计算的弯矩[图 2-28(f)]。

从上列式中不难看出,作用在先期结构上的荷载按后期结构体系(连续梁)计算的弯矩,即 M_{g2} 为

$$M_{g2} = M_0 + m_b M_b + m_c M_c$$
$$= M_{g1} + m_b M_b + m_c M_c \tag{2-50}$$

则

$$M_t = M_{g2} + (M_{g1} - M_{g2})e^{-(\varphi_t - \varphi_{\tau 1})}$$
$$= M_{g1} + (M_{g2} - M_{g1})\left[1 - e^{-(\varphi_t - \varphi_{\tau 1})}\right] \tag{2-51}$$

4. 基础不均匀沉降引起的次内力的计算

连续梁墩台基础的沉降与地基土壤的力学性能有关,一般随时间而递增,其变化规律与徐变变化规律相似。这一过程可用下式来表达

$$\Delta_d(t) = \Delta_d(\infty)\left[1 - e^{-p(t-\tau)}\right] \tag{2-52}$$

式中　　$\Delta_d(t)$——t 时刻时的墩台基础沉降值;

　　　　$\Delta_d(\infty)$——$t = \infty$ 时刻墩台基础沉降的终极值;

　　　　p——墩台沉降增长速度。应根据实地土壤的试验资料确定。

根据墩台沉降规律,即可求出超静定结构相应的内力。如果假定墩台基础的沉降瞬时完成,则其产生的沉降内力可用结构力学的方法求得。

第四节　连续梁桥的设计与施工

本节对支架施工和顶推施工的连续梁桥的设计与施工方法进行简单的讨论,悬臂浇筑施工的预应力混凝土连续梁桥的设计在下一节有详细的讨论。

一、支架上施工的连续梁

1975 年,在北京东北环行线上建成了我国第一座预应力混凝土(双线)铁路连续梁桥—通惠河桥,其跨度为(26.7+40.7+26.7) m,如图 2-29 所示。线路中心距 4 m,每线为单室箱形截面变高度梁。在跨中处的梁高是 2.2 m,约为中间跨度的 1/18.5,在梁的中间支承处增加到 3.5 m,约为中间跨度的 1/11.6。从边跨跨中到梁端的一段,梁高保持 2.2 m 不变。从边跨跨中到中间支承处,梁的下缘做成二次抛物线形。中间跨度梁的下缘也为二次抛物线形。在中间支承处,为了安设支座,有 1 m 长的平直段。梁体混凝土标号为 500 号(相当于 C48 级),在满布式脚手架上就地灌注。预应力筋采用由 234 根 7ϕ3 mm 钢绞线组成的强大钢绞线束 2 束,集中设在两侧腹板内的 14×20 cm 的矩形钢套管内,沿纵向呈曲线配筋。钢绞线束沿梁体连续配筋,锚固于两端半环形张拉块体的锚固孔内。张拉块体与梁端间设置两组 5 000 kN 的千斤顶 6 台,施加预应力的总拉力达 24 500 kN。张拉后用预制垫块及干硬性混凝土填充张拉间隙。

二、顶推法施工的连续梁

1978 年,在西延线狄家河上,采用顶推法施工建成一座预应力混凝土连续梁桥,跨度组成为 4×40 m,梁体设计为等高度、变截面的单室箱形梁,如图 2-30 所示。箱形截面的高度为 3 m;腹板厚度为 160~520 mm;底板的宽度为 2.6 m,厚度 230~400 mm;顶板的厚度为

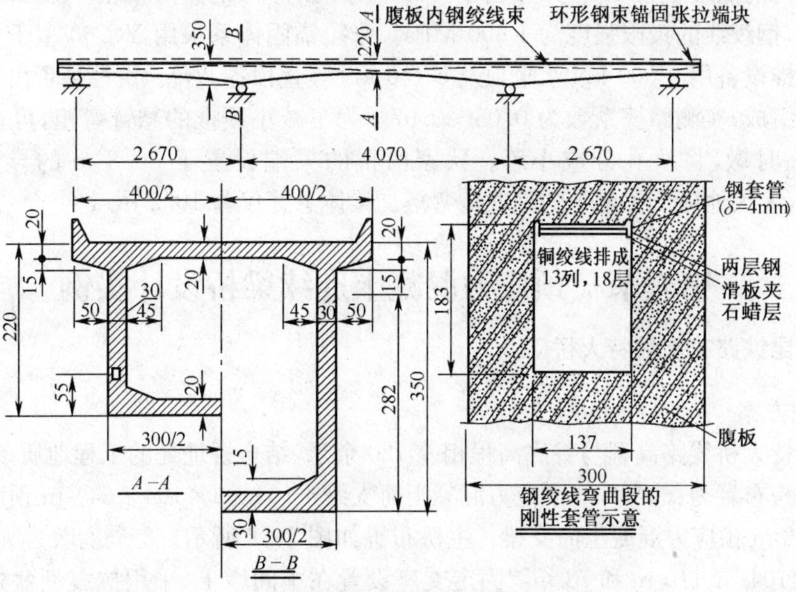

图 2-29 北京通惠河预应力混凝土铁路连续梁桥(单位:cm)

150~320 mm,全宽 3.9 m(图 2-31)。仅在各支座处设置隔板。

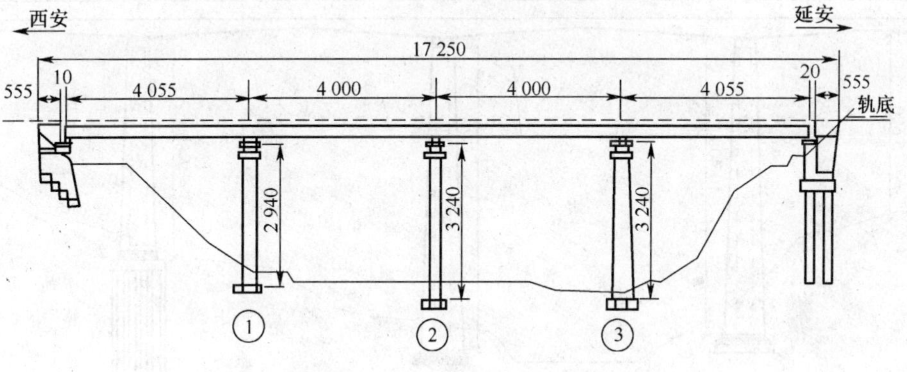

图 2-30 桥梁布置图(单位:cm)

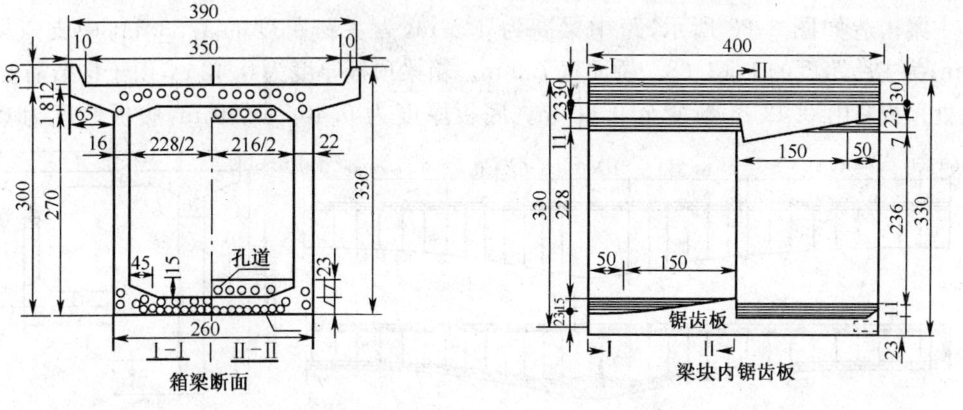

图 2-31 梁部结构预制块的构造图(单位:cm)

梁部结构的混凝土为 450 号(相当于 C43 级)。预应力钢筋由 5 根 7Φ4 mm 钢绞线束组成,共 40 束,钢绞线的极限强度为 1 600 MPa。张拉锚固体系采用 YC-60 型千斤顶及 JM-12 型锚具。顶推设备用 2 000 kN 水平顶及 3 140 kN 竖直顶各 2 台。滑移装置由聚四氟乙烯板与镍铬钢板组成,实测摩擦系数为 0.05~0.07。为了减小顶推的悬臂弯矩,可在梁端设置导梁,或加设临时墩,将桥孔分成小跨。狄家河桥的梁端设置了 30.8 m 的导梁,自重仅有 11.0 kN/m,大大地降低了梁中的悬臂负弯矩。梁体悬臂仅为 10.2 m。

第五节　预应力混凝土连续梁桥设计实例

一　内昆铁路花土坡特大桥

1. 桥型方案

花土坡特大桥线路高程与谷底高程相差 120 余米,结合桥址处的工程地质条件,花土坡特大桥设计孔跨布置为:6×32 m 预应力混凝土简支梁+(64+2×104+64) m 预应力混凝土连续梁+4×32 m 预应力混凝土简支梁。主桥布置如图 2-32 所示。3 个主墩为圆端形空心墩,墩高分别为 104 m、110 m 和 78 m。固定支座设置在中间墩上,采用抗震型盆式橡胶固定支座,主桥其余各墩采用纵向活动盆式橡胶支座。

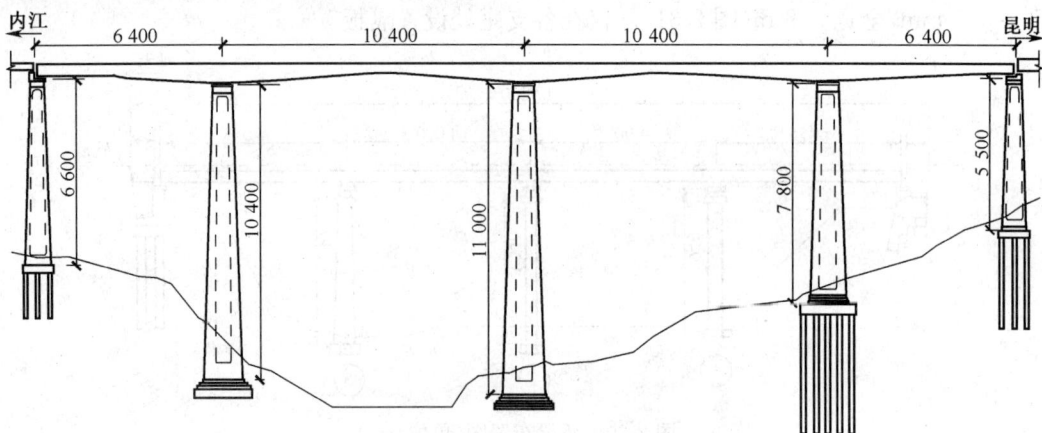

图 2-32　花土坡特大桥主桥布置图(单位:cm)

主梁构造如图 2-33 所示,跨中梁高为 4.5 m,为主跨跨度的 1/23.11,中支点梁高为 7.6 m,为主跨跨度的 1/13.68。桥面宽 7.0 m。箱梁顶板厚度为 0.42 m,由于构造需要,边跨端块处顶板厚由 0.42 m 渐变至 0.80 m。底板厚度为 0.40~0.90 m,腹板厚度为 0.40~

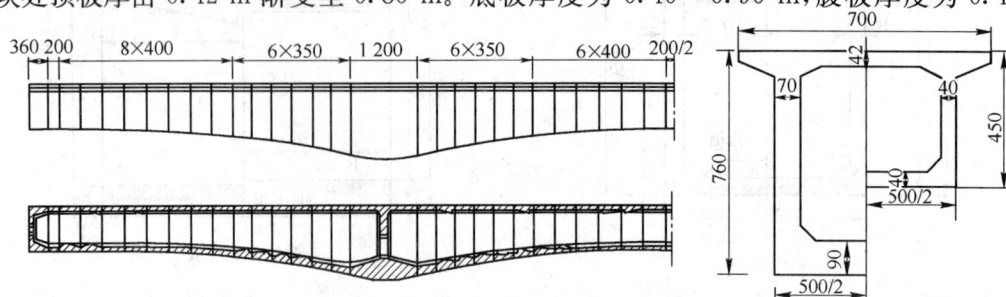

图 2-33　花土坡特大桥梁体构造图(单位:cm)

0.70 m。梁高及底板厚沿跨径方向按二次抛物线变化，跨中设 10 m 长的直线段。梁体悬臂浇筑节段划分为 3.0 m、3.5 m、4.0 m 三种。0 号段长度为 12 m。边跨端部节段长为 3.6 m，合龙段长为 2.0 m。

梁体按全预应力设计，综合考虑悬灌时每一节段张拉束数以及钢束在顶、底板的布置和锚固构造要求等因素，纵向顶板、腹板钢束采用 9-7Φ5 高强度低松弛钢绞线（f_{pk}＝1 860 MPa），底板钢束采用 12-7Φ5 高强度低松弛钢绞线（f_{pk}＝1 860 MPa）。顶板及中跨和边跨底板预留有备用孔道。在布置底板钢束锚固位置时，必须要考虑到同一截面锚固束不能过多，必要时应向支点方向分散布置，使锚固后底板不致因过大牵拉作用而开裂。

腹板竖向预应力钢筋为双根 Φ25 精轧螺纹粗钢筋，间距为 40～50 cm。悬臂浇筑阶段，竖向预应力钢筋亦用于挂篮走行轨道的锚固。在中支座处梁体横隔板下缘，为限制梁体横向变位，采用 Φ25 精轧螺纹粗钢筋对该部位施加横向预应力。

2. 设计计算结果简介

采用通用有限元软件对该桥上部结构进行了施工过程和运营阶段的静力分析，计算结果表明：施工阶段最大压应力为 13.28 MPa，最大拉应力为－1.12 MPa。在运营阶段，顶、底板最大压应力为 13.26 MPa，最小压应力为 1.92 MPa，截面均不出现拉应力；主跨跨中最大活载挠度 4.7 cm，边跨跨中最大活载挠度 1.7 cm。应力和变形均满足相关桥规要求。

二、福厦铁路乌龙江特大桥

1. 桥型方案

福厦铁路乌龙江特大桥分跨布置为 5×32 m 预应力混凝土简支箱梁＋(80＋3×144＋80) m 预应力混凝土连续梁＋3×32 m 预应力混凝土简支箱梁。主桥布置如图 2-34 所示。

梁端和主跨跨中梁高 6 m（高跨比 1/24），中支点梁高 11 m（高跨比 1/13.1）。中支点等高段长 8 m，主跨跨中等高段长 18 m，边跨梁端等高段长 17.9 m，其余梁段为变高段，梁高按圆曲线变化。箱梁顶宽 13.4 m，箱宽 7.2 m。顶板厚一般为 50 m，边跨端块处顶板厚由 50 cm 渐变至 100 cm，0、1 号块顶板加厚至 65 cm；底板厚 48～100 cm，在变高梁段按圆曲线变化；腹板厚 45～100 cm，按 45，60，80，100 cm 梯级变化，变化处梁段腹板厚按直线过渡。梁体在支座处设横隔板，全联共设 6 道横隔板。主桥箱梁截面如图 2-35 所示。

梁体采用 C55 混凝土，设三向预应力。顶、底、腹板设纵向预应力，采用 17-Φ15.24 高强低松弛钢绞线（f_{pk}＝1 860 MPa）。顶板设横向预应力，采用 4-Φ15.24 钢绞线。腹板内设竖向预应力，采用 Φ25 直径的 PSB830 预应力混凝土用螺纹粗钢筋，双排布置。

乌龙江特大桥处于Ⅶ度地震区，连续梁位于曲线上，选用球形减隔震支座。大桥共设 80 000 kN 支座 8 个，10 000 kN 支座 4 个。

2. 设计计算结果简介

采用通用有限元软件对该桥上部结构进行了施工过程和运营阶段的静力分析，主要计算结果为：

(1)在双线"中－活载"静载（折减系数 0.9）按挠度影响线加载作用下，中间主跨跨中最大挠度为 81 mm，为跨度的 1/1 779；边主跨跨中最大挠度为 79 mm，为跨度的 1/1 819；在双线"ZK 活载"静载（不折减）按挠度影响线加载作用下，中间主跨跨中最大挠度为 81 mm，为跨度的 1/1 779；边主跨跨中最大挠度为 77 mm，为跨度的 1/1 870。

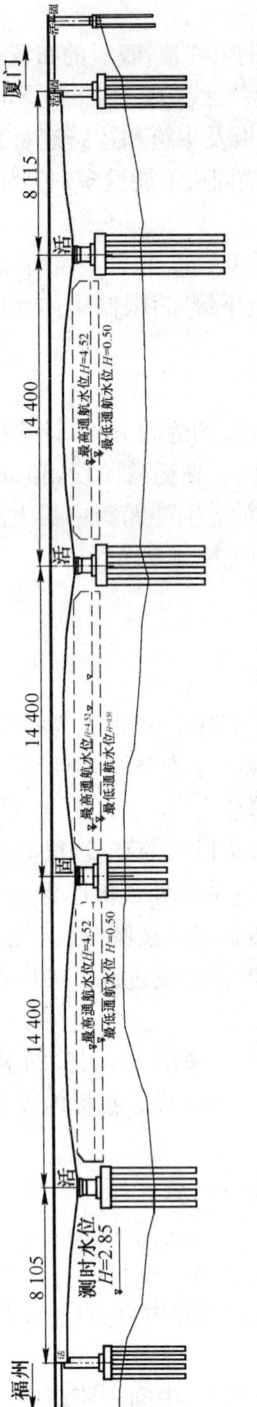

图 2-34 乌龙江特大桥主桥布置图（单位：cm）

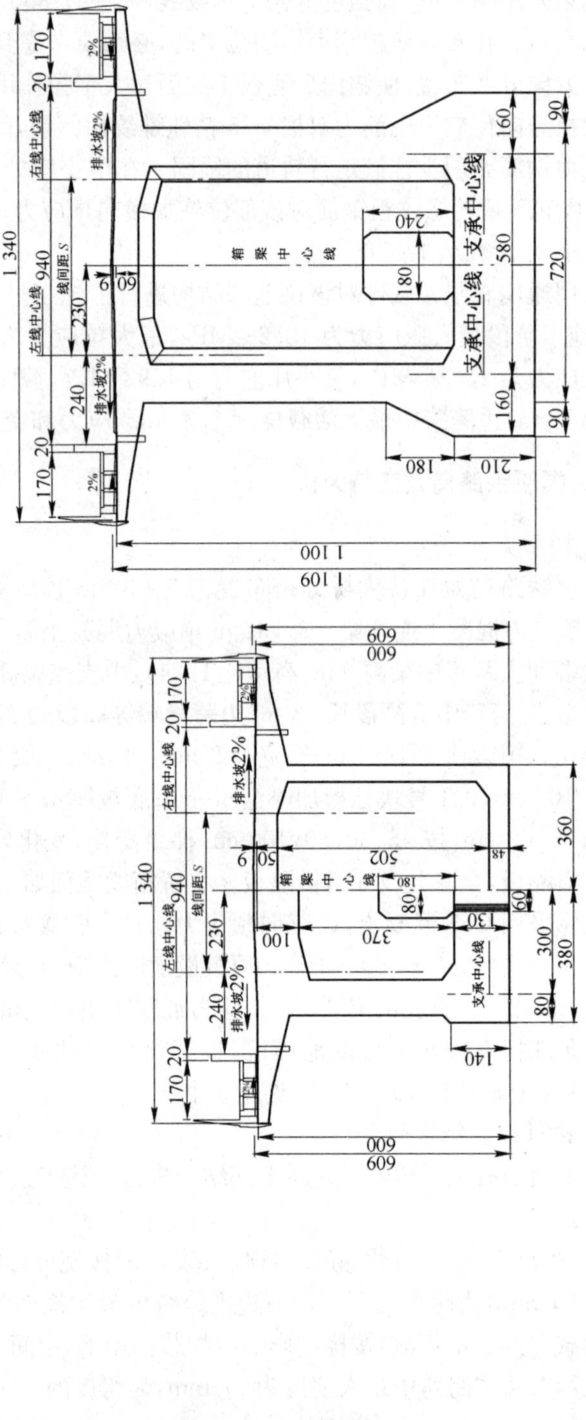

图 2-35 乌龙江特大桥主桥箱梁构造图（单位：cm）

（2）在双线活载作用并考虑动力放大系数时，梁端竖向折角最大值为 0.99‰。

（3）长期徐变作用下，中间主跨跨中徐变上拱，在轨道铺设以后徐变上拱度为 4.5 mm；边主跨跨中徐变下挠，在轨道铺设后徐变下挠值为 7.3 mm。

（4）梁部正应力：施工阶段主梁最大压应力为 13.0 MPa，最大拉应力为 −1.10 MPa。在运营阶段，截面不出现拉应力，除支点截面外，顶板最大压应力为 14.3 MPa，最小压应力为 1.58 MPa；底板最大压应力为 14.8 MPa，最小压应力为 1.57 MPa。

（5）梁部主应力：计算时考虑对竖向预应力进行折减，梁部最大主压应力为 14.64 MPa，最大主拉应力为 −1.89 MPa。最大主拉应力出现在 1/4 梁跨附近。

？复习思考题

1. 相对简支桁架桥，连续桁架桥有何优点？
2. 预应力混凝土连续梁都有哪些施工方法？

第 三 章
大跨度铁路刚构桥

第一节　铁路刚构桥的构造特点

一、概　述

桥跨结构(主梁)和墩台(支柱)整体相连的桥梁叫做刚构桥。由于主梁和支柱之间采用刚性连接,在竖向荷载作用下,将在主梁端部产生负弯矩,因而跨中的正弯矩减少了,跨中截面尺寸也相应得以减小。刚构桥的主梁高度一般可以较梁桥为小。因此,刚构桥通常适用于需要较大的桥下净空和建筑高度受到限制的情况,如立交桥、高架桥等。

目前修建最多的是混凝土刚构桥,在竖向荷载作用下,支柱除承受压力外,还承受弯矩。支柱一般也用混凝土构件做成。刚构桥在竖向荷载作用下,一般都产生水平推力。为此,必须要有良好的地基条件,或用较深的基础和用特殊的构造措施来抵抗推力的作用。

刚构桥大多做成超静定的结构形式,故在混凝土收缩、温度变化、墩台不均匀沉陷和预应力等因素的影响和作用下,会产生附加内力(次内力)。在施工过程中,当结构体系发生转换时,徐变也会引起附加内力。有时,这些内力可占整个内力的相当大的比例,在设计计算中必须予以考虑。

刚构桥的主要优点是:外形尺寸小,桥下净空大,桥下视野开阔,混凝土用量少。但钢筋的用量较大,基础的造价也较高。近30年来,随着预应力混凝土技术的发展和悬臂施工方法的广泛应用,刚构桥也得到了进一步的发展。

二、刚构桥的类型

刚构桥可以是单跨桥也可以是多跨桥。

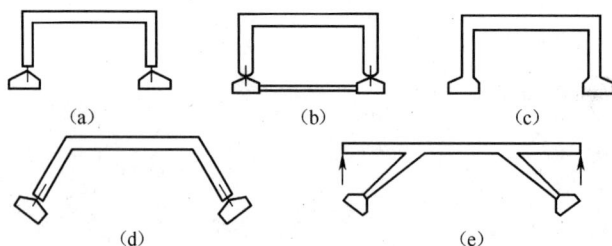

图 3-1　单跨刚构桥的类型

单跨刚构桥的支柱可以做成直柱式[叫做门形刚构,图 3-1(a),(b),(c)]或斜柱式[叫做斜腿刚构,图 3-1(d),(e)]。

单跨的刚构桥一般要产生较大的水平反力。为了抵抗水平反力,可用拉杆连接两根支柱的底端[图 3-1(b)]，或做成封闭式刚构。门形刚构也可在梁的两端带有悬臂[图 3-2(b)]，这样可减小水平反力，改善基础的受力状态，而且也有利于与路基的连接，但增加了主梁的长度。

斜腿刚构桥的压力线和拱桥相近，故其所受的弯矩比门形刚构要小，主梁跨度缩短了，但支承反力却有所增加，而且斜柱的长度也较大。因此，当桥下净空要求为梯形时，采用斜腿刚构是有利的，它可用较小的主梁跨度来跨越深谷或同其他线路立交[图 3-2(c)]。因此，国外有不少跨线桥或跨谷桥均采用斜腿刚构，它不仅造型轻巧美观，施工也较拱桥简单。例如 1977 年建成的南非新古里茨桥，两岸岩壁陡峭，跨越的山谷深达 70 m 左右。

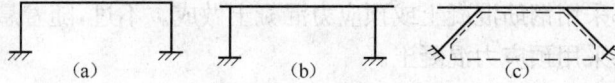

图 3-2　单跨刚构桥的桥式

为减小斜腿肩部的负弯矩峰值，可将支柱做成 V 形墩型式，如图 3-3。

图 3-3　V 形墩身的刚构桥

为了减少跨中的正弯矩和挠度，并有利于采用悬臂法施工，也可做成两端带斜拉杆的型式，如图 3-4，施工时可在端部压重。如联邦德国柏林的 Dischinger 桥。

图 3-4　两端带斜拉杆的刚构桥

多跨刚构桥的主梁，可以做成连续式或非连续式。后者是在主梁跨中设铰或悬挂简支梁(图 3-5)，形成所谓 T 形刚构或带挂梁的 T 形刚构，这样有利于采用悬臂法施工，而静定结构则能减小次内力、简化主梁配筋。

对于连续式主梁的多跨刚构桥，当全长太大时，宜设置伸缩缝，或者做成数座互相分离的连续式主梁的刚构桥，如图 3-6 所示。这种型式常用于城市高架桥。

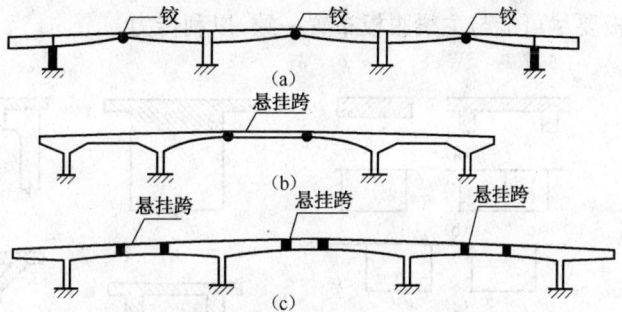

图 3-5　非连续式主梁的刚构桥

图 3-6　分离式多跨刚构桥

中小跨度的连续式刚构桥通常做成等跨，以利于施工。跨度较大时，为了减小边跨的弯矩，使之与中跨的相近，有利于设计和构造，也可使边跨跨度小于中跨。有时，当连续刚构边跨的跨度远小于中间跨时,可能导致主梁端支座承受很大的上拔力,需要进行特殊的处理。通常可将边跨主梁截面改成实体的,或加平衡重,以使端支座获得正的反力(压力),见图3-4。

目前,多跨连续刚构桥发展很快,由于它具有无需大型支座、线型匀称、施工技术成熟等一系列优点,故在技术经济比较时,常胜于连续梁桥,在铁路和公路桥梁中占有相当大的比例。

刚构桥的支承分铰结[图3-1(a)]和固结[图3-1(c)]两种。固结刚构桥的基础要承受固端弯矩;其次,其内力也较铰结刚构桥大许多,但好处是主梁弯矩可减小。铰结刚构桥的构造和施工都比较复杂,养护也比较费时。

刚构桥可以全部采用钢筋混凝土或预应力混凝土做成。不过,随着悬臂施工技术的发展,绝大多数的刚构桥都采用预应力混凝土。

三、刚构桥的构造特点

1. 一般构造特点

刚构桥的桥面构造与梁式桥相同。

主梁截面形状与梁桥相同,可做成图3-7所示的各种型式。主梁在纵方向的变化可做成等截面、等高变截面和变高度三种。有时,还可把主梁做成几种不同的截面型式,以适应内力的变化和方便施工。例如,主梁跨中段做成肋式,支承段做成箱形。对小跨度宜采用等高度主梁,以利施工。变高度主梁的底缘形状可以是:曲线形、折线型、曲线加直线等,这主要应根据主梁内力的分布情况,按等强度原则选定。在下缘转折处,为保证底板的刚度,一般均宜设置横隔墙(详见节点构造部分)。

支柱有薄壁式和立柱式,如图3-8所示。立柱式中又可分为多柱和单柱。多柱式的柱顶通常都用横梁相连,形成横向框架,以承受侧向作用力。当立柱较高时,尚应在其中部用横撑将各柱连接起来。当桥梁很高时,为了增加其横向刚度,还可做成斜向立柱,如图3-9。支柱的横截面可以做成实体矩形、I字形或箱形等。对于单柱式,其截面要与主梁截面相配合,腹板要尽可能与主梁腹板布置一致,以利传力。

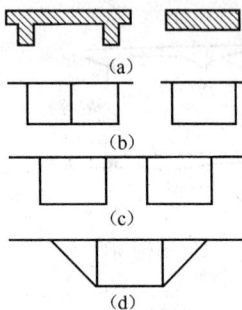

图3-7 主梁截面型式　　　图3-8 支柱型式　　　图3-9 横向倾斜支柱

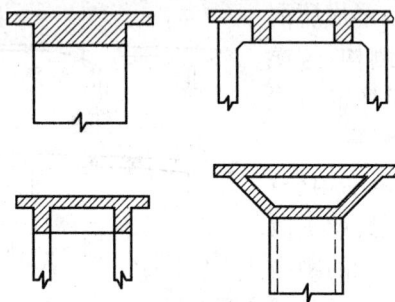

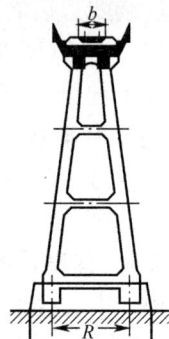

2. 刚构桥的节点构造

刚构桥的节点系指立柱与主梁相连接的地方,又称角隅节点。该节点必须具有强大的刚度,以保证主梁和立柱的刚性连接。隅节点和主梁(或立柱)相连接的截面受有很大的负弯矩,因此在节点内缘,混凝土受有很高的压应力。节点外缘的拉力由钢筋承担。如图3-10所示,压力和拉力形成一对强大的对角压力,对隅节点产生劈裂作用。

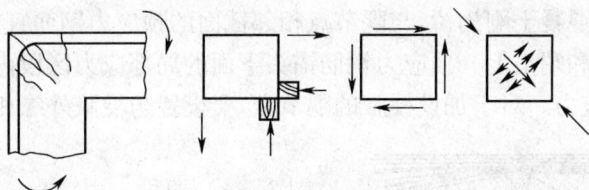

图 3-10　隔节点受力示意图

图 3-11　板式刚构隔节点处梗腋图

对于板式刚构［图 3-7(a)］，可在节点内缘加梗腋（图 3-11)，以改善其受力情况，而且可以减少配筋，以利施工。隔节点的外缘钢筋必须连续绕过角隅之后加以锚固。

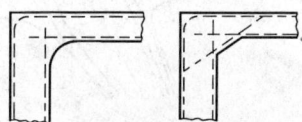

对于主梁为肋式的刚构，其隔节点可以用图 3-12 所示的方法加设梗腋：(a)式仅在桥面板加设梗腋；(b)式则仅梁肋加设梗腋，(c)式则两者都设梗腋。必要时还可以在主梁底缘加设底板，使隔节点附近的主梁成为箱形截面（图 3-13)。对于立柱也可采用类似方法处理。这样可以大大增加受压区混凝土的面积，改善受力情况。

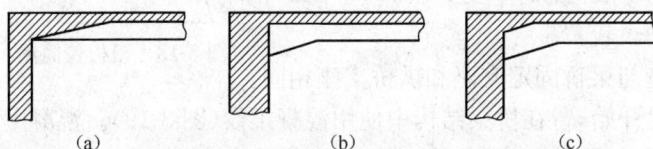

图 3-12　加梗腋的肋式主梁

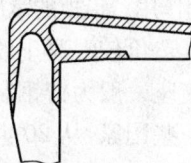

图 3-13　主梁加设底板

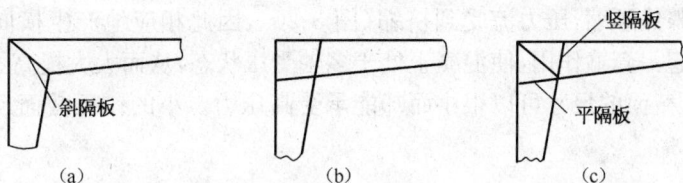

图 3-14　箱形截面刚构隔节点型式

当主梁和立柱都是箱形截面时，隔节点可做成图 3-14 所示的三种型式：(a)式仅在箱形截面内设置斜隔板；斜隔板抵抗对角压力最为有效，传力直接，施工简单，但(a)式中主筋的布置不如(b)式和(c)式方便。(b)式设有竖隔板和平隔板，其传力间接，受力情况较差，但构造和施工较简单。(c)式兼有竖隔板、平隔板和斜隔板，节点刚强，布置主筋也较方便，但施工很麻烦。采用(a)式时，斜隔板应有足够的厚度。有时，为了使隔节点有强大的刚性，并简化施工，也可将它做成实体的。

斜腿刚架桥的斜支柱与主梁相交的节点，根据截面型式的不同，可以做成图 3-15 所示的两种型式。图 3-16 示出一种型式的预应力钢筋布置。

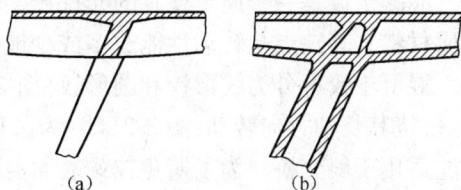

关于隔节点的配筋，当采用普通钢筋混凝土时，一定要有足够的连续钢筋绕过隔节点外缘（图 3-17)，否则，外缘混凝土由于受拉会产生裂缝。

图 3-15　斜柱与主梁相交的节点型式

对于受力较大的节点，在对角力的方向要设置受压钢筋，在和对角力相垂直的方向要设置防劈钢筋。如果是预应力混凝土刚构桥,与隅节点相邻截面的预应力钢筋宜贯穿隅节点,并在隅角内交叉后锚固在梁顶和端头上。预应力钢筋锚头下面的局部应力区段内尚应设置箍筋或钢筋网,用以承受局部拉应力。对于加设梗腋的隅节点,要设置与梗腋外缘相平行的钢筋。

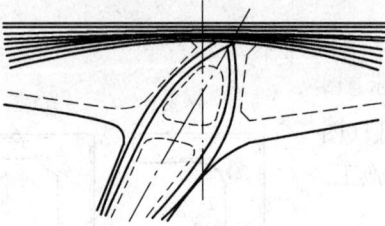

图 3-16　节点预应力钢筋

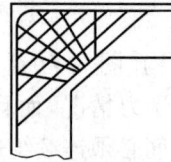

图 3-17　隅节点普通钢筋的设置

3. 铰的构造

刚构桥的铰支座,按其所用的材料分别有:铅板铰、混凝土铰和钢铰。

铅板铰在支柱底面与基础顶面之间垫铅板,中设销钉,销钉的上半截伸入柱内,下半截伸入基础内(图 3-18),利用铅材容易产生变形的特点形成铰的转动作用。铅板的承压强度不高,一般仅容许承受 $10\sim15$ N/ mm^2 的压应力。其造价较混凝土铰要高,养护也较费事。

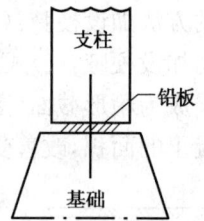

钢铰支座一般为铸钢制成,其构造与梁桥固定支座和拱桥支座相同。

图 3-18　铅板铰简图

西欧一些国家,从 20 世纪 60 年代开始,曾在桥梁结构中使用混凝土铰(图 3-19)。混凝土铰就是在需要设置铰的位置将混凝土截面骤然减小(称为颈缩),使截面刚度大大减小,因而该处的抗弯能力很低,可产生结构所需要的转动,这样就形成了铰的作用。

由于截面的骤然颈缩,压力流受到挤缩(图 3-20),因此相应地产生横向压力。该横向压力对铰颈混凝土起一套箍作用,使混凝土处于多轴受压状态,从而大大提高了铰颈混凝土的抗压强度,故此铰颈截面的尺寸可以很小而却能承受高压力。小的铰颈截面尺寸显然对铰的转动有利。

图 3-19　混凝土铰简图

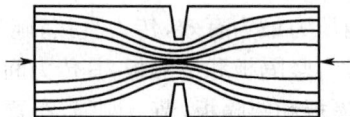

图 3-20　混凝土铰压力流线

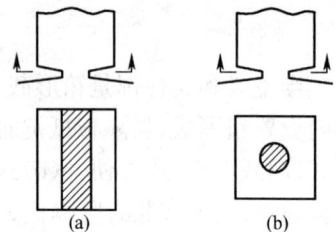

图 3-21　混凝土铰的类型

混凝土铰是一个简单便宜的允许产生转角的构造形式。它不怕锈蚀,养护工作量小,节约金属材料。其缺点是转动性能或多或少地受到约束,转角较大时会在铰颈截面产生裂缝。

混凝土铰可分为线形铰和圆形铰(图 3-21)。其中图 3-21(a)为线形铰,其铰颈截面为矩形,仅绕其长轴方向转动;图 3-21(b)为圆形铰,其铰颈截面为圆形,可在任意方向产生转动,故能适用于斜交桥。为了避免铰颈表面混凝土崩裂,线形铰不仅在转动方向颈缩,而且在另一方向也稍加颈缩(图 3-22)。

铰颈截面可不设钢筋,或仅设置直径较细的纵向钢筋。钢筋穿过铰颈截面的转动轴,这样对转动的阻碍最小。直径较粗的纵向钢筋一方面会增加对转动的阻力,影响铰的功能;另一方面还会约束其周围混凝土的变形,对铰颈混凝土受力不利。当铰颈截面承受剪力时,为了分担剪力,可设置斜向的纵向钢筋(图3-23)。

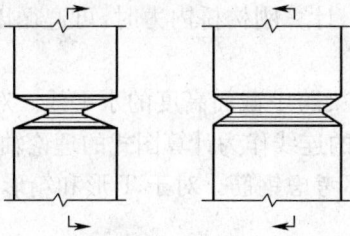

图3-22　双向颈缩线形铰

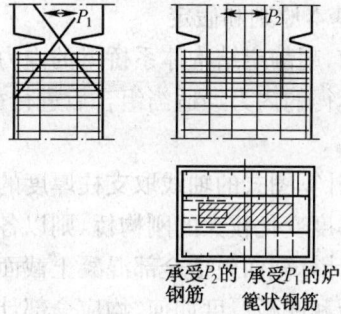

承受P_1的钢筋　承受P_1的炉篦状钢筋

图3-23　混凝土铰的钢筋构造

为使混凝土铰能充分发挥其抗压能力,在铰颈截面两侧的支柱和基础内应设置防劈钢筋。防劈钢筋可做成钢箍状、螺旋状、炉篦状或网状。

此外,为了阻止铰颈裂缝的延伸,还应设置一定的纵向钢筋。在地震区,还可在铰区设置两排纵筋,并用钢箍或螺旋筋包住,用以抵抗地震力和过大的转动。

第二节　混凝土刚构桥的结构计算

一、刚构桥的主要尺寸

刚构桥的主要尺寸是主梁跨度和高度,支柱高度和厚度,以及桥跨的横向宽度。这些尺寸决定了主梁和支柱的刚度及两者的比例。主梁与支柱的刚度比则决定了刚构的内力分布。当主梁和支柱的刚度比很大时,也就是支柱相对很柔时,支柱承担弯矩很小,主梁端部负弯矩很小,跨中正弯矩大,趋于简支梁的情况;反之,如果此刚度比很小,则主梁负弯矩增大,正弯矩减少,趋于固端梁情况。显然,刚度比还影响到基础的水平推力和次内力的大小。同时,主梁和支柱尺寸的确定还应保证结构的变形不超过容许值。

刚构桥两端悬臂长为中跨跨度的0.2~0.5倍。悬臂加长,端支柱弯矩可减小,跨中正弯矩也可减少,但主梁变形较大,中跨主梁弯矩变化也较大。三跨连续刚构桥,边跨一般为中跨的0.7倍或相等,个别预应力混凝土桥中,边跨可仅为中跨的0.2。斜腿刚构桥的边跨通常为中跨的0.5倍左右。斜柱的倾斜角度在40°~60°之间。

刚架桥的主梁高度,在大跨度预应力刚架桥中,高跨比通常多在1/30~1/40左右,当采用变高度梁时,端部梁高可为跨中梁高的1.2~2.5倍,甚至更高。加大端部的梁高,通常可使正弯矩减小,正弯矩区缩短,使主梁大部分承受负弯矩,这样可使大多数预应力钢筋布置在梁的顶部,构造和施工均较简单。

支柱在纵向的厚度可采用其高度的1/8~1/15,支柱较高时用较小的比值,较矮时用较大的比值。支柱在桥横向的尺寸要与主梁相配合,并进一步考虑桥的横向刚度和稳定来加以确定。

预应力混凝土连续刚构桥箱梁根部的高跨比一般为1/15~1/20,多数为1/18左右;主梁跨中箱梁的高跨比通常为1/50~1/60。Stolma桥的根部梁高为15 m,高跨比为1/20;跨中梁高为3.5 m,高跨比为1/86,值得借鉴。

二、刚构桥的内力计算

1. 基本原则和假定

目前,超静定结构体系桥梁的内力,仍按在运营荷载作用下,结构为弹性的假定进行计算,然后用算得的内力经适当组合后进行截面强度的验算。计算刚构桥内力时,可遵循以下原则和假定:

(1)计算图式的轴线取支柱厚度的中分线和平分主梁跨中截面高度的水平线。对于截面高度或厚度变化较大的刚构桥,则以各截面高度中分点的连线作为计算图式的理论轴线。

(2)计算截面包括全部混凝土截面(包括受拉区),不考虑钢筋。对于 T 形和箱形截面,不论其顶板和底板厚度如何,均应全部计入计算截面。

(3)计算变位时,一般可略去轴向力和剪力,仅计弯矩的影响。但在计算张拉力作用所产生的次内力时,则必须计入轴向力对变位的影响。

(4)当采用变截面的主梁和支柱时,如果在同一构件中最大截面惯性矩超过最小截面惯性矩的两倍时,则应考虑此项变化的影响。

(5)在主梁与支柱相交接的区域,其截面惯性矩与其他地方相比要大得多,可视为趋于无限大,此区域的变形实际上非常之小,因此在计算内力时,可不考虑此区域变形的影响。

(6)当刚构奠基于压缩性甚小的土壤中时,支柱底端可认为是固定的。若刚构奠基于中等坚实的土壤时,则仅在下列情况下,支柱底端可认为是固定的,即:由于基础有足够大的尺寸,致使基础底面一边的土压应力与另一边之比不大于三倍时。

(7)关于混凝土的弹性模量 E_c。根据现行相关桥规规定,截面刚度按 $0.8E_cI$ 计,其中惯性矩 I 的计算规定如下:

对于静定结构,不计混凝土受拉区,计入钢筋;

对于超静定结构,包括全部混凝土截面,不计钢筋。

2. 竖直荷载作用下的内力计算

有关刚构桥在竖直荷载作用下的内力计算(包括变截面门式刚架,斜腿刚构等)均可参阅有关的结构力学书籍或用现有的电算程序解决,目前一般按平面结构计算,但也可按空间结构进行分析,此不赘述。

3. 预应力作用所生次内力的计算

对于超静定的刚构桥,预应力的作用将引起次反力,产生次内力。例如铰支门形刚构桥,其预应力的合力线如图 3-24(b)虚线所示,图 3-24(a)所示为预应力的偏心弯矩。当主梁承受轴心预应力时,其变形如图 3-25(a)所示。主梁承受预应力偏心弯矩时,变形如图 3-25(b)所示。可见,它们均引起向外的水平次反力,起着抵消预应力的作用。图 3-25(c)表示当支柱承受预应力偏心弯矩作用时的变形情况,此时在支承引起向内的水平反力。一般来说,主梁所受张拉力较大,构件较长,因此产生的次内力也较大,而对支柱(柔性墩),预应力的影响较小。因

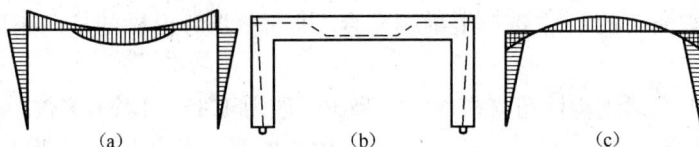

(a)　　　　　　　(b)　　　　　　　(c)

图 3-24　刚构承受预应力作用

此，预应力次内力主要对主梁产生影响。

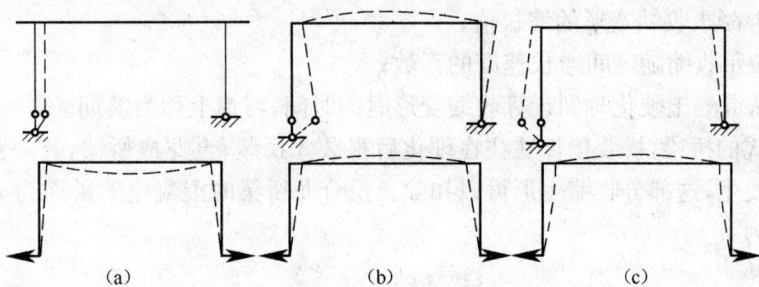

图 3-25　预加应力作用下的刚构变形

此时，由于预应力作用所引起的次反力为：

$$R = -\Delta_{Ry}/\delta_{RR} \tag{3-1}$$

式中　Δ_{Ry}——预应力作用时，刚构基本体系沿水平反力 R 方向的变位；

δ_{RR}——单位力 $R=1$ 作用时，刚构基本体系沿水平反力 R 方向的变位。

略去剪力对变形的影响，计算公式为：

$$\Delta_{Ry} = \int \frac{\overline{M}_R M_y}{EI}\mathrm{d}s + \int \frac{\overline{N}_R N_y}{EA}\mathrm{d}s \tag{3-2}$$

$$\delta_{RR} = \int \frac{\overline{M}_R^2}{EI}\mathrm{d}s + \int \frac{\overline{N}_R^2}{EA}\mathrm{d}s$$

式中　M_y、N_y——预应力作用时，刚构基本体系所产生的弯矩和轴力；

$\overline{M}_R$、$\overline{N}_R$——单位力 $R=1$ 作用时，刚构基本体系所产生的弯矩和轴力。

在实际计算中，分段数值积分是一个普遍适用的方法。假设将主梁分成 n 段，每段长度 Δx；将支柱分成 m 段，每段长度 Δy。将 Δ_{Ry}、δ_{RR} 沿刚构全长分段求和，得：

$$\delta_{RR} = \sum_{i=1}^{n} \frac{y_{\mathrm{b}i}^2}{EI_{\mathrm{b}i}}\Delta x + 2\sum_{i=1}^{m} \frac{y_{\mathrm{c}i}^2}{EI_{\mathrm{c}i}}\Delta y$$

$$\Delta_{Ry} = -\sum_{i=1}^{n} \frac{N_{\mathrm{b}yi}}{EA_{\mathrm{b}i}}\Delta x + \sum_{i=1}^{n} \frac{y_{\mathrm{b}i}M_{\mathrm{b}yi}}{EI_{\mathrm{b}i}}\Delta x + 2\sum_{i=1}^{n} \frac{y_{\mathrm{c}i}M_{\mathrm{c}yi}}{EI_{\mathrm{c}i}}\Delta y \tag{3-3}$$

式中　$N_{\mathrm{b}yi}$——主梁 i 截面所受预应力的轴向分力；

$M_{\mathrm{b}yi}$——主梁 i 截面所受预应力的偏心弯矩；

$M_{\mathrm{c}yi}$——支柱 i 截面所受预应力的偏心弯矩。

$$N_{yi} = A_{yi}\sigma_{yi}\cos\alpha_i \tag{3-4}$$

$$M_{yi} = e_i A_{yi}\sigma_{yi}\cos\alpha_i \tag{3-5}$$

式中　A_{yi}——截面 i 的预应力钢筋面积；

σ_{yi}——钢筋的预应力大小；

e_i——预应力的偏心距；

α_i——预应力钢筋与截面 i 相交点切线的倾角。

预应力作用所产生的次内力，可以通过调整预应力钢筋的位置，或者通过调整支点反力来消减。

4. 混凝土收缩引起次内力的计算

混凝土收缩相对变形的变化规律为

$$\varepsilon_{st}=\varepsilon_{s\kappa}(1-e^{-pt}) \tag{3-6}$$

式中　$\varepsilon_{s\kappa}$——混凝土收缩变形的终极值；

　　　p——表示收缩随时间增长速度的系数；

　　　t——从混凝土硬化时到计算收缩变形时的时间，习惯上称为龄期。

对于拼装式的桥梁，拼装构件往往在硬化后很久才拼装、合龙成桥梁，有一部分收缩变形在合龙前已经发生，这部分收缩变形可以扣除。设合龙桥梁时混凝土的龄期为τ，则此时已发生的收缩变形为

$$\varepsilon_{s\tau}=\varepsilon_{s\kappa}(1-e^{-p\tau}) \tag{3-7}$$

因此在合龙后混凝土龄期为t时所产生的收缩变形为

$$\varepsilon_s=\varepsilon_{st}-\varepsilon_{s\tau}=\varepsilon_{s\kappa}e^{-p\tau}[1-e^{-p(t-\tau)}] \tag{3-8}$$

如果在桥梁中，各组成构件在合龙时的龄期不同，则应分别进行计算，或近似用平均值计算。

对于钢筋混凝土桥，按温度降低$15\sim20℃$来计算收缩变形所产生的次内力，即计算的混凝土收缩的终极值为：

$$\varepsilon_{s\kappa}=\alpha\cdot t=15\times10^{-5}\sim20\times10^{-5}$$

对于超静定的刚构桥，混凝土的收缩将在其中产生次内力。对于这里所讨论的铰支门形刚架，由于混凝土收缩引起的水平方向次反力为：

$$R=-\frac{\Delta_{Rs}^b}{\delta_{RR}} \tag{3-9}$$

式中，Δ_{Rs}^b是由于混凝土收缩在基本体系活动支承端水平反力R方向所产生的位移。

$$\Delta_{Rs}^b=\int_0^l\varepsilon_s^b\mathrm{d}x \tag{3-10}$$

式中　l——主梁长度；

　　　b——表示主梁。

对于斜腿刚构，尚应计及斜支柱的收缩所引起的位移。每一斜支柱收缩所产生的水平位移为：

$$\Delta_{Rs}^c=\int_0^s\varepsilon_s^c\cos\theta\mathrm{d}s \tag{3-11}$$

总位移为：

$$\Delta_{Rs}=\Delta_{Rs}^b+2\Delta_{Rs}^c=\int_0^l\varepsilon_s^b\mathrm{d}x+2\int_0^s\varepsilon_s^c\cos\theta\mathrm{d}s \tag{3-12}$$

式中　s——斜支柱长度；

　　　θ——斜支柱倾角；

　　　c——表示支柱。

将式(3-10)或式(3-12)代入式(3-9)即可求得次反力。

混凝土收缩变形引起了次内力，徐变也伴随而来。由于徐变的影响，收缩所产生的次内力将会减小。同时，混凝土的收缩变形还受当地当时的气温和湿度的影响。由于钢筋的存在，混凝土收缩变形受到约束，钢筋和混凝土之间的应力也将发生重分配。一般在初步设计阶段均可按式(3-9)进行计算。

5. 混凝土徐变所产生次内力的计算

在超静定结构中，只有当体系发生转换时，混凝土徐变才引起内力的变化，这种内力变化

即徐变所产生的次内力。

如图 3-26(a)所示的简支梁，受载发生弯曲，当混凝土龄期为 τ 时，将两端固结，如图 3-26(b)；如果荷载不发生变化，由于徐变影响将在两端产生固端弯矩，因而减小了跨中正弯矩，如图 3-27 所示。如荷载和结构都是对称的，则固端弯矩的大小为：

$$M_a = -\frac{\theta_0^e}{\bar{\theta}_{ab}^e}\left[1 - e^{-(\varphi_t - \varphi_\tau)}\right] \tag{3-13}$$

式中　θ_0^e——简支梁受载后，梁端的弹性转角；

$\bar{\theta}_{ab}^e$——简支梁梁端作用单位力矩时，梁端的转角；

φ_t——计算徐变影响时，混凝土的龄期为 t 时的徐变系数；

φ_τ——将简支梁两端固结时，混凝土的龄期为 τ 时的徐变系数。

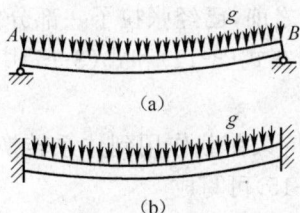

图 3-26　体系转换

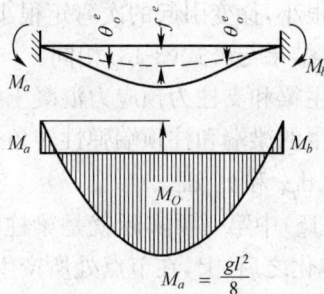

图 3-27　徐变次内力

如图 3-28 所示的门形刚架，设主梁为整体预制，架设到支柱上，然后再把梁柱接头整体化，体系因而发生了转换，于是自重应力所产生的徐变将引起刚架的内力重分布。

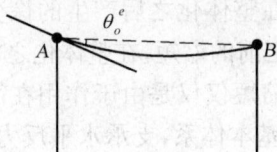

图 3-28　刚架施工时的变形

图 3-29　计算时的基本体系

现选用图 3-29 为基本体系；M_a 为任意时刻 t 时由徐变所引起的端部弯矩；τ 为梁柱整体化时混凝土的龄期。则在任意时刻、在 $\mathrm{d}t$ 时间内，由于徐变产生的徐变转角的增量为：

$$(\theta_o^e + M_a\bar{\theta}_{ab}^e)\mathrm{d}\varphi_t$$

由于端弯矩增量 $\mathrm{d}M$ 所产生的转角为 $\mathrm{d}M_a \cdot \bar{\theta}_{ab}^e$，主梁端截面总的转角为：

$$(\theta_o^e + M_a\bar{\theta}_{ab}^e)\mathrm{d}\varphi_t + \bar{\theta}_{ab}^e\mathrm{d}M_a$$

同样，支柱顶截面的转角为（柱端 M_e 与梁端 M_a 大小相等，但方向相反）：

$$-(M_a\bar{\theta}_{ac}^e\mathrm{d}\varphi_t + \bar{\theta}_{ac}^e\mathrm{d}M_a)$$

根据变形协调条件，主梁与支柱的夹角不变，上列两个端截面转角应相等：

$$(\theta_o^e + M_a\bar{\theta}_{ab}^e)\mathrm{d}\varphi_t + \bar{\theta}_{ab}^e\mathrm{d}M_a = -(M_a\bar{\theta}_{ac}^e\mathrm{d}\varphi_t + \bar{\theta}_{ac}^e\mathrm{d}M_a) \tag{3-14}$$

由此得：$\dfrac{\mathrm{d}M_a}{\mathrm{d}\varphi_t} + M_a + \dfrac{\theta_o^e}{\bar{\theta}_{ab}^e + \bar{\theta}_{ac}^e} = 0$

其通解为：

$$M_a = Ce^{-\varphi_t} - \frac{\theta_o^e}{\bar{\theta}_{ab}^e + \bar{\theta}_{ac}^e}$$

利用初始条件：$\varphi_t = \varphi_\tau$ 时，$M_a = 0$

得：$C = \dfrac{\theta_o^e}{\bar{\theta}_{ab}^e + \bar{\theta}_{ac}^e} e^{\varphi_\tau}$

代入通解，整理得：

$$M_a = -\dfrac{\theta_o^e}{\bar{\theta}_{ab}^e + \bar{\theta}_{ac}^e}\left[1 - e^{-(\varphi_t - \varphi_\tau)}\right] \tag{3-15}$$

式中　θ_o^e——刚架主梁安装就位后的梁端弹性转角；

　　　$\bar{\theta}_{ab}^e$——主梁两端作用单位力矩时所产生的梁端转角；

　　　$\bar{\theta}_{ac}^e$——柱顶作用单位力矩所产生的柱顶端转角。

从上式可见，如果支柱很柔细，近似于简支梁，好像体系没有转换一样，此时 $\bar{\theta}_{ac}^e$ 很大，分式的值趋于很小，徐变引起的次弯矩很小；反之，如果支柱很刚劲，$\bar{\theta}_{ac}^e$ 趋于零，此情况趋于两端固定主梁，其结果与公式(3-13)相同。

如果主梁和支柱为预应力混凝土构件，在梁柱整体化之前，已经张拉了一部分钢筋，由于预应力产生的梁端和柱顶端弹性转角分别为 θ_{yab}^e 和 θ_{yac}^e，则在式(3-14)和式(3-15)中尚应增加相应项 $\theta_{yab}^e \mathrm{d}\varphi_t$ 和 $\theta_{yac}^e \mathrm{d}\varphi_t$。

式(3-15)中第一项实际就是梁柱整体化之前施加的持久荷载作用到体系转换后的刚架（梁柱整体化之后）上，在节点处所产生的弯矩，因此，式(3-15)可写成

$$M_a = M_a^o\left[1 - e^{-(\varphi_t - \varphi_\tau)}\right] \tag{3-16}$$

当计算徐变终极时的次内力时，式中 φ_t 改用 φ_k，即徐变特征的终极值。此时 M_a 趋于 M_a^o。

以上所述是由于在梁柱整体化之前发生的梁端转角，在整体化之后产生的徐变影响所引起的二次弯矩。除此之外，还有由于在张拉主梁至整体化之前的缩短，在整体化之后产生的徐变影响所引起的次内力。以上述的门式刚架为例，主梁的缩短仅仅是由于作用在简支主梁上的预应力所引起的。设此缩短为 Δ_o^e，取简支的刚架体系为基本体系，支承水平反力为未知力。假设 R 为在任意时刻 t 时，由于徐变所引起的水平反力，τ 为梁柱整体化时混凝土的龄期。

在任意时刻 t 时、在 $\mathrm{d}t$ 时段内，由于徐变产生的主梁缩短为：

$$(\Delta_o^e + R\delta_{ab}^e)\mathrm{d}\varphi_t$$

在 $\mathrm{d}t$ 时段内，由于 R 的增量 $\mathrm{d}R$ 所引起的主梁缩短为：

$$\mathrm{d}R \cdot \delta_{ab}^e$$

主梁总的缩短为：

$$(\Delta_o^e + R\delta_{ab}^e)\mathrm{d}\varphi_t + \mathrm{d}R\delta_{ab}^e$$

式中　δ_{ab}^e——简支主梁在单位轴向压力作用下的弹性缩短；

　　　Δ_o^e——简支主梁在预应力作用下产生的弹性缩短，其值为：

$$\Delta_o^e = \dfrac{N_y L}{AE}$$

其中　N_y——预应力作用产生的轴向压力；

　　　A——主梁截面面积；

　　　L——主梁长度。

与此同时，在 $\mathrm{d}t$ 时段内，由于 R 和 $\mathrm{d}R$ 作用，主梁和支柱弯曲所产生的支承水平位移为：

$$R\delta_{RR}^{e}\,\mathrm{d}\varphi_{t} + \mathrm{d}R \cdot \delta_{RR}^{e}$$

式中，δ_{RR}^{e} 为基本体系（简支刚构）的活动支承作用一单位水平力时，由于刚构主梁和支柱弯曲所产生的支承处的水平弹性位移，其值为：

$$\delta_{RR}^{e} = \int_{0}^{s} \frac{\overline{M}_{R}^{2}}{EI}\,\mathrm{d}s$$

其中，$\overline{M}_{R}$ 为活动支承处作用单位水平力时的弯矩。

根据支承处水平位移为零的变形协调条件，得方程式为：

$$(\Delta_{o}^{e} + R\delta_{ab}^{e})\mathrm{d}\varphi_{t} + \mathrm{d}R\delta_{ab}^{e} + R\delta_{RR}^{e}\mathrm{d}\varphi_{t} + \mathrm{d}R\delta_{RR}^{e} = 0 \tag{3-17}$$

整理得：

$$\frac{\mathrm{d}R}{\mathrm{d}\varphi_{t}} + R + \frac{\Delta_{o}^{e}}{\delta_{ab}^{e} + \delta_{RR}^{e}} = 0$$

其通解为：

$$R = Ce^{-\varphi_{t}} - \frac{\Delta_{o}^{e}}{\delta_{ab}^{e} + \delta_{RR}^{e}} \tag{3-18}$$

据初始条件，$\varphi_{t} = \varphi_{\tau}$ 时，$R_{A} = 0$，

得：$C = \dfrac{\Delta_{o}^{e}}{\delta_{ab}^{e} + \delta_{RR}^{e}} e^{\varphi_{\tau}}$

代入式（3-18）有：

$$R = -\frac{\Delta_{o}^{e}}{\delta_{ab}^{e} + \delta_{RR}^{e}}\left[1 - e^{-(\varphi_{t} - \varphi_{\tau})}\right] \tag{3-19}$$

与式（3-15）相似，上式中第一项就是梁柱整体化之前的预应力作用到整体化之后的刚构上，在刚构支承处引起的水平反力。令：

$$R^{0} = \frac{-\Delta_{o}^{e}}{\delta_{ab}^{e} + \delta_{RR}^{e}}$$

则有

$$R = R^{0}\left[1 - e^{-(\varphi_{t} - \varphi_{\tau})}\right] \tag{3-20}$$

由此产生的主梁梁端弯矩为：

$$M_{a}' = RH = HR^{0}\left[1 - e^{-(\varphi_{t} - \varphi_{\tau})}\right] \tag{3-21}$$

因此，由于徐变所产生的主梁梁端弯矩应为式（3-16）和式（3-21）二式所求弯矩之和。即

$$M_{a} = M_{a}^{0}\left[1 - e^{-(\varphi_{t} - \varphi_{\tau})}\right] + HR^{0}\left[1 - e^{-(\varphi_{t} - \varphi_{\tau})}\right]$$

$$= (M_{a}^{0} + HR^{0})\left[1 - e^{-(\varphi_{t} - \varphi_{\tau})}\right] \tag{3-22}$$

上式中第一项即为把梁柱整体化之前的荷载（包括持久荷载和预应力）作用到整体化之后的刚构上所引起的主梁梁端弯矩值（即所谓一次落架内力值）。因此，随着时间的推移，弯矩将慢慢增大趋近于 $M_{a} = M_{a}^{0} + HR^{0}$。这当然符合一般徐变内力的发展规律。

6. 温度变化所产生次内力的计算

温度变化对结构的影响是复杂的，这是因为：首先，温度变化本身呈某种周期性的变化；不同的材料、不同尺寸的构件、不同部位的构件对温度变化的反应不同；其次，温度变化影响往往伴随着混凝土的收缩和徐变，两者互相联系。目前，在设计超静定结构混凝土桥时，一般还是采用近似简化的计算方法来考虑温度变化的影响。

温度变化对结构内力的影响可分为两种情况:一是均匀的温度变化,即全结构温度变化相同,这种温度变化会使超静定刚构产生变形而造成温度内力(次内力),如图 3-30 所示;二是不均匀的温度变化,即结构不同部位或不同构件的温度变化不同,在结构内产生了温度差,因而使结构产生变形,例如:梁顶与梁底的温差使梁受弯,箱形截面内外温差使板受弯等。这种变形在超静定结构中会产生次内力。

对于钢筋混凝土构件,外界气温一般取一月份的平均气温作为最低气温,取七月份的平均气温作为最高气温。

均匀的温度变化的幅度应以结构合龙时的温度为初始值,计算分最高计算温度和最低计算温度两种情况,即温度变化有升温和降温两种情况。

当合龙温度较高时,降温引起的次内力较大,其影响与混凝土收缩的影响相同,两者叠加,将产生较大的次内力。因此,一般不宜在高温和温度变化较大时进行合龙,这是超静定结构施工的一般原则。

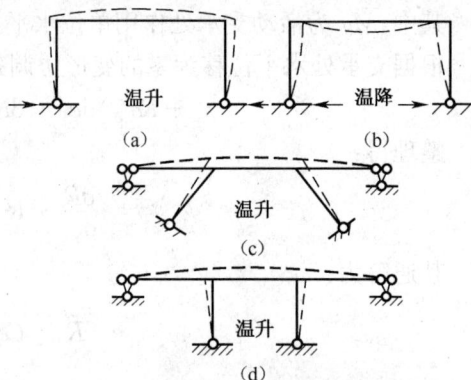

图 3-30 温度变化所产生的变形

由于温度变化在超静定刚构桥中引起的内力,其计算方法与收缩所产生的内力计算相同,故只需将收缩变形代之以温度变化的变形。如上述门形刚架,温度变化的变形为:

$$\Delta_{Rt} = (t - t_0)\alpha \int \overline{N}_R \mathrm{d}x = (t - t_0)\alpha L \tag{3-23}$$

式中 α——混凝土和钢筋混凝土的线膨胀系数,可取用 $\alpha = 1 \times 10^{-5}$;

L——主梁的长度;

t_0——合龙时的计算温度;

t——最高计算温度或最低计算温度。

按升温和降温分别计算后,根据最不利情况分别予以组合。

非均匀的温度变化主要受日照和寒流的影响。因此其计算温度不能以月平均气温为准,而主要是气温剧烈变化时在结构内部造成的温度差。《公路钢筋混凝土及预应力混凝土桥涵设计规范》仅对 T 形截面连续梁由日照温度差所引起的内力计算有所规定。

在混凝土桥梁设计中,对于梁顶和梁底的温差、支柱处阴阳面的温差,在缺乏实测资料时,可根据当地的实际情况,取用 $5℃ \sim 15℃$ 的温度差,并假定温度按线性分布,近似地计算非均匀温度变化所产生的次内力。

例如上述门形刚架,主梁顶面与底面的温差在结构基本体系的支点所产生的水平位移为:

$$\Delta'_{Rt} = \Delta t a \int \frac{\overline{M}_R}{h_{ti}} \mathrm{d}x = \Delta t H \alpha L \sum_{i=1}^{n} \frac{1}{h_{ti}} \tag{3-24}$$

式中 H——支柱高度;

h_{ti}——主梁各分段的中点高度。

7. 其他荷载作用所产生的内力计算

对于端支柱埋在锥形填土中的刚构桥,尚应计算填土自重、填土上恒载和活载作用所产生的侧向土压力。该侧向土压力作用于端支柱上并由此计算其内力。如果基础有不均匀的变形,包括竖直沉降和水平位移,尚应计算由此所产生的内力。

对于多柱式支柱,尚应考虑横向刚构作用所产生的内力。由于纵向刚构和横向刚构的共同作用,支柱承受双向弯矩,应按斜向压弯杆件验算。

第三节　混凝土刚构桥的设计与施工

一、混凝土刚构桥的设计

1. 设计程序

混凝土刚构桥的设计主要包括以下几个方面:确定设计条件,如荷载标准、跨径布置、桥面宽度(单线铁路、双线铁路等)、墩柱高度等;根据跨径,初步拟定结构尺寸,若为预应力混凝土结构,需要确定预应力体系;建立计算模型;进行结构内力计算和初步内力组合;进行配筋设计;计算各项次内力,进行内力组合;截面使用性和承载能力验算;结构细部设计;绘制施工图等。基本设计程序可参照图 3-31。估束内力利用恒载和活载效应进行简单组合,增大 10%～15%系初步考虑其他次内力的影响,内力组合要注意配筋设计方法,按正常使用极限状态或按承载能力极限状态的组合内力是不同的,必须明确。

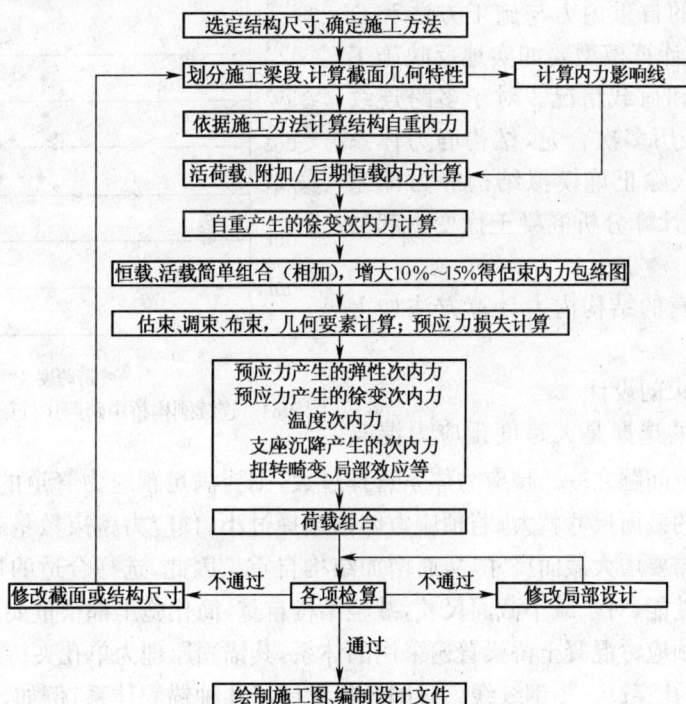

```
┌──────────────────────────┐
│   选定结构尺寸、确定施工方法    │
└──────────────────────────┘
            │
┌──────────────────────────┐      ┌──────────────┐
│ 划分施工梁段、计算截面几何特性 │─────▶│  计算内力影响线  │
└──────────────────────────┘      └──────────────┘
            │
┌──────────────────────────┐
│  依据施工方法计算结构自重内力   │
└──────────────────────────┘
            │
┌──────────────────────────┐
│ 活荷载、附加/后期恒载内力计算   │◀───
└──────────────────────────┘
            │
┌──────────────────────────┐
│   自重产生的徐变次内力计算      │
└──────────────────────────┘
            │
┌───────────────────────────────────┐
│ 恒载,活载简单组合(相加),增大10%～15%得估束内力包络图 │
└───────────────────────────────────┘
            │
┌───────────────────────────────────┐
│ 估束、调束,布束,几何要素计算;预应力损失计算  │
└───────────────────────────────────┘
            │
┌─────────────────────────┐
│ 预应力产生的弹性次内力        │
│ 预应力产生的徐变次内力        │
│ 温度次内力                │
│ 支座沉降产生的次内力          │
│ 扭转畸变、局部效应等          │
└─────────────────────────┘
            │
┌──────────────┐
│     荷载组合     │
└──────────────┘
            │
  不通过        不通过
修改截面或结构尺寸◀──  各项检算  ──▶修改局部设计
            │
          通过
            │
┌──────────────────┐
│  绘制施工图,编制设计文件  │
└──────────────────┘
```

图 3-31　连续刚构桥设计基本流程

结构尺寸拟定如第二节所述,可以参照以往设计经验,图 3-32～3-34 为国内外已建成的连续刚构桥的部分参考资料。

2. 计算模型的建立

对于直线桥梁,一般采用平面杆系有限元分析程序,建立平面计算模型;对于曲线梁桥,视其曲率大小,可采用空间分析程序建立计算模型,以考虑面外弯曲和扭转效应;在建立有限元计算模型时,必须将梁体和固结墩柱作为整体来考虑,同时,还应考虑基础与土的相互作用。

若基础奠基在基岩上,则可以将墩柱与地基之间的连接作为固结来考虑;若地基条件较差,基础变位较大,则要采取适当措施,考虑结构与土的相互作用。

边跨跨度选择

图 3-32　连续刚构桥边跨跨径与中跨跨径之比

支点梁高尺寸选择

图 3-33　连续刚构桥中间支座处梁高与中跨跨径之比

中跨跨中梁高选择

图 3-34　连续刚构桥中跨跨中处梁高与中跨跨径之比

3. 施工阶段内力计算

连续刚构桥的自重内力与施工方法和合龙顺序密切相关,计算模型要如实地反映施工过程的结构体系和荷载情况。对于多跨连续刚构桥,可能要经历多次合龙,结构静力体系要发生多次变化,除正确模拟结构静力体系外,尚需要合理地计算分析混凝土徐变引起的次内力。

从施工到运营的结构内力计算方法如上节所述。

4. 预应力钢束的设计

预应力体系的选择是大跨度预应力混凝土桥梁设计的关键问题之一。预应力体系选择过大,则要满足预应力管道的最小净距和锚具的最小锚固空间的截面尺寸就大;若预应力体系选择过小,预应力钢束数量就要增多,为了布置预应力钢束就需要增大截面尺寸,从而增加结构自重。因此,选择合适的预应力体系,有效地控制截面受力性能,对于减小截面尺寸,减轻结构自重,简化施工都很重要。目前,钢绞线群锚已成为大跨度预应力混凝土桥梁普遍采用的体系,其锚固原理为单孔夹持,锚孔成群分布于一块锚板上,每锚孔穿过一根钢绞线。我国已经发展了几种锚固体系,例如,XM、QM、YM 和 OVM 等,设计者可根据实际工程需要选用。

梁部纵向预应力应尽量选用大吨位群锚体系,以方便施工和减少锯齿板数量,但大吨位锚具因锚固构造要求而使板厚增大,在进行预应力设计时要处理好这两者间的关系,并考虑箱梁悬灌时每一节段所需要的张拉束数。

预应力钢束的设计可以按正常使用性能要求进行,也可以按承载能力极限状态进行,初步选择和布置钢束后,要对桥梁的正常使用性能和极限承载能力进行验算,若不能满足要求,需要进行钢束调整,直至满足要求为止。

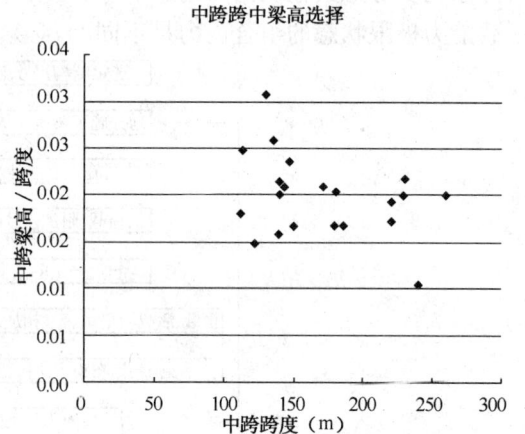

纵向预应力一般需设置顶板束、底板束、连续束、备用束等,预应力钢束的布置除满足抗弯要求外,要兼顾斜截面抗裂性能要求和抗剪承载力的要求,中间墩顶处梁体顶板钢束的合理竖弯,不仅能适应弯矩沿桥梁纵向的变化,而且对于斜截面抗裂是有利的。

在三向预应力混凝土连续刚构桥中,竖向预应力钢筋多采用精轧螺纹粗钢筋,配套使用轧丝锚进行锚固;横向预应力多选用与纵向束相同的高强度低松弛钢绞线,用扁锚进行锚固。

5. 连续刚构墩柱的设计

连续刚构桥悬臂施工时梁根部截面由自重产生的弯矩较大,可达80%以上;而连续刚构墩柱与梁体的相对刚度决定两者间的弯矩分配;梁体的收缩、徐变及温度应力与刚构墩柱的抗推刚度直接相关,因此,根据桥墩和主梁刚度比选用合理的桥墩形式和尺寸,拟定上部结构构造的截面形式和尺寸时,要注意减轻结构自重。

理想的墩柱除满足结构要求和施工运营阶段的最小纵横向刚度要求外,应尽可能使其具有较大的抗弯刚度和较小的抗推刚度。显然,双壁柔性墩是满足上述条件的好形式,因此,国内外连续刚构墩身形式多为双墙式薄壁柔性墩。双墙间保持一定距离,既能削减梁体力矩的峰值,又构成较大的整体抗弯刚度。同时,由于是柔性的,其纵向抗推刚度较小,可减小墩柱对梁体的约束,双壁墩对施工也有利,它不仅适用于较矮的墩柱,也适用于较高的墩柱,采用结构措施如在双壁间设置联结系或在边跨梁端设置固定支座。也可使用双墙式薄壁柔性墩形成双墙式薄壁墩连续刚构桥,墩柱高度与主跨之比一般为 $1/15\sim1/30$,墩壁厚度与墩柱顶梁高之比一般为 $0.15\sim0.25$。

二、混凝土刚构桥的施工

混凝土刚构桥的施工方法包括支架施工、悬臂施工、顶进施工。支架施工是在支架上现浇混凝土,因而施工时需要大量支架,一般在小跨度、支墩不高的城市立交桥或跨线桥中采用支架施工;悬臂法施工用于连续刚构桥的 T 构阶段的施工,尤其适用于水深、桥梁跨度大、墩高的情况,工序较简单;而对下穿式通道刚架桥则可选择顶进法施工。

1. 现浇施工

(1)施工特点

刚架桥在支架上现浇施工具有以下特点:

施工不需大型起重设备,施工平稳、安全、可靠,桥梁整体性能好;

施工中不存在体系转换,对超静定刚架桥不产生恒载徐变二次力;

可方便采用大吨位预应力体系,使结构的构造简单,施工方便;

需要大量模板、支架等辅助工程设施;

影响桥下交通,且施工期间受洪水及漂流物的威胁;

施工工期长,施工费用高,且需要较大的施工场地。

(2)支架构造

支架按构造分为支柱式、梁式和梁柱式。支柱式支架一般由排架和纵梁等构件组成,排架又由枕木或桩、立柱、盖梁组成,其构造较为简单,常用于陆地或不通航的河道上,或桥墩不高的小跨径刚架桥。梁式支架根据跨径不同,梁可采用工字钢、钢板梁和钢桁梁。一般工字钢梁式支架用于跨径小于 10 m,钢板梁用于跨径小于 20 m,钢桁梁用于跨径大于 20 m 的情况。梁式支架可以支承在墩身支柱上,也可支承在桥墩处临时支墩上。当梁支承在桥墩台上或支架上或临时墩上时,支架中的梁和柱形成连续的梁柱式支架。刚架桥的桥高和跨度较大时,或者必须在桥下设通航净空或桥不能保证车辆交通通行的立交桥,可采用梁柱式支架。

(3)支架要求

为了保证刚架桥位置和尺寸的准确性,支架必须有足够的强度、刚度和稳定性,同时支架的基础要安全可靠,构件的连接要紧密,并有足够的纵向、横向和斜向连接构件,还要求支架临时结构及计算图式简单,施工方便。

河流中施工的支架,要充分考虑洪水、漂流物及船只对施工的影响,并有足够的安全措施,同时在安排施工进度时,尽量避免在高水位条件下施工。

支架受荷后有变形和挠度,应在安装前充分地估计和计算,安装时设置预拱度,使现浇的刚架结构符合设计要求的线形。

支架尽量选用装配式构件,以便减小施工过程中的安装与拆卸工作,便于周转使用,加快施工进度、缩短施工工期。

支架上需设置落架设备,落架时要对称、均衡,不得对结构局部受力产生较大的影响。

(4)支架设计

作用在支架上的荷载包括:支架模板自重、桥跨结构的重量、振捣混凝土产生的荷载、施工人员和料具等堆放的荷载(无资料时取 1.0 kPa)及其他可能产生的荷载。计算荷载应按实际情况进行荷载组合,支架各组成构件应按计算图式进行强度验算,容许应力可按临时结构予以提高。支架的挠度验算应小于容许值。支架预拱度计算应包括结构自重产生的挠度、支架受荷载产生的弹性和非弹性变形,支架基础的沉降量等。设置在水中的支架还需考虑水压力、流水压力及船只、漂流物的撞击力等。

(5)浇筑程序

支架上浇筑混凝土梁段之前,必须做好周密的准备和严格的检查工作,即支架、模板是否符合图纸要求,接头、卸架设备是否准确,钢筋或钢束位置是否按图纸规定要求布置,混凝土生产质量是否符合要求等,经详细检查合格后,方可按以下程序浇筑刚架桥的混凝土。

刚架桥上部结构在支架上现浇时,因桥墩台为刚性支承,而桥跨下的支架为弹性支承,浇筑混凝土时支架会产生不均匀沉降,因此混凝土浇筑程序应从跨中向两岸墩台的程序进行,桥墩上悬臂端弯矩较小处设置接缝,待支架沉降稳定后,再浇筑此接缝处的混凝土。

(6)注意事项

由于支架上现浇刚架桥使用的模板与支架设备较多,且施工场地较大,给施工技术和组织管理带来了较大的难度。为此施工中必须注意下列问题:

模板支架等临时施工设备必须严格地进行计算与验算,以确保施工安全;

混凝土浇筑前应对模板、支架、钢筋、钢束、预留孔道、预埋构件等详细检查,符合设计图纸和规定的要求后才能浇筑混凝土;

混凝土的浇筑应根据支架构造、结构体系特点分段、对称进行,防止支架不均匀下沉引起混凝土开裂;

混凝土浇筑完成后应按规定的要求养护,模板应等混凝土达到设计标号的70%时才能拆除,预应力须达到混凝土张拉强度方可张拉;

刚架桥的落架程序应从最大挠度处的节点开始,逐步卸落到两侧的节点,并要求对称、均衡、有顺序地进行;

如果在冬季浇筑混凝土,则应按冬季施工办理,防止产生构件伸长或缩短造成的裂缝。

2. 悬臂施工法

悬臂施工法又包括悬臂拼装和悬臂浇筑,前者是将预制块拼装在一起,后者是利用挂篮现场浇筑混凝土。相对而言,悬臂浇筑施工法利用混凝土现场浇筑,不需要占用很大的预制场地,逐段浇筑使得梁段的位置易于调整和控制,悬臂浇筑后的结构整体性好,悬臂浇筑不需要大型机械设备,各段施工属于严密的重复作业,施工人员少,工作效率高。因此,悬臂浇筑施工的方法在连续刚构桥施工中有着广泛的应用。

悬臂浇筑施工可分为0号块托架施工和以后各块的挂篮施工两个阶段。0号块位于墩的正上方,可以利用托架浇筑混凝土。在墩顶托架上浇筑0号块并实施墩梁固结系统,当托架施工为挂篮施工提供了足够的起步长度后,可以拼装挂篮进而应用挂篮进行悬臂浇筑施工。

托架施工示意图如图3-35所示,图3-36为实桥施工照片。

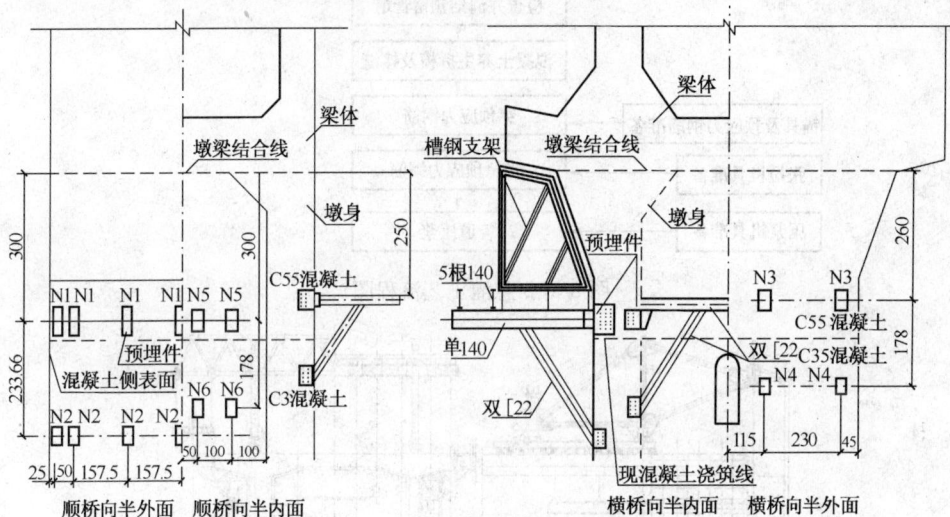

图 3-35 托架布置示意图(单位:cm)

图 3-36 0号块托架施工

挂篮悬臂浇筑可以分为以下几个步骤:挂篮拼装与立模、绑筋、管道安装、混凝土浇筑与养生、预应力筋的张拉、压浆,接下来移动挂篮进行下一阶段的悬臂浇筑。悬臂浇筑一般工艺流程图如图 3-37 所示,挂篮施工总装示意图如图 3-38 所示,图 3-39 为实桥悬臂施工阶段照片。

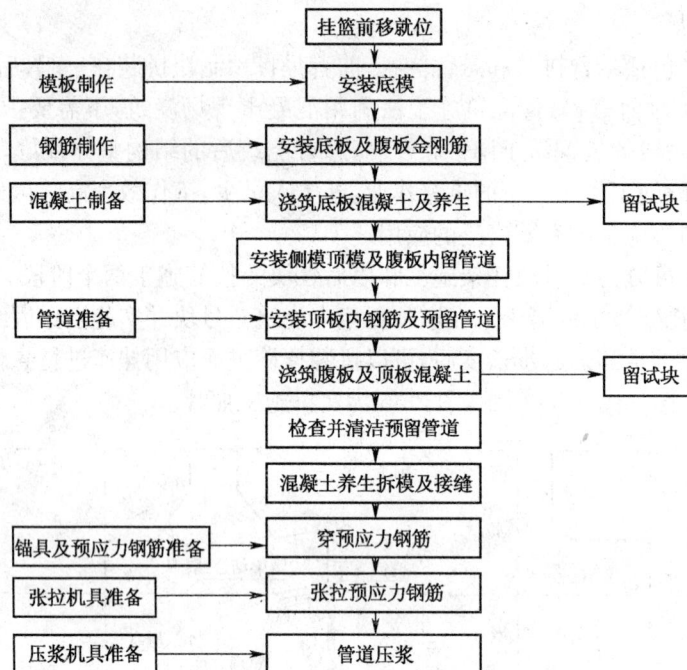

图 3-37　悬灌工艺流程图

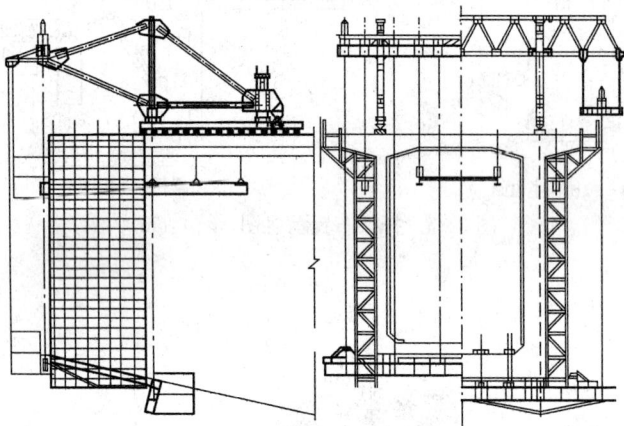

图 3-38　挂篮总装示意图

在悬臂浇筑过程中,需要注意以下几个问题:

(1)混凝土的浇筑与养生

现代高墩大跨预应力混凝土连续刚构桥悬臂浇筑一般采用泵送混凝土,混凝土的浇筑原则上是一次完成,一般先浇筑底板,然后分别对称浇筑两侧腹板,浇筑过程中应严格控制混凝土浇筑质量。混凝土浇筑后,应派专人进行养生,以确保混凝土水化硬化过程中不出现较大裂缝,从而保证施工质量。

(2)预应力钢筋张拉时的混凝土强度

只有当混凝土的强度达到预定要求时才能进行预应力钢筋的张拉,否则就有可能会在张拉时引起混凝土崩裂或者桥梁的受力性能不能达到设计中的预定目标。混凝土强度可采用标

图 3-39 悬臂施工

准试件尺寸为 150 mm ×150 mm ×150 mm 的立方体试块测定,根据养生方法的不同可以分为实验室标准养生和同体养生。根据养护时间的不同可以分为 7 d 和 28 d 的试验值等。现代混凝土多采用高性能混凝土,有外加剂、粉煤灰等,强度发展一般较快,但弹性模量的发展往往滞后于强度发展,而低弹模时施加强大的预应力,后期徐变将会明显增大,因此,制定科学、合理的工程进度,要综合考虑混凝土强度和弹性模量的实际发展情况,不能盲目追求施工进度,给工程结构留下后期隐患。

(3)立模高程的确定

温度变化对桥梁结构的受力与变形影响显著,其影响程度随温度的改变而变化,在不同时刻对结构的变形和应力进行量测,所获得的结果不同,尤其是在悬臂较长的阶段,悬臂的受力响应、变形受温度变化影响更加显著,如果在施工过程中忽略了该项因素,就难以保证施工的线形和成桥质量。

因此,线形测量一般在上午 6:00～8:00 时进行,施工立模高程在温度稳定的气温条件下可不进行修正,一般情况下均应进行日照温差影响的修正。对于阴雨天气应视具体情况分析,也可不作修正,立模高程修正值可根据现场实测数据而定。

(4)跨中合龙段施工中应注意的问题

悬臂浇筑进行到跨中合龙段,是悬臂浇筑施工过程中悬臂处于最长的时候,此时,悬臂的受力和变形较之前那些阶段受温差的影响最大,所以此时更应该考虑到温差的影响。因而跨中合龙段浇筑一般宜选在夜间进行。为了保证混凝土浇筑过程中跨中合龙段的稳定,可以在两侧悬臂端部配重,配重方式宜用水箱蓄水做平衡重,同时应注意,为确保平衡重不使悬臂发生扭转,要保证将水箱沿桥梁的中轴线对称设置,在施工过程中,边浇筑混凝土,边放掉水箱中与浇筑混凝土等重量的水。

此外,为了防止 T 构因热胀冷缩而对合龙段的混凝土产生影响,在安装合龙段箱体内模及顶板钢筋之前,应设置与合龙段等长的型钢支撑,将相邻 T 构连成一体,完成合龙段临时锁定。

3. 顶进施工

城市下穿通道刚架桥以及公路刚架桥从铁路下穿时,一般要求施工不干扰原工程结构的正常使用,此时刚架桥通常采用顶进法施工。采用此法施工的刚架桥设计为封闭框架结构,其施工的关键工作是预制和顶进。

（1）预制

预制刚架结构的场地应设在桥轴线的一侧，按预制要求制作封闭框架，具体预制工艺应注意下列问题：

预制刚架底座要求强度高、变形小；

模板要求有足够的强度、刚度和稳定性，接缝紧密、方便施工，且装拆方便；

钢筋按相关桥规加工，接头按规定要求错开布置，钢筋的交叉点应用铁丝绑扎结实，箍筋应与主筋垂直，钢筋和模板之间设置垫块以保证混凝土保护层的厚度，为了保证主筋相互间的横向净距、两排钢筋之间可使用混凝土垫块隔开，或用短钢筋绑扎结实；

混凝土的拌制、浇筑、振捣、养护及拆模等工作必须严格按相关桥规要求操作并进行必要的工艺控制。

（2）顶进

刚架结构预制完成后，通过水平液压千斤顶对称均衡施力，结构底部借助不锈钢板聚四氟乙烯板等滑动装置，将封闭框架结构从桥轴线一端向另一端顶进，在顶进的同时结构前方不断挖土，挖进一段将结构顶进一段，直到就位。顶进施工特点为：

桥梁横向路侧设一个固定的预制场地，整体预制刚架以使结构整体性能好；

顶进由若干个水平液压千斤顶即可完成，不需要大型设备；

必须采用摩擦系数很小的不锈钢板与聚四氟乙烯等滑动装置，以保证顶进施工进度；

施工费用低、施工平衡、无噪声，不干扰桥上的交通，工作环境较好，易保证工程质量，且便于施工管理。

第四节　斜腿刚构桥设计与施工简介

一、斜腿刚构桥的构造特点

斜腿刚构桥即是让刚构的支墩斜置，形成梁的中间支承，与上述刚构相比，可以缩短梁的跨度。斜腿刚构桥的上部结构的受力行为介于连续刚构桥和拱桥之间，既有墩梁固接的效应，也有成拱的受力特点。

我国第一座预应力混凝土斜腿刚构桥是位于河北邯郸至山西长治铁路线上的浊漳河桥，该桥于1978年开工，1981年建成，其总体布置如图3-40所示。斜腿刚构的主梁为单箱单室截面，斜腿为普通钢筋混凝土的箱形截面。

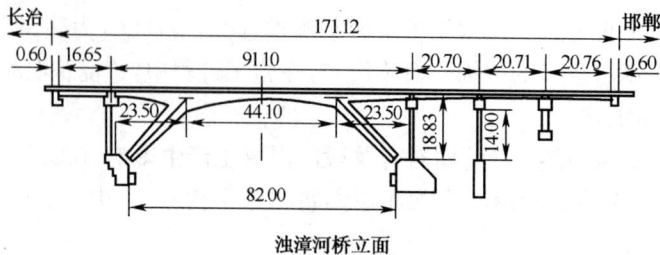

图3-40　浊漳河桥总体布置图（单位：m）

我国同期建设的另一座斜腿刚构桥为安康汉江桥，位于襄渝铁路通往水电站坝址的专用线上,是一座钢薄壁箱形截面斜腿刚构桥,该桥于 1978 年开工,1982 年建成,其总体布置如图 3-41 所示。

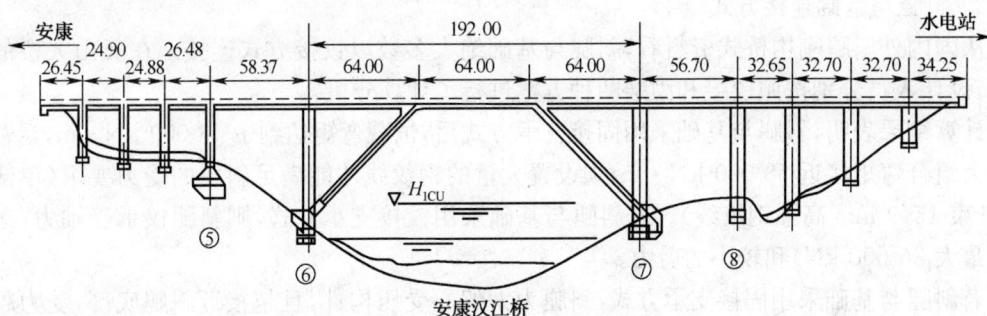

图 3-41 安康汉江桥(单位:m)

最近修建的预应力混凝土斜腿刚构桥是石太客运专线上的孤山大桥,见图 3-42,设计采用主跨 90 m 的预应力混凝土斜腿刚构,梁部总长 145.0 m。梁部采用单箱单室截面,端部梁高 3.0 m,中跨中梁高 3.4 m,中支点梁高 5.0 m。梁高变化采用二次抛物线变化。顶板全宽 8.4 m,板厚 0.30 m,一般段腹板厚 0.45 m,底板厚 0.25 m。为增强结构抗扭抗剪能力,端横隔梁及中横隔梁处腹板加厚至 0.60 m,底板加厚至 0.50 m,加厚处共长 12 m。斜腿上部与梁部刚结,下部采用铰接形式与基础连接。斜腿截面采用箱形截面,纵桥向由 5.7 m 变化至 3.0 m,横桥向 3.8 m,壁厚 0.6 m,至根部加厚至 1.0 m。斜腿下部采用铰接形式与基础连接。

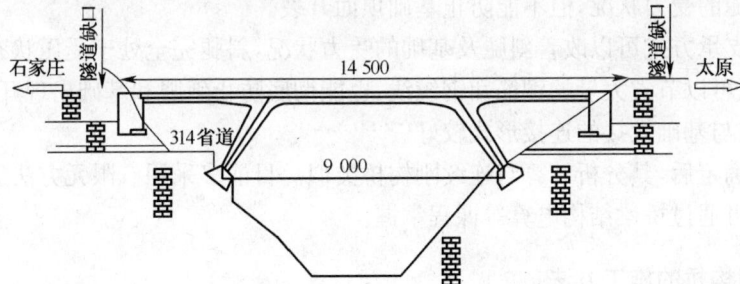

图 3-42 孤山大桥(单位:cm)

二、结构设计与计算

1. 斜腿倾角比选

从国内、外同类型的桥式来看,斜腿倾角基本介于 40°~60° 之间。国内外已修建同类型桥梁的数据详见表 3-1。

表 3-1 国内外斜腿刚构桥统计数据

桥 名	斜腿角度(°)	与基础的连接形式
法国博诺姆桥	50.09	铰接
江西洪门大桥	48.06	刚接
山西浊漳河桥(铁路)	44.7	铰接
陕西安康汉江桥(铁路)	42.8	铰接
孤山大桥(铁路客运专线)	56.43	铰接
台湾新竹宝山三号桥	56	铰接
台湾新竹云南路跨线桥	45	铰接

斜腿倾角的选择要考虑与环境协调,以及斜腿刚构桥式的特有受力行为,过度加大斜腿倾角,可能在景观上无法与山谷地形协调,同时也失去了斜腿刚构桥的拱效应。

2. 斜腿与基础连接方式

从国内外斜腿刚构桥式资料看,斜腿与基础绝大多数以铰接方式连接。在孤山大桥的设计中,设计人员分别按照铰接和固结两种方案进行了计算分析。

计算结果表明,斜腿与基础采用固接支承方式后,恒载弯矩达到了 48 000 kN·m,运营阶段最大组合弯矩接近 58 000 kN·m,须设置大量的钢绞线才能满足斜腿的受力要求(单侧配置 16 束 15φ9 mm 高强钢绞线)。若斜腿与基础采用铰接支承方式,则斜腿仅承受轴力(运营阶段最大 36 000 kN)和较小的剪力。

若斜腿与基础采用固接支承方式,斜腿为大偏心受压构件,且越接近斜腿底部,受力越不利。固接后如从受力需要出发,斜腿截面应从斜腿顶部至底部逐渐加大,但从结构美观角度考虑,截面大小变化趋势应相反。因此,采用固接支承方式不利于结构的整体美观。此外,固接后斜腿根部弯矩不能释放,导致次内力相对较大,收缩徐变上拱变形亦增大。计算表明:该桥安装二期恒载后,边跨中最大累计收缩徐变变形为 −16.8 mm;而铰接对应最大累计收缩徐变变形为 −14.6 mm。同时,由于温度力(整体升温 30 ℃)引起的挠度,固接时跨中为 27.4 mm,铰接时为 24.3 mm。

根据已建成的斜腿刚构桥来看,早期采用固接支承方式的斜腿刚构根部都出现了不同程度的开裂,修复较为困难,后期设计的斜腿刚构为解决此问题都改为铰接支承。配置预应力后虽可以改善斜腿的受力状况,但不能防止基础顶面开裂。

采用铰接支承方式可以改善斜腿及基础的受力状况,斜腿完全处于受压状态,尽管增加了四个支座,但既可以节省大量的钢筋和钢绞线,也能彻底防止斜腿和基础出现开裂现象。综上所述,采用斜腿与基础铰接的连接形式较好。

结构尺寸确定后,其分析计算与连续刚构桥类似。目前多采用有限元方法进行分析,具体计算分析方法可通过桥梁结构电算等课程掌握。

三、斜腿刚构桥的施工方法

斜腿刚构的施工方法主要有:利用钢拱架现浇施工法、双悬臂平衡法、斜腿竖转结合梁体悬臂灌注的方法、无支架施工方法。

我国首座斜腿刚构桥——浊漳河桥采用支架施工方法,支架用常备式桁式钢拱架。钢拱架支承在每端的四个砂箱上,以利于拆卸。

双悬臂平衡法施工及事例:图 3-43 所示是法国莫尔比昂(省)跨越布拉韦河的博诺姆桥,1974 年建成通车。两斜柱支承铰之间的距离为 186.26 m。该桥是迄今为止最大跨度的预应力混凝土斜腿刚构桥。

主梁两端支承间距离为 282.60 m,其间中跨 146.70 m,两个边跨各为 67.95 m。边跨长约为中跨的一半。自支承铰算起,桥高 23 m 多,斜柱长达 25.82 m。

主梁截面为单箱单室如图 3-44 所示。中跨跨中梁高 2.50 m,柱顶处梁高为 7.00 m,两者之比为 1∶2.8,跨中梁高仅为主梁中跨长度的 1/58.7,桥梁其他尺寸详见图 3-43。

斜柱也是箱形截面,柱顶端正截面高 5.40 m,近支承铰处减为 2 m 左右。

斜柱与主梁相交节点设有两块斜隔板,如图 3-45 所示,它们与主梁的底板组成三角形的

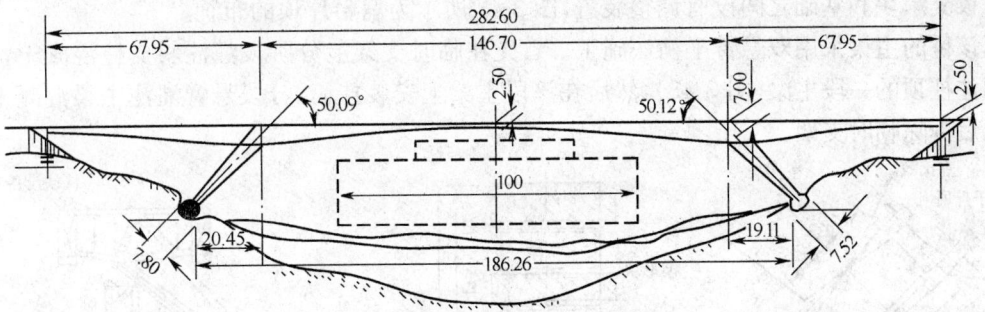

图 3-43 法国博诺姆桥(单位：m)

桁式节点。斜隔板中都有预应力钢筋,其中一部分预应力钢筋是由斜柱延伸而来的,一部分是另外加设的短钢筋,如图 3-46 所示。

由于主梁主要承受负弯矩,预应力钢筋大都设在顶部。如图 3-46 所示,绝大部分预应力钢筋穿越节点的顶部,然后根据受力和悬臂施工的要求锚固在两边的主梁底部。只有少数设在主梁底部,弯起后锚于梁顶或梁的端部。支柱的预应力钢筋设在顶板或底板内。

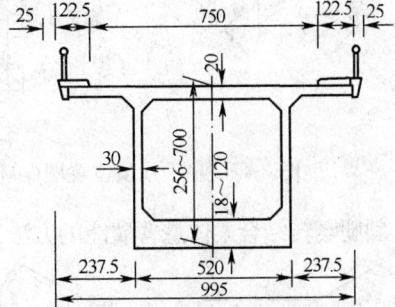

图 3-44 主梁截面（单位：cm）

图 3-45 斜柱和节点（单位：m）

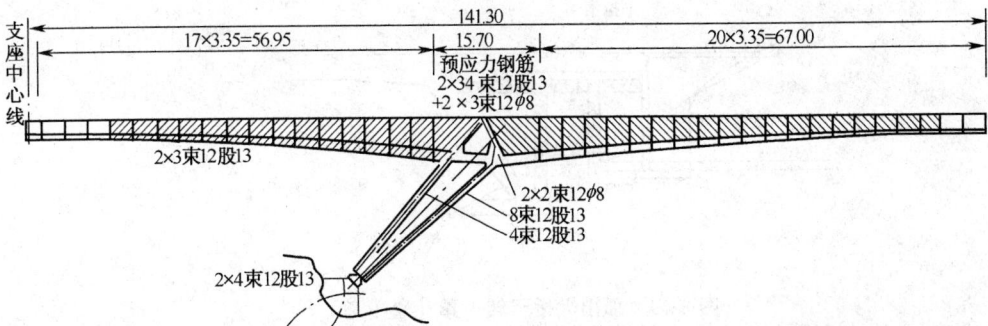

图 3-46 预应力钢筋图（单位：m）

铰支承块和基础之间设有调整装置,图 3-47 所示为扁千斤顶的布置。

该桥的主梁采用双悬臂平衡法施工。首先在临时支架上分阶段灌注斜支柱混凝土,其次再灌注柱顶的一段主梁(图 3-48),然后在该段主梁上安装挂篮,分段悬臂灌注主梁混凝土,待合龙后拆除临时支架。

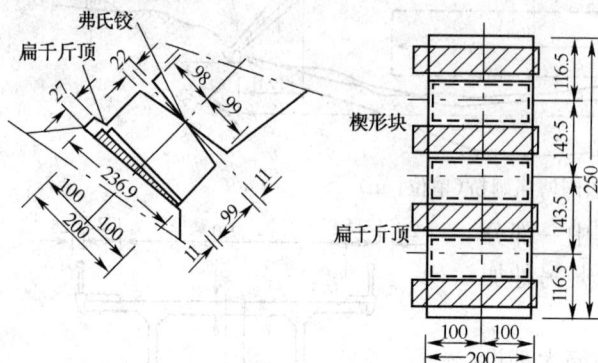

图 3-47 扁千斤顶位置图(单位:m)

图 3-48 施工示意图

斜腿竖转结合梁体悬臂灌注的方法:孤山大桥采用该施工方法,其施工工序如图 3-49 所示。

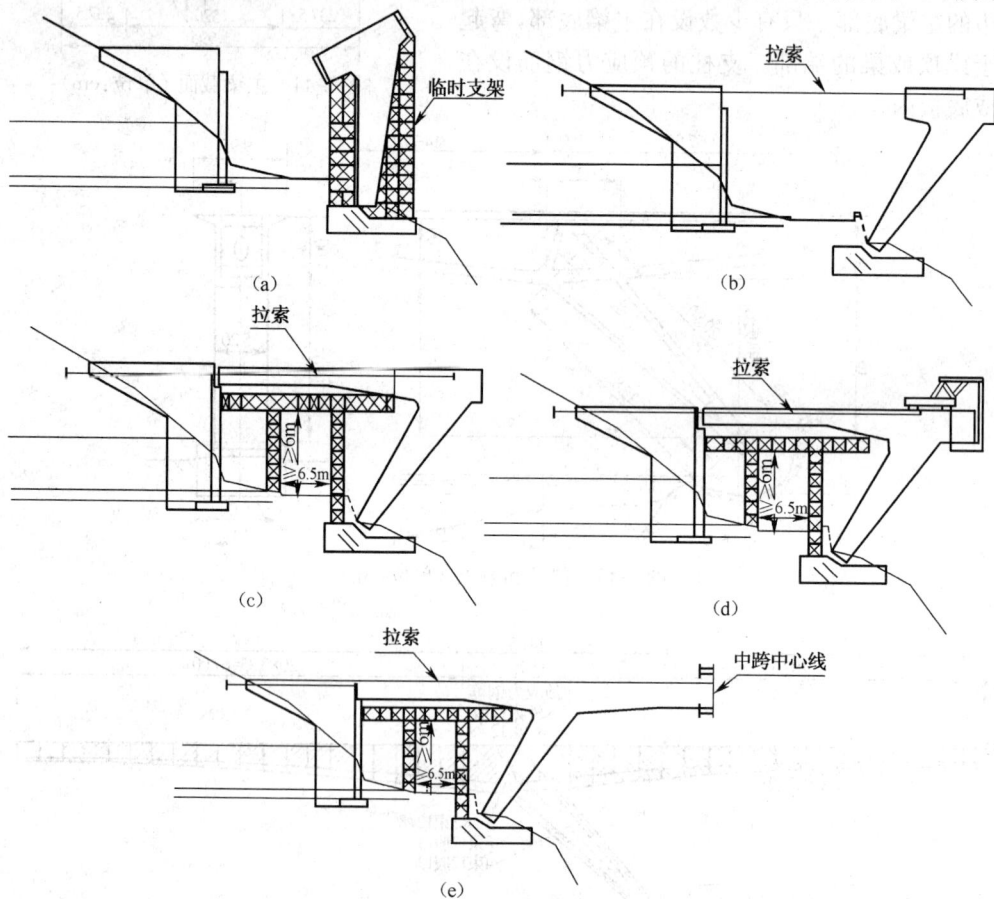

图 3-49 孤山大桥竖转—悬臂灌注施工方法

(a)步骤一:安装支承并临时固接,浇筑斜腿及梁体 0 号段;(b)步骤二:安装拉索,拆除临时支架,斜腿竖转至设计位置;
(c)步骤三:安装边跨支架,浇筑边跨梁部混凝土;(d)步骤四:安装挂篮,逐段对称悬浇;(e)步骤五:合龙中跨

此外,1977年竣工的南非古里茨桥采用无支架施工方法,此处不赘述。

第五节　铁路混凝土连续刚构桥实例分析

一、概　况

1. 自然条件

黄草乌江大桥是渝怀铁路的重点控制工程,大桥位于重庆市武隆县黄草乡下游的晒尸滩与六角子滩间较顺直的深水河段,桥位距上游晒尸滩700 m,距下游六角子滩800 m。受地质、地形条件的限制,铁路斜跨乌江,桥轴线的法线方向与河道水流流向成40°交角。

桥渡区属中低山峡谷地貌。地形起伏大,自然横坡陡,约35°～45°。河床乱石堆积,基岩石盘及突嘴等交错分布。乌江水流湍急,河床狭窄,常年通航,通航等级为Ⅴ级,规划Ⅳ-(3)级。桥址重庆端植被好,与319国道隔江向望,交通不便,仅上游有船渡。怀化端植被差,大桥跨越319国道,国道与线路斜交,交通方便。

乌江径流主要来自降水,枯水由地下水补给,径流年际变化不大,年内分配变化比较大。洪水水位陡涨陡落,历时短,变幅大,汛期为5～9月,枯水期为12月至次年3月,其余为中水期。根据武隆水文站水位、流量资料统计,其水位、流量特征值如下:乌江径流主要来自降水,枯水由地下水补给,径流年际变化不大,年内分配变化比较大。洪水水位陡涨陡落,历时短,变幅大,汛期为5～9月,枯水期为12月至次年3月,其余为中水期。根据武隆水文站水位、流量资料统计,其水位、流量特征值如下:

多年平均径流量	504亿 m³;
多年平均流量	1 600亿 m³;
实测最大流量	21 000亿 m³;
实测最小流量	218亿 m³;
实测最高水位	204.51 m;
实测最低水位	168.42 m;
多年最大水位变幅	36.09 m;
多年最大日水位变幅	8.1 m;
多年最大时水位变幅	0.98 m。

根据长江水利委员会水文局水文水资源研究所1999年3月之《水文分析报告》中"长江重庆至涪陵"、"乌江龚滩至涪陵"河段设计洪水成果,取大桥桥位处分析,有

$$Q_{1/300} = 31\ 500\ \text{m}^3/\text{s}; H_{1/300} = 232.48\ \text{m}; v_{1/300} = 4.03\ \text{m/s};$$

$$Q_{1/100} = 27\ 500\ \text{m}^3/\text{s}; H_{1/100} = 229.69\ \text{m}; v_{1/100} = 3.90\ \text{m/s}。$$

最高通航水位 $H = 218.94$ m。

式中　Q——流量;

　　　H——水位;

　　　v——流速。

根据彭水水文站21年、武隆水文站16年系列水文资料整理得到该桥位逐月施工控制水位,取当年12月～次年3月份的最高水位作为施工参考水位,施工水位定为 $H = 188.30$ m。

桥址处属亚热带湿润季风气候,具有气候湿润,雨量充沛,冬春雨少,夏秋雨多,夏热冬暖,多

雾,日照少的特点。据武隆气象站资料分析,多年平均气温 17.5℃,多年最高气温 41.7℃,多年最低气温−3.5℃;年平均降雨量 1 000～1 400 mm,多年年最大降雨量 1 900 mm,最小降雨量 200 mm,最大日降雨量 213 mm,5～9 月降雨较多,湿度大,多雷暴雨,冬季和初春雨量稀少。

2. 主要技术标准

(1)通航等级:Ⅳ-(3)级(规划)

(2)铁路等级:Ⅰ级,140 km/h 客货共线铁路。

(3)桥上线路:双线、直线、平坡。

(4)牵引类型:电力机车。

(5)设计活载:中—活载。

3. 桥型方案

对黄草乌江大桥桥跨布置进行了通航净空尺度和技术要求论证,提交了《渝怀铁路黄草乌江大桥通航净空尺度和技术论证研究报告》,经重庆市交通局审查,认为黄草大桥桥位河段河形复杂,航迹线随水位变幅较大,桥轴线与水流交角大,影响船舶安全航行,建议将原设计的主跨 128 m 连续刚构方案的重庆侧主墩向重庆方向移动 20 m,怀化侧主墩向怀化方向移动 10 m 以上,以扩大通航孔宽,改善通航条件。

根据通航论证审查意见,通航孔跨径采用 168 m,设计了三个方案进行综合比较:

1×32 m 简支梁＋(96＋168＋96) m 预应力混凝土连续刚构;

1×32 m 简支梁＋(96＋168＋96) m 预应力混凝土连续梁;

1×32 m 简支梁＋(96＋168＋96) m 下承式简支钢桁梁。

连续梁方案支座吨位达 90 000 kN,无论设计、制造、养护维修,还是运输、安装尚有诸多问题有待研究。钢梁方案由于配跨的原因只能做成简支钢桁梁,外观和经济性较差,不便于施工安装。连续刚构墩梁固结,50 m 左右的墩高相对于 168 m 主跨及铁路桥梁要求的刚度来说显得较矮,在桥墩和基础中产生很大的附加内力,并且墩梁连接部位构造和受力较复杂,但是连续刚构无特大吨位支座问题,而且该桥式也有较为成熟的技术可供参考。考虑到斜交角度太大,而且高水位较墩底高出 40 余米,连续刚构常用的薄板式双壁墩或圆端形墩将对水流及船舶航行干扰很大,为保证航行和大桥的安全,设计采用了圆形空心墩,阻水和挑流作用较小。经技术经济综合比较,采用主桥(96＋168＋96) m 预应力混凝土连续刚构桥式,总体布置图如图 3-50 所示。

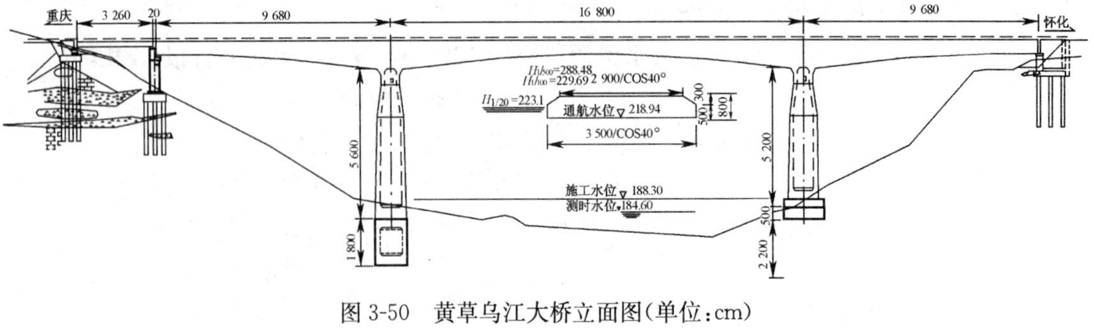

图 3-50　黄草乌江大桥立面图(单位:cm)

4. 大桥建设简介

黄草乌江大桥是渝怀铁路重点工程项目之一,大桥于 2001 年 4 月开工,由中铁二院设计、中铁十三局承建,2003 年 11 月主体竣工。经动静载试验证明,全桥使用性能良好,自 2005 年全线正式运营以来,列车运行平稳、舒适。建成后的桥梁实景如图 3-51 所示。

图 3-51　黄草乌江大桥实景图

二、主桥结构与构造

1. 梁体构造

梁体为单箱单室变高度直腹板箱梁结构,支墩处梁高 11.0 m,跨中及边跨梁端处梁高 5.5 m,梁体下缘除中跨中部 10 m 梁段和边跨端部 17.8 m 梁段为等高直线段外,其余按二次抛物线变化。箱梁顶板宽 11.0 m,箱宽 7.8 m,顶板悬臂长 1.6 m。横截面构造见图 3-52、图 3-53。

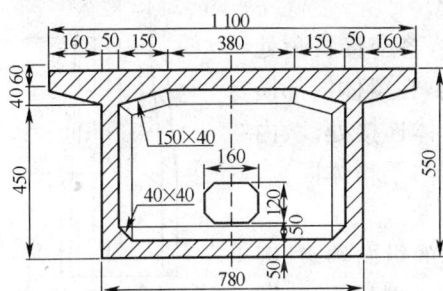

图 3-52　跨中横截面(单位:cm)

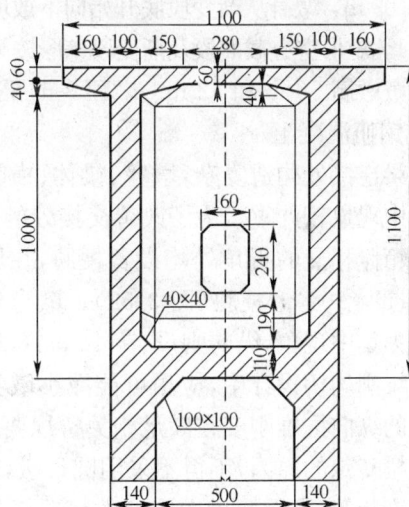

图 3-53　根部横截面(单位:cm)

除梁端附近区段外,顶板厚度纵向一致,为 60 cm;底板厚 50～110 cm,按曲线变化,主墩顶处最厚;腹板厚 50～100 cm,按直线变化,主墩顶处最厚。梁端附近顶板、底板、腹板厚度均为 100 cm,梁端 180 cm 段腹板外侧各局部加宽 40 cm。

梁体在端部、中跨跨中各设 1 道横隔板、主墩处每墩各设 2 道横隔板。端部横隔板厚 120 cm,中跨跨中横隔板厚 100 cm,主墩处横隔板厚 140 cm。端部横隔板中心距梁端 80 cm,主墩处横隔板中心距主墩中心线 320 cm,横隔板中部均设有孔洞,以利检查人员通过。

为减少箱体内外温差的影响,在箱梁两侧腹板各设有两排通风孔。

2. 预应力体系

梁体设置纵、横、竖三向预应力。

梁体纵、横向预应力钢绞线采用符合现行国家标准《预应力混凝土用钢绞线》(GB 5224)的 $1×7\phi5$ 高强度低松弛钢绞线,抗拉强度标准值 $f_{pk}＝1\ 860$ MPa。

纵向预应力钢束采用 $19-7\phi5$ 钢绞线,用 HVM15-19 锚具锚固,YCW400B 型千斤顶张拉,内径 100 mm、外径 107 mm 的金属波纹管成孔。全桥共设纵向预应力束 372 束,其中备用束 16 束。工作束中顶板束 200 束,底板束 84 束,腹板下弯束 60 束,腹板上弯束 12 束。T 构悬灌顶板备用束每 T 构各 2 束,中跨跨中底板备用束 4 束,边跨底板备用束每跨各 4 束。

箱梁顶板设横向预应力束,采用 $4-7\phi5$ 钢绞线,扁型金属波纹管(内宽 70 mm,高 19 mm)成孔,交替单端张拉,张拉端采用 HVBM15-4 扁形锚具锚固,固定端采用 HVBM15-4P 型锚具锚固,间距按 50 cm 布置。采用 YDC240Q 型千斤顶张拉。

梁体腹板竖向预应力筋及梁体 0 号块底板及横隔板处横向预应力加强筋采用 $\Phi32$ 精制螺纹冷拉Ⅳ级钢筋,$\Phi45$ mm 波纹管成孔,YGM-32 锚具锚固,采用 YC-70 型千斤顶单端张拉。

3. 桥墩结构

连续刚构主墩为钢筋混凝土圆形空心墩。为了与箱梁衔接,墩身从最高通航水位起向上渐变过渡为矩形空心截面,内外壁曲线从四个方向采用变半径的圆曲线逐渐过渡为矩形空心截面,过渡段长度 12 m,其上接 6 m 矩形空心截面段。主墩构造见图 3-54。

过渡段顶矩形截面顺桥向和横桥向尺寸均为 7.8 m,过渡段底截面外径 11.03 m。墩身从渐变段开始向下放坡,内边坡采用 70:1,外坡为 40:1。矩形空心截面段及渐变段壁厚按等厚设计为 1.40 m。

主墩墩高 56 m 和 52 m。墩顶 3 m 采用 C55 钢筋混凝土,其余为 C35 钢筋混凝土。

墩梁连接处构造复杂,墩壁、梁体、横隔板交接,各交接折角处应力集中现象较严重。为了改善交接处的局部应力,在梁体内部横隔板与箱体相交的折角处均设置梗肋,在墩壁与梁体连接处,墩内设 100 cm×100 cm 梗肋(图 3-52)。墩身外侧横向与梁箱体同宽,没有应力集中现象,纵向则设有 110 cm×220 cm 梗肋。

连续刚构桥设计中,应尽可能减小墩身对梁体的纵向约束,因此主墩的纵向抗推刚度在满足相关桥规要求的前提下宜越小越好。由于该桥特殊的原因,不得不采用圆形墩,加之墩不算高,其桥墩纵横向刚度相等,在保证横向刚度的情况下,纵向刚度也较大,而且,桥墩设计为满足承受船舶的撞击和悬灌施工时的稳定性,也不能太柔。这样造成墩身所分配的力矩非常大,给墩身配筋带来很大困难。墩身受力钢筋最终采用 $\Phi28$ Ⅱ级钢筋 3 根一束布置。

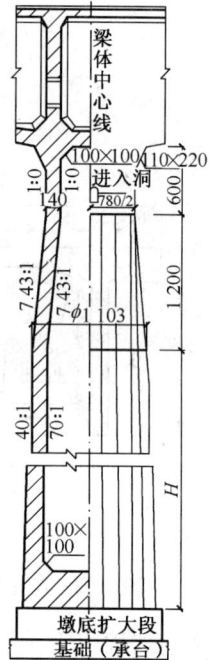

图 3-54 主墩构造(单位:cm)

4. 主桥基础

两主墩中高墩采用直径 14 m,深 18 m 的挖井嵌固基础;矮墩采用 20 根桩径 2.0 m 的钻孔桩基础,承台座板为厚度 5 m,平面尺寸 16.7 m×20.0 m 的钢筋混凝土块体。这使得两墩抗推刚度基本相同,梁体受力均匀,使梁体预应力束设置简单。

嵌固基础为 C25 钢筋混凝土,内部掏空,填筑 C15 片石混凝土;桩基采用 C30 钢筋混凝土,桩长 22 m,置入基岩。

三、设计分析计算

1. 全桥施工、运营阶段有限元分析

连续刚构采用平面杆系桥梁有限元分析程序 PRBP 计算,共分为 125 个单元,其中梁体 104 个单元,桩基础按等刚度直杆代替。分别按拟定的施工步骤和成桥运营进行全面计算。

对施工过程按主墩施工──→箱梁 0 号块施工──→各节段对称悬浇、预应力张拉──→边跨合龙──→中跨合龙──→桥面施工和铺装的顺序划分为 48 个阶段作详细分析计算。计算中考虑结构自重的累加、预应力混凝土的收缩徐变、体系温度的升降等。还考虑了悬浇施工过程中一侧挂篮失事坠下等不利因素对结构安全的影响。

运营阶段按铁路中──活载双线加载,并计入冲击力、制动力、支座摩阻等,对水流冲击桥墩和船舶撞击也作了考虑。

主跨跨中最大静活载挠度 5.37 cm;边跨跨中最大静活载挠度 2.03 cm。

梁截面强度检算结果如下:

(1)正截面抗弯强度

重点对边跨跨中附近正弯矩最大截面、中跨跨中截面和支墩截面进行了检算,强度安全系数为:

①边跨跨中附近:$K=2.10>2.0$(主力)

　　　　　　　　$K=2.01>1.8$(主力+附加力);

②中跨跨中截面:$K=2.27>2.0$(主力)

　　　　　　　　$K=2.17>1.8$(主力+附加力);

③支墩截面:　　$K=2.23>2.0$(主力)

　　　　　　　　$K=2.21>1.8$(主力+附加力);

(2)斜截面抗弯和抗剪强度

检算了支墩处、中跨 $L/4$ 处的斜截面抗弯和抗剪强度,检算了边跨梁端附近的斜截面抗剪强度,强度安全系数为:

①支墩处

抗弯强度安全系数 $K=2.38>2.0$(主力)

　　　　　　　　$K=2.36>1.8$(主力+附加力);

抗剪强度安全系数 $K=2.42>2.0$(主力)

　　　　　　　　$K=2.41>1.8$(主力+附加力);

②中跨 $L/4$ 处

抗弯强度安全系数 $K=4.68>2.0$(主力)

　　　　　　　　$K=4.35>1.8$(主力+附加力);

抗剪强度安全系数 $K=2.28>2.0$(主力)

　　　　　　　　$K=2.26>1.8$(主力+附加力);

③边跨梁端

抗剪强度安全系数 $K=3.70>2.0$(主力)

　　　　　　　　$K=3.59>1.8$(主力+附加力);

2. 横向刚度计算及行车性能分析

主桥横向刚度主要按自振周期控制,并检算墩顶位移和跨中横向位移,还进行了车桥动力分析验证。

自振特性计算中考虑了主桥与边墩共同作用,承台和桩基础按等刚度转换为等直杆件,采用空间杆系有限元法,用 ALGOR 公司的 SUPPER SAP93 程序计算主桥墩、梁自振特性,其横向第Ⅰ振型自振周期 $T_1=1.303$ s$<[T_1]=1.70$ s。检算运营阶段主墩墩顶最大纵向位移 2.03 cm$<4\sqrt{L}$,满足铁道部建鉴(1992)93 号文《关于南昆线四座大桥横向刚度的补充技术要求》;中跨跨中最大横向位移 1.21 cm$<L/4000$。

对车桥系统进行了空间动力分析,采用货车分别以 60、70、80 km/h 的速度和客车分别以 100、120、140 km/h 的速度过桥六种工况计算,列车走行性分析结果如下:

客车($v\leqslant$140 km/h)及货车($v\leqslant$80 km/h)通过该桥时的行车安全性均可得到保证,各项指标未出现超标现象;客车($v\leqslant$140 km/h)过桥时的舒适性等级为"合格";货车($v\leqslant$80 km/h)过桥时的平稳性等级为"合格"。

计算结果表明,该桥具有足够的横向刚度。

四、主要技术成果

1. 主桥跨度 168 m,创国内双线铁路预应力混凝土连续刚构桥梁新纪录。设计对主桥结构进行了深入细致的静动力分析和车桥动力响应计算,对受力复杂部位进行了局部空间分析,对结构各部分尺寸进行了反复优化,模拟了施工各阶段和运营加载的全过程,确保施工和运营中的结构安全,完成了大桥施工图设计。

2. 由于桥轴法线与水流流向交角太大,为减缓桥墩对水流的挑流作用,首次在连续刚构主墩中采用了圆形空心墩。

3. 首次采用圆形渐变到矩形的瓶胆形空心墩结构。为解决墩梁衔接问题,墩身从最高通航水位起向上渐变过渡为矩形空心截面,渐变段内外壁曲线从四个方向采用变半径的圆曲线逐渐过渡为矩形空心截面。设计对过渡段的线形和受力行为进行了详细的分析。

4. 通过对跨中横隔板作用效果的细致分析,在大跨度预应力混凝土连续箱梁桥中取消跨中横隔板。打破了铁路预应力混凝土大跨度连续箱梁桥跨中设置横隔板的一贯做法,方便了合龙施工操作,更有效地保证了合龙段的施工质量。

5. 根据合龙温度和长期收缩徐变大小,计算出了跨中合龙时对合龙口两侧 T 构施加水平预顶力的大小,有效地调整了大桥成桥后结构的内力分配。

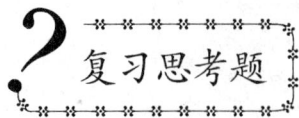

？复习思考题

1. 简述刚构桥的特点和优点。
2. 简述刚构桥的构造特点。

第 四 章
大跨度铁路拱桥

第一节 大跨度铁路拱桥的分类及构造特点

一、拱桥的发展历程

拱形结构是一种重要的建筑结构类型,发展历史悠久,具有抗压能力强、空间利用率高、外形流畅美观和节省材料的特点,被广泛应用于桥梁、涵洞、堤坝和房屋建筑中,而拱桥则是其中的杰出代表。

拱桥是以承受轴向压力为主的拱圈或拱肋作为主要承重构件的桥梁,拱结构由拱圈(拱肋)及其支座组成。拱桥可用砖、石、混凝土等抗压性能良好的材料建造;大跨度拱桥则用钢筋混凝土或钢材建造,以承受发生的力矩。按拱圈的静力体系可将拱分为无铰拱、双铰拱、三铰拱。前两者为超静定结构,后者为静定结构。无铰拱的拱圈两端固结于桥台,结构最为刚劲,变形小,比有铰拱经济,结构简单,施工方便,是普遍采用的形式,但修建无铰拱桥要求有坚实的地基基础。双铰拱是在拱圈两端设置可转动的铰支承,结构虽不如无铰拱刚劲,但可减弱桥台位移等因素的不利影响,在地基条件较差和不宜修建无铰拱的地方,可采用双铰拱桥。三铰拱则是在双铰拱的拱顶再增设一个铰,结构的刚度更差些,拱顶铰的构造和维护也较复杂,一般不宜做主拱圈。拱桥按结构形式可分为板拱、肋拱、双曲拱、箱拱、桁架拱。拱桥为桥梁基本体系之一,一直是大跨径桥梁的主要形式。

1. 铁路石拱桥

石拱桥是用天然石料作为主要建筑材料的拱桥,这种拱桥有悠久的历史,现在在石料丰富的地区,仍在继续修建拱桥,但已向轻型方向发展。我国的赵州桥(图 4-1)是世界上最古老的一座石拱桥。

图 4-1 赵州桥

在我国,石拱桥的跨径,从公元 606 年赵州桥的 37.4 m,到 1956 年宝成铁路松树坡桥的 38 m,历经 1 350 年才得以突破。

此后,石拱桥跨径记录在我国不断被刷新,并越过百米大关。目前,跨度最大的铁路石拱桥为于 1966 年 10 月建成的成昆铁路"一线天"桥。该桥主跨 54 m,全长 63.14 m,是我国跨度最大的空腹式铁路石拱桥。公路石拱桥方面,跨度最大的是山西晋城到河南济原的公路上,位于太行山的新丹河特大桥,主跨为 146 m 的公路石拱桥,为当前世界上石拱桥第一大跨度。

尽管石拱桥得到了较大的发展,但是进入 20 世纪 80 年代以来,由于石拱桥劳动生产率低、支架费用大、对地质条件要求高等原因,在许多情况下其经济性较其他桥梁已从过去的优势变为劣势,因而在我国石拱桥的修建渐少。曾有用素混凝土代替石料,修建小跨度拱桥的例子,也因为强度太低和容易开裂,未能推广使用。

2. 铁路钢筋混凝土拱桥

在国际上,早在 20 世纪三四十年代,由于木拱架的采用,建造百米以上的大跨径钢筋混凝土拱桥成为可能与现实。其后钢拱架的采用,使钢筋混凝土拱桥的建造形成了一个新的高潮,1964 年澳大利亚建成了跨径 304.8 m 的单室箱形钢筋混凝土拱桥 gladsuille,成为当时的代表作。

由于拱架自身也是一座大型结构物,它的制作、安装与拆除将耗费较多的费用。在 20 世纪六七十年代钢筋混凝土拱桥发展缓慢,而在预应力混凝土桥梁方面却有较大的发展,主要是高强度钢材的大量生产,悬臂浇筑或悬臂拼装施工方法的采用,从而建造了大量的大跨径预应力混凝土箱形梁桥、刚架桥、桁架梁桥与斜拉桥等。近 80 年来,钢筋混凝土拱桥的建造,吸收了预应力混凝土梁桥、斜拉桥等悬臂施工法的优点,采取了悬臂桁架法拼装或者斜拉索挂篮法浇筑等,使大跨径钢筋混凝土拱桥重新活跃起来,其代表作有前南斯拉夫 1980 年建造的 KRK 箱形公路拱桥,主跨 390 m,辅跨 244 m。这里还要提到,早在 1940 年西班牙已利用刚性骨架建成 210 m 箱形拱,把施工用的钢拱架作为箱形拱助的一部分配筋,避免了钢拱架拆除的工作。但限于当时的设计水平主要按容许应力设计法,不能够充分反映钢骨架在分担拱内力中的作用,因此一时没有能够得到推广。表 4-1 为国外早期大跨钢筋混凝土铁路拱桥的建造情况。

表 4-1 国外早期大跨钢筋混凝土拱桥

桥名	建成年份	国家	跨径(m)	结构形式	拱圈(肋)截面形式	备注
赤谷川桥	1979	日本	116	空腹刚梁柔拱(无铰)	矩形	铁路桥
Ahenp	1952	前苏联	228	空腹无铰拱	三室箱型	公铁两用
Nosi sad	1961	南斯拉夫	211(主跨)	中承式无铰拱	单箱单室	公铁两用
Nosi sad	1961	南斯拉夫	165.75(辅跨)	中承式无铰拱	单箱单室	公铁两用
Esla	1940	西班牙	210	空腹无铰拱	三室箱型	铁路桥
Plougastel	1930	法国	3×180	空腹无铰拱	三室箱型	公铁两用

我国的钢筋混凝土拱桥首先在铁路桥梁上出现。解放前修建的跨径最大的是粤汉线株韶段五大拱桥中的碓凯冲桥、省界桥和燕塘桥,都为各有一主孔跨径达 40 m 的钢筋混凝土拱桥。20 世纪 60 年代后期,钢筋钢筋混凝土拱桥在相当一段时期内成为我国的主导桥型。为减轻自重,节约圬工和钢材,方便施工,我国桥梁工作者对拱桥技术进行了长期不懈的探索,出现了双曲拱、刚架拱和桁架拱以及预应力桁式组合拱等结构形式。并于 1965 年建成了丰沙铁路七号桥,拱跨达 150 m。1998 年建成了国道 318 线的万县长江公路大跨度拱桥,主跨达 420 m,用刚性骨架法建成,为目前世界上第一大跨度钢筋混凝土公路拱桥,如图 4-2 所示。

图 4-2　中国重庆万县长江公路大跨度拱桥

3. 铁路钢拱桥

随着工业革命的兴起,18 世纪出现了金属拱桥。1856 年,贝塞默(Bessemer)转炉技术获得了专利,从而使钢取代了锻铁而被用于桥梁建设中。第一座使用钢铁建成的拱桥为 1867~1874 年间修建的 Eads 桥,该桥为双层公路桥面,跨越密西西比河,由三跨 158.5 m 的钢管桁拱组成。该桥的建成,开启了大跨径钢拱桥的新时代。1916 年,主拱跨径 298 m、桥宽 30.5m 的公铁两用桥美国狱门桥(Hell Gate Bridge)的建成,为现代钢拱桥奠定了技术基础,是钢拱桥发展史上的里程碑,为铁路钢桥的发展开拓了新局面。之后,主跨 503 m 的澳大利亚悉尼港桥(Sydney Harbour Bridge)和跨径 504 m 的美国培虹桥(Bayonne Bridge)分别于 1932 年和 1931 年建成。这两座桥梁的结构形式与狱门桥完全一样,只是培虹桥取消了桥台处的石塔,美国另一座跨径超过 500 m 的钢拱桥是建于 1974~1978 年的新河谷桥(New River Gorge Bridge)。该桥跨过美国西弗吉尼亚州立公园,全桥长 924 m,主拱跨径 518 m,桥宽 22 m。主梁采用连续钢桁梁结构,引桥结构支撑于建在山坡上的变截面电焊箱柱。箱型柱上小下大,最高达 122 m。该桥结构轻巧优雅,完全没有拱桥沉重笨拙的感觉,这种桥型抗风性能好,是拱桥向大跨度发展的方向。

除此之外,钢拱桥中还有钢箱肋拱,如美国的彩虹桥(Rainbow Bridge)和弗里蒙特桥(Fremont Bridge)。彩虹桥建于 1942 年,跨径 290 m,位于美国和加拿大边界,因附近为尼亚加拉大瀑布风景区而闻名于世。美国的弗里蒙特大桥建于 1973 年,该桥主跨 382.6 m,主跨连续加劲,双层桥面,在上海卢浦大桥建成之前其跨径在钢箱肋拱桥中位居第一。

表 4-2 列出了主跨径超过 300 m 的已建的钢拱桥。

表 4-2　钢拱桥一览表($L \geqslant 300$ m)

序号	桥　　名	主跨/m	结　　构	主拱肋截面	建成年份
1	中国重庆朝天门大桥	552	中承式,系杆	桁式	2007
2	中国上海卢浦大桥	550	中承式,系杆	箱形	2003
3	美国新河谷(New River Gorge)桥	518	上承式,两铰	桁式	1977
4	美国纽约培虹(Bayontte)桥	503.6	中承式,三铰	桁式	1931
5	澳大利亚悉尼海港(Sydney Harbor)桥	503	中承式,两铰	桁式	1932
6	印度卡特拉(Chenab)桥	480	上承式	桁式	2007
7	中国重庆菜园坝长江大桥	420	中承式,系杆	箱式	2007
8	中国广州新光大桥	428	中承式,系杆	桁式	2006
9	美国波特兰弗勒蒙特(Fremont)桥	383	中承式,系杆	箱式	1973
10	日本广岛空港(Numata River Gorge)大桥	380	上承式	桁式	2007
11	加拿大温哥华波特曼(Port Mann)桥	366	中承式,系杆	箱式	1964
12	美国马里兰弗朗西斯拷特(Francis Scott Key)桥	366	中承式	桁式	1977
13	巴拿马巴拉塔歇尔(Thatcher)桥	344	中承式	桁式	1962
14	加拿大魁北克拉维劳特(Lavio Lotte)桥	335	中承式,两铰	桁式	1967
15	英国默西银朱比利(Silver Jubilee)桥	330	中承式,两铰	桁式	1961
16	捷克奥尔克利湖泽达可夫(Zdakov)桥	330	上承式,两铰	箱式	1965
17	津巴布韦撤river河伯钦诺(Birchenough)桥	330	中承式,两铰	桁式	1935
18	美国亚利桑那罗斯福湖(Roosevelt Lake)桥	329	中承式	桁式	1990
19	美国科罗拉多格伦堪依恩(Glen Canyon)桥	315	上承式	桁式	1959
20	日本大阪木津川新桥	305	中承式,尼尔森	箱式	1993
21	荷兰凡·布雷恩诺德布拉格(Van Brienenoordbrug)桥	305	下承式,尼尔森	箱式	1990
22	美加边境路易斯顿—昆士顿(Lewiston Queenston)桥	305	上承式	箱式	1962
23	美国爱荷达州派瑞因(I. B. Perrine)桥	303	下承式	桁式	1976

目前世界上已建成的跨径最大的钢桁架拱桥为中国的重庆朝天门大桥。朝天门大桥长1 741 m,由主桥、南北引桥、江北对山立交、弹子石立交和黄桷湾立交以及引道等部分组成。主桥为(190＋552＋190) m的三跨连续中承式钢桁系杆拱桥。大桥为双层公路和铁路轻轨两用桥。见图 4-3 所示。

世界上最大的钢箱肋拱桥为上海卢浦大桥,该桥为主跨550 m的中承式全钢结构系杆拱桥。该桥主跨矢跨比 $f/L=1/5.5$,两边跨为 100 m,为上承式拱梁结构。整个全钢拱梁组合体系由钢箱肋、正交异性桥面板、倾斜钢吊杆、拱上立柱、一字形和 K 字形风撑、水平拉索等主要构件组成。主桥加劲梁内布置强大的水平拉索,以平衡中跨拱肋的水平推力。

在公路钢拱桥技术的带动下,铁路钢拱桥也得到了前所未有的发展,主要体现在公铁两用桥上。主拱跨 298 m 的美国狱门大桥的成功修建(图 4-5)把铁路钢拱桥的发展领入了一个新的时代。

狱门大桥建成16年后,修建的主跨 503 m 公铁两用桥——澳大利亚悉尼海港大桥把铁路

图 4-3 重庆朝天门大桥

图 4-4 上海卢浦大桥

图 4-5 美国狱门大桥

钢拱桥的发展推向了一个高峰。在我国,九江长江大桥桥跨为三跨拱桥,其中主跨为 216 m;随着近十几年来铁路的快速发展,铁路钢拱桥的发展也迎来了它的黄金时期,最具代表的是正在修建的主跨 2×336 m 的南京大胜关长江大桥,见图 4-6 所示。本桥的孔跨布置更符合连续钢桁梁桥的受力特点,对于两个主通航孔采用竖向刚度较大的钢桁拱结构,两端与连续钢桁梁平顺连接,形成连续钢桁拱—桁梁组合结构,可满足列车高速行车要求、方便施工安装,同时桥型流畅优美。

(a)

(b)

图 4-6　南京大胜关长江大桥

4. 铁路钢管混凝土拱桥

(1)钢管混凝土结构的发展

钢管混凝土结构早在 19 世纪末就在实际工程中得到应用,1879 年英国赛文(Severn)铁路桥的建造中采用了钢管桥墩,但当时在管中灌注混凝土,主要是防钢管内壁锈蚀,而非从受力角度考虑。1907 年美国的 Lally 公司首次给出了圆管混凝土柱的安全承载能力公式,此后这种被称为 Lally Column 的圆形钢管混凝土柱在一些单层和多层房屋建筑中得到应用。

到了 20 世纪 80 年代,由于泵送混凝土技术的出现和应用,改变了以前人工在现场向管内浇筑混凝土,劳动强度大、造价高的缺点,使这种具有突出优点的新结构受到很多国家的注意和重视,从此钢管混凝土步入了一个新的发展时期。特别是 1995 年阪神地震后,钢管混凝土更显示了其优越的抗震性能,钢管混凝土的研究进一步成为热门课题之一。

钢管混凝土从 20 世纪 60 年代中期开始引入我国,迄今已将近半个世纪。它在我国的应用和发展经历了两个阶段:从 60 年代中期到 80 年代中期为应用推广阶段;从 80 年代中期迄今为提高发展阶段。应用推广阶段的特点是:从厂房柱开始迅速推广应用到各种工业建筑中;同时结合工程需要,开始进行一些基础性和施工中遇到的技术性问题的研究。提高发展阶段的特点是:推广应用到高层建筑和公路拱桥领域,发展十分迅速;同时在理论研究方面取得突破性的进展,逐步形成了完整的理论体系和独立的新学科,一批有代表性的专著相继出版,如钟善桐的《钢管混凝土结构》、蔡绍怀的《钢管混凝土结构》、翰林海的《钢管混凝土结构》和蒋家奋、汤关作的《三向应力混凝土》等。

目前国内已建成的最大跨的铁路钢管混凝土拱桥是跨径为 236 m 的水柏铁路北盘江大桥主桥,该桥桥型为上承式钢管混凝土拱桥,主桥结构为上承式 X 形(提篮形)钢管混凝土拱,拱趾中心跨度 236 m,其拱圈由 2 条拱肋与横向联结系构成,拱肋横向内倾 6.5 度。拱肋拱趾处中心距 19.6 m,拱顶中心距 6.156 m。如图 4-7 所示。而正在建设中的淮朔黄铁路黄河特大桥也是上承式提篮型钢管拱,主跨跨径为 386 m,矢高 58.73 m,主拱总用钢量 9 350 t,采用缆索吊机、斜拉扣索法悬臂拼装,最大单元拱节重 412 t,建成后将是国内同类结构桥梁中跨度最大的铁路双线钢管混凝土拱桥。

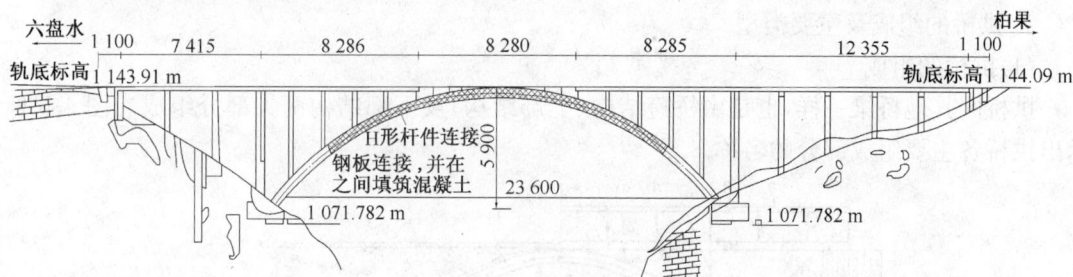

图 4-7　北盘江大桥立面布置图(单位:mm)

(2)钢管混凝土在拱桥中的应用

拱桥作为压弯结构,随着跨径的增大,高强材料的应用受到稳定问题的制约;80 年代末,我国钢管混凝土在全国推广应用,也促进了钢管混凝土拱桥的发展。由于钢管混凝土组合结构的强度高,在施工中可分段用缆索吊装,也可用转体施工等无支架施工方法,同时解决了拱桥高强度材料应用和施工两大难题,为拱桥向大跨径发展提供了可能的条件。

在具体应用时,根据钢管混凝土在正常使用阶段和施工阶段作用的差异,实际钢管混凝土拱桥发展产生了两个方向。一种为钢管内包混凝土,即钢管表面外露,与核心混凝土共同作为结构的主要受力组成部分,同时也作为施工时的劲性骨架,设计以正常使用阶段控制,这类桥梁一般被称为钢管钢筋混凝土拱桥。一种是钢管内填外包混凝土,钢管表面不外露,钢管混凝土主要作为施工的劲性骨架,先内浇筑混凝土成钢管混凝土后再挂模板外包混凝土形成断面,钢管材料参与建成后的受力,但不是以使用阶段为控制,而是以施工荷载为控制,这类桥梁一般被称为钢管混凝土劲性骨架拱桥。

二、拱桥的特点和分类

1. 拱桥的基本特点及其适用范围

拱桥是在我国使用很广泛的一种桥梁体系。拱桥与梁桥的区别,不仅在于外形的不同,而且在受力性能上两者也有本质差别。拱是在竖向荷载作用下,支承处不仅产生竖向反力,而且还产生水平推力。由于这个水平推力的存在,拱的弯矩将比相同跨径的梁的弯矩小很多,而使整个拱主要承受压力。这样,拱桥不仅可以利用钢、钢筋混凝土等材料来修建,而且还可以根据拱的这一受力特点,充分利用抗压性能较好而抗拉性能较差的圬工材料(石料、混凝土、砖等)来修建。这种由圬工材料修建的拱桥又称为圬工拱桥。

拱桥的主要优点是:(1)跨越能力较大。在全世界范围内,目前钢筋混凝土拱桥的最大跨径为 420 m;(2)能充分做到就地取材,与钢桥和钢筋混凝土梁式桥相比,可以节省大量的钢材和水泥；(3)耐久性好，而且养护、维修费用少，承载潜力大；(4)外形美观；(5)构造较简单，尤其是圬工拱桥，技术容易被掌握，有利于广泛采用。

拱桥的主要缺点是：(1)自重大，相应的水平推力也较大，增加了下部结构的工程量，当采用无铰拱时，对地基条件要求高；(2)由于拱桥水平推力较大，在连续多孔的大、中桥梁中，为防止因一孔破坏而影响全桥的安全，需要采用较复杂的措施，或设置单向推力墩，增加了造价；(3)与梁式桥相比，上承式拱桥的建筑高度较高，当用于城市立体交叉及平原区的桥梁时，因桥面高程提高，而使两岸接线的工程量增大，或使桥面纵坡增大，既增大造价又对行车不利；(4)圬工拱桥施工需要劳动力较多，建桥时间较长，因此也使拱桥的使用范围受到一定的限制。

2. 拱桥的组成及主要类型

(1)拱桥的组成

拱桥同其他桥梁一样，也是由桥跨结构(上部结构)及下部结构两大部分组成。图 4-8 标示出拱桥各主要组成部分的名称。

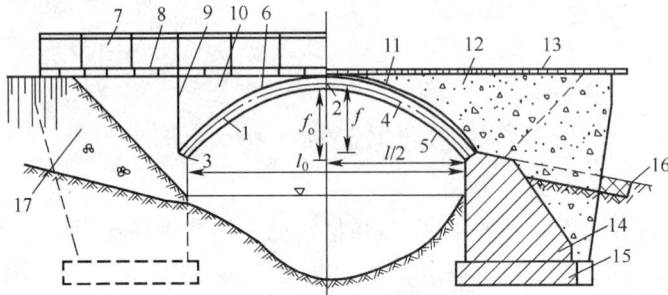

图 4-8　拱桥的主要组成部分

1—主拱圈；2—拱顶；3—拱脚；4—拱轴线；5—拱腹；6—拱背；

7—栏杆；8—人行道块石；9—伸缩缝；10—侧墙；11—防水层；

12—填料；13—桥面；14—桥台；15—基础；16—盲沟；17—锥坡

(2)拱桥的分类

拱桥由于发展历史很长，使用又极为广泛，因而它的形式多种多样，结构构造各有差异。为了便于进行研究，可以按照不同的方式将拱桥分类。例如：

按照主拱圈(板、肋、箱)所使用的材料可以分为圬工拱桥、钢筋钢筋混凝土拱桥及钢拱桥等；

按照拱上建筑的形式可以分为实腹式拱桥及空腹式拱桥；

按照拱圈所用的拱轴线形式，可分为圆弧拱桥、抛物线拱桥或悬链拱桥等；

按照桥面的位置可分为上承式拱桥、下承式拱桥和中承式拱桥；

按照有无水平推力，可分为有推力拱桥和无推力拱桥等。

下面按照三种情况对拱桥的分类进行讨论：

①按结构受力图式分类

按照主拱圈与行车系结构之间相互作用的性质和影响程度，可以把拱桥分为简单体系拱桥及组合体系拱桥两大类。

在简单体系拱桥中，行车系结构(拱上结构或拱下悬吊结构)不与主拱一起受力，主拱以裸拱的形式作为主要承重结构。按照静力图式，可以做成多种类型(图 4-9)。

三铰拱[图 4-9(a)]属静定结构。温度变化、混凝土收缩、支座沉陷等原因引起的变形不会在拱圈内产生附加内力。当地质条件不良，又需要采用拱式桥梁时，可以采用三铰拱。但是，

图 4-9　拱桥的静力图式

由于铰的存在,使结构构造复杂,施工困难,维护费用高,而且减小了整体刚度,尤其是降低了抗震能力。由于拱的挠度曲线在顶铰上面有转折,致使拱顶铰处的桥面下沉,当车辆通过时,会发生大的冲击,对行车不利。因此,三铰拱一般仅在小跨度公路桥中采用。两铰拱[图4-9(b)]属一次超静定结构,由于取消了拱顶铰,使结构整体刚度较三铰拱大。在墩台基础可能发生位移的情况下或平坦的拱桥中可采用两铰拱。较之无铰拱,它可以减小基础位移、温度变化、混凝土收缩和徐变等引起的附加内力。目前,世界上最大跨径的两铰拱桥是日本的外津桥,跨径 170 m。无铰拱[图4-9(c)]属三次超静定结构:在自重及外荷载作用下,由于拱的内力分布比两铰拱均匀,所以它的材料用量省。又由于没有设铰,结构的整体刚度大,构造简单,施工方便,维护费用少,因此在实际使用中最广泛。但由于无铰拱的超静定次数高,温度变化、材料收缩、结构变形、特别是墩台位移会在拱内产生较大的附加内力,所以无铰拱一般修建在良好的地基上。目前,最大跨径的钢筋混凝土箱形拱是我国的万县长江大桥,主跨 420 m。

组合式体系拱桥是将行车系结构与主拱按不同的构造方式构成一个整体,以共同承受荷载。根据不同的组合方式和受力特点,组合式拱桥又分为无推力的[图4-9(d),(e),(f),(g)]和有推力的[图4-9(h),(i)]。根据拱肋和系杆的尺寸大小(吊杆较小,仅受拉力)可分为:柔性系杆刚性拱,简称系杆拱,图4-9(d);刚性系杆柔性拱,图4-9(e);刚性系杆刚性拱,图4-9(f);有斜吊杆的柔性系杆刚性拱,图4-9(g);有推力组合式体系拱桥的形式有桁架拱,图4-9(h);拱片拱,图4-9(i)。

②按主拱圈截面形式分类

拱桥的主拱圈横截面形式是多种多样的,可分为以下几种类型(图4-10)。

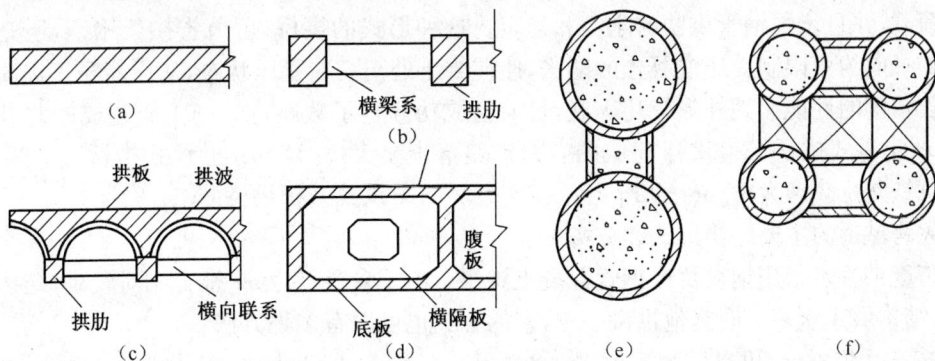

图 4-10　主拱圈截面形式

(a)板拱;(b)肋拱;(c)双曲拱;(d)箱形拱;(e)哑铃型;(f)四管式

a. 板拱桥[图 4-10(a)]

主拱圈采用矩形实体截面是圬工拱桥的基本形式,由于它的构造简单、施工方便,因而使用广泛。但由于在相同截面积的条件下,实体矩形截面比其他形式截面的截面抵抗矩小,如果为了获得较大的截面抵抗矩,必须增大截面尺寸,这就相应地增加了材料用量和结构自重,从而进一步地加重了下部结构的负担,这是不经济的,所以通常只在地基条件较好的中、小跨径圬工拱桥中采用板拱形式。

b. 肋拱桥[图 4-10(b)]

为了节省材料,减轻结构自重、必须充分利用材料的强度,能以较小的截面积获得较大的截面抵抗矩,在板拱桥的基础上,将板拱划分成两条(或多条),形成分离的、高度较大的拱肋,肋与肋之间由横系梁相联。这种由几条肋组成的拱桥,称为肋拱桥。肋拱桥材料用量一般比板拱桥经济,但构造复杂。肋拱大大减轻了拱桥的自重,因此多用于较大跨径的拱桥。

c. 双曲拱桥[图 4-10(c)]

这种拱桥的主拱圈横截面是由一个或数个小拱组成的,由于主拱圈在纵向及横向均呈曲线形,故称之为双曲拱桥。由于这种截面的截面抵抗矩较相同材料用量的板拱大,因而可以节省材料;加之在施工等方面比板拱有较多的优越性——可以预制装配,故在全国公路上得到广泛推广,并在铁路、渠道等工程结构中也被采用。现在,随着双曲拱桥的大量修建,无论在设计计算理论、结构形式和施工方法等方面都得到了不断的发展和提高。同时另一方面,人们在实践中也认识了它所存在的缺点,如施工程序复杂,组合截面的整体性较差,易开裂等。因此,双曲拱只宜在中、小跨径桥梁中采用。

d. 箱形拱[图 4-10(d)]

箱形截面拱圈的拱桥,外形与板拱和肋拱相似,由于截面挖空,使箱形拱的截面抵抗矩较相同材料用量的实心截面大很多,所以能节省材料,对于大跨径桥则效果更为显著。又由于它是闭口箱形截面,截面抗扭刚度大,横向整体性和结构稳定性均较双曲拱好,所以特别适用于无支架施工。但箱形截面施工及制作较复杂,一般情况下,跨径在 50 m 以上的拱桥采用箱形截面才是合适的。它是国内外大跨径钢筋混凝土拱桥主拱圈截面的基本形式。

e. 钢管混凝土拱

钢管钢筋混凝土拱桥是近一段时期蓬勃发展的新桥型。它是利用钢板先卷制成钢管管节,然后与钢板组拼成整拱或两个半拱[横截面有哑铃型或四管型,图 4-10(e),(f)]架设成为钢管拱肋,最后在钢管内灌注高强混凝土。当混凝土达到设计强度后,与钢管壁粘合在一起共同承受荷载,并且增强钢管拱肋的刚度和稳定。这种形式的拱桥,可节省拱架用钢,还充分利用钢管的径向约束限制受压混凝土的膨胀,使混凝土处于三向受压状态,从而能显著提高混凝土的抗压强度的性能。其外形轻巧美观,目前已成功修建了数座,如 2001 年建成的北盘江大桥(236 m 上承式拱桥)、2002 年建成的宜万铁路落步溪大桥(178 m 上承式拱桥)、2005 年建成的青藏铁路拉萨河大桥[(36＋72＋108＋72＋36)m 下承式系杆拱桥]等。

③大跨拱桥的主要结构形式和分类

大跨度拱桥多采用钢拱桥或钢管混凝土拱桥。由于自重轻,水平推力相对较小,结构表现力丰富,结构形式众多。同其他拱桥一样,它的分类也可以有多种方法:

a. 按车承位置分,可以分为下承式[4-11(a)],上承式[4-11(b)],中承式[4-11(c)]以及双层桥面拱桥[图 4-11(d)];

(a)　　　　　　(b)　　　　　　(c)　　　　　　(d)

图 4-11　按车承位置分类

(a)下承式;(b)上承式;(c)中承式;(d)双层桥面

b. 按拱脚支承形式分,可分为上承式两铰拱[图 4-12(a)],上承式无铰拱[图 4-12(b)],中承式两铰拱[图 4-12 (c)],中承式无铰拱[图 4-12(d)];

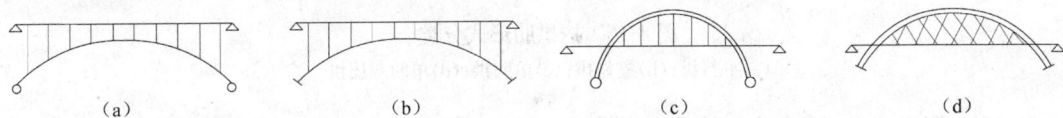

(a)　　　　　　(b)　　　　　　(c)　　　　　　(d)

图 4-12　按拱脚支承形式分类

(a)上承式两铰拱;(b)上承式无铰拱;(c)中承式两铰拱;(d)中承式无铰拱

c. 按拱肋截面形式分,可分为实体肋拱[图 4-13(a)],桁架拱[图 4-13(b)],桁式拱[图 4-13(c)],圆管拱[图 4-13(d)];

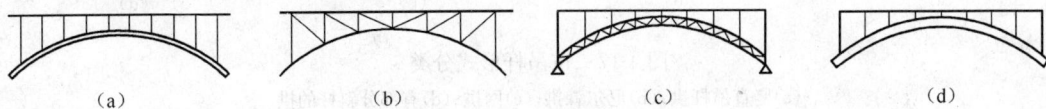

(a)　　　　　　(b)　　　　　　(c)　　　　　　(d)

图 4-13　按拱肋截面形式分类

(a)实体肋;(b)桁架拱;(c)桁式拱;(d)圆管拱

d. 按加劲梁构造分,可分为简支梁[图 4-14(a)],悬臂梁[图 4-14(b)],连续梁[图 4-14(c)],连续拱[图 4-14(d)];

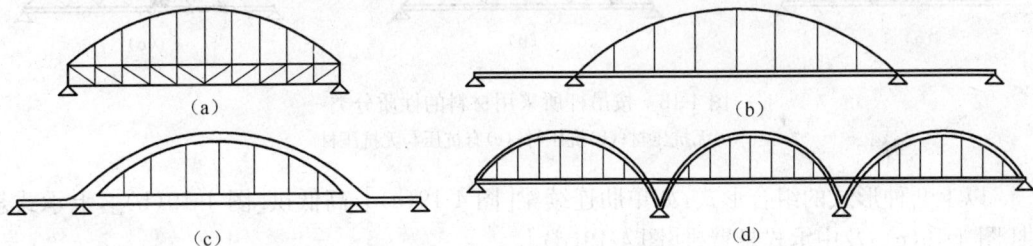

(a)　　　　　　　　　　　　(b)

(c)　　　　　　　　　　　　(d)

图 4-14　按加劲梁构造分类

(a)简支梁;(b)悬臂梁;(c)连续梁;(d)连续拱

e. 按加劲梁的截面形式分,可以有工字形,箱形及桁式;

f. 按行车道系构造分,除了一般所采用的混凝土梁外,还有格子梁[图 4-15(a)],系杆拱[图 4-15(b)]及钢梁[图 4-15(c)];

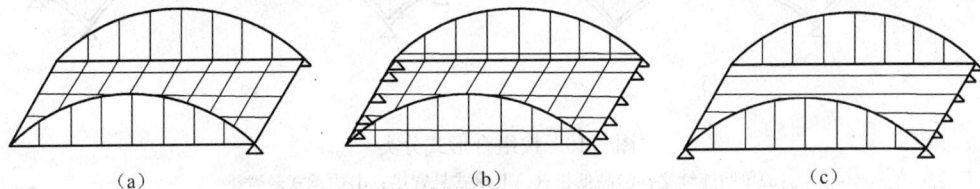

(a)　　　　　　(b)　　　　　　(c)

图 4-15　按加劲梁的截面形式分类

(a)格子梁;(b)系杆拱;(c)钢梁

g. 按拱肋形式分,可分为平行拱[图 4-16(a)],提篮拱[图 4-16(b)],单肋拱[图 4-16(c)]及单肋双层拱[图 4-16(d)];

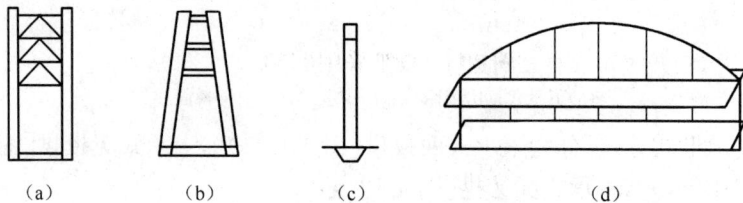

图 4-16　按拱肋形式分类

(a)平行拱;(b)提篮拱;(c)单肋拱;(d)单肋双层拱

h. 按吊杆形式分,可分为竖直吊杆拱[图 4-17(a)],尼尔森拱[图 4-17(b)],网拱[图 4-17(c)]及有部分斜杆的拱[图 4-17(d)];

图 4-17　按吊杆形式分类

(a)竖直吊杆拱;(b)尼尔森拱;(c)网拱;(d)有部分斜杆的拱

i. 按吊杆所采用材料的性质分,可分为无抗压材拱[图 4-18(a)],抗压材拱[图 4-18(b)]以及二者的组合形式[图 4-18(c)];

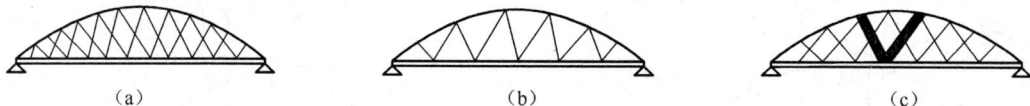

图 4-18　按吊杆所采用材料的性质分类

(a)无抗压材;(b)抗压材;(c)有抗压与无抗压材

j. 以上 9 种形式的组合形式,如单肋连续梁[图 4-19(a)],高低拱[图 4-19(b)],上承式悬臂拱[图 4-19(c)]及中承式悬臂拱[图 4-19(d)]。

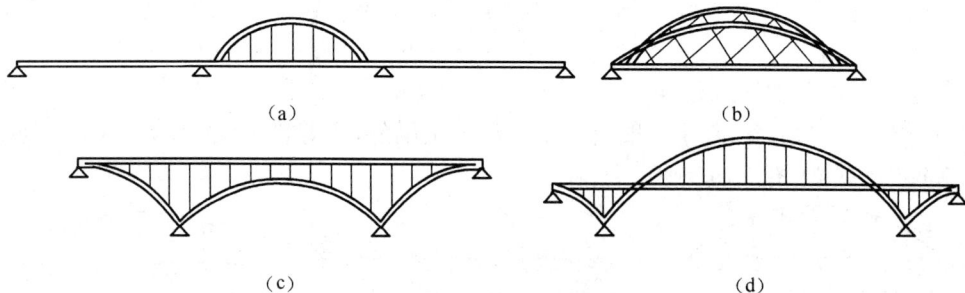

图 4-19　按组合形式分类

(a)单肋连续梁;(b)高低拱;(c)上承式悬臂拱;(d)中承式悬臂拱

需要指出的是,在尼尔森拱中,通过使用斜吊杆,不仅可以减少拱肋的实际弯矩,而且还可以增大桥梁整体刚度,改善振动特性。但是,由于吊杆无法承受压力,在架设过程中吊杆的应力调整比较困难。因此,为了防止吊杆承受压力,可采用以下几项措施:(a)控制斜吊杆的倾斜角;(b)施加考虑附加荷载的储备预张力;(c)对可能承受压力的吊杆施加预张力;(d)把部分斜吊杆制作成可受压构件来提高桥体的刚度。一般采用(c)的方法来进行,对于方法(d),可采用图 4-20 所示来设置部分斜向钢材成为可受压构件。

图 4-20　具有可受压构件的尼尔森拱桥

三、中国大跨铁路拱桥的发展状况

大跨铁路拱桥的不断出现有力地说明了我国桥梁的设计和施工技术已经达到了世界先进水平。目前已经建成的中承式钢管钢筋混凝土拱桥中,无推力拱最大跨径为广州丫髻沙大桥(76+360+76) m,有推力拱最大跨径为广西三岸江大桥(主跨 270 m)。2004 年 4 月份建成通车的重庆巫山长江大桥主跨为 460 m,是目前世界上跨径最大的钢管钢筋混凝土拱桥。国内比较著名的大跨拱桥见表 4-3。

表 4-3　中国大跨铁路拱桥一览表

序号	桥　　名	建成年份	跨径/m	类型	结构形式	拱圈(肋)截面形式	备注
1	重庆朝天门长江大桥	2007	552	钢拱桥	中承式,系杆	桁式	公铁两用
2	万宜铁路万州长江大桥	2008	360	单拱连续钢梁桥	中承式,系杆	桁式	铁路桥
3	南京大胜关长江大桥	在建	336	钢桁拱桥	中承式,系杆	桁式	铁路桥
4	东平水道大桥	2009	242	钢桁拱桥	中承式,系杆	桁式	铁路桥
5	北盘江大桥	2001	236	钢管钢筋混凝土拱桥	上承式	桁式	铁路桥
6	闽江特大桥	2008	198	钢桁拱	中承式	桁式	铁路桥
7	宜万铁路落步溪大桥	2002	178	钢管钢筋混凝土拱桥	上承式	单室箱形	铁路桥
8	丰沙线永定河七号桥	1972	150	钢筋混凝土拱桥	中承式	箱形	铁路桥
9	吊钟岩特大桥	2005	140	钢管钢筋混凝土拱桥	上承式		铁路桥
10	奉化江大桥	2009	132	提篮式钢管混凝土系杆拱桥	下承式,系杆	箱形	铁路桥
11	青藏铁路拉萨河大桥	2005	108	钢管钢筋混凝土拱桥	下承式,系杆	双圆钢管叠合截面 $\phi5\,900$ mm,壁厚 14 mm	铁路桥

随着土木工程技术的发展,拱桥的跨径将得到进一步的提高。国内不少专家学者都展望

过大跨径拱桥的发展途径,认为在我国的一般大河上,水面宽不过五、六百米,可用一大拱跨过,在更宽的江面上则可采用多孔系杆拱桥。目前在 500～1 000 m 的超大跨径范围内,可供比较的方案有悬索桥、斜拉桥和拱桥。对于拱桥,虽然尚不具备做到跨径 1 000 m 的把握,但是完全可以把跨径 650 m 作为第一目标进行对比分析。这并不是极限,拱桥在结构体系和施工方法上都具备了更大的跨越能力。因此,拱桥跨径的继续向前推进是完全可能的。

第二节　铁路钢拱桥的结构计算

一、概　述

拱桥是最古老的桥梁结构型式之一。它的主要承重结构——主拱圈是以承压为主的压弯构件。对于大跨径拱,如果仍沿用传统分析方法,必将产生较大的误差。因为这种分析方法没有考虑拱脚推力与拱轴挠度相互作用产生的附加内力的影响,也没有在变位微分方程式中计入轴力的影响,从而将轴力产生的拱圈弹性压缩变形对内力的影响分割出来计算。有关资料表明,随着跨径的增大,这些影响引起的误差可达 20% 以上,且偏于不安全。尤其是大跨径钢筋混凝土拱桥尚应考虑由于时间因素如徐变等非线性因素引起的十分可观的影响。近年来,采用有限单元分析法,在单元中考虑弯曲、轴向和剪切变形可以获得满足精度要求的结果。本节主要从精确解析的角度讨论拱的几何非线性影响。

二、拱的几何非线性因素

1. 考虑轴力影响的拱的平衡方程

(1)基本假定

为分析方便,在建立拱的平衡方程时作如下假定:

①拱圈截面变形仍按平面变形考虑,截面法线方向与切线方向的夹角在变形前后保持不变,且拱圈截面变形仍符合虎克定理。

②弹性中心在变形前后的位置不变,即将拱轴变形引起自身弹性中心位置的改变量忽略不计。

作以上假定主要是使问题的分析简化,以突出阐明拱脚推力与拱圈挠度相互作用的非线性关系。假定①符合拱桥的基本工作状态,如果要进一步计入拱圈材料的非弹性性质,则只要由此求出拱圈的非弹性变形,按照本章所述原则仍可推求拱脚推力与拱圈挠度的相互作用关系。假定②忽略了拱轴变形引起的弹性中心位置的改变,因为分析表明此项改变是相当微小的,将其忽略后不但简化了分析计算,而且便于与传统方法比较,也给具体设计带来方便。

(2)几何方程

在拱轴线上取一微段 ds,它在 x、y 坐标轴上的投影分别为 dx、dy,微段与水平轴(x 轴)的倾角为 φ,见图 4-21。设拱轴变形后微段起点处在 x、y 方向上的位移分别为 u 及 W,微段终点处的位移分别为 $u+du$ 及 $W+dW$,变形后的微段与水平轴的倾角改变为 φ_1。令 ε 表示微段的轴向正应变,则由微段变形后的几何关系有:

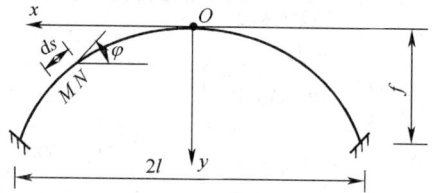

图 4-21　拱轴计算图

$$[(1+\varepsilon)ds]^2 = (dx+dy)^2 + (dy+dW)^2$$

将上式展开,注意到 $\dfrac{\mathrm{d}x}{\mathrm{d}s}=\cos\varphi,\dfrac{\mathrm{d}y}{\mathrm{d}s}=\sin\varphi$,并略去 ε、$\mathrm{d}u/\mathrm{d}s$、$\mathrm{d}W/\mathrm{d}s$ 等二阶微量,则可得:

$$\varepsilon=\frac{\mathrm{d}u}{\mathrm{d}s}\cos\varphi+\frac{\mathrm{d}W}{\mathrm{d}s}\sin\varphi \tag{4-1}$$

设 θ 表示微段的角变位,则

$$\sin\theta=\sin(\varphi_1-\varphi)=\sin\varphi_1\cos\varphi-\cos\varphi_1\sin\varphi$$

因为 ε 为微量, $\quad 1/(1+\varepsilon)=1-\varepsilon+\varepsilon^2-\cdots\approx1-\varepsilon$,则

$$\sin\varphi_1=(\mathrm{d}y+\mathrm{d}W)/(1+\varepsilon)\mathrm{d}s=(1-\varepsilon)(\sin\varphi+\frac{\mathrm{d}W}{\mathrm{d}s})$$

$$\cos\varphi_1=(\mathrm{d}x+\mathrm{d}u)/(1+\varepsilon)\mathrm{d}s=(1-\varepsilon)(\cos\varphi+\frac{\mathrm{d}u}{\mathrm{d}s})$$

代入上式便有:

$$\sin\theta=(1-\varepsilon)(\frac{\mathrm{d}W}{\mathrm{d}s}\cos\varphi-\frac{\mathrm{d}u}{\mathrm{d}s}\sin\varphi)$$

由于小变形,$\varepsilon\ll1$,近似取 $1-\varepsilon=1,\sin\theta=\theta$,于是可得:

$$\theta=\frac{\mathrm{d}W}{\mathrm{d}s}\cos\varphi-\frac{\mathrm{d}u}{\mathrm{d}s}\sin\varphi \tag{4-2}$$

沿法线方向距轴线为 z 的任意点 P,在拱轴线变形后沿 x、y 轴的位移分量设为 u_z、W_x,由图 4-22 所示几何关系可知:

$$u_z=u-z\theta\cos\varphi$$

$$W_x=\omega-z\theta\sin\varphi$$

则由式(4-1)可得 P 点的正应变为:

$$\varepsilon_P=\frac{\mathrm{d}u_z}{\mathrm{d}s}\cos\varphi+\frac{\mathrm{d}W_x}{\mathrm{d}s}\sin\varphi$$

$$=\frac{\mathrm{d}u}{\mathrm{d}s}\cos\varphi+\frac{\mathrm{d}W}{\mathrm{d}s}\sin\varphi-z\frac{\mathrm{d}\theta}{\mathrm{d}s}$$

图 4-22　拱段隔离体图

$$=\varepsilon-z\frac{\mathrm{d}\theta}{\mathrm{d}s} \tag{4-3}$$

(3)广义力与广义位移的关系

根据胡克定律,截面上任意点的正应力为:

$$\sigma_P=E\varepsilon_P$$

由正应力合成截面上的轴力 N 及弯矩 M。在此规定轴力以使拱截面受压为正,弯矩以使拱截面下缘纤维受拉为正,于是轴力为:

$$\sigma_P=E\varepsilon_P N=-\int\sigma_P\mathrm{d}A=-E\int_A\varepsilon_P\mathrm{d}A$$

$$=-E\int_A(\varepsilon-z\frac{\mathrm{d}\theta}{\mathrm{d}s})\mathrm{d}A$$

注意到 ε、θ 均与 A、z 无关,且拱轴线通过截面形心,$\int_A\mathrm{d}A=A,\int_A z\mathrm{d}A=0$,故有:

$$N=-EA\varepsilon \tag{4-4}$$

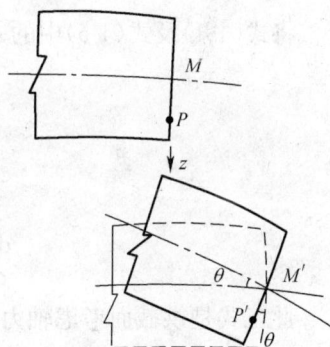

$$M = \int_A \sigma_P z \, \mathrm{d}A$$

$$= E \int_A (\varepsilon - z \frac{\mathrm{d}\theta}{\mathrm{d}s}) z \, \mathrm{d}A$$

$$= -EI \frac{\mathrm{d}\theta}{\mathrm{d}s} \tag{4-5}$$

此处同样注意到 $\int_A z \, \mathrm{d}A = 0$，$\int_A z^2 \, \mathrm{d}A = I$，联立求解式(4-1)及式(4-2)，可得：

$$\frac{\mathrm{d}u}{\mathrm{d}s} = \varepsilon \cos\varphi - \theta \sin\varphi$$

$$\frac{\mathrm{d}W}{\mathrm{d}s} = \varepsilon \sin\varphi + \theta \cos\varphi$$

或代换成

$$\frac{\mathrm{d}u}{\mathrm{d}s} = \varepsilon - \theta \frac{\mathrm{d}y}{\mathrm{d}x}$$

$$\frac{\mathrm{d}W}{\mathrm{d}s} = \varepsilon \frac{\mathrm{d}y}{\mathrm{d}x} + \theta$$

将式(4-4)及式(4-5)中的 $\varepsilon = \dfrac{N}{EA}$ 及 $\dfrac{\mathrm{d}\theta}{\mathrm{d}s} = -\dfrac{M}{EI}$ 代入上式，并注意 $\tan\varphi = \dfrac{\mathrm{d}y}{\mathrm{d}x}$，即可解得：

$$\theta = \frac{\mathrm{d}W}{\mathrm{d}x} + \frac{N}{EA} \tan\varphi \tag{4-6}$$

$$\frac{\mathrm{d}u}{\mathrm{d}x} = -\frac{\mathrm{d}W}{\mathrm{d}x} \frac{\mathrm{d}y}{\mathrm{d}x} - \frac{N}{EA}(1 + \tan^2\varphi) \tag{4-7}$$

$$\frac{\mathrm{d}^2 W}{\mathrm{d}x^2} = \frac{M}{-EI} \frac{1}{\cos\varphi} - \frac{\mathrm{d}}{\mathrm{d}x}(\frac{N}{EA} \tan\varphi) \tag{4-8}$$

此三式是拱截面考虑轴力对变形影响的关系式，亦可称为广义力与广义位移关系式。将式(4-8)展开，即得：

$$\frac{\mathrm{d}^2 W}{\mathrm{d}x^2} = \frac{M}{-EI} \sec\varphi - \frac{\mathrm{d}}{\mathrm{d}x}(\frac{N}{EA} \tan\varphi) \frac{\mathrm{d}y}{\mathrm{d}x} - \frac{N}{EA} \frac{\mathrm{d}^2 y}{\mathrm{d}x^2} \tag{4-9}$$

2. 挠度理论的控制方程

取简支曲梁为无铰拱的基本计算结构，将赘余力简化到弹性中心上（图4-23），并假定弹性中心位置在变形前后保持不变。则考虑推力与挠度相互作用对拱内力影响的控制方程可导出如下：

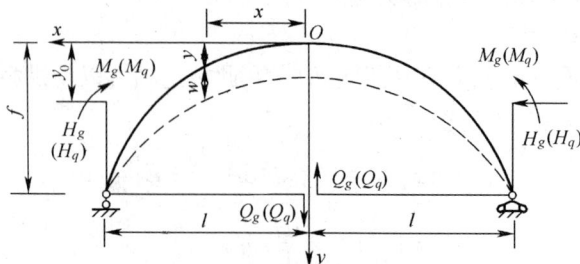

图 4-23　无铰拱的基本计算结构图

（1）恒载作用阶段

恒载为对称荷载，$\theta_g = \theta$。则在恒载作用下拱任一截面的弯矩为（下标 g 表示恒载作用）：

$$M = M_g^0 + M_g - H_g[y_0 - (y + W_g)]$$
$$= M_g^0 + M_g + H_g(y - y_0) + H_g W_g \tag{4-10}$$

将式(4-10)代入式(4-9),得:

$$\frac{\mathrm{d}^2 W_g}{\mathrm{d}x^2} + \frac{H_g}{EI} W_g \sec\varphi = f_g(x) \tag{4-11}$$

式中:

$$f_g(x) = -\frac{\sec\varphi}{EI}[M_g^0 + M_g + H_g(y - y_0)] - \frac{\mathrm{d}}{\mathrm{d}x}\left(\frac{N_g}{EA}\tan\varphi\right) \tag{4-12}$$

其边界条件为:

$$W_g(l) = W_g(-l) = \frac{\mathrm{d}W_g}{\mathrm{d}x}\bigg|_{x=0} = 0 \tag{4-13}$$

(2)活载作用阶段

活载作用于拱上时,拱任一截面弯矩为(下标 q 表示活载作用):

$$M = M_g^0 + M_q^0 + M_g + M_q + Q_q x + H_g(y - y_0)$$
$$+ H_q(y - y_0) + (H_g + H_q)W_g + (H_g + H_q)W_q \tag{4-14}$$

将其代入式(4-9),并注意到式(4-11),则有:

$$\frac{\mathrm{d}^2 W_q}{\mathrm{d}x^2} + \frac{\sec\varphi}{EI}(H_g + H_q)W_q = f_q(x) \tag{4-15}$$

式中:

$$f_q(x) = -\frac{\sec\varphi}{EI}[M_q^0 + M_q + Q_q x + H_q(y - y_0)]$$

$$- \frac{\mathrm{d}}{\mathrm{d}x}\left(\frac{N_q}{EA}\tan\varphi\right) - \frac{H_q}{EI}W_g \sec\varphi$$

其边界条件为:

$$W_q(l) = W_q(-l) = 0 \tag{4-16}$$

以上各式中

　　M_q——简支曲梁上的荷载弯矩;

M、H_g、Q_q——弹性中心处的赘余弯矩、水平力及剪力,下标 g 表示由恒载引起,下标 q 表示由活载引起;

　　y_0——弹性中心至坐标原点的距离;

　　l——拱轴计算跨径的一半。

式(4-11)及式(4-14)即为拱在恒载、活载作用下考虑水平推力与挠度相互作用对拱内力影响的内力控制方程。

3. 约束方程

无铰拱在取简支曲梁作为基本计算结构时,拱脚的三个位移(相对水平位移,左、右拱铰的转动)均受到限制。将这三个位移约束条件用拱的挠度及轴力来表示,即得求解控制方程的约束方程。

由拱的广义力及广义位移方程式中已获得拱轴任一点处的水平位移的表达式(4-7)。因此,拱脚的相对水平位移为:

$$\Delta_b = \int_{-1}^{1} \left(\frac{\mathrm{d}u}{\mathrm{d}x} \right) \mathrm{d}x$$

$$= -\int_{-1}^{1} \left[\frac{\mathrm{d}W}{\mathrm{d}x} \frac{\mathrm{d}y}{\mathrm{d}x} + \frac{N}{EA} (1 + \tan^2 \varphi) \right] \mathrm{d}x$$

对上式等号右边第一项进行部分积分:

$$\int_{-1}^{1} \left(\frac{\mathrm{d}W}{\mathrm{d}x} \frac{\mathrm{d}y}{\mathrm{d}x} \right) \mathrm{d}x = W \frac{\mathrm{d}y}{\mathrm{d}x} \Big|_{-1}^{1} - \int_{-1}^{1} W \frac{\mathrm{d}^2 y}{\mathrm{d}x^2} \mathrm{d}x$$

由于 $W_{(1)} = W_{(-1)} = 0$,因此等式右边第一项为零,故

$$\int_{-1}^{1} \left(\frac{\mathrm{d}W}{\mathrm{d}x} \frac{\mathrm{d}y}{\mathrm{d}x} \right) \mathrm{d}x = -\int_{-1}^{1} W \frac{\mathrm{d}^2 y}{\mathrm{d}x^2} \mathrm{d}x$$

由此可得:

$$\Delta_h = \int_{-1}^{1} W \frac{\mathrm{d}^2 y}{\mathrm{d}x^2} \mathrm{d}x - \int_{-1}^{1} \frac{N}{EA} (1 + \tan^2 \varphi) \mathrm{d}x = 0$$

又由式(4-6)可得左、右拱脚的转角为:

$$\theta_l = \frac{\mathrm{d}W(l)}{\mathrm{d}x} + \frac{N_l}{EA_l} \tan \varphi_l = 0$$

$$\theta_r = \frac{\mathrm{d}W(-l)}{\mathrm{d}x} + \frac{N_r}{EA_r} \tan \varphi_r = 0$$

由于结构的对称性,则 $A_l = A_r$, $\tan \varphi_l = -\tan \varphi_r$。

(1)恒载作用阶段

恒载为对称荷载, $N_l = N_r = N_g$,且 $\dfrac{\mathrm{d}W(-l)}{\mathrm{d}x} = -\dfrac{\mathrm{d}W(l)}{\mathrm{d}x}$,则有:

$$\Delta_h = 2 \left[\int_{-1}^{1} W_g \frac{\mathrm{d}^2 y}{\mathrm{d}x^2} \mathrm{d}x - \int_{0}^{1} \frac{N_g}{EA} (1 + \tan^2 \varphi) \right]$$

$$\theta_r = -\frac{\mathrm{d}W(l)}{\mathrm{d}x} - \frac{N_g}{EA_l} \tan \varphi_l = \theta_l$$

由此可归纳成恒载作用阶段的两个约束方程:

$$\int_{0}^{1} W_g \frac{\mathrm{d}^2 y}{\mathrm{d}x^2} \mathrm{d}x - \int_{0}^{1} \frac{N_g}{EA} (1 + \tan^2 \varphi) \mathrm{d}x = 0 \qquad (4\text{-}17)$$

$$\frac{\mathrm{d}W_g}{\mathrm{d}x} + \frac{N_{gj}}{EA_j} \tan \varphi_j = 0 \qquad (4\text{-}18)$$

式中, N_{gj}、A_j、φ_j 分别表示左拱脚处恒载轴力、拱脚截面积及拱轴倾角。

(2)活载作用阶段

活载为非对称荷载,同理可归纳出活载作用阶段的三个约束方程:

$$\int_{-1}^{1} W_q \frac{\mathrm{d}^2 y}{\mathrm{d}x^2} \mathrm{d}x - \int_{-1}^{1} \frac{N_q}{EA} (1 + \tan^2 \varphi) \mathrm{d}x = 0 \qquad (4\text{-}19)$$

$$\frac{\mathrm{d}W(l)}{\mathrm{d}x} + \frac{N_{ql}}{EA_j} \tan \varphi_j = 0 \qquad (4\text{-}20)$$

$$\frac{\mathrm{d}W(-l)}{\mathrm{d}x} + \frac{N_{qr}}{EA_j} \tan \varphi_j = 0 \qquad (4\text{-}21)$$

式中，N_{q1} 和 N_{qr} 分别为左、右拱脚处的活载轴力。

三、变截面拱的基本解

大跨径拱桥通常做成变截面拱。对于变截面拱，可取常用的 Ritter 函数，即

$$I = \frac{I_0 \sec\varphi}{1 - (1-n)\dfrac{x}{l}}$$

作为截面惯性矩的变化规律（其中 I_0 为拱顶截面的惯性矩），并取 $0 < n < 1$ 进行分析。对于 $n = 1$ 的特殊情况，也可仿此求解。分析仍按恒载作用阶段及活载作用阶段及活载作用阶段进行。

1. 恒载作用阶段

令　　　　　　　　　$\beta_g^2 = H_g/EI_0 , \beta_g/c_g = (1-n)/l$

则

$$I = \frac{I_0 \sec\varphi}{1 - (1-n)\dfrac{x}{l}} = \frac{c_g I_0 \sec\varphi}{c_g - \beta_g x}$$

将以上关系代入恒载阶段的控制方程（4-11），则方程变为：

$$\frac{\mathrm{d}^2 W_g}{\mathrm{d}x^2} + \frac{\beta_g^2}{c_g}(c_g - \beta_g x)W_g = f_g(x) \tag{4-22}$$

由于恒载及结构都是对称的，恒载挠曲线也将是左右对称的。因此，可以只讨论 x 在 $(0, l)$ 范围内的解。

式（4-22）的齐次方程为：

$$\frac{\mathrm{d}^2 W_g}{\mathrm{d}x^2} + \frac{\beta_g^2}{c_g}(c_g - \beta_g x)W_g = 0$$

进行变量转换，即令　　　　$S_g = (c_g - \beta_g x)/c_g;$

$$t_g = \frac{2}{3}c_g S_g^{2/3};$$

$$W_g = S_g^{1/2}\xi_g。$$

则上述其次方程可转换成：

$$t_g^2 \frac{\mathrm{d}^2 \xi_g}{\mathrm{d}t_g^2} + t_g \frac{\mathrm{d}\xi_g}{\mathrm{d}t_g} + \left[t_g^2 - (\frac{1}{3})^2\right]\xi_g = 0 \tag{4-23}$$

这是标准的贝塞尔函数方程式。故可得其齐次解为：

$$\left. \begin{aligned} W_{g1} &= S_g^{1/2} J_{\frac{1}{3}(t_g)} \\ W_{g1} &= S_g^{1/2} J_{-\frac{1}{3}(t_g)} \end{aligned} \right\} \tag{4-24}$$

式（4-22）的特解可由拉格朗日参数变异法求得，即

$$\overline{W}_g = W_{g2}\int_0^x \frac{W_{g1} f_g(x)}{V_g}\mathrm{d}x - W_{g1}\int_0^x \frac{W_{g2} f_g(x)}{V_g}\mathrm{d}x$$

式中，V_g 为 W_{g1} 和 W_{g2} 的朗斯基行列式，即

$$V_g = \begin{vmatrix} W_{g1} & W_{g2} \\ W_{g1}' & W_{g2}' \end{vmatrix} = \frac{3\beta_g}{\pi c_g}\sin\frac{\pi}{3}$$

于是方程式(4-22)的全解为：

$$W_g = A_1 W_{g1} + B_1 W_{g2} + \left[W_{g2} \int_0^x W_{g1} f_g(x) \mathrm{d}x + W_{g1} \int_0^x W_{g2} f_g(x) \mathrm{d}x \right] / V_{g1} \quad (4\text{-}25)$$

将式(4-12)代入上式，并取 $N_g = H_g / \cos\varphi$，则上式可改写为：

$$W_g = A_1 W_{g1} + B_1 W_{g2} + \alpha_1(x) + \alpha_2(x) H_g + \alpha_3(x) M_g \quad (4\text{-}26)$$

式中

$$\alpha_1(x) = K_g \left(W_{g2} \int_0^x S_{g1} W_{g1} M_g^0 \mathrm{d}x - W_{g1} \int_0^x S_g W_{g2} M_g^0 \mathrm{d}x \right);$$

$$\alpha_2(x) = K_g \left[W_{g2} \int_0^x S_g W_{g1}(y - y_0) \mathrm{d}x - W_{g1} \int_0^x S_g W_{g2}(y - y_0) \mathrm{d}x \right] + V_\alpha;$$

$$\alpha_3(x) = K_g \left(W_{g2} \int_0^x S_g W_{g1} \mathrm{d}x - W_{g1} \int_0^x S_g W_{g2} \mathrm{d}x \right);$$

$$V_\alpha = -\frac{1}{V_g} \left(\int_0^x \frac{\sec\varphi}{EA} \tan\varphi \frac{\mathrm{d}W_{g2}}{\mathrm{d}x} \mathrm{d}x - W_{g2} \int_0^x \frac{\sec\varphi}{EA} \tan\varphi \frac{\mathrm{d}W_{g1}}{\mathrm{d}x} \mathrm{d}x \right);$$

$$K_g = -\frac{1}{V_g} \frac{1}{EI_0}.$$

将式(4-26)及其导数代入控制方程的边界条件(4-13)，解得待定常数 A_1 及 B_1 为：

$$\begin{aligned} A_1 &= m_1 + m_2 H_g + m_3 M_g \\ B_1 &= n_1 + n_2 H_g + n_3 M_g \end{aligned} \quad (4\text{-}27)$$

式中

$$m_i = -\frac{1}{V} \alpha_i(l) W'_{g2}(0);$$

$$n_i = \frac{1}{V} \alpha_i(l) W'_{g1}(0) \quad (i = 1, 2, 3);$$

$$V = \begin{vmatrix} W_{g1} & W_{g2} \\ W'_{g1} & W'_{g2} \end{vmatrix}.$$

将式(4-25)及其导数代入约束方程(4-17)及(4-18)，可整理得求解弹性中心处赘余力的方程：

$$\begin{aligned} p_2 H_g + p_3 M_g + p_1 &= 0 \\ q_2 H_g + q_3 M_g + q_1 &= 0 \end{aligned} \quad (4\text{-}28)$$

式中

$$p_2 = \int_0^1 (m_2 W_{g1} + n_2 W_{g2} + \alpha_2) y'' \mathrm{d}x - \int_0^1 \frac{\sec\varphi}{EA} (1 + \tan^2\varphi) \mathrm{d}x;$$

$$p_3 = \int_0^1 (m_3 W_{g1} + n_3 W_{g2} + \alpha_3) y'' \mathrm{d}x;$$

$$p_1 = \int_0^1 (m_1 W_{g1} + n_1 W_{g2}) y'' \mathrm{d}x;$$

$$q_2 = m_2 W'_{g1}(l) + n_2 W'_{g2}(l) + \alpha'_2(l) + \frac{\sec\varphi}{EA_j} \tan\varphi_j;$$

$$q_3 = m_3 W'_{g1}(l) + n_3 W'_{g2}(l) + \alpha'_3(l);$$

$$q_1 = m_1 W'_{g1}(l) + n_1 W'_{g2}(l) + \alpha'_1(l).$$

2. 活载作用阶段

活载作用时的控制方程与恒载作用时类似，但此时挠曲线将不再对称。为此，可以分别对左半拱（即 $0 \leqslant x < l$ 的区段）及右半拱（即 $0 \geqslant x > -l$ 的区段）进行讨论，并要求挠曲线在原点连续，即

$$\left.\begin{array}{c} W_l(0) = W_r(0) \\ W_l'(0) = W_r'(0) \end{array}\right\} \tag{4-29}$$

与恒载作用阶段相似，令

$$\beta_q^2 = \frac{H_g + H_q}{EI_0};$$

$$\beta_q / C_q = (1 - n)/l$$

将控制方程 (4-17) 改写成：

$$\frac{\mathrm{d}^2 W_q}{\mathrm{d}x^2} + \frac{\beta_q^2}{C_q}(C_q - \beta_q \mid x)W_q = f_q(x) \tag{4-30}$$

(1) $x \geqslant 0$ 的区段

同样进行变量转换，令

$$S_q = (C_q - \beta_q x)/C_q;$$

$$t_q = \frac{2}{3} C_q S_q^{2/3};$$

$$W_q = S_q^{1/2} \xi_q。$$

将式 (4-29) 的齐次方程转换成标准贝塞尔函数方程式：

$$t_q^2 \frac{\mathrm{d}^2 \xi_q}{\mathrm{d}t_q^2} + t_q \frac{\mathrm{d}\xi_q}{\mathrm{d}t_q} + \left[t_q^2 - (\frac{1}{3})^2\right]\xi_q = 0$$

与恒载阶段相仿，可得 $x \geqslant 0$ 时的挠度表达式为：

$$W_{q1} = AW_{q1} + BW_{q2} + \left[W_{q2}\int_0^x W_{q1}f_q(x)\mathrm{d}x - W_{q1}\int_0^x W_{q2}f_q(x)\mathrm{d}x\right]/V_q \tag{4-31}$$

其中，$V_q = \dfrac{3\beta_q}{\pi C_q}\sin\dfrac{\pi}{3}$，为 W_{q1} 和 W_{q2} 的朗斯基行列式。

将式 (4-17) 中 $f_q(x)$ 的表达式代入上式，则可将上式改写成以赘余力表达的形式，即

$$W_{q1} = AW_{q1} + BW_{q2} + \gamma_1 + \gamma_2 H_q + \gamma_3 M_q + Q_q \gamma_4 + \gamma_5 + H_q \Delta\gamma \tag{4-32}$$

式中

$$W_{q1} = S_q^{1/2} J_{\frac{1}{3}}(t_q);$$

$$W_{q2} = S_q^{1/2} J_{-\frac{1}{3}}(t_q);$$

$$\gamma_1 = K_q\left(W_{q2}\int_0^x S_q W_{q1} M_q^0 \mathrm{d}x - W_{q1}\int_0^x S_q W_{q2} M_q^0 \mathrm{d}x\right);$$

$$\gamma_2 = K_q\left[W_{q2}\int_0^x S_q M_{q1}(y - y_0)\mathrm{d}x - W_{q1}\int_0^x S_q W_{q2}(y - y_0)\mathrm{d}x\right];$$

$$\gamma_3 = K_q\left(W_{q2}\int_0^x S_q M_{q1}\mathrm{d}x - W_{q1}\int_0^x S_q W_{q2}\mathrm{d}x\right);$$

$$\gamma_4 = K_q\left(W_{q2}\int_0^x S_q M_{q1} x\mathrm{d}x - W_{q1}\int_0^x S_q W_{q2} x\mathrm{d}x\right);$$

$$\gamma_5 = \left[W_{q2} \int_0^x W_{q1} \frac{\mathrm{d}}{\mathrm{d}x} \left(\frac{N}{EA} \tan\varphi \right) \mathrm{d}x - W_{q1} \int_0^x W_{q2} \frac{\mathrm{d}}{\mathrm{d}x} \left(\frac{N}{EA} \tan\varphi \right) \mathrm{d}x \right] / V_q;$$

$$V_\gamma = K_q \left[W_{q2} \int_0^x S_q W_{q1} W_g \, \mathrm{d}x - W_{q1} \int_0^x S_q W_{q2} W_g \, \mathrm{d}x \right];$$

$$K_q = -\frac{1}{V_q} \frac{1}{EI_0}。$$

(2)$x \leqslant 0$ 的区段

作与 $x \geqslant 0$ 时相似的变换,同理可得:

$$W_{qr} = CW_{q3} + DW_{q4} + \delta_1 + \delta_2 H_q + \delta_3 M_q + \delta_4 Q_q + \delta_5 + \Delta\delta H_q \tag{4-33}$$

式(4-33)中的 W_{q3}、W_{q4} 与式(4-32)中的 W_{q1}、W_{q2} 的表达式形式是相同的,只是计算 S_q 时 x 应取负值,即 $S_q = (C_q + \beta_q x)/C_q$。式(4-33)的系数 δ_1、δ_2、δ_3、δ_4、δ_5、$\Delta\delta$ 也与式(4-32)中相应的系数 γ_1、γ_2、γ_3、γ_4、γ_5、$\Delta\gamma$ 表达式完全相同,只需注意将 x 取成负值。

需要指出的是,式(4-32)及式(4-33)中的 $\Delta\gamma$ 及 $\Delta\delta$ 反映的是活载推力在恒载挠度上产生的附加力矩,此时计算的活载挠度曲线是以变形后的拱脚线即 y 变为 $(y + W_g)$ 后的轴线为基础的,但此时弹性中心至拱顶的距离 y_0 仍近似认为不变(基本假定 2)。

(3)待定常数 A、B、C、D 的确定

将由式(4-32)及式(4-33)求的 W_q 值及其导数代入边界条件(4-16)及拱顶处挠度曲线变形连续条件式(4-29),经整理后可解得式(4-32)及式(4-33)中的待定常数值:

$$\begin{aligned}
A &= a_1 + a_2 H_q + a_3 M_q + a_4 Q_q + a_5 \\
B &= b_1 + b_2 H_q + b_3 M_q + b_4 Q_q + b_5 \\
C &= c_1 + c_2 H_q + c_3 M_q + c_4 Q_q + c_5 \\
D &= d_1 + d_2 H_q + d_3 M_q + d_4 Q_q + d_5
\end{aligned} \tag{4-34}$$

式中

$$a_1 = -\frac{1}{2} \left[\frac{\delta_1(-l) - \gamma_1(l)}{V_1} W'_{q2}(0) + \frac{\gamma_1(l) + \delta_1(-l)}{V_2} W'_{q2}(0) \right];$$

$$a_2 = -\frac{1}{V_2} [\gamma_2(l) + V_\gamma(l)] W'_{q2}(0);$$

$$a_3 = -\frac{1}{V_2} \gamma_3(l) W'_{q2}(0);$$

$$a_4 = -\frac{1}{V_1} \gamma_4(l) W_{q2}(0);$$

$$a_5 = \frac{1}{2} \left[\frac{\delta_5(-l) - \gamma_5(l)}{V_1} W_{q2}(0) + \frac{\gamma_5(l) - \delta_5(-l)}{V_2} W'_{q2}(0) \right];$$

$$b_1 = \frac{1}{2} \left[\frac{\delta_1(-l) - \gamma_1(l)}{V_1} W'_{q1}(0) + \frac{\gamma_1(l) + \delta_1(-l)}{V_2} W'_{q1}(0) \right];$$

$$b_2 = \frac{1}{V_2} [\gamma_2(l) + V_\gamma(l)] W'_{q1}(0);$$

$$b_3 = \frac{1}{V_2} \gamma_3(l) W'_{q1}(0);$$

$$b_4 = \frac{1}{V_2} \gamma_4(l) W_{q1}(0);$$

$$b_5 = \frac{1}{2}\left[\frac{\delta_5(-l)-\gamma_5(l)}{V_1}W_{q1}(0) + \frac{\gamma_5(l)-\delta_5(-l)}{V_2}W'_{q1}(0)\right];$$

$$c_1 = \frac{1}{2}\left[\frac{\delta_1(-l)-\gamma_1(l)}{V_1}W_{q1}(0) - \frac{\gamma_1(l)+\delta_1(-l)}{V_2}W'_{q2}(0)\right];$$

$$c_2 = a_2;$$

$$c_3 = a_3;$$

$$c_4 = a_4;$$

$$c_1 = \frac{1}{2}\left[\frac{\delta_5(-l)-\gamma_5(l)}{V_1}W_{q2}(0) - \frac{\gamma_5(l)+\delta_5(-l)}{V_2}W'_{q2}(0)\right];$$

$$d_1 = \frac{1}{2}\left[\frac{\delta_1(-l)-\gamma_1(l)}{V_1}W_{q1}(0) - \frac{\gamma_1(l)+\delta_1(-l)}{V_2}W'_{q2}(0)\right];$$

$$d_2 = b_2;$$

$$d_3 = b_3;$$

$$d_4 = b_4;$$

$$d_5 = \frac{1}{2}\left[\frac{\gamma_5(l)-\delta_5(-l)}{V_1}W_{q1}(0) + \frac{\gamma_5(l)-\delta_5(-l)}{V_2}W'_{q1}(0)\right];$$

$$\Delta_1 = \begin{vmatrix} W_{q1}(0) & W_{q2}(0) \\ W_{q1}(l) & W_{q2}(l) \end{vmatrix};$$

$$\Delta_2 = \begin{vmatrix} W_{q1}(l) & W_{q2}(l) \\ W'_{q1}(0) & W'_{q2}(0) \end{vmatrix}。$$

（4）求解弹性中心处赘余力

将式（4-32）及式（4-33）及其导数代入约束方程（4-19）、（4-20）及（4-21），经处理简化后即可得到求解赘余力 H_g、M_g、Q_q 的方程组：

$$\left.\begin{array}{l} p_4 H_q + p_5 M_q + p_6 + p_7 = 0 \\ q_4 H_q + q_5 M_q + q_6 + q_7 = 0 \\ r_4 Q_q + r_5 + r_6 = 0 \end{array}\right\} \tag{4-35}$$

式中

$$p_4 = -2\int_0^1 (a_2 W_{q1} + b_2 W_{q2} + y_2 + V_\gamma)y'' dx + q_4(f - y_0);$$

$$p_5 = -2\int_0^1 (a_3 W_{q1} + b_3 W_{q2} + \gamma_3)y'' dx + q_5(f - y_0);$$

$$p_6 = -\int_0^1 [(a_1 + c_1)W_{q1} + (b_1 + d_1)W_{q2} + \gamma_1]y'' dx - \int_{-1}^0 \delta_1 y'' dx + q_6(f - y_0);$$

$$p_7 = -\int_0^1 [(a_5 + c_5)W_{q1} + (b_5 + d_5)W_{q2} + \gamma_5]y'' dx;$$

$$q_4 = -2a_1 W'_{q1}(l) + 2b_2 W'_{q2}(l) - 2[\gamma'_2(l) + V\gamma'(l)];$$

$$q_5 = 2a_3 W'_{q1}(l) + 2b_2 W'_{q2}(l) - 2\gamma'_3(l);$$

$$q_6 = -(a_1 + c_1)W'_{q1}(l) - (b_1 + d_1)W'_{q2}(l) - [\gamma'_1(l) - \delta'_1(-l)];$$

$$q_7 = -(a_5 + c_5)W'_{q1}(l) + (b_5 + d_5)W'_{q2}(l) - [\gamma'_5(l) - \delta'_5(-l)];$$

$$r_4 = -2a_4 W'_{q1}(l) + 2b_4 W'_{q2}(l) - 2\gamma'_4(l);$$

$$r_5 = -(a_1 - c_1)W'_{q1}(l) - (b_1 - d_1)W'_{q2}(l) - [\gamma'_1(l) - \delta'_1(-l)];$$

$$r_6 = -(a_5 + c_5)W'_{q1}(l) - (b_5 + d_5)W'_{q2}(l) - [\gamma'_5(l) - \delta'_5(-l)]。$$

弹性中心处的赘余未知力解出后,不难求得拱各截面计入拱的挠度理论后的内力值。

四、钢拱桥的稳定性计算

1. 拱桥稳定性的基本概念及分类

结构失稳是指结构在外力增加到某一量值时,稳定性平衡状态开始丧失,稍有扰动,结构变形迅速增大使结构失去正常工作能力的现象。在桥梁结构中,总是要求其保持稳定平衡,也即沿各个方向都是稳定的。拱桥是一种主要承受压力的空间曲杆体系。对于该体系的失稳现象表现为结构的整体失稳或局部失稳。局部失稳是指部分子结构的失稳或个别构件的失稳,局部失稳常常导致整个体系的失稳。

和其他结构一样,拱桥的稳定问题有两种形式:第一类稳定,分支点失稳问题;第二类稳定,极值点失稳问题。拱桥的第一类稳定分析是指,如果拱所承受的荷载达到一定的临界值时,拱的平衡状态就会丧失稳定性,或者在竖向平面内拱轴线离开原来的纯压对称变形状态,向反对称的平面挠曲(向受压兼受弯状态转化),称为拱的平面内屈曲;或者拱轴线逸出竖平面之外,转向空间弯扭的变形状态,称为拱的面外屈曲或拱的侧倾(侧向屈曲)。上述两种失稳现象都是由于拱的平衡状态出现了分支,使原来的平衡状态失去了稳定性而转向新的平衡状态。与中心压杆的欧拉临界荷载相类似,拱的第一类稳定问题在数学上是一个齐次方程的特征值问题。

拱桥的极值点失稳是指拱桥存在初始缺陷或受偏心压力,在轴向压力的作用下产生弯曲变形,其荷载-挠度曲线的挠度随荷载而增加,处于稳定平衡状态。荷载继续增加时,由于塑性的继续扩展,弯曲变形加快,到达一个极值点,要继续维持平衡必须减小压力。此时拱处于不稳定平衡状态,拱桥的荷载-挠度曲线只有极值点,没有出现平衡的分岔点,拱桥弯曲变形的性质没有改变,因此称为极值点失稳,也称为第二类失稳。

关于拱的屈曲,在有限元法广泛应用之前,资料大多是由一阶弹性理论出发,假设拱轴不可压缩,在分支平衡处建立平衡方程,并给出临界荷载的解析解或数值解,且大多局限于拱轴线就是荷载索多边形的情况,即讨论的是抛物线拱承受沿跨度方向水平均布的竖向荷载、悬链线拱承受沿拱轴线均布的竖向荷载、圆弧拱承受均布法向压力、结构无几何缺陷的理想情况,这样,在拱的任意截面上,荷载仅产生轴向压力而无弯矩。

必须指出,有平衡分支的稳定问题只是在理想情况下才能出现,实际工程问题中,由于构件都存在初始缺陷和偏心荷载,因此一般都表现为第二类失稳。但是,由于第一类稳定问题是特征值问题,求解方便,在许多情况下两类问题的临界值又相差不大,因此研究第一类稳定问题仍有其重要的工程意义。

2. 稳定问题的计算方法

根据对稳定问题的不同理解和分析判定方法,我们可以得出不同的计算方法,常用的方法有以下三种:

(1)平衡法

中性平衡法或静力平衡法,简称平衡法,是求解结构稳定极限荷载的最基本的方法。对于有平衡分岔点的弹性稳定问题,在分支点存在着两个极为临近的平衡状态,一个是原结构的平衡状态,一个是已经有了微小变形的结构的平衡状态。平衡法是根据已产生了微小变形后结构的受力条件建立平衡方程而后求解的。如果得到的符合平衡方程的解有不止一个,那么其中具有最小值的一个才是该结构的屈曲荷载。平衡法只能求解屈曲荷载,但不能判断结构平衡状态的稳定性。尽管如此,由于常常只需要得到结构的屈曲荷载,而且在许多情况下,平衡法可以获得精确解,所以经常采用平衡法。平衡法最后得出的通常是一组微分方程,可以得出解析解,不过经常在数学求解上会遇到困难。因此,出现了许多近似方法,可以通过解析法或数值法来求解。

(2)能量法

由前面所述能量判定准则,如果结构处于平衡状态,那么总势能必有驻值,根据势能驻值原理,先由总势能对于位移的一阶变分为零,可得到平衡方程,求解此方程得出屈曲荷载。按照小变形理论,能量法通常只能获得屈曲荷载的近似解,但如果事先能了解屈曲后的变形形式,采用此变形形式作计算可以得到精确解。能量法用于大挠度理论分析,可以判断屈曲后的平衡是否稳定。也就是说,用势能驻值原理可以求解屈曲荷载,而用势能最小原理可以判断平衡的稳定性。瑞利-里兹法(Rayleigh-Rize)和伽辽金法(Galerkin)即为采用能量原理推出的方法。瑞利-里兹法首先假定满足几何边界条件的位移函数,通过势能驻值原理列出平衡方程,从而求出临界荷载。而伽辽金法假定的位移函数不仅要满足几何边界条件,还要满足力学边界条件,因而求解结果更加精确。另外有限元法也是通过能量原理推导出刚度矩阵,形成平衡方程,由此求解。

(3)动力法

稳定问题也可以从动力学方面理解。处于平衡状态的结构体系,如果施加微小干扰使其发生振动,这时结构的变形和振动加速度都和已经作用在结构上的荷载有关。当荷载小于稳定的极限值时,加速度和变形的方向相反,因此撤去干扰后,运动将趋于静止,结构的平衡状态是稳定的;荷载大于极限值时,加速度和变形的方向相同,即使将干扰撤去,运动仍是发散的,因此结构的平衡状态是不稳定的;临界状态的荷载即为结构的屈曲荷载,结构振动频率为零结构即处于临界状态,据此即可求出屈曲荷载。

3. 第一类稳定问题的有限元分析

(1)线弹性有限元分析

在 T. L 列式下,结构的整体平衡方程为:

$$(^0[k]_0 + {}^0[k]_L + {}^0[k]_\sigma)\{u\} = \{P\} \tag{4-36}$$

在 U. L 列式下,结构的平衡方程为:

$$('[k]_0 + '[k]_\sigma)\{u\} = \{P\} \tag{4-37}$$

在发生第一类失稳前,结构处于初始构型线性平衡状态,因此,式(4-36)中大位移矩阵 $^0[k]_L$ 为零,而在 U. L 列式中不需要考虑大位移矩阵,所以,不论是 T. L 列式还是 U. L 列式,可以用统一的表达式,即:

$$([k]_0 + [k]_\sigma)\{u\} = \{P\} \tag{4-38}$$

$[k]_0$ 为初应力矩阵,它完全由变形之初应力状态、位移场和单元的几何尺寸确定,如果把第一类失稳也看成是一种初应力状态,则稳定问题就可用方程(4-38)求解。即对于某一已知的初应力状态求得其初应力矩阵作为参照矩阵$[k]_0$,以一个因子 λ 改变初应力大小,初应力矩阵成为 $\lambda[k]_\sigma$,于是式(4-38)可以写成:

$$([k]_0 + \lambda[k]_\sigma)\{u\} = \{P\} \tag{4-39}$$

假设结构在某一应力状态下达到临界状态时,则在其位移附近必然存在挠度位移$\{u\}+\{Vu\}$使得系统在外力不变的条件下也处于平衡状态,因此有

$$([k]_0+\lambda[k]_\sigma)(\{u\}+\{Vu\})=\{P\} \qquad (4\text{-}40)$$

将式(4-40)减去式(4-39)得到

$$([k]_0+\lambda[k]_\sigma)\{Vu\}=0 \qquad (4\text{-}41)$$

要$\{Vu\}$存在非零解,根据线性代数可知要求矩阵$([k]_0+\lambda[k]_\sigma)$行列式的值为0,即:

$$|([k]_0+\lambda[k]_\sigma)|=0 \qquad (4\text{-}42)$$

上式即为第一类稳定问题的控制方程,它归结为求解一个广义特征值问题,广义特征值$\lambda_i(i=1,2,L,n)$和特征向量$\{Vu\}_i(i=1,2,L,n)$分别表示各阶临界荷载的大小和相应的屈曲失稳模态,通常只有最小临界荷载和相应的屈曲形状具有实际意义。

　　一般说来,结构的稳定是相对于某种特定的荷载而言的,在大跨度桥梁结构中,结构内力一般由施工阶段的一期恒载内力和后期荷载(包括二期恒载、活载)引起的内力两部分组成。因此,可以把$[k]_\sigma$分成一期恒载的初应力刚度阵$[k_1]_\sigma$和后期恒载的初应力刚度阵$[k_2]_\sigma$两部分。当计算一期恒载的稳定时$[k_2]_\sigma=0$,$[k]_\sigma$直接用恒载来计算,求出的λ即是稳定安全系数。若要计算后期荷载的稳定问题,则可将(4-7)改写成:

$$|([k]_0+[k_1]_\sigma+\lambda[k_2]_\sigma)|=0 \qquad (4\text{-}43)$$

若要计算逐阶段施工时每一阶段一期恒载及施工临时荷载的稳定性时,应当将上一阶段产生的初内力刚度矩阵$[K_n]_\sigma$近似看为一个常量,考虑到本阶段施工荷载以及其他外载作用$[K_{n+1}]_\sigma$,式(4-42)可改写为:

$$|([k]_0+[K_n]_\sigma+\lambda[K_{n+2}]_\sigma)|=0 \qquad (4\text{-}44)$$

求得的最小特征值λ就是对应荷载的稳定安全系数,相应的特征向量就是失稳模态。

　　(2)非线弹性有限元分析

　　在实际工程当中还经常会遇到如下的情况:

　　①结构构件内存在着残余应力如钢构件的焊接残余应力;

　　②随着荷载的增加,在结构发生弹性失稳之前,部分构件已经进入了塑性;

　　③结构实际的安装误差;

　　④结构比较柔软,随着荷载的不断增加,上述有限元分析中提出的参考荷载对应的初应力刚度矩阵$[k]_\sigma$与临界荷载对应的初应力矩阵$[K_\sigma]$失去了线性关系。

　　这时可将特征值问题与非线性分析结合起来求解,这就是第一类问题的非线性有限元分析法。这时,可以逐渐施加荷载至$\lambda_0\{P\}$($\{P\}$为参考荷载,λ_0为期望的最小稳定安全系数),求出的结构初应力矩阵作为$[k_1]_\sigma$,在变形后的构形上由参考荷载按线性化稳定问题求出后期荷载的屈曲安全系数λ_a。

　　检验结构在后期屈曲荷载作用下是否出现新的弹塑性单元,如果出现则作迭代修正后计算λ_a,最后计算出的临界荷载为:

$$\{P\}_{\sigma_i}=(\lambda_0+\lambda_a)\{P\}=\lambda\{P\} \qquad (4\text{-}45)$$

式中λ为考虑非线性的较精确的稳定安全系数。

　　从以上的叙述可以看出,第一类稳定问题不仅仅是线弹性问题而且还包含着几何非线性和材料非线性的内容。第一类稳定问题的真正内涵在于其对应的分支点失稳现象。

　　4. 第二类稳定问题的有限元分析

　　如前所述,实际工程中的稳定问题都应属于极值点失稳问题。根据极值点失稳的定义,第二类稳定问题可以理解为结构的极限荷载的概念。极限承载力是从"极限设计"的思想中引出的概念。传统的"强度设计"以构件最大工作应力乘以安全系数等于材料的屈服应力为依据,但在一般情况下,构件某截面开始屈服并不能代表结构完全破坏,结构所能承受的荷载通常较构件开始屈服时的荷载要大,为了利用这一结构强度储备量,"极限设计"提出了极限荷载的概念,即引起结构完全崩溃的荷载,并将结构的工作荷载取为极限荷载的一个固定的部分。显然这种考虑方式更具科学性。

桥梁结构的极限承载力是指桥梁承受外荷载的最大能力。分析桥梁结构的极限承载力,不仅可以用于极限设计,而且可以了解其结构破坏的形式,准确地知道结构在给定荷载下的安全储备或超载能力,为结构安全施工和营运管理提供依据和保障。

从有限元计算的角度看,分析桥梁结构极限承载能力的实质就是通过求解计入几何非线性和材料非线性对结构刚度矩阵的影响,根据平衡方程,寻找其极限荷载的过程。桥梁结构在不断增加的外载作用下,结构刚度不断发生变化。当外载产生的压应力或剪应力使得结构刚度矩阵趋于奇异时,结构承载能力就达到了极限,此时的外荷载即为结构的极限荷载。可以求出结构在受载全过程中的荷载—位移(P-V)曲线。通常解决极值失稳问题采用荷载增量法。整个结构的增量方程为:

$$({}^0[k]_0 + {}^0[k]_L + {}^0[k])_\sigma \{Vu\}_i = \{VP\}_i \tag{4-46}$$

式中,$\{Vu\}_i$ 为第 i 次加载 $\{VP\}_i$ 产生的节点位移增量。通过逐步加载至结构失稳的极限荷载,结构总刚度矩阵的主元接近于零发生奇异,求解发散,荷载位移曲线趋于水平。在求解非线性稳定时,有下列两个问题需注意:

(1)荷载增量的选取

如果在整个非线性分析全过程中,把每个加载增量都取成一样大,这是不合理的。因为开始时结构非线性比较小,结构基本呈现线性,这时荷载增量可以取大一些,以节约计算时间。当荷载逐渐增大时,初应力刚度矩阵的贡献越来越大,切线刚度矩阵行列式值迅速下降,单元刚度也迅速下降。荷载-变形曲线逐渐趋于平缓。此时增加相同的荷载,会产生比开始大得多的位移增量,因此应逐步减小每步的荷载增量。通常采用自动荷载增量系统,因为荷载增量的变化应与结构刚度的变化相联系,由程序根据结构刚度变化自己计算下一步的荷载增量。一个通常的做法是依据前一步的收敛性(迭代次数)来调整后一步荷载增量的大小,若本步增量经过规定次数的迭代运算,不能达到规定的精度要求,采用二分法将荷载增量对分,重新计算并依次对以后的荷载增量做出修改。另外也可以采用特征刚度法,此时荷载增量根据特征刚度的变化来选取,第 i 个增量步结构的特征刚度 $[K_i]$ 表示为:

$$[K_i] = \{VP\}_i / \{Vu\}_i \tag{4-47}$$

式中,$\{VP\}_i$ 为该增量步的荷载增量,$\{Vu\}_i$ 为该增量步中变化最显著的一个增量位移分量。在一维情况下,特征刚度就是拉伸刚度,特征刚度的概念是结构发生某一位移分量的单位变形时,结构所需增加的荷载。自动荷载增量的选取与结构的特征刚度成正比:

$$\{VP\}_{i+1} / \{VP\}_i = [K_{i+1}] / [K_i] \tag{4-48}$$

这样,可以保证在开始时载荷增量较大,而在极值点时,由于结构失去了刚度而使载荷增量趋向于零。特征刚度与切线刚度行列式的值虽然不同,但是变化趋势是相同的,因此特征刚度的变化反映了切线刚度矩阵行列式值的变化趋势。由于在计算 $\{VP\}_{i+1}$ 时,$[K_{i+1}]$ 并不知道,可以将式(4-48)写成迭代形式:

$$\{VP\}_{i+1} = \{VP\}_i \times [K_i] / [K_{i-1}] \tag{4-49}$$

只要规定第一、第二个增量步的载荷增量 $\{VP\}_1$、$\{VP\}_2$ 后,各增量步增量荷载都可求出。

(2)越过极值点

采用荷载增量法加载的稳定性分析只能计算出荷载-位移曲线的上升段,当增量运算进行到极值点时,载荷-位移曲线的斜率变为零,切线刚度矩阵出现奇异性,刚度矩阵行列式为零,不管荷载增量多么小,结构也不能承受更多的荷载增量,而位移却不断增加。要计算结构的屈曲后特性,必须越过极值点。我们可以在达到极值点时,作一步位移增量法代替荷载增量法。对于一般结构,可以将刚度矩阵重新排列,使得要控制的位移(例如 u_2)排到最后一项,其有限元增量平衡方程变为:

$$\begin{bmatrix} K_{11} & K_{12} \\ K_{21} & K_{22} \end{bmatrix} \begin{Bmatrix} Vu_1 \\ Vu_2 \end{Bmatrix} = V\lambda \begin{Bmatrix} P_1 \\ P_2 \end{Bmatrix} + \begin{Bmatrix} R_1 \\ R_2 \end{Bmatrix} \tag{4-50}$$

式中　$V\lambda$——控制荷载增量步长的系数;

$(R_1, R_2)^{\mathrm{T}}$——求解迭代过程中的不平衡力向量。

上式可改写为:

$$\begin{bmatrix} K_{11} - P_1 \\ K_{21} - P_2 \end{bmatrix} \begin{Bmatrix} Vu_1 \\ Vu_2 \end{Bmatrix} = \begin{Bmatrix} R_1 \\ R_2 \end{Bmatrix} - \begin{bmatrix} K_{22} K_{12} \end{bmatrix} Vu_2 \tag{4-51}$$

在极值点附近时通过控制指定的 u_2 值,可以求出相应的位移 Vu_1 及荷载增量比例因子 $V\lambda$。由于 K_{ij} 与位移有关,求解时需要迭代运算,当 $(R_1, R_2)^{\mathrm{T}}$ 值趋于零时,迭代收敛。

另外,也可以采用弧长法,通过调整弧长半径来调整增量步长。如果结构的刚度较小,则位移较大,以位移控制为主;反之,刚度较大,则位移较小,以荷载控制为主。

五、工程实例——南京大胜关长江大桥

1. 概述

南京大胜关长江大桥是京沪高速铁路和沪汉蓉铁路于南京跨越长江的越江通道,位于长江下游的南京大胜关河段,距下游既有南京长江大桥约 20 km。正桥桥式布置为:浅水区边孔为两联(54+54) m 连续钢桁梁,主桥为(108+192+336+336+192+108) m 六跨连续钢桁拱桥,见图 4-24。

图 4-24　南京大胜关长江大桥全貌

南京大胜关长江大桥通行两线铁路Ⅰ级干线与两线高速铁路,同时搭载两线城市轻轨,高速铁路设计速度 300 km/h。

钢桁梁与钢桁拱均由三片主桁架组成,见图 4-25。边孔连续钢桁梁与主桥平弦部分连续钢桁梁的主桁采用桁高 16.0 m、节间长度 12.0 m 的"N"形桁式。

2. 工程设计概况

主桥(108+192+2×336+192+108) m 双联拱连续钢桁梁位于主桥 4#～10# 墩间,北

侧和两联 2×84 m 钢桁梁毗邻,南侧与混凝土
连续梁相衔接。在结构对称点 10♯墩的两侧
206 m 范围内,是半径 35 000 m 的线路竖曲
线,其余位于 5.9‰的线路纵坡上。该联钢桁
梁由三片主桁架组成,每两片主桁间的中心距
均为 15.0 m,上游侧是两线沪蓉铁路,下游侧
是两线高速铁路。在两边桁的外侧,各外挑
5.2 m 的悬臂托架,支撑城市轻轨铁路。结构
总宽 40.40 m(图 4-27)。全联桁架的两端
240 m 为平弦桁架,高 16.0 m,节间长度12.0 m

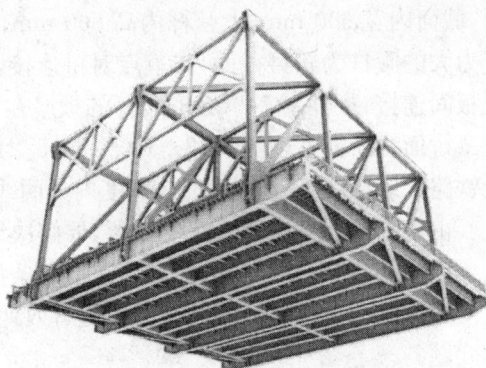

图 4-25　主桁与桥面结构

的"N"形形式,竖杆与线路的纵坡垂直。两个
336 m 的主跨为刚性拱柔性系杆梁,拱的矢高 84.2 m,是跨度的 1/4,其上有 12 m 高的刚性拱
桁,从拱趾到拱顶总高 96.2 m。平弦与拱桁间设加劲弦变高桁相连接。铁路桥面设在平弦的
下弦和拱桁的系杆一线,离拱趾约 28 m 高。三个主墩的两侧各 60 m 范围内设为 15 m 节间
长度,其余的节间长仍保持 12 m,竖杆呈竖直设置。

　　2×84 m-B 联钢桁梁是 2♯～4♯墩之间的两孔连续梁,其立面图、横断面图分别如图
4-26、图 4-27 所示。位于 5.9‰的线路纵坡上,北侧和 2×84 m-A 联钢桁梁毗邻,南侧与主孔
336 m 的钢桁拱相衔接。该联钢桁梁也由三片主桁架组成,每两片主桁间的距离都是 15 m。

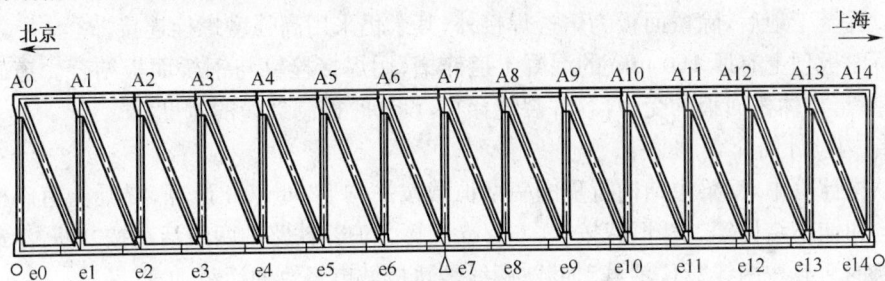

图 4-26　边桥主桁立面图

横断面布置

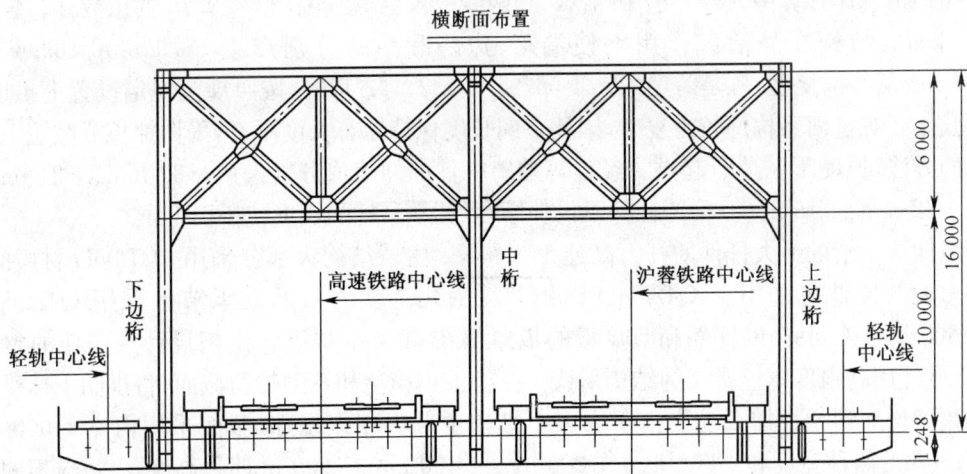

图 4-27　边桥横断面布置图(单位:mm)

　　主桁设计为焊接的整体节点、在节点外用高强度螺栓拼接的结构形式。弦杆采用箱型截

面,截面内宽 600 mm,上弦杆内高 800 mm,下弦杆内高 1 200 mm,弦杆板厚不超过 40 mm。杆力大的腹杆为箱型截面,与节点对拼连接,内高 800 mm;杆力小的腹杆为 H 型截面,插入节点板间连接,杆件高 740 mm,腹杆的板厚在 50 mm 以下。

桥面横桥向宽度为(5.2+15+15+5.2) m,分幅布置六线铁路,上游侧 15 m 宽度内为两线铁路Ⅰ级干线,下游侧 15 m 宽度内为两线高速铁路,两侧 5.2 m 为两线城市轻轨。

由于高速列车安全行车的需要,要解决纵横梁桥面系统横梁面外弯曲问题,并避免设伸缩纵梁以保持轨面的连续性、提高高速行车条件,拟采用正交异性板的整体钢桥面,将主桁弦杆、纵横梁连成一体。这样做可使桥面更有效地参与主桁共同受力,同时又可解决横梁的横向变形问题。

整体钢桥面采用多横梁体系,顺桥向每节间设置 1 根大横梁和 3 根小横梁,大横梁在主桁节点处和主桁连接,小横梁与主桁下弦杆焊连;钢桥面板上横桥向每隔 440~530 mm 设一道倒 T 形纵肋,纵肋腹板为 12×200 mm,翼缘为 12×120 mm,在每条线路之下焊有两道倒 T 形纵梁,纵梁腹板为 12×472 mm,翼缘为 12×240 mm,两纵梁相距 1.5 m。

横梁的腹板与主桁的节点板用角焊缝焊连,上缘与桥面板对焊。由于弦杆顶面与桥面板平齐,主桁节点板需向下加高,与横梁下缘对齐后焊接。

桥面板需分块制造和安装。每节间桥面板横桥向分为五块,两边块和下弦杆焊连,宽 2.92 m;中桁弦杆与两侧桥面板端焊连,宽 4.24 m;长度同为 12.0 m。桥面板块宽 10.76 m,因面积和重量都较大,纵桥向每节间分两段,各长 8.26 m 和 3.74 m。各块在工厂制造均为焊接连接。运至工地后,除桥面板为熔透焊接外,其余仍采用高强度螺栓连接。

钢桥面板顶上有厚 150 mm 的混凝土道砟槽,用焊接栓钉与钢桥面板结合。道砟槽板设断缝,不参与整体桥面板的受力,容许裂缝存在,设计时控制裂缝的宽度。

3. 结构设计简介

在结构计算中,钢梁主结构自重的一期恒载按平均 52.6 t/m 计算,混凝土道砟槽、道砟、轨道结构和辅助结构等二期恒载按 39.6 t/m 计算。沪蓉铁路的两线活载按"中—活载"加载;高速铁路的活载按两线"ZK 活载"加载;两线轻轨按城市轻轨的活载加载。

在结构总体计算中,按两线"中-活载"和两线"ZK 活载"的总和乘 0.75 的系数计。轻轨活载不打折。结构在静活载作用下使端跨、边跨和中跨分别产生 68.9 mm、169.6 mm、154.4 mm 的竖向挠度,各是跨度的 1/1 567、1/1 132、1/2 176。按照规范规定设置上拱度,桁架下弦由于有桥面系构件较为复杂,因此节间长度保持原有长度不变,采用加长或减短上弦杆长度的方法,迫使下弦节点起拱。经计算端跨杆件的伸缩值分别采用−39 mm、+21 mm;边跨为−32 mm、+16 mm。中跨杆件不设伸缩,以调整吊杆的长度使桥面上拱。

经计算主桁的最大杆件的杆力高达 103 MN。主桥结构大部分采用 Q37OqD 材质的钢,但杆力大的杆件也采用了 Q42OqD 钢板。除了几个受力大的支承节点采用 Q42OqD 的 80 mm 厚钢板外,其余的杆件和节点板的板厚都在 60 mm 以下。主桁设计为焊接的整体节点,节点外用高强度螺栓拼接的结构形式。弦杆采用箱型和箱型带肋截面,将拱肋下部受力最大的弦杆增加到 8 根加劲肋。由于在整个结构中杆力相差悬殊,截面采用内宽 1 000 mm、1 400 mm 的两种宽度和 1 000 mm、1 200 mm、1 400 mm、1 800 m 四种高度,以适应不同的区段。杆力大的腹杆设计为箱型截面,截面内高 1 000 mm 以下与节点对拼连接;杆力小的腹杆为 H 型截面,杆件宽度较节点板净距小 2.0 mm,插入节点板间连接,杆件高 960 mm 以下。

最长的单根受压竖杆和斜杆约 27 m,可整根制造。最长的吊杆约 54 m,分 3 段制造。

由于高速列车安全行车的需要,桥面结构设计成整体钢桥面。即由纵、横肋加劲正交异性钢桥面板和主桁的下弦杆用焊接连接在一起,成为桥面结构直接参与弦杆受力的板桁组合结构。同时也避免了原纵、横梁体系的桥面出现横梁面外变形的大问题。在设计中将主桁的箱形弦杆的上水平板加宽 400 mm 伸过内侧竖板,与 16 mm 厚的桥面顶板不等厚对接焊焊连,使桥面板有效地和下弦杆、主桁节点板连接,参与主桁共同受力。

桥面板的设计是:在 16 mm 的钢桥面顶板之下,横桥向每隔 500 mm,焊有高 212 mm 的 T 形纵肋。在每条线路的轨道之下焊有 500 mm 高的倒 T 形纵梁,T 肋和纵梁的跨距都是 3.0 m,两者遇横梁、横肋的腹板时都直接穿越。顺桥向每隔 3.0 m 设一道倒 T 形横肋,肋的高度与 1.2~1.4 的主桁下弦杆相等,翼、腹板均和弦杆焊连。在主桁的节点处桥横向焊有 2.0 m 高的横梁,横梁的腹板与主桁的节点板用角焊缝焊连,上缘与弦杆上翼板对焊。由于弦杆顶面与桥面板平齐,主桁节点板需向下加高,与横梁下缘对齐后焊接。桥面板需分块制造和安装。每节间桥面板横桥向分为五块,两边块和边桁下弦杆焊连,便于工地连接,宽 2.92 m;中桁弦杆与两侧桥面板端头焊连,宽 4.24 m;长度与桁间距相同。桥面板块宽 10.76 m,因面积和重量都较大,纵桥向每节间分两段,各长 3.74~8.26 m。最重的桥面板块约 31 t,最重的下弦杆连同桥面板端头约 55 t,最重的拱肋弦杆约 110 t,最重的支承节点约 88 t。各块在工厂制造均为焊接连接。运至工地后,除桥面板为熔透焊接外,其余仍采用高强度螺栓连接。

钢桥面板顶上有厚 150 mm 的混凝土道砟槽,用焊接栓钉与钢桥面板结合。道砟槽板设断缝,不参与整体桥面板的受力,容许裂缝存在,设计时控制裂缝的宽度。

4. 结构的有限元分析

南京大胜关长江大桥采用三主桁整体桥面板桁组合结构,结构复杂,杆件较多,要了解其受力性能需要做大量有限元分析、选择合理的计算方法才能得到较精确的结果。因此,选择合理的计算方法非常重要。

由于三主桁道砟整体桥面结构桥梁的受力情况非常复杂,很难得到解析解,因此借助有限单元法。有限元分析分为整体分析和局部分析两种。

整体分析是指全桥分析。局部分析是在全桥分析的基础上,把某些关键部位取出,考虑构造细节,网格细分,把全桥分析的结果作为边界条件加到局部模型的边界上,进一步作空间有限元分析,以获得较精确的变形情况和应力分布。整体分析结果为局部分析提供边界条件。

整体分析可以采用三种有限单元法:

(1)空间板梁单元法,简称 SPB 法(Space Plate-Beam model);

(2)空间杆系结构法,简称 SF 法(Space Frame model);

(3)主桁的平面分解法,简称 PF 法(Plane Frame model)和简化的平面分解法,简称 SPF 法(Simplified Plane Frame model)。

PF 法是将三主桁桥梁结构分解为三片平面桁架计算。分解过程中主要解决了如下几个问题:

(1)桥面荷载在主桁下弦节点上的纵向分配;

(2)桥面荷载在三片主桁上的横向分配,包括第一次分配和第二次分配;

(3)桥面系的分割;

(4)由路径 1 和路径 2 传递的节间桥面荷载之比;

(5)下弦杆的有效宽度。

上述(1)~(3)条解决将空间结构化成三片平面桁架(桁拱)的问题,第(4)、(5)条主要解决平面分析计算后,如何由内力计算下弦杆的应力问题。采用这种方法使得分析计算速度和数据处理都很快捷,用于设计的初始阶段较方便。

第三节　铁路钢筋混凝土拱桥的结构计算

一、铁路钢筋混凝土拱桥的构造

1. 主拱的构造简介

(1)普通型上承式拱桥

根据主拱(圈)截面型式不同可分为板拱、板肋拱、双曲拱、肋拱和箱形拱等。板拱和双曲拱主要适用于中小跨度拱桥,而肋拱和箱形拱等则更适用于大跨度桥梁。

肋拱桥是由两条或多条分离的拱肋、横系梁、立柱和由横梁支承的行车道部分组成。拱肋是主要承重结构,可由混凝土、钢筋混凝土、钢管混凝土、劲性骨架混凝土制成。拱肋的数目、间距、截面型式由桥梁宽度、肋型、材料性能、荷载等级、施工条件、拱上结构等方面综合考虑决定。为了简化构造,在吊装能力满足的情况下宜采用少肋型式。

箱形拱是指主拱圈截面由单室或多室箱构成的拱。箱形拱的拱圈,可以由一个闭合箱(单室箱)或由几个闭合箱(多室箱)组成,每一个闭合箱又由箱壁(侧板)、顶板(盖板)、底板及横隔板组成。箱形拱的主要特点是:

①截面挖空率大,减轻重量;

②中性轴居中,抵抗正负弯矩能力相等,适应主拱圈各截面正负弯矩变化需要;

③闭合空心截面,抗弯和抗扭刚度大,拱圈的整体性好,应力分布较均匀;

④单条箱肋刚度较大,稳定性较好,能单箱肋成拱,便于无支架吊装;

⑤制作要求较高,吊装设备较多,主要用于大跨径拱桥。

箱形拱桥的设计时,要拟定截面尺寸,主要有:拱圈的高度、宽度、箱肋的宽度以及顶底板及腹板尺寸。可以初拟拱圈的高度为跨径的 $1/55\sim1/75$,或 $h=\dfrac{l_0}{100}+\Delta$,式中:$h$—拱圈高度,m;$l_0$—净跨径,m;$\Delta$—箱形拱为 $0.6\sim0.7$,箱肋拱为 $0.8\sim1.0$。

(2)整体型上承式拱桥

①桁架拱桥

又称拱形桁架桥,桁架拱由钢筋混凝土或预应力混凝土桁架拱片、横向联系和桥面系组成。是一种具有水平推力的拱形桁架结构,外形轻巧美观,在结构上兼有桁架和拱的特点,各部件截面尺寸较小,重量较轻,节省材料,对墩台的垂直压力和水平推力也相应减小,结构的整体性能好,装配化程度高,施工程序少。

②刚架拱桥

刚架拱桥是在桁架拱、斜腿刚架等基础上发展起来的另一种新桥型,属于有推力的高次超静定结构,广泛应用。刚架拱桥的上部由刚架拱片、横向联系和桥面系等部分组成。

刚架拱片是刚架拱桥的主要承重结构,一般由跨中实腹段的主梁、空腹段的次梁、主拱腿(主斜撑)、次拱腿(斜撑)等构成。

主梁和主拱腿的交接处称为主节点,次梁和次拱腿的交接处称为次节点。

预制安装是指主梁和次梁、斜撑等分别预制,用现浇混凝土接头连接。

横向联系为在刚架拱片的跨中,主、次节点,次梁端部等处设置的横系梁。

2. 拱上建筑构造

按照拱上建筑不同,可将拱桥分为实腹式和空腹式两种。

(1)实腹式拱上建筑

一般用于小跨径的拱桥,由拱腹填料、侧墙、护拱、变形缝、防水层、泄水管以及桥面系组成。拱腹填料分为填充式和砌筑式两种。

(2)空腹式拱上建筑

大、中跨径的拱桥,以空腹式拱上建筑为宜。具有腹孔和腹孔墩。

①腹孔

分为拱式拱上建筑和梁式拱上建筑两种。其中梁式腹孔结构有简支、连续和框架式等多种型式。

②腹孔墩

分为横墙式和排架式两种。

钢筋混凝土空腹式拱桥,拱上结构变形会在腹孔墩中产生附加弯矩,从而导致节点附近产生裂缝。为了使拱上结构不参与主拱受力,可以将腹孔墩的上下端设铰,为了简化构造和方便施工,一般高立柱仍可采用固结形式(线刚度小),而只将靠近拱顶处的1~2根高度较小的矮立柱上、下端设铰(线刚度大)。

3. 其他细部构造

(1)拱上填料、桥面及人行道

拱上建筑中的填料作用是扩大列车荷载作用的面积,减小列车荷载对拱圈的冲击。实腹拱和空腹拱(除无拱上填料的轻型拱桥外)填充后,还需设置拱顶填料,填料厚度(包括路面厚度)均不宜小于300 mm,然后再进行桥面铺装。

(2)伸缩缝与变形缝

拱上建筑能够提高主拱圈的承载能力;但另一方面,它对主拱圈的变形又起约束作用,在主拱圈和拱上建筑内均产生附加内力。

在相对变形(位移或转角)较大的位置设置伸缩缝,而在相对变形较小处设置变形缝。

(3)排水与防水层

桥梁除设置纵坡和桥面设置横坡外,沿桥面两侧路缘石边缘应设置泄水管,渗入到拱腹内的雨水,应由防水层汇集于预埋在拱腹内的泄水管排出。

(4)拱桥中铰的设置

拱桥中需要设置铰的情况有四种:

①按两铰拱或三铰拱设计的主拱圈;

②按构造要求需要采用两铰拱或三铰拱的腹拱圈;

③需设置铰的矮小腹孔墩;

④在施工过程中,设置临时铰。

常用的拱铰型式有:弧形铰、铅垫铰、平铰、不完全铰和钢铰。

a. 弧形铰

b. 铅垫铰(厚度 5~20mm 的铅垫板,外部包以锌、钢薄片做成)。

c. 平铰:平铰接缝间可用低标号的砂浆填塞,也可用垫衬油毛毡或者直接干砌接头。

d. 钢铰:更多的用于施工需要的临时铰。

e. 不完全铰:在构件上设置颈缩部分,并允许其开裂,以释放结构的能量,一般用在腹拱圈上。

二、钢筋混凝土拱桥的主要尺寸拟定

本节讲述在给定桥址和孔径并有可能采用钢筋混凝土拱桥的前提下,如何确定拱的跨度、矢高和拱轴;以及如何拟定桥垮和墩台的其他主要尺寸,作为以后详细计算的依据。

1. 跨度和矢跨比

拱的计算跨度 l 是指两拱脚截面重心间的水平距离。由拱顶截面重心至两拱脚截面重心连线之竖直距离称为拱的矢高 f。矢高与跨度之比 f/l 称矢跨比。$f/l \leqslant 1/6$ 时,称为坦拱,$f/l \geqslant 1/4$ 时称为陡拱。在研究桥下净空时,也常要用到拱圈内边曲线的净跨度 l_0 和净高 f_0。

决定拱的跨度和矢高的因素是:(1)桥址的地形,地质和水文条件;(2)桥面高程和桥下通航净空的要求;(3)技术和经济比较。

对于跨谷桥,当谷中无水或水位很低时,拱的跨度和矢跨比主要决定于经济比较。

跨河上承式拱的矢高常由拱脚位置和线路高程控制。拱脚截面的最低点应高出设计水位 0.25 m。若洪水期无大漂流物,实体无铰拱桥(拱圈或拱肋)的拱脚,允许被设计水位淹没,但不应超过矢高之半,同时自拱顶至设计水位的净空高度应不小于 1 m。拱脚还应当高出流冰水位至少 0.25 m。

对于通航河流上的拱桥或跨线桥,拱脚的位置也在一定程度上受通航和通车净空的限制。

上承式拱桥拱顶处拱圈(肋)顶面应在轨底之下至少 0.7 m 以适应桥面布置的要求。但也不宜太大而使拱上填充过厚。

如果线路高程由桥梁决定,则应从减少桥头引道工程出发决定拱顶的高程。

拱桥的矢跨比,通常为 1/3~1/5,但有的铁路拱桥做到 1/7,而公路拱桥则有做到 1/10 或更低的。一般说来,矢跨比不宜小于 1/10~1/12,否则设计将感到困难。

如果由于线路高程和建筑高度限制,修建上承式拱桥有困难,为了获得合理的矢跨比,可以将拱桥做成中承式,但中承式拱桥的桥面和墩台的工程数量均比上承式拱桥大得多,只有在不得已时才用它。在选定中承式拱桥的矢高时要注意到在拱肋间设置横向联结系的可能性(不能妨碍车辆通过)。

在跨河的多跨拱桥中,往往其中的一跨或数跨必须满足航运净空的要求,而不能和相邻跨采用同一跨度。此时,在选择支承于同一桥墩上的相邻两跨的矢跨比时,应考虑到对桥墩所施推力的相互平衡,以减少桥墩所受的弯矩。由于恒载产生的推力可用下式表示

$$H_g = \beta \frac{g_d L^2}{f}$$

式中　β——系数,随拱脚和拱顶处恒载集度的比值而定;

　　　g_d——拱顶处的恒载集度;

　　　L——跨度高程;

　　　f——矢高。

如假定相邻两孔的 β 和 g_d 大致相同,则从两孔推力相互平衡的条件出发,可得

$$\frac{L_1}{f_1/L_1}=\frac{L_2}{f_2/L_2}$$

即矢跨比应与跨度成正比。

附带说明:为了平衡推力,较大跨度的拱可采用较轻的拱上结构,较小跨度的拱则用实体的拱上结构,并在小跨拱顶处将填充厚度酌情增大。

另一个平衡相邻两拱推力影响的措施,是将小跨的拱脚布置得较大跨拱脚高一些。然而此时应该检算上下拱脚之间桥墩截面的抗剪强度。

2. 拱上结构的主要尺寸

空腹式拱上结构之桥面系的主要尺寸可参照梁桥中的规则拟定。桥面系支承在横向墙或刚架上。若用板(厚约 25~30 cm)跨越它们,横向墙的间距可做成 2.5~3 m。在大跨度拱桥中,为免拱上结构节间太多,桥面系的遭碴槽板可支承在纵梁上,此时纵梁高度可取拱上结构节间长度的 1/7~1/10,横向墙厚度可取 25~30 cm。

为了减少拱的变形对拱上结构的影响,应尽可能使横向墙或刚架支柱在拱平面内有较大的柔性,其纵向厚度与其高度之比不宜大于 1:20,否则上下应设铰。支柱在桥纵向厚度可用 25~40 cm,而在横向用较大的尺寸(50~60 cm 以上)。若支柱的高度超过 10 m,为了避免过大的纵向弯曲,也可用较大的厚度。对于特别高的边缘支柱,为了减少支柱的高度,可将它支承在墩台上。横向刚架支柱较高时,应设置横撑,其间距不宜大于刚架跨度的 1.5~2 倍。

3. 拱的厚度和宽度

进行超静定拱桥草算之前,必须拟定拱的厚度,不少学者曾提出了决定拱厚的不同的经验公式,但它们都有其局限性,如果盲目采用,对于同一情况可能得出相差很远的结果。

拱在拱顶处的厚度 d_d(脚标 d 表示拱顶,以后同)可近似地采用如下数值:

铁路桥的实体拱圈 $d_d=(1/30\sim1/50)l$

铁路桥的分离拱肋 $d_d=(1/20\sim1/50)l$

一般说来,拱的跨度越大,d_d/l 越趋于下限。

拱在拱脚处的厚度 d_j(脚标 j 表示拱脚)可按余弦规则初步决定。对于无铰及三铰拱:$d_j=d_d/\cos\varphi_j$,对于两铰拱 $d_j=d_d\cos\varphi_j$。φ 为拱轴切线对于水平线之倾角,φ_j 即为拱轴在拱脚处的倾角。此时为了初步估计 φ_j 的数值,可近似地暂以圆弧代替以后将采用的实际拱轴,从而取 $\varphi_j=2\tan^{-1}(2f/l)$。对于中小跨度无铰拱,$d_j$ 通常取 $(1.2\sim1.5)d_d$,也有用到 $2.0d_d$ 的。以上的建议尺寸,随着建桥材料强度的增大,可能会有些偏于保守。

为了保证拱的横向刚度和稳定性,《铁路桥规》规定,拱圈的宽度 b 不得小于计算跨度的 1/20,且不得小于 3 m,肋拱两外肋中心线间的最小距离不得小于 $l/20$,两外缘的距离也不得小于 3 m。这些规定使单线铁路大跨度拱桥的横向宽度大大超过使用要求,且拱上结构不好布置。而很多已建成通车的大跨度拱桥的宽度比却远小于上述数值,但并未闻有失稳或严重振动情况。因此上述规定有必要加以重新研究和修改。对于矢跨比特大的大跨度拱桥,为保证它们有足够的横向刚度,可使拱圈或拱肋中距从跨中向拱脚逐渐加宽成为"大脚拱"。

拱肋本身的宽度则是根据截面计算,视钢筋的布置决定的。当跨度不超过 60~80 m 时,铁路拱桥的拱肋宽度可定为 80~100 cm,当跨度更大时可定为 100~200 cm。采用无支架吊装方法施工时,单根拱肋的宽度不宜小于其高度的 0.6~1.0 倍。

在双线铁路桥中,通常每线各有自己单独的拱圈。这样不但可节省材料、可重复利用一套较轻的拱架,还可避免仅在一条线路上有车时拱圈受扭。

4. 拱轴线形式

选择拱轴形式的基本原则就是要使它尽量与荷载压力线相吻合,但在拱桥中,这是做不到的。一般是采用恒载的压力线或恒载加一半活载的压力线作拱轴。

实腹拱的恒载压力线,是倒悬链线,故可取某一倒悬链线为拱轴,拱轴系数 m 的经验值大致在 2.814～5.321 之间。

空腹拱可按其矢跨比的大小决定拱轴线。坦拱的恒载较均匀,初算时取二次抛物线作拱轴。陡拱则应取近于抛物线的悬链线作拱轴;如拱上结构为小拱,m 的经验值在 2.24～4.324 之间;拱上结构为刚架时,m 值则在 1.347～2.24 之间。拱上结构带孔部分越多,矢跨比越小,m 值就越趋于下限。

在初算时拟定拱轴的目的,主要是用来决定空腹式拱上结构横向墙或刚架支柱的高度,作为随后计算恒载的依据,故只须取近似形式。如无法判断,即使一律取圆弧或抛物线作拱轴也是可以的,只不过是在计算拱轴时多作一次迭代而已。

5. 拱桥墩台主要尺寸

由于拱圈对墩台的作用除有竖向压力外,还有水平推力和弯矩,故拱桥墩台的尺寸一般较梁桥的大。

桥墩在正面上(纵向)的形状和高度主要决定于桥上线路高程、拱脚位置、基础襟边和底面高程。就已建成的拱桥面看,桥墩在拱脚处的纵向厚度变化范围很大。公路桥的墩厚约为跨度的 1/4～1/13,铁路拱桥则应当更厚一些,墩身坡度为 20∶1～40∶1,甚至可大至 10∶1。

桥墩在横向的宽度,主要决定于拱的宽度。前者应比后者稍宽。

拟定好的尺寸应当通过初算确认一下。在这个阶段,如无可靠资料,对于拱圈反力,暂时可仅考虑恒载竖向反力 V_g 和水平推力 H_g 及活载反力 V_q、H_q 及弯矩 M_q。以上各项反力,除 V_q 外,均可根据前面所拟定的拱轴,近似地利用设计手册中所提供的图表查得或稍加计算即得。至于活载所产生的竖向反力 V_q 则等于 $H_q \tan\varphi_j$。

桥台承载部分的主要尺寸应根据在各种荷载作用下压力线的形状确定,其基本要求是使桥台砌体及其基础底面尽可能处于均匀受压的情况,亦即压力线应尽量接近各截面的重心。

三、拱桥的计算

1. 合理拱轴的计算

理想的拱轴线应当是荷载的压力线。因为此时每一断面上都只有轴压力而无弯矩及剪力,应力最均匀,材料强度可得充分利用。但理想的拱轴线是不可能得到的,因为拱桥不仅承受恒载而且承受活载,即使仅在恒载作用下,由于弹性压缩,混凝土收缩及温度变化的影响,拱轴线也将偏离压力线。故选择拱轴形式的基本原则只能是使它尽量接近荷载的压力线。如前所述,通常采用恒载压力线或恒载加 1/2 布满全跨的静活载的压力线作为拱轴线。

(1)实腹拱的倒悬链线拱轴

最理想的拱轴线,是荷载压力线。

实腹拱所受的恒载是连续的,可分为三部分:桥面,拱腹和拱圈,其压力线可用解析法求得。如图 4-28(a)所示的拱桥,其恒载用图(b)所示的简化轮廓代替,材料容重的均恒值为 γ

(t/m^3)，则任一截面 x 上的恒载集度 g_x 可用下式表示：

$$g_x = g_d + \gamma y_1 \qquad (4\text{-}52\text{a})$$

在拱脚截面：$y_1 = f$，$g_j = g_d + \gamma f$

引入参数（系拱轴系数）$m = g_j / g_d$

则有

$$\gamma = \frac{g_j - g_d}{f} = \frac{g_d(m-1)}{f} \qquad (4\text{-}52\text{b})$$

代入式(4-52a)得：

$$g_x = g_d\left[1 + \frac{m-1}{f} y_1\right] \qquad (4\text{-}53)$$

图上方为图 4-28(a)(b)(c)示意

图 4-28 实腹拱拱轴形式的分析

式中 g_d，g_j——分别为拱顶及拱脚的恒载集度；

y_1——以拱顶为原点的拱轴线纵坐标，向下为正。

既然假设拱轴与恒载压力线完全吻合，则任意截面上的合力方向必与拱轴相切，如图 4-28(c)，即有

$$\tan\varphi = \frac{dy_1}{dx} = \frac{V_x}{H_g}$$

$$\frac{d^2 y_1}{dx^2} = \frac{1}{H_g}\frac{dV_x}{dx} = \frac{g_x}{H_g} \qquad (4\text{-}54)$$

式中 V_x——作用在 x 截面上的竖直力；

H_g——作用在 x 截面上的水平力，即恒载推力，为常数。

将式(4-53)代入(4-54)，即得拱轴线的微分方程 $\dfrac{d^2 y_1}{dx^2} = \dfrac{g_d}{H_g}\left[1 + \dfrac{m-1}{f} y_1\right]$

解此微分方程，并利用 $x = 0$，$y_1 = 0$ 及 $x = 0$，$\dfrac{dy_1}{dx} = 0$ 两个边界条件来确定积分常数，便得拱轴方程式：

$$y_1 = \frac{f}{m-1}(\mathrm{ch}k\xi - 1) \qquad (4\text{-}55)$$

式中 $\xi = \dfrac{x}{l_1} = \dfrac{2x}{l}$；

l——拱的跨度，$l_1 = l/2$。

$$k = \sqrt{l_1^2 g_d(m-1)(fH_d)} = l_n(m + \sqrt{m^2 - 1}) \qquad (4\text{-}56)$$

这样的拱轴线为倒悬链线，最初由莱盖 Legay 精确解出，故有时称莱盖悬链线。

对于(4-55)式，可将其中的双曲余弦展开成级数，并只取前两项或三项，即可得另一表达式：

$$y_1 = \frac{f}{m-1}\left[\frac{k^2}{2}\xi^2 + \frac{k^4}{24}\xi^4 + \frac{k^6}{720}\xi^6\right]$$

如取前两项即为四次抛物线，精度已足够。

在以后的计算中，常需用到拱轴切线对水平线的倾角 φ，由上面可得

$$\tan\varphi = \frac{dy_1}{dx} = \frac{2}{l}\frac{dy_1}{d\xi} = \frac{2fk}{l(m-1)}\mathrm{sh}k\xi \qquad (4\text{-}57)$$

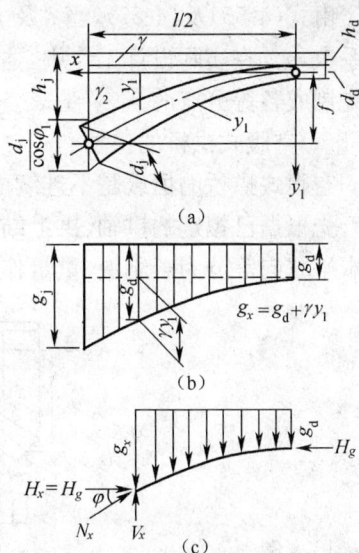

由式(4-55)及(4-57),当 l 及 f 已定时,恒载压力线拱轴纵坐标 y_1 和倾角 φ 完全取决于拱轴系数 m。在实际设计工作中,通常将全拱沿水平方向等分为 24 份,并选定一些常用的 m 值预先制成各等分点的 y_1/f 值表备用。

(2)空腹式拱桥的拱轴

空腹式拱桥的恒载是不连续的。决定其拱轴(恒载压力线)的方法是:

先根据已拟定的拱轴、拱上结构及拱圈尺寸算出各部分的恒载大小和作用点位置(拱圈可沿水平方向等分为若干块,重量作用于其重心),然后用数解法求拱轴的纵坐标(图 4-29)。

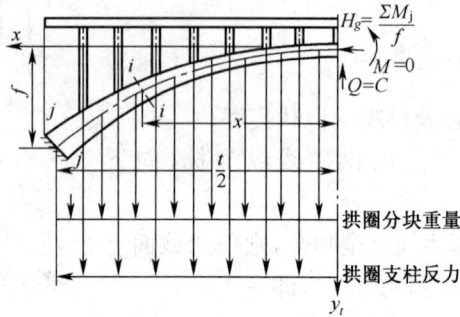

图 4-29　将恒载视为若干集中荷载求拱轴

因拱轴和恒载压力线吻合,则在任意截面 $i—i$ 上的弯矩都应为零,即

$$\sum M_i - H_g y_1 = 0 \tag{4-58}$$

式中　　$\sum M_i$——自拱顶至 $i—i$ 截面所有竖向力对 $i—i$ 截面重心的力矩之和;

　　　　H_g——拱顶的水平推力,其值为 $\sum M_i / f$,$\sum M_i$ 为半拱上所有竖向力对拱脚截面重心的力矩之和。

由此可求得任意截面 $i—i$ 压力线的纵坐标如下:

$$y_1 = \frac{\sum M_i}{H_g} = \frac{\sum M_i}{\sum M_j} \cdot f \tag{4-59}$$

上述压力线位置,也可用图解静力学的方法,通过拱顶和拱脚作一给定平面力系的索线多边形求得。

由于最初拟定的拱轴不一定与实际压力线重合,故一般必须按照所求得的 y_1 值修改拱轴,重新计算恒载,再用上述方法定出新压力线,如此反复数次,直至前后两次的 y_1 值差甚微为止。

为了利用现成的计算图表以减少计算工作,在实际设计工作中一般常是利用一条与压力线在两个拱脚、拱顶及两个 $l/4$ 处五点重合的悬链线作为拱轴。即利用式(4-59)求出 $l/4$ 截面的 $y_{l/4}/f$ 值:

$$y_{l/4}/f = \sum M_{l/4} / \sum M_j \tag{4-60}$$

然后从图表查得或按下述的关系式算得相应的拱轴系数 m,以后即按此 m 值利用现成图表计算各截面的纵坐标、倾角及内力。

悬链线拱的拱轴系数 m 及 $y_{l/4}$ 的关系如下:在 $l/4$ 处,$\xi = 1/2$,根据式(4-55),

$$y_{l/4} = \frac{f}{m-1}\left[\text{ch}\,\frac{k}{2} - 1 \right] \tag{4-61a}$$

由边界条件 $\xi=1$，$y_1=f$，可得 $\text{ch}\,k=m$

由双曲函数性质

$$\text{ch}\,\frac{k}{2} = \sqrt{\frac{\text{ch}\,k+1}{2}} = \sqrt{\frac{m+1}{2}} \tag{4-61b}$$

将式(4-61b)代入式(4-61a)得：

$$y_{l/4} = \frac{f}{m-1}\left(\sqrt{\frac{m+1}{2}} - 1\right) = \frac{f}{\sqrt{2(m+1)}+2} \tag{}$$

于是

$$m = \frac{1}{2}\left(\frac{f}{y_{l/4}} - 2\right)^2 - 1 \tag{4-61c}$$

如上所述，这样决定的拱轴线与压力线只有五点重合，其余各点均有偏离，使拱内产生弯矩和剪力，其大小与荷载的具体布置有关，一般是拱上结构的立柱间距越大，偏离影响也越大。对于大跨度空腹拱桥，必须计算这种偏离影响。

(3)二次抛物线拱轴

中小跨度的钢筋混凝土空腹拱桥，当其矢跨比较小和截面变化不大时，可以认为其恒载是沿跨度均匀分布的，即 $g_x=g_d=g_j$，其中 g_d 和 g_j 分别为拱顶及拱脚的恒载集度，g_x 为任意截面 x 上的恒载集度。由此可推得其压力线为二次抛物线(图 4-30)，拱轴线方程为

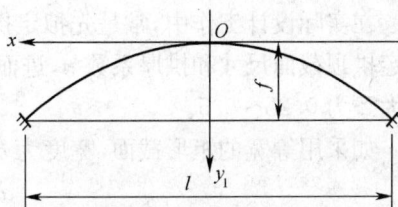

图 4-30　抛物线拱轴

$$y_1 = \frac{4f}{l^2}x^2 \tag{4-62}$$

由于其拱轴系数 $m=g_j/g_d=1$，抛物线可视为悬链线的一个特例。

2. 拱的截面变化规律

超静定结构的受力情况与其变形性能有关，变形性能又与沿结构的截面变化规律有关，也就是说拱的截面变化规律直接影响到拱中的内力分布。拱一般为偏心受压构件，其截面中的最大应力表达式为

$$\sigma = \sigma_1 + \sigma_2 = \frac{N}{A} \pm \frac{M_z}{I} \tag{4-63}$$

式中，第一项为轴力 N 产生的正应力。在所有体系的拱桥中，轴力都是自拱顶至拱脚逐渐增大的。第二项为弯矩 M 产生的正应力。弯矩的变化规律，不仅取决于拱的静力体系，并且在很大程度上取决于截面惯性矩 I 的变化规律。对于用钢筋混凝土或圬工砌体作建筑材料的拱桥来说，抗压强度不难满足要求，关键是由弯矩所生的拉应力不应过大。故考虑拱的截面变化规律时，最重要的截面几何特性是惯性矩。

惯性矩的变化规律既要使拱各个截面的应力较均匀，又最好是便于计算的解析函数。不少文献提出了不同的经验公式。例如，对于无铰拱，曾用过惯性矩按倾角余弦倒数变化的规律(习称余弦规律)：

$$\frac{I_\mathrm{d}}{I\cos\varphi}=常数 \tag{4-64}$$

式中　I_d——拱顶截面惯性矩；

　I,φ——分别为任意截面的惯性矩和相应的倾角。

但计算表明：由该规律所决定的截面，在相当长的范围内都过大，材料的强度不能充分利用。

现今采用得最广泛的截面变化规律，是由李特（Ritter）提出、随后为施特拉斯聂尔（Strassner）所采用的规律：

$$\frac{I_\mathrm{d}}{I\cos\varphi}=1-(1-n)\xi \tag{4-65}$$

式中　ξ——计算截面至拱顶（原点）的水平距离与跨度之半的比值；

$$\xi=x/(l/2)$$

　n——参数，称为拱厚系数，可用拱脚处 $\xi=1$ 的边界条件求得

$$n=\frac{I_\mathrm{d}}{I_\mathrm{j}\cos\varphi_\mathrm{j}} \tag{4-66}$$

其中的 I_j 和 φ_j 分别为拱脚截面的惯性矩和倾角。由上式可以看出：n 值越小，截面的变化就越大；当 $n=1$ 时，就是前面所述的余弦规律。

在实际设计工作中，常是先拟定拱顶和拱脚两截面的尺寸，然后由式（4-65）算出 n；或先拟定拱顶截面尺寸和拱厚系数 n，进而求出其他各截面的 I。铁路拱桥拱厚系数 n 的参考值范围大致为 $0.25\sim0.5$。

如采用等宽的矩形截面，宽度为 b，则利用 $I=bd^3/12$ 的关系，式（4-65）可化为

$$d=d_\mathrm{d}C(1+\tan^2\varphi)^{1/6} \tag{4-67}$$

式中，

$$C=[1-(1-n)\xi]^{-\frac{1}{3}} \tag{4-68}$$

如截面为工形或箱形（图 4-31），则 $I=\frac{1}{12}(1-\alpha\beta^3)bd^3$。当 α、β 和 b 之值沿拱跨为恒值时，上式也适用。

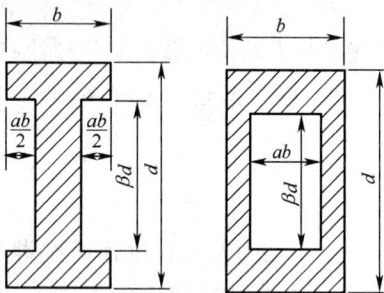

图 4-31　I 形及箱形截面尺寸

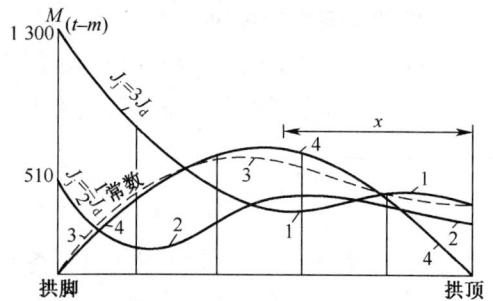

图 4-32　跨度 125 m 的肋拱的弯矩图
1—截面自拱顶向拱脚逐渐增大的无铰拱；
2—截面自拱顶向拱脚逐渐减小的无铰拱；
3—两铰拱；4—三铰拱

惯性矩从拱顶向拱脚逐渐增大的无铰拱是经常采用的，但并非唯一的截面变化规律。根据对一跨度为 125 m 的拱桥的分析，当采用不同静力图式和不同截面变化规律时，其弯矩图

如图 4-32 所示。由图中曲线 1 及 2 可以看出：无铰拱在中部约三分之二的跨径范围内，弯矩图的变化不大，截面自拱顶向拱脚逐渐减小的无铰拱的拱脚弯矩比截面自拱顶向拱脚逐渐增大者小得多。实际建成的拱桥中有的根据上述弯矩变化规律，在中部 2/3 或 3/4 跨径范围内采用等截面，而在两端 1/6 或 1/8 跨径范围内截面向拱脚逐渐增大的"大脚拱"；也有的采用截面自拱顶向拱脚逐渐减小的"镰刀形"拱。

3. 力作用在拱平面内时拱的计算

本方法适用于利用解析法和现成的图表法进行拱桥的设计计算。

由于绝大多数拱桥都做成对称的无铰拱，故本节以对称布置的无铰拱的内力分析为主。两铰拱和三铰拱只在某些部分提及。

(1) 基本结构和弹性中心

在无铰拱中常取用的基本结构是梁式体系，又可分为两种：

① 取两个对称悬臂曲梁作基本结构，切割面在拱顶。冗力是作用在该切面的一对水平推力 H、一对剪力 V 和一对弯矩 M_{01}，如图 4-33(a)。

② 取简支曲梁作基本结构，切割面在两个拱脚。冗力是推力 H、两个数值不同的弯矩 M_A 和 M_B，如图 4-34(a)。或将 M_A 及 M_B 分解为一对正对称的弯矩 M_2 和一对反对称的弯矩 M_1，如图 4-34(b)。

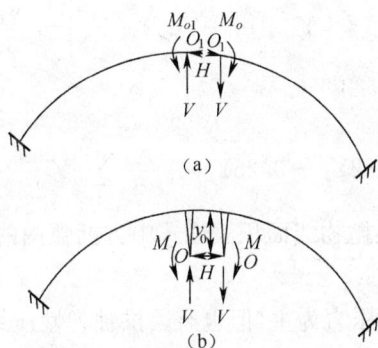

图 4-33　悬臂曲梁基本结构和冗力

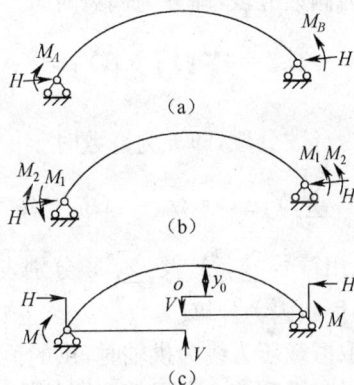

图 4-34　简支曲梁基本结构和冗力

无论哪一种基本结构，为使每个求冗力的正则方程只包含一个未知数，通常是将三个冗力移至弹性中心，相应为 H、V、M，如图 4-33(b) 及图 4-34(c)。

由结构力学可知，对称拱的弹性中心位于通过拱顶的竖轴上，距拱顶的纵坐标为

$$y_0 = \frac{\int_0^s y_1 \frac{\mathrm{d}s}{EI}}{\int_0^s \frac{\mathrm{d}s}{EI}} = \frac{\int_0^l y_1 \frac{\mathrm{d}x}{EI\cos\varphi}}{\int_0^l \frac{\mathrm{d}x}{EI\cos\varphi}} \tag{4-69}$$

式中　s——拱轴长度；

　　E——建筑材料弹性模量。

由上式可看出：弹性中心位置与 y_1 及 I 的变化规律有关。如系施氏拱，则与拱轴系数 m 及拱厚系数 n 有关，可直接从施—扎二氏表中查得 y_0/f 值。

如果拱轴线及拱的截面变化规律不能写成解析函数，则式(4-69)只能用数值法求解，此时可引入参数：

$$w = I_d / I\cos\varphi \tag{4-70}$$

使 $1/I\cos\varphi = w/I_d$，从而可将 EI_d 提出来以简化计算。于是

$$y_0 = \int_0^l y_1 \frac{\mathrm{d}x}{EI\cos\varphi} \Big/ \int_0^l \frac{\mathrm{d}x}{EI\cos\varphi} = \frac{1}{EI_d}\sum_0^l y_1 w\Delta x \Big/ \frac{1}{EI_d}\sum_0^l w\Delta x = \frac{\sum_0^l y_1 w\Delta x}{\sum_0^l w\Delta x}$$

上式中的两个数值积分实际上是两个图形的面积，如图 4-35 所示。如图形代表分子，则纵坐标 $Y = y_1 w$；如代表分母，则 $Y = w$。求曲线图形面积可用梯形面积法或抛物线面积法，后者的精度较高。

梯形法面积的通式是：

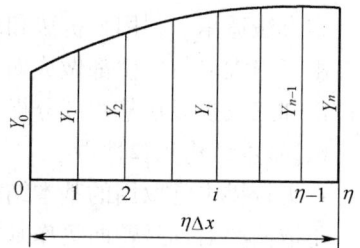

图 4-35　用数值积分求图形面积

$$\sum_0^n Y_i\Delta x = \Omega_{0n} = \frac{\Delta x}{2}[Y_0 + 2(Y_1 + Y_2 + \cdots + Y_i + \cdots + Y_{n-1}) + Y_n] = \frac{\Delta x}{2}\sum_0^n {}^T Y = \frac{\Delta X}{2}\sum_0^n {}^T Y \tag{4-71}$$

抛物线法的通式是：

当为偶数分段，即 n 为偶数时

$$\sum_0^n Y_i\Delta x = \Omega_{0n} = \frac{\Delta x}{3}[Y_0 + 4(Y_1 + Y_3 + \cdots + Y_{n-1}) + 2(Y_2 + Y_4 + \cdots + Y_{n-2}) + Y_n] = \frac{\Delta x}{3}\sum_0^n {}^s Y$$

当为奇数分段，即 n 为奇数时

$$\sum_0^n Y_i\Delta x = \Omega_{0n} = \Omega_{01} + \Omega_{1n} = \frac{\Delta x}{3}(1.25Y_0 + 2Y_1 - 0.25Y_2) + \frac{\Delta x}{3}\sum_1^n {}^s Y$$

注：此处用符号 $\sum {}^T Y$ 及 $\sum {}^s Y$ 分别表示梯形面积法及抛物线面积法通式中方括弧内的值。

(2)恒载内力计算

当取恒载压力线为拱轴时，拱的恒载内力就以轴向压力为主，但也有因拱轴弹性压缩所产生的少量弯矩和剪力。尽管弯矩的数值不大，但对拱的截面验算很有影响，应精确计算。若采用梁式体系为基本结构，则恒载在基本结构中所生弯矩数值很大，冗力所生的弯矩数值也很大且和前者异号，两者叠加实际上就是两个数值相近的数字相减，要使所得计算结果保持较好的精确度是困难的。因此，拱的恒载内力一般采用下述方法求算：①先按拱轴不因受压而发生弹性压缩的假定，用三铰拱作基本结构求恒载所生轴向压力，此时弯矩和剪力均为零；②考虑拱因受压而使拱轴缩短的影响，将由此引起的轴力、弯矩和剪力算出，叠加到前一假定所算得的结果上去；③如果拱轴线对恒载压力线有某些偏离，则还要计算各截面由此引起的内力。

①不考虑拱弹性压缩时的恒载内力

如图 4-36，由于拱轴为恒载压力线，任何截面的弯矩都为零。

根据力的平衡条件，竖直反力

$$V_g = \frac{1}{2}\int_0^l g_x \mathrm{d}x = \frac{1}{2}g_d\int_0^l \Big[1 + \frac{m-1}{f}y_1\Big]\mathrm{d}x = ag_d l \tag{4-72}$$

取左半拱为分离体，对拱顶取矩，可得水平反力

$$H_g = \frac{V_g l_l - \sum g_x x}{f}$$

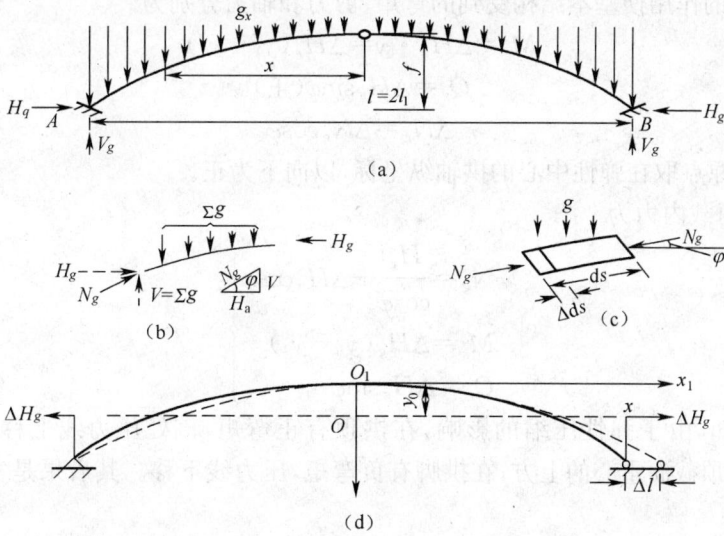

图 4-36　拱的恒载内力分析

如为施氏拱，则由式(4-56)可得

$$H_g = \frac{m-1}{4k^2} \cdot \frac{g_d l^2}{f} = \beta \frac{g_d l^2}{f} \tag{4-73}$$

以上二式中，系数 α 和 β 之值均仅与 m 值有关，施—扎二氏表中给出了相应于不同 m 值的 α 和 β 的数值。

沿拱各截面的轴力，可直接由下式求得(如图 4-36(b))：

$$N_g = \frac{H_g}{\cos\varphi} \tag{4-74}$$

②拱轴弹性压缩的影响

如图 4-36(c)，取拱的一个微元 ds 来分析，在 H_g 和恒载的共同作用下，拱受到轴力 N_g。

在 N_g 作用下，单元 ds 的缩短量为 $\Delta ds = \dfrac{H_g ds}{EA\cos\varphi}$，

单元长度及其缩短量的水平投影分别为 $dx = ds\cos\varphi$，$\Delta dx = \Delta ds\cos\varphi = \dfrac{H_g ds}{EA}$；

整孔拱在水平方向的总缩短量为

$$\Delta l = \int_0^l \Delta dx = \int_0^l \frac{H_g ds}{EA} = H_g \int_0^l \frac{dx}{EA\cos\varphi} \tag{4-75}$$

如拱脚之一能水平移动，由于弹性压缩，该拱脚将内移 Δl，如图 4-36(c)。实际上拱脚是不能移动的，并注意到此时并没有使拱轴发生角位移的任何外力，因而两拱脚的倾角不会发生变化，这就相当于有一个加于弹性中心的、方向朝外的水平力 ΔH_g 将拱脚拉至原来的位置。由结构力学原理：$\Delta H_g \delta_{HH} + \Delta l = 0$ 可得

$$\Delta H_g = -\frac{\Delta l}{\delta_{HH}} \tag{4-76}$$

上式中的负号说明 ΔH_g 与 H_g 符号相反，即为拉力。

由于 ΔH_g 的作用使基本结构受到的弯矩、剪力和轴力分别为

$$M_g = \Delta H_g \cdot y = \Delta H_g(y_1 - y_0)$$

$$Q_g = \Delta H_g \sin\varphi (\text{正})$$

$$\Delta N_g = \Delta N_g \cos\varphi$$

式中，y 为原点取在弹性中心的拱轴纵坐标，以向下为正。

从而拱的恒载内力为

$$N_g = \frac{H_g}{\cos\varphi} + \Delta H_g \cos\varphi \left.\vphantom{\frac{H_g}{\cos\varphi}}\right\}$$
$$M_g = \Delta H_g(y_1 - y_0) \tag{4-77}$$
$$Q_g = \Delta H_g \sin\varphi$$

从上式可知，由于弹性压缩的影响，在拱顶有正弯矩，该处压力线上移，即合力 $(H_g + \Delta H_g)$ 作用于拱顶截面重心的上方；在拱脚有负弯矩，压力线下移。其后果是实际推力线偏离拱轴线。

现在回过来介绍式(4-76)中的 δ_{HH} 如何计算。由结构力学：

$$\delta_{HH} = \int_0^s \frac{\overline{M_1^2}\,\mathrm{d}s}{EI} + \int_0^s \frac{\overline{N_1^2}\,\mathrm{d}s}{EI} = \int_0^s \frac{y^2\,\mathrm{d}s}{EI} + \int_0^s \frac{(\cos\varphi)^2\,\mathrm{d}s}{EA}$$

$$= \int_0^s \frac{y^2\,\mathrm{d}s}{EI} + \int_0^l \frac{\cos\varphi\,\mathrm{d}x}{EA} = (1+\mu)\int_0^s \frac{y^2\,\mathrm{d}s}{EI} \tag{4-78}$$

式中

$$\mu = \int_0^l \frac{\cos\varphi\,\mathrm{d}x}{EA} \bigg/ \int_0^s \frac{y^2\,\mathrm{d}s}{EI} \tag{4-79}$$

式(4-78)中，第一项是不考虑弹性压缩的 δ_{HH}；第二项是考虑弹性压缩而需追加的数值。第二项对第一项的比值用 μ 表示，如式(4-79)。

将式(4-75)及(4-78)代入式(4-76)，得

$$\Delta H_g = -H_g \int_0^l \frac{\mathrm{d}x}{EA\cos\varphi} \bigg/ (1+\mu)\int_0^s \frac{y^2\,\mathrm{d}s}{EI}$$

$$= -\frac{\mu_1}{1+\mu}H_g \approx -\mu_1 H_g \tag{4-80}$$

式中

$$\mu_1 = \int_0^l \frac{\mathrm{d}x}{EA\cos\varphi} \bigg/ \int_0^s \frac{y^2\,\mathrm{d}s}{EI} \tag{4-81}$$

式(4-78)～(4-81)中，均包含积分 $\int_0^s \frac{y^2\,\mathrm{d}s}{EI}$，如系施氏拱，因 y 是 m 的函数，I 是 n 的函数，$\int \mathrm{d}s$ 中包含 l，故可引用另一个函数

$$\theta = \frac{EI_\mathrm{d}}{lf^2}\int_0^s \frac{y^2\,\mathrm{d}s}{EI} = \frac{1}{l}\int_0^s \left(\frac{y}{f}\right)^2 \left(\frac{I_\mathrm{d}}{I}\right)\mathrm{d}s \tag{4-82}$$

按不同的 m 和 n 值制表备用。自表中查得 θ 后，乘以 $\frac{lf^2}{EI_\mathrm{d}}$ 即得 $\int_0^s \frac{y^2\,\mathrm{d}s}{EI}$ 的真值。

同样，式(4-79)及(4-81)中的两个分子均含有截面积 A 及倾角 φ，A 是 n 的函数，φ 是 f/l

的函数,为了制表的方便,改写如下:

$$\int_0^l \frac{\cos\varphi \, \mathrm{d}x}{EA} = \frac{l}{EA_\mathrm{d}} \int_0^l \frac{A_\mathrm{d}}{A} \cos\varphi \, \frac{\mathrm{d}x}{l} = \frac{l}{E\nu A_\mathrm{d}}$$

式中

$$\frac{1}{\nu} = \int_0^l \frac{A_\mathrm{d}}{A} \cos\varphi \, \frac{\mathrm{d}x}{l}$$

$$\int_0^l \frac{\mathrm{d}x}{EA\cos\varphi} = \frac{l}{EA_\mathrm{d}} \int_0^l \frac{A_\mathrm{d}}{A} \cdot \frac{1}{\cos\varphi} \cdot \frac{\mathrm{d}x}{l} = \frac{l}{E\nu_1 A_\mathrm{d}}$$

式中

$$\frac{1}{\nu_1} = \int_0^1 \frac{A_\mathrm{d}}{A} \cdot \frac{1}{\cos\varphi} \cdot \frac{\mathrm{d}x}{l}$$

ν 和 ν_1 之值均可按不同的 n 和 f/l 值自施一扎二氏表中查得。于是

$$\mu = \frac{l}{E\nu A_\mathrm{d} \displaystyle\int_0^s \frac{y^2 \, \mathrm{d}s}{EA}}$$

$$\mu_1 = \frac{l}{E\nu A_\mathrm{d} \displaystyle\int_0^s \frac{y^2 \, \mathrm{d}s}{EI}}$$

由上所述,在考虑弹性压缩影响后,恒载推力值应为 $H_g + \Delta H_g$。倘若注意到纠正值 ΔH_g 因实际发生的 H_g 达不到按拱圈不压缩所算得的值而稍有减少,则上述计算方法应稍作改正。如仍以 H_g 代表按拱轴不压缩的恒载推力,以 ΔH_g 表示应作的纠正值;但以 H_{g1} 表示设计应取的最后值,并注意到 ΔH_g 应为 $-\dfrac{\mu_1}{1+\mu} H_{g1}$ 而非 $-\dfrac{\mu_1}{1+\mu} H_g$,则将有如下关系:

$$H_g + \Delta H_g = H_g - \frac{\mu_1}{1+\mu} H_{g1} = H_{g1}$$

由此可得

$$H_{g1} = \frac{1+\mu}{1+\mu+\mu_1} H_g \approx \frac{1}{1+\mu_1} H_g \tag{4-83}$$

$$\Delta H_g = H_{g1} - H_g = -\frac{\mu_1}{1+\mu+\mu_1} H_g \approx -\frac{\mu_1}{1+\mu} H_g$$

对于跨度较小而矢跨比较大的拱桥,可不计弹性压缩的影响,《铁路桥规》中有具体规定。

③拱轴线偏离恒载压力线的附加内力

如前所述,若空腹拱的拱轴是利用与恒载压力线在拱顶、拱脚及 $l/4$ 处五点重合的方法决定的,则除此五点之外,其他各点均与压力线有偏离,使拱产生附加内力。当偏离较大时,就应计算各截面的附加内力。

设恒载压力线上任意点 i' 的纵坐标为 y'_1,拱轴线上相应点 i 的纵坐标为 y_1,如图 4-37,则由式(4-59) $y'_1 = \sum M_i/H_g$,偏离值为 $\Delta y = y_1 - y'_1$。

故可得附加弯矩为 $M_p = H_g \Delta y = H_g (y_1 - y'_1)$,由于附加弯矩 M_p 的存在,在无铰拱弹性中心上产生附加冗力 X_H 和 X_M,其值

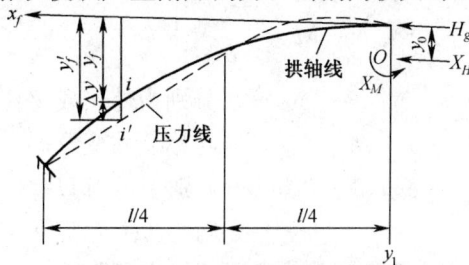

图 4-37　拱轴线偏离压力线
时附加内力的计算图式

分别为

$$X_H = -\frac{\Delta_{HP}}{\delta_{HH}} = -\frac{\int_0^s \dfrac{yM_p\,ds}{EI}}{\int_0^s \dfrac{y^2\,ds}{EI}} = -\frac{\sum_0^l \dfrac{yM_p\Delta x}{EI\cos\varphi}}{\int_0^s \dfrac{y^2\,ds}{EI}}$$

$$X_M = -\frac{\Delta_{MP}}{\delta_{MM}} = -\frac{\int_0^s \dfrac{M_p\,ds}{EI}}{\int_0^s \dfrac{ds}{EI}} = -\frac{\sum_0^l \dfrac{M_p\Delta x}{EI\cos\varphi}}{\int_0^s \dfrac{dx}{EI\cos\phi}}$$

由于上面两式的分子不易积分,故改为数值积分求解;δ_{MM} 的求解法见后。

于是,考虑拱轴线偏离恒载压力线时的附加内力为

$$\left.\begin{aligned}
\Delta N_g &= X_H\cos\varphi \\
\Delta Q_g &= X_H\sin\varphi \\
\Delta M_g &= H_g(y_1 - y_1') + X_H(y_1 - y_0) + X_M
\end{aligned}\right\} \tag{4-84}$$

将式(4-84)叠加到(4-77)上去,即得设计恒载内力。

拱轴线偏离压力线时,各截面的恒载内力也可采用影响线法,将恒载直接加在相应的内力影响线上来求算,但计算结果的精度较低。

在拱桥施工时,如拱圈建成后即拆除拱架,或用无支架吊装方法时,裸拱圈(肋)的轴线总是偏离其自重的压力线的,也应按上述方法检算裸拱的强度和稳定性。

（3）活载内力计算

要计算超静定结构的内力,需先求得内力。而活载内力须按影响线加载来求算,要绘出内力影响线需先绘出冗力影响线。

①冗力影响线

由结构力学,作用在结构弹性中心的冗力,可按下式求算(见图4-38):

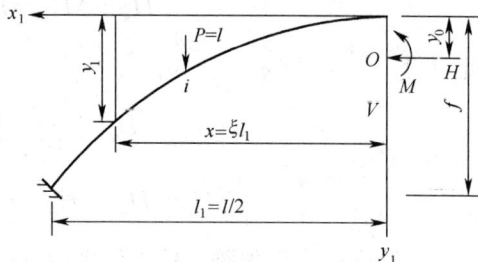

图 4-38 冗力的计算图式

$$\left.\begin{aligned}
H &= -\frac{\delta_{HP}}{\delta_{HH}} \\
V &= -\frac{\delta_{VP}}{\delta_{VV}} \\
M &= -\frac{\delta_{MP}}{\delta_{MM}}
\end{aligned}\right\} \tag{4-85}$$

式中　　δ_{HP}、δ_{VP}、δ_{MP}——分别为外荷载使基本结构在 H、V 及 M 的作用方向所产生的变位,习称荷载变位;

δ_{HH}、δ_{VV}、δ_{MM}——分别表示当 $H=1$、$V=1$ 及 $M=1$ 时,基本结构在该冗力自己作用方向所产生的变位,习称正变位。

以上六个变位均可用摩尔公式计算:

$$\delta_{ik} = \int M_i M_k \frac{ds}{EI} + \int N_i N_k \frac{ds}{EA} \tag{4-86}$$

上式中第一项表示弯曲变形的影响,是主要的;第二项表示轴向变形的影响,所占比重很小;对于拱来说,剪切变形影响甚微,可略去不计。

为了计算和制表的方便,可以先不考虑轴向变形的影响(即暂不计拱轴弹性压缩的影响)而只计弯矩的作用,以后再作修正。

a. δ_{HH}、δ_{VV} 及 δ_{MM} 的求算

上述三个正变位,如不计弹性压缩,则为

$$
\left.
\begin{aligned}
\delta_{HH} &= \int_0^s M_H^2 \frac{\mathrm{d}s}{EI} = \int_0^s y^2 \frac{\mathrm{d}s}{EI} \\
\delta_{VV} &= \int_0^s M_V^2 \frac{\mathrm{d}s}{EI} = \int_0^s x^2 \frac{\mathrm{d}s}{EI} = 2\int_0^{l_1} \frac{x^2 \,\mathrm{d}x}{EI\cos\varphi} \\
\delta_{MM} &= \int_0^s M_M^2 \frac{\mathrm{d}s}{EI} = \int_0^s \frac{\mathrm{d}s}{EI} = 2\int_0^{l_1} \frac{\mathrm{d}x}{EI\cos\varphi}
\end{aligned}
\right\}
\tag{4-87}
$$

如系施氏拱,可从现成的计算表中查得 $\dfrac{EI_d}{lf^2}\int_0^s y^2 \dfrac{\mathrm{d}s}{EI}$ 之值以求 δ_{HH}。δ_{VV} 及 δ_{MM} 则可根据 $l=2l_1$、$x=\xi l_1$ 及 $\dfrac{1}{I\cos\varphi}=\dfrac{1-(1-n)\xi}{I_d}$ 的关系变换直接积分:

$$
\left.
\begin{aligned}
\delta_{VV} &= 2\int_0^1 \frac{\xi^2 l_1^3 \left[1-(1-n)\xi\right]}{EI_d}\,\mathrm{d}\xi = \frac{l^3(1+3n)}{48EI_d} \\
\delta_{MM} &= 2\int_0^1 \frac{\left[1-(1-n)\xi\right]l_1}{EI_d}\,\mathrm{d}\xi = \frac{l(1+n)}{2EI_d}
\end{aligned}
\right\}
\tag{4-88a}
$$

等截面圆弧拱及等截面悬链线拱的上述三个积分,也有现成的计算表。

如拱轴线和拱的截面变化都不能用解析函数表示,则须改用数值积分法。仍引用式(4-70)所表示的参数 $w=I_d/I\cos\varphi$,可得

$$
\left.
\begin{aligned}
\delta_{HH} &= 2\int_0^{l_1} \frac{y^2\,\mathrm{d}x}{EI\cos\varphi} = \frac{2}{EI_d}\int_0^{l_1} y^2 w\,\mathrm{d}x = \frac{2}{EI_d}\cdot\frac{\Delta x}{3}\sum_0^n {}^s y^2 w \\
\delta_{VV} &= \frac{2}{EI_d}\int_0^{l_1} x^2 w\,\mathrm{d}x = \frac{2}{EI_d}\cdot\frac{\Delta x}{3}\sum_0^n {}^s x^2 w \\
\delta_{MM} &= \frac{2}{EI_d}\int_0^{l_1} w\,\mathrm{d}x = \frac{2}{EI_d}\cdot\frac{\Delta x}{3}\sum_0^n {}^s w
\end{aligned}
\right\}
\tag{4-88b}
$$

b. δ_{HP}、δ_{VP} 及 δ_{MP} 各影响线的求算

按位移互等定理:$\delta_{HP}=\delta_{PH}$,$\delta_{VP}=\delta_{PV}$,$\delta_{MP}=\delta_{PM}$,从而求动荷载 $P=1$ 作用下各变位影响线的问题可变为在相应冗力等于 1 作用下求基本结构的挠度曲线问题。

在弯矩作用下的挠度曲线用弹性荷载法求解比较简单。如拱轴线和拱的截面变化规律均能写成解析函数,不难根据式(4-86)直接积分求解。用数值法计算诸冗力作用下的挠度的方法,示于图 4-39。例如图 4-39(b)为 δ_{HP} 影响线的作法,在冗力 $H=1$ 作用下,先求实梁的弯矩图(即虚梁荷载图);再由虚梁荷载图求

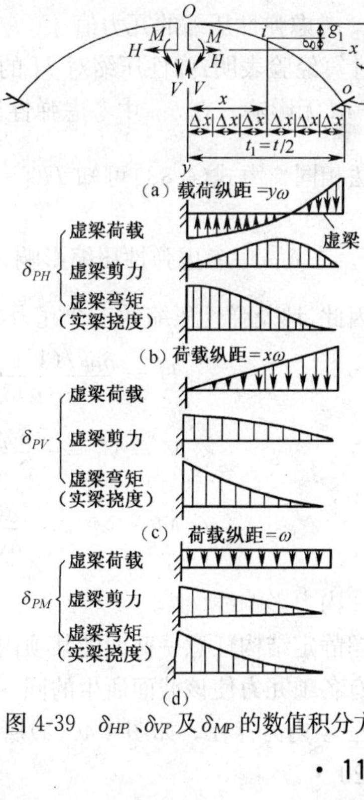

图 4-39　δ_{HP}、δ_{VP} 及 δ_{MP} 的数值积分方法

虚梁剪力图;由虚梁剪力图求虚梁弯矩图,即为实梁挠度图,亦即实梁 δ_{HP} 影响线。

写成计算式如下:在冗力 $H=1$ 作用下,如只考虑弯矩作用,则虚梁荷载(即弹性载重)为

$$\frac{M}{EI\cos\varphi}=\frac{1}{EI_d}Mw=\frac{1}{EI_d}yw\ 在\ P=1\ 作用下任意截面\ i\ 的变位影响值为$$

$$
\left.
\begin{aligned}
\delta'_{HP}&=\delta'_{PH}=-\int_0^i\int_0^i\frac{1}{EI_d}yw\mathrm{d}x\mathrm{d}x\\
&=-\sum_0^i\sum_0^i\frac{1}{EI_d}yw\Delta x\Delta x=-\frac{1}{EI_d}(\frac{\Delta x}{3})^2\sum_0^s\sum_0^s yw\\
\delta'_{VP}&=\delta'_{PV}=-\int_0^i\int_0^i\frac{1}{EI_d}xw\mathrm{d}x\mathrm{d}x\\
&=-\frac{1}{EI_d}(\frac{\Delta x}{3})^2\sum_0^i\sum_0^i xw\\
\delta'_{MP}&=\delta'_{PM}=-\int_0^i\int_0^i\frac{1}{EI_d}w\mathrm{d}x\mathrm{d}x\\
&=-\frac{1}{EI_d}(\frac{\Delta x}{3})^2\sum_0^s\sum_0^i w
\end{aligned}
\right\}
\qquad(4\text{-}89)
$$

同理

以上三个荷载变位的积分都不是遍及全拱的。只要注意到如图 4-39 所示的两悬臂曲梁体系的基本结构,在 $P=1$ 作用于 i 点时,只有从拱脚至 i 点一段有弯矩便可明白。

在荷载变位影响值求得后,即可按式(4-85)求不计弹性压缩的三个冗力 H_1、V_1 和 M_1(脚标 1 代表不计弹性压缩)的影响值。注意到 δ_{HH}、δ_{VV} 及 δ_{MM} 三个正变位为定值,故 H_1、V_1 及 M_1 三个冗力的影响线的形状分别与 δ_{HP}、δ_{VP} 及 δ_{MP} 三个变位影响线相同;其影响值的真值只须将 δ'_{HP}、δ'_{VP} 及 δ'_{MP} 分别除以 δ_{HH}、δ_{VV} 及 δ_{MM} 三个定值即可得到。

c. 考虑弹性压缩的冗力值

计算经验表明:弹性压缩对 H 的影响较大,必须加以修正;对 V 的影响很小,一般可以不计;对 M 无影响。在 δ_{HP} 中考虑弹性压缩影响的原理和方法与恒载内力计算中考虑弹缩影响的方法相同。由式(4-83)可知 $H_{g1}=\frac{1+\mu}{1+\mu+\mu_1}$,$H_g\approx\frac{1}{1+\mu_1}H_g$,因而可类推地让 δ_{HP} 乘系数 $\frac{1}{1+\mu_1}$。在 δ_{HH} 中考虑弹性压缩影响,就是用 $(1+\mu)\delta_{HH}$ 代替 δ_{HH}。

因此,计及弹性压缩的三个冗力分别为

$$
\left.
\begin{aligned}
H&=\frac{\delta_{HP}/(1+\mu_1)}{(1+\mu)\delta_{HH}}\approx\frac{1}{1+\mu_1}(-\frac{\delta_{HP}}{\delta_{HH}})=\frac{1}{1+\mu}H_1\\
V&=V_1=-\frac{\delta_{VP}}{\delta_{VV}}\\
M&=M_1=-\frac{\delta_{MP}}{\delta_{MM}}
\end{aligned}
\right\}
\qquad(4\text{-}90)
$$

② 内力影响线

超静定结构任意一截面的某项内力,等于荷载使基本结构所生的该项内力,加上由荷载产生所有各项冗力使该截面所生的同一种内力。在拱的任一截面,一般有弯矩 M、轴力 N 及剪力 Q 三项内力存在。如图 4-40(a)所示的半个悬臂曲梁基本结构,作用在它上面的外力有外

荷载 $P=1$，冗力 H、V、M 及固端反力。为简化计算和制表方便，以 x、y 的相应无量纲变量 $\xi(=x/l_1)$ 及 $\eta(=y/f)$ 为坐标系，则任意截面 (ξ,η) 的内力，可以取截面以右部分为分离体按力的平衡条件求得：

$$M_\xi = M_\xi^0 + V\xi + M + H\eta \qquad (4\text{-}91a)$$

式中　$M_\xi^0 = -P(\xi-\xi_p) = -(\xi-\xi_p)$；

$$H_\xi = H;$$

$$V_\xi = P - V = 1 - V$$

从而 $N_\xi = H_\xi\cos\varphi + V_\xi\sin\varphi = H\cos\varphi + (1-V)\sin\varphi$

$$\qquad (4\text{-}91b)$$

$$Q_\xi = -H\sin\varphi + (1-V)\cos\varphi \qquad (4\text{-}91c)$$

上式中第一项的负号表示 H 所生剪力是负值[图4-40(c)]。

利用上述各式即可求出三项内力的影响线。但计算时要注意其中各项的乘数和量纲必须协调一致。例如式(4-91a)中：ξ 原是代表 x，即 $x=\xi l_1$，但将 l_1 作为乘数提出来了；η 原是代表 y，即 $y=\eta f$，但将 f 作为乘数提出来了；故冗力 H 应取 l_1/f 作为乘数提出来；冗力 M 应取 l_1 作为乘数提出来，各项才协调。按此式计算的结果再乘以提出来的公共乘数 l_1 便得 M_ξ 的真值。

式[4-91(b)]及[4-91(c)]中，H 和 V 用真值代入计算是比较简单的。对于施氏拱，施氏在计算内力影响线时所取的基本结构，是由简支曲梁基本结构及作用于其上的冗力和支点反力[图4-41(a)]转化而成的代换体系，如图4-41(b)。拱任一截面 (ξ,η) 的内力可取该截面以左部分为分离体求得：

$$M_\xi = [(A^0+V)(1-\xi) + (M-V\times1)] + H\eta$$

$$\left.\begin{array}{l} M_\xi = M_b + H\eta \\ \text{或 } N_\xi = Q_b\sin\varphi + H\cos\varphi \\ Q_\xi = Q_b\cos\varphi - H\sin\varphi \end{array}\right\} \qquad (4\text{-}92)$$

式中，M_b 和 Q_b 分别称为梁式弯矩和梁式剪力；H 称为拱力或水平推力。

当分离体上无 $P=1$ 作用时（即 $P=1$ 作用在截面以右时）：

$$M_b = (A^0+V)(1-\xi) + (M-V) = A^0(1-\xi) - V\xi + M$$

$$Q_b = A_b$$

当分离体上有 $P=1$ 作用时（即 $P=1$ 作用在截面以左时）：

$$M_b = (A^0+V)(1-\xi) + (M-V) - (\xi_p-\xi) = A^0(1-\xi) - (\xi_p-\xi) - V\xi + M$$

$$Q_b = A_b - 1$$

以上各式中，$A_b = A^0 + V$，称垂直支点反力（某些手册上用 V 表示 A_b）。

由施—扎二氏表可直接查得 M_b、A_b 及 $H\dfrac{f}{l}(1+\mu_1)$ 的影响线纵坐标（或称影响线值）。

将各影响值点绘在 $P=1$ 相应的加载位置上，并用匀顺曲线相连便得影响线。图4-42示出几种影响线的形状。

③活载内力的计算

《铁路工程技术规范》规定铁路拱桥的设计活载用 1.2 倍中—活载。当拱上填充厚度（自

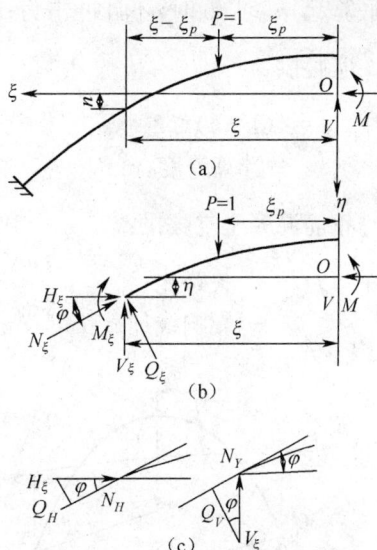

图 4-40　活载内力分析

轨底算起)$h \geqslant 1$ m 时,不计冲击力;$h < 1$ m 时,冲击系数按下式计算:

实腹拱
$$1+\mu=1+\alpha \frac{6}{30+l} \qquad (4\text{-}93)$$

式中 $\alpha=4(1-h) \leqslant 2$;

l——计算跨度,m。

钢筋混凝土空腹拱:
$$1+\mu=1+\frac{15}{100+\lambda}\left(1+\frac{0.4}{f/l}\right) \qquad (4\text{-}94)$$

式中 f/l——矢跨比;

λ——影响线加载长度,m。

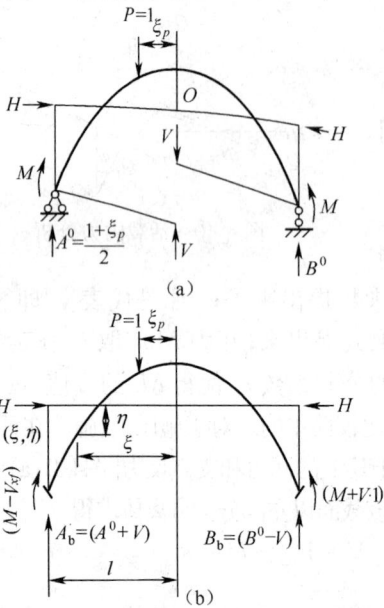

图 4-41 施氏拱活载内力计算图式

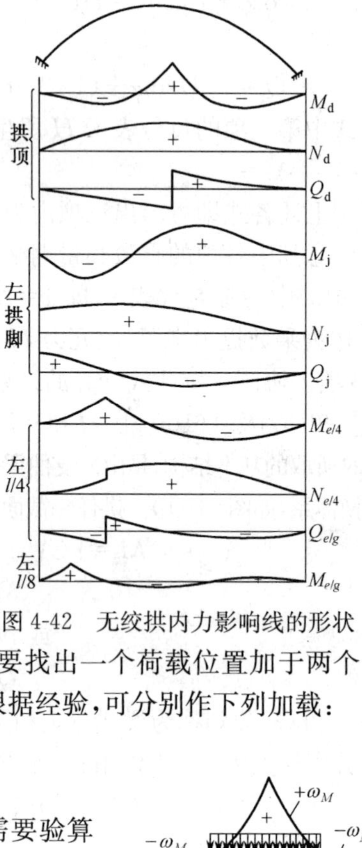

图 4-42 无绞拱内力影响线的形状

有了内力影响线后,即可在其上加活载以求内力。要找出一个荷载位置加于两个内力影响线以求共同作用时截面的最不利内力值是困难的。根据经验,可分别作下列加载:

a. 按照 M_{max} 加载,并采用相应的 N;

b. 按照 M_{min} 加载,并采用相应的 N;

c. 按照 $|Q_{max}|$ 加载,并采用相应的 N 及 M(仅当需要验算截面的剪应力时才采用)。

如以拱顶截面为例,第一种加载情况示于图 4-43。

此时仅在 M 影响线的正号区段加载,在求相应的 N 时,也只将 N 影响线的阴影部分 ω_N 加载。第二种加载情况则应在 M 影响线的两个负号区段同时加载,相应的 N 也只用两端的 ω'_N

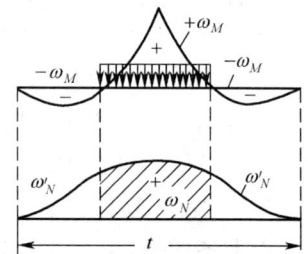

图 4-43 求拱顶弯矩加载示意

部分。拱顶的负弯矩绝对值一般不大,不一定需要计算。

用影响线加载的方法有两种:

a. 用换算均布活载加载

活载内力用中—活载的换算均布活载 K 加于影响线之上求算。超静定结构的影响线一般为曲线,且常是正负区段相间,弯矩影响线有尖峰突起。要决定换算均布活载和计算内力值，必须先确定影响线正负区段的长度、顶点位置和面积。

(a)影响线的长度

影响线总是按分点纵坐标点绘的，但其零点不一定正好在分点上，如图 4-44，如零点位置决定了，就不难求得影响线的长度。零点位置较粗糙的决定方法是将零点左右两分点 $n-1$ 及 n 之间的影响线视为直线；较精确的方法则是将 $n-1,n$ 及 $n+1$ 三点之间的影响线视为抛物线，因此三点之纵坐标值均系已知，取 n 为零点不难求得此抛物线的方程式，这个方程式的根即为零点位置。

(b)影响线的面积

在分点之间的影响线面积可用梯形面积法或抛物线面积法计算。要指出的是，用抛物线面积法计算时，对于有尖峰突起的影响线，尖峰及其左右两点之间的曲线不能视作同一抛物线的一段，故尖峰两侧的面积必须分开计算。分点以外的零星面积(图 4-44 中的阴影部分)可视作三角形或抛物线形。

b. 用轮轴荷载直接加载

用换算均布活载计算内力虽然简便，但有一定的误差。要求得正确的内力值，应采用轮轴荷载直接加载，即在弯矩影响线上直接加活载轴重及随后的均布活载，找出控制轴位，再用于相应的轴力(或推力)和剪力影响线上。例如图 4-45，表示求左拱脚截面最大正弯矩时的直接加载，其最大正弯矩及相应的 N 和 Q 分别为

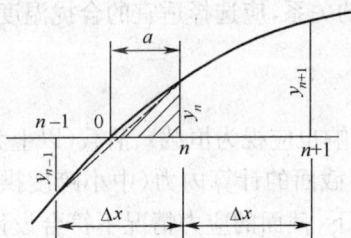

图 4-44 影响线零点位置和零星　　图 4-45 求在拱脚截面最大弯矩的直接加载

$$M_{max} = \sum P_i y_{Mi} + q\Omega_M$$
$$N = \sum P_i y_{Ni} + q\Omega_N$$
$$Q = \sum P_i y_{Qi} + q\Omega_Q$$

(4-95)

(4)温度变化及混凝土收缩所生内力

拱桥建成以后，结构温度将随气温而变化。若取图 4-36(d)所示简支曲梁为基本结构，如全拱均匀升温或降温时，可以看出活动端将产生水平位移，其值为

$$\Delta l = \alpha l(t_2 - t_1)$$

(4-96)

式中　α——材料的线膨胀系数，混凝土或钢筋混凝土为 $1\times10^{-5}/℃$，石砌体为 $0.8\times10^{-5}/℃$；

t_1——封拱(或称合拢)时的温度；

t_2——拱的最高或最低计算温度，可根据当地年平均最高及最低气温和拱圈(肋)的厚度及暴露情况自《铁路工程技术规范》查得。

由于混凝土的收缩也将使基本结构缩短，为简化计算，常将干缩折合为温度下降：整体灌

注的混凝土结构，相当于降低温度 20℃，即 −20℃，整体灌注的钢筋混凝土结构相当于 −15℃；分段灌注的混凝土或钢筋混凝土结构相当于 −10℃；预制装配式钢筋混凝土结构可视预制时间的长短酌情降低 5～10℃。

由于在计算中只考虑均匀升温或降温和均匀收缩，基本结构的变形就只有 Δl 一项。和计算恒载弹性压缩的概念一样，为消除这一变形就须在弹性中心施一水平冗力：

$$H_t = \frac{\Delta l}{\delta_{HH}} = \frac{\alpha l(t_2 - t_1)}{(1+\mu)\int_0^s \frac{y^2 \mathrm{d}s}{EI}} \tag{4-97}$$

由于 H_t 的作用，拱各个截面所受的内力为

$$\left.\begin{array}{l} M_t = H_t y \\ N_t = H_t \cos\varphi \\ Q_t = -H_t \sin\varphi \end{array}\right\} \tag{4-98}$$

根据式(4-97)计算 H_t 时，材料的弹性模量 E 的取值影响很大。《铁路工程技术规范》中规定的 E 值是 $\sigma_h = 0.5R_a$ 时的割线模量。实际上，温度和收缩内力是持续而缓慢施加的，在力的长期作用下，混凝土会发生徐变，故变形模量应减小。因此《铁路工程技术规范》又规定，在计算超静定拱圈(肋)的温度和混凝土收缩应力时，可考虑徐变的影响，如缺乏具体资料，则在计算温度内力时。可近似地采用混凝土弹性模量的 0.7 倍，计算混凝土收缩内力时为 0.45 倍。

应该指出，由于温度内力的大小与合拢温度有密切的关系，应选择适宜的合拢温度。考虑到混凝土收缩的影响，宜使升温幅度稍大于降温幅度。

(5)内力调整

求得以上各项内力后，宜按恒载(注意混凝土收缩影响也应视为恒载)、活载(以上为主力)及温度影响(附加力)的最不利组合情况求出所需检算各截面的计算内力(中小跨度拱桥一般只须核算拱顶、拱脚及 $l/4$ 三个截面)。如果在计算内力下，截面的应力情况不符合设计要求，或同一截面的正负弯矩绝对值相差太大，使截面配筋发生困难(对于石拱或混凝土拱，则将使截面上下缘应力相差悬殊或合力偏心距超过容许值)，则在条件允许下可进行内力调整，否则应修改拱的厚度或拱轴形式，甚至改变拱的跨度和矢高。

调整内力的可行方法有二：①用千斤顶调整内力；②用假载法调整内力。这两种方法均不必修改拱的截面尺寸或改变拱的跨度和矢高。

①用千斤顶调整内力

用千斤顶调整内力的方法是：在拱架上先将两个半拱建成为两根悬臂曲梁，并在拱顶部分预留壁龛形缺口以便于水平位置安放千斤顶。利用千斤顶对两半拱缓缓施加推力，使它们既分开又抬升。当千斤顶的压力值到达按计算所需推力时，保持油压一个时期，以部分消除混凝土的徐变影响。然后进行合拢封顶，封顶时，先在两半拱间若干处对称插入用稠砂浆预制的配筋薄板(其厚度可预先计算)，再缓缓放松千斤顶并撤出，随之即焊连主筋和配构造筋并用混凝土填封整个缺口。由于千斤顶施力时，拱被抬升脱离拱架，使拱架易于拆除，同时这也是对拱的质量的一次有效考验，拱桥基础会立即产生的变形影响亦可消除。因此，在拱架上建造拱桥时，采用千斤顶调整内力是一举数得的。下面说明用千斤顶调整内力的原理和计算方法。

在荷载、混凝土收缩和温度升降影响的不利组合下，对于具有一般常用矢跨比的拱来说，

以拱脚和拱顶截面处的受力状况较为危脸,拱顶内缘和拱脚外缘将出现最大拉应力。如在拱脚和拱顶之间某一水平线上施加一对推力 H_0,则该力将在拱顶内缘和拱脚外缘引起压应力,从而可降低它们原来的拉应力。但 H_0 同时也将使拱顶外缘和拱脚内缘产生拉应力,理想的 H_0 应能使拱顶和拱脚的内外缘应力趋于均匀。

②用假载法调整悬链线拱的内力

计算表明,当拱的跨度和矢跨比已定时,拱的弯矩随拱轴系数 m 值而变化:m 值增大时,拱顶的正弯矩随之增大而负弯矩随之减小,拱脚负弯矩(绝对值)随之减小而正弯矩随之增大;反之亦然。因此可借调整拱轴系数的方法来调整内力。

调整拱轴系数的方法是在计算 m 值时,在实际的恒载以外,加上一个假想的、均布全跨的荷载 g_i,故称假载法。

对于实腹拱,如实际的拱轴系数为 $m=g_i/g_d(g_i>g_d)$,如图 4-46 所示,加上一个假想载重 g_j 后,调整了的拱轴系数为

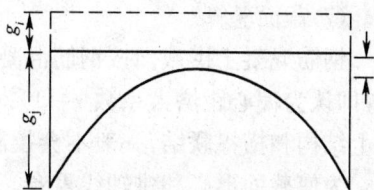

图 4-46　假载法调整拱轴线

$$m'=\frac{g_i\pm g_j}{g_d\pm g_i} \tag{4-99}$$

如要降低拱顶的正弯矩,应使 $m'<m$,即 g_i 应取正值;如要降低拱脚负弯矩的绝对值,应使 $m'>m$,即 g_i 应取负值。

m 值调整的幅度一般为半级至一级(指施氏表所列的 m 值级差)。为了简化计算,可使 m' 值正好为施氏表中与实际的 g_i/g_d 值相近的 m 值。由此可算出 g_i。

拱轴系数调整以后,一切计算均须按 m' 值重新进行。最后再将假想荷载的影响从恒载内力中除去。g_i 所产生的内力可根据内力影响线加载求得。

对于空腹拱,也可用同样方法调整 $l/4$ 截面的纵坐标 $y_{i/4}$。根据式(4-60)及(4-61),不难推得调整后的坐标和 m 值分别为

$$\left.\begin{array}{l}\dfrac{y'_{1/4}}{f}=\dfrac{\sum M_{1/4}\pm\dfrac{g_il^2}{32}}{\sum M_j\pm\dfrac{g_il^2}{8}}\\[4mm]m'=\dfrac{1}{2}\left(\dfrac{f}{y'_{1/4}}-2\right)^2-1\end{array}\right\} \tag{4-100}$$

(6)连拱计算

在多跨连续的拱桥中,由于桥墩总有一定的柔度,当一孔加载时,该孔拱脚处的推力和弯矩会使墩顶发生线位移和角位移,从面使该孔及其他孔的桥墩和桥跨都发生变形,如图 4-47。加载孔的实际内力与按拱脚无位移计算所得结果不同;同时,在其他各孔中也引起内力。这种现象称为连拱作用。

连拱作用的计算是解高次静不定结构的力学问题。很多文献提出了不同的简化和近似计算方法,必要时可以参考,但这些方法仍显得复杂或存在某些缺点。

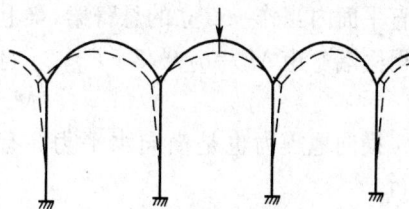

图 4-47　连拱作用

自利用电子计算机计算后,这个问题就变得简单了。利用平面杆件系的电算程序解连续拱,既简便而又比较精确。现在已有的大型平面或空间电算程序可以直接求出连拱作用的影响值,结合铁路活载影响线加载程序,可以直接得出活载作用下连拱的内力值。有关的计算原理和程序设计方法,在结构力学和电算程序设计课程中讲述,此处不再重复,只说明几点:

①计算时,将原结构分成小段,在每一小段用直杆代替曲杆,桥墩也要酌情分成几段;

②如拱的截面是变化的,每段可用其平均截面积和平均惯性矩计算;

③显然,结构分段愈多,结果将愈精确,但未知数也愈多,可能非一般电子计算机所能胜任。为了减少储存,对于多跨连拱,可只考虑三跨的相互作用即已有足够的精确度。

(7)截面验算

钢筋混凝土拱截面按钢筋混凝土偏心受压构件验算。在计算中一般不考虑合力偏心距增大(即认为偏心距增大系数 $\eta=1$)。这是因为拱的稳定性是要按整个拱圈(肋)验算的,局部有拱上结构和横撑联结,一般不会控制设计。但也有人认为仍须考虑偏心距增大的影响。

为使截面形心和拱轴线重合,一般总是做成对称截面和对称钢筋。内外两侧配筋率都不小于《铁路桥规》规定的偏压构件的最小配筋率。箍筋应按剪应力计算,但其最小直径和间距都应按《铁路桥规》规定设置。此外还应按构造配置辅助钢筋。

如果验算认为必须修改截面尺寸才能符合安全或经济的要求,则修改后截面的最小和最大惯性矩的比值(一般即为拱顶和拱脚截面惯性矩的比值)与原来截面相应比值之差,最好不超过30%,此时拱的内力可不必另行计算。否则,必须按修改后的截面尺寸重新计算拱的各项内力。

对于中小跨度拱桥,一般验算拱脚、拱顶及 $l/4$ 三个截面已足够,大跨度拱桥,则应加算 $l/8$ 及 $3l/8$ 两个或更多个截面。

4. 拱在横向水平力和偏心活载作用下的计算

横向风力、列车摇摆力以及离心力都是横向水平力,它们将使拱在横向发生弯曲和扭转。另一个引起拱空间扭曲的原因是在桥梁横向偏心作用着的活载。拱在横向水平力或扭矩作用下的计算,是一个比较专门的结构计算分析课题。可以用解析法和利用计算机程序进行计算分析。

(1)板拱在横向水平力作用下的计算

板拱在横向水平力作用下,通常采用下述的近似计算方法,并且只须核算横向水平力在拱脚截面产生的应力即已足够,其他截面不控制设计。

如图 4-48 所示,横向水平力对拱脚引起的弯矩是绕 $z-z$ 轴的 M_z。近似计算是先将其水平和竖直分力 M_y 和 M_x 找出,然后用矢量相加的规则求 M_z。即首先将拱在水平面内当作一孔同跨度的直梁,梁上作用着均匀荷载 $q_1=(W+P)/l$,其中 W 是全桥所受风力的总和,P 是列车所受风压力或离心力的总和,由此算得固端弯矩 $M_y=1/12q_1l^2$。然后又将半个拱在横向竖直平面内当作一直立的悬臂梁,梁上作用着均布荷载 $q_2=W/2f$,梁顶作用着集中荷载 $P/2$,算得固端弯矩 $M_x=q_2f^2/2+Pf/2$。于是

$$M_z=M_y\cos\varphi_j+M_x\sin\varphi_j \tag{4-101}$$

横向地震力也是横向水平力。有关地震力的计算(纵向和横向)应按《抗震设计规范》进行。

(2)板拱在偏心荷载作用下的计算

偏心荷载 P 的作用,可化为一个中心荷载 P 和一个扭矩 Pe 的作用。取在拱顶处切开的两个悬臂曲梁作基本结构。如果上述扭矩对称地作用于两个悬臂曲梁,则不难证明在拱顶处

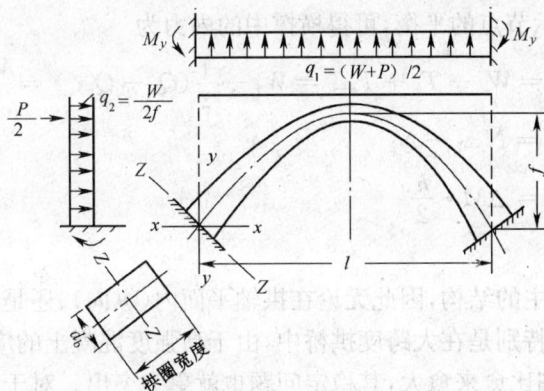

图 4-48　板拱在横向力作用下的计算图式

只作用着一个冗力——水平面内的弯矩 X_a。

$$X_a = \frac{\delta_{xm}}{\delta_{xx}} = \frac{\int \dfrac{\sin\varphi \sum Pe}{I}\cos\varphi ds - 9\int \cos\varphi \sum Pe \dfrac{b^2+h^2}{b^2 h^3}ds}{\int \dfrac{\cos^2\varphi}{I}ds + 9\int \sin^2\varphi \dfrac{b^2+h^2}{b^2 h^3}ds} \tag{4-102}$$

式中　δ_{xm}——在基本结构中由于外荷载沿 X_a 方向引起的变位；

δ_{xx}——在基本结构中由于弯矩 $X_a=1$ 的作用在 X_a 方向引起的变位；

$\sum Pe$——拱顶与计算截面之间扭矩的总和。

求出了冗力 X_a 以后，拱截面中的内力即可按下式计算：

$$\left. \begin{array}{l} 弯矩 \quad M_x = X_a\cos\varphi_x - \sin\varphi_x \sum Pe \\ 扭矩 \quad M_x^T = X_a\sin\varphi_x + \cos\varphi_x \sum Pe \end{array} \right\} \tag{4-103}$$

（3）肋拱在横向水平力作用下的计算

用横撑联结起来的双肋拱，在横向水平力作用下的精确计算是一个解高次超静定空间结构的问题，在理论上没有困难，但用手算将甚为冗繁。最好是编制或利用空间刚架计算程序，用电子计算机求解。

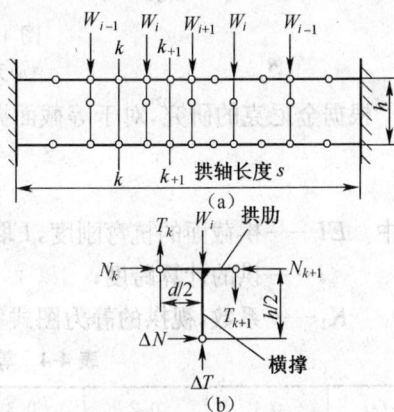

图 4-49　拱肋和横撑组成的刚架近似计算图式

对于 $f/l \leqslant 1/5\sim 1/6$ 的肋拱，可将拱肋和其间的横撑所形成的曲面刚架当作展开在水平面的平面刚架来作近似计算[图 4-49（a）]。假定：①横向力全部作用在节点上；②反弯点均位于节间拱肋和横撑的中央。于是，拱肋中的轴向力 N_k 和剪力 T_k 可按下式求得[图 4-49（b）]：

$$N_k = M_k/h, \quad T_k = Q_k/2 \tag{4-104}$$

式中　M_k——$k-k$ 截面的梁式弯矩（即将平面刚架当作实体梁所求得的弯矩）；

Q_k——$k-k$ 截面上的梁式剪力。

在平面刚架的节点处，拱肋所受的弯矩为

$$M_i = T_k \cdot \frac{d}{2}$$

考虑图 4-49(b)所示节点的平衡,可得横撑中的内力为

$$\Delta T = W_i - T_k + T_{k+1} = W_i - \frac{1}{2}(Q_k - Q_{k+1}) = \frac{W_i}{2}$$

$$\Delta N = N_{k+1} - N_k \qquad\qquad\qquad\qquad (4\text{-}105)$$

$$\Delta M = \Delta M \cdot \frac{h}{2}$$

5. 拱的稳定性计算

拱是一个以受压为主的结构,因此无论在拱轴平面内(纵向)、还是拱轴平面外(横向)的稳定性都必须有所保证。特别是在大跨度拱桥中,由于高强度混凝土的应用,拱的截面可能做得很小,从而使杆件的长细比愈来愈大,其稳定问题也就更为突出。对于用无支架施工的拱桥和就地建造施工用的拱式拱架,其基肋的稳定性检算尤为重要。

(1)拱在其自身平面内的稳定性(纵向稳定)

比较性的计算和试验指出,在竖向均布荷载下,当无铰拱和两铰拱在拱轴平面内失稳时,拱轴成斜对称变形的临界力最小[图 4-50(a)、(b)];三铰拱失稳时,则视矢跨比 f/l 的不同而异,当 $f/l \leqslant 0.2$ 时,对称变形控制,$f/l \geqslant 0.3$ 时,斜对称变形控制[图 4-50(c)]。

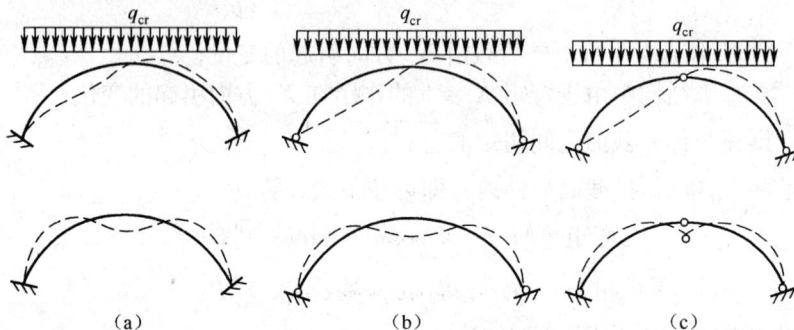

图 4-50 各类拱失稳时的变形
(a)无铰拱;(b)两铰拱;(c)三铰拱

根据金尼克的研究,对于等截面抛物线拱,其均布荷载的临界值为

$$q_{\text{cr}} = K_1 \frac{EI}{l^3}$$

式中　EI——拱截面的抗弯刚度,I 取全截面计算,不计钢筋;

　　　l——拱的计算跨度;

　　　K_1——系数,视拱的静力图式和矢跨比而定,如表 4-4。

表 4-4　等截面抛物线拱临界荷载系数 K_1

f/l	0.1	0.2	0.3	0.4	0.5	0.6	0.8	1.0
无铰拱	60.7	101.0	115.0	111.0	97.4	83.8	59.1	43.7
两铰拱	28.5	45.4	46.5	43.9	38.4	30.5	20.0	14.1
三铰拱	22.5	39.6	46.5	43.9	38.4	30.5	20.0	14.1

注:三铰拱的 $f/l \geqslant 0.3$ 时,为斜对称变形控制,临界荷载系数取两铰拱相应值。

相应于临界均布荷载 q_{cr} 的拱的临界水平推力为

$$H_{\text{cr}} = K_1 \frac{EI}{l^2} \cdot \frac{l}{8f} \qquad\qquad (4\text{-}106)$$

为了简化计算,通常在核算拱的稳定性时,将实际的拱用一根等代的中心受压直杆替换(图 4-51),按欧拉公式,中心受压直杆的临界力为

$$N_{cr} = \pi^2 EI / l_0^2 \qquad (4\text{-}107)$$

式中,l_0 为压杆的自由长度。令式(4-106)中的 H_{cr} 和上式中的 N_{cr} 相等,可得等代直杆的自由长度为

$$l_0 = \pi \sqrt{\frac{8f}{K_1 l}} \qquad (4\text{-}108)$$

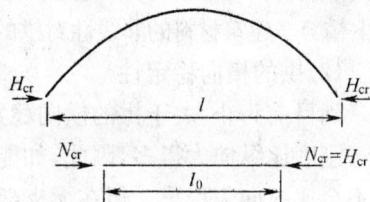

实际计算时,可先自表 4-4 查得 K_1 值,代入式(4-108)求得 l_0,然而按式(4-107)计算拱的临界推力 N_{cr} 即 H_{cr}。

图 4-51 等代直杆计算图式

稳定安全系数即临界推力与实际最大推力之比(H_{cr}/H)不得小于 4～5。

变截面拱在自身平面内稳定,可变换为等截面拱计算。换算等量截面惯性矩 I_i 的计算方法是:将半个拱取直为一简支梁[图 4-52(a)],另取一跨度相同的等截面简支梁 [图 4-52(b)],在两梁的跨中各作用一单位荷载,该点的挠度彼此相等时,后者的截面惯性矩 I_i 即为该拱的换算等量惯性矩。当拱的截面变化不大时,可直接采用其 $l/4$ 处截面惯性矩作为 l_i。

当连续式拱上结构与拱共同受力时,拱的稳定性显然比裸拱强。临界水平推力可偏于安全地按拱、梁两者截面抗弯刚度之和与拱的截面抗弯刚度之比例增大,即将 K_1 值增大$(1+EI_b/EI_a)$倍。此处 EI_a 和 EI_b 分别为拱和桥面梁的抗弯刚度。

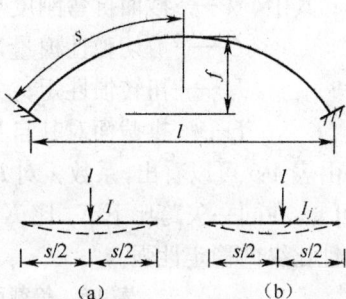

金尼克还研究了悬链线拱的临界荷载,结论是:当矢跨比在 0.3 以下时,其临界荷载系数较抛物线拱者略小;矢跨比大时,则小得多。另外的研究得出:等截面悬链线拱的临界推力值与抛物线拱相差不大。故悬链线

图 4-52 换算等量截面惯性矩计算图式

拱的临界推力值可近似地利用上述抛物线拱的公式和方法计算。精确的计算是很复杂的。

对于长细比不大且 f/l 在 0.3～0.4 以下的拱,稳定性计算一般也可表达为强度校核的形式,即将拱轴换算为相当自由长度的压杆后按平均轴向力计算,以容许轴向受压应力控制稳定,即

$$\left.\begin{array}{l} \sigma_a = \dfrac{N}{\varphi A} \leqslant [\sigma_a] \\[2mm] N = H/\cos\varphi_m \end{array}\right\} \qquad (4\text{-}109)$$

式中 N——平均轴力,对于小跨度的拱可取 $l/4$ 处的轴力作平均值,即取 $\cos\varphi_m = \cos\varphi_{1/4} \approx$

$1 / \sqrt{1 + 4(\frac{f}{l})^2}$,亦即近似地取 $\varphi_{1/4}$ 为半拱的弦与水平线的夹角;

A——$l/4$ 处拱的横截面积;

φ——纵向弯曲系数,与 l_0/r 有关,可自《铁路桥规》查得。

其中,l_0 为换算直杆的自由长度,视其失稳形式而定(图 4-50):无铰拱相当于一个正弦半波的长度为 $0.7 \times 0.5s = 0.35s$,偏于安全地取 $l_0 = 0.36s$;同理,两铰拱取 $l_0 = 0.54s$,三铰拱取 $l_0 = 0.58s$。r 为截面最小回转半径;H 为计算荷载下的水平推力。

以上各项计算中均没有考虑拱轴在荷载下变形的影响。对于具有一般矢跨比的中小跨度拱

桥,其变形相对来说不大,忽略其影响是可以的。但对于大跨度拱桥和中小跨度的坦拱,尤其是采用高强度材料时,变形的影响就不应忽视。其计算方法可参阅有关的资料(横道英雄著《コンクリート橋》)。建筑材料的非线性对拱的稳定性也有显著的影响,但这个问题还研究得很不够。

(2)拱的横向稳定性

到目前为止,关于拱的横向稳定性比纵向稳定性研究得还少。通常,拱在建成后,其横向抗弯刚度比纵向大得多,因此,如能遵守《铁路桥规》中对拱的宽度的有关规定,则拱的横向失稳不会比纵向失稳早。但在无支架施工的拱桥或拱式拱架安装时,当基肋的截面宽度与高度之比很小而用单肋(片)合拢,或虽采用双肋(片)或多肋(片)合拢而肋(片)间的横向联结系不足,就有可能在安装过程中或加载过程中发生横向失稳而破坏,有必要进行专题研究。

①板拱的横向稳定性

根据金尼克的研究,等截面抛物线两铰拱在均布竖向荷载下的横向稳定临界推力为

$$H_{cr} = K_2 \frac{EI_y}{8fl} \tag{4-110}$$

式中　K_2——临界荷载系数,与f/l及λ有关,如表4-5;

其中　λ——截面抗弯刚度与抗扭刚度之比,即$\lambda = EI_y/CI_0$;

　　　G——剪切弹性模量,$G = 0.425E$;

　　　I_0——扭转惯性矩;

　　　I_y——拱截面对其自身竖直轴$y-y$的惯性矩。

由表4-5可以看出,系数λ对K_2的影响不大。比较式(4-106)中的K_1和式(4-110)中的K_2可知,在同一矢跨比下K_2比K_1小得不多,但板拱的I_y比I大好几倍。因此,板拱的横向稳定性比纵向稳定性强。

表4-5　等截面抛物线双铰拱横向稳定临界荷载系数 K_2

f/l ＼ λ	0.7	1.0	2.0
0.1	28.5	28.5	28.0
0.2	41.5	41.0	40.0
0.3	40.0	38.5	36.5

②肋拱的横向稳定性

以横向联结系联系的肋拱的横向稳定计算,是一个很复杂的问题。通常采用的近似方法是将拱展成一个与拱轴等长的平面桁架,按组合压杆计算其稳定性,如图4-53,并采用拱跨$l/4$处的轴力作为这个平面桁架弦杆的压力,即$N = H/\cos\varphi_{1/4}$,用铁摩辛克公式计算其临界力,即

$$N_{cr} = \pi^2 EI_y / l_0^2 \tag{4-111}$$

式中　I_y——两拱肋截面对其公共竖轴$y-y$的平均惯性矩;

　　　l_0——横向计算长度,其值为$l_0 = \rho\alpha s$;

其中　α——横向计算长度系数,无铰拱为0.5,两铰拱近似地按纵向支承方式考虑,取$\alpha = 1$;

　　　ρ——考虑剪力对稳定影响的系数,与拱肋联结系的图式有关,

如图4-53(b)时

$$\rho = \sqrt{1 + \frac{\pi^2 EI_y}{(\alpha s)^2}\left(\frac{1}{A_d E\sin\varphi\cos^2\varphi} + \frac{b}{a A_s E}\right)}, \tag{4-112a}$$

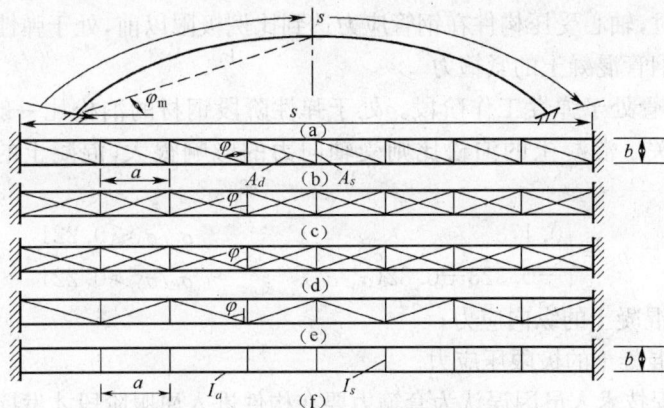

图 4-53　肋拱横向稳定计算图式

如图 4-53(c)、(d)及(e)时

$$\rho = \sqrt{1 + \frac{\pi^2 EI}{(\alpha s)^2} \cdot \frac{1}{A_d E \sin\varphi \cos^2\varphi}}, \tag{4-112b}$$

如图 4-53(f)时，

$$\rho = \sqrt{1 + \frac{\pi^2 EI_y}{(\alpha s)^2}(\frac{ab}{12EI_s} + \frac{a^2}{24EI_a} \cdot \frac{1}{1-\beta} + \frac{na}{bA_s G}}, \tag{4-112c}$$

其中　A_s——横撑的截面积，

　　　A_d——斜撑的截面积，对于图 4-53(c)及(d)应为两根斜撑截面积之和，

　　a、b——分别为节间长度和两拱肋中距，

　　　φ——斜撑与横撑的交角，如图示，

　I_s、I_a——分别为一根横撑和一根拱肋对自身竖轴的惯性矩，

　　　β——考虑节间局部稳定有关的系数，$\beta = a^2 N_{cr}/2\pi^2 EI_a$，只能用试算法求解，设有足够数目的横撑时，一般可忽略不计，

　　　n——与横撑截面形状有关的系数，矩形截面 $n=1.2$，圆形截面 $n=1.1$；含 n 之项

$(\frac{na}{bA_s G})$ 系考虑横撑中剪力的影响。

其余符号意义同前。

横向稳定安全系数 N_{cr}/N 之值也不得小于 4～5。

综上所述，只要符合相关《铁路桥规》的横向宽度要求，就不必检算拱桥的横向稳定性。小于桥梁规范的横向宽度规定者，则必须做检算工作。根据目前的研究和工程实践，桁拱宽跨比 B/l 已经用到 1/30。特别提请注意的是，铁路桥宽较小，而跨度则在向大跨度发展，运营速度很快，刚度要求很高，铁路拱桥的横向稳定性的检算显得更加重要。

第四节　铁路钢管混凝土拱桥的结构计算

一、使用状态下静力性能分析

1. 使用阶段工作性能分析
(1)钢管混凝土所处的工作阶段
对于一般钢材，比例极限一般达 $0.6f_y$ 以上。分析表明，钢管混凝土构件含钢率在 6%～

7%(中等含钢率)时,轴心受压构件在钢管应力达到比例极限以前,处于弹性工作阶段。

(2)使用阶段钢管混凝土的紧箍力

在使用阶段钢管处于弹性工作阶段。处于弹性阶段钢材的泊松比一般在0.25~0.3之间,与轴力基本无关。混凝土的泊松比则受轴向力的影响很大,混凝土的泊松比可按下式计算:

$$\mu_c = \begin{cases} 0.173 & \sigma_c/\sigma_0 \leqslant 0.221 \\ -0.323+0.82(\sigma_c/\sigma_0)^{1/2} & \sigma_c/\sigma_0 > 0.221 \end{cases} \quad (4\text{-}113)$$

式中 σ_c——核心混凝土的纵向应力;

σ_0——核心混凝土的极限压应力。

目前,许多工程技术人员因误认为套箍力要在构件进入屈服阶段才发挥作用,从而采用普通钢筋混凝土的极限状态法,甚至采用容许应力法进行设计验算,这样是不能发挥钢管混凝土材料组合效应的。设计计算时,应该考虑复合弹性模量的作用。

(3)结构的几何非线性性能

从钢管混凝土结构成桥状态下的几何非线性性能分析和实桥测试可以看出,使用荷载作用下,几何非线性对结构静力性能影响很小,一般不超过3%。

当然,钢管钢筋混凝土拱桥施工过程中的几何非线性影响不能忽视,应视具体桥梁而定,尤其是对于大跨径钢管混凝土劲性骨架拱桥的施工稳定性来说,几何非线性影响有时是很大的。

2. 钢管初应力问题

由于钢管混凝土拱桥施工中先安装钢管,后浇筑管内混凝土,因此形成钢管混凝土结构之前,钢管应承担其自重和管内混凝土自重产生的应力,即存在着初应力。

对于初应力是否影响钢管混凝土构件的受力性能这一问题,取钢管混凝土短柱的受力与变形曲线中的极限点为极限承载力,通过试验研究认为钢管先受力、混凝土先受力和钢管与混凝土同时受力的三种钢管混凝土短柱的受力性能只是对受力过程有所影响,而对极限承载力影响较小。

取构件纵向应变 $\mu=0.003$ 时的钢管混凝土短柱的承载力为极限承载力,通过试验研究认为,初应力对钢管混凝土构件的极限承载能力和变形有影响。钢管初始应力对钢管混凝土轴心受压构件工作性能的影响见图4-54。

图中,$\overline{\sigma}$ 为试件平均应力,为纵向应变。曲线(1)为钢管混凝土共同受力,即钢管无初始应力的构件的 $\overline{\sigma}-\varepsilon$ 曲线。a 点为组合比例极限 f_{sc}^p,b 点为组合屈服点 f_{sc}^y。oa 段为钢管混凝土组合材料的弹性阶段,a 点相应于钢管应力达到钢材的比例极限;b 点对应的纵向应变为 $3\,000\times10^{-6}$,ob 段为钢管混凝土组合材料的弹塑性阶段。

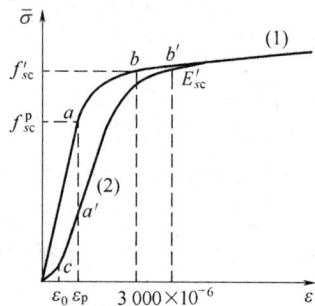

图4-54 钢管混凝土初应变影响曲线

曲线(2)为钢管有初应力的钢管混凝土构件的 $\overline{\sigma}-\varepsilon$ 曲线。为便于比较,将钢管初应力 σ_s 换算成平均应力 $\overline{\sigma}=\sigma_s A_s/A_{sc}$($A_s$ 为钢管截面积,A_{sc} 为钢管混凝土截面积),而纵向应变仍为 ε_0,钢管混凝土共同工作从图4-45中的 c 点开始。当纵向总应变达到钢材的比例极限 a 点时,钢管混凝土构件因钢管强度达到比例极限而进入弹塑性阶段。因此,钢管的初应力和初应变缩短了钢管混凝土的弹性阶段,提前进入弹塑性阶段。当纵向应变达到 $3\,000\times10^{-6}$ 时,钢管虽然提前屈服,但核心混凝土并未达到极限应力,依靠钢管的塑性发展,到 b 点时,核心混凝土才达到极限应变。分析证明,b 和 b' 点的距离正好是初始应变 ε_0 的大小。因此,钢管的初应力和初应变对组合弹性模量 E_{sc} 和组合强化模量 E'_{sc} 没有影响,对组合屈服点基本上没有影响,主要的影响是弹塑性阶段扩大了,组合切线模量也发生了变化。

上述的影响因素主要是初始应力比值 $\beta=\sigma_s/f_y$。考虑钢管初始应力的影响后,对钢管混凝土轴压构件稳定承载力应乘以一个与 β 有关的、小于 1.0 的系数 K_β。有关文献通过一系列分析认为,在工程应用中,当承载力影响控制在 5% 以下时,建议采用 Q345(16Mn)钢和 Q370(15MnVN)钢的构件;构件长细比为 70~100 之间时,可限制 $\beta\leqslant0.6$,而其他情况以及采用 Q235 钢(A3 钢)时,β 值可不加限制。上述的 β 值为试验中采用的初应力比值,$\beta=\sigma_s/f_y$ 设计中采用的比值是 $\beta=\sigma_s/f$(f 为设计强度),所以对 $\lambda_{sc}=70\sim100$ 的 Q345(16Mn)钢和 Q370(15MnVN)钢的钢管混凝土构件,限制的 β 值应为 0.6。

二、拱的极限承载能力的分析

1. 拱的极限承载能力

拱作为压弯结构,其极限承载能力问题必然涉及到稳定问题。拱的稳定问题从失稳空间形态上可分为面内失稳和面外失稳,从失稳性质上可分为丧失第一类稳定和丧失第二类稳定。

(1)面内的稳定极限承载能力

拱桥在面内的受力,只有当拱轴线为合理拱轴线,且对超静定拱不计弹性压缩时,拱受纯压。对较柔细的拱,当荷载达到临界值时,拱内的应力尚未达到屈服,拱除受压平衡外,还存在着受弯平衡的可能,拱的变形可由对称的轴压平衡向对称或反对称的弯压平面挠曲转化,即拱出现了第一类弹性失稳,又称弹性屈曲,见图 4-55。由于拱为曲杆结构,所以拱面内的第一类失稳的临界荷载的解析解较为复杂,除圆弧拱承受径向均布荷载外,抛物线和悬链线拱的第一类稳定问题通常只能采用渐近法和差分法求解。

$$q_E=\frac{EI}{R^3}\left(\frac{\pi^2}{\alpha^2}-1\right) \tag{4-114}$$

以受均匀径向力的圆弧二铰拱为例,其最小的临界荷载对应于反对称失稳,临界荷载可由下述方法求得:对于其他拱轴线为合理拱轴线的拱和其他支承条件(三铰拱、无铰拱)的拱,不计弹性压缩时,拱为纯压拱,取 $L/4$ 处的轴向压力为四分点的名义屈服临界压力,有

$$N_E=\frac{\pi^2EI}{\left(K\dfrac{S}{2}\right)^2} \tag{4-115}$$

式中 EI——等截面拱的抗弯刚度;

S——拱的弧长,见图 4-56;

K——换算长度系数。

分析表明,换算长度系数 K 主要取决于拱的支承条件和矢跨比,而与拱轴线型关系不大。无铰拱的 K 值在 0.68~0.73 之间,通常取 0.7;二铰拱的 K 值在 1.01~1.24 之间,且多数小于 1.15;三铰拱的 K 值在 1.10~1.15 之间。取无铰拱的 K 为 0.7,二铰拱的 K 为 1.0,分别与一固端一铰支和两铰支的直杆的换算长度系数相同,见图 4-57。《JTJ024-85》在拱的稳定计

算中取计算长度为:无铰拱 $l_0=0.36S$,二铰拱 $l_0=0.54S$,三铰拱 $l_0=0.58S$。

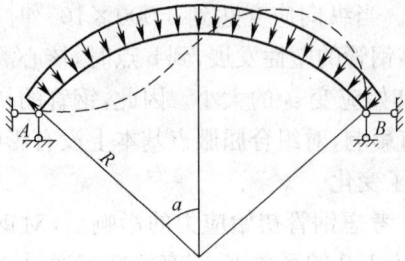

图 4-55　三铰圆弧拱的反对称屈曲　　　　　　图 4-56　拱的几何尺寸

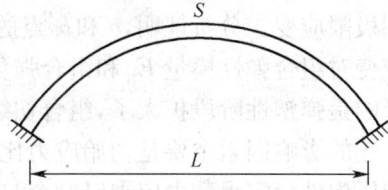

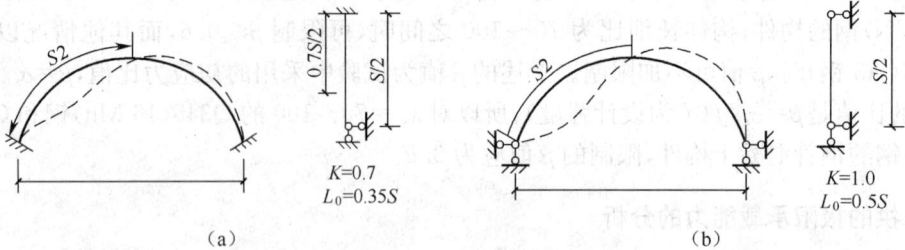

图 4-57　超静定拱拟成等效柱的计算图式
(a)无铰拱;(b)二铰拱

对于圬工拱桥而言截面验算分强度验算和稳定验算。强度验算时考虑偏心矩对纵向压力的影响,并对偏心矩进行限制(主要是考虑圬工结构抗拉强度低,近似地认为抗拉能力为零);稳定验算时将拱考虑成等效长度的柱对承载能力进行折减。对于钢筋混凝土结构强度计算,以最大弯矩截面的极限强度为控制,当长细比较大时,将拱视为等效长度的压弯柱,对弯矩乘以放大系数,以强度计算代替稳定计算。弯矩增大系数 η 为:

$$\eta=\frac{1}{1-\dfrac{\gamma_c N_j}{10\alpha_e E_h I_h \gamma_b}L_0^2} \tag{4-116}$$

式中　E_h,I_h——混凝土的弹性模量和惯性矩;

　　　γ_c,γ_b——混凝土安全系数和构件工作安全系数;

　　　α_e——考虑偏心矩对 η 的影响系数;

　　　N_j——荷载作用产生的轴向力;

　　　L_0——构件计算长度。

分析式(4-116)可知,η 实际的表达式为

$$\eta=\frac{1}{1-\dfrac{N_j/\gamma_b}{N_E/\gamma_c}} \tag{4-117}$$

式中　$N_E=\dfrac{\pi^2 E_h I_h}{L_0^2}$。

近似取 $\pi^2=10$,并且考虑偏心矩对 η 的影响,就得到式(4-116)。

(2)拱的面外极限承载能力

若拱在面外没有受到横向荷载的作用,对于横向刚度较小的拱,当拱所承受的面内荷载达到临界值使拱轴线向竖平面之外偏离而出现侧倾时,拱由面内受压或以压为主的平衡状态向

空间弯扭形式的平衡状态过渡,称之为拱的侧倾或横向失稳。由于在这一失稳过程中出现了平衡分枝,所以它属于一类稳定问题。当临界状态下的应力小于屈服应力时,即为面外弹性屈曲。由于拱的面外屈曲属于空间问题,所以求精确解就更为困难,即使对于最简单的情形,如均匀径向荷载作用下矩形等截面圆弧拱的侧倾问题,也只能采用近似解法。工程实际应用就更加困难了。

对于采用横向联系联结的双肋或多肋的肋拱桥(又称组拼拱)的面外弹性屈曲,早期的近似分析方法采用当量压杆法,即将拱轴展直,将拱近似地视为一当量的中心压杆,按组合压杆的公式计算组拼拱的侧倾临界荷载。这一方法忽略了拱的矢跨比、拱肋的抗扭刚度以及横撑绕顺桥向水平轴线的抗弯刚度,因而是粗略的,一般情况下偏于不安全,所以通常取较大的稳定系数,但这带有盲目性。此后发展的组拼拱侧倾临界荷载的近似方法,虽较当量法有较大的改进,但也仅适用于受均布径向荷载的圆弧拱,而实际拱桥的几何形状和荷载远比这复杂,因此工程应用仍然困难。

利用现代有限元技术,求解拱的侧倾弹性第一类稳定的临界荷载已非难事。与面内稳定的平面问题不同,它是空间问题,但这在一般大型商用程序中都可以计算解决,因此现在在大型拱桥工程中都采用此项技术进行拱的面外弹性屈曲分析。

严格地说,拱的侧倾也应属于第二类稳定问题。因为拱桥多少要受到横向荷载,比如风力、拱轴存在安装方面的误差等初始缺陷。然而,拱毕竟是以面内受力为主,横桥向荷载或横桥向初始缺陷,相比面内荷载的影响要小很多。因此,拱的侧倾的问题比之拱的面内稳定问题,其第一类失稳的特征更为明显。然而,拱在侧倾时通常拱圈中的应力已超过拱的弹性比例极限,所以弹性第一类稳定往往会过高地估计拱的侧倾临界荷载而要求具有较高的第一类弹性稳定系数。通常拱侧倾的第一类弹性稳定系数取 4~6。

同面内第一类稳定问题相同,考虑材料非线性的困难主要在于材料非线性模型的多样性和复杂性,因此,无论是第一类弹塑性稳定还是第二类双重非线性稳定问题,一般需自编程序和配合通用程序或完全自编程序进行计算。

对于肋拱,拱在施工过程中若采用单片拱肋安装,则其面外稳定性较面内稳定性差。因为单片肋的面内刚度即成桥时拱圈面内刚度,而成桥时各拱肋之间的横向联系会使其面外刚度较之单肋提高很多。因此,施工阶段单片拱肋的安装或双肋安装,当临时横向联系不可靠时,拱发生面外屈曲的可能性较大。为防止面外屈曲,可以通过缆风、临时横撑等予以加强;面内的稳定性可以通过扣索予以提高。计算和实践均表明,这些临时措施对提高肋拱在施工过程中的稳定性是非常有效的。

成桥以后的拱,对于上承式和拱梁组合式,其面内刚度应考虑拱肋、立柱(或吊杆)、桥面系的组合作用,一般情况下,刚度较大;面外刚度随跨径的增大而减小。从结构型式上,若将肋拱做成内倾式(又称 X 型拱或提篮拱),则能提高拱的稳定性。

2. 面内极限承载能力分析

有限元双重非线性全过程分析如下。

(1)材料非线性

材料非线性有限元分析采用的基本假定如下:

①加载过程中截面始终保持平面;

②忽略剪应力和剪应变的影响;

③钢管和混凝土之间无滑移现象;

④单元两端之间的截面内力近似地按线性变化,取单元的平均刚度作为单元刚度。

考虑钢管混凝土材料非线性性能时,将拱肋截面沿高度分成 n 等分,如图 4-58 所示。

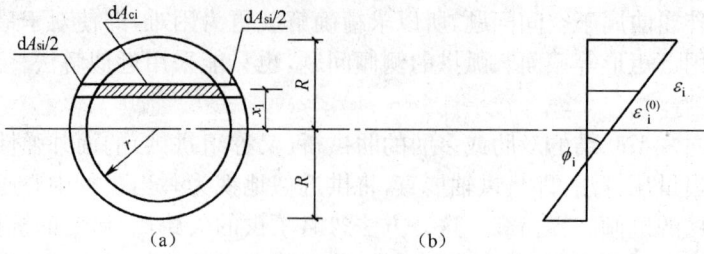

图 4-58　有限元分析的分条法计算原理图

(a)截面划分图;(b)应变图

设第 i 块面积为 $\mathrm{d}A_i$,则其等于该块钢管面积 $\mathrm{d}A_{si}$ 与混凝土面积 $\mathrm{d}A_{ci}$ 之和。先由假定的截面几何中心的初始应变 $\varepsilon^{(0)}$ 和曲率 ϕ_i 求得第 i 分块形心处的应变:$\varepsilon_i = \varepsilon_i^{(0)} + \phi_i x_i$;然后由材料的应力-应变关系求得分块单元的钢管和混凝土的应力 σ_{si}、σ_{ci};最后根据内外力平衡条件

$$
\left.
\begin{aligned}
N &= \sum_{i=1}^{n} (\sigma_{si}\,\mathrm{d}A_{si} + \sigma_{ci}\,\mathrm{d}A_{ci}) \\
M &= \sum_{i=1}^{n} (\sigma_{si}x_i\mathrm{d}A_{si} + \sigma_{ci}x_i\mathrm{d}A_{ci})
\end{aligned}
\right\}
\tag{4-118}
$$

求得 $\varepsilon_i^{(0)}$ 和 ϕ_i。假如内外力之差的绝对值大于允许误差,再进行调整直至满足平衡条件。把以上步骤编制为 EAI 程序,程序框图如图 4-59 所示。

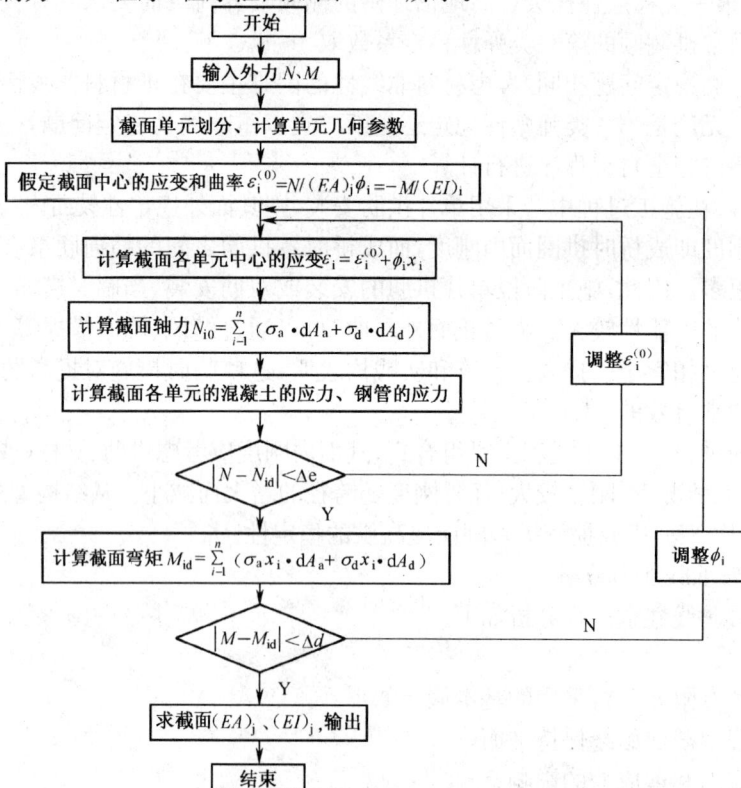

图 4-59　EAI 程序框图

（2）几何非线性分析

当结构的位移大到足以使其几何形状发生显著改变时，必须按变形的位置建立平衡方程，即考虑结构的几何非线性问题。对于以受压为主的拱式结构，竖向荷载作用下的竖向位移，由于受拱轴向压力的作用而产生了附加弯矩，这就是受压结构的稳定问题。由于拱桥开始受荷时就存在着弯矩，因此失稳时不存在平衡分支，属于第二类稳定问题。本文考虑的几何非线性问题为大挠度小应变问题，采用 Newton-Raphson 方法求解。有限元分析中采用的梁单元切线刚度矩阵 $[K_T]$，由于几何非线性的存在含有弹性刚度矩阵、几何刚度矩阵和大挠度矩阵。

（3）双重非线性分析

正如前面所述，在钢管钢筋混凝土拱桥工程实践中，恒载压力线与拱轴线的偏离、施工预拱度的设置、施工偏差导致的初变形、非对称加载等因素使实际拱桥产生的失稳形态大部分属于第二类失稳，即极值点失稳问题。钢管钢筋混凝土拱桥随着跨径的增大、材料强度的提高，在第二类失稳破坏时结构表现出大位移、大应变的特点，试验研究充分说明了这一点。因此有限元程序应考虑结构的几何非线性和材料非线性问题，按双重非线性理论分析钢管钢筋混凝土拱桥从加载开始直至稳定极限荷载的全过程受力情况。

双重非线性有限元分析程序采用混合法，即将荷载分成若干增量，给定参数，由程序控制加载步长，在各个增量荷载上进行迭代。这种方法的迭代过程见图 4-60。

混合法具有增量法和迭代法的优点，它是用增量法考虑材料的非线性影响，将几何非线性迭代嵌入材料非线性的增量法之中，在每级荷载增量中折减刚度不变，并用 Newton-Raphson 方法考虑几何非线性问题。

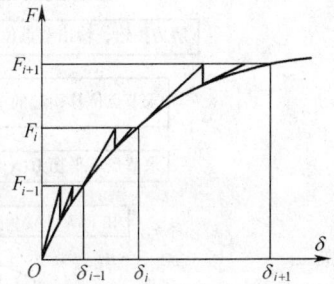

图 4-60　混合法示意图

（4）有限元程序总框图

钢管混凝土肋拱面内受力全过程分析的双重非线性有限元分析程序的总框图见图 4-61。

三、侧向极限承载能力分析

拱桥随跨径的增大，侧向稳定问题越显突出。钢管钢筋混凝土拱桥因材料强度高和跨越能力强，其侧向稳定问题在实践过程中一直受到重视。在设计时一般均采用现成的通用程序进行侧向弹性第一类稳定性分析。

1. 钢管混凝土拱侧向稳定的有限元方法

拱的侧向稳定有第一类失稳问题，也有第二类失稳问题。以下着重介绍考虑钢管混凝土材料非线性的钢管钢筋混凝土拱桥侧向第一类弹塑性稳定的有限元方法。

（1）非线性分析

考虑材料非线性时，钢管混凝土的组合模量和刚度模量的计算方法与前面所述相同。

（2）非保向力效应的考虑

相对于拱肋，假定桥面是完全刚性的，能制止桥面系边线的侧向移动。因此当拱肋有侧向位移时，吊杆变为倾斜的，而拱肋上的所有点将在以桥面边线为中心、以吊杆的长度为半径的圆弧上移动。假定吊杆不可压缩且没有抗弯刚度，即假定吊杆是简单的拉伸杆件，这样吊杆将以其张力的水平分力施加到拱肋上，从而增加了拱肋的侧向稳定性，这就是所谓吊杆的"非保

开始

↓

输入基本信息

↓

形成荷载列阵

↓

逐级加载 $P_i = P_{i+1} + \Delta P$ ← 再增加一级荷载

↓

调 EAI 子程序计算单元 $(EA)_i + (EI)_i$

↓

形成单元初始切线刚度矩阵 $[K_T]_0$

↓

集成总别、处理边界条件

↓

解放按钮、求轴单元内 $N_i + M_i$

↓

修正单元的拆减刚度 $(EA)_i' + (EI)_i'$

↓

求得单元几何刚度矩阵 $[K_T]$ 及切线刚度矩阵 $[K_T]_K$

↓

集成总别、处理边界条件

↓

解方按钮、输出节点位移 $[\delta]_K$ 单元内力 N_i、M_i

↓

求节点位移引起的节点力 $(R) = -\sum_{(-)}^{n} + [F]^a$

↓

求节点不平衡力 $(\Delta P) = (P) + (R) + (T)$

↓

由 $[\Delta K][\Delta\delta] = [\Delta P]$ 求得 $[\Delta\delta]$

↓

$\Delta\delta/\delta < \sigma_n$ —N→ $(\delta) = (\delta)_k + (\Delta\delta)$

↓Y

变换节点坐标

↓

$\Delta\delta/\Delta P > f_a$ —N→

↓Y

输出结果

↓

结束

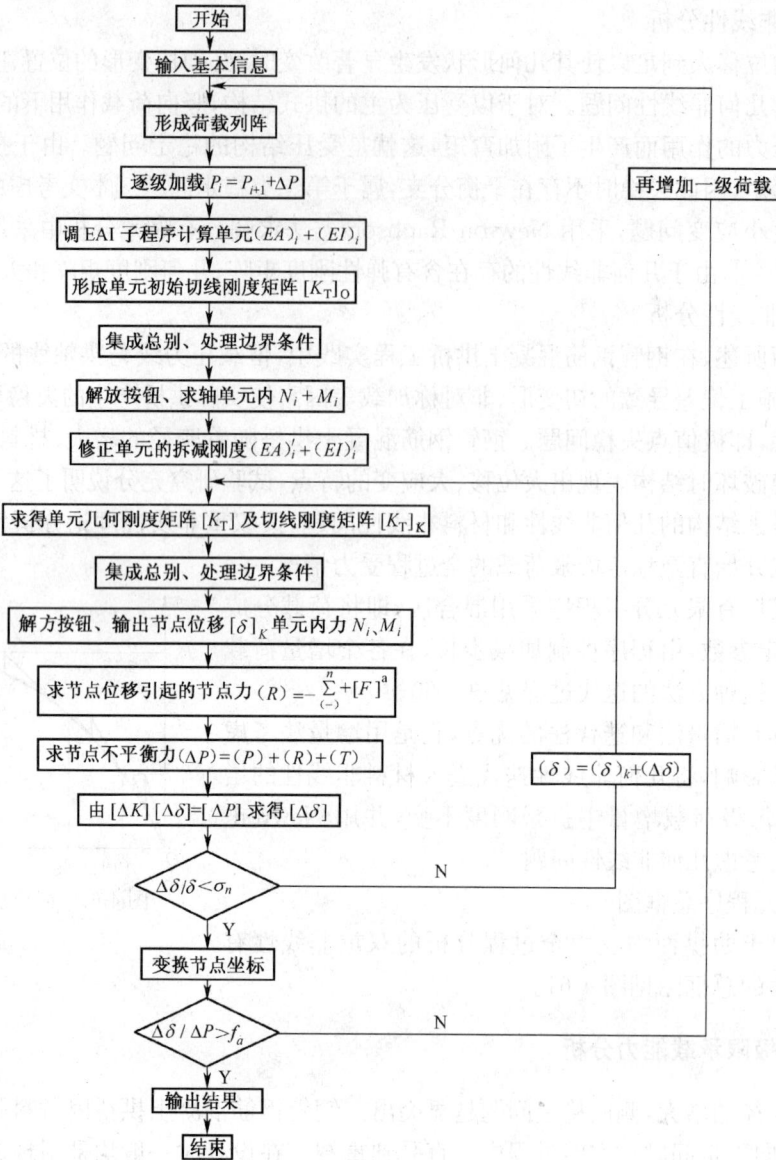

图 4-61 有限元程序总框图

向力效应"。

在有限元分析中,把非保向力效应嵌入几何非线性迭代过程中,即把拱肋侧向变形后产生的吊杆张力的水平分力作为不平衡外力的一部分加到变形后的拱肋上,这时节点不平衡力为

$$\{\Delta P\} = \{S\} + \{T\} \tag{4-119}$$

式中　$\{S\}$——考虑几何非线性产生的不平衡力;

　　　$\{T\}$——非保向力。

如此重复迭代,最后拱肋的位移为不考虑几何非线性和非保向力效应的拱肋位移与各级不平衡力产生的位移之和。

(3)结构稳定系数计算

对于求荷载$\{F\}$作用时的位移δ,如果荷载不断增加,则结构的位移增大。由于刚度$[K_e]$

与荷载大小有关,因而这时结构的力与位移的关系不再是线性的;如果$\{F\}$达到$\lambda_{cr}\{F\}$时结构呈现随遇平衡状态,这就是所求的临界荷载点。

设$\{F\}$增大λ倍,则杆力和几何刚度矩阵也增大λ倍,因而可以写出下式:

$$([K_0]+[K_e])\{\delta\}=\lambda\{F\} \qquad (4-120)$$

如果λ足够大,使得结构达到随遇平衡状态,即当$\{\delta\}$变化,上列平衡方程也能满足,则

$$([K_0]+[K_e])(\{\delta\}+\{\Delta\delta\})=\lambda\{F\} \qquad (4-121)$$

同时满足上两式的条件是

$$[K_0']\{\Delta\delta\}=-\lambda[K_e]\{\Delta\delta\} \qquad (4-122)$$

这就是计算稳定安全系数的特征方程式。如果方程有n阶,那么理论上存在着n个特征值$\lambda_1,\lambda_2,\cdots,\lambda_n$。但是在工程问题上,只有最小的稳定安全系数才有实际意义。

求解特征值的数值方法有许多种,如幂乘法、反幂法、雅可比(Jacobi)法、Givens-Householder法、子空间迭代法等等,各种方法有各自的计算特点和适用范围。求解稳定问题的最小特征值时,由于是对称矩阵,常用的一种方法是雅可比法。对于高阶特征值求解,子空间迭代法是一种有效的方法。

2. 钢管混凝土肋拱桥侧向稳定分析

肋拱桥侧向稳定的问题有全桥的稳定问题和节间局部稳定问题。肋拱桥(或称组拼桥)的侧向稳定计算方法有解析法和有限元法。解析法理论意义强,各类参数对结果的影响直观,定性定量分析两宜,但由于拱的几何和受力的复杂性,使其在数学分析与计算上较为困难和复杂。随着电子计算机技术的发展,用有限元法来分析拱的侧向稳定性已不困难。国内许多技术人员对钢管钢筋混凝土拱桥的侧向稳定采用 SAP、ANSYS、ADINA 等大型程序或自编的稳定分析程序进行了大量的分析。

四、温度问题

钢管钢筋混凝土拱桥截面温度场属于非线性温度场。非线性温度场可分解为"等效的非线性温度场"和"等效的线性温度场"。前者引起正截面的非线性变形,这种变形由于受到平截面假定的约束而在截面上产生自相平衡的约束力,称为温度自应力,它对整个结构不产生内力和变形;后者会引起结构的位移,对超静定结构,由于多余约束的存在而产生温度次内力,在截面上就有温度次应力。

1. 线性温度场应力计算

对于线性温度场引起的温度内力和应力,首先把整个结构离散成若干单元,以满足变形协调的节点位移作为基本未知量,用单元的节点位移表示单元的节点内力,得到单元刚度方程。再将温度影响换算为等效节点荷载,通过节点平衡条件,交于任一节点的所有单元在该节点的内力必须与该点的外力取得平衡;如该节点无外力,则节点内力需自身平衡。把各单元(杆)交于同一节点的杆端刚度方程相叠加,使整体的节点位移与结构的节点外力联系起来。然后建立并求解以节点位移为未知量的线性代数方程组,将求解线性方程组所得位移代入各单元刚度方程,求得各单元杆由上述节点位移引起的杆端力产生的内力。将此内力与杆件端点约束时杆件节间荷载及其固端反力引起的内力相叠加,即得总内力。

2. 非线性温度自应力计算

对于等截面拱,在某一段主拱圈上假定正截面上温度变化规律相同,为$T(x_1,z)$。当纵向

纤维不受约束时,微面积 $\mathrm{d}A$ 上的变形为:

$$\varepsilon_T(x_1,z)=\alpha T(x_1,z) \tag{4-123}$$

式中,α 为材料的线膨胀系数。

在平截面假定下,若截面和温度变化规律对称于 Z 轴,则截面的实际变形为图 4-62 所示,它与 x 轴无关。

$$\varepsilon_a=\varepsilon_0+\beta \cdot z \tag{4-124}$$

式中 ε_0——沿截面高 $Z=Z_0$ 处的变形;

       β——单元段变形后的曲率。

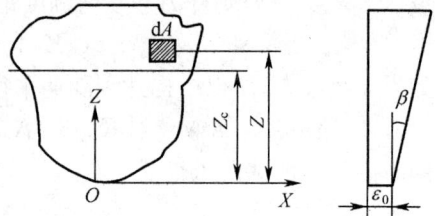

图 4-62   温度自应力计算示意图

纵向纤维的约束应变 ε_0 与约束应力(即温差自应力)σ''_t 为:

$$\left.\begin{array}{l}\varepsilon_\sigma(x_1,z)=\varepsilon_T(x_1,z)-\varepsilon_a(z)\\[4pt]\sigma''_t(x_1,z)=E(x_1,z) \cdot \varepsilon_\sigma(x_1,z)\end{array}\right\} \tag{4-125}$$

式中 $E(x_1,z)$ 为材料的弹性模量。

由于单元段上无外荷载作用,因此温度自应力 σ''_t 在截面上呈自平衡状态,即:

$$\left.\begin{array}{l}N=\displaystyle\int_A E(x_1,z) \cdot \varepsilon_\sigma(x_1,z) \cdot \mathrm{d}A=0\\[10pt]M=\displaystyle\int_A E(x_1,z) \cdot \varepsilon_\sigma(x_1,z) \cdot (z-z_c) \cdot \mathrm{d}A=0\end{array}\right\} \tag{4-126}$$

式中,z_c 为截面的中性轴坐标。

解式(4-126)得 ε_0 和 β,代入公式(4-125)便可以得到截面上的温度自应力 σ''_t。

截面上非线性温度场不但引起上述温度自应力,还有由于核心混凝土温度滞后引起的钢管环向应力。可根据下式进行计算:

$$\left.\begin{array}{l}\sigma_\theta=(b^2/r_2+1)q_a/(b^2/a^2-1)\\[6pt]\sigma_z=\mu\sigma_\theta\\[6pt]q_a=\left(aT_n\alpha_g-\displaystyle\sum_{i=1}^{n-1}\Delta r \cdot T_i\alpha_c\right)E_c\end{array}\right\} \tag{4-127}$$

式中 σ_θ——环向拉应力;

       σ_z——轴向压应力;

       q_a——内压力;

       a——钢管内半径;

       b——钢管外半径;

       r——计算点处的半径;

       μ——钢的泊松比,$\mu=0.283$;

       T_i——i 节点的温度;

   α_g,α_c——钢、混凝土的热膨胀系数;

       Δr——每段混凝土单元的间距;

       E_c——混凝土的弹性模量。

3. 钢管钢筋混凝土拱桥温度内力、应力计算程序框图见图 4-63。

五、混凝土收缩、徐变问题

1. 混凝土收缩

混凝土收缩由化学收缩和干缩组成。化学收缩是由于水泥水化生成物的体积比反应前物质的总体积小而使混凝土收缩。化学收缩随混凝土龄期的增长而增加,其数值大致与时间的对数成正比;在混凝土成型后 40 天内收缩较快,以后逐渐稳定,化学收缩是不可恢复的。

混凝土在干燥空气中硬化时,随着水分的逐渐蒸发,体积也将逐渐发生收缩,这种收缩称为干缩。如果混凝土在潮湿或水中养护,则混凝土的干缩随之减少或略产生膨胀。混凝土这种湿胀干缩的性质称为干湿变形,干湿变形与混凝土养护方法和环境关系很大。在一般的养护条件下,这种干湿变形主要表现为干缩。

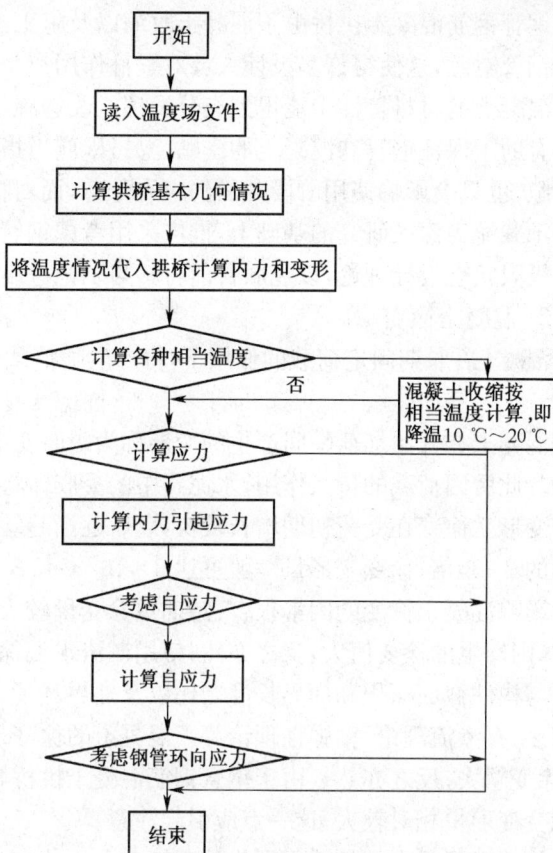

图 4-63　钢管钢筋混凝土拱桥温度内力、应力计算程序框图

混凝土干缩的大小除与养护条件有关外,还与水泥的品种、水灰比、水泥浆用量等因素有关。一般而言,采用矿渣水泥及火山灰质水泥比普通水泥的干缩量大;采用高标号水泥比低标号水泥的干缩量大;采用水泥的细度愈细,水灰比愈大,水泥用量或水用量愈大,干缩量愈大。

钢管混凝土结构中,核心混凝土养护可分为密闭养护和一般条件下的养护。密闭养护是浇筑完核心混凝土后立即进行封口,又称保水养护,这种情况下,混凝土失水量少,其收缩量约为一般条件养护收缩量的一半。混凝土的极限收缩值为 $(50 \sim 55) \times 10^{-5}$ mm/mm。

对于杆系构件,混凝土的收缩可分为径向收缩和纵向收缩。径向收缩有利于混凝土裹紧钢筋,提高混凝土与钢筋之间的粘结力。但混凝土的干缩往往是表面较大,内部较小,所以常在表面产生细微裂缝,影响耐久性和美观。纵向收缩对预应力构件将引起预应力损失。

钢管钢筋混凝土拱桥目前的设计计算中,仍沿用钢筋混凝土拱桥的计算方法,视其为整体浇筑的钢筋混凝土构件,采用降温 15~20℃ 的方法来计算混凝土收缩产生的附加内力。对于钢管混凝土柱,混凝土收缩将引起构件内的应力重分布,钢管受力较大,核心混凝土受力较小,但从极限承载能力来看,并未受到影响。钢管钢筋混凝土拱桥属细长构件,通常采用泵送混凝土或开孔人工浇筑混凝土,混凝土与大气接触范围小,在混凝土浇筑后即封口,基本上属密闭保水养护,混凝土收缩量不是很大。对于钢管外包核心混凝土的收缩带动钢管产生附加内力,与温降时钢管收缩带动核心混凝土产生附加内力是否有差别,目前尚缺乏研究,因此目前的计算方法还有待进一步的研究。

钢管钢筋混凝土拱桥由于混凝土收缩以及施工工艺方面的原因,混凝土总是无法理想地充满钢管空腔,这使得许多设计人员对紧箍作用产生顾虑,因而采用钢筋混凝土设计理论,使钢管混凝土的材料特性未能得到充分发挥。改进施工工艺、添加微膨胀剂以及压浆补填等措施将有助于保证钢管和混凝土的密贴。另外,应当指出,即使使用阶段钢管和混凝土存在较小的间隙,也只会影响使用阶段截面的应力分布,而对极限承载力的影响是很小的。所以,应该在对承载能力深入研究的基础上,推广采用考虑钢管对混凝土紧箍作用的钢管钢筋混凝土拱桥的极限状态设计理论,以克服目前材料与工艺进步而计算方法落后的不合理状态。

2. 混凝土徐变

混凝土在长期固定荷载的作用下,将产生随荷载作用的时间而增长的变形,这种变形称为徐变。

混凝土在开始加荷瞬间产生的变形称为瞬时变形,它以弹性变形为主,但也包括早期徐变在内。此后因荷载的持久作用,水泥石中的凝胶体将慢慢向水泥微细孔隙中移动,缓慢地发生徐变变形。徐变在受荷初期增长较快,以后逐渐趋缓。混凝土的徐变变形常可以达到其瞬时变形的 $2 \sim 3$ 倍,徐变变形量一般可达 $3 \times 10^{-4} \sim 15 \times 10^{-4}$。

影响混凝土徐变的因素很多:龄期短徐变量较大;水灰比大或水泥用量大,在干燥环境中养护,则产生的徐变值大,反之亦然;使用矿渣水泥徐变值大,但快硬高强水泥的徐变值较小。徐变与构件截面面积和周界长度之比以及外界环境条件(如温度、湿度)也有关。徐变计算理论繁多,有渗流理论、粘弹性理论等。混凝土的徐变还与加载龄期有很大的关系,加载龄期越早,徐变越大;反之亦然。由于钢管钢筋混凝土拱桥属自架设体系,因此加载时间都比较早,所以徐变变形量相对较大,这一点应引起注意。

钢管混凝土中的核心棍凝土处于三向受压状态。三向受压状态的徐变,在低应力时与单向受压的情况类似,但在高应力时,特别是侧压力较大时,由于混凝土弹性工作范围的增大,使得某些性质有所改变;同时由于徐变的横向效应(受力方向发生徐变时,非受力方向变形发生变化),从而使三向受压作用下的徐变量小于单向应力状态下的徐变量。

六、动力性能分析

钢管钢筋混凝土拱桥具有较大的跨越能力,已修建的钢管钢筋混凝土拱桥中跨径在 100 m 以上的占 $1/2$ 以上。随着跨径的增大,这类桥梁的动力与抗震性能的研究应引起重视。钢管钢筋混凝土拱桥由于钢管混凝土材料使用引起的动力性能与钢拱桥和钢筋混凝土拱桥有何不同,这是研究的一个重点。钢管钢筋混凝土拱桥中,中下承式肋拱桥修建得较多,这类桥面系为悬吊的拱桥的动力性能与过去常用的上承式板拱、箱拱等有何不同,这是动力性能研究中的又一个重点。

桥梁的动力作用主要有活载、环境荷载(如风、流水等)及偶然荷载(如地震力)。以下分三个部分介绍钢管钢筋混凝土拱桥的动力性能分析:自振频率、振型与阻尼;桥梁与车振动分析;地震分析。

1. 自振频率、振型与阻尼

在桥梁结构的动力分析中,结构的固有频率、振型和阻尼是三个重要的动力特性。对拱桥的固有频率,即使对于最简单的二铰等截面的圆弧拱,也难以得出其解析解,而工程上的实际结构远复杂于此。在计算机有限元技术甚为发达的今天,钢筋混凝土拱桥的固有频率的求解主要依赖于计算机方法;另一个途径就是实桥测试。阻尼的计算更是无从算起,只能通过实测求得。对于钢管钢筋混凝土拱桥也是如此。

2. 桥梁与车振动分析

车—桥系统耦合振动分析影响因素较多、涉及气动参数,轮轨接触几何、轮轨接触蠕滑、车辆动力学、桥梁动力学、空气动力学、有限元分析程序设计等。尽管已经有人作了一些研究工作,但还有许多问题仍需进一步深入研究。

(1)车辆分析模型

针对高速运行的车辆系统,建立更为详细的分析模型,综合考虑悬挂系统的非线性、轮轨接触几何非线性、轮轨蠕滑非线性、车体和转向架及轮对的弹性变形、不均匀载重、系统纵向动力作用、不平顺的非平稳特性、轨道和路基的变形及小半径弯道效应等因素的影响,更为真实模拟列车的脱轨、跳轨过程,从而更真实地实现车辆动力学的数字仿真。

(2)建立车辆-线路-桥梁耦合振动理论和模型

车辆-轨道耦合动力学的研究结果表明,轨道本身的振动属于高频范围,这种高频振动本身对车辆振动、桥梁振动的影响不大(因为桥梁大都属于低频振动),但是,对轮轨相互作用力的影响极大。也就是说,考虑轨道的振动,并不显著影响车辆与桥梁的振动响应(动位移、加速度),但会极大地影响脱轨系数与轮重减载率的大小。鉴于此,现有的车桥耦合振动中未考虑轨道的振动是一个急需解决的问题,有必要建立车辆-线路-桥梁整个大系统的动力学分析理论与模型。虽然已经有一些初步探讨,将整个车-线-桥大系统分为车辆、轨道、桥梁三个子系统,分别建立车辆、轨道、桥梁各自的运动方程,然后通过轮轨相互作用关系将车辆与轨道两个子系统联系起来,通过线桥相互作用将轨道与桥梁两个子系统联系起来,但要解决铁路提速及高速铁路中的桥梁动力学问题,还需进一步做很多研究工作。

(3)现场车桥运营状态的实际实验测试

现场车桥运营状态的实际实验测试是对分析理论和计算结果最有效、最直接的检验,比较实测结果和计算分析结果的差异,分析关键性影响因素,开展针对性研究,可以进一步完善理论预测和计算分析模型。

3. 地震响应分析

工程结构常见的动荷载主要有周期荷载、冲击荷载和随机荷载。在桥梁结构中,铁路车辆(主要是蒸汽机车)的荷载可视为周期荷载,风力和地震作用为随机荷载。

风荷载和由此引起的桥梁风致振动问题在高耸结构和索结构中很突出。与索结构相比,拱桥具有较大的刚度,迎风面积小,所以风力的影响对大跨径拱桥主要是在施工过程中,成桥后影响不大。

地震是一种自然现象,它对地面构造物的破坏性具有突发性和严重性。桥梁作为道路的关键部位,避免或减轻其地震破坏,对于保障人民生命财产安全和减少经济损失,更好地发挥公路运输在抗震救灾中的作用都是极其重要的。所以这里着重讨论钢管钢筋混凝土拱桥的地震响应分析。

地震时地面运动对桥梁结构产生动态效应的分析方法主要有静力法和动力法。静力法将地震荷载用等效静力代替进行结构的计算,计算方法简单,但忽略了地面动力特性和结构动力特性,比较粗糙。动力法有反应谱理论和动态时程分析法。

反应谱,又称地震加速度反应谱,是根据某次地震时地面的加速度和各种结构的不同自振周期求得的地震作用下结构的加速度反应值的曲线。对不同自振周期的曲线由反应谱上求得最大加速度值,进而求得地震荷载,此后的计算同静力法。为了弥补理论计算与震害之间的差异,计算中引入与延性系数有关的综合影响系数 Cz。反应谱理论较之静力法前进了一大步,但反应谱理论的计算方法仍是静力法,只是在荷载取值时考虑了地面动力特性和结构动力特性,且在综合系数中反映了结构的延性。但它还是以强度破坏为准则,而且对结构在地震作用下的许多复杂问题无法反映。目前,我国的建筑物、公路桥梁和铁路桥梁的抗震设计采用的都是这一方法。

随着电子计算机技术的发展,近 20 年来动态时程分析法发展很快。动态时程方法是采用数值积分求解运动方程的方法,对地震作用下的结构物,从初始状态逐步积分直至地震终止,求出结构在整个过程中的位移、速度、加速度等地震反应。显然,动态时程法较之反应谱理论更能反映地震作用下结构物的实际响应情况,因此,现在许多国家都采用这一方法作为设计的方法。

第五节　铁路拱桥的设计与施工

一、拱桥的设计

拱桥的总体布置设计的内容包括确定桥梁长度、分跨、定出桥面高程、主拱矢跨比和墩台尺寸等。具体细节尺寸的拟定在前面几节里已经有相应的论述,有关拱桥墩台尺寸的拟定本章不予讨论。有关桥梁孔径和分跨布置、确定桥梁长度方面的内容与梁式桥基本相同,在本书概论中已有介绍,这里主要就上承式拱桥总体布置设计的若干特点予以阐述。

1. 确定拱桥各部分高程及主拱矢跨比

拱桥是以主拱两拱脚截面重心间的水平距离为主拱的计算跨度,以拱顶截面重心与两拱脚截面重心连线间的竖直距离为计算矢高。计算矢高与计算跨度之比简称为矢跨比。当跨度大小在分跨布置设计中初步拟定之后,矢跨比主要取决于主拱的拱顶底面与起拱线的高程。

拱桥桥面高程应由线路设计与拱桥总体布置设计综合研究确定。从拱桥布置方面考虑,桥面与拱顶底面之间应满足拱顶最小填料厚度和主拱拱顶的截面高度的要求,而在拱顶底面高程以下应满足通航净空的要求(图 4-64)和泄洪方面的要求。关于设计通航水位和桥下通航净空,由于我国大小河流很多,通航情况差异较大,通常多系与航运部门和地方政府协商确定。对于不通航河流桥下净空的要求,下面作简要叙述。根据拱顶底面高程和桥下净空要求可拟定起拱线高程,从而确定拱脚的高程及主拱矢跨比。

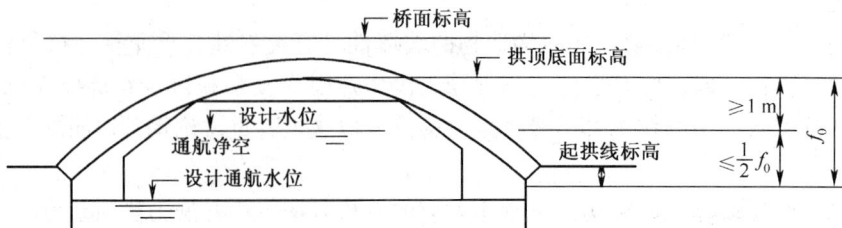

图 4-64　拱桥的高程与桥下净空

矢跨比的合理选择,除必须满足泄洪和通航要求外,还应从经济、结构受力、施工等方面综合分析比较确定。从泄洪方面考虑,拱脚以不被洪水淹没为准。对于无铰拱虽允许拱脚被洪水淹没,但桥下泄洪面积将因此缩小,并引起水流紊乱,冲刷作用加剧;当有漂流物时,还可能引起河水阻滞,威胁行车安全。基于这种考虑,拱脚高程不宜过低。《铁路桥规》规定,自拱顶底面到设计水位应留有不小于 1 m 的净空高度(图 4-64)。从减小拱桥墩台基础底面弯矩、节省墩台圬工数量方面考虑,用较大的矢跨比、较低的起拱线较为有利。从结构受力方面考虑,采用较小的矢跨比对墩台受力不利,由弹性压缩、温度变化、混凝土收缩等引起主拱的附加力也将增大,但在恒载和活载作用下主拱圈将会有较大的轴向力,有利于减小主拱各截面由于活载作用引起的偏心,拱上结构的体积也将较小。我国已建成的铁路拱桥矢跨比多为1/3～1/4,一般以不小于 1/7 为宜。公路上承式拱桥则平坦得多,一般为 1/6～1/10。中、下承式拱桥一般为 1/4～1/6。

2. 不等跨分孔的处理

在多跨拱桥的设计中,往往其中仅一跨或二跨必须满足通航净空的要求,或受地形、地质等条件的限制,不宜等跨分孔。此时,在选择支承于同一桥墩上的相邻两不等跨拱的矢跨比时,应考虑到对桥墩所施加水平推力的相互平衡,以减少桥墩所受的弯矩。由于恒载所产生的推力可用下式表示:

$$H_g = \beta \frac{g_d g L^2}{f} \tag{4-128}$$

式中　β ——系数,随拱脚和拱顶处恒载强度的比值而定;

　　g_d ——拱顶处的恒载强度;

　　L、f ——拱的跨度和矢高。

如假定相邻两孔的 β 和 g_d 大致相同,则从两孔推力相互平衡的条件出发,可得,

$$\frac{L_1}{f_1/L_1} = \frac{L_2}{f_2/L_2} \tag{4-129}$$

上式表明矢跨比大体可按跨度比布置。

为了平衡水平推力,大跨可采用矢跨比较大的中、下承式拱桥,小跨拱采用上承式拱。也可对较大跨度的拱采用较轻的拱上结构,较小跨度的拱用实腹拱上结构,并在小跨拱顶处将填充的厚度酌量增大。

另一个平衡相邻两拱推力影响的措施,是将小跨的拱脚布置得较大拱脚高一些。然而此时应该检算上下两拱脚之间桥墩截面的抗剪强度。

3. 大跨度拱桥的设计理论

自 20 世纪 90 年代以来,随着科学技术的进步,国家基础设施建设规模的不断扩大,我国桥梁建设取得了举世瞩目的成就,各类拱桥如钢管混凝土拱桥、钢箱拱桥、钢桁架拱桥等得到了广泛的应用,也相继建成了多座跻身世界跨径记录的现代化大跨度拱桥。

如前几节所述,拱桥的计算分析最初在 200 m 左右都是基于弹性理论的。1886 年由 J. Melen 提出的吊桥挠度理论已被人们广泛接受并应用到工程实际中去,而拱桥挠度理论经过几十年的研究完善,也逐步被人们所认识。与吊桥挠度理论的分析结果相反,拱桥考虑挠度影响后内力大于不考虑此影响的内力,这意味着应用弹性理论所设计的拱桥可能存在安全隐患。从而挠度理论逐渐取代了弹性理论,被应用于拱桥的设计计算之中。

随着近年来桥梁事业快速发展,许多新型拱桥和大跨度拱桥层出不穷,由于实际结构的形状和所受的荷载往往很复杂,除了少数简单的问题之外,按解析法求解是非常困难的,所以数值法已成为不可替代的广泛应用的方法,并不断得到发展。有限单元法便是利用计算机进行的一种数值分析方法,深入工程技术领域中的各个方面。有限元方法的基本思想是将连续的求解区域离散为一组有限个、且按一定方式相互联结的单元的组合体。

对于不同的结构可采用不同的单元形状,且单元能按不同的联结方式进行组合,所以可以模型化几何形状复杂的求解域。有限元方法现已广泛应用于桥梁结构分析中,基于该方法的桥梁结构电算程序很多,如大型通用有限元程序 ANSYS、SAP2000、MIDAS/Civil、桥梁博士等。现在大跨度拱桥的空间静、动力分析一般都采用有限元法进行。具体大跨度钢拱桥的设计理论见框图 4-65。

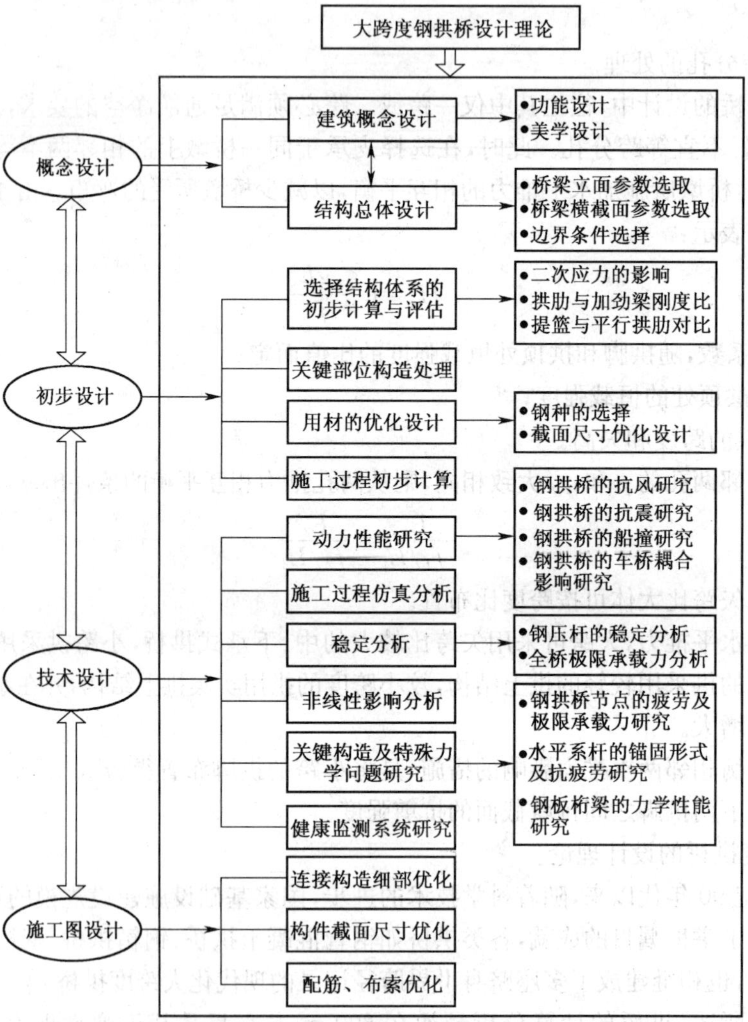

图 4-65　大跨度钢拱桥的设计理论

二、拱桥的施工

拱桥的施工大致可以归纳为两大类:有支架施工和无支架施工。有支架施工主要用于中小跨径的石拱桥和钢筋混凝土拱桥（现浇混凝土拱桥及混凝土预制块砌筑的拱桥）；无支架施工主要用于大跨度拱桥。常用的无支架施工方法有：悬臂施工法、缆索吊装施工法和转体施工法等。

1. 悬臂施工法

悬臂施工法是拱桥最主要的施工方法，根据施工中临时辅助设施与拱圈组成的受力结构的不同，又可分为自由悬臂拼装法、斜拉悬臂法、悬臂桁架法等。

（1）自由悬臂法——实际悬臂半拱仍需要辅助结构，一般采用拉索拉住上弦使拼装过程中半拱能以悬臂曲梁承受拱圈的自重，只不过这种辅助结构（如拉索）与斜拉悬臂法相比非常小，因而称之为自由悬臂拼装。由于钢拱桥的构件均为加工好的构件且构件重量不大，所以施工中常采用自由悬臂拼装法进行架设。狱门桥、悉尼港桥等就采用了这一方法（图4-66）。在采用自由悬臂施工法时，还可以通过使用独立的临时支承，来减小自由悬臂长度。贝永桥就是采用了这种方法。

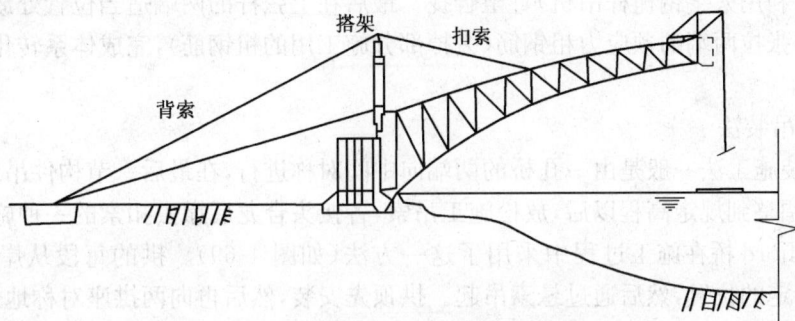

图4-66　自由悬臂拼装法示意图（美国狱门桥）

（2）斜拉悬臂施工法——大跨度钢拱桥中广泛使用的施工方法，它先在两边架设施工塔架，用拉索拉住悬臂的拱肋。主拱肋分节段施工，节段间接头用拉索扣挂于塔架上。塔架的平衡由背索来维持，背索拉在地锚上或拉在边跨上。施工时逐渐地向拱顶悬拼拱肋节段，直至全桥合拢。美国Eads桥是最早采用这种施工方法的桥梁（图4-67）。该桥不仅因首次把钢材应用于桥梁中而在桥梁史上闻名，更因为它是第一座采用斜拉悬臂法施工的桥梁而载入桥梁史册。它所开创的斜拉悬臂施工法不仅在拱桥中得到广泛的应用，而且也很快地推广到其他桥梁之中。美国新河谷桥也采用了斜拉悬臂法进行施工。同时，斜拉悬臂施工中可以先架设主拱，也可以同时架设主拱和拱上建筑。美国与加拿大交界处的彩虹桥的施工就采用了后者（图4-68）。

图4-67　斜拉悬臂施工（美国Eads桥）

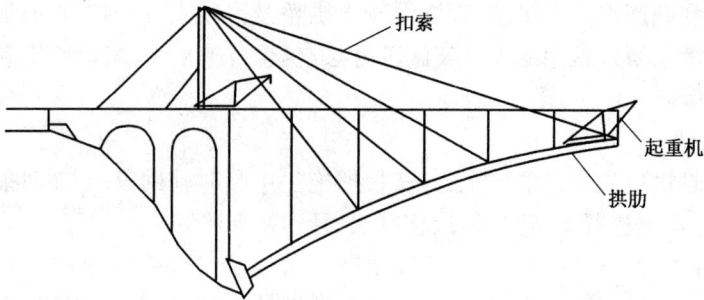

图 4-68　斜拉悬臂施工法示意图（美国彩虹桥）

（3）悬臂桁架法——所谓悬臂桁架拱桥，即是将一般桁架拱的两端适当位置处的上弦节点断开，使两端各自成为墩台的一部分的一般悬臂桁架梁，与墩台整体联结支承中部的桁架拱，其计算跨径相应减小，总的外型使两者成为串联式的梁拱组合体系。施工时，按桁架 T 构逐节悬臂拼装（利用人字钢桅杆吊机）直至合拢。最后在上弦杆的两端适当位置处放松预应力粗钢筋，并各自张拉两端的预应力粗钢筋（去掉部分施工用的粗钢筋），完成体系转化而构成悬臂桁架拱。

2. 缆索吊装法

缆索吊装施工法一般是由一孔桥的两端向中间对称进行，在最后一节构件吊装就位，并将各接头位置调整到规定高程以后，放松施工吊索，各接头合龙后撤去扣索的一种施工方法。瑞典的 Askerofjord 桥在施工过程中采用了这一方法（如图 4-69）。拱的每段从岸上运到驳船上，再运到指定的位置，然后通过悬索吊起。拱顶先安装，然后再向两拱座对称地进行安装。

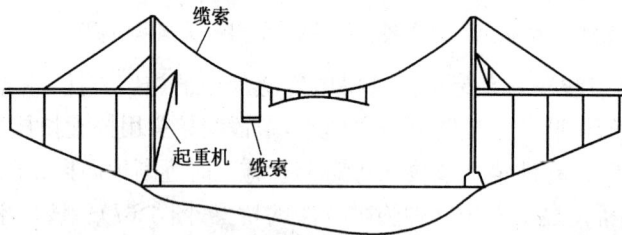

图 4-69　缆索吊挂施工法示
意图（瑞典 Askerofjord 桥）

3. 转体施工法

转体施工法是将拱圈分为两个半跨，分别在两岸利用地形作简单支架，现浇或拼装半拱；接着用扣索一端锚固于拱肋端部（靠近拱顶），另一端经拱上支架至桥台处锚固；之后张紧扣索，使拱肋脱架；接着借助台身间预设的滑道（即转盘装置），慢速将拱肋平转就位，最后进行拱肋合龙。这种施工方法转体过程中用扣索拉力代替另半拱推力，与肋重及肋上支架的竖直反力、台身自重等形成平衡，并在该状态下将拱肋的受力状态调整到不出现拉应力。佛山东平大桥是我国桥梁转体施工方法研究成果的集中体现，该桥首次采用了无扣索竖直提升转体结合平转的施工方法。

4. 组合施工法

有的桥梁根据具体情况选择悬臂拼装法与其他方法相结合的施工方法，称之为组合施工法。委内瑞拉首都加拉加斯（Caracas）附近的三座姐妹桥施工时采用了悬臂拼装与缆索吊装的组合施工法（如图 4-72）。该桥先在两拱脚处各修建一个塔架，利用塔架悬臂拼装钢桁架拱肋至四分之一跨处,利用固定在边跨桥墩的后拉索将其悬扣挂住;拱顶段的拱肋部分,在谷底利用少量支架拼装,然后用拉索提升,拼装到指定的位置进行合龙。

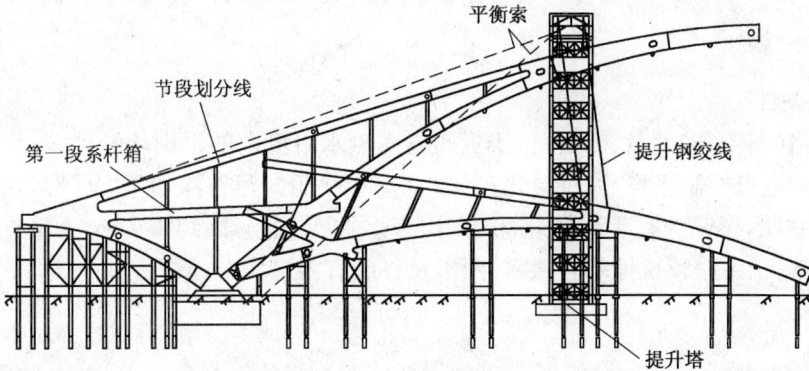

图 4-70　竖转体系示意图

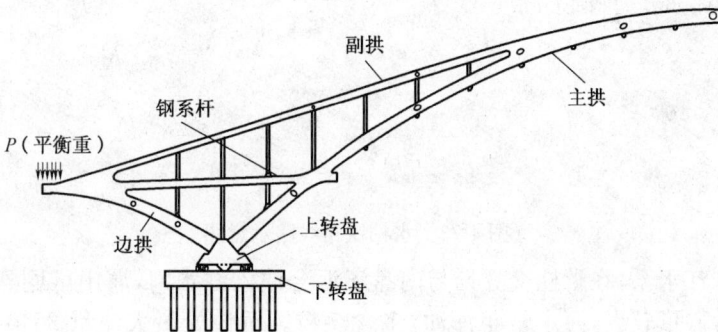

图 4-71　平转体系示意图

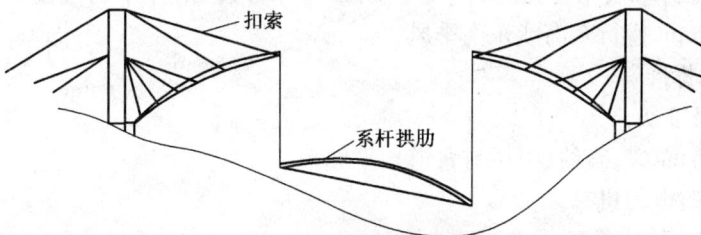

图 4-72　组合施工法示意图(委内瑞拉加拉加斯桥)

　　拱桥的施工方法极大地影响着桥梁技术的进步。在早期除了材料方面的原因外,在 Eads 桥中首创的悬臂施工法是钢拱桥得到快速发展的主要原因。然而,近现代随着预应力梁式桥的悬臂施工方法的发展、悬索桥与斜拉桥的大量应用,钢拱桥尤其是大跨度钢拱桥的应用越来越少,主要原因之一是其施工方法复杂和施工费用较高。钢拱桥的施工架设方法与拱的结构、桥址自然条件、造价、工期都有很大的关系。总体而言,它的发展趋势是从早期的有支架施工朝着少支架或无支架的方向发展。历史上,钢拱桥中创新的施工方法如悬臂施工法曾被推广至其他桥梁的施工之中,其他桥梁的施工方法,如顶推法、悬索吊挂法,也被大量应用于拱桥施工之中。今后在大跨度拱桥的施工技术发展中,必然会借鉴其他桥型,朝着少支架或无支架的施工方向发展。

第六节 铁路拱桥的实例分析

一、概　　况

1. 自然条件

水柏铁路(图4-73)北盘江大桥位于贵州省六盘水市境内的崇山峻岭地区,为全线唯一控制线路走向的重点控制工程,大桥与北盘江约呈80°交角。河谷深切呈"V"形,六盘水岸崖高158 m,呈直立状,崖底约有3 m倒悬;柏果岸陡壁约71°倾角,高约177 m,无倒悬。六盘水岸基岩零星出露,柏果岸顶桥址基岩裸露,两岸及谷底有零星块石、漂石。桥址远离公路,交通极为不便。

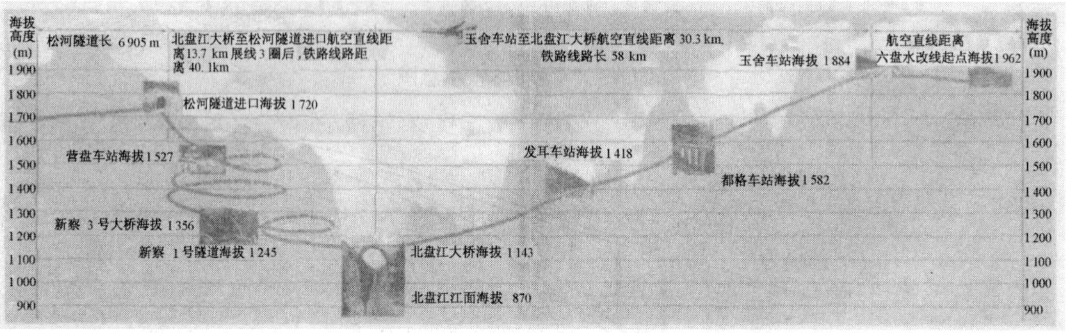

图4-73　水柏铁路线路示意图

北盘江属珠江水系,在黔桂交界处与南盘江汇合注入红水河,属山区剧烈下切河流,纵坡陡,河水湍急,含砂量较大,河水常年浑浊,多含煤粒。桥位处最大流量2540 m³/s,最小流量20.4 m³/s,大气降水沿坡面及溶蚀裂隙流向陡崖,汇入北盘江中。由于线路较高,桥梁工程不受水文影响。六盘水市冬春干燥寒冷,夏季潮湿,冬季多冷冻,年平均气温为18.8 ℃,年平均降水量1 119.7 mm,盛行东南或东南季风。

2. 主要技术标准

(1)铁路等级:Ⅰ级。

(2)桥上线路,单线、直线(引桥有弯道)、平坡。

(3)牵引类型:电力机车。

(4)设计活载:中—活载。

(5)重车方向:向六盘水。

(6)地震烈度:小于六度。

3. 桥型方案

北盘江大桥在线路高程1 143.91 m(全线最低点)横跨北盘江,从1994年全线可行性研究开始,先后进行了十多个桥型方案的比选。经过多次专家论证与审查,确定北盘江大桥主桥桥型为上承提篮式钢管混凝土拱。根据勘测资料,考虑两岸岩溶发育的分布、两岸基础埋深及岸坡稳定等因素,其桥跨布置为:3×24 m PC简支梁+236 m上承提篮式钢管混凝土拱+5×24 m PC简支梁,桥全长468.20 m。北盘江大桥全桥布置见图4-74。

4. 大桥建设简介

北盘江大桥全桥混凝土用量:25 063 m³;钢材用量:3 238 t;造价:10 500万元。

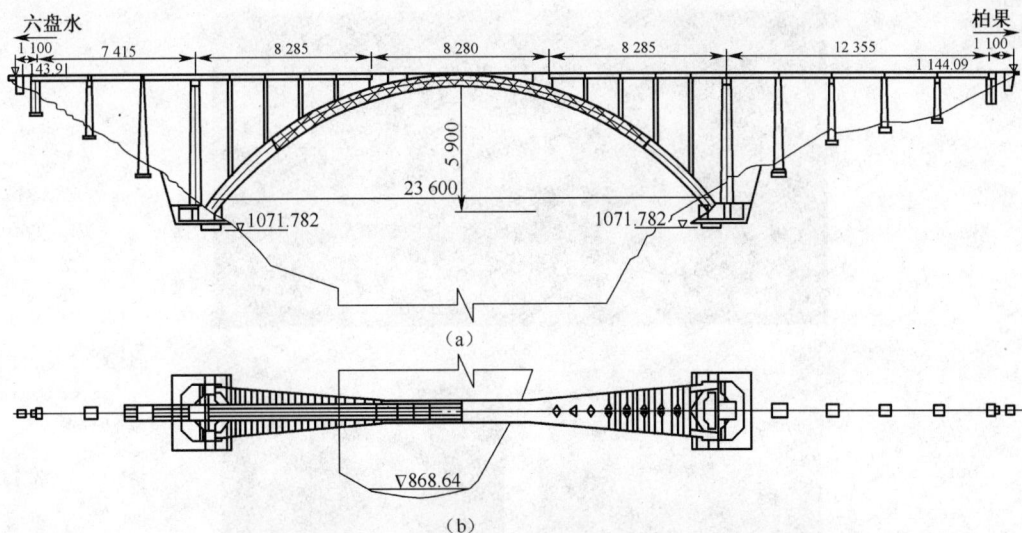

图 4-74　北盘江大桥总布置图(单位:cm)

(a)立面图;(b)平面图

北盘江大桥建设单位为贵州省水柏铁路有限责任公司,设计单位为中铁二院工程集团有限责任公司(原铁道第二勘察设计院),施工单位为中铁大桥局有限责任公司,监理单位为中铁咨询有限责任公司(原铁道专业设计院)。大桥于 2001 年 11 月竣工。

大桥于 1998 年 6 月开工,2001 年 11 月架梁、铺轨后即投入使用,自 2002 年 8 月全线正式运营以来,列车运行平稳、舒适。经动静载试验证明,全桥使用性能良好,其巨大的经济效益和社会效益正随着开通运营逐渐显示出来。

以北盘江大桥为重点控制工程的水柏铁路的建成把贵昆铁路、内昆铁路和南昆铁路连接起来,为西部地区开辟了一条出海捷径,大大缩短了西部腹地与沿海城市的距离,对完善西南地区的铁路路网结构,加快沿线地区各民族脱贫致富步伐,开发贵州优质煤炭资源,都具有十分重要的战略意义,取得了显著的社会效益。

北盘江大桥的建成使铁路大跨度拱桥建桥技术跃上了一个新的台阶,对山区铁路选线有效缩短展线长度提供了更加灵活的操作空间,对西南山区铁路建设乃至铁路建设事业的发展具有显著的经济效益和社会效益。建成后的大桥见图 4-75。

二、主桥结构与构造

1. 全桥主要尺寸拟定和拱轴系数

主桥结构为上承提篮式钢管混凝土拱,拱脚中心跨度 236 m,其拱圈由两条拱肋与横向连接系构成,拱肋横向内倾 6.5°,拱脚处中心距 19.6 m,拱顶拱肋中心距 6.156 m,以增大其横向的稳定性。主拱立面投影拱轴线为悬链线,矢跨比 1/4。

拱轴系数优化采用试算法,对 $m=2.4$、$m=3.0$、$m=3.2$ 和 $m=3.5$ 分别建立计算模型进行结构分析计算。计算结果表明:各种拱轴系数下,拱肋控制截面均出现拉应力。在 $m=3.2$ 时,拱脚及拱顶处拉、压应力的最值较小,最为理想,因而拱轴系数最终确定为 $m=3.2$。

2. 拱肋

拱肋高 5.4 m,宽 2.5 m,每肋由 4 肢 $\phi1\,000$ mm×16 mm 钢管构成,其上下弦各由两肢钢

图 4-75　北盘江大桥建成后照片
(a)近景；(b)远处遥望；(c)谷底仰视

管与其间的两块 12 mm 厚钢板联结成哑铃形，在拱肋的全长上均为等截面；由于拱脚附近恒载负弯矩较大，而且在活载作用下正、负弯矩变化剧烈，连接上下弦的腹杆内力很大，因此设计从拱脚起两跨桥道 16 m 梁范围内钢管拱肋上下弦之间各用两块 12 mm 厚钢板连接，构成实腹段，使拱肋断面呈箱形，实腹板的设计采取中间带套筒的拉杆将钢板拉住，灌注混凝土前将拉杆旋紧，以减小或抵消钢板的鼓胀变形。盖板、腹板钢板与混凝土之间的剪力钉采用 Φ16 mm×50 mm圆柱头焊钉，其布置如图 4-76。为防止施工阶段腹板钢板局部失稳，在两块钢板间设置了加劲钢板。为防止在灌注混凝土时钢板受侧向压力而胀鼓，在上下弦盖板及拱肋腹板的两块钢板间设一定数量的螺杆加强。拱肋上下弦及实腹段内均灌注 C50 微膨胀混凝土。拱肋上下哑铃、腹板、腹杆均采用 Q345 钢材。拱肋的中部上下弦之间通过 H 形杆件形成桁架式连接。节点板连接的 H 形腹杆构造见图 4-77。

　　3. 横向连接系

　　拱圈横向倾角、横向连接系形式的优化主要围绕主桥整体横向刚度强弱进行，一共研究了数十个拱圈方案，分别进行试算。研究范围拱脚拱肋中心距由 16 m 至 19.6 m，拱肋内倾角度范围由 5°至 7.448°，横向连接系分别采用单直杆、"K"形和"米"形以及它们的组合。通过对各结构方案整体横向自振周期计算比较，选择经济性好，结构刚度大的方案。

　　经计算筛选并结合构造要求，对应拱肋横向内倾 6.5°，拱脚处中心距 19.6 m，横向连接系形式如下：两拱肋上下弦之间采用 φ600 mm×14 mm 和 φ800 mm×14 mm 钢管组成的多道"米"字形和"N"字形的平联连接；上下弦平联之间采用 φ450 mm×14 mm 钢管斜向连接，以此

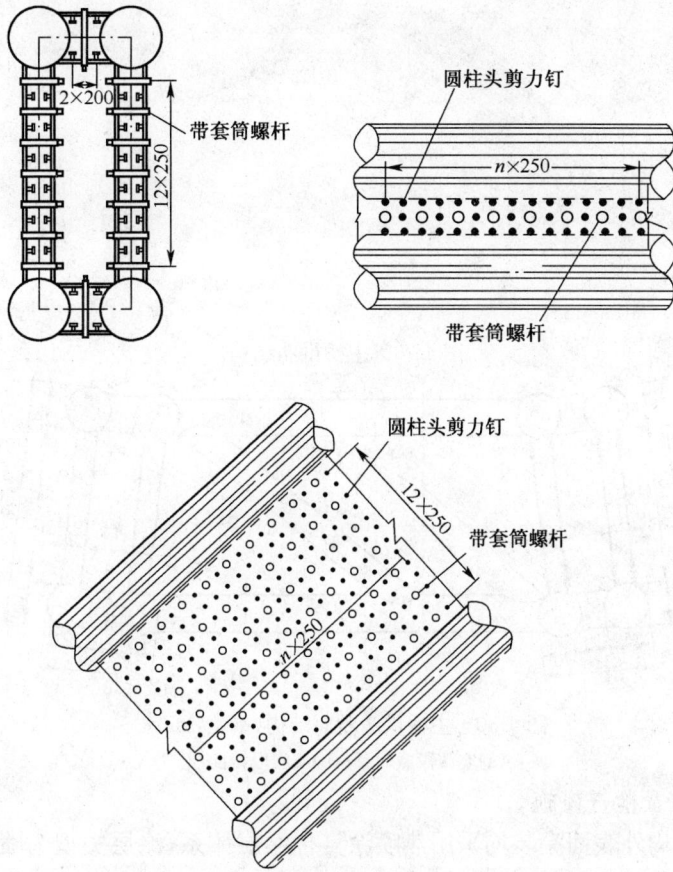

图 4-76 实腹段盖板、腹板剪力钉和拉杆布置图(单位:cm)

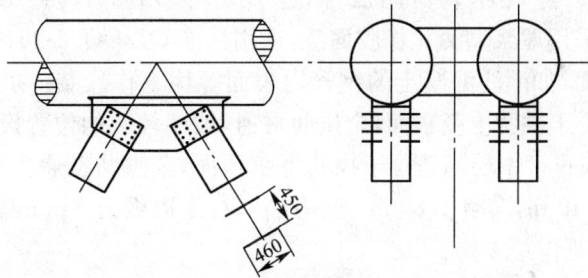

图 4-77 节点板连接的 H 形腹杆构造图(单位:mm)

组成拱肋横向连接系。横向连接钢管也采用 Q345 钢材。横向连接系布置见图 4-78。

图 4-78 横向连接系布置图(单位:mm)

主桥拱肋结构和拱圈断面结构如图 4-79、图 4-80 所示。

图 4-79　主桥拱肋结构

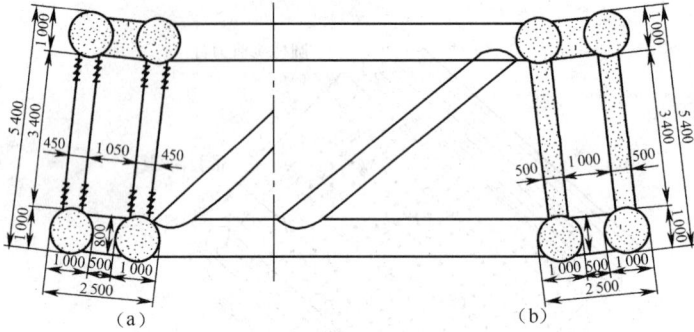

图 4-80　主桥拱圈断面结构(单位:mm)

(a)空腹段截面/2;(b)实腹段截面/2

4.钢结构涂装及检查设施

拱圈所有钢结构外表面涂装均采用热喷涂复合涂层体系,涂层类型为喷铝合金＋封闭＋涂装,标号为 AL160LQB。铝合金材料为 5A02,适用标准 GB/T3190,涂层标准厚度 160 μm。封闭层材料为 H06-9 锌黄环氧树脂底漆,适用标准 ZBG51094-81,涂层标准厚度为 40～50 μm。外涂装层采用厚浆型氯化橡胶面漆,适用标准 QJ/DQ02-264-89,涂层标准厚度为 150 μm。非结构外表面,如灌注混凝土的钢管内表面等均不作涂装。拱肋检查通道设三层,如图 4-81。上层通道位于拱肋上弦顶面,全拱肋贯通,坡度较陡的位置设钢筋梯,在墩座和Ⅱ形刚架位置分别绕行通过。中层通道位于拱肋下弦顶面,全拱肋贯通。下层通道悬挂于拱肋下弦底面,通道宽度 1.49 m,净空 1.80 m,全钢结构;行走道板为 6 mm 厚的扩张金属网,横梁槽钢设在金属网之上,兼作踏步梯。

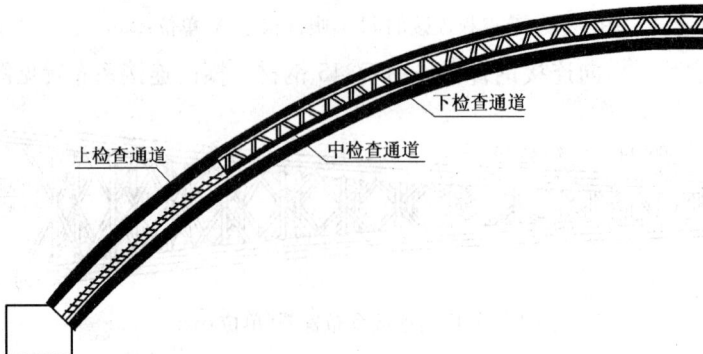

图 4-81　拱圈上层、中层及下层检查通道布置图

5. 拱上结构

拱上结构孔跨布置为:5×16 m 超低高度 PPC 简支梁＋82 m 拱顶钢筋混凝土刚架＋5×16 m 超低高度 PPC 简支梁。

通过固定支座使 3 号交界墩与拱上①号墩柱、4 号交界墩与拱上⑧号墩柱分别组成一联,拱上②、③、④号墩柱与拱顶Ⅱ形刚架 Ⅰ号段组成一联,⑤、⑥、⑦号墩柱与拱顶Ⅱ形刚架Ⅶ号段组成一联。联与联之间用活动支座隔断纵向水平力的传递,有利于温度变化时梁的伸缩。梁上制动(牵引)力由上述结构共同承受。拱上结构布置总图见图 4-82。

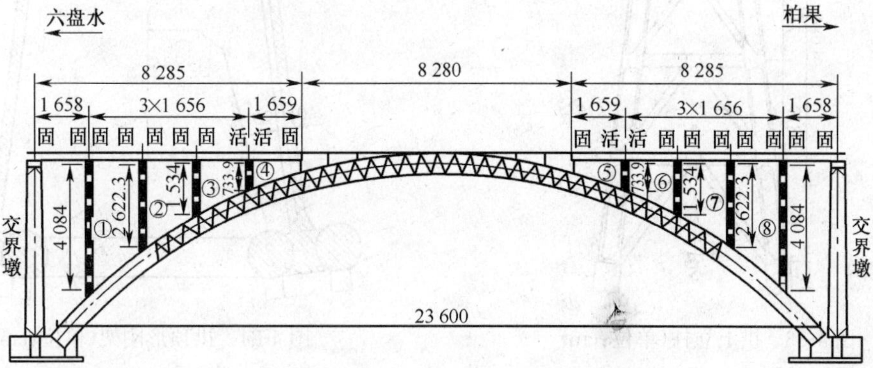

图 4-82　拱上结构布置总图(单位:cm)

(1)拱上立柱

拱上立柱为钢筋混凝土矩形空心墩,立柱间采用钢筋混凝土 K 形撑连接,以增强立柱的横向刚度。立柱横向内倾 6.5°,与拱肋倾角一致。拱上①、⑧号立柱高 40.84 m,②、⑦号立柱高 26.22 m,③、⑥号立柱高 15.34 m,④、⑤号立柱高 7.339 m。④、⑤号立柱最矮,刚度最大,水平分配力最大,横向温度力亦大,柱底弯矩将控制设计,因此在④、⑤号柱顶左、右侧均设活动支座,其余设固定支座。各柱帽梁横向长 8.25 m,纵向顶宽 2.1 m,底宽 1.7 m,帽梁高度为1.4 m。立柱顶部空心截面横向宽度为 200 cm,纵向宽度 140 cm,纵、横向壁厚均为 30 cm,①、②、⑦、⑧号立柱纵向内外壁 1∶100 放坡,壁厚不变,③、④、⑤、⑥号柱为 1∶0,柱顶截面纵向宽度为 1.4 m。横撑、斜撑与立柱连接处设置 1.2 m 厚的实体段以增强连接。立柱间 K形撑为钢筋混凝土空心截面,K 撑的水平杆截面高 120 cm,宽 100 cm,壁厚 15 cm;斜杆截面高 80 cm,宽 100 cm,壁厚 15 cm。斜撑与横撑连接处设置 1 m 厚的实体段以增强连接。立柱与 K 撑均采用 C40 混凝土。立柱结构如图 4-83 所示。

(2)拱顶Ⅱ形刚架

拱顶Ⅱ形刚架纵向分为 7 个节段(7.9 m＋2×9 m＋30.82 m＋2×9 m＋7.9 m),每段间留 3 cm 伸缩缝。Ⅱ形刚架顶板宽 7.0 m,厚度 25 cm,除中间 30.82 m 段腹板厚度为 60 cm外,其他节段腹板厚度均为 20 cm,下端放大成马蹄形。腹板横向倾斜 6.5°,与拱肋倾斜角度一致。Ⅱ形刚架纵向每 2.7～3 m 设置一道厚度为 20 cm 的横隔板,横隔板下部掏空,呈Ⅱ形。在顶板上设置 1% 横向排水坡。拱顶Ⅱ形刚架结构如图 4-84 所示。

(3)拱上刚架墩及Ⅱ形刚架与拱肋的连接构造

拱上刚架底部设置加劲的钢箱墩座与拱肋连接,钢箱底部与拱肋上弦焊接,墩柱型钢骨架插入钢箱混凝土内连接,如图 4-85。Ⅱ形刚架腹板底部设两道 10 mm 厚钢板,钢板下端焊接在拱肋上弦盖板上,腹板竖向钢筋全部焊接在该钢板上实现与拱肋的连接,如图 4-86,此外Ⅱ

形刚架的每道横隔板内均设置一道门形钢板,门形钢板的两个支腿与上弦钢板焊接。

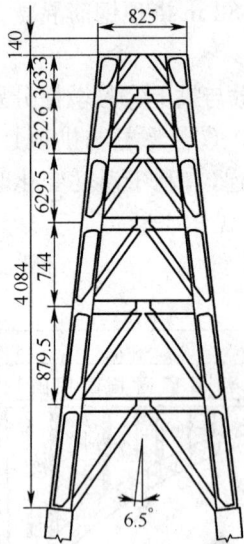

图 4-83　拱上立柱(单位:cm)

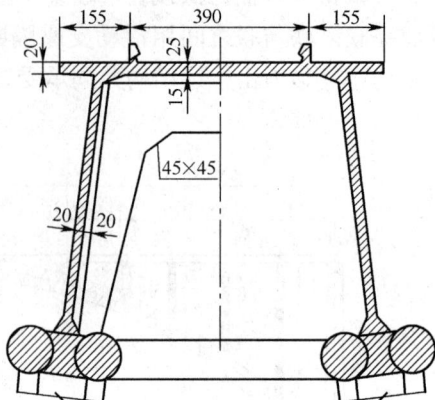

图 4-84　拱顶形刚架(单位:cm)

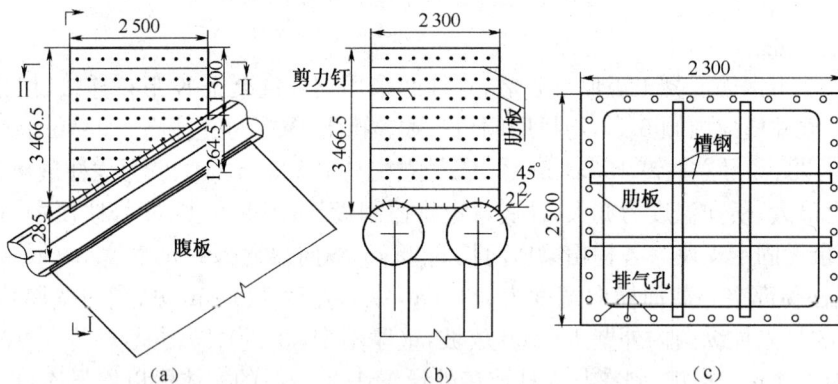

图 4-85　拱上②号墩墩座(单位:mm)

(a)侧面;(b)Ⅰ—Ⅰ;(c)Ⅱ—Ⅱ

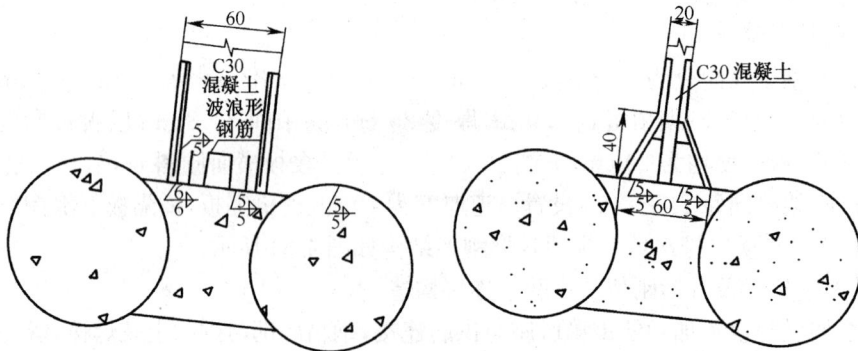

图 4-86　Ⅱ形刚架根部连接(单位:cm)

三、设计分析计算

1. 拱圈设计及计算

(1)横向刚度及总体稳定性

横向刚度是大跨度铁路桥梁区别于公路桥梁必须考虑的关键技术问题,其核心是避免列车重载轮轨有规律地作用下产生的车—桥耦合共振。列车安全运行系指车轮不脱轨;舒适和平稳运行则表明车辆(包括机车)振动不太激剧,不引起乘客和司机的不安全感。

早期的铁路桥梁由于理论研究和计算手段有限,有用桥梁固有自振频率作为控制指标对桥梁的刚度进行控制的做法,如前苏联对铁路钢桁梁横向自振周期有明确要求,在南昆线数座大跨度桥梁的设计中铁道部参考前苏联的做法,对桥梁的横向刚度(自振频率)作出了补充要求。本桥方案评审时经专家论证,确定横向刚度以主桥结构的第一自振周期不大于 1.65 s 进行控制;并要求委托当时国内唯一可以完成车—桥耦合动力分析的中南大学进行桥梁刚度检算,进一步论证列车运行的安全性和列车运营的舒适性。

设计采用 SAP91 和 SAP84 两种通用结构分析软件对主桥进行空间结构分析计算,SAP91 有限元整体模型见图 4-87。

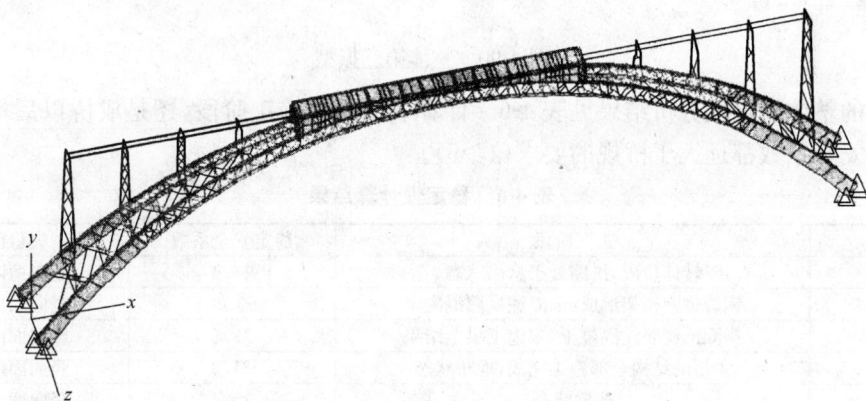

图 4-87 整体控制计算模型

采用 SAP91 程序进行全桥整体计算,主桥 1~3 振型自振周期如下:第 I 振型(图 4-88):$T=1.54$ s(横向);第 II 振型(图 4-89):$T=1.40$ s(竖向);第 III 振型(图 4-90):$T=0.83$ s(纵向)。

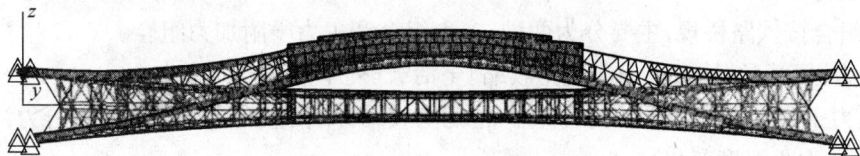

图 4-88 整体第一振型

采用 SAP84 程序复核计算结果与 SAP91 程序计算成果接近,1~3 振型如下:第 I 振型:$T=1.53$ s(横向);第 II 振型:$T=1.24$ s(竖向);第 III 振型:$T=0.90$ s(纵向)。第一横向自振周期都是小于 1.65 s,满足要求。

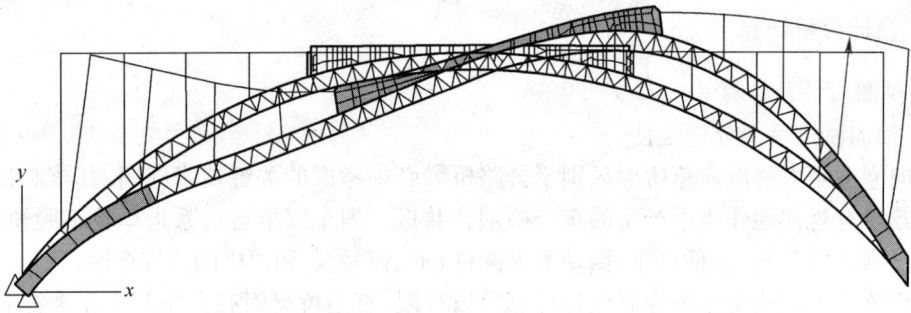

图 4-89 整体第二振型

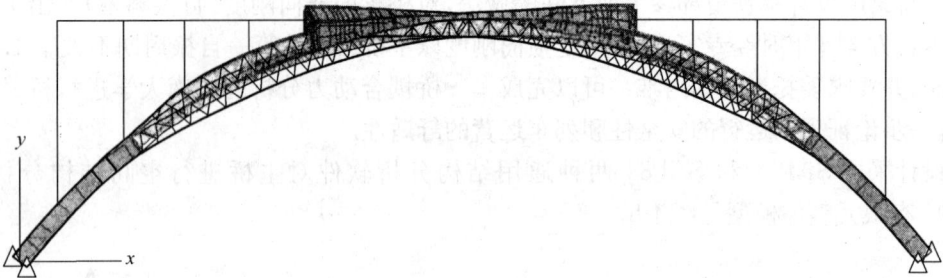

图 4-90 整体第三振型

拱圈的整体稳定性分析结果见表 4-6。计算表明无论施工阶段,还是成桥以后本桥的竖、横向稳定安全系数都远大于桥规的要求(λ≥5)。

表 4-6 稳定性计算结果

序号	工况阶段	稳定安全系数	失稳模态
1	转体阶段,拱圈处于悬吊状态	13.4	竖向面内失稳
2	钢管拱圈桁架形成,未灌注拱圈混凝土	60.00	竖向面内失稳
3	拱圈已经灌注混凝土,未施工拱上结果	39.4	竖向面内失稳
4	主桥的结构全部施工完成,成桥状态	31.3	竖向面内失稳
5	运营状态	25.4	竖向面内失稳

(2)结构计算

拱圈是从空心钢管桁架经灌注混凝土而逐步形成钢管混凝土桁架,在此过程中拱圈的重量逐步增加,拱圈的刚度也逐步增长,钢管与内部混凝土的受力与变形不协调。传统的内力叠加法已经不能满足需要,结构须按应力叠加法计算。

①荷载组合

荷载组合按铁路桥规,主要分为两种:主力组合和主力+附加力组合。

a. 主力:恒载(结构自重+混凝土收缩)+活载(列车活载+冲击力)。

b. 主力+附加力:恒载(结构自重+混凝土收缩)+活载(列车活载+冲击力)+附加力(制动力+风力+温度变化)。

②主要计算参数

a. 钢—混凝土组合构件(钢管混凝土、SRC 混凝土)的轴压刚度和抗弯刚度,国内外的规范和文献都推荐换算刚度法,分别按下列公式计算:

$$轴压刚度: [EA]_{sc} = E_s A_s + E_c A_c \tag{4-130}$$

$$抗弯刚度：[EI]_{SC}=E_sI_s+E_cI_c \tag{4-131}$$

b. 拱圈 C50 微膨胀混凝土 $R_a=35$ MPa，$E_h=35$ GPa，重度按 26 kN/m³ 计算；Q345 钢材 $[\sigma_W]=210$ MPa，$E_g=210$ GPa，重度按 78.5 kN/m³ 计算。

c. 拱上结构 C30 混凝土，$R_a=21$ MPa，$E_h=31$ GPa，重度按 25 kN/m³ 计算。

d. 温度力按全桥温度整体变化 ±20 ℃考虑。

e. 桥面二期恒载按 42 kN/m 计算。

f. 制动力（牵引力）按桥规取全桥静活载的 10% 计算。

g. 中活载，冲击系数 $1+\mu=1.1233$。

h. 风力计算，由于缺少实测风力资料，按铁路桥规计算，基本风压强度，$W=500$ Pa。

i. 板单元重度、厚度及弹性模量的折算办法：

拱上"Ⅱ"结构的顶板、腹板和隔板按板单元建模，重度、板厚和弹性模量按实际取值。拱肋上下盖板以拉、压受力为主，弯矩很小，其截面参数的折算，以面积刚度为主，办法如下（图 4-91）：

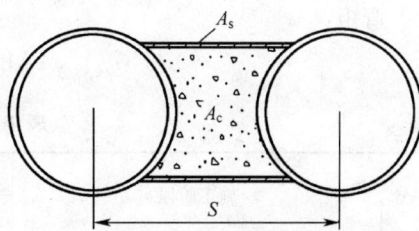

图 4-91　盖板参数折算

折算盖板面积：$A_{SC}=(E_s/E_c)A_s+A_c \tag{4-132}$

弹性模量：$E_{SC}=E_c \tag{4-133}$

折算板厚：$d_{SC}=A_{SC}/S \tag{4-134}$

折算重度：$\gamma_{SC}=(A_s\gamma_s+A_c\gamma_c)/A_{SC} \tag{4-135}$

式中，A_s、A_c、γ_s、γ_c 分别为钢板面积、混凝土面积、钢材重度和混凝土重度。

拱肋实腹板处于弯矩较大的区域，其截面参数的折算以抗弯刚度为主，表示如下（图 4-92）：

折算实腹板竖向惯性矩：$I_{SC}=(E_s/E_c)I_s+I_c \tag{4-136}$

弹性模量：$E_{SC}=E_c \tag{4-137}$

折算板厚：$d_{SC}=12A_{SC}/S^3 \tag{4-138}$

折算重度：$\gamma_{SC}=(A_s\gamma_s+A_c\gamma_c)/(d_{SC}\cdot S) \tag{4-139}$

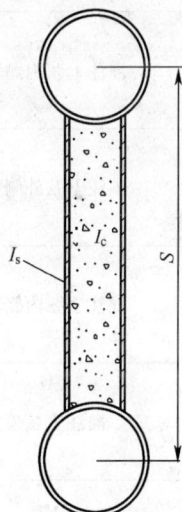

图 4-92　实腹板参数折算

式中，I_s、I_c、A_s、A_c、γ_s、γ_c 分别为钢板惯性矩、混凝土惯性矩、钢板面积、混凝土面积、钢材重度和混凝土重度。

③内力计算

计算模型按照主桥的实际空间结构建立，模型中除拱肋上下盖板、实腹板和拱上"Ⅱ"结构采用板单元，其他构件全部采用梁单元。计算模型如图 4-93 所示。

按施工加载过程，分步进行结构计算，然后对结果进行叠加。把主桥施工阶段（包括运营阶段），按顺序分解成 28 个阶段工况，建立 13 种计算模型，分别进行结构计算，见表 4-7。结构计算采用通用结构分析软件 SAP91，数据后期处理采用 EXCEL。

应力叠加法的内力叠加公式如下：

轴向力：

$$N_{i钢管}=N_{i钢管q}+N_{i钢管h} \tag{4-140}$$

$$N_{i混凝土}=N_{i叠加}-N_{i钢管h} \tag{4-141}$$

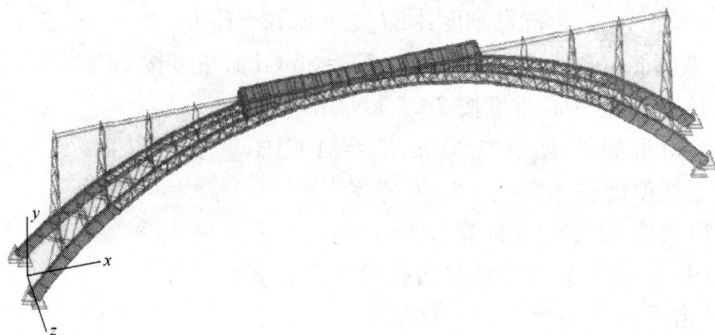

图 4-93 计算模型

$$N_{i\text{钢管h}} = (N_{i\text{叠加}} - N_{i\text{钢管q}})E_S A_S / (E_C A_C + E_S A_S) \quad (4\text{-}142)$$

弯矩：

$$M_{i\text{钢管}} = M_{i\text{钢管q}} + M_{i\text{钢管h}} \quad (4\text{-}143)$$

表 4-7 结构计算分解工况表

序号	施工阶段	分解工况	
		模型	荷载
S1	转体阶段，拱圈处于扣索的悬挂状态	悬扣状态，拱脚铰接	自重
S2	安装跨中合拢段，释放扣索（拱脚为铰接）	空钢管拱桁架，拱脚铰接	合拢段重量，反向扣索力
S3	灌注上弦外侧钢管内混凝土	空钢管拱桁架，拱脚固接	本次灌注的钢管混凝土重量
S4	灌注上弦内侧钢管内混凝土	以前灌注的混凝土已具有刚度	前次灌注的混凝土收缩（降温10 ℃）
S5			本次灌注的钢管混凝土重量
S6	灌注下弦外侧钢管内混凝土	以前灌注的混凝土已具有刚度	前次灌注的混凝土收缩（降温10 ℃）
S7			本次灌注的钢管混凝土重量
S8	灌注下弦内侧钢管内混凝土	以前灌注的混凝土已具有刚度	前次灌注的混凝土收缩（降温10 ℃）
S9			本次灌注的钢管混凝土重量
S10	灌注上弦盖板内的混凝土	以前灌注的混凝土已具有刚度	前次灌注的混凝土收缩（降温10 ℃）
S11			本次灌注的钢管混凝土重量
S12	灌注上弦盖板内的混凝土	以前灌注的混凝土已具有刚度	前次灌注的混凝土收缩（降温10 ℃）
S13			本次灌注的钢管混凝土重量
S14	灌注下弦盖板内的混凝土	以前灌注的混凝土已具有刚度	前次灌注的混凝土收缩（降温10 ℃）
S15			本次灌注的钢管混凝土重量
S16	灌注外侧实腹板内混凝土	以前灌注的混凝土已具有刚度	前次灌注的混凝土收缩（降温10 ℃）
S17			本次灌注的钢管混凝土重量

序号	施工阶段	分解工况	
		模型	荷载
S18	灌注内侧实腹板内混凝土	以前灌注的混凝土已具有刚度	前次灌注的混凝土收缩（降温10 ℃）
S19			本次灌注的钢管混凝土重量
S20	浇筑拱上刚架墩	拱圈刚度全部形成	前次灌注的混凝土收缩（降温10 ℃）
S21			刚架墩重量
S22	浇筑拱上"Ⅱ"结构	拱圈刚度全部形成	"Ⅱ"结构重量
S23	架设16 m T梁,铺设二期恒载	整体模型	梁重和二期恒载
S24	桥面作用制动力（牵引力）	整体模型	10%的全桥静活载
S25	横向作用风荷载	整体模型	风力
S26	全桥	整体模型	升温20 ℃
S27	全桥降温20 ℃	整体模型	降温20 ℃
S28	活载计算（包括冲击）	整体模型	中—活载

$$M_{i混凝土} = M_{i叠加} - M_{i钢管h} \qquad (4\text{-}144)$$

$$M_{i钢管h} = (M_{i叠加} - M_{i钢管q})I_S A_S / I_C A_C \qquad (4\text{-}145)$$

式中　$N_{i钢管}$、$M_{i钢管}$——i 钢管轴向力、弯矩；

　　　$N_{i钢管q}$、$M_{i钢管q}$——i 钢管灌注混凝土前的轴向力、弯矩；

　　　$N_{i钢管h}$、$M_{i钢管h}$——i 钢管灌注混凝土后承担的轴向力、弯矩；

　　　$N_{i钢管h}$、$M_{i钢管h}$——i 钢管内混凝土轴向力、弯矩；

　　　$N_{i叠加}$、$M_{i叠加}$——i 钢管混凝土内力叠加的轴向力、弯矩；

　　　E_S、A_S、I_S、E_C、A_C、I_C——分别表示钢管弹性模量、钢管截面积、钢管惯性矩、管内混凝土弹性模量、管内混凝土截面积、管内混凝土惯性矩。

按上述计算方法,以拱肋上外侧钢管为例,钢管和核心混凝土应力情况如下表4-8。

表4-8　拱肋上外侧钢管及核心混凝土应力

截面序号	钢管应力（MPa）		混凝土应力（MPa）		不考虑混凝土抗弯的钢管应力（MPa）		钢管疲劳应力幅（MPa）
	最小应力	最大应力	最小应力	最大应力	最小应力	最大应力	
1	$-3.55\text{E}+01$	$-1.24\text{E}+01$	$1.44\text{E}+01$	$-1.63\text{E}+01$	$-1.50\text{E}+02$	$7.86\text{E}+01$	$4.32\text{E}+01$
2	$-3.41\text{E}+01$	$-1.38\text{E}+01$	$1.09\text{E}+01$	$-1.34\text{E}+01$	$-1.25\text{E}+02$	$5.63\text{E}+01$	$3.08\text{E}+01$
3	$-3.76\text{E}+01$	$-1.01\text{E}+01$	$8.27\text{E}+00$	$-1.29\text{E}+01$	$-1.16\text{E}+02$	$4.12\text{E}+01$	$3.00\text{E}+01$
4	$-3.52\text{E}+01$	$-6.48\text{E}+00$	$5.77\text{E}+00$	$-1.09\text{E}+01$	$-9.74\text{E}+01$	$2.70\text{E}+01$	$2.48\text{E}+00$
5	$-3.51\text{E}+01$	$-7.04\text{E}+00$	$4.61\text{E}+00$	$-1.03\text{E}+01$	$-9.04\text{E}+01$	$2.02\text{E}+01$	$1.15\text{E}+01$
6	$-3.35\text{E}+01$	$-4.34\text{E}+00$	$3.14\text{E}+00$	$-9.48\text{E}+00$	$-8.04\text{E}+01$	$1.34\text{E}+01$	$8.94\text{E}+00$
7	$-3.29\text{E}+01$	$-3.33\text{E}+00$	$2.23\text{E}+00$	$-9.15\text{E}+00$	$-7.53\text{E}+01$	$9.36\text{E}+00$	$7.24\text{E}+00$
8	$-6.39\text{E}+01$	$8.87\text{E}-02$	$2.08\text{E}+00$	$-8.79\text{E}+00$	$-1.04\text{E}+02$	$-2.34\text{E}+01$	$6.18\text{E}+00$

截面序号	钢管应力（MPa）		混凝土应力（MPa）		不考虑混凝土抗弯的钢管应力（MPa）		钢管疲劳应力幅（MPa）
	最小应力	最大应力	最小应力	最大应力	最小应力	最大应力	
9	−5.31E+01	−2.83E+00	5.84E+00	−1.23E+01	−1.21E+02	1.44E+01	−6.95E+00
10	−5.87E+01	−2.91E+00	6.23E+00	−1.24E+01	−1.28E+02	1.06E+01	3.19E+00
11	−5.05E+01	−2.69E+00	6.10E+00	−1.28E+01	−1.21E+02	1.98E+01	3.81E+00
12	−4.82E+01	−4.80E+00	6.42E+00	−1.39E+01	−1.24E+02	2.74E+01	1.26E+01
13	−4.84E+01	−4.91E+00	5.68E+00	−1.24E+01	−1.16E+02	1.89E+01	1.37E+01
14	−4.28E+01	−6.36E+00	5.66E+00	−1.10E+01	−1.05E+02	1.92E+01	1.45E+01
15	−6.14E+01	−6.04E+00	6.13E+00	−1.21E+01	−1.29E+02	6.21E+00	1.57E+01
16	−3.80E+01	−3.37E+00	7.41E+00	−1.27E+01	−1.13E+02	3.68E+01	3.63E+01
17	−3.48E+01	−7.88E+00	6.64E+00	−1.10E+01	−9.64E+01	3.45E+01	1.15E+01
18	−3.10E+01	−7.10E+00	6.39E+00	−1.01E+01	−1.02E+02	2.03E+01	1.81E+01
19	−4.10E+01	−8.90E+00	7.44E+00	−1.14E+01	−1.06E+02	3.45E+01	2.20E+01
20	−3.56E+01	−8.29E+00	7.80E+00	−1.20E+01	−1.09E+02	3.82E+01	2.08E+01
21	−3.55E+01	−9.74E+00	7.67E+00	−1.14E+01	−1.05E+02	3.72E+01	2.38E+01
22	−3.37E+01	−8.89E+00	7.54E+00	−1.10E+01	−1.33E+02	4.98E+00	2.17E+01
23	−6.40E+01	−6.22E+00	8.63E+00	−1.29E+01	−1.19E+02	4.05E+01	2.55E+01
24	−3.94E+01	−9.97E+00	8.69E+00	−1.26E+01	−1.19E+02	3.93E+01	3.53E+01
25	−3.98E+01	−1.09E+01	8.91E+00	−1.27E+01	−1.14E+02	4.67E+01	2.48E+01
26	−3.36E+01	−1.01E+01	9.15E+00	−1.30E+01	−1.23E+02	4.15E+01	2.20E+01
27	−4.09E+01	−1.14E+01	9.97E+00	−1.45E+01	−1.32E+02	5.02E+01	2.60E+01
28	−4.07E+01	−1.19E+01	1.03E+01	−1.45E+01	−1.55E+02	2.95E+01	2.44E+01
29	−4.18E+01	−9.21E+00	1.07E+01	−1.60E+01	−1.53E+02	4.58E+01	2.52E+01
30	−6.28E+01	−8.69E+00	1.14E+01	−1.77E+01	−1.67E+02	4.83E+01	2.58E+01
31	−5.36E+01	−7.42E+00	1.15E+01	−1.79E+01	−1.69E+02	4.99E+01	1.06E+01
32	−5.95E+01	−6.65E+00	1.24E+01	−1.94E+01	−1.73E+02	6.39E+01	1.28E+01
33	−5.95E+01	−6.83E+00	1.28E+01	−1.97E+01	−1.81E+02	6.09E+01	1.18E+01
34	−5.47E+01	−7.21E+00	1.30E+01	−1.99E+01	−1.80E+02	6.53E+01	1.23E+01
35	−5.98E+01	−7.74E+00	1.34E+01	−2.02E+01	−1.25E+02	1.25E+02	1.27E+01
36	−5.72E+01	−8.15E+00	1.35E+01	−2.02E+01	−1.25E+02	1.25E+02	1.26E+01

从表 4-8 可以看出拱肋钢管内混凝土应力，即使不考虑钢管对混凝土的套箍作用，也是满足《铁路桥规》要求的，而且还有较大的富余量。可得到这样的结论：对于大跨钢管钢筋混凝土拱桥，其钢管混凝土的强度检算一般不控制设计，不用考虑钢管对混凝土的套箍作用。

还有一个问题，上表中第一栏钢管应力计算是完全按钢管与管内混凝土共同作用，满足平截面假定计算得到的，实际钢管与混凝土相互作用的情况如何，钢管混凝土这种组合结构在压弯荷载作用下的破坏机理根据现在的研究成果和理论都说不清楚，在数次专家会上专家也提出这个问题。本桥设计中按最保守的做法，即轴向力由钢管和混凝土按比例分当，而弯矩全部由钢管承担,由此得到的钢管应力见表 4-8 第三栏。

从表 4-8 我们可以看出如果按保守的算法钢管应力是比较大的,是不利情况的极限,实际的钢管应力应介于表 4-8 所列两种钢管应力之间。如果钢管内混凝土灌注质量很差,钢管与混凝土完全脱离,钢管应力会增大,甚至出现最不利情况的应力,同时如果钢管制造、焊接质量很糟糕,桥梁就容易出问题。可见对于钢管钢筋混凝土拱桥,高质量的钢管桁架是保证拱桥整体结构安全的最后一道屏障,确保钢管桁架的制造、拼装、焊接质量是钢管钢筋混凝土拱桥施工非常重要也是最关键的环节,强调钢管钢筋混凝土拱桥的材料组合性,降低对钢管桁架质量要求是不对的。

(3)钢管混凝土拱肋

①钢管混凝土检算

大桥主拱肋及横向连接系在拱肋未灌注混凝土前为完全的钢结构,按钢结构的要求进行检算;在灌注混凝土后以及在大桥的长期运营阶段,主拱肋为钢管混凝土结构。设计参考了《钢管混凝土结构设计与施工规程》(CECS 28:90)和《钢管混凝土结构设计与施工规程》(JCJ 04—1989)中的材料、构造处理和施工及质量要求等方面的条文。由于钢管混凝土的钢管与管内混凝土有约束作用,受弯时两者具有一定的协同作用,但与普通钢筋混凝土构件相比较,又没有完全协同受力的机制,钢管壁与管内混凝土的黏结太弱,所以对于遇到大偏心受压的情况,设计仍按"铁路桥规"容许应力法进行检算,即分别对钢管的应力、疲劳和混凝土的应力进行检算,各项检算均满足要求。

我们认为钢管钢筋混凝土拱桥最大的优势来自施工,而不是钢管与混凝土的组合效应。对于大跨度钢筋混凝土拱桥,拱圈施工是最大难题,采用临时拱架施工,施工费用大,工期长;而钢管钢筋混凝土拱桥,钢管桁架既是拱圈的组成材料,又作拱架和模板,节约了昂贵的施工临时设备,施工简便快速,工期缩短,总造价也具有相对优势。另外空腔内填满混凝土的钢管桁架,钢板不存在失稳问题,也增大了钢板受压容许应力。

②实腹板及上下弦盖板设计

由于钢板与内部混凝土之间黏结性能远不如钢筋与混凝土黏结性能,因此盖板或腹板应按照型钢混凝土结构理论进行设计,结果满足设计要求。腹板和盖板施工过程中的检算和其细部构造处理非常重要。盖板、腹板内灌注混凝土时,湿混凝土对钢板的压力按式(4-146)、式(4-147)(见混凝土工程施工手册)计算,并取较小值。

$$p = \frac{10 \times \left(0.4 + 150 K_1 K_2 \dfrac{V_1}{3}\right)}{T + 30} \tag{4-146}$$

$$p = 25H \tag{4-147}$$

从实腹板灌注混凝土时受力的有限元分析结果来看,实腹板中拉杆作用很大。

③腹杆设计

本桥在初步设计和技术设计阶段,曾比较过数种空腹段腹杆形式。如下图 4-94、图 4-95、图 4-96。

对于空心管结构腹杆方案,按 ANSI/AWSD 1.4-1998 中"管材 T、Y 和 K 形节点的部分熔透(CIJ)焊缝的免除评定细节—有限厚度的标准平直状平面形状"对制造进行要求,对应疲劳细节为 ET 级,经检算接头疲劳应力幅大于 20 MPa,不能满足要求;若提高接头的应力等级至DT 级,则要求支管与主管的相贯焊缝完全焊透。对相贯接头的根部焊缝,焊工若不到支管内

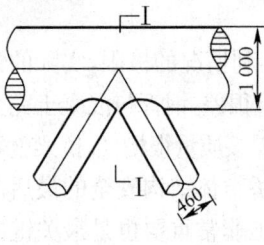

图 4-94　空心管结构腹杆方案图(单位:mm)

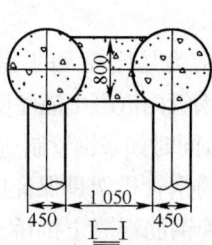

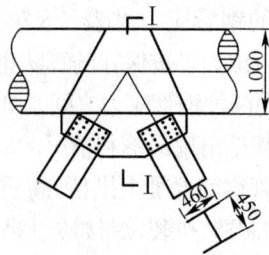

图 4-95　节点板插入钢管的 H 形腹杆方案(单位:mm)

操作则基本不可能做到完全焊透,从现场的拼装方案及实际焊接工艺水平考虑,按 ET 级设计风险比较大;经过数次专家的评审、论证,最终放弃了空心管结构。

前苏联有一座钢管混凝土桥,曾采用节点板插入钢管的 H 形腹杆方案。虽然该方案在受力、传力方面有优势,但是节点板插入主钢管,需要在主钢管壁上开槽,管内、管外均有焊缝,制造难度很大,该方案也没有被采用。后来提出的扫把形腹杆方案(图 4-96),其实是一个好方案,没有被采纳的主要原因是部分专家认为其接头刚度较小,与主弦管刚度相差太大,易产生应力集中。

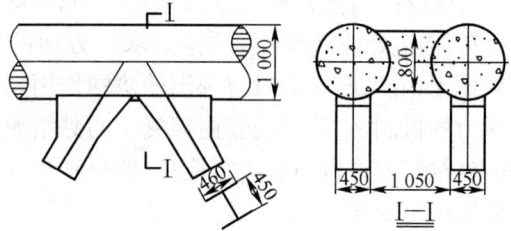

图 4-96　扫把形腹杆(单位:mm)

经过数种腹杆形式的比较,最终采纳技术最稳妥的 H 形腹杆、节点板高强度螺栓连接的腹杆形式(见图 4-97)。虽然这种形式现场拼装难度较大,有些部位甚至采取了

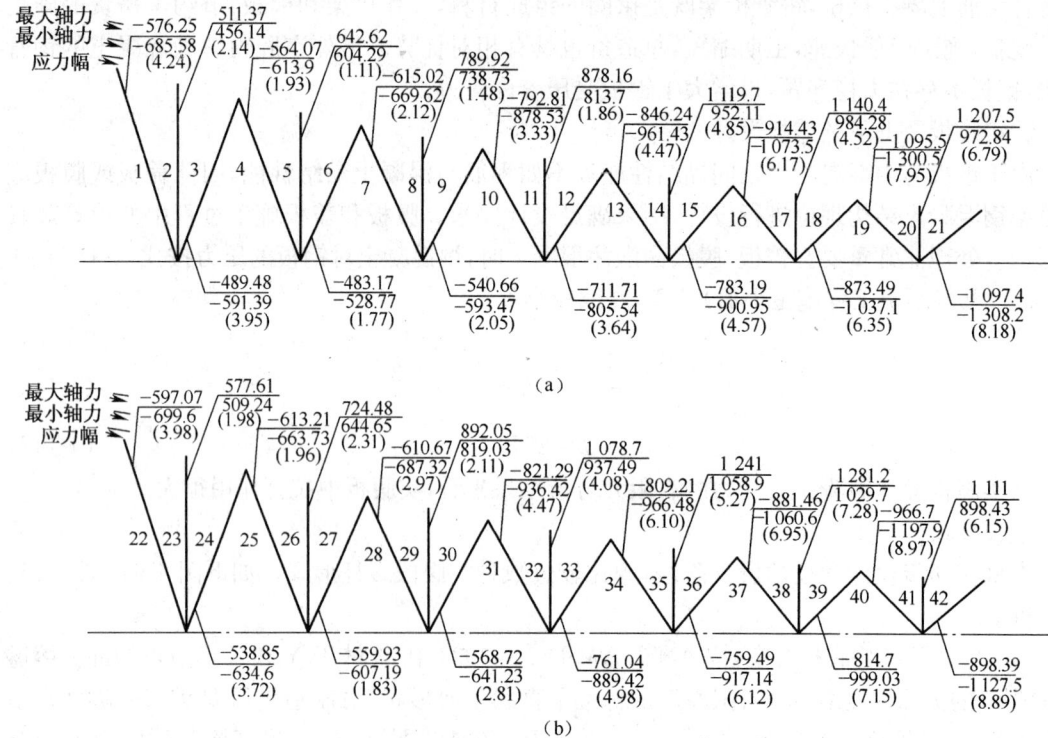

图 4-97　横连管件内力图(单位 kN·m,MPa)

(a)上平联;(b)下平联

对结构不太有利的强迫校正办法,但由于腹杆设计安全储备较大,即使考虑拼装应力后还可以满足要求。

(4)拱圈横向连接系

①关于空心管结构的检算规范

在我国目前尚无铁路空心管结构相关规范的条件下,参照美国国家标准《钢结构焊接规范》(ANSI/AWSD 1.4-1998)及欧洲钢结构协会《钢结构疲劳设计规范》有关疲劳检算的条款,特别是 ANSI/AWSD 1.4-1998 中"D 管材连接的特定要求"之"2.36.6 疲劳"进行设计。

②相贯接头检算

a. 结构内力及应力。主桥整体计算上下平连管件受力情况如图 4-97 所示。

b. 管件接头静力强度检算。设计按照 ANSI/AWSD 1.4-1998 的规定检算钢管相贯接头的强度,检算项目主要有:节点冲剪破坏、主管塑性变形失效破坏和整体破坏三项内容,计算结果如表 4-9 所示。$\phi 800$ mm×14 mm 主管径厚比 $\phi/t=57$,满足 ANSI/AWSD 1.4-1998 的要求。

表 4-9 连接系钢管相贯接头静力强度

项目	节点冲剪破坏	主管塑性变形失效破坏	整体破坏
作用效应	34.3 MPa	814 kN	814 kN
容许抗力	39.91 MPa	2 700 kN	842 kN

设计对连接系中支管推力较大的节点又进行了有限元分析,计算模型如图 4-98。节点变形见图 4-99。分析结果表明主管上环向附加拉压力很大,有些部位甚至超过了 Q345 钢材的屈服强度。发现该问题后,设计将节点部位主管壁厚增加至 20 mm,以增强主管环向刚度,减小管壁的环向变形,控制附加压力减小至容许值之内。

图 4-98 相贯接头有限元分析模型   图 4-99 相贯接头节点变形示意图

c. 管件接头疲劳强度检算。钢管相贯接头的焊接坡口按 ANSI/AWSD 1.4-1998 中"管材 T、Y 和 K 形节点的部分熔透(CIJ)焊缝的免除评定细节—有限厚度的标准平直状平面形状"对制造进行要求,对应疲劳细节为 ET 级。按 ANSI/AWSD 1.4-1998 部分熔透焊缝的 T、Y 或 K 形节点,主管抗剪冲剪不能承受全部荷载,应力类型为 ET 级,200 万次的允许应力幅为 20 MPa。横联直管最大疲劳应力幅为 9.14 MPa,横连横管最大疲劳应力幅为 8.94 MPa,都满足要求。

(5)钢管拱圈制造坐标和预拱度设置

①拱肋坐标计算

拱圈是一个复杂的三维空间结构,以拱圈纵向为 X 轴,竖向为 Y 轴,横向为 Z 轴,如图

4-100。推导拱肋主钢管中心线的空间坐标公式如下：

$$\begin{cases} x_1 = x - d/2\sin\varphi^1 \\ y_1 = (y^1 + d/2\cos\varphi^1)\cos\alpha - b/2\sin\alpha \\ z_1 = -(y^1 + d/2\cos\varphi^1)\sin\alpha - b/2\sin\alpha + 19.6/2 \end{cases}$$

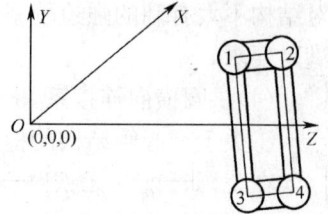

图 4-100　拱圈整体坐标

$$\begin{cases} x_2 = x - d/2\sin\varphi^1 \\ y_2 = (y^1 + d/2\cos\varphi^1)\cos\alpha + b/2\sin\alpha \\ z_2 = -(y^1 + d/2\cos\varphi^1)\sin\alpha + b/2\sin\alpha + 19.6/2 \end{cases}$$

$$\begin{cases} x_3 = x + d/2\sin\varphi^1 \\ y_3 = (y^1 - d/2\cos\varphi^1)\cos\alpha - b/2\sin\alpha \\ z_3 = -(y^1 - d/2\cos\varphi^1)\sin\alpha - b/2\sin\alpha + 19.6/2 \end{cases}$$

$$\begin{cases} x_4 = x + d/2\sin\varphi^1 \\ y_4 = (y^1 - d/2\cos\varphi^1)\cos\alpha + b/2\sin\alpha \\ z_4 = -(y^1 - d/2\cos\varphi^1)\sin\alpha + b/2\sin\alpha + 19.6/2 \end{cases} \tag{4-148}$$

式中

$$y^1 = f\{1 - \{\mathrm{ch}[K(1 - x/l_1)] - 1\}\}/\cos\alpha;$$
$$\tan\varphi^1 = 2fK\,\mathrm{sh}[K(1 - x/l_1)]/L(m - 1)/\cos\alpha;$$
$$f = 59m;$$
$$L = 2l_1 = 236m;$$
$$K = \ln(m + \sqrt{m^2 - 1});$$
$$m = 3.2;$$
$$\alpha = 6.5°.$$

②预拱度设置

拱圈预拱度按《铁路桥规》要求设置，为施工全过程的所有恒载位移加上50%静活载位移。拱圈上每处预拱度完全按实际计算位移设置，把各施工阶段工况下的拱圈各节点的恒载位移以及50%的静活载位移累计起来即所需预拱度。将各节点的预拱度值反叠加到结构空间计算坐标上，即可得到拱圈的制造坐标。设计也提供了每肢钢管的横向(Z方向)预拱度，由于该值很小，制造时没有考虑。拱肋钢管的$L/2$、$L/4$位置竖向预拱度值见表4-10。

表 4-10　拱肋钢管预拱度值

钢管	$L/4$ 处预拱度(mm)	$L/2$ 处预拱度(mm)
上外侧钢臂	77	177
上内侧钢臂	80	180
下外侧钢臂	79	181
下内侧钢臂	76	177

2. 拱上立柱及拱顶"Ⅱ"形结构计算

(1)拱上立柱墩身结构内力计算

列车活载采用中—活载；列车、梁部及墩采用标准风荷载；温度按升、降20 ℃考虑。计算时各墩底均按固接考虑，且不计主拱变形，偏安全。1号刚架最高，4号刚架最矮，因此以1、4号刚架柱为例，采用SAP结构分析通用程序，按最不利荷载组合进行内力分析计算，将计算结果分析整理成表 4-11、表 4-12。

表 4-11　拱上 1 号刚架柱内力

部位	最大项	轴力 N (kN)	横向剪力 Q_1 (kN)	横向弯矩 M_1 (kN·m)	纵向剪力 Q_2 (kN)	纵向弯矩 M_2 (kN·m)	扭矩 T_k (kN·m)
柱身	N_{max}	−5 463.7	299.9	−1 859.9	3.2	−59.4	0.5
	M_{1max}	−2 712.7	387.0	−2 563.3	10.2	−192.2	−1.5
	M_{2max}	−4 727.1	−229.1	1 971.3	−223.4	3 745.6	−67.5
帽梁	$N_{max压}$	−373.7	−514.2	1 238.4	−0.1	0.2	10.4
	$N_{max拉}$	18.3	−17.3	−71.7	−0.3	0.7	−33.7
	M_{1max}	−327.6	1 018.4	1 252.9	−0.4	0.2	−73.1
	M_{2max}	−343.6	−1 159.1	989.7	9.9	−21.8	−6.6
斜撑	$N_{max压}$	−793.5	−44.7	93.8	1.3	3.1	3.1
	$N_{max拉}$	161.6	−38.3	−29.3	0.4	0.0	1.4
	M_{1max}	53.0	60.1	−173.6	0.4	−5.7	1.4
	M_{2max}	−181.3	53.7	−154.7	−26.9	159.2	−26.1
横撑	$N_{max压}$	−420.8	−150.9	−419.7	−0.4	0.0	−0.9
	$N_{max拉}$	525.9	86.9	138.1	0.4	1.5	−2.3
	M_{1max}	−299.4	−171.5	−509.3	−0.1	0.0	−0.3
	M_{2max}	349.7	25.9	−71.2	−7.4	−66.6	−8.3

注：M_1 指横向弯矩，M_2 指纵向弯矩。

表 4-12　拱上 4 号刚架柱内力

部位	最大项	轴力 N (kN)	横向剪力 Q_1 (kN)	横向弯矩 M_1 (kN·m)	纵向剪力 Q_2 (kN)	纵向弯矩 M_2 (kN·m)	扭矩 T_k (kN·m)
柱身	N_{max}	−2 542.4	673.3	−2 585.0	12.4	−44.4	3.0
	M_{1max}	−640.9	693.5	−2 620.6	39.9	−143.5	−9.8
	M_{2max}	−1 947.8	549.3	−2 048.1	−375.2	3 668.1	−202.9
帽梁	$N_{max压}$	−650.0	−432.5	1 315.0	−0.2	0.4	10.4
	$N_{max拉}$	282.9	66.6	19.6	−0.5	1.3	−33.5
	M_{1max}	−604.5	1 100.1	1 329.2	−0.7	0.4	−73.1
	M_{2max}	−615.7	1 186.2	145.1	18.7	−37.4	29.8
斜撑	$N_{max压}$	−911.2	−53.3	138.6	1.9	0.4	2.5
	$N_{max拉}$	168.9	−27.9	−10.6	6.1	36.0	−7.9
	M_{1max}	−911.2	−53.3	138.6	1.9	0.4	2.5
	M_{2max}	−471.7	29.9	−28.5	−22.9	102.6	−34.9
横撑	$N_{max压}$	−765.1	40.2	−116.3	0.0	0.2	0.0
	$N_{max拉}$	1 241.7	48.8	31.6	−8.2	−20.7	0.0
	M_{1max}	−772.5	−71.8	−224.7	−0.2	0.0	3.3
	M_{2max}	−456.9	47.8	148.8	−8.2	−20.8	0.0

注：M_1 指横向弯矩，M_2 指纵向弯矩。

通过计算分析得出以下结论:

①斜撑采用"Λ"形与帽梁相连,确实很好地改善了帽梁的受力状况。

②柱身最大轴力为双孔重载与列车摇摆力及升温组合时控制,最大横向弯矩为双孔重载与横向风力及降温组合时控制,最大纵向弯矩为单孔重载与列车制动力、纵向风力及降温组合时控制。

③斜撑为拉弯或压弯杆件,其最大压力为双孔重载与列车摇摆力及温度组合时控制,其最大拉力为双孔重载与横向风力及降温组合时控制。

④横撑为拉弯或压弯杆件,对1号刚架柱而言,最大压力由双孔重载与横向风力及升温组合时控制,其最大拉力由双孔重载与列车摇摆力及升温组合时控制;对4号刚架柱而言,其最大压力由梁上无车与横向风力及升温组合时控制,其最大拉力由双孔重载与列车制动力、纵向风力及降温组合时控制。由于4号刚架柱最矮、刚度最大,在温度影响下其轴压力及轴拉力均比1号刚架柱大。

(2)"Ⅱ"形结构计算及分析

①端部计算及分析

对"Ⅱ"形结构端部板件以8节点实体单元对该部位进行离散,计算模型见图4-101。整个结构视为均质弹性体。在分析中,约束情况是将"Ⅱ"形结构的下部固定。这种方式对于"Ⅱ"形结构本身是偏于安全的。

荷载处理:将支座反力等效为均布载作用在支承垫石范围内,并按柔性墩制动力的分布分配制动力,以等效集中力来代替;端部自重以体积力考虑,桥面上的恒载等效为顶板的均布载。

从分析结果可以看出:在$X=0$切面上,σ_x很小,可以认为"Ⅱ"形结构端部主要是Z和Y方向受力,σ_y、σ_z在X方向几乎呈直线分布。在$X=0$断面上,Y方向上的拉应力最大达到1.39 MPa,压应力最大达到1.7 MPa。Z方向上,除了悬臂的根部有很小的拉应力(0.08 MPa)外,其他部位全截面受压,在设计时帽梁按中心受压考虑,而斜腿则按照偏心受压来进行设计。

②中部计算及分析

对"Ⅱ"形结构进行计算时,采用板壳元对"Ⅱ"形结构进行离散。而"Ⅱ"形结构底板是与主钢管弹性固结的,分析时采用的边界条件是"Ⅱ"形结构的下端固结,这种有限元模型的计算结果与实际受力相比较是偏于安全的。"Ⅱ"形结构有限元计算模型如图4-102所示(由于结构对称,只取1/4)。

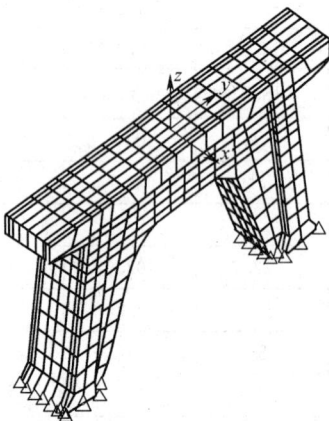

图4-101　1号段端部分析模型

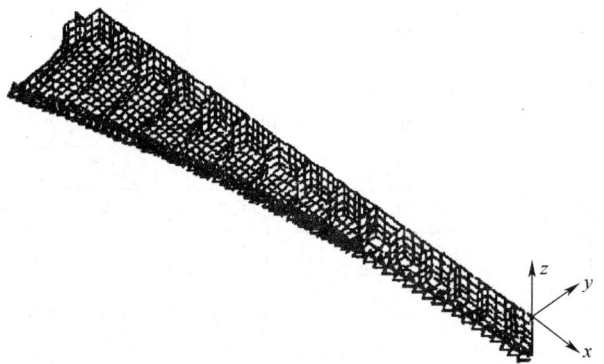

图4-102　"Ⅱ"形结构中部有限元分折模型

　　荷载的处理；在计算时考虑了三种荷载：自重＋桥面恒载、列车活载、温度。在模型中分三种工况来计算。从计算结果分析，各段顶板应力分布规律基本相同，顶板如同支撑在横隔板上的连续梁一样。

　　从计算结果中得出：顶板 X 方向应力分布和 Z 方向应力分布规律相同，中间顶板作为双向板参与结构受力，悬臂部分的顶板，其受力规律如同三边支承板，故顶板按双向钢筋混凝土板设计；中部腹板主要是 Y 方向受力，其应力在 Y 方向的分布类似框架的立柱的分布，考虑到腹板顶部是内侧受拉，而下部是外侧受拉，腹板厚度仅为 20 cm，故配筋时内外侧都适当配筋。X 方向的受力较小，可按构造配筋，横隔板除中部受拉外，其余部分主要受压，由构造控制设计。

❓ 复习思考题

1. 简述大跨度铁路拱桥的分类及构造特点。
2. 拱桥的主要优点有哪些？

第 五 章
大跨度铁路斜拉桥

第一节　铁路斜拉桥的构造与特点

一、斜拉桥的总体布置与结构体系

1. 孔跨布置

斜拉桥最主要的孔跨布置形式为双塔三跨式与独塔双跨式。无论是双塔三跨式或独塔双跨式，在边跨内如有需要都可以设置辅助用的中间墩。设置辅助墩可以缓和端锚索的应力集中或减少边跨主梁的弯矩，并能增大桥梁的总体刚度。

双塔三跨式(图 5-1)是一种最常见的斜拉桥孔跨布置方式之一。由于它的主孔跨径较大，一般可适用于跨越较大的河流、河口及海面。在跨越河流时，可以用主孔一跨，将两个桥塔设在岸边，两个边跨设在岸上；也可以将两个桥塔设在河中，用三孔来跨越整个河道或主航道。双塔三跨式斜拉桥可以布置成两个边跨跨径相等的对称形式，也可以布置成两个边跨跨径不等的非对称形式。

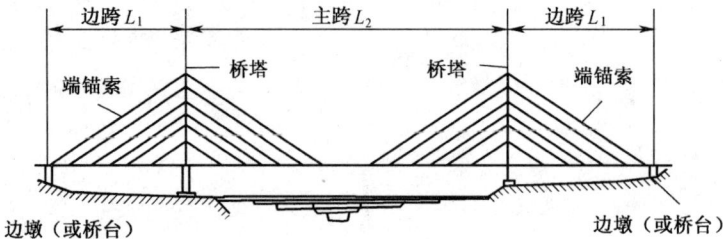

图 5-1　双塔三跨式布置示意图

独塔双跨式(图 5-2)是另一种最常见的斜拉桥孔跨布置方式之一。由于它的主孔跨径一般比双塔三跨式的主孔跨径小，故特别适用于跨越中小河流、谷地及交通道路；当然也可用于跨越较大河流的主航道部分。采用独塔双跨式时，可以用两跨跨越河流，将桥塔设在河道中；也可以用主跨跨越河流，将桥塔及边跨设在河流的一岸。

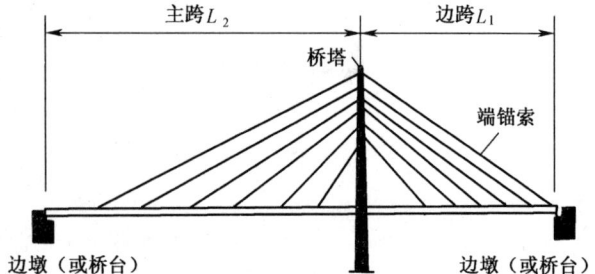

图 5-2　独塔双跨式

独塔双跨式斜拉桥可以布置成两跨不对称的形式，即分为主跨与边跨；也可以布置成两跨对称,即等跨形式。其中以两跨不对称的形式较多,也较合理。由于两等跨形式一般没有端锚索,不能有效地约束塔顶位移,故在受力与变形方面不能充分发挥斜拉桥的优势。

2. 斜拉索布置

(1)斜拉索在空间内的布置形式(索面位置)

斜拉索在空间内的布置形式,即索面的位置与数量,一般有图 5-3 所示的几种类型。①单索面;②竖向双索面;③斜向双索面;④多索面。如武汉天兴洲公铁两用长江大桥中斜拉索采用了竖向三索面布置形式。

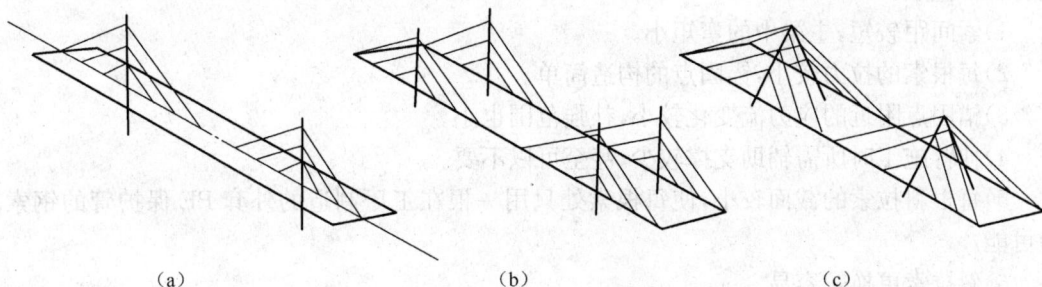

图 5-3　索面布置

(a)单索面;(b)竖向双索面;(c)斜向双索面

从力学角度上来看,单索面、双索面和多索面与主梁的抗扭问题有密切关联。采用单索面时、斜拉索对抗扭不起作用。采用双索面时,斜拉索的轴力可以抵抗作用于桥梁的扭矩,而多索面由斜拉索提供的抗扭刚度与双索面相当;斜向双索面对桥面梁体抵抗风力扭振比较有利。由于铁路桥梁承受的荷载大,在目前已建成的斜拉桥中,均没有采用单索面结构。

(2) 斜拉索在索面内的布置形式(索面形状)

斜拉索在索面内的布置形式主要有图 5-4 所示的 3 种基本类型。①放射形(也称标准扇形);②扇形(也称半扇形);③竖琴形(也称平行布置形)。

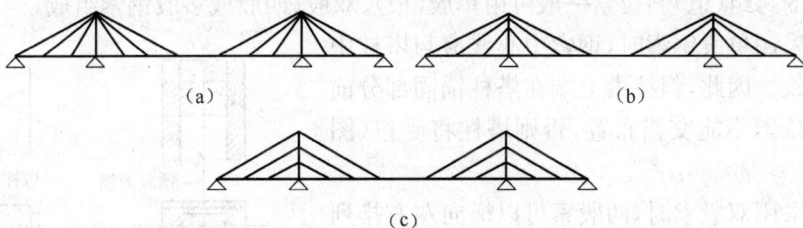

图 5-4　索面形状

(a)放射形(标准扇形);(b)扇形(半扇形);(c)竖琴形(平行形)

从力学观点来看放射形较优,其理由如下:

1)斜拉索与水平面的平均交角较大,斜拉索垂直分力对梁的支承作用较大,而对主梁产生的轴力较小。

2)塔的弯矩较小,因为斜拉索的水平分力在塔顶基本平衡。

3)塔的高度可以比别的形式做得相对小一些。

放射形与竖琴形相比,在经济上放射形稍有利。但放射形的斜拉索集中交汇于塔顶上,塔顶构造细节较为复杂。而竖琴形由于所有斜拉索的斜角相同,除了斜拉索两端(梁端与塔端)

锚固点的结构细节可以单一化之外,塔上锚固点的间距大,这是一个很大的优点。扇形布置则介于两者之间,它的斜拉索垂直分力(主梁支承因素)小于放射形但大于竖琴形,而水平分力(主梁轴力因素)则相反,大于放射形但小于竖琴形。除此之外,塔上锚固点的间距也介于放射形和竖琴形之间。除了上述区别之外,究竟采用哪种形式,还有一个重要因素是景观问题。

从总体情况来看,现代斜拉桥采用扇形索面最多,其次是竖琴形。

(3)索距的布置(稀索与密索)

根据斜拉索的间距,可以分为稀索与密索。总的来说,早期稀索较多,近期密索较多。密索有以下优点:

1)索间距较短,主梁中的弯矩小。

2)每根索的拉力较小,锚固点的构造简单。

3)锚固点附近的应力流变化较小,补强范围也小。

4)伸臂施工时所需辅助支撑较少,甚至可以不要。

5)每根斜拉索的截面较小,使每根索处只用一根在工厂制造的外套 PE 保护管的钢索成为可能。

6)斜拉索更换较容易。

尽管密索体系有上述优点,但存在如下缺点:

1)端锚索(与端支点连接的斜拉索)刚度较小。

2)边跨主梁可能产生较大的负弯矩。

3)每根斜拉索的刚度较小,可能会产生风振问题。

缺点1)和2)互相有关联,稀索时主梁上的荷载比较直接地由锚索传递到端支点。而密索时则一部分内力经由主梁传递到端支点,因此边跨主梁变形及负弯矩均较大。为了克服上述缺点,有时可采用增大端锚索刚度的做法,即将边跨斜拉索集中为一根端锚索或将边跨的一部分斜拉索集中为端锚索。现代斜拉桥的趋势较多采用密索。

(4)斜拉索截面的布置(股索的排列)

斜拉桥的每组(道)斜拉索一般可由单股(根)、双股、四股或多股钢索组成。

斜拉索采用单股钢索时,钢索中心线应与塔柱中心线保持一致。因此,斜拉索上端在塔柱锚固部分前后两侧的斜拉索不能交错布置,否则塔柱将受扭(图5-5)。

斜拉索采用双股索时,两股索可以横向左右排列或纵向前后排列。但纵向前后排列不利于斜拉索上端在塔柱上进行交错锚固(情况与单股钢索相同)。横向排列时可调整左右两根索的间距,在主跨与边跨分别采用间距 D 与 d 值,使之在塔柱上可以交错锚

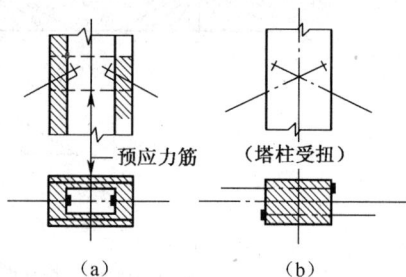

图 5-5　单股钢索在塔柱中的锚固
(a)非交错锚固;(b)交错锚固

固而避免塔柱受扭[图 5-6(a)]。另外一种布置方法是在主跨与边跨分别采用纵向前后排列与横向左右排列,使纵向前后排列的 2 股索能在横向左右排列的 2 股索之间通过而达到交错锚固的目的[图 5-6(b)]。图 5-6(b)的 2 根纵向前后排列的索也可以如图 5-6(c)所示合成一根较粗的股索,同样也可交错锚固。

斜拉索采用四股钢索时,应兼作纵横向左右前后排列,即上下 2 排、每排 2 股,如需在塔柱

上进行交错锚固时,桥塔两侧的斜拉索也要采用不同的横向股距。

斜拉索采用多股钢索时(一般仅出现于稀索体系桥),股数一般应取偶数 n,纵向前后分列成($n/2$)排,每侧左右 2 股。中国红水河斜拉桥的每组斜拉索采用 6 股钢索,前后(上下)3 排,每排左右 2 股。

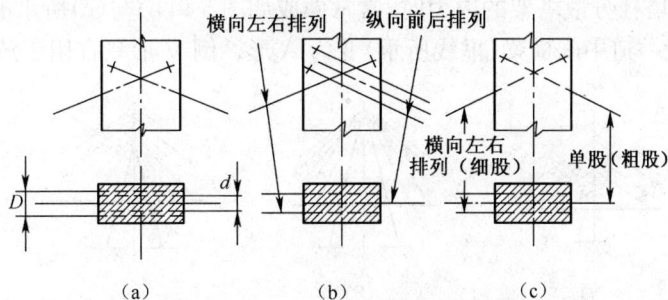

图 5-6　双股钢索在塔柱中的交错锚固
(a)横向排列;(b)一侧横向排列另一侧纵向排列;(c)纵向前后二根合为一根

3. 梁体布置

铁路斜拉桥的梁体,无论支承体系如何,在斜拉桥全长范围(独塔双跨或双塔三跨)内,梁体布置成连续的形式(图 5-7)。

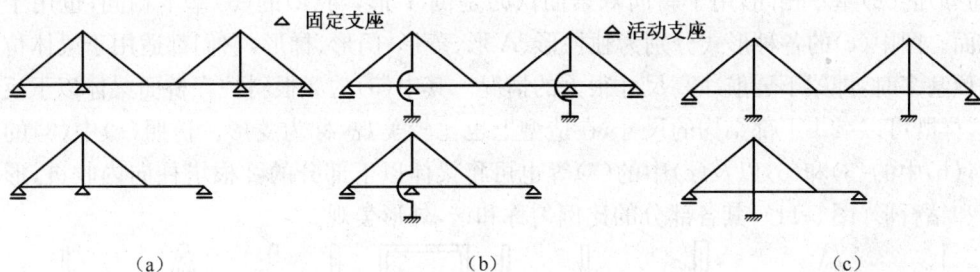

图 5-7　连续的梁体
(a)塔梁固结、梁墩分离;(b)塔墩固结、塔梁分离;(c)塔、墩、梁固结

为增大结构刚度,减小梁端转角,还可以进一步将梁体连续延伸到斜拉桥以外部分,即斜拉桥的梁体还与其边跨或主跨以外部分的引桥跨或其他跨的梁体相连(图 5-8)。

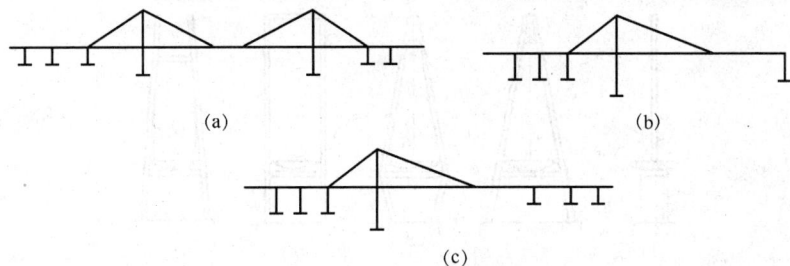

图 5-8　梁体连续的延伸

绝大部分斜拉桥的主梁高度是不变的,只有极少数斜拉桥的主梁在邻近桥塔处梁高逐渐变大。铁路斜拉桥的梁高一般较大,与公路斜拉桥主梁的高跨比相比,铁路斜拉桥在柔细感这

个问题上已无特色可言。

4. 桥塔的形式与布置

(1)桥塔的形式

桥塔的纵向形式一般以单柱形为主[图 5-9(a)]。在需要将桥塔的纵向刚度做得较大时，或者需要有 4 根塔柱分散塔架的内力时，常常做成如图 5-9(b)与(c)所示的倒 V 形与倒 Y 形。倒 V 形也可增设一道中间横梁(虚线所示)变为 A 形。倒 V 形只宜用于放射形索面。

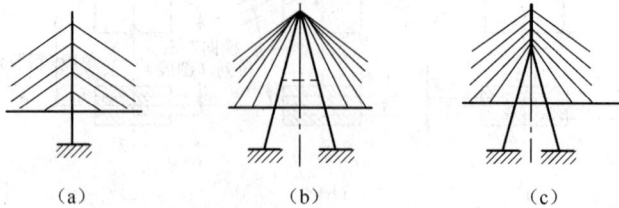

图 5-9　桥塔的纵向形式
(a)单柱形；(b)倒 V 形；(c)倒 Y 形

桥塔的横向结构形式如图 5-10 所示。图 5-10(a)的形式适用于单索面。图 5-10(b)的各种形式都适用于双索面，其中(1)为双柱式；(2)为门式，2 根塔柱可以竖直，也可以略带倾斜；(3)为 H 形，2 根塔柱可以是如图所示的折线形，也可以布置成竖直形或倾斜形；(4)为倒 V 形，与(a)的(2)基本相同，用于斜向双索面；(5)是倒 Y 形，与(a)的(3)基本相同，也用于斜向双索面。图中(c)的各种形式分别为独柱形、A 形、菱形、门形、梯形，它们都适用于梁体位置高出墩顶甚多时，即梁下通航净高尺寸很大的情况。其中(3)的 2 根斜柱在桥面梁体以下反向内缩，这样既可以减小下部结构的尺寸，在造型上也比较美观，称为菱形。仿照(c)中(3)的布置方式，(b)中的(3)和(5)以及(c)中的(5)等也可将梁体以下部分的 2 根塔柱向内收进，形成花瓶形和钻石形(图 5-11)，其各部分的比例匀称和谐，外形美观。

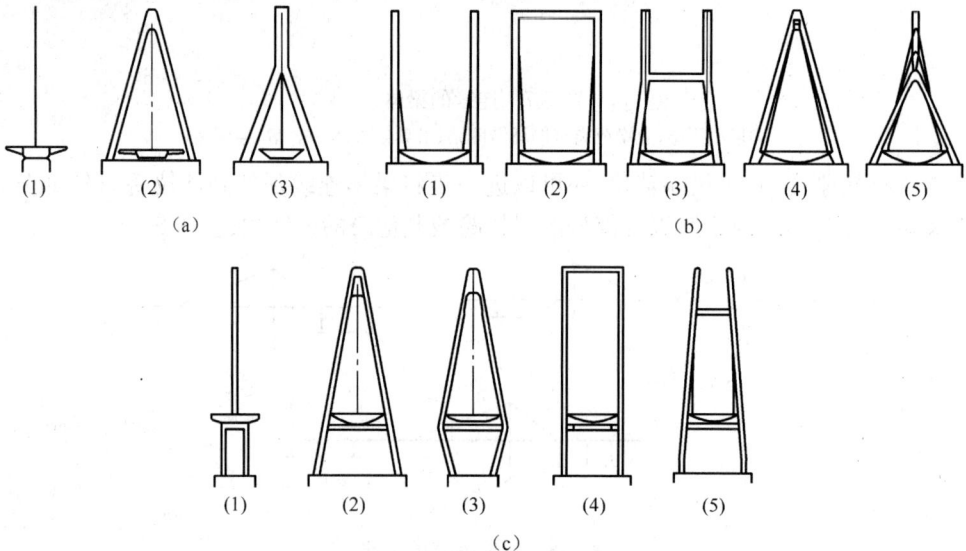

图 5-10　桥塔的横向形式
(a)单索面的塔架形式；(b)双索面的塔架形式；(c)梁体高出塔基甚多时的塔架形式

双柱形及门形桥塔的面内刚度较差,但结构构造简单。施工也比较方便,适用于中小跨径斜拉桥。有时,当塔柱的横向间距较小(桥较窄)时,双柱形及门形可增设一些横向连接杆提高其面内刚度,变为如图 5-12 所示的形式。但这样做的结果常导致施工困难并对景观有一定的影响。在图 5-11 的各种塔形以及图 5-10(c)(3)的塔形中,斜柱转折点处必须有一根受拉的横杆来平衡塔柱的水平分力。

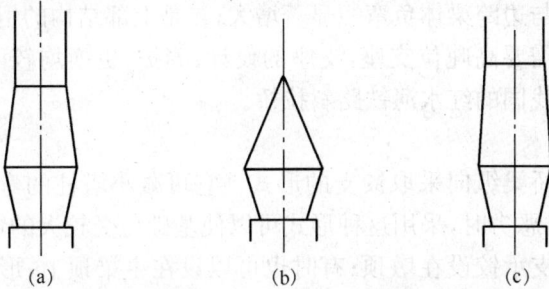

图 5-11　花瓶形、钻石形以及岩黑岛形的桥塔形式　　　图 5-12　双柱形和门形
(a)花瓶形;(b)钻石形;(c)岩黑岛形

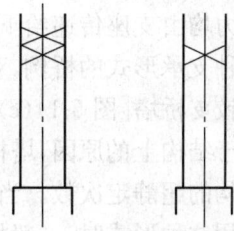

(2)桥塔的有效高度

桥塔的有效高度 H 应从桥面以上算起,因为它与斜拉索的倾角有关。桥塔的 H 越高,斜拉索的倾角越大,斜拉索垂直分力对主梁的支承效果也越大,但桥塔与斜拉索的材料数量也要增加。因此,桥塔的适宜高度 H 要考虑经济因素。

5. 锚拉体系与支承

(1)斜拉索的锚拉体系

斜拉桥的斜拉索多数是自锚体系(图 5-13)。在无边跨或边跨特别短的情况下,也采用地锚或部分地锚形式。自锚式斜拉桥的塔前侧斜拉索分散锚固在主跨梁体上,而塔后侧的斜拉索除最外端的锚固在端支点处之外,其余则分散锚固在边跨梁体上,或集中一部分斜拉索锚固在端支点附近的梁体上。锚固在端支点处的最后一根(组)斜拉索一般具有较大的截面,它被称为端锚索或尾索(end anchor cable),是斜拉索体系中最重要的一根(组)斜拉索。它的索力最大,对控制塔顶变位起重大作用。在自锚体系中,斜拉索的水平分力由梁体的轴力来平衡。

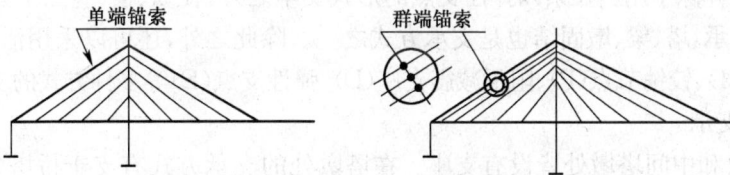

图 5-13　自锚式斜拉桥的端锚索

地锚式斜拉桥一般用于单跨式斜拉桥。在地锚体系中,塔前斜拉索的水平分力一般必须通过梁体传递给下部结构。无论是独塔双跨或双塔三跨,只要有边跨梁体存在,即使是很短的边跨,都可以在特定的条件下将塔后斜拉索布置成部分地锚式。

(2)桥塔的支承体系

桥塔的支承体系大致可以分为 4 种形式。

1) 塔墩固结,塔梁分离[图 5-14(a)]

塔柱下端固结于墩顶。主梁在墩顶或桥塔上可设置竖向、横向及纵向支承。铁路和大跨径的公路斜拉桥,绝大多数的桥塔采用这种支承方式。

2)塔梁固结,梁墩分离[图 5-14(b)]

塔柱下端与梁体固结后用支座支承在墩顶上。采用这种支承形式的主梁大都是箱形截面。此时不仅要在塔梁固结位置对箱形主梁作必要的补强,并且还要在梁底(柱底位置处)设置竖向支座。这种支承方式的优点是可以减小塔柱弯矩。但缺点甚多:一是主跨满载时桥塔将随主梁挠角发生倾斜,使主跨梁体挠度与边跨梁体负弯矩显著增大;二是上部结构的恒载与活载反力均由支座传递给下部结构,常常需要高吨位支座,支座的设计、养护、更换均较困难。采用这种支承形式的桥例,双索面桥塔有我国的红水河铁路斜拉桥。

3)铰支桥塔[图 5-14(c)]

出于结构上的原因,塔柱底部可以在桥梁纵向采取铰支的形式。它可减小塔柱的弯矩和降低结构的超静定次数。当地基支承条件恶劣时,采用这种形式可以使基础免受较大的弯矩。

采用这种形式时,一般将塔柱下端的支承铰设在墩顶;有时也可以设在主梁顶上,形成塔梁铰接、梁墩分离。

4)塔、梁、墩固结[图 5-14(d)]

这种支承形式对中小跨径的独塔双跨式斜拉桥比较适用,对双塔三跨式斜拉桥由于温度内力较大的关系一般较少使用。塔、梁、墩三者固结的形式一般对塔墩的抗震不利,故在地震区使用时要特别慎重。

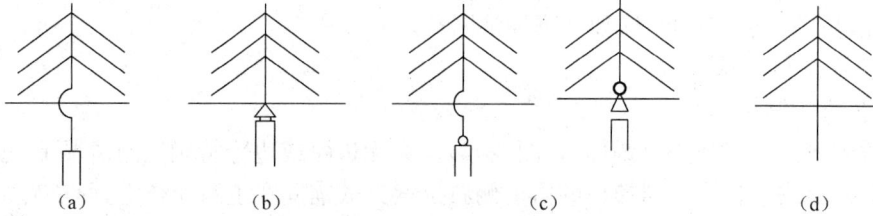

图 5-14 桥塔的支承休系
(a)塔墩固结、塔梁分离;(b)塔梁固结、塔墩分离;(c)铰支桥塔;(d)塔、墩、梁固结

(3) 梁体的支承体系

斜拉桥的梁体除了用斜拉索以弹性支点的形式支承之外,在纵、横、竖三个方向均应在边墩及塔墩上有所支承,塔、梁、墩固结也是支承方式之一。除此之外,还可以采用活动支座(M)、固定支座(F)、铰(H)、铰销节点(P)、阻尼减震支座(D)、弹性支点(E)等多种方式的支承。

1) 竖向的支承

一般是边墩和中间塔墩处皆设有支座。在塔墩处的支承方式有支于桥塔(或塔柱间的横梁)、直接支于墩顶以及塔、墩、梁固结等 3 种方式。塔墩处设有刚性支座时对主梁要产生很大的负弯矩,为此,也常有在塔墩处不设支座的。关于竖直方向的支承方式究竟哪种较好,这要结合水平方向的支承条件、支座的构造、主梁的抗弯刚度和斜拉索的布置等来综合比较。

2) 横向的支承

一般在端支点和中间支点(塔墩)处皆设有横向支座来共同抵抗横向水平力。当边跨中布置有中间辅助墩时,这些中间墩一般只承受垂直力而不负担横向水平力。由于梁体下面两侧已设竖向支座,横向支座可设在梁体侧面(夹在梁体与塔柱之间)或梁体下的桥轴线上。横向固定支座只起约束横向变位的作用。

3）纵向的支承

决定纵向支承条件要考虑地震惯性力、温度变化、制动力和风力等引起的纵向移动量,问题较为复杂。特别是地震惯性力,它随支承条件的不同有很大变化,对温度变化的影响要考虑结构的温度应力和伸缩缝处的伸缩量,纵向风力对一般的主梁来说可忽略其影响,但对桁梁来说有时也会控制设计。

二、铁路斜拉桥主梁的构造与特点

斜拉桥的主梁按材料不同可分为钢梁、混凝土梁、结合梁和钢梁与混凝土混合使用的混合梁四类,这也是钢斜拉桥、混凝土斜拉桥、结合梁斜拉桥和混合梁斜拉桥的区别标志。下面分别介绍这四类斜拉桥。

1. 钢梁

铁路斜拉桥的钢梁按其结构形式分为钢箱梁和钢桁梁两大类。

1）钢箱梁

铁路钢箱梁斜拉桥的横截面有图 5-15 和图 5-16 所示的几种形式。

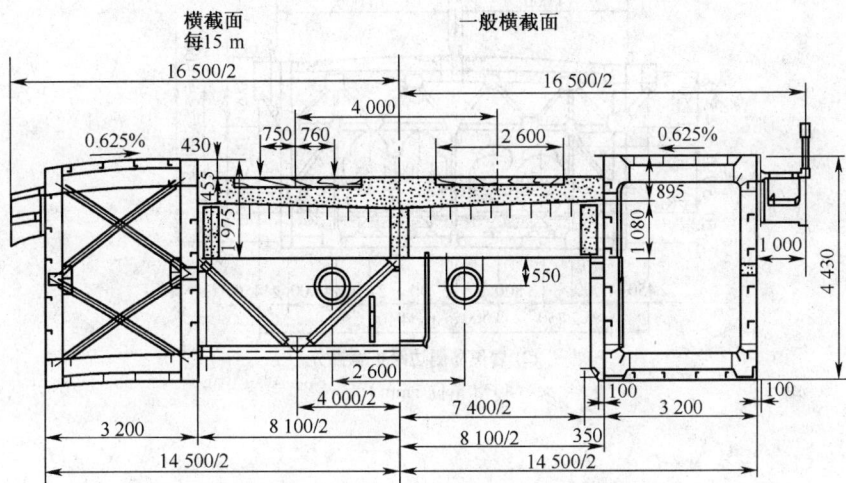

图 5-15 南斯拉夫萨瓦河桥的钢箱梁截面(单位:mm)

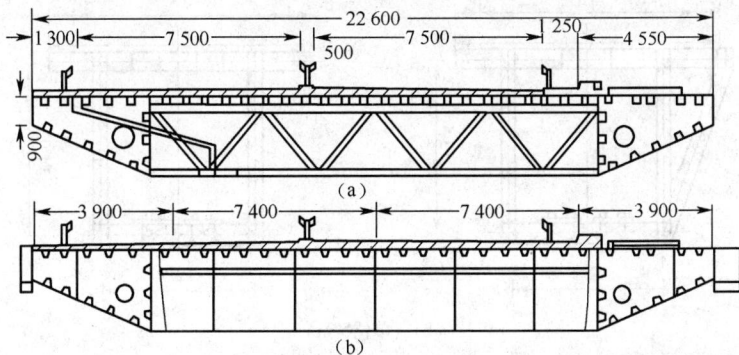

图 5-16 阿根廷巴拉那·德·拉斯·帕尔马斯和巴拉那·瓜祖桥的钢箱梁横截面(单位:mm)
(a)桁架式横截面;(b)横隔板式的横截面

2) 钢桁梁

钢桁梁多用于双层桥面或公铁两用桥。日本柜石岛、岩黑岛、我国芜湖长江大桥、武汉天兴洲大桥等都是钢桁梁斜拉桥,这几座桥都是公铁路两用桥,武汉天兴洲长江大桥的主桥钢梁是三片桁架主梁的钢桁梁形式,见图 5-17。

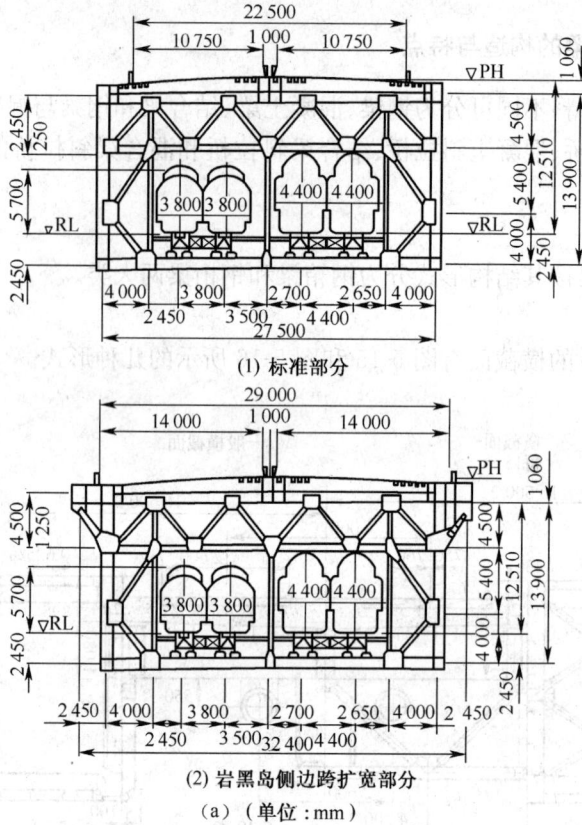

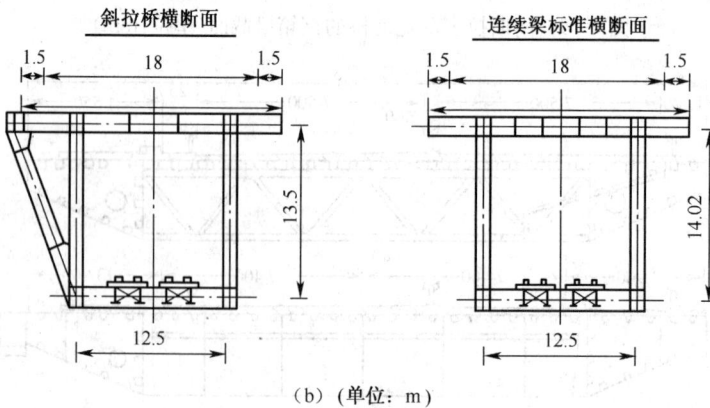

(1) 标准部分

(2) 岩黑岛侧边跨扩宽部分

(a)(单位:mm)

斜拉桥横断面　　　连续梁标准横断面

(b)(单位:m)

图 5-17

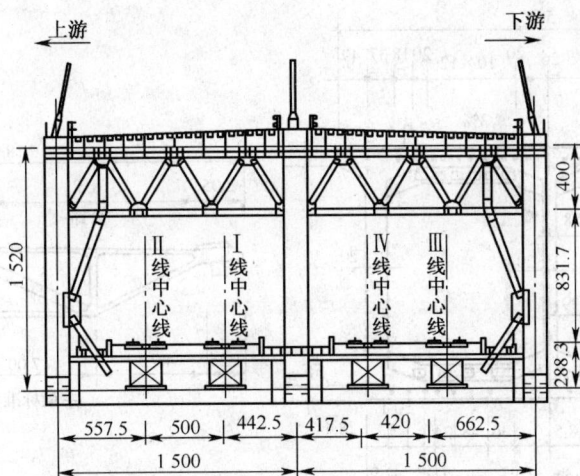

（c）（单位：cm）

图 5-17 钢桁梁横截面

(a)日本柜石岛、岩黑岛桥桁梁横截面；(b)芜湖长江大桥桁梁横截面；(c)武汉天兴洲主桥钢桁梁断面图

日本柜石岛、岩黑岛桥的桁架形式为有竖杆的华伦桁架，芜湖长江大桥主桥和武汉天兴洲大桥主桥为 N 字结构的桁架。

2. 混凝土梁

混凝土梁自重大，用于建造大跨度桥梁时，一般材料用量比较大，施工速度也不如钢梁快，但在 400 m 以下的中等跨度范围内，与钢梁相比具有以下优点：

1）造价低，后期养护比钢桥简单、费用低。

2）刚度大挠度小。

3）混凝土结构振动衰减系数约为钢结构的两倍，因此其风稳定性好，振动相对小。

铁路混凝土主梁的横断面形式如图 5-18 所示。

图中，图(a)是英国莱因河桥采用的槽形梁截面，边纵梁高 2.76 m，宽 1.2 m，底板厚 0.65 m；图(b)为我国红水河桥采用的梁横截面形式，为单箱双室截面，梁高 3.2 m，底宽 4.8 m，顶宽 5.6 m；图(c)为跨越巴拉那河、连接阿根廷和巴拉圭的波萨达斯—恩卡纳西翁桥的主梁标准截面形式，该桥也是桥面在同一平面的公铁路两用桥，不过铁路与公路分别排列在桥的两侧；图(d)为日本第二千曲川的梁横截面形式，日本屋代南、屋代北桥的梁截面也是这种形式。

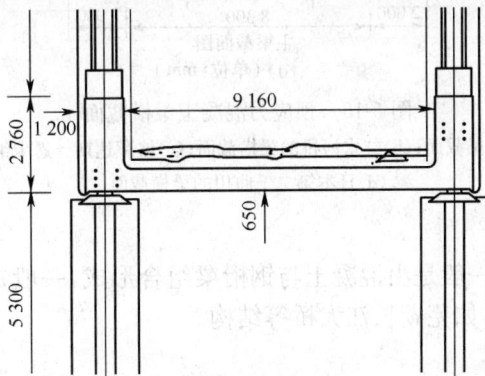

（a）（单位：mm）

图 5-18

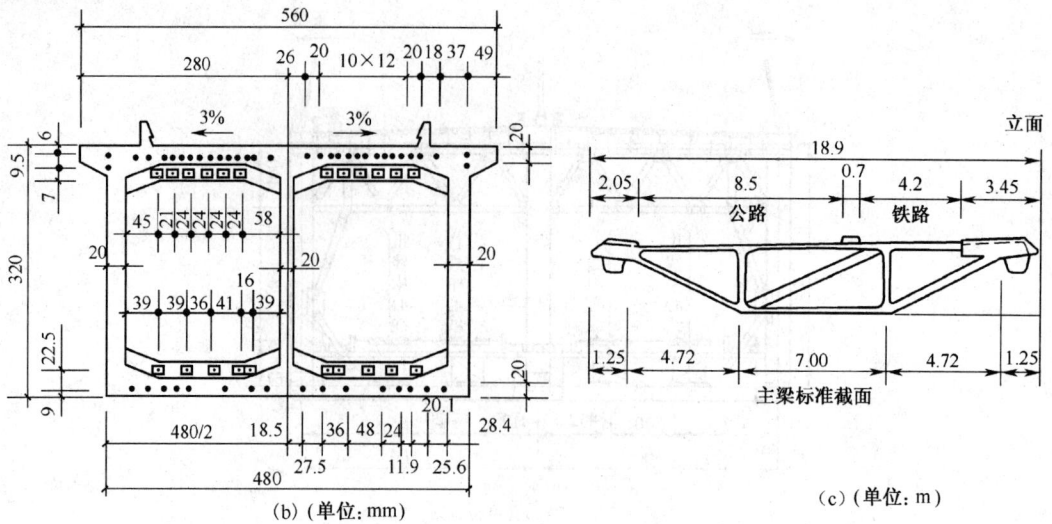

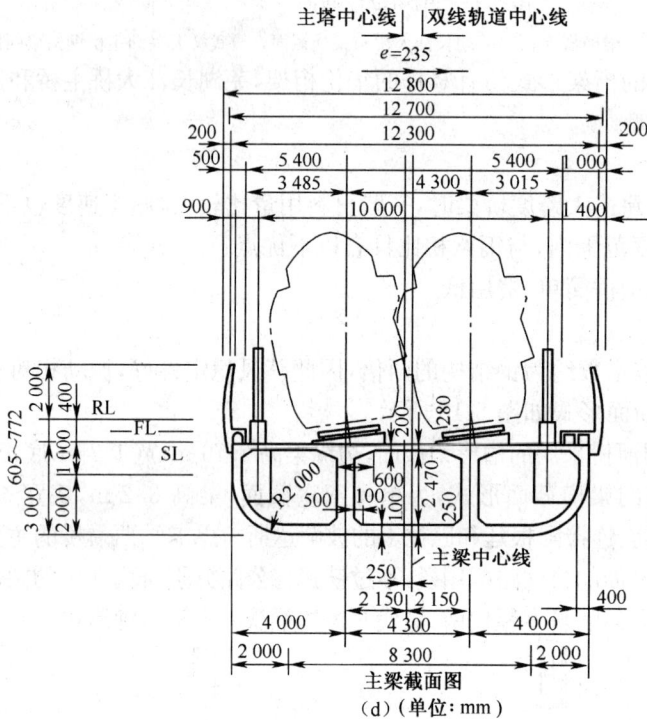

图 5-18　预应力混凝土梁横截面

(a)英国莱因河桥的槽形梁截面;(b)红水河桥的梁横截面;(c)波萨达斯—恩卡纳西翁桥主梁标准截面;
(d)日本第二千曲川的梁横截面

3. 结合梁

铁路斜拉桥的结合梁一般是由混凝土与钢桁梁组合形成,一般是用混凝土板与钢梁结合来代替正交异性钢桥面板,如芜湖长江大桥等结构。

4. 混合梁

混合梁是在中孔大跨全部或部分采用钢主梁,两侧采用混凝土主梁,这种桥型适合于边跨与主跨相比较小的情况,如我国香港的汲水门桥,其边跨采用混凝土箱梁并伸入主跨

21.425 m,中跨其余部分则采用钢结合梁结构,梁的形状和外轮廓尺寸基本相同。

三、铁路斜拉桥桥塔的构造与特点

1. 各种桥塔的特点

铁路斜拉桥的桥塔主要以双柱形、门形、H 形为主,见图 5-19。在门形和 H 形中,塔柱在横桥向可以是倾斜的,为减小基础的尺寸,桥面以下塔柱在横桥向也可以向内侧倾斜。

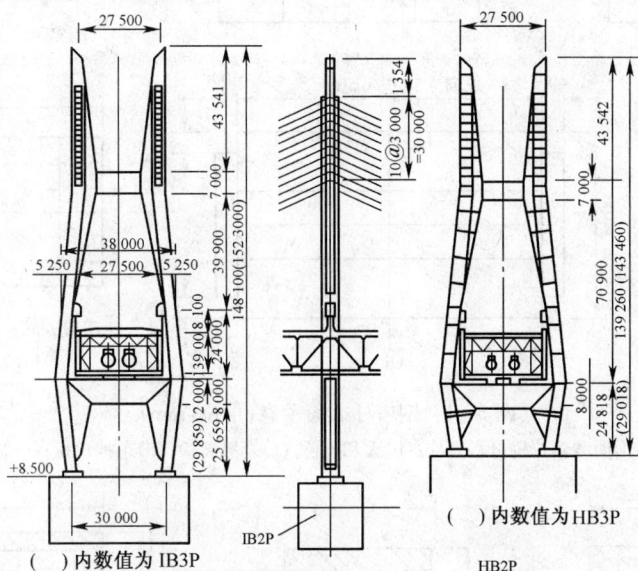

图 5-19　铁路斜拉桥的桥塔柱形式(单位:mm)

2. 桥塔构件的截面

组成桥塔的主要构件是塔柱,另外还有塔柱之间的横梁或其他连结构件(图 5-20)。塔柱之间的横梁一般可分为非承重横梁与承重横梁,前者有塔顶横梁与直柱之间的中间横梁、后者有放置在主梁支座的受弯横梁、竖塔柱与斜塔柱相交(折角)点处的压杆横梁、以及反向斜塔柱相交点处的拉杆横梁。当然、所有的承重与非承重横梁都必须首先承受自重引起的内力,另外还要作为塔架面内的组成构件参与抵抗风力、地震及偏心活载。

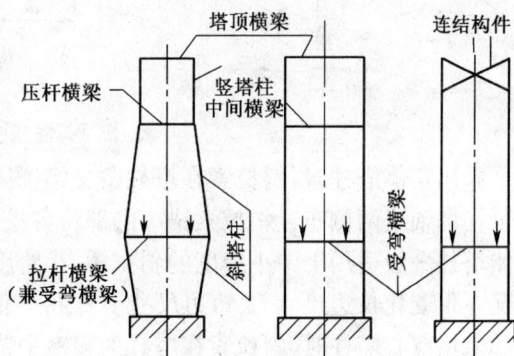

图 5-20　桥塔的构件

(1)钢塔柱

桥塔采用钢结构的实例以日本最多。大多数钢塔柱的截面做成矩形空心箱式、箱室四周各主壁板上均布置有竖向加劲肋。箱室内上下相隔一定的距离设有水平横隔板。少数钢塔柱的截面作成丁字形或准十字形的空心箱式。图 5-21 为一些斜拉桥(部分为公路斜拉桥)的钢塔柱截面示意。

(2)混凝土塔柱

斜拉桥的混凝土塔柱可分为实体柱与空心柱。无论是实体塔柱或空心塔柱,其截面基本上都采用矩形,并且一般是长边 L 与桥轴线平行,短边 B 与塔轴线平行,见图 5-22(a)和(c)。

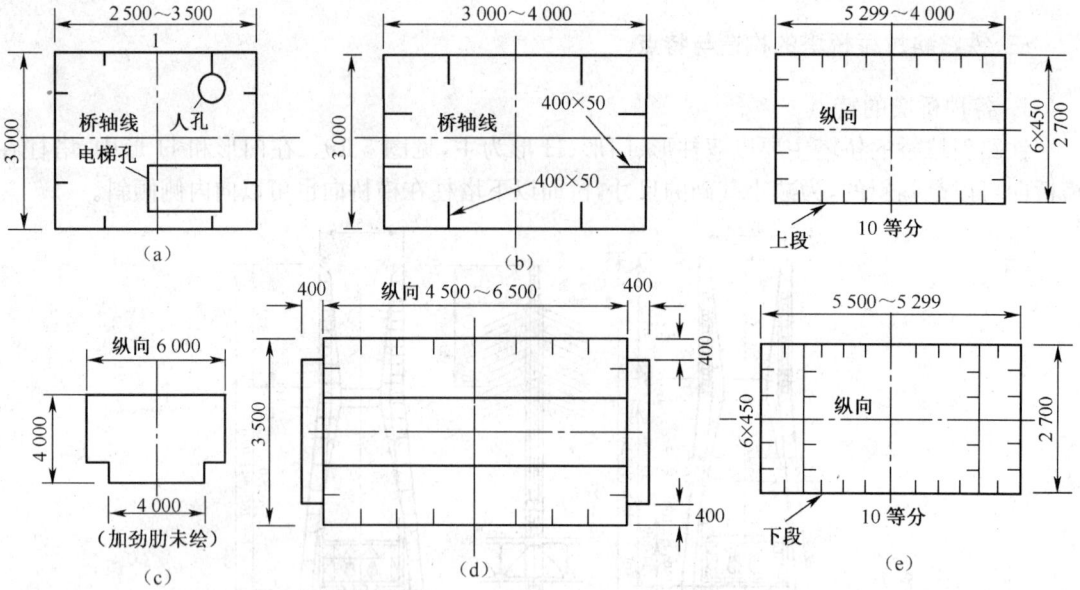

图 5-21　钢塔柱截面示意(单位:mm)
(a)母子塔 S 形曲线斜拉桥母塔塔柱;(b)大和川桥;(c)岩黑岛桥;(d)东神户桥;(e)名港西大桥

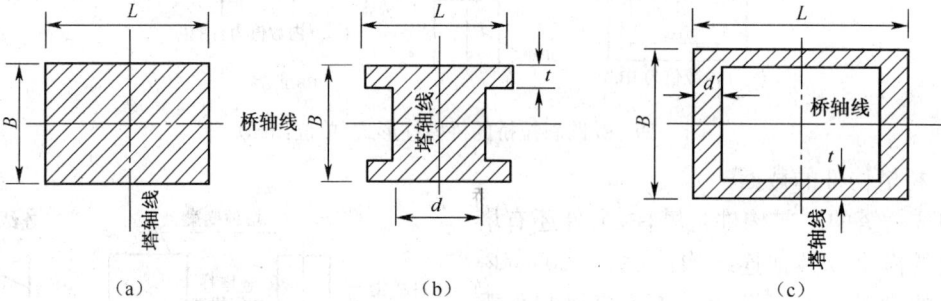

图 5-22　矩形塔柱截面

采用实体塔柱时,斜拉索在塔柱中交错锚固(参见图 5-5)。因此,塔柱上部的斜拉索锚固区可在塔轴线两侧布置斜拉索锚头的部位各挖一槽口,使截面成为如图 5-22(b)所示的 H 形。实体塔柱一般适用于中小跨度的斜拉桥,小跨度时可用等截面,中等跨度时可用变截面。一般情况下仅变化长边尺寸 L、短边尺寸 B 维持等值。

采用空心塔柱时,斜拉索在塔柱的箱室中锚固,故一般在塔轴线的两侧可以不挖槽口,而是改在箱室内壁增设锚固斜拉索用的锯齿形凸块,但为了改善外观,常在箱形柱体的四周外增设一些线条。空心箱形塔柱一般用于较大跨度的斜拉桥,故一般采用变截面,并且多数是只改变长边尺寸 L。

为了增加线条以改善外观且有利于抗风,塔柱矩形截面的四个角应做成折角或圆角。

四、铁路斜拉桥斜拉索的构造与特点

1. 缆索构造

斜拉索在构造上可分为刚性索和柔性索两大类。刚性索是由钢索外包预应力混凝土而形成

的刚性构件。拉索数少而集中,提高主梁刚度,其优点是减少高强度钢材用量,构造见图 5-23。

柔性索施工、安装方便,目前采用的主要是平行钢丝索和平行钢绞线索。平行钢丝索是用几十根到几百根的圆截面钢丝紧密而平行地组成六角形截面。平行钢丝索的抗拉强度和弹性模量均较大,抗疲劳性能也较好,但其缺点是由于刚度大而引起的二次应力以及长索重量太大。

长拉杆
(36~40 根拉索)
0.90

短拉杆
(16~20 根拉索)
0.65

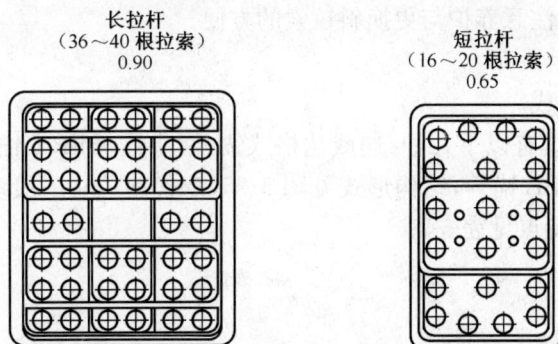

图 5-23 斜拉桥刚性索

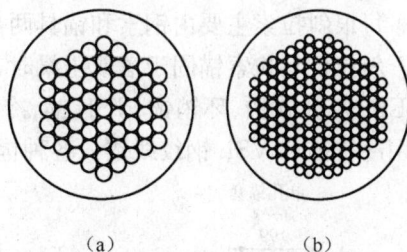

(a)　　　　(b)

图 5-24 钢索的基本类型
(a)平行钢丝索;(b)钢绞线索

平行钢绞线索采用若干根钢绞线平行排列组成拉索,架设时可单根钢绞线架设,进行初张拉,待所有钢绞线都安装完成,再进行张拉。在平行钢绞线中,采用四层甚至更多的防护层,以解决平行钢丝索的施工和防护的问题。

2. 斜拉索数量

根据斜拉索的数量,斜拉桥可分为稀索体系桥和密索体系桥。总的来说,稀索多为刚性索,密索多为柔性索;且早期采用稀刚性索(也称斜杆索)的斜拉桥较多,近期则采用密柔性索斜拉桥多,各有其优缺点。表 5-1 对稀索体系与密索体系的特点进行了比较。

表 5-1 稀索斜拉桥与密索斜拉桥的比较

	稀刚性索斜拉桥	密柔性索斜拉桥
特点	(1)由于斜杆的抗拉刚度大,活载挠度非常小,利于车辆行驶; (2)斜拉索钢索和一般预应力混凝土构件中的预应力钢材一样,应力可以用得很足,所以高强钢丝用量少,节省钢材; (3)主梁变形和斜拉索索力都容易控制; (4)斜拉索和一般预应力混凝土构件一样,防锈蚀可靠,常常可以一劳永逸; (5)因斜拉索少,结构超静定次数低,计算简单; (6)由于斜拉索刚度大,作多主跨斜拉桥时对塔的刚度要求小	(1)索间距短,主梁中的弯矩小; (2)每索的拉力较小,锚固点的构造简单; (3)锚固点附近的应力流变化较小,补强范围也较小; (4)伸臂施工时所需辅助支撑较少,甚至可不要; (5)每根斜拉索的截面较小,便于工厂制造,运输和架设; (6)斜拉索更换容易; (7)许多密索的自振周期不一样,互相干扰,不易产生共振,可减少风振的危险; (8)景观优美

铁路斜拉桥斜拉索的应力变化较公路斜拉桥的应力变化要大,应特别注意斜拉索的疲劳设计。

五、铁路斜拉桥斜拉索的锚固构造及特点

斜拉索的强大拉力斜向并集中作用于斜拉桥的主塔与主梁锚固点,斜拉索锚固结构必须能顺畅地将索力传递给整个桥塔与主梁,因此斜拉索的锚固结构虽然是局部的结构,但也是斜拉桥的主要承力结构。

斜拉索的锚固结构根据不同的斜拉索布置、梁体与塔柱的截面形式、横梁与隔板的布置、锚头形状、索力大小、张拉工具、张拉方法、以及塔与主梁的结构材料等进行设计与选择,斜拉索锚固结构不仅要设计合理,方便安装,还要注意养护与更换斜拉索的方便。

1. 斜拉索的锚具

每根斜拉索主要由钢索和锚具两部分组成。

斜拉桥斜拉索锚固于塔或主梁时,其锚具有以下几种:迪威达格式锚、镦头锚、BBRY 锚、SEEE 锚、弗式锚、环销锚、VSL 锚、冷铸锚、BL 锚等,结构形式见图 5-25,现代斜拉桥一般多采用冷铸锚和 VSL 钢绞线锚。各种锚具的特点见表 5-2。

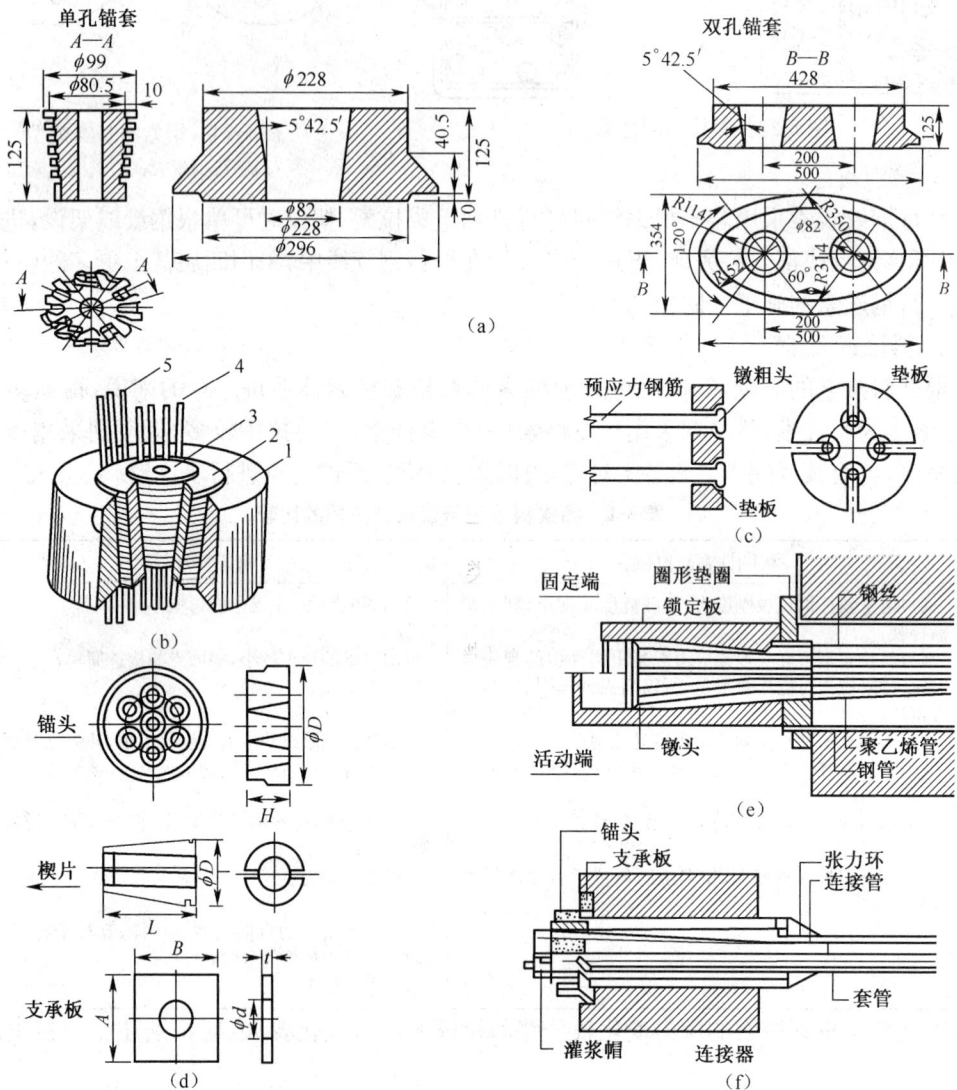

图 5-25 斜拉索锚头结构(单位:mm)

(a)弗式锚(锥销锚);(b)环销锚;(c)镦头锚;(d)BL 锚;(e)BBR 公司的 HIAM 锚;(f)VSL 钢绞线索锚头

1—锚套;2—环销;3—锥销;4—内圈钢丝;5—外圈钢丝

表 5-2　各种斜拉索锚头的特性

锚头结构形式		特　　点	实　　例
螺帽式	迪威达格式锚	锚头是螺帽式,边张拉边旋紧螺帽,即可对结构施加预应力,只要螺帽不以混凝土封闭便可继续张拉或以套管接长	德国赫希斯特桥
	镦头锚	锚头包括锚杯和锚环,在锚杯的底板上留有穿钢丝的孔,钢丝缠好束,头对齐,穿过孔锚头锚固,锚杯外围有螺纹,外套螺帽式锚杯,张拉时边张拉边扭紧锚杯进行锚固	
	BBRY 锚	瑞士研制的锚头,和镦头锚形式基本一样,只是在锚杯下设有锚座,锚座实际上就是一方形或异形厚钢板,也是边张拉边扭紧锚环进行锚固	德国希拉大街人行斜拉桥
	SEEE 锚	法国 GTM 公司。其构造是在钢索端部冷压上一小段厚壁钢管之后,再在钢管外围刻上螺纹,并以刻有内螺纹的锚杯(螺帽式)锚固	
楔挤式	弗式锚	又称锥销锚,是通过顶压锥销把预应力扭紧在锚套中,凭借摩擦阻力锚固	法国布罗敦桥,湾淡水桥
	环销锚	它是弗式锚的一种,国外也称弗式锚,只是它的锚杯和锚塞是钢筋混凝土。其优点是可以反复张拉,不用边形垫,制造方便,但调整索力仍需要拉锚头,加垫板,并对锚头要做特殊处理,比较麻烦	
	VSL 锚	瑞士研制。锚头呈圆盘形,在锚盘上根据所含钢丝数设孔,锚固时,将钢丝端从孔中拉出并在一起	
套筒灌铸式	冷铸锚	冷铸锚是相对灌注锌铜合金的热铸锚而言,故圈外称 HiAm (High Amp litude Anchorage) 锚,即高应力变化幅度锚,是以环氧树脂、锌粉和钢球冷铸锚固套筒,使锚头钢索抗疲劳强度不低于其他部位	美国帕斯科—肯尼威克桥,济南黄河桥,上海泖港桥,天津永和桥
	BL 锚	是环销锚与冷铸锚的结合,即预应力锚固采用楔块,用冷铸改进锚具抗疲劳特性	西班牙卢纳巴里奥斯桥

由表 5-2 可看出,根据上述锚头的结构类型,又可将其概括为螺帽式、楔挤式和套筒灌铸式三大类。

螺帽式锚,即钢索端头制成螺杆式,拧上螺帽形成端头。迪威达格式锚、镦头锚、BBRV 锚和 SEEE 锚属于这一类,它们的共同特点是:锚固以后仍可进一步张拉,故而调整索力很方便;锚固以后仍可接长钢索,也可利用这种端头在任何长度处接长钢索;这种锚头也易制成便于拆卸的形式。对于预应力混凝土斜拉桥建成后的索力和主梁变形调整,因徐变和收缩引起的变形要延续几年之久,所以除在这一期间必须对锚头丝口作好防锈外,还应将螺杆或锚杯内外的丝口段留有足够的长度,以便将来进一步张拉和扭紧锚杯或螺帽。

楔挤式锚是靠楔挤的摩擦力连接端头的,弗式锚、环销锚和 VSL 锚属于这一类,这种锚头有滑丝问题;锚固后再张拉、以及在锚固部位和其他部位接长钢索都较困难;当钢索需要更换时,一般也不易拆卸。

套筒灌铸式锚,是将钢索端头插入套筒后散开,并用冷铸和热铸联结成一体的锚头,冷铸锚与热铸锚均属这一类。如在其端头设带内螺纹的锚杯,再张拉和接长也都方便。

2. 斜拉索与钢梁的锚固

表 5-4 为斜拉索与钢梁的锚固形式的大致分类。图 5-26 为表 5-3 所列 5 种锚固形式的示例。

表 5-3　斜拉索与钢梁的锚固形式

斜拉索种类	锚固形式	构造要点	力的传递	应用实例
大截面积斜拉索	多股组成 散索鞍座锚固梁	斜拉索在散索鞍座上分股,每股用一锚头及一锚块固在锚固梁上	索力以剪力的方式由锚固梁传至主梁腹板,设有纵横向板以分布索力	Oberkassel,Severine,丰里,末广,Suigo,大和川
小截面积斜拉索	单股或少股斜索 锚固梁或锚固块	锚固梁用焊接或高强螺栓与主梁连接,斜拉索固定在锚固梁上	索力以剪力的方式由锚固梁传向主梁的腹板	六甲,海鸥,柜石岛,岩黑岛,Atatsu,辛魂
	支架或牛腿	这种锚固形式是为双面索的斜拉索面设计的,主梁每侧伸出一个牛腿,斜拉索锚固在牛腿上	索力由伸臂牛腿传至主梁,在主梁内需作内部补强	Knie, Kessock, Kohlbrand, Luling, 安治川, 横滨海湾,Gabsho,Chiebibu
	单股斜索 钢管	在主梁或纵梁的腹板上安装一根钢管,斜拉索锚固于钢管	索力直接由钢管传至主梁的腹板	名港西大桥,生口,Inagawa
	节点板	主梁或纵梁的腹板向上伸出一块节点板,斜拉索锚固在节点板上,用铰或钢管连接	索力直接由节点板传至主梁的腹板	圣·纳泽尔,Alex,Fraser,诺曼底

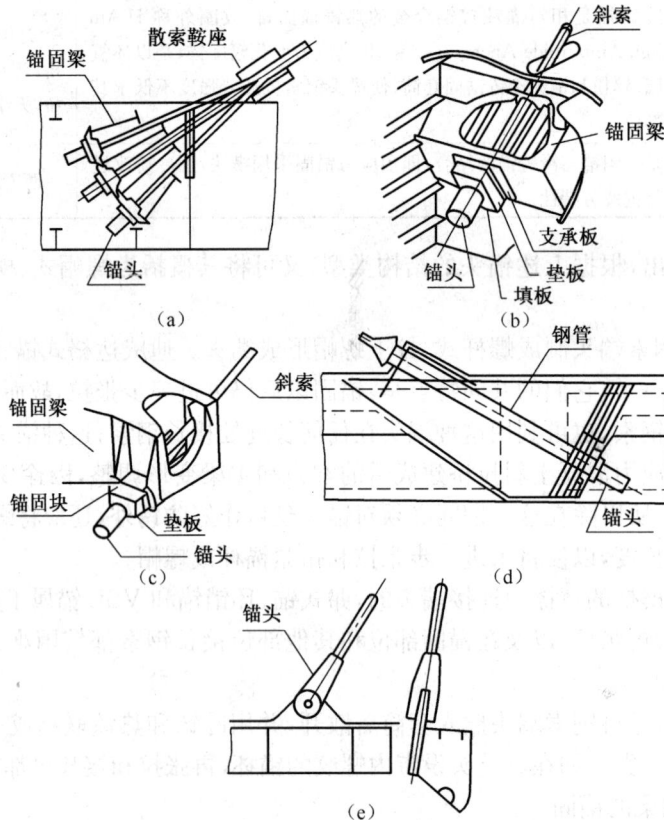

图 5-26　钢梁上的 5 种锚固实例

(a)散索鞍座＋锚固梁(末广桥);(b)锚固梁(Sakitama 桥);(c)牛腿(Chichibu 桥);(d)钢管(生口桥);(e)节点板(圣·纳泽尔桥)

3. 斜拉索与钢塔的锚固

斜拉索与钢塔的锚固细节还要考虑斜拉索的引挂和引入方法，以及是否有张拉调整索力的要求等额外因素，它们大体上可以分为如图 5-27 所示的 5 种类型。

图(a)为 Suigo 桥大截面积斜拉索(稀索)的鞍座型式。该桥为早期斜拉桥，其大截面积斜拉索与悬索桥的主缆相似，由若干股钢索组成，斜拉索在桥塔中的鞍座上连续通过，鞍座在塔上则用辊轴或铰来支承，或者固定在塔上。

图(b)为横滨海湾桥小截面积斜拉索的鞍座型锚固结构。斜拉索锚头嵌固在 U 形鞍座的双壁之间，鞍座则安装在支承梁(构架)上。这种锚固结构非常简单，但必须防止鞍座的倾倒及滑动。除横滨海湾桥之外，日本的六甲大桥等也采用了这种型式。

图(c)为日本名港西大桥采用的锚固梁型式。斜拉索的锚头用一个锚固块固定在锚固梁上，锚固梁则安装在桥塔的竖壁之间。虽然这种型式可用于任何大小的斜拉索角度，但必须研究锚固梁与塔柱的加劲肋在位置上是否冲突，以及将锚固梁连接(焊或栓)在塔柱竖壁上有无问题。

图(d)为日本大阪海鸥桥等采用的支承板型的锚固结构。斜拉索的锚头用一个块件固定在支承板上。支承板则安装于塔壁或加劲壁上。索力直接由支承板传给塔壁或加劲壁，但应注意支承板的固定部分有较大的应力集中。

图(e)为瑞典 Stromsund 桥等采用的铰接型锚固结构。斜拉索采用外露锚头(open socket)。锚头及铰与塔柱连接。采用这种型式时，如索力很大，锚头与铰的直径应随之加大。因此，必须考虑架设时怎样处理锚头与铰。

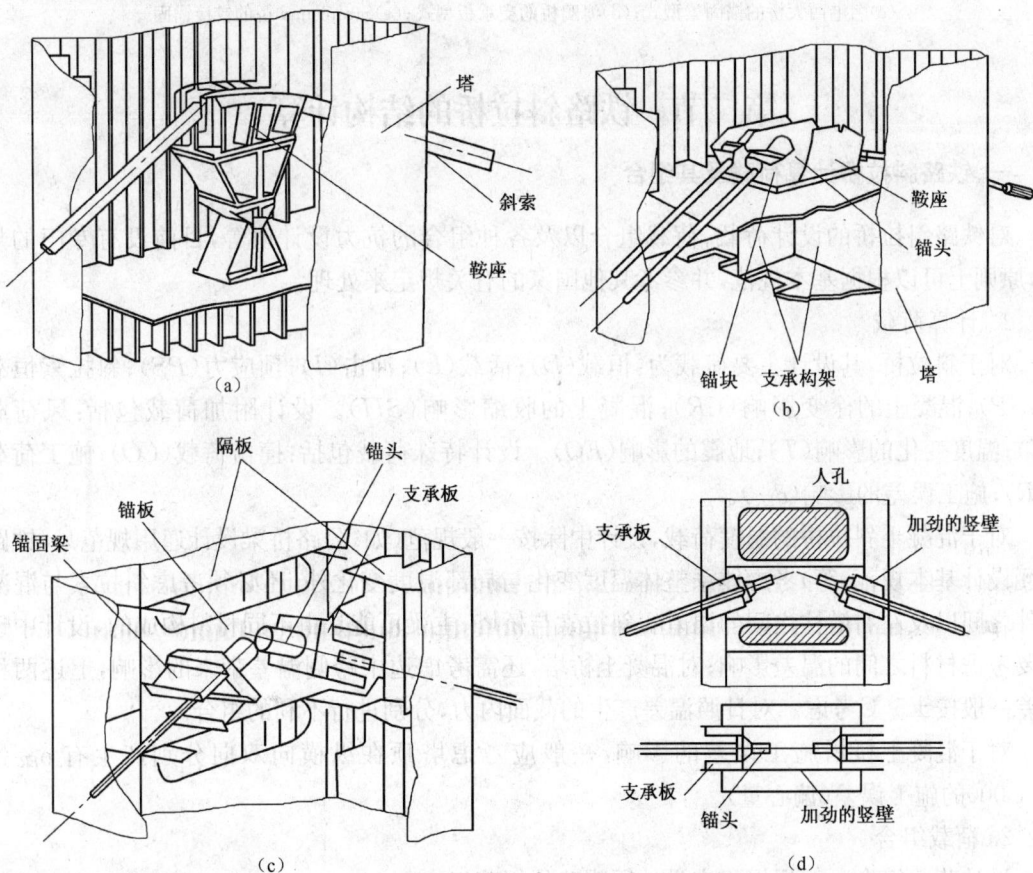

图　5-27

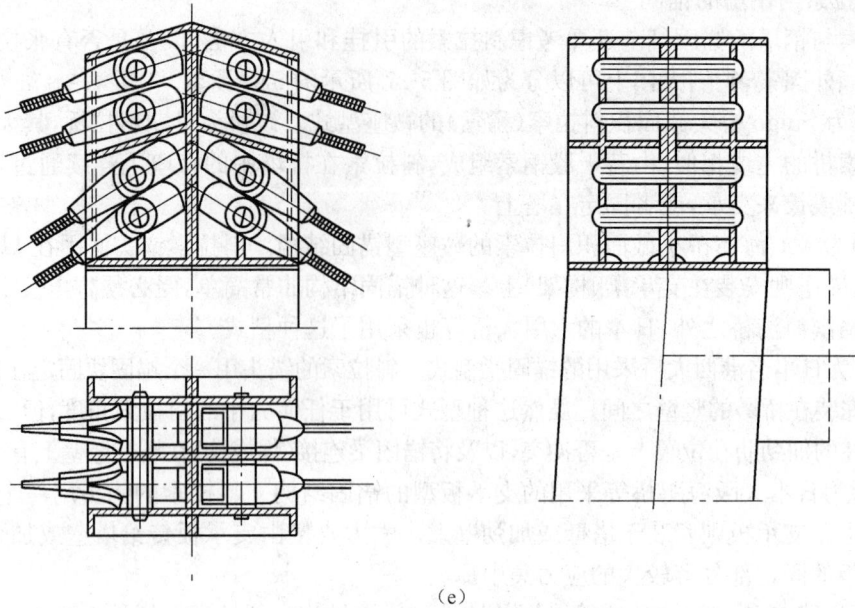

(e)

图 5-27　斜拉索与钢塔的锚固

(a)Suigo 桥大截面斜索的鞍座支承；(b)横滨海湾桥小截面斜索的鞍座锚固；

(c)名港西大桥的锚固梁型式；(d)海鸥桥的支承板型式；(e)Stromsund 桥的铰接锚固

第二节　铁路斜拉桥的结构计算

一、铁路斜拉桥计算荷载及其组合

对铁路斜拉桥的设计荷载、荷载组合以及各种组合的抗力设计值等,目前没有专门的规范,原则上可以根据基本规范,并参考其他国家的有关规定来处理。

1. 计算荷载

对于斜拉桥,其设计主要荷载为:恒载(D);活载(L);冲击(I);预应力(PS);斜拉索恒载力(SP);混凝土的徐变影响(CR);混凝土的收缩影响(SH)。设计附加荷载包括:风荷载(W);温度变化的影响(T);地震的影响(EQ)。设计特殊荷载包括:撞击荷载(CO);施工荷载(ER);施工误差的影响(δ_{ER})。

对于混凝土斜拉桥的温度荷载,设计中除按一般规范(如《公路桥梁设计通用规范》、《铁路桥涵设计基本规范》等)考虑体系整体温度变化与局部温度变化外,还必须考虑斜拉索与混凝构件之间以及左右塔柱之间的温差。斜拉索与桥塔、主梁可能是由不同材料构成的,设计中还需要考虑材料之间的温差影响;对混凝土桥塔,还需考虑边中跨侧温差带来的影响,上述两种温差一般按±5 ℃考虑。对日照温差产生的截面内力,分别进行不利的组合。

对于混凝土桥塔施工误差的影响,一般应考虑塔顶在纵横向双向分别产生有 $\delta_{ER}=H/1\ 000$的施工误差(偏心量)。

2. 荷载组合

设计荷载组合一般根据相应设计所明确的规范组合。

二、铁路斜拉桥的恒载计算图式与方法

建成后的斜拉桥结构,塔、梁和斜拉索构成一个整体,是一多次超静定结构,因此在活载作用下各构件的内力按刚度分配。不考虑非线性影响时,与一般结构的计算一致;如果考虑几何非线性,则要将斜拉索作为索结构,同时考虑恒载内力状态及结构大位移的影响。

但是斜拉桥的恒载状态设计则不一样。一般的连续梁、连续刚构桥,结构设计和施工顺序(方案)一旦确定,结构恒载内力就是确定的,一般不能通过结构内部的调整来改变结构恒载状态。但对于斜拉桥来说,在恒载状态时,斜拉索可以看成是一种主动受力构件,可以通过设计斜拉索的索力来调整或改变结构的内力状态。

既然斜拉索有这样的力学行为,那么就提出了什么是合理的恒载内力状态问题? 是否可以设计成最优的恒载状态?

1. 结构内力状态优化

斜拉桥成桥恒载内力分布的合理与否是衡量设计优劣的重要指标之一。恒载内力的优化过程实际是斜拉桥的设计过程。对于斜拉桥的恒载内力优化(或称设计),可用下面的简单例子给予说明。

对于图 5-28 所示的简单的索—梁组合一次超静定结构,如果我们按结构力学的方法来计算结构的赘余力,可以计算出中间拉索的轴力为

$$N = \frac{5ql^4/384EI}{l^3/48EI + h/EA} \tag{5-1}$$

取 $EI/l^3 = 1$,$EA/h = 192$,上式变成 $N = ql/2$。

这一状态相当于中间有支点的两跨简支梁的恒载内力状态,这时对应的梁的弯矩图如图 5-29 所示。

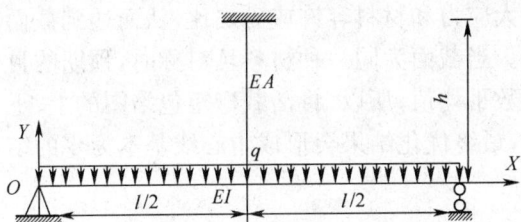

图 5-28　索—梁组合的一次超静定结构

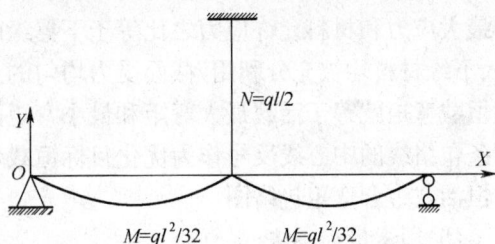

图 5-29　优化前梁的弯矩图

为了优化梁的受力,可以根据需要拟定一个目标函数。现以梁的弯矩平方和为例来加以说明。目标函数为:

$$f = \int_0^l M^2(x)\,\mathrm{d}x \tag{5-2}$$

梁中的弯矩可写为

$$M = q(lx - x^2)/2 - Nx/2 \tag{5-3}$$

将弯矩表达式代入目标函数中,可计算得到使目标函数 f 最小的赘余力为 $N = 5ql/8$。

对应的梁的弯矩如图 5-30 所示。

从上面的分析我们可以看出,如果能对拉杆进行张拉,通过调整拉杆中的张力,就可以调整梁中的弯矩。设定不同的目标,可调整出不同的梁的弯矩状态。这就是斜拉桥恒载索力计

算的出发点,即通过设计恒载索力使斜拉桥受力合理。

2. 斜拉桥设计中索力优化的主要方法

斜拉桥设计中常用的索力优化方法比较多,目前主要有刚性支承连续梁法、零位移法、弯曲能量最小法、弯矩最小法、内力平衡法、用索量最小法和影响矩阵法等。下面分别对其进行介绍:

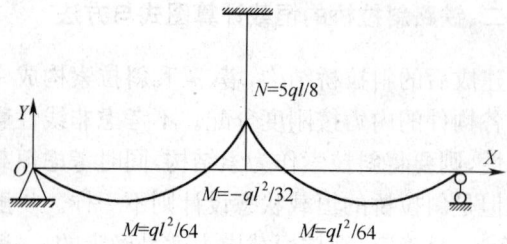

图 5-30 优化后的弯矩图

(1)刚性支承连续梁法

刚性支承连续梁法是指选择合适的斜拉索张拉力,使结构在成桥时的恒载内力状态与以拉索锚固点为主梁支点的刚性支承连续梁的内力一致。

(2)零位移法

该方法是通过索力调整,使成桥状态下主梁在恒载作用下索梁联结处的位移为零。对于采用满堂支架一次落架的斜拉桥体系,其结果与刚性支承连续梁法基本一致。

(3)弯曲能量最小法和弯矩最小法

弯曲能量最小法是以结构(塔、梁)弯曲应变能作为目标函数,从能量原理出发,合理设计索力,保证成桥后结构弯曲能量最小。在具体应用中,通过将主梁、主塔和斜拉索的截面积取大值,梁、塔的弯曲刚度保持不变,进行结构计算,所得结构主梁、主塔弯矩都很小。弯矩最小法则是以结构的弯矩平方和为目标函数进行优化计算,其结果与弯曲能量最小法接近。

(4)内力平衡法

内力平衡法是以结构内力为研究对象,按照"内力平衡"原则,得到合理的斜拉索索力。基本原理是设计合理的斜拉索张拉力,以使结构各控制截面在恒载和活载的共同作用下,上翼缘的最大应力和材料允许应力之比等于下翼缘的最大应力和材料容许应力之比,从而达到截面上、下缘材料均被充分利用,截面受力均匀的目的。当截面为同一种材料且对称时,预期的目标恒载弯矩就等于活载最大弯矩和最小弯矩的代数平均值,所以,将活载弯矩包络图的上、下两条包络线的中心线反号作为优化目标恒载弯矩,最终优化结果会形成中心线基本为零的结构恒活载组合弯矩包络图。

(5)用索量最小法

该法以斜拉索用量(索力乘以索长的累计值)为目标函数,以所关心截面的内力、位移期望值范围和索力均匀性为约束进行优化。用这种方法时,约束条件的选取至关重要,若选择不合理,则无法获得理想的优化结果。

(6)影响矩阵法

选择斜拉桥成桥状态和施工状态中设计者关心的结构控制截面内力、位移作为受调向量 $[D]$,斜拉索索力为施调向量 $[X]$,通过影响矩阵 $[A]$ 建立受调向量与施调向量之间的关系 $[A][X]=[D]$,形成一个线性方程组,将索力优化问题转化为线性方程组的求解问题。

将上述各种索力优化方法归结起来可分为三种:指定受力状态的索力优化、无约束的索力优化和有约束的索力优化。

1)指定受力状态的索力优化法

刚性支承连续梁法和零位移法是这类方法的代表。刚性支承连续梁法将斜拉桥主梁在恒载作用下弯曲内力呈刚性支承连续梁状态作为优化目标。将梁索交点处设以刚性支承进行分析，计算出各支点反力，利用斜拉索的竖向分力与刚性支点反力相等的条件，就可容易地确定最优索力。这种方法的优点是力学意义明确，计算简单，且成桥索力接近"稳定张拉力"，可减小徐变对成桥内力的影响。但是，要通过施工来实现这种内力状态是困难的，因为跨中无索区的弯矩与一次张拉力无关（不计徐变时），成桥后必须设法消除由中间合拢段及二期恒载引起的正弯矩效应。一般用反复调索来实现。此外，刚性支承连续梁法只顾及了梁的受力状态，而忽略了塔的受力状况，结构布置稍有不当，就会在塔内引起较大的恒载弯矩。

零位移法以结构在恒载作用下梁的节点位移为零作为优化目标。对于支架上一次落梁的斜拉桥，其结果与刚性支承连续梁几乎一致（梁的 $EA \to \infty$）。因此，也会遇到与刚性支承连续梁法相似的问题。对于悬拼结构或悬浇结构，零位移法是没有意义的。因为施工时梁的位移包括了刚体位移和梁体变形两部分，前者可以通过拼装方式进行调整，只有后者才与索力有直接联系。

2）斜拉索力的无约束优化法

这类方法的典型例子是弯曲能量最小法和弯矩最小法。弯曲能量最小法是用结构的弯曲应变能作为目标函数，弯矩最小法是以弯矩平方和作为目标函数。有关文献中给出的这两种方法只适用于恒载索力优化，无法计入预应力索影响，且计算时要改变结构的计算模式。

3）索力的有约束优化

这类优化方法的典型例子主要有用索量最小法。用索量最小法是以斜拉桥索的用量作为目标函数，以关心截面内力、位移期望值范围作为约束条件。使用这种方法，必须合理确定约束方程，否则容易得出错误结果。

斜拉桥受力性能的好坏要根据实际结构来评价，并不能用单一的目标函数来统一表示。以下介绍两种比较有代表性的斜拉桥恒载索力的计算方法。

3. 最小弯曲能量法具体运用简介

对恒载作用下的结构内力进行计算分析，最方便直观的方法就是将斜拉索（图 5-31）切断，用力代替，得到如图 5-32 所示基本结构。设 $x_i = 1$ 作用的时候，产生梁的弯矩为 m_i，恒载作用下基本结构弯矩为 M_p，那么任意截面总弯矩为

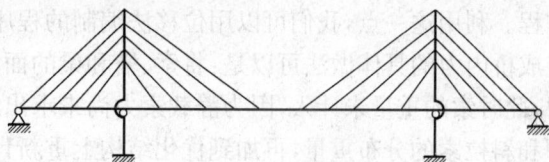

图 5-31　典型的斜拉桥原结构

$$M = M_p + \sum_{i=1}^{n} x_i m_i \tag{5-4}$$

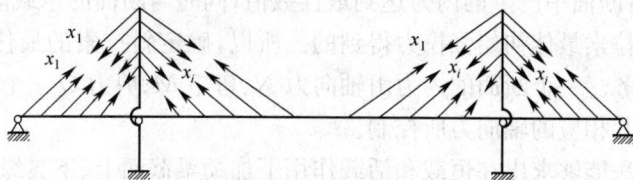

图 5-32　切断斜拉索用索力代替的基本结构

式中，n 为斜拉索的根数。

现在我们要建立优化目标函数。通常希望梁和塔在静载作用下弯矩要尽可能小，因此用结构弯矩产生的余能作为目标优化函数很合适。弯矩的余能为

$$U = \frac{1}{2} \int \frac{M^2}{EI} \mathrm{d}s \tag{5-5}$$

将弯矩的表达式代入余能表达式中有：

$$U = \frac{1}{2} \int \frac{1}{EI} \left(M_p + \sum_{i=1}^{n} x_i m_i \right)^2 \mathrm{d}s = \frac{1}{2} \int \frac{1}{EI} \left(M_p^2 + \sum_{i=1}^{n} \sum_{j=1}^{n} x_i x_j m_i m_j + 2M_p \sum_{i=1}^{n} x_i m_i \right) \mathrm{d}s \tag{5-6}$$

令
$$\delta_{ij} = \int \frac{m_i m_j}{EI} \mathrm{d}s \qquad \Delta_{ip} = \int \frac{m_i M_p}{EI} \mathrm{d}s$$

则
$$U = \frac{1}{2} \left(\int \frac{M_p^2}{EI} \mathrm{d}s + \sum_{i=1}^{n} \sum_{j=1}^{n} x_i x_j \delta_{ij} + \sum_{i=1}^{n} x_i \Delta_{ip} \right) \tag{5-7}$$

很明显，弯矩余能与索力有关，要使 U 最小，其必要条件为：

$$\frac{\partial U}{\partial x_i} = 0 \qquad \sum_{i=1}^{n} x_j \delta_{ij} + \Delta_{ip} = 0 (i = 1, 2, \cdots, n)$$

以上表达式具有 n 个方程，因此能解得恒载作用下的索力而使弯矩能量最小，即弯矩所耗费的材料最少。值得注意的是，余能表达式中的惯性矩 I 可以任意选择，它完全可以是虚构的，例如，梁和塔的 I 取不同比值，或者边跨和中跨的 I 可以有不同的选择，这完全取决于力学要求。另外如果直接求解则需专门的程序。如果做如下处理：

$$\delta_{ij} = \int \frac{m_i m_j}{EI} \mathrm{d}s + \int \frac{N_i N_j}{EA} \mathrm{d}s \qquad \Delta_{ip} = \int \frac{m_i M_p}{EI} \mathrm{d}s + \int \frac{N_i N_p}{EA} \mathrm{d}s \tag{5-8}$$

式中，N_i 为 $x_i = 1$ 时基本结构的轴力，N_p 为静载使基本结构产生的轴力，A 为结构构件的截面面积。

很明显，当 A 取大值时，δ_{ij}、Δ_{ip} 和基本结构的余能表达式相同，这时，前面的方程就是力法方程。利用这一点，我们可以用位移法编制的程序来进行分析，因此，用最小弯曲能量原理确定成桥内力的具体做法可以是：将索、塔和梁的面积取得很大，用平面杆系程序来计算静载内力，此时索的重量未计入，因为静载索力尚未求出，待求出索力后（静载加活载），算出斜拉索面积和斜拉索的分布重量，再加到优化结构上重新计算静载内力，这时的内力为优化内力（如果计算出的索力有的拉力很小，甚至受压，说明索的布置需要调整，或者由 I 来调整），然后再恢复结构的真实面积，作后续计算。

4. 内力平衡法

所谓内力平衡法，就是将选择的恒载内力控制在一定的变动幅度内，使它与活载和附加荷载内力组合后，在各断面中产生的内力达到最佳数值，同时与断面的承载能力相适应。这个恒载内力是由选择斜拉索最佳初始张拉力得到的。所以，确定斜拉索的最佳初始张拉力是计算恒载内力的首要任务。一个断面的内力由轴向力 N、弯矩 M、剪力 Q 三个部分组成，断面最大应力由最大弯矩及其相应的轴向力所控制。

利用内力平衡法能够求出在恒载和活载作用下加劲梁截面上、下翼缘应力，则在恒载和活载作用下的最大拉应力为（统一规定应力以拉为正、压为负）：

$$\sigma_{sl} = -\frac{N}{A} - \frac{M}{W_s} \leqslant \frac{[\sigma_l]}{n} \tag{5-9}$$

$$\sigma_{xl} = -\frac{N}{A} + \frac{M}{W_x} \leqslant \frac{[\sigma_l]}{n} \tag{5-10}$$

恒载和活载作用下的最小压应力为：

$$\sigma_{sa} = -\frac{N}{A} - \frac{M}{W_s} \geqslant \frac{[\sigma_a]}{n} \qquad (5\text{-}11)$$

$$\sigma_{xa} = -\frac{N}{A} + \frac{M}{W_x} \geqslant \frac{[\sigma_a]}{n} \qquad (5\text{-}12)$$

如果用各截面控制弯矩来计算，则应：

$$M \geqslant \left(-\frac{N}{A} - \frac{[\sigma_l]}{n}\right)W_s = m_{dl2} \qquad (\text{上翼缘拉应力}) \qquad (5\text{-}13)$$

$$M \leqslant \left(\frac{N}{A} - \frac{[\sigma_l]}{n}\right)W_x = m_{dl1} \qquad (\text{下翼缘拉应力}) \qquad (5\text{-}14)$$

$$M \geqslant \left(\frac{N}{A} - \frac{[\sigma_a]}{n}\right)W_x = m_{da2} \qquad (\text{下翼缘压应力}) \qquad (5\text{-}15)$$

$$M \leqslant \left(-\frac{N}{A} - \frac{[\sigma_a]}{n}\right)W_s = m_{da1} \qquad (\text{上翼缘压应力}) \qquad (5\text{-}16)$$

$$M_{d1} = \min(m_{dl1}, m_{da1}) \qquad \text{控制正弯矩} \qquad (5\text{-}17)$$

$$M_{d2} = \max(m_{dl2}, m_{da2}) \qquad \text{控制负弯矩} \qquad (5\text{-}18)$$

则优化控制条件为：

$$M_{d2} \leqslant M \leqslant M_{d1} \qquad (5\text{-}19)$$

式中　　N——恒载和活载引起的主梁水平分力；

　　　　M——主梁的弯矩；

　　　　A——主梁的面积；

W_s、W_x——上、下翼缘的抗弯截面模量；

σ_{sl}、σ_{xl}——上、下翼缘的最大拉应力；

σ_{sa}、σ_{xa}——上、下翼缘的最大压应力；

$[\sigma_l]$、$[\sigma_a]$——为材料的容许拉、压应力；

　　　　n——设计系数。

由此判断是否满足上述条件，满足则成立；否则，要进行索力 x_i 的调整，求出轴力 N 和弯矩 M，再求出 M_{d1}、M_{d2}，最后与 M 比较，看是否满足条件，依此循环直到满足条件为止。

三、铁路斜拉桥的活载设计计算

1. 列车荷载及冲击系数

根据桥梁的功能要求采用设计活载。在已经建成的铁路斜拉桥中，我国的红水河斜拉桥、大秦线大里营大桥、芜湖长江大桥和武汉天兴洲长江大桥都是按正常的铁路活载设计的，前两座桥是单线铁路桥，后两座分别是两线和四线铁路、多车道公路的公铁两用桥。

我国香港于 1997 年建成的汲水门大桥（8 车道公路、双线铁路）的列车荷载相当于 0.4 倍 UIC-71 列车荷载，即中间 6.4 m 范围内为 4 个轴重为 100 kN 的集中荷载，两边各为 32 kN/m 的均布荷载。

日本的公铁两用斜拉桥及铁路斜拉桥的列车荷载一般较轻，如柜石岛桥与岩黑岛桥（于 1987 年建成）为 4 车道公路、4 线铁路。4 线铁路中有 2 线为一般线、2 线为新干线，且其一般线（KS-16×2 线）相当于每线 27 kN/m×400 m 的荷载。1997 年建成的北陆新干线第二千曲川桥(双线铁路)设计列车荷载为 P-16(客运列车,每车 4 轴,每轴 160 kN,合计为 32 kN/m)。

铁路斜拉桥设计时要根据振动研究的结果,考虑冲击系数的影响。

2. 活载计算

活载内力计算一般采用平面或空间杆系有限元程序进行,一般说来,现在的计算都要考虑几何非线性的影响。由于考虑非线性时,结构内力不再满足叠加原理,理论上不能采用影响线的方法计算,但是仍然可以借用影响线的思想,先确定计算截面最不利内力或变形的影响区间,然后根据计算的影响区间,将设计活载直接作用于结构的该区间上,从而获得截面的最不利设计值(或活载作用包络值)。

3. 内力组合与验算

计算出恒载和各种活载作用下的内力后,根据所采用的规范(中国铁路设计所用规范为:铁路桥梁钢结构设计规范 TB 10002.2—2005,铁路桥涵钢筋混凝土和预应力混凝土结构设计规范,TB 10002.3—1999,设计钢桥时用前者,设计混凝土桥用后者)进行内力组合,并按相应的规范进行结构强度、刚度和稳定性检算。

四、铁路斜拉桥的施工过程计算

特大桥梁的结构分析仅对总体结构、局部结构进行分析是不全面的,对某一部位来说,其最不利状态往往不一定是运营状态,也可能在施工阶段出现,因此,进行施工阶段分析是必要的。斜拉桥的施工过程是非常复杂的,设计计算时应根据施工工艺、施工方法和施工流程对每一阶段进行模拟分析。

在施工控制计算中,要根据实际施工中的现场测试来核定计算参数,进行仿真计算。将计算结果与现场实测数据相比较,从而对所选参数进行拟合。在计算结果与实测结果相近时,可根据计算结果来指导下一阶段的施工,以使控制计算与实际施工状态相符,从而更好地控制桥面标高、线形、斜拉索的索力、主梁的内力及应力。

控制计算中,需进行现场测定的参数主要有材料的物理力学性能参数,包括混凝土的弹性模量、斜拉索的弹性模量及容重、钢材的弹性模量、实际的施工荷载参数、实际的环境参数等。

控制计算可为施工提供控制目标值和施工过程中的监测结果,如斜拉索的索力测试、温度场监测、梁段安装时的应力监测,根据反馈结果可分析确定施工误差,对误差进行分析,调整计算控制目标,从而指导下一阶段的施工。

1. 施工阶段计算荷载的确定

斜拉桥施工时因恒载引起的内力与变形与采用的施工方法有着很大关系。施工控制在理论计算前应首先对施工方法和架设程序进行深入研究,拟定一个行之有效的合理施工方案,对主梁架设期间的施工荷载给出一个较为精确的数值。具体地讲,斜拉桥主梁除钢主梁和钢—混凝土叠合式主梁采用工厂预制加工、工地现场起吊拼装就位外,PC梁主梁大多采用挂篮悬浇、支架现浇或预制拼装等方法施工。施工过程中的施工计算荷载除恒载及人群、施工器具等施工荷载外,还必须考虑预应力、斜拉索的张拉力等荷载;对于大跨径 PC 斜拉桥还要计入混凝土的收缩、徐变影响等;同时须考虑温度的影响,因为温度对结构的影响比较复杂,在施工的每一阶段应单独分析温度变化对结构的影响,在接近合龙的施工阶段,应做好详细的实际观测,记录温度对结构变形作用随时间变化的规律,以便为下一阶段的施工提供必要的技术参数;施工过程中还必须考虑地震力和风力的作用,应对施工过程中最不利状态进行抗震、抗风及其强度和稳定性验算。一般来说,斜拉桥在施工合龙前最大悬臂状态为最不安全状态,应采取相应的措施防止风致破坏。

2. 施工阶段计算模型

在斜拉桥架设过程中,结构体系不断发生变化,因此,在各施工阶段应根据当时的结构体系和荷载状况选择正确的计算模型进行计算分析。计算模型的建立应全面准确地反映实际的结构体系。

近年来,随着计算机技术不断发展,有限单元法成为桥梁结构分析必不可少的工具。斜拉桥的静力、动力和施工过程分析大多基于有限单元法,分别利用不同的单元类型来模拟斜拉桥各部位。为保证计算精度和计算结果合理,采用平面模型或空间模型进行分析,利用空间模型分析能够比较真实地反映斜拉桥施工的实际情况。斜拉桥施工控制计算模型的建立包括以下几方面的模拟:

(1)拉索的模拟方法

受斜拉索自重的影响,斜拉索存在几何非线性,模拟计算时可采用以下方法计算非线性影响。

1)等效弹性模量直杆单元法:用考虑垂度变化影响的有效弹性模量的直杆来代替实际拉索。

2)多段直杆法:即将斜拉索处理为多段弹性直杆单元,用分段的铰接杆来离散拉索,拉索的自重和外荷载作用在节点上,杆的轴向刚度需要考虑重力刚度。

3)曲线索单元法:当拉索比较长时,可用一个或多个曲线单元来模拟在自重作用下形成的悬链线形状,其刚度矩阵可由多项式或拉格朗日插值函数并考虑拉索在节点上的位移关系来确定。

(2)索塔的模拟

斜拉桥的索塔一般由塔柱和横梁组成,可用梁单元来模拟,比较精确的计算模型可采用实体单元、板壳单元等。

(3)主梁的模拟

应根据截面的具体形式,分别采用相应的模型,主要采取下列方法对主梁进模拟:

1)单主梁模型:单根主梁带刚性短刚臂的鱼骨式模型,该模型一般用于扭转刚度较大的全闭口断面的斜拉桥主梁。

2)双主梁模型:该模型通常是将主梁截面的刚度平均分配到两纵梁上,纵梁之间用刚性横梁或用实际刚度的横梁连接,上述模型能比较真实地反映斜拉桥的力学行为。

3)三主梁模型:主梁离散为三根主梁组成的框架结构,将主梁截面的侧向、竖向抗弯刚度等效地分配在三根主梁上,不考虑横梁对主梁竖向抗弯刚度的影响。该模型能有效考虑约束扭转刚度。

4)实体、板壳单元:将加劲梁、横梁的腹板、翼板和桥面都离散为实体或板壳单元。该方法能够较真实地反映主梁结构的力学行为。

3. 施工阶段计算应注意的几个问题

斜拉桥几何非线性的影响,对中小跨径斜拉桥来说影响较小,可忽略不计。但随着跨径不断地增大,其荷载和变形的几何非线性也越来越明显,在施工控制分析中,为了尽量反映真实的情况,需要考虑上述非线性因素的影响。一般引起斜拉桥几何非线性的因素有三种:

（1）斜拉索的垂度影响。因施工阶段拉索所受到的拉力比成桥阶段小，故由拉索垂度引起的非线性较明显，通常采用Ernst弹性模量修正拉索原始弹性模量的方法，来考虑拉索垂度引起的非线性影响。

（2）梁柱效应。斜拉桥主梁和索塔都是压弯构件，其截面内力弯矩和轴力之间会产生耦合效应，通常采用下列方法来处理梁柱效应：引入稳定函数，修改单元刚度矩阵；由位移与应变关系式，利用最小势能原理（或虚功原理），建立单元切线刚度矩阵，求解非线性方程组。

（3）大变形效应。斜拉桥是一种柔细结构，在荷载作用下，会发生显著的变形，当用有限元来分析时，各单元的节点坐标、长度、夹角等几何特性也会产生较大的变化。此时单元刚度矩阵为结构变形的函数。平衡方程$\{F\}=[K]\{\sigma\}$不再是线性关系，弹性小变形中的叠加原理不再适用。可采用有限位移理论来解决，根据变形后的几何位置建立平衡条件，采用全拉格朗日列式法（T. L）或更改的拉格朗日列式法（U. L），结合迭代法、增量法或混合法等求解非线性方程组。

4. 施工阶段计算方法

（1）倒拆法

倒拆法是斜拉桥施工过程分析中较常用的一种分析方法，特别适合钢斜拉桥。其主要思路是：由斜拉桥理想的成桥状态出发，按照与实际施工相反的顺序，逐步倒拆而得到各施工阶段的控制参数。然而对于大跨径混凝土斜拉桥而言，施工过程中必须考虑混凝土收缩、徐变的影响，而混凝土收缩、徐变的计算在时间上只能是顺序的。一般可采用正装、倒拆相结合的方法进行迭代计算。

（2）正算法

与倒拆法相反，它采用与施工相同的顺序，采用相应的计算原则控制参数，依次计算出各架设阶段的内力和位移，供施工时使用。采用正算法进行施工计算时，只要计算参数选择得当，按照所获得的施工控制参数和顺序施工，在施工结束后，理论上斜拉桥的恒载内力和主梁线形与预定的理想状态基本吻合。

第三节　铁路斜拉桥的设计与施工

一、铁路斜拉桥设计应考虑的问题

到目前为止，建成的铁路斜拉桥或公铁两用斜拉桥并不多，分析其原因主要有以下几个方面：

（1）结构的柔性不太适宜承受铁道荷载

与其他桥型（悬索桥除外）相比，斜拉桥是柔性结构，而在铁路荷载作用下，其振动是明显的。另外，由于相对来说结构柔性较大，也就是刚度较小，因此变形就必然较大。铁路斜拉桥的中孔跨中挠度和边孔梁端角度及伸缩量均较大。特别是钢斜拉桥（刚度一般比混凝土斜拉桥要小），如日本的岩黑岛桥和柜石岛桥的梁端角变量和伸缩量分别达到7.3‰和101 cm，均超出一般铁路桥梁的最大值3.5‰和15 cm。因此，不得不采用专门设计的缓冲梁来过渡；另外，其最大竖向挠度达1.06 m，相应的挠跨比为1/396，也超过一般的最大值。这里还要引起注意的是岩黑岛桥与柜石岛桥的铁路荷载强度仅3.8 t/m，列车长度小于400 m，尚未超过其主孔跨420 m。如果采用我国的标准列车荷载（中—活载）计算，则上述变形量势必还要更大。

(2)抗疲劳性能较差

对铁路斜拉桥来说,由于活载应力所占的比重较大,在抗疲劳性能方面也总是要逊色的。特别是对作为斜拉桥要害构件的斜拉索来说,它在梁上的锚固端位置处极易产生疲劳破坏。

(3)更换斜拉索较困难

目前斜拉桥的设计都立足于要能够更换拉索,并要求在更换时不中断行车。这对公路桥比较容易做到,对铁路桥就较困难。

位于阿根廷与巴拉圭的界河上的 P-E 桥是一座单线铁道与公路合用的公铁两用斜拉桥,当其某一根拉索失效或更换时,必须封锁铁路交通;另外,当同一截面的一对拉索同时失效时,恒载虽可由相邻的拉索分担,但必须中断全部桥上的公铁交通。

(4)经济跨度的机遇率较小

斜拉桥的经济跨度一般为 200～500 m,至少也得超过 150～160 m,并且还要求是双线桥(这样大的跨度修建单线桥更不经济)。而绝大部分铁路(专用或两用)斜拉桥的主跨均在 200～500 m 之间,铁路桥遇到这种经济跨度的机会比较少。

1. 竖向刚度

(1)用竖向挠度(挠跨比)的限值来保证

铁路桥梁的必要竖向刚度一般都是用竖向活载最大挠度或挠跨比的最大限值来保证,对跨度小于 200 m 的一般铁路桥梁来说,代表竖向刚度的竖向活载挠跨比在《铁路桥涵设计基本规范》中已有规定。但对大跨度铁路桥梁的最大竖向挠跨比的规定,特别是斜拉桥,由于缺乏实践资料,至今在设计规范中尚是空白。

从认识上或定性上来说,对大跨度桥梁的竖向挠跨比不能用适合于一般桥梁的规定来约束,而应该适当放宽,即容许最大挠跨比有所增大。但在缺少实践和科学依据的情况下,很难给出放宽的定量标准来作为设计规范的补充规定。在这种情况下,对目前大跨度铁路斜拉桥的设计表 5-4 的少量实践资料可作为参考。

表 5-4　已建大跨度公铁两用斜拉桥的挠跨比

桥　　名	主跨/m	最大活载竖向挠度/m	相应挠跨比	近似参考值
日本岩黑岛	420	0.97	1/435	1/400
日本柜石岛	420	1.06	1/396	
芜湖长江大桥	312	0.257(边跨,汽车+中活)	1/700	
		0.567(中跨,汽车+中活)	1/550	
武汉天兴洲大桥	504	0.557(汽车+中活)	1/900	

(2)用主梁的高跨比作为参考

代表竖向刚度的竖向挠跨比与斜拉桥主梁的高跨比有一定的关系。但主梁高跨比与梁高都相同的斜拉桥由于斜拉索的稀、强弱及倾斜角度有所不同,其最大挠跨比并不一致。因此,主梁的高跨比只能作为反映斜拉桥竖向刚度的一个参考指标,这是因为主梁高跨比只能影响斜拉桥竖向刚度的一部分而不是全部。表 5-5 给出一些铁路斜拉桥的主梁高跨比,以供粗略地参考衡量竖向刚度。

从表 5-5 中可以看出,铁路专用斜拉桥的主梁高跨比约在 1/60～1/20 之间变动,而公铁两用斜拉桥的主梁高跨比除巴拉拿河上的 D 桥、G 桥和 P-E 桥为 1/127 和 1/114 较为柔细之外,其余各桥皆在1/82～1/30之间变动。正在设计的日本第二千曲川双线铁路斜拉桥的主梁高跨比为3.00/135＝1/45。由此可知铁路斜拉桥的主梁高跨比不宜太小。公铁两用桥似应以1/100作为最小限值,铁路专用桥似应以1/50为最小限值。必要时应增大至1/30～1/20。也就是说铁路斜拉桥的主梁本身应具备有足够的竖向刚度。它不能像公路斜拉桥的发展趋势,以减小主梁高跨比来追求斜拉桥的柔细感。换言之,即铁路斜拉桥的竖向刚度主要应由梁体来提供,拉索相对来说只起到辅助作用。尽管如此,但为了争取使拉索对竖向刚度多作一些贡献,铁路斜拉桥的桥塔也应比一般桥塔高一些,使拉索的倾斜角度尽量大一些。

表5-5 铁路斜拉桥的主梁高跨比

桥 名		主跨/m	主梁高度/m	高跨比	附 注
铁路专用桥	林恩桥	55	2.76	1/19.9	PC槽形梁
	沙瓦河桥	254	4.4	1/57	2个单室钢箱梁
	红水河斜拉桥	96	3.2	1/30	PC双室单箱梁
公铁两用桥	塞弗林桥	302	4.57	1/66	2个单室钢箱梁
	库尔特·舒马赫桥	287	4.5	1/64	2个单室钢箱梁
	巴拉拿河D桥	330	2.6	1/127	扁平钢箱梁
	巴拉拿河G桥	330	2.6	1/127	扁平钢箱梁
	Posadas-Encarnacion桥	330	2.94	1/114	PC倒梯形三室箱梁
	上卡塞尔桥	258	3.15	1/82	三室钢箱梁
	第二美茵河桥	148	2.66	1/55.6	PC箱梁
	岩黑岛桥	420	14	1/30	钢桁梁
	柜石岛桥	420	14	1/30	钢桁梁
	芜湖长江大桥	312	13.5	1/23	钢桁梁
	武汉天兴洲大桥	504	15.2	1/33.2	钢桁梁

2. 横向刚度

(1)用横向挠度(挠跨比)的限值来保证

对一般跨度较小的铁路桥梁来说,梁体桥面宽度必须满足铁道线路构造的要求,这就足以保证铁路桥梁所需的横向刚度。但对跨度较大的桥梁,特别是单线铁路桥,能满足铁道线路构造的梁体宽度不一定都能满足横向刚度要求,在此情况下,铁路桥梁所需的横向刚度也是用满足横向挠跨比的最大限值来保证。

铁路桥梁的横向挠度或横向振幅是由列车摇摆力、横向风力以及曲线梁上的列车离心力等所产生的。《铁路桥涵设计基本规范》规定的最大横向挠跨比也只是针对常用跨度的一般桥型的桥梁而言。对大跨度铁路桥梁或斜拉桥来说,同样由于缺乏实践资料,在现有规范中此项也是空白。

与竖向挠跨比相同,对大跨度桥梁,特别是属于柔性结构的斜拉桥或悬索桥,横向挠跨比的最大限值不能用适用于一般桥梁的规定来约束,而是也应有适当的放宽,即容许最大横向挠跨比应有所增大。但目前同样很难给出一个安全的与科学的放宽标准。日本已建成的岩黑岛桥和柜石岛桥两座公铁两用斜拉桥的最大横向挠度为0.43 m与0.33 m,主跨为420 m,相应的最大横向挠跨比分别为0.43/420＝1/997与0.33/420＝1/1 270,平均值近似于1/1 000。

（2）用主梁的宽跨比来作为参考

一般桥梁常常采用 1/20 来作为主梁宽跨比的最小限值,用以保证桥梁具有足够的横向刚度。但当桥梁跨度较大时,公路桥梁由于桥面宽度较大而容易满足 1/20 的要求,铁路桥梁即使是双线桥也很难满足此要求,对单线桥来说就更难满足了。其实,1/20 的宽跨比是一个对一般常用跨度桥梁的偏于安全的横向刚度指标。将铁路专用桥与公铁两用桥的主梁宽跨比列在表 5-6 中来研究,将发现它们的宽跨比均大于 1/20 甚多。因此公铁两用斜拉桥的主梁宽跨比,由于桥面构造上的要求,满足 1/20 当无问题之外,对铁路专用桥的主梁宽跨比仍难给出放宽的标准。大跨度单线铁路专用斜拉桥一般是不经济的,因而对其宽跨比问题不是那么迫切地需要研究。

表 5-6　铁路斜拉桥的主梁宽跨比资料

桥　名		主跨/m	主梁宽/m	宽跨比
铁路桥	沙瓦河桥	254	16.5	1/15.4
	红水河斜拉桥	96	5.6	1/17.1
公铁两用桥	塞弗林桥	302	29.98	1/10.1
	库尔特·舒马赫桥	287	36.9	1/7.8
	巴拉拿河 D 桥与 G 桥	330	22.6	1/14.6
	巴拉拿河 PE 桥	330	18.9	1/17.5
	上卡塞尔桥	258	35	1/7.7
	第二美茵河桥	148	30.95	1/4.8
	岩黑岛桥与柜石岛桥	420	27.5	1/15.3
	芜湖长江大桥	312	23.4	1/13
	武汉天兴洲大桥	504	30	1/16.8

这里需要强调的是:斜拉桥的主梁宽跨比也不能全部代表桥梁的横向刚度。因为拉索的稀或密、强或弱、单索面或双索面以及竖直索面或斜向索面及其横向倾角大小等因素都会影响斜拉桥的总体横向刚度,影响斜拉桥横向刚度最主要的因素仍应是横向的最大挠跨比。

3. 抗扭刚度

铁路斜拉桥的扭矩主要是由横向风力、列车摇摆力、列车离心力(曲线梁)与双线铁路或公铁两用的偏载等所产生的。因此,无论是双线铁路斜拉桥或是公铁两用斜拉桥,都必须具有足够的抗扭刚度。

为了保证铁路斜拉桥应有的抗扭刚度,首先是主梁宜采用抗扭刚度较大的封闭式箱形截面或双层桥面的钢桁梁。早期的沙瓦河桥、塞弗林桥以及库尔特·舒马赫桥等虽也采用钢箱梁,然而它们的主梁全截面是由两个单室钢箱组成,在整体上仍是非封闭形的 π 形截面,这种主梁截面的抗扭刚度不如后期各桥的全封闭多室箱形截面。

为了使拉索对斜拉桥的抗扭刚度作出部分贡献,首先应对铁路斜拉桥排除单索面的布置方式。在采用双索面的前提下,还应尽量采用 A 形、倒 V 形或倒 Y 形桥塔,将拉索布置成在桥梁横向带有斜度的两个斜向立体索面。这样还可以避免因桥塔的两根塔柱顶部产生反方向的纵向水平变位而使全桥容易产生扭曲变形。

影响斜拉桥竖向刚度的因素比较多,针对武汉天兴洲大桥设计方案研究的结果认为:

(1)在所有影响因素中,辅助墩对斜拉桥竖向刚度的影响是最为显著的。因此在条件容许的情况下,为了提高竖向刚度,应尽量设辅助墩,且要通过计算比较将其设在合理的位置。

(2)斜拉索刚度和塔高对竖向刚度的影响都是比较明显的,在设计时,可酌情考虑通过它们来提高桥梁的竖向刚度。

(3)对主梁为带正交异性板的钢桁梁斜拉桥而言,由于梁的抗弯刚度较大,对桥梁的竖向刚度也能产生一定的影响。

二、铁路斜拉桥设计

斜拉桥的设计一般可分为如下六个部分。

(1)斜拉桥的经济分析。

(2)跨径布置及桥型选择,包括总体尺寸的优选及桥梁美学的考虑。

(3)静力分析。包括:有限元静力分析;几何非线形分析;恒载内力分析;影响线计算;静力稳定计算;索力控制和调整。

(4)动力分析。包括:动力特性计算;抗风与抗震计算;冲击计算以及车桥耦合分析。

(5)构造设计。包括主梁的设计,塔的设计,斜拉索的设计,拉索锚固区的应力计算,支座设计等。

(6)施工设计。包括梁、塔、索的制造及安装;工程控制及施工管理等。

三、斜拉桥的施工

1. 桥塔的施工

(1)桥塔施工技术

桥塔施工方法主要有:预制吊装,滑模、爬模、翻模等现浇施工,下面主要介绍爬模施工。

1)爬架翻模施工原理

爬架翻模施工的工作原理是利用爬架和模板彼此互为支撑点,并分别单独作相对运动来完成其工作的。爬架支撑点作用在塔柱上,模板支撑在塔柱内连接杆上,模板的提升靠爬架,爬架的提升靠模板和塔内连接杆,这样形成了爬架和模板之间相互依托,相互交替爬升的施工过程,从而有效地完成了模板提升、就位安装等作业,达到循环逐节灌注混凝土的目的。

2)爬架翻模的主要结构

爬升架为多层金属骨架,内设多层承重平台及斜梯,由槽钢和角钢焊接而成,既用于提升模板,又是操作平台和施工脚手架。每个塔柱爬升架由三面架体构成(塔柱内侧不设爬架)。爬升架利用锚固螺母(H螺母)固定于塔体上。施工过程中,将待灌注节段模板立在已灌注混凝土的模板上,该节施工完后拆除下面2节模板,仍保留上节模板,再转到上节施工,3节模板交替轮番往上安装。上节模板的拉杆和锚固螺母一起作为承重结构,代替传统的模板内外支撑,模板拆除后即作为爬架的附墙锚固点,爬架提升后H螺母拆除后交替使用。

3)工艺流程

爬架翻模每灌注一定高度混凝土作为一个工序循环,其一般工艺流程见图5-33,以下结合武汉天兴洲桥混凝土桥塔施工介绍其施工工艺。

武汉天兴洲桥整个主塔总高度190.0 m,分下塔柱、下横梁、中塔柱和上塔柱4部分,见图5-35。

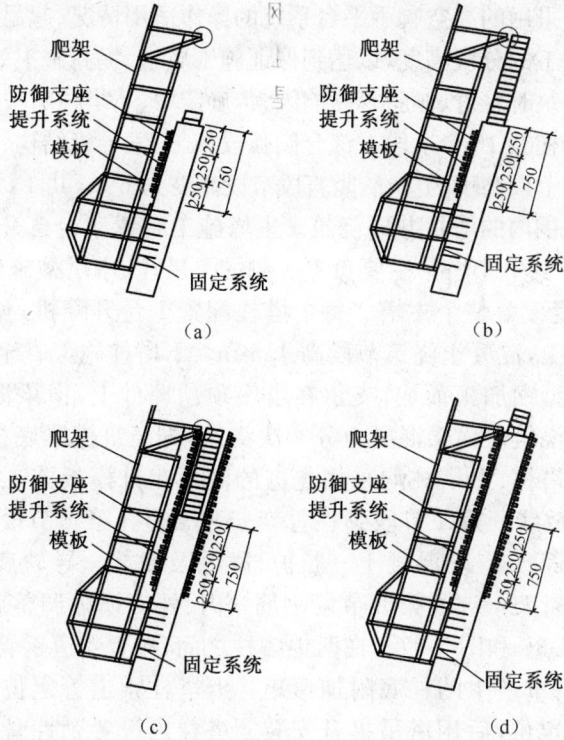

图 5-33　爬架翻模施工工艺流程（单位：cm）

(a)利用提升机构将爬架模升至图示位置，然后固定爬架，使之处于工作状态；

(b)安装劲性骨架，接长主筋，绑扎钢筋；(c)利用提升机构，将下 3 节模板提升至上节模板顶部，然后安装就位，检查固定，达到混凝土灌注状态；

(d)检查合格后，灌注混凝土

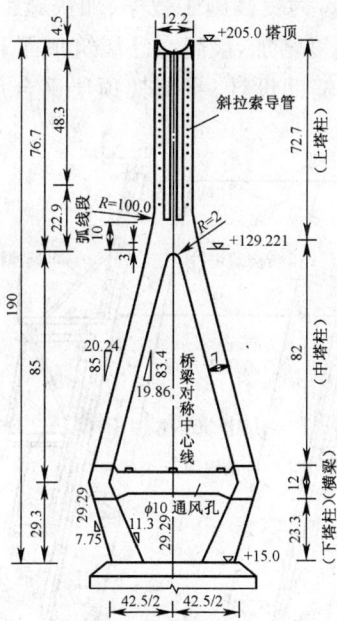

图 5-34　主塔结构(单位:m)

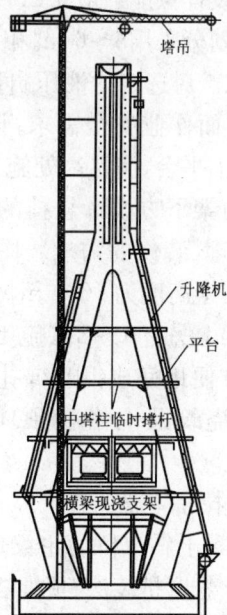

图 5-35　主塔施工布置

主塔施工分段：根据采用的高空脚手平台系统的操作适用情况、起吊设备的配套能力和结构特点，综合考虑塔柱施工的分段高度，以达到保证施工质量、提高施工效率、缩短施工周期的目标。综合钢筋绑扎、浇筑时悬臂、倾斜等影响因素，确定中、下塔柱节段高度为 5.0～5.3 m，下塔柱共 5 个节段，中塔柱共 16 个节段。综合圆弧段施工、索导管结构、预应力结构安装等因素，确定上塔柱圆弧段的节段高度为 5 m，竖直段节段高度为 6 m，共 13 个节段。下横梁分上下两段施工，与同高度范围内的塔柱共同浇筑。主塔施工布置 2 台自升式塔式起重机，起重能力分别为 25 t、10 t。其中小塔吊主要负责一侧的下塔柱、中塔柱施工。大塔吊最大高度在 190 m 以上，工作幅度覆盖整个主塔。每个塔柱配置 1 台升降机，见图 5-35。塔柱采用劲性骨架结合翻模法施工，混凝土浇筑节段高 4.5 m。下塔柱施工直至横梁底高程，横梁采用支架法施工。支架用型钢加工而成，支承在塔座顶预埋件上，横梁混凝土与横梁高度范围内的塔柱混凝土同时浇筑。横梁混凝土分 2 次浇筑，先浇筑横梁底板、腹板混凝土，后浇筑横梁顶板混凝土。中塔柱、上塔柱均采用先进的液压爬升模板施工，混凝土浇筑节段高度 5 m，施工流程：施工放线—第 1 节段劲性骨架安装—绑扎第 1 节段钢筋—安装内、外侧模板—检查签证—浇筑第 1 节段混凝土—养护、凿毛及脱模—导轨爬升并固定—爬架爬升—安装第 2 节段劲性骨架—绑扎第 2 节段钢筋—内、外侧模板调整就位—检查签证—浇筑第 2 节段施工，见图 5-36 和图 5-37。在两中塔柱之间，布置 4 道钢管横撑，横撑内施加预顶力，用以平衡中塔柱自重产生的柱底附加弯矩。上塔柱索道管定位骨架分节段制作，在地面将索道管装入并初定位，后用塔吊提升安装。塔柱内设置劲性骨架，用来固定和调整钢筋、模板。

自爬模架系统主要由 2 部分组成：大面积模板体系、液压爬升体系。根据本桥主塔的结构特点和要求，对模板体系和爬升体系结构做了部分改进和辅助设计，解决了适应 6 m 节段施工要求、多角度倾斜面作业、圆弧段模架顶升作业等施工难题。适应 5～6 m 高度的节段施工：一般爬架系统设计只能适应 4 m 左右高度节段施工的要求，为提高施工效率、加快施工进度，本桥主塔节段划分采用 5～6 m。相应劲性骨架、钢筋作业高度增加，最高在已浇筑顶面上 10～12 m 高处施工。对选定的液压自爬模架系统进行改进和辅助设计，将爬架顶层平台加宽至

3 m，适应倾斜面作业安全需求；设计与劲性骨架连接的施工平台，满足高处施工安全作业的需求；在三角架下方设计悬挂的吊平台，满足后续表面处理、装修的需求。图 5-37 为改进后的爬架，其全高度为 16.9 m，分为 6 层作业面，劲性骨架上另有 1～2 层施工平台，供施工人员安全、方便地完成钢筋绑扎、模板调整安装、混凝土浇筑及上塔柱预应力张拉等工作。

2. 铁路斜拉桥主梁的施工

大跨度混凝土斜拉桥的主梁施工可以采用悬臂浇筑法、悬臂拼装法、顶推法、支架现浇法来施工，而钢主梁的斜拉桥则多采用悬臂拼装法施工。选择何种施工方法应根据工期要

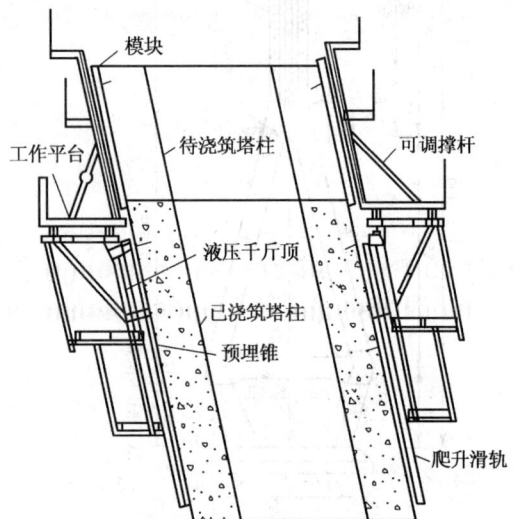

图 5-36 液压爬升模板

求、场地情况、施工机具等因素综合考虑。

(1)混凝土悬臂浇筑法施工

该施工方法必须配备挂篮。挂篮是实现悬臂浇筑用的移动脚手架和模板支承结构,它一般由如下四部分组成:承重结构;模板梁及高程调整机构;平衡重及锚碇;行走机构。斜拉桥与一般梁桥相比,主梁高跨比较小,梁体十分纤细,抗弯能力差,当进行悬臂浇筑施工时,如果仍采用传统的挂篮,就会因挂篮自重大导致梁塔和拉索截面设计由施工内力控制,显得很不经济。所以施工中可利用斜拉桥结构本身的特点,充分发挥斜拉索的效用,尽量减轻施工荷载。在各种施工方法中,主梁悬臂施工采用的挂篮形式很多,各有特色,归纳起来可分为普通挂篮、劲性骨架挂篮、前支点挂篮三种。其中前支点挂篮因结构合理,能充分发挥斜拉索的效用,使用最为普遍。悬臂浇筑法和前支点挂篮分别见图 5-38 和图 5-39。

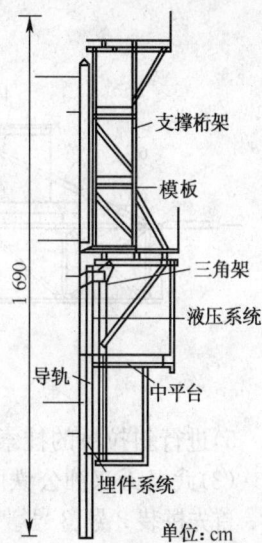

图 5-37　液压自爬模架结构

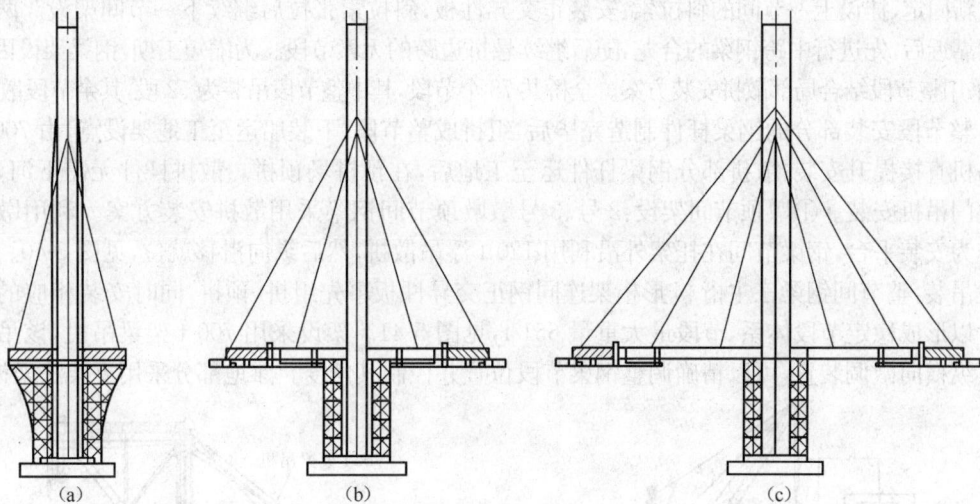

图 5-38　悬臂浇筑程序

(a)支架现浇 0、1 号块并挂索;(b)拼装牵索挂篮,对称浇筑梁段;(c)挂篮前移,依次浇筑梁段

(2)悬臂拼装法

对于预制的混凝土主梁,墩塔与梁可平行施工,因此可以缩短施工周期,加快施工进度,减少高空作业。主梁预制混凝土龄期较长,收缩和徐变影响小,梁段的断面尺寸和浇筑质量容易得到保证。一般先在工厂加工制作钢桁架和钢箱,再运至现场吊装就位,钢梁在出厂前需按设计精度进行预拼装。钢梁预制节段长度从方便架设考虑,以布置 1～2 根斜拉索和 2～4 根横梁为宜,如果节段过长在架设时要采用临时拉索。该法需配备一定的吊装设备和运输设备,要有适当的预制场地和运输方式,安装精度要求较高。混凝土梁悬臂吊装施工工序如下:

1)将主梁预制块件按先后顺序从预制场通过轨道或驳船运至桥下吊装位置;

2)通过起吊工具将块件提升至安装高程;

3)进行块件连接与接缝处理,接头有干接头和湿接头两种,与一般梁式桥悬拼类似;

4)张拉纵向预应力筋;

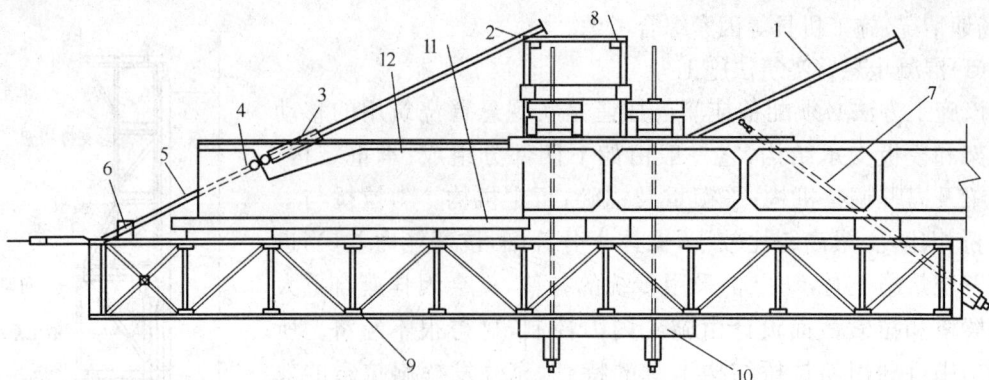

图 5-39 前支点挂篮示意

5)进行斜拉桥的挂索与张拉,并调整高程。

(3)武汉天兴洲公铁两用长江大桥钢梁架设简介

首先拼装 2 号、3 号墩墩顶部分的 4 个节间钢桁梁(参见图 5-40),然后以 2 号、3 号主塔为独立单元,采用在梁上走行的架梁起重机对称悬臂拼装。每安装 1 个节间,架梁起重机随即前行 1 个节间重新固定,挂设上一节间的斜拉索、安装正交异性板,斜拉索张拉后继续下一节间架设。两主塔钢梁靠近后,先进行中跨钢梁的合龙,随后继续悬拼边跨的无索节段。为缩短工期,钢梁架设因地制宜,采用整节段结合局部散拼安装方案。全桥共 78 个节段,其中整节段吊装为 52 段,其余节段散拼。

整节段安装部分的钢梁杆件制造完毕后,组拼成整节段,下装船运至工地架设点,由 700 t 架梁吊机直接提升安装;散拼部分钢梁杆件运至工地后,在预拼场预拼。散拼杆件无需下河,直接由龙门吊机安装。①墩顶节间架设:2 号、3 号墩墩顶节间钢梁采用散拼安装方案。利用墩旁托架作为安装平台,钢梁节间在托架外沿利用 120 t 浮吊散拼,然后纵向滑移就位,见图 5-40。②整节段吊装:整节间钢梁三主桁 N 形桁架连同钢正交异性板事先组拼、预拼,同时安装相应的临时杆件以形成稳定节段体系,节段最大重量 651 t,见图 5-41。架设采用 700 t 架梁吊机,该吊机配备了纵横向微调装置,可以精确调整钢梁节段位置并控制其角度。滩地部分采用支架法架设。

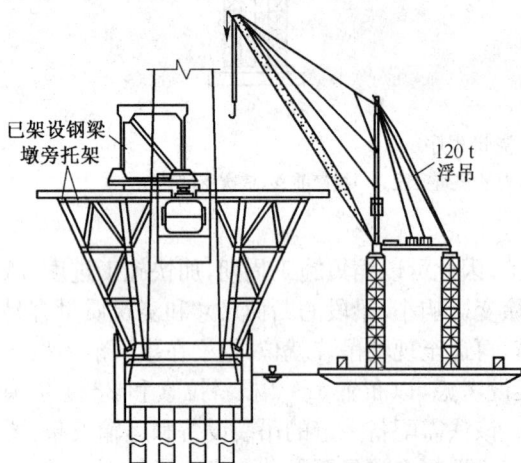

图 5-40 墩顶四节间钢梁架设

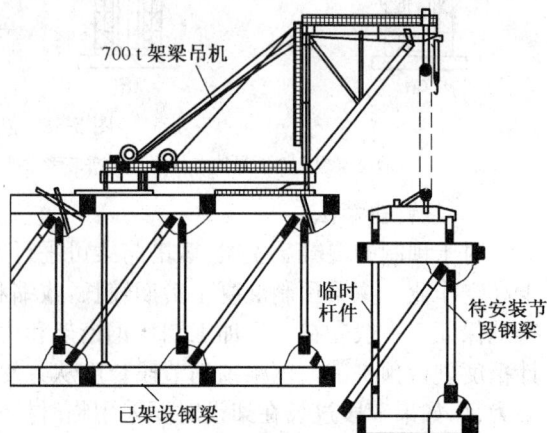

图 5-41 整节段吊装

(4)芜湖长江大桥钢梁架设施工简介

芜湖长江大桥正桥斜拉桥为主跨 312 m 的板桁结合梁斜拉桥。N 形桁架,桁宽 12.5 m、桁高 13.5 m,节间长 12 m,共 56 个节间。主塔两侧各设 8 对斜拉索,索梁锚固点处设副桁与主桁连接。公路钢筋混凝土桥面板在现场预制,存放半年后上桥安装,通过剪力钉与钢梁上弦实现结合,共同受力、以减少公路面伸缩缝数量,从而改善行车条件。

斜拉桥架设分别从两索塔墩开始,先使用四 FDQ50/16 附壁吊机在索塔托架上架设 3 个节间钢梁和桥面板,然后拼装 1 台 QLYS0/16 架梁吊机,由架梁吊机架设第 4 个节间钢桁梁和桥面板后,再由附壁吊机拼装第 2 台架梁吊机,双向悬臂对称架设钢梁及桥面板,见图 5-42。

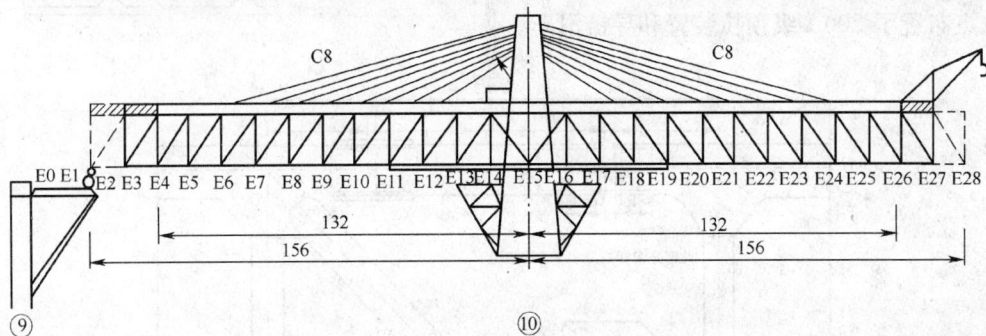

图 5-42 芜湖长江大桥钢梁架设(单位:m)

钢梁拼装遵循先主桁后桥面系、先主桁后副桁和锚箱、先下后上、先装杆件不妨碍后装杆件的拼装、尽快将桁架闭合等原则进行。拼装过程中,两侧悬臂做到对称架设,以求钢梁在悬臂状态下的稳定。钢梁架设顺序见图 5-43。

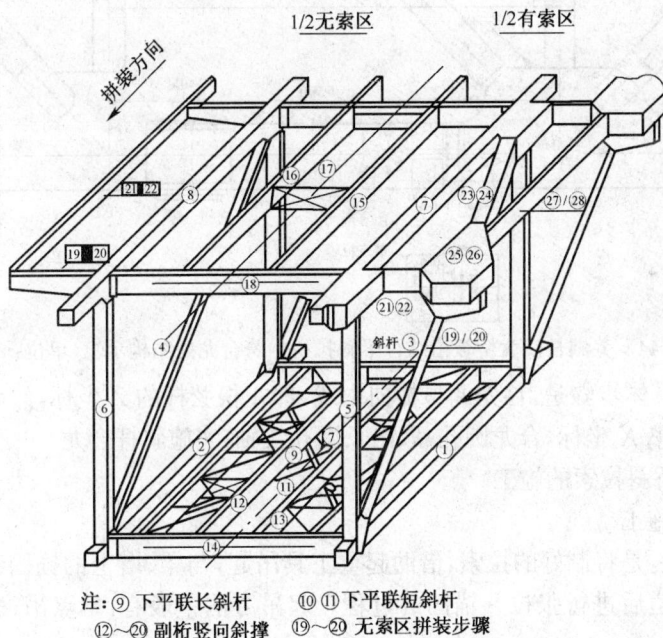

注:⑨ 下平联长斜杆　⑩⑪ 下平联短斜杆
⑫～⑳ 副桁竖向斜撑　⑲～㉔ 无索区拼装步骤

图 5-43 芜湖长江大桥板桁结合梁斜拉桥钢梁拼装顺序示意

在钢梁安装过程中,要确保拱度良好,主桁杆件需在自由状态下安装,在确保节间高强螺栓全部施拧良好后方可吊装桥面板。每架 1 个节间,测绘拱度曲线。

为避免钢梁旁弯,减小桥梁中线偏差,每架设 1 个节间,均要测绘桥梁中线。控制中线偏差的主要方法除了注意保持施工荷载的对称性以外,还要注意两主桁高强螺栓交替施拧,架梁吊机不要总是以一侧起吊,拼装弦杆,同时要密切关注日照和气温的影响等。

中跨合龙:斜拉桥板桁结合梁从 10 号和 11 号墩分别向索塔两则对称悬拼,待两边跨分别架至 9 号和 12 号后,实施中跨合龙。合龙点处结构示意见图 5-44。在结构设计上,合龙点采取了长圆孔、圆孔、冲钉的三级合龙措施。圆孔合龙后,抽出长圆孔的铰轴,合龙过程始终保持合龙点的铰连接,斜杆合龙前也不急于打入冲钉。对于合龙点偏差的调整,主要措施有调整斜拉索和弹性索索力,观测分析并利用日照温差引起的变形规律,架梁吊机纵向位移等;此外,在合龙点布置了 200 t 级顶拉装置和导链滑车。

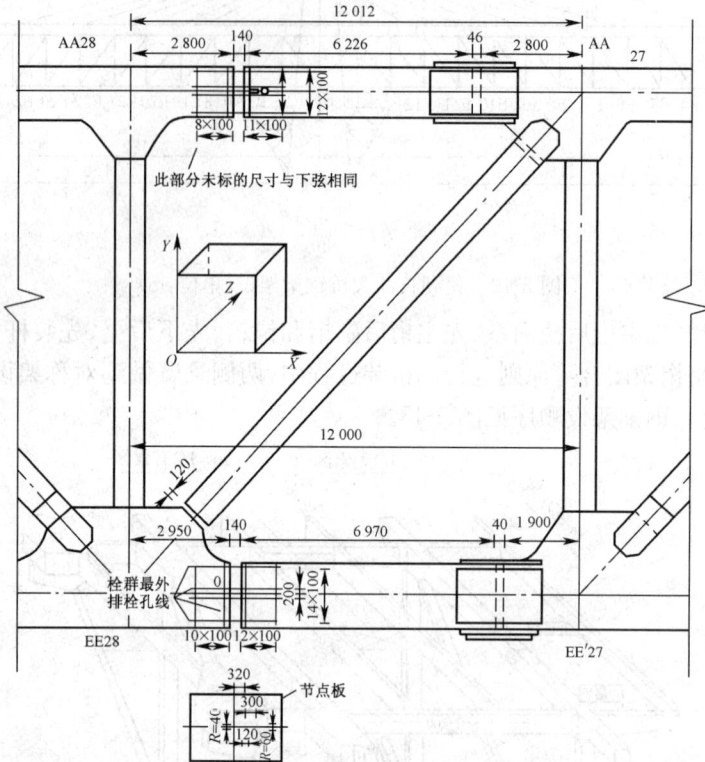

图 5-44　芜湖长江大桥板桁结合梁斜拉桥中跨合龙处结构示意(单位:mm)

调整合龙的具体步骤是:首先调整横向中线,即 4 根弦杆的 Z 坐标,然后调整 Y 坐标,合龙长圆孔;最后调整 X 坐标,合龙圆孔,取出长圆孔铰轴,实施斜杆合龙。

3. 铁路斜拉桥斜拉索的施工

(1)斜拉索的施工

斜拉索的安装,是将制好的拉索,借助起重工具吊起,与梁、塔上的锚固结构连接;或穿过塔、梁上的预留孔道后进行张拉并锚固的过程。起吊方法一般有:单点吊、多点吊、缆索桁架法、导索法等。

斜拉索穿索安装后,在索端锚头上安装张拉连杆及张拉千斤顶,并实施张拉。对于单根缆索,张拉工序较简单,可以一次张拉到设计吨位并锚固。对于由多根索组成的缆索组,因各索之间互有影响,张拉工序则较为复杂。若按设计吨位来张拉各索,张拉完毕时索力必然小于设计吨位。为此,可在设计时先计算出后张拉索使先张拉好的索损失多少张拉力,然后在设计吨位上加上这部分损失值,进行超张拉。这样,当各索张拉完毕时,正确的设计初拉力也就建立起来了。

广义的索力调整是指拉索在完成初张拉以后的再次张拉,它可以在施工中的某个阶段,也可以在成桥后甚至通车后若干时间再进行。根据需要可安排一次乃至几次的索力调整工作。施工中的索力调整,主要是因为设计的必要张拉力与施工的必要张拉力之间的矛盾所致,因而有必要在整个施工过程中对拉索进行分期分批的张拉。从而使施工中各阶段的索力均为理想值,并且完工后的索力也符合要求。成桥后的索力调整,可以用来调整结构的受力状况,或用来调节梁、塔的高程和位移。此外,尽管近年来拉索的防锈材料和防护技术有了很大进步,但是柔性索的防护技术还不能说有绝对把握,一旦拉索因锈蚀而无法继续使用时,就不得不进行更换,何况还有外部的、机械的损伤,如车辆撞坏的可能性等,也会引起拉索更换。因此在设计时必须考虑更换拉索的措施。对于由多索组成的缆索组,只要索端锚头没封死,并且钢束管道也没有压浆,就可以逐根更换全部拉索,问题是不大的。而对于由较少索组成甚至单索构成的缆索,释放其中一索,将会引起内力的大幅度变化,甚至造成破坏。这时就不允许将拉索中的一索完全释放以后,再行穿入新索进行张拉。而要求在设计时考虑事先设置一些预埋件或预留一些管道,以便在拆除损坏了的拉索之前,先将施工用的临时索加以锚锭并张拉,再拆除损坏了的拉索换上新索,进行张拉,直到各索均更换完毕后,方拆去此施工用的临时索。

武汉天兴洲公铁两用长江大桥斜拉索两端均为张拉端,挂设时先安装梁端,后安装塔端,利用主塔内的软、硬牵引装置实现塔端戴帽,最后用张拉千斤顶张拉到设计索力。塔端索头的提升可以采用塔吊,当塔吊起重能力不足时,采用临时吊架提升,见图5-45。

芜湖长江大桥索塔锚固区为空心箱形断面,外围尺寸8.5×4.4 m,箱内净截面4.3×2.6 m。塔内布置两层可以上下移动的升降平台,兼顾挂索与张拉作业。用4台5 t导链作为平台提升工具。张拉时上层平台安装千斤顶的油泵,下层为施工脚手架。

在桥塔外侧,在斜拉索两侧布量双排竖向脚手架,与索塔上预埋件焊接。塔顶布置起吊赝架,斜拉索最重14 t,考虑斜拉、冲击等不利因素影响,塔顶起吊赝架按2×200 kN设计。主、边跨各设一吊点,吊点可以横向滑动,以便斜拉索与索道管对位。赝架中间区域横桥向布置1

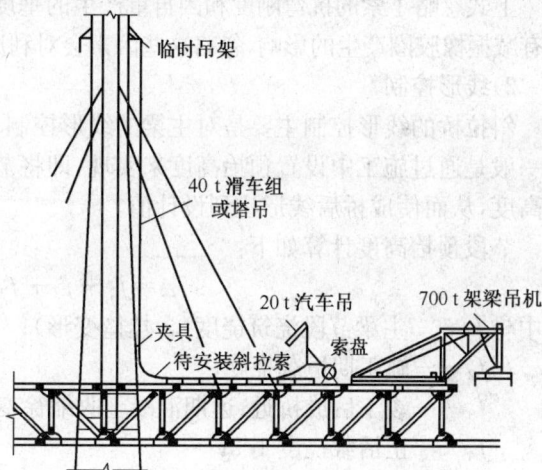

图5-45　天兴洲桥斜拉索的安装

台5 t电动葫芦,可从桥面起吊各种设备,以方便塔内挂索硬牵引及张拉操作。

索盘从江边码头船运至索塔提升站,吊装上桥运至钢梁悬臂端,吊放于桥面板上的索盘架上,沿放索滑道放索。在塔端安装硬牵设备,起吊斜拉索,塔梁两端牵引及锚杯戴帽,完成挂索。拉索时主边跨同时进行,先挂上、下游桁架外侧索,后挂内侧索,对称施工。

斜拉索张拉在塔内进行,根据拉索最大设计索力,选择1 000 t级千斤顶,穿心内径为ϕ250 mm,张拉缸活塞是211 950 mm²,结构尺寸为ϕ700 mm×600 mm。按主、边跨同号,上、下游同位,4台顶同时对称张拉。张拉中先安装过渡套,再装张拉杆,后安装千斤顶。张拉时将同一塔柱内的2台顶并联,以保持主边跨侧索力同步,上下游塔柱之间通过对讲机联系,控制400 kN/级,即上下游相差不超过200 kN。每桁内外侧索分先后张拉,先张拉索要超张拉设计索力的10%左右,后张拉索基本以设计索力作为张拉力。在后期的调索中,用拔出量来控制索力的大小。张拉后测试单位用索力测试仪进行测试,及时进行调整。

（2）斜拉索施工控制

斜拉桥与其他桥型结构的差异在于索力是可调的,通过千斤顶对斜拉索进行张拉或放松,能调整梁的高程,改善梁的内力状态,使其符合所选定的最佳状态。因此斜拉桥施工控制中的索力控制是非常重要的。斜拉桥主梁的施工状态与成桥状态的差异将在梁内产生附加内力。为保证主梁在施工中的安全和成桥后的应力状态最佳,主梁应力也是很重要的控制目标。成桥状态能否符合设计线形要求是工程验收的主要内容之一,成桥线形与施工过程紧密相连,因此在施工中,线形的控制也是必须的。

1）索力控制

进行索力控制时,首先要进行索力测试,在工程实践中,常用的索力测定方法有压力表测定法、压力传感器测定法和频率法,其中频率法精度较高,测试简便,应用较广。采用频率法时,索力计算公式如下:

$$T = 4\rho l^2 f^2 \tag{5-20}$$

式中　T——索力,N;

　　　ρ——单位索质量,kg/m;

　　　l——索的计算长度,m;

　　　f——索的自振基频,Hz。

上式忽略了索的抗弯刚度和因自重产生的垂度的影响,以及拉索的斜度和在索两端附近因装有减振橡胶圈产生的影响,忽略这些因素会对利用频率法测定斜拉桥索力造成一定的误差。

2）线形控制

斜拉桥的线形控制主要是对主梁的线形控制。对悬臂浇筑的斜拉桥来说,主梁的线形控制一般是通过施工中设置预抬高度来实现,即将节段从浇筑到成桥发生的所有变形量用作预抬高度,从而使成桥后线形达到设计值。

节段预抬高度计算如下:

$$\Delta = f_1 + f_2 + f_3 + f_4 + f_5 \tag{5-21}$$

式中　f_1——主梁节段浇筑挠度（含挂篮变形）;

　　　f_2——施工期恒载挠度;

　　　f_3——竣工后成桥近、远期混凝土收缩徐变挠度;

　　　f_4——正活载挠度1/2;

　　　f_5——设计预抬高值。

上式各项均为理论计算值,对于前两项,实施值要根据实测反馈参数对设计预拱度对应值进行实时调整,以符合大桥变形的实际状态。

3）应力控制

通过在主梁和索塔的控制截面布设应力测试元件,观测在施工过程中该截面处的应力变化和分布情况,为相应施工阶段的主拱应力及横截面分布提供依据。结合测试结果,综合判断施工过程中结构内力与变形,确保施工过程中的安全。

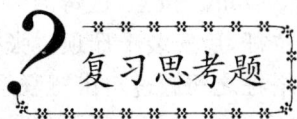

❓ 复习思考题

1. 斜拉桥的孔跨布置有哪几种形式？各有什么特点？

2. 斜拉索的间距布置有哪几种？简述其优缺点。

第六章
大跨度铁路桥梁的车—桥耦合振动

第一节 车—桥耦合振动研究内容

列车通过桥梁时将引起桥梁结构的振动,而桥梁的振动又反过来影响车辆的振动,这种相互作用、相互影响的问题就是车辆与桥梁之间振动耦合的问题。

列车通过铁路桥梁时,不可避免地会引起桥梁的振动,此时的桥梁结构在承受静力作用的同时还要承受列车移动荷载以及桥梁、车辆振动产生的惯性力等各种动力作用。这些动力作用引起的桥梁振动有可能使结构构件产生疲劳,从而降低其强度和稳定性,同时,桥梁振动过大时,还会对桥上车辆的运行安全性和稳定性产生影响。当列车的动力变化频率和桥跨结构的自振频率相等或接近时,引起的共振会使车桥动力响应加剧,甚至产生意外的破坏。随着高速铁路的出现和大跨度桥梁的发展,车桥耦合振动问题的研究越来越受到国内外桥梁设计者的重视。

车辆—桥梁耦合振动研究涉及到桥梁工程学、车辆动力学、轨道力学等多个工程学科,主要包括的内容如下:

(1)桥梁结构在运行列车作用下的动力响应分析

采用车辆—桥梁耦合振动模型,计算得到各类桥梁结构在不同运行速度列车作用下的动力响应,包括桥梁梁跨的自振特性分析、动挠度、动力系数、竖向和横向振幅、墩顶动位移等,以及桥梁振动响应与桥上运行车辆动力响应的相关关系等。

(2)桥上车辆的动力响应分析

采用车辆—桥梁耦合振动模型,计算得到车辆的轮轨力、脱轨系数、轮重减载率、车体振动加速度和列车运行舒适度等,进一步为桥梁设计提供必要的参数。

(3)车辆—桥梁耦合系统在地震作用下的动力响应分析

研究在地震荷载作用下桥梁和桥上运行车辆的动力响应,为车辆运行安全性评估以及地震控制的阈值确定提供参考。

(4)车辆—桥梁耦合系统在风荷载作用下的动力响应分析

研究在风荷载作用下桥梁和桥上运行车辆的动力响应,为列车运行安全的桥梁振动控制阈值和交通控制的风速阈值确定提供参考。

第二节 车桥耦合振动研究历史和现状

人类自 1825 年建成第一条铁路以来,便开始了对列车与桥梁相互作用研究探索的漫长历史过程。在随后的一个半世纪以来,对于铁路桥梁振动的研究主要集中于简单移动荷载作用下的解析解答。有限元分析方法的出现以及 20 世纪 60 年代以来电子计算机的广泛应用,使得建立复杂的列车-桥梁分析模型成为可能,从而使对桥梁振动的研究达到一个全新的水平。将近二百多年来的研究表明了车桥问题的复杂性与困难性,正是其复杂性,使得这一问题至今尚未得到全面解决,尤其是关于列车-桥梁系统空间耦合振动的研究。

19 世纪中叶,随着铁路的修建,桥梁在移动列车荷载下的振动问题已经引起人们的注意。但限于当时的力学水平、计算技术、方法及手段的落后,研究中常将车辆、桥梁简单地看做两个独立的模型,机车车辆的各种动力因素被看作简谐力,而桥梁被处理成均布等截面梁,采用级数展开的方法进行近似的求解,这些方法基本上只能算是解析或半解析法。

在这一时期,各国的研究者采取了不同的方法,归纳起来可分为以原型试验为主要手段和以理论分析为重点两类。

一、实桥试验研究

早期由于理论水平、计算手段的局限,为了获取对列车过桥时动力响应的规律性认识,人们倾向于有计划地对实桥进行大量测试,从中找出有规律性的东西。这一研究工作最早在美国、英国、前苏联进行。

为了可以较准确地模拟复杂的轮轨相互作用关系,振动试验往往采用原型试验或现场实测的方法,这样得到的结果可以客观而综合地反映桥梁在列车作用下的实际工作状况。但从另一角度上说如果仅仅停留在试验阶段,而不去分析其内在规律,结果往往会为了确定新的动态参数而不得不因为桥梁结构和车辆性能的变化而进行大量的重复试验,不仅耗费大量的人力物力而且周期较长,因此,单纯的试验方法往往受到许多限制。

二、理论研究

单纯利用理论分析来解决车桥耦合振动分析问题也十分困难。为了使理论分析得到符合实际的结果必须考虑很多因素,包括车体和转向架的质量,阻尼和弹簧的作用,行车速度,桥上轨道结构形式、轨道动力不平顺以及轮对的蛇形运动等诸多因素,从而使系统分析模型十分复杂。计算手段的限制要求人们不得不建立十分简单的系统分析模型。

在理论研究方面,最早研究的是所谓的"单轮过桥问题",在建立桥梁的运动微分方程时,略去桥梁的质量,只把轮子的质量考虑成集中力,由此建立简支梁桥的振动方程。由于这种方法略去了桥梁的质量,使得动力分析的力学模型与实际情况相差较大,但他们开创了车桥振动理论分析的先河。

随后许多学者考虑了简谐力或冲击力等荷载的变化。这些研究方法都是针对桥梁建立振动微分方程;当忽略机车质量时就得到常系数振动微分方程;考虑机车质量时,就得到变系数微分方程,并用试算法求解近似解。大多研究者将蒸汽机车重量及其动轮不平衡重的锤击力作为激励源,当考虑机车车辆的质量时,只能采用近似法,一般都不考虑机车车辆的弹簧特征、阻尼和轨道不平顺的作用。这些研究方法显然受到当时的计算手段、计算理论的限制及车桥系统时变特性的影响。

20 世纪 60、70 年代以来,电子计算机的出现以及有限元技术的发展,使得车桥振动研究有了飞速的发展,从车桥系统的力学模型、激励源的模拟到研究方法和计算手段等都有了质的飞跃,人们可以建立比较真实的车辆和桥梁计算模型,然后用数值模拟法计算车辆和桥梁系统的耦合振动响应,美国、日本、欧洲和国内诸多学者为车桥系统振动力学理论的发展做出了重要贡献,在车辆模型、桥梁模型以及车桥系统耦合振动方面取得了不少进展。

三、国外的研究现状

20世纪60、70年代,西欧和日本开始修建高速铁路,对桥梁动力分析提出了更高的要求,这极大地促进了车桥研究的向前发展。日本在修建本四联络线时,对车桥动力响应做了大量的理论分析、试验研究和现场测试工作。他们在理论分析及模型试验中考虑了蒸汽机车锤击、车辆弹簧、车辆运动特性以及多种轨道不平顺的影响,得出了计算桥梁动力冲击系数的半经验半理论公式。同时,通过分析轮轨横向力、轮重减载率、脱轨系数和车体加速度来研究列车走行性,通过确定桥梁挠度和轨道折角的允许限值来保证列车行车的舒适性与安全性要求,并对桥梁的竖向、横向刚度做出了相应的规定。其中,以松浦章夫等人的研究最具代表性。

美国早期大都以桁架桥作为研究对象,只涉及桥梁的竖向振动,而且未考虑轨道不平顺的影响。后来,他们开始考虑轨道不平顺的影响,并改进了车辆模型,模拟轨道不平顺并以此为激励源,考虑了桥梁竖向和横向振动。研究范围也扩展到箱形梁,并且还研究了公路车辆与桥梁的相互作用问题。其中以K. H. Chu、C. L. Dhar等人的研究最具代表性。但是,在他们的研究中始终未充分考虑对横向振动有重大影响的横向蠕滑问题。

尽管如此,K. H. Chu等人对现代车桥振动研究的功绩是不可磨灭的,他们建立的多刚体车辆分析模型得到了后来各国研究人员的广泛采纳,对现代车桥振动研究理论产生了深远的影响。在此前后,欧洲的法国、意大利、丹麦等国研究者也进行了类似的甚至更深入的研究工作。

四、国内的研究现状

在我国,许多科研院校的研究人员对车桥动力响应问题进行了大量的理论分析和实测工作,尤其是在"八五"和"九五"计划期间,随着高速铁路的修建提上议事日程,关于车桥耦合振动的研究取得了显著的成就,其中以西南交通大学、中国铁道科学研究院、北京交通大学、长沙铁道学院(现已并入中南大学,以下不再补充说明)和上海铁道学院(现已并入同济大学,以下不再补充说明)的研究为代表。

西南交通大学从20世纪80年代中期开始车桥振动研究工作,强士中教授指导其博士生所做的研究尤为突出,李小珍对车桥耦合振动理论、计算方法进行了大量的研究;模型中将整个车桥系统划分为车辆与桥梁两个子系统,采用分离的车辆和桥梁运动方程,以车轮与桥面钢轨之间位移协调作为收敛条件,在每一时间步长内运用Newmark-β积分格式求解系统响应。特别是对钢斜拉桥、连续桁拱组合钢桁梁桥等大跨度桥梁的列车走行性进行了深入分析。宁晓骏对车桥耦合振动研究中的线性轮轨关系作了改进,考虑了三维非线性轮轨接触几何,提出了采用迭代法求解轮轨法向力和蠕滑系数的方法;还应用车桥耦合振动理论对高速铁路桥墩的横向刚度进行了初步研究;对考虑桩土作用的车桥振动也进行了研究。李永乐将风、车、桥三者作为一个相互作用、协调工作的耦合振动系统,建立了风—车—桥系统空间耦合分析模型,对比研究了不同风速场模型对车辆及桥梁动力响应的影响,剖析了自然大气中平均成份和脉动成份在耦合振动系统中的作用。同时,李乔教授指导其博士生对高速铁路曲线梁桥的车桥振动进行了深入研究,他们针对4轴客车建立了35个自由度(车体、前后转向架和4个轮对各5个自由度)的车辆曲线通过模型,研究了曲线半径、曲线超高等因素对车桥动力响应的影响,对高速铁路中小跨度曲线桥梁的刚度限值提出了建议,并从几何和静动力特性两方面分析了中小跨度曲线梁桥"弯桥直作"的可行性。沈锐利在其硕士论文中详细研究了钢桁梁桥的车桥空间耦合振动问题;蔡成标建立了车辆—线路—桥梁耦合系统。晋智斌对于车桥耦合系统的随机理论进行了探讨。最近,西南交通大学列车线路研究所、桥梁系和铁道科学研究院、北京交通大学、长沙铁道学院对车—线—桥系统动力分析方法和程序进行联合攻关,已经取得了初步成果。

早在50年代,李国豪教授、陈英俊教授、胡人礼高工,何度心研究员等都曾对车桥振动进行过研究。陈英俊采用改进的Bleich方法,计算了提高列车速度对桥梁动力系数的影响。

80年代初期以来,长沙铁道学院曾庆元教授带领他的研究生们对车桥系统振动理论进行了深入、细致而又系统的研究工作,发表了大量具有一定参考价值的文献,读者可参阅本书参考文献[50]~[52]。他们将机车车辆抽象成21个自由度的车辆模型,对桁架桥及混凝土桥分别采用空间桁段单元与空间梁单元进行离散,考虑机车车辆二系弹簧、蠕滑力、重力刚度与重力角刚度及车辆阻尼的影响,建立列车在桥上任意位置时的车桥时变系统总势能π的计算式。然后,由势能驻值原理及形成矩阵的"对号入座"法则,将车桥视为一个整体振动体系,其振动特性随列车过桥时间变化,导出了车桥时变系统振动的矩阵方程。再以机车车辆构架实测蛇行波为激励源,求解车桥时变系统的振动响应。此法以车辆构架在桥上的蛇行波和轮对在线路上的实测蛇行波为激振源,避开了复杂的轮轨关系,这是研究车桥动力响应的一种独特方法。

上海铁道大学曹雪琴教授等对钢桁梁桥的车激横向振动问题进行了大量的现场实测与分析,得到许多有价值的研究成果。他们除了对简支梁桥的竖向振动进行分析以外,还着重研究了单跨箱型钢桁梁桥在列车过桥时的空间振动。其特点是,推导了车桥体系动力相互作用的平衡方程,采用逐步推进法求解微分方程组,以轨道不平顺和车辆蛇行运动作为车桥体系的横向振动源。在其研究基础上,曹雪琴教授对桥梁检定规范的修订做了大量的工作。

铁道部科学研究院程庆国院士、潘家英研究员于20世纪80年代初起指导其博士生们对车桥耦合振动进行了系统的研究。在大跨度斜拉桥的横向刚度问题、车辆空间振动分析模型等问题上进行了深入的探讨。

与此同时,张煊研究员带领课题组人员结合三大干线提速试验进行了大量的实桥振动测试工作,并对提速过程中出现的数起列车脱轨事件的原因以及上承式板梁产生横向摆振的现象进行了剖析;他们还对用TMD和MTMD来控制列车引起的桥梁振动作了研究。

北京交通大学夏禾教授、阎贵平教授等将车辆简化为一系悬挂系统,分别建立车辆的横向与竖向振动分析模型,研究了车—桥—墩体系的动力相互作用问题,脉动风与列车荷载同时作用下桥梁的动力响应问题,地震荷载对桥上列车运行平稳性的影响,车桥系统的动力可靠度问题,得到很多有价值的结论。

纵观上述国内外车桥振动研究的现状,可以发现具有以下特点:

1. 研究思路

由早期以现场实测为主的分析方法,发展为现代以理论分析为主、现场实测进行验证的理论与实践相结合的方法。

2. 车辆模型方面

早期大都将车辆简化成移动的单个集中力(常量力或简谐力),K. H. Chu等最早采用多刚体多自由度的复杂车辆模型,认为车辆由车体、转向架构架、轮对等刚体组成,各刚体在空间具有伸缩、横摆、浮沉、侧滚、摇头、点头 6 个自由度,它们之间通过一系、二系悬挂等弹性元件组成。由于车体、构架及轮对各部件沿列车运行方向的纵向振动(伸缩)对桥梁的竖向和横向振动几乎无影响,因此在车辆模型中一般不考虑各刚体的伸缩位移。这样,每个刚体实际上需考虑 5 个自由度。

又因为车辆垂向与横向振动之间的耦合效应较弱,同时为简单起见,有时往往将车桥竖向与横向振动分平面进行,这样,在研究车桥竖向耦合振动问题时,只考虑车体、转向架与轮对的浮沉与点头自由度;在研究车桥横向耦合振动问题时,只考虑各部件的横摆、摇头与侧滚自由度。另外,在选取车辆模型与自由度数目时,既可按二系悬挂系统来处理,也可将转向架与轮对合并、或将转向架与车体合并按一系悬挂系统来处理。随着计算机的迅速发展,目前大都倾向于采用车辆空间振动模型。

3. 桥梁模型方面

建立用于车桥耦合振动的桥梁模型时,不外乎有限元法和模态坐标法。其中,根据所分析桥梁结构型式的不同,有限元法又包括杆系有限元法和桁段有限元法。

采用杆系有限元建立桥梁模型时,自由度一般很多,往往需采用"静力凝聚法"来缩减自由度,这会带来一定的近似性。另外,对某些复杂的桥梁,采用杆系有限元建模时需要对结构作大量简化,这可能导致一定的误差。因此,往往还需采用板壳单元、实体单元与杆系单元一起来模拟桥梁。

桁段有限元最初是为分析桁梁桥的空间振动问题而提出来的,也就是将一段桁梁(通常一个节间)作为有限元的一个单元,单元之间的联系在 4 个角点。其优点是能大量减少结构的自由度数目,但不能考虑结构局部杆件的振动以及由此产生的对整体结构振动的影响,另外,桁梁结构的改变必将导致推导新的桁段单元刚度矩阵。

模态坐标法是减少结构自由度的又一简便方法,但一方面只能适用于分析线性结构的振动问题,另一方面,只能适用于等截面或近似等截面简支梁,对于复杂桥梁结构,模态坐标法显得力不从心。

4. 激励源问题

对于车桥系统的激励源问题,存在两种不同的看法,一种是将轨道不平顺作为系统的激励源;另一种是将转向架构架的实测波形或人工蛇行波作为系统的激励源。前者是从轮轨关系的微观分析出发,通过轮轨接触蠕滑理论将轮轨之间的复杂相互作用力与位移协调关系描述清楚;后者认为轮轨关系太复杂,无法描述清楚,因而直接将转向架构架的实测波形或人工蛇行波作为车桥系统的激励源。由于人为地假定转向架的振动波形为已知,因此可求解车桥系统响应。

国内外绝大多数研究者均采用轨道不平顺或路面粗糙度作为车桥系统的输入源。而采用构架蛇行波作为输入源,表面上看避开了复杂的轮轨关系,但是无法考虑在不同桥梁上、不同车型以不同速度在不同线路上运行时车辆转向架构架振动波形的差别。

车桥系统的振动具有明显的自激性与随机性,这是因为车桥系统内部存在激扰因素。这些激扰因素包括体系内部质量分布不均、轨道不平顺和轮对蛇行运动等等,其中轨道不平顺是车桥系统振动的主要激励源。而转向架构架的位移、速度与加速度振动波形是车桥系统在激励(输入)作用下产生的响应(输出),因此不宜作为车桥系统的激励源。而且,对车桥系统输入人工蛇行波与地震分析中输入人工地震波两者之间并不存在可比性,因为人工地震波本身确实是引起系统产生地震响应的激励。之所以采用人工地震波,是由于所分析结构系统处在的场地大都没有相应的地震波记录,或者是已有的地震波记录并不能代表所分析结构系统所处场地的特性。

如果说地震反应分析的人工地震波能给予我们启示的话,那就是人工生成轨道不平顺。如在当前我国尚没有高速铁路轨道实测轨道不平顺资料的情况下,要分析列车高速运行下车桥系统的振动响应,就可以根据高速铁路轨道管理标准,由高速铁路轨道不平顺谱来人工生成轨道不平顺数据。

5. 轮轨接触关系

轮轨接触关系包括轮轨接触几何参数的确定以及轮轨间接触(蠕滑)力的计算。

Kalker 在轮轨滚动接触理论方面作出了杰出贡献。他从 20 世纪 60 年代开始,先后提出用于小蠕滑的线性理论、简化理论、三维非线性精确理论、新简化理论等,并相继开发了CONTACT、FASTSIM、DUVOROL 等用于轮轨滚动接触计算分析的程序,比较完整地解决了两弹性体在干摩擦下的滚动接触理论及工程应用。沈志云-J. K. Hedrick-J. A. Elkins 理论将自旋考虑进去,得到了最适合铁路车辆仿真的非线性理论,这是目前在车辆系统动力学中广泛应用于轮轨关系的方法。由于车桥系统自由度众多,一般采用 Kalker 的线性理论。

6. 数值计算方法

车桥耦合振动的分析方法有时域法和频域法。由于车桥系统实际是时变问题,因此大都采用时域方法。根据所建立的车桥系统方程的不同,目前大体分为以下两种方法:(1)将车桥系统以轮轨接触处为界,分为车辆与桥梁两个子系统,分别建立车辆与桥梁的运动方程,两者之间通过轮轨接触处的位移协调条件与轮轨相互作用力的平衡关系相联系,采用迭代法求解系统响应;(2)将车辆与桥梁的所有自由度集总建立成统一方程组,进行同步求解。频域法只能适用等截面或近似等截面梁,要求桥梁的运动方程可以用解析公式得到,因而其应用范围很小。

第三节　车桥耦合振动经典分析模型

在车桥系统动力相互作用问题研究的长期发展进程中,人们建立了从简单到复杂的各种分析模型,其中梁的模型都是弹性的连续体,不同的是移动荷载的简化形式。

一、简支梁受到匀速移动常量力的作用

图 6-1 表示常量力 F 匀速通过简支梁的情况。假设在时间 $t=0$ 时,常量力 F 位于左支点;在时间 t 时,常量力 F 将移动到距左支点 $x=vt$ 处。

简支梁在外荷载 $p(x,t)$ 作用下的振动方程可表示为

$$EI\frac{\partial^4 y}{\partial x^4}+m\ddot{y}=p(x,t) \qquad (6-1)$$

式中,EI 为梁的挠弯刚度,假定为常数;m 为梁单位长度上的质量,亦假定为常数;暂且不计梁的阻尼

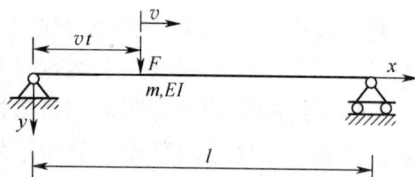

图 6-1　匀速移动常量力作用模型

影响。

将梁强迫振动的动位移 $y(x,t)$ 表示为振型的级数形式

$$y(x,t) = \sum_{n=1}^{N} \varphi_n(x) q_n(t) \tag{6-2}$$

将上式(6-2)代入方程(6-1),得

$$EI \sum_{n=1}^{\infty} q_n(t) \frac{\mathrm{d}^4 \varphi_n(x)}{\mathrm{d}x^4} + m \sum_{n=1}^{\infty} \varphi_n(x) I_n(t) = p(x,t)$$

利用振型的正交性,将上式两边同乘以 $\varphi_k(x)$,然后对 x 自 0 至 l 积分,化简,得到解耦的强迫振动方程为

$$\ddot{q}_n(t) + \omega_n^2 q_n(t) = Q_n(t) \qquad (n=1,2,3,\cdots,N) \tag{6-3}$$

式中:

$$\omega_n^2 = \frac{EI \int_0^l \left[\frac{\mathrm{d}^2 \varphi_n(x)}{\mathrm{d}x^2} \right]^2 \mathrm{d}x}{m \int_0^l \varphi_n^2(x) \mathrm{d}x}, Q_n(t) = \frac{\int_0^l p(x,t) \varphi_n(x) \mathrm{d}x}{m \int_0^l \varphi_n^2(x) \mathrm{d}x}$$

对于简支梁,有

$$\varphi_n(x) = \sin \frac{n\pi x}{l}$$

因此,对匀速移动的常量力 F,广义激扰力为

$$Q_n(t) = \frac{2F}{ml} \sin \frac{n\pi vt}{l} \qquad (n=1,2,3,\cdots,N) \tag{6-4}$$

于是,方程(6-3)可写成

$$\ddot{q}_n(t) + \omega_n^2 q_n(t) = \frac{2F}{ml} \sin \frac{n\pi vt}{l} \qquad (n=1,2,3,\cdots,N) \tag{6-5}$$

当初始条件为静止时,可得上式的解为

$$q_n(t) = \frac{2F}{ml\omega_n^2} \frac{1}{1 - \frac{\Omega_n^2}{\omega_n^2}} (\sin \Omega_n t - \frac{\Omega_n}{\omega_n} \sin \omega_n t) \tag{6-6}$$

式中 $\omega_n = \left(\frac{n\pi}{l} \right)^2 \sqrt{\frac{EI}{m}}$ ——简支梁的固有振动频率;

$\Omega_n = \frac{n\pi v}{l}$ ——可以理解为移动常量力的广义扰动频率。

于是,梁的动力响应可表达为

$$y(x,t) = \frac{2F}{ml} \sum_{n=1}^{N} \frac{1}{\omega_n^2 - \Omega_n^2} \left(\sin \Omega_n t - \frac{\Omega_n}{\omega_n} \sin \omega_n t \right) \sin \frac{n\pi x}{l} \tag{6-7}$$

式中,括号中的前一项代表强迫振动,后一项则为自由振动。

在实际桥梁中,荷载通过桥梁的时间通常远大于桥梁的基本周期,即 $\frac{l}{v} \gg T_1$,或 $\Omega_n \ll \omega_1$。

二、简支梁受到匀速移动简谐力的作用

图 6-2 表示简谐力 $F_1 \cos \Omega_p t$ 以匀速 v 通过简支梁的情况。此时,振型函数为

$$\varphi(x) = \sin\frac{n\pi x}{l}$$

广义扰动力为

$$Q_n(t) = \frac{2F_1\cos\Omega_p t\sin\dfrac{n\pi vt}{l}}{ml}$$

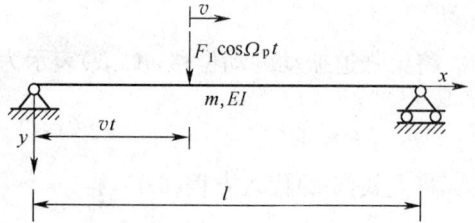

图 6-2 匀速移动简谐力的作用模型

此时，无阻尼的各阶振型的解耦强迫振动方程为

$$\ddot{q}_n(t) + \omega_n^2 q_n(t) = \frac{2F_1}{ml}\cos\Omega_p t\sin\frac{n\pi vt}{l}$$

$$= \frac{F_1}{ml}\big[\sin(\Omega_p+\Omega_n)t - \sin(\Omega_p-\Omega_n)t\big] \quad (n=1,2,3,\cdots N) \quad (6\text{-}8)$$

式中　$\Omega_n = \dfrac{n\pi v}{l}$——与移动速度有关的各阶广义扰动频率；

$$\omega_n = \left(\frac{n\pi}{l}\right)^2\sqrt{\frac{EI}{m}};$$

Ω_p——简谐力的扰动频率。

方程(6-8)的解可以通过将右边两个正弦函数的解相加而得到，即

$$y(x,t) = \frac{F_1}{ml}\sum_{n=1}^{N}\left\{\frac{1}{\omega_n^2-(\Omega_p+\Omega_n)^2}\Big[\sin(\Omega_p+\Omega_n)t - \frac{\Omega_p+\Omega_n}{\omega_n}\sin\omega_n t\Big]\right.$$

$$\left. - \frac{1}{\omega_n^2-(\Omega_p-\Omega_n)^2}\Big[\sin(\Omega_p+\Omega_n)t - \frac{\Omega_p-\Omega_n}{\omega_n}\sin\omega_n t\Big]\right\}\sin\frac{n\pi x}{l} \quad (6\text{-}9)$$

在实际情况中，除了移动的简谐力作用之外往往同时还有一个移动的常量力，如载重汽车的重力。此时，振动方程的全解可由式(6-7)和式(6-9)相加而成。

值得注意的是，如果将简谐力 $F_1\cos\Omega_p t$ 固定作用在简支梁的跨中，当 $\Omega_p=\omega_1$ 时发生共振，动力放大因子是大家熟知的 $\mu_d=\dfrac{1}{2\zeta_1}$。这说明，在有阻尼的情况下移动的简谐力只有位置固定的简谐力约一半的动力效应。

三、简支梁受到匀速滚动质量的作用

如果荷载质量与桥梁的质量相比很小，前面所讨论的移动常量力的解就是一个近似解。

图 6-3 表示滚动质量 M_v 在简支梁上匀速通过的情况。在任一时刻 t，荷载对梁的作用力等于其重力减去质量的惯性力，且认为滚动质量与梁密切相连，具有相同的加速度。于是，梁受到的作用力为

$$F(t) = M_v g - M_v\ddot{y}(x,t)\delta(x-vt)$$

$$(6\text{-}10)$$

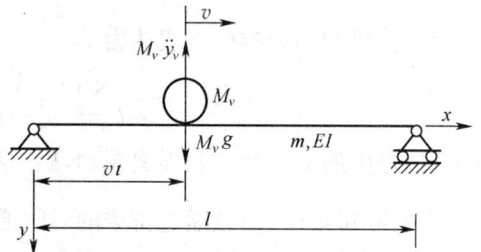

图 6-3 匀速滚动质量的作用模型

令　$y(x,t) = \sum_{n=1}^{N}\varphi_n(x)q_n(t)$

则

$$\ddot{y}(x,t) = \sum_{n=1}^{N} \varphi_n(x)\ddot{q}_n(t)$$

代入式(6-10),得

$$F(t) = M_v g - M_v \sum_{n=1}^{N} \varphi_n(vt)\ddot{q}_n(t) \qquad (6\text{-}11)$$

已知简支梁的振型 $\varphi_n(x) = \sin\dfrac{n\pi x}{l}$,于是得广义扰动力为

$$Q_n(t) = \frac{\displaystyle\int_0^l F(t)\delta(x-vt)\varphi_n(x)\mathrm{d}x}{\displaystyle\int_0^l m\varphi_n^2(x)\mathrm{d}x} = \frac{2F(t)\varphi_n(vt)}{ml} = \frac{2M_v}{ml}\left[g - \sum_{i=1}^{N}\sin\frac{i\pi vt}{l}\ddot{q}_i(t)\right]\sin\frac{n\pi vt}{l}$$

因此,无阻尼的各阶振型的强迫振动方程可写成

$$\ddot{q}_n(t) + \omega_n^2 q_n(t) = \frac{2M_v}{ml}\left[g - \sum_{i=1}^{N}\sin\frac{i\pi vt}{l}\ddot{q}_i(t)\right]\sin\frac{n\pi vt}{l} \qquad (n=1,2,3,\cdots,N)$$

整理后,得

$$\ddot{q}_n(t) + \left(\frac{2M_v}{ml}\sin\frac{n\pi vt}{l}\right)\sum_{i=1}^{N}\ddot{q}_i(t)\sin\frac{i\pi vt}{l} + \omega_n^2 q_n(t) = \frac{2M_v g}{ml}\sin\frac{n\pi vt}{l} \qquad (n=1,2,3,\cdots,N)$$

$$(6\text{-}12)$$

上式为变系数的二阶微分方程组,只能借助于电子计算机采用数值方法求解。

如果仅考虑梁的一阶振型,并令 $y_c = q_1$,其中设 y_c 为梁的跨中动挠度,则上式简化为

$$\ddot{y}_c\left(1 + \frac{2M_v}{ml}\sin^2\frac{\pi vt}{l}\right) + \omega_1^2 y_c = \frac{2M_v g}{ml}\sin\frac{\pi vt}{l} \qquad (6\text{-}13)$$

这个式子同样属于变系数微分方程,仍然需要用数值解法,它左边括号中的第二项就是移动质量的效应。

四、简支梁受到匀速移动弹簧—质量的作用

引入以下几点假定:

(1)只考虑简支梁桥的第一阶振型。这样,桥梁模型就简化为一个单自由度体系,如图 6-4(a)所示。

(2)车辆模型也处理成单自由度体系,如图 6-4(c)所示。其中车辆的质量分为两部分组成,一个是由刚度为 k_v 的弹簧支承着的跳动质量 M_{vs},即车体质量,另一个是假定与梁始终保持接触的不跳动质量 M_{vu},即轮轴部分的质量。

(3)桥梁和车辆都假定具有黏性阻尼。

由于 M_{vs} 具有独立的振动自由度 z,因此,弹簧—质量对梁的作用力可写成

$$F(t) = M_{vu}[g - \ddot{y}(x,t)\delta(x-vt)] +$$
$$k_v[z - y(x,t)\delta(x-vt)] + M_{vs}g \qquad (6\text{-}14)$$

式中　z——质量 M_{vs} 的绝对位移,由静平衡位置算起;

　　　k_v——车辆悬挂弹簧的刚度;

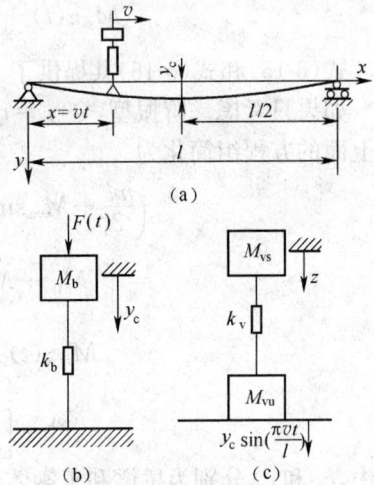

图 6-4　简支梁受到匀速移动
弹簧—质量的作用模型

g——重力加速度。

式(6-14)中第一项与前面式(6-10)相同,大多数情况下由于汽车轮轴等重量与车体相比较小,因此,M_{vu}项的影响很小;其余项是汽车车体的质量项,也是极其重要的一项。同样,令

$$y(x,t) = \sum_{n=1}^{N} \varphi_n(t)q_n(t)$$

则

$$\ddot{y}(x,t) = \sum_{n=1}^{N} \varphi_n(t)\ddot{q}_n(t)$$

代入式(6-14),并引入简支梁的振型 $\varphi_n(x) = \sin\dfrac{n\pi x}{l}$,得

$$F(t) = M_{vu}\left[g - \sum_{n=1}^{N}\ddot{q}_n(t)\sin\frac{n\pi vt}{\lambda}\right] + k_v\left[\delta(t) - \sum_{n=1}^{N}q_n(t)\sin\frac{n\pi vt}{l}\right] + M_{vs}g$$

于是,相应的广义扰动力为

$$Q_n(t) = \frac{\displaystyle\int_0^l F(t)\delta(x-vt)\varphi_n(x)\,\mathrm{d}x}{\displaystyle\int_0^l m\varphi_n^2(x)\,\mathrm{d}x}$$

$$= \left\{\frac{2M_{vu}}{ml}\left[g - \sum_{i=1}^{N}\ddot{q}_i(t)\sin\frac{i\pi vt}{l}\right] + \frac{2k_v}{ml}\left[z(t) - \sum_{i=1}^{N}q_i(t)\sin\frac{i\pi vt}{l}\right] + \frac{2M_{vs}g}{ml}\right\}\sin\frac{n\pi vt}{l}$$

此时,无阻尼桥梁各阶振型的强迫振动方程为

$$\ddot{q}_n(t) + \frac{2M_{vu}}{ml}\sin\frac{n\pi vt}{l}\sum_{i=1}^{N}\ddot{q}_i(t)\sin\frac{i\pi vt}{l} + \omega_n^2 q_n(t)$$

$$= \left\{\frac{2(M_{vs}+M_{vu})}{ml}g + \frac{2k_v}{ml}\left[z(t) - \sum_{i=1}^{N}q_i(t)\sin\frac{i\pi vt}{l}\right]\right\}\sin\frac{n\pi vt}{l} \qquad (n=1,2,3,\cdots,N)$$

$$(6\text{-}15)$$

从上式可见,对应于每一个振型有一个方程,共有 N 个方程,而且是相互耦合的。但是,对于附加的自由度 z 还需要一个附加方程,即簧上质量的动力平衡方程

$$M_{vs}\ddot{z}(t) + k_v\left[z(t) - \sum_{n=1}^{N}q_n(t)\sin\frac{n\pi vt}{l}\right] = 0 \qquad (6\text{-}16)$$

式(6-15)和式(6-16)共提供了 $N+1$ 个方程,可用数值方法求解。

如果只考虑一阶振型,令 $y_c=q_1$,设为跨中动挠度,并计入梁和车辆荷载的黏性阻尼力项,则上面的方程组简化为

$$\left.\begin{aligned}&\left(\frac{ml}{2} + M_{vu}\sin\frac{\pi vt}{l}\right)\ddot{y}_c(t) + \frac{ml}{2}\omega_1^2 y_c(t) + c_b\dot{y}_c(t)\\&= \left[(M_{vs}+M_{vu})g + k_v\left(z - y_c\sin\frac{\pi vt}{l}\right)\right]\sin\frac{\pi vt}{l}\\&M_{vs}\ddot{z}(t) + K_v\left[Z(t) - y_c(t)\sin\frac{\pi vt}{l}\right]\\&\quad + c_v\left[\dot{z}(t) - \dot{y}_c(t)\sin\frac{\pi vt}{l}\right] = 0\end{aligned}\right\} \qquad (6\text{-}17)$$

式中,c_b 和 c_v 分别为桥梁和车辆体系的阻尼系数。此联立方程组相当于图 6-4 所示的两个单自由度体系相耦合的一个等效振动体系,可用数值方法求解。

引入以下符号:

$\Delta = z - y_c \sin \dfrac{\pi v t}{l}$，为簧上质量 M_{vs} 相对于桥梁的位移；

$M_v = M_{vs} + M_{vu}$，为车体全部质量；

$M_b = \dfrac{1}{2} ml + M_{vu} \sin^2 \dfrac{\pi v t}{l}$，为梁的等效质量；

$k_b = \dfrac{ml}{2} \omega_1^2 = \dfrac{\pi^4 EI}{2l^3} \approx \dfrac{48EI}{l^3}$，为梁的跨中位移刚度。

式(6-17)可简写为

$$\left.\begin{array}{l} M_b \ddot{y}_c + c_b \dot{y}_c + k_b y_c = (M_v g + k_v \Delta) \sin \dfrac{\pi v t}{l} \\[2mm] M_{vs} \ddot{z} + c_v \dot{\Delta} + k_v \Delta = 0 \end{array}\right\} \tag{6-18}$$

如已知车辆簧上质量 M_{vs} 在 $t=0$ 时的初始值 Δ_0、$\dot{\Delta}_0$ 和 $\ddot{z}_0$，即可算出振动位移 z 和 y_c 的时间历程。

特别注意的是：加在桥梁上的弹性力、阻尼力和惯性力分别与车轮所在位置实际梁体的位移、速度、加速度有关，而与某个振型的位移、速度、加速度无关。但在车轮-弹簧-簧上质量的移动荷载体系中，桥梁振型之间还是互相耦联的。

五、几种经典分析模型的比较

上述四种车-桥耦合振动经典振型可以区分为以下三种形式：

(1)把车辆当作一个移动力：这样没有考虑车辆的一切特性，只是将它作为外加荷载，系统时变但不存在系统耦合；

(2)把车辆看作移动刚体：当弹簧系数趋向无穷大，移动车辆振动系统本身不再产生振动，只是随着车-桥系统振动，并考虑车辆质量的惯性，但忽略其与桥的相互作用的耦合力；

(3)把车辆模拟成移动的弹性体：考虑车辆的几乎全部可描述的性质，比如惯性力、阻尼力、耦合力等因素，精确表达其耦合作用的影响。(在这里，认为桥面光滑且无粗糙)。

以一节车辆通过跨度 40 m 的简支梁为例，讨论上述几种分析模型的影响：

简支梁跨度 $l = 40$ m，等截面，刚度 $EI = 1.089 \times 10^5$ MN·m^2，均布质量 $m = 1.0 \times 10^4$ kg/m，桥梁的阻尼系数为 $c_b = 3.26 \times 10^5$ kg/s。车辆总质量 $M_v = 5.88 \times 10^4$ kg，其中簧上质量 $M_1 = 4.38 \times 10^4$ kg，簧下质量 $M_2 = 1.5 \times 10^4$ kg，车辆体系的阻尼系数 $c_v = 3.82 \times 10^5$ kg/s，车辆悬挂弹簧的刚度 $k_v = 5.07 \times 10^6$ N/m。

采用上述参数，分别按三种模型计算车辆和桥梁的动力响应，包括竖向位移、速度和加速度，如图 6-5～图 6-7 所示。可以看出：三种不同的车辆模型，只有桥梁跨中的位移响应与车体的竖向位移响应变化不是太大，速度、加速度由于弹簧和阻尼的作用变化则较大，说明车桥耦合系统的弹簧和阻尼因素对系统位移响应影响较弱。同时，车辆通过桥梁时，车辆竖向加速度的大小很大程度上决定了车辆行驶的舒适度，由图 6-7 可看出，由于弹簧和阻尼的作用，车体振动的竖向加速度随之大为减小，极大地提高了行车舒适度，并且，由车辆引起桥梁跨中振动的速度、加速度也随之慢慢减小，改善了对桥梁的动力作用。

比较图 6-5，三种不同车辆模型的情况下，车辆和桥梁两者之间位移响应大小相差不大，但在移动弹性体车辆模型中，由于弹簧和阻尼的缓冲作用，使波动的振幅大为减少，行车的平顺性也大为改观，即车体的振动频率明显较小，这样大大提高了行车的舒适度，而且也缓减了车与桥之间相互作用力。当把车辆看成移动刚体,则车体与桥的振动频率明显加大即波动较显著,而且有较明显的冲击效应,车与桥之间的相互作用较激烈。

图 6-5　位移响应
(a)桥梁跨中的位移响应;(b)车体的竖向位移

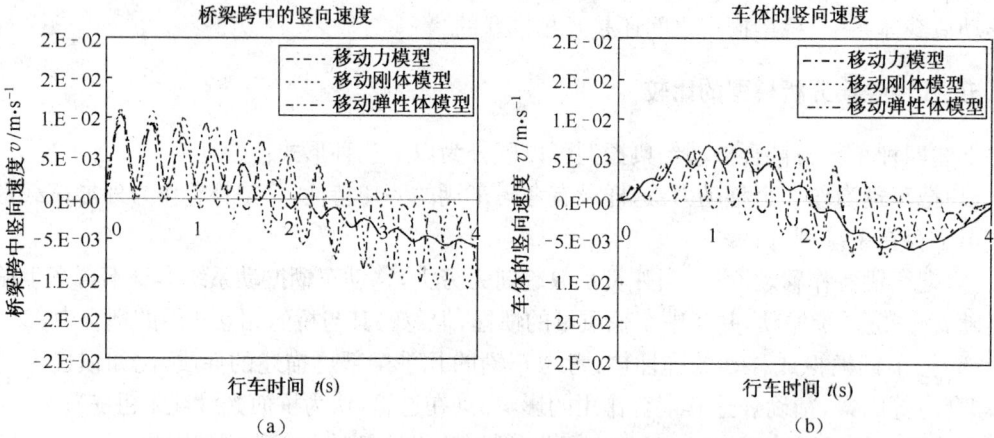

图 6-6　竖向速度
(a)桥梁跨中的竖向速度;(b)车体的竖向速度

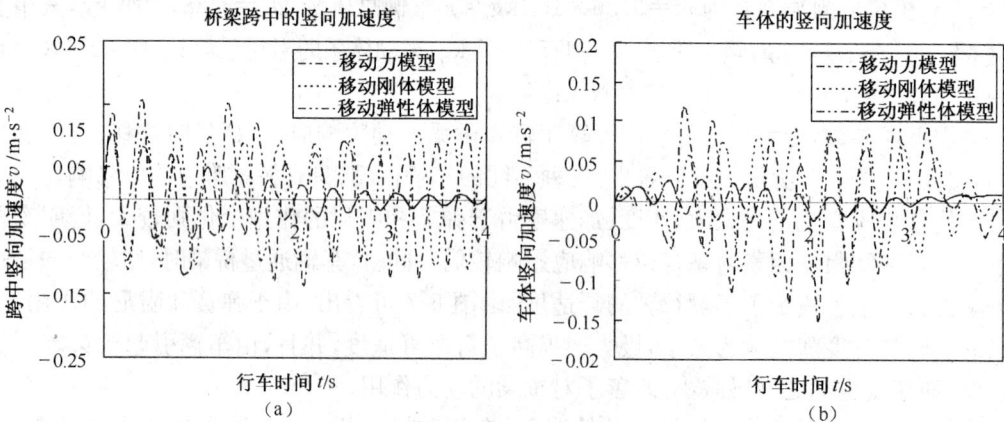

图 6-7　竖向加速度
(a)桥梁跨中的竖向加速度;(b)车体的竖向加速度

桥梁作用于车轮上的力

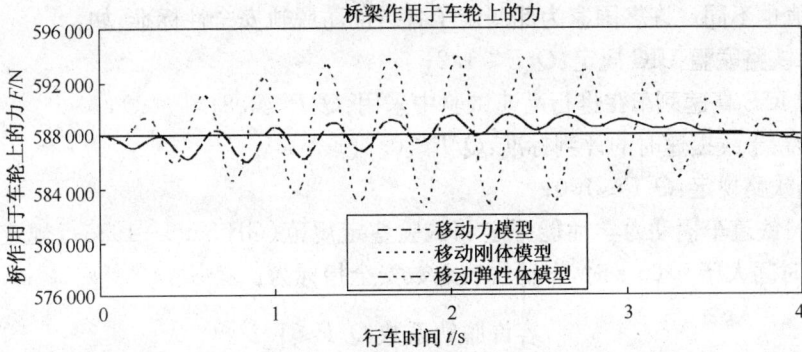

图 6-8　桥对车的作用力

如上图所示,由于移动力模型中,系统时变但不存在系统耦合,且不考虑惯性力、阻尼力等因素,只是将它视为外加荷载,所以其效果相当于静载荷的作用。刚体、弹性体模型作用力大体上是围绕着移动力模型曲线上下波动。

桥梁在移动力、刚体和弹性体模型通过时对车辆作用力 $F(t)$ 最大值分别为 588 kN,594 kN 和 589 kN,其波动最大偏移量分别为 0‰ 、9.91‰和 2.46‰。

综上可得,把车辆模拟成移动弹性体模型,大大提高了行车舒适度,减少了桥梁与车辆间的耦合动力作用。

第四节　车辆与桥梁振动性能的评价

列车高速通过桥梁时,对桥梁系统产生动力冲击作用,桥梁的振动反过来又对桥上车辆运行的安全性产生影响,这就直接影响了车辆和桥梁的使用性能。因此,对车辆和桥梁的振动程度必须加以限制。车桥系统振动性能评价标准包括车辆运行安全性标准、车辆运行平稳性标准和桥梁动力性能评定标准三个方面。

一、车辆运行安全性评价

车辆在线路上运行时,由于各种因素的作用,在最不利的组合情况下,可能破坏车辆正常运行的条件,使轮轨分离,造成车辆脱轨或倾覆事故,即:车辆失去运行安全性。在机车车辆动力学上一般是用脱轨系数 Q/P、轮重减载率 $\Delta P/P$ 等几个重要的参数来评定的。

1. 脱轨系数

车辆脱轨指车轮脱离钢轨最终导致车辆不能继续在轨道上正常运行的现象。

如图 6-9 所示,轮对一侧车轮侧向压力 Q_1(或 Q_2)与动轮重 P_1(或 P_2)之比,定义为脱轨系数,记作 Q/P。由力的平衡方程导出轮对脱轨的临界状态为:

$$\frac{Q}{P} = \frac{\tan\alpha - \mu}{1 + \mu\tan\alpha} \qquad (6-19)$$

(6-19)即为经典的 Nadal 公式,该式说明脱轨系数的极限值与车轮的极限值与最大轮缘接触角和轮轨间的摩擦系数有关。车轮踏面形状不同,脱

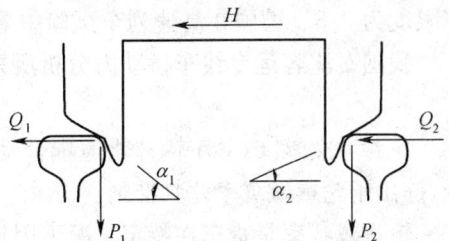

图 6-9　轮对脱轨时的作用力示意图

轨系数临界值也不同。许多国家为此制定了各自的防脱轨安全性标准,如:

(1)国际铁路联盟 UIC 规定:$Q/P \leqslant 1.2$;

(2)德国 ICE 高速列车在进行高速试验中采用:$Q/P \leqslant 0.8$;

(3)日本新干线提速时的评判标准:$Q/P \leqslant 0.8$;

(4)北美铁路规定:$Q/P \leqslant 1.0$;

(5)我国《铁道车辆动力学性能评定和试验鉴定规范(GB 5599—1985)》规定当横向作用力 Q 的作用时间大于 0.05 s 时,车辆脱轨系数安全指标为:

$$\begin{cases} 容许脱轨系数 \ Q/P \leqslant 1.2 \\ 安全值 \ Q/P \leqslant 1.0 \end{cases} \tag{6-20}$$

此式适用于稳态爬轨脱轨,只有当脱轨系数长时间超过目标值才有可能发生。

我国《铁道机车动力学性能试验鉴定方法及评定标准(TB/T—2360—1993)》规定的车辆脱轨系数安全指标为:

$$\begin{cases} Q/P = 0.6 & 优 \\ Q/P = 0.8 & 良 \\ Q/P = 0.9 & 合格 \end{cases} \tag{6-21}$$

在参考文献[61]《车辆—轨道耦合动力学》(第 3 版)中根据车轮抬升量判定车辆脱轨与否,提出了脱轨系数评判准则:脱轨系数用于鉴定试验车辆其车轮轮缘在轮轨力作用下是否爬上或跳上轨头而导致脱轨。脱轨系数 Q/P 应符合以下条件:

$$Q/P \leqslant \begin{cases} 1.0 & (t \geqslant t_0) \\ 1.0 \times \dfrac{t_0}{t} & (t < t_0) \end{cases} \tag{6-22}$$

式中 t——横向力持续作用时间,s;

t_0——脱轨系数超过目标值 $\lambda(1.0)$ 时所允许的最大持续作用时间,s,且 $t_0 = 0.035$ s。

2. 轮重减载率

《铁道车辆动力学性能评定和试验鉴定规范(GB 5599—1985)》规定的车辆轮重减载率安全指标为:

$$\begin{cases} \Delta P/P = 0.65 & 危险限度 \\ \Delta P/P = 0.60 & 容许限度 \end{cases} \tag{6-23}$$

这一规定实际指的是稳态减载率,利用轮重减载率判定车辆运行安全性时有必要将稳态和动态减载率区分开分别加以限制。日本已规定,静态轮重减载率限度为 0.6,动态轮重减载率限度为 0.8。德国在高速列车试验中采用的轮重减载率限度达 0.9。

我国秦沈客运专线车桥动力分析所采用的轮重减载率评判指标为:

$$\Delta P/P = 0.6 \tag{6-24}$$

在参考文献[61]《车辆—轨道耦合动力学》(第 3 版)中根据车轮抬升量判定车辆脱轨与否,提出了轮重减载率评判准则:

轮重减载率是货车在特定工况下因轮重减载而脱轨的依据。试验鉴定车辆其轮重减载率 $\Delta P/P$ 应符合以下条件:

$$\begin{cases} \dfrac{\Delta P}{P} \leqslant 0.60 \\ \text{当} \dfrac{\Delta P}{P} > 0.60 \text{ 时要求 } t < t_0 \end{cases} \tag{6-25}$$

式中　t——轮重减载率持续超过目标值 $\eta(0.60)$ 的作用时间，s；

t_0——轮重减载率超标时所允许的最大持续时间，s，且 $t_0 = 0.035$ s。

二、车辆运行平稳性评价

车辆运行平稳性往往用来表示机车车辆的振动性能，是衡量机车车辆运行性能的一项重要指标。一般包括：货车运营平稳性和客车旅客乘坐舒适性两个方面。前者是评定车辆振动对货物的损坏程度；后者是评定旅客舒适度的主要依据，它反映了车辆振动对于旅客舒适度的影响。在车—桥耦合振动系统中，车辆运行平稳性是判定桥梁竖向和横向刚度是否满足要求的一个重要指标，通常用列车车体加速度指标和舒适度指标来评定。

1. 车体加速度指标

我国国家标准 GB 5599—1985 关于铁路客车车体振动加速度的评定标准为：

$$\begin{cases} a \leqslant 0.2g = 200 \text{ cm/s}^2 & \text{竖向} \\ a \leqslant 0.15g = 150 \text{ cm/s}^2 & \text{横向水平} \end{cases} \tag{6-26}$$

铁道部标准 TB/T 2360—1993 关于我国铁路机车的车体振动加速度的评定标准见表 6-1。

表 6-1　TB/T 2360—1993 规定的机车振动加速度标准

评定等级	优　秀	良　好	合　格
车体竖向振动加速度/cm·s^{-2}	245	295	363
车体横向振动加速度/cm·s^{-2}	147	198	245

在我国秦沈客运专线车桥动力分析中，桥上列车的车体振动加速度评判标准采用：

$$\begin{cases} a \leqslant 0.13g = 130 \text{ cm/s}^2 & \text{竖向} \\ a \leqslant 0.10g = 100 \text{ cm/s}^2 & \text{横向} \end{cases} \tag{6-27}$$

前苏联对于客货车车体振动加速度的评定标准见表 6-2。

表 6-2　前苏联关于车体振动加速度的评定标准

评　定　等　级		车体加速度/cm·s^{-2}			
		客　车		货　车	
		竖向	横向	竖向	横向
Ⅰ	优秀	<100	<50	<200	<100
Ⅱ	良好	100~150	50~100	200~350	100~150
Ⅲ	满意（对客车为容许）	160~200	110~200	360~450	160~300
Ⅳ	容许（对货车）	210~350	210~300	460~650	310~450
Ⅴ	不适合长期运行	≥360	≥310	≥660	≥460
Ⅵ	运行不安全	≥700	≥500	≥700	≥500

欧洲规范 EUROCODE 规定的客车车体的竖向振动加速度标准见表 6-3。

表 6-3　EUROCODE 规定的客车车体竖向振动加速度标准

舒适度等级	优秀 b_{v1}	良好 b_{v2}	合格 b_{v3}
车体竖向振动加速度/cm·s^{-2}	100	130	200

2. 舒适度指标

旅客舒适度是反映乘客疲劳程度的综合性生理指标,是一个统计标准,影响旅客舒适度的因素很多,而振动对车辆运行过程中的舒适度的影响是始终存在的、起主要作用因素的。在评定铁道车辆的振动舒适度方面,主要有 ISO2631 法、等舒适度法和平稳性指标法。由于我国铁路机车车辆部门长期以来一直采用平稳性指标法评定车辆的运行舒适性,故车-桥耦合振动分析时一般采用平稳性指标来评价列车过桥时旅客乘坐的舒适性。

对于列车运营平稳性的评价,德国铁路车辆试验所 Sperling 等人早在第二次世界大战以前就进行了大量的振动对人体生理感觉的试验。被试验人员坐在专门的振动试验台上,然后在不同的方向进行变频率、变振幅的重复试验。根据被试验人员的反映,将其感觉分级加以记载。在对上千次试验数据统计的基础上,Sperling 提出了平稳性指标。我国的国家标准 GB 5599—1985 关于车辆的乘坐舒适性评判标准是以 Sperling 舒适度指标为基础制定的。

Sperling 舒适度指标的计算公式为:

$$W = 0.896 \sqrt[10]{\frac{a^3}{f}F(f)} \tag{6-28}$$

式中 a——振动加速度,cm/s²;

f——振动频率,Hz;

$F(f)$——频率修正系数。

垂直振动: $$F(f) = \begin{cases} 325f^2 & (f = 0.5 \sim 5.9 \text{ Hz}) \\ 400/f^2 & (f = 5.9 \sim 20 \text{ Hz}) \\ 1 & (f > 20 \text{ Hz}) \end{cases} \tag{6-29}$$

横向振动: $$F(f) = \begin{cases} 0.8f^2 & (f = 0.5 \sim 5.4 \text{ Hz}) \\ 650/f^2 & (f = 5.4 \sim 26 \text{ Hz}) \\ 1 & (f > 26 \text{ Hz}) \end{cases} \tag{6-30}$$

由于车辆的振动实际上是随机的,其加速度和频率随时都在变化。实际工作时是将所要分析的加速度波形按频率分组,根据每一组的加速度和频率计算该组的平稳性指标 W_i,整个波形的平稳性指标按下式计算:

$$W = \sqrt[10]{(W_1^{10} + W_2^{10} + \cdots + W_N^{10})} \tag{6-31}$$

式中,N 为整个波段的分组总数。

我国国家标准 GB 5599—1985 和铁道部标准 TB/T—2360—1993 关于机车车辆的平稳性指标和对应的舒适度等级见表 6-4。

表 6-4　我国机车车辆的平稳性指标 W

舒适度等级		机　车	客　车	货　车
Ⅰ	优秀	≤2.75	≤2.5	≤3.5
Ⅱ	良好	2.75~3.10	2.5~2.75	3.5~4.0
Ⅲ	合格	3.10~3.45	2.75~3.0	4.0~4.25

三、桥梁振动性能评价

车辆通过桥梁时,车辆本身的振动会影响车辆的运行舒适性和安全性。而过大的桥梁振动,一方面影响桥上线路的稳定性,增加桥上线路养护维修,影响桥梁结构疲劳性能和耐久性,另一方面,还会影响桥上列车运行的安全性和平稳性。为此,各国铁路桥梁设计规范都要求,在进行桥梁结构设计和桥梁检定试验时,必须对桥梁的动力性能进行评定,应进行车—桥耦合振动分析,以确保桥梁的动力性能满足列车高速运行要求。

我国《铁路桥梁检定规范》明确指出:铁路桥梁应该具有足够的竖向和横向刚度,以保证桥上列车通过时桥梁结构不出现剧烈振动,防止车辆脱轨以及保证旅客列车过桥的舒适性和货物列车过桥的平稳性。对桥梁振动性能的评价一般包括桥梁自振频率、振幅和加速度等方面。《铁路桥梁检定规范》对于铁路桥梁运营性能的检定规定了两个不同层次的判别标准:

(1)安全限值——保证列车以规定的速度安全通过时,桥梁结构必须满足的限值指标,超过此值时,必须采取一定的确保安全的措施;

(2)通常值——桥梁在正常运营中的挠度或振幅实测值的上限、频率实测值的下限。桥梁在正常运营中,若超过此值,应仔细检查桥梁结构是否存在隐患,同时调查列车是否产生异常的激励。

以下结合我国《铁路桥梁检定规范》,介绍国内外有关桥梁动力性能的评价标准。

1. 桥梁自振频率评价标准

我国《铁路桥梁检定规范》对铁路上采用的各类简支钢梁、钢筋混凝土梁和桥墩结构的实测最低自振频率作了如表 6-5 的规定,目的在于保证铁路桥梁具有足够的横向刚度。

表 6-5　桥梁横向最低频率参考限值

类　别	结　构　类　型		实测横向最低自振频率/Hz
桥跨结构	钢梁	无桥面系的板梁、桁梁 普通桥梁钢	$f \geqslant 100/L$
		无桥面系的板梁、桁梁 低合金钢	$f \geqslant 90/L$
		有桥面系的板梁、桁梁 普通桥梁钢	$f \geqslant 100/L$
		有桥面系的板梁、桁梁 低合金钢	$f \geqslant 90/L$
	预应力混凝土梁		$f \geqslant 90/L$
桥墩	低墩($H_1/B_1 < 2.5$)		未规定
	高、中墩 ($H_1/B_1 \geqslant 2.5$)	扩大基础　岩石	$f \geqslant 24\sqrt{B}/H_1$
		沉井基础	
		桩基础	$f \geqslant a_1 \cdot 24\sqrt{B}/H_1$
		扩大基础　黏土或沙砾	$f \geqslant a_3 \cdot 24\sqrt{B}/H_1$

注:(1)L 为跨度(m);H_1 为墩高(m);B_1 为墩身横向平均宽度(m)。

(2)a_1 取值:软塑黏土 0.8;硬塑黏土、沙、砾 0.9;嵌岩桩 1.0。

(3)a_3 取值:砾石、粗沙 0.9;硬塑黏性土、中沙、细沙 0.8。

国外对桥梁自振频率的规定,常考虑列车速度的因素。日本国铁研究所给出的限值是:在客车 160 km/h 的范围内,桥梁横向自振频率为:

$$f \geqslant 110/L \sim 120/L \qquad (\text{Hz}) \tag{6-32}$$

我国《既有铁路桥隧设备(行车速度 120~160 km/h)暂行技术条件》(工桥[1996]24 号)给出的桥梁横向自振频率限值为:

$$f \geqslant 110/L \qquad (\text{Hz}) \tag{6-33}$$

前苏联建议根据自振周期检验梁的横向刚度,其标准为:

$$\begin{cases} T \leqslant 0.012L & (L < 150 \text{ m}) \\ T \leqslant 1.8 & (L \geqslant 150 \text{ m}) \end{cases} \tag{6-34}$$

式中　T——梁的横向自振周期，s；

　　　L——跨度，m。

日本铁道结构设计标准规定，高速铁路桥梁的竖向自振频率应满足表 6-6 规定的要求。

表 6-6　日本铁道构造设计标准规定的桥梁竖向自振频率限值

桥梁类别	混凝土桥			钢桥
列车速度	$v \leqslant 210$ km/h	$v \leqslant 260$ km/h	$v \leqslant 300$ km/h	$v \leqslant 300$ km/h
固有频率/Hz	$f_0 \geqslant 55L^{-0.8}$	$f_0 \geqslant 70L^{-0.8}$	$f_0 \geqslant 80L^{-0.8}$	$f_0 \geqslant 70L^{-0.8}$

欧洲规范 EUROCODE 规定，桥梁的自振频率 f_0 不得低于下式的值：

$$f_L = \begin{cases} 80/L & (4 \text{ m} \leqslant L \leqslant 2\text{m}) \\ 23.58L^{-0.592} & (20 \text{ m} < L \leqslant 100 \text{ m}) \end{cases} \quad (\text{Hz}) \tag{6-35}$$

对于跨度不超过 100m 的桥梁，其自振频率应在图 6-10 所示的范围内，图中的频率上限由(6-36)式确定：

$$f_U = 94.76L^{-0.748} \quad (\text{Hz}) \tag{6-36}$$

我国《新建时速 200 km 客货共线铁路设计暂行规定》中关于桥梁竖向自振频率的规定与式(6-35)相同，而《京沪高速铁路设计暂行规定》中规定：跨度小于等于 80 m 的简支梁竖向自振频率限值为：

$$f_v = \begin{cases} 120/L & (L \leqslant 40 \text{ m}) \\ 23.58L^{-0.592} & (40 \text{ m} < L \leqslant 80 \text{ m}) \end{cases} \quad (\text{Hz}) \tag{6-37}$$

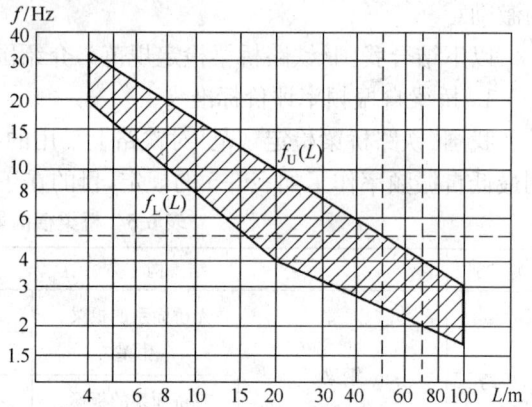

图 6-10　桥梁的设计频率范围（EUROCODE）

EUROCODE 还规定，考虑桥梁的设计车速时，梁的自振频率应满足：

$$\frac{v_{\max}}{f_0} \leqslant \left[\frac{v}{f_0}\right]_{\lim} \tag{6-38}$$

式中　$v_{\max}$——设计的最高车速；

　　　f_0——桥梁的竖向自振频率；

　　　$\left[v/f_0\right]_{\lim}$——表 6-7 和表 6-8 规定的容许值。

表 6-7　容许$[v/f_0]_{\lim}$值（适用于容许加速度 $a < 350$ cm/s^2 的简支梁或板）

桥梁跨度 L/m	桥梁单位长度质量 $\bar{m}$/t·m^{-1}							
	$10 \leqslant \bar{m} < 13$	$13 \leqslant \bar{m} < 15$	$15 \leqslant \bar{m} < 18$	$18 \leqslant \bar{m} < 20$	$20 \leqslant \bar{m} < 25$	$25 \leqslant \bar{m} < 30$	$30 \leqslant \bar{m} < 40$	$40 \leqslant \bar{m}$
$15.0 \leqslant L < 17.5$	5.33	6.33	6.33	6.50	6.50	6.50	7.80	7.80
$17.5 \leqslant L < 20.0$	6.33	6.50	6.50	7.17	7.17	10.67	12.80	12.80
$20.0 \leqslant L < 25.0$	7.08	7.50	7.50	13.54	13.54	13.96	14.17	14.38
$25.0 \leqslant L < 30.0$	10.21	10.21	10.21	10.63	10.63	12.75	12.75	12.75
$30.0 \leqslant L < 40.0$	10.56	18.33	18.33	18.61	18.61	18.89	19.17	19.17
$40.0 \leqslant L$	14.73	15.00	15.56	15.56	15.83	18.33	18.33	18.33

表 6-8　容许$[v/f_0]$值（适用于容许加速度 $a<500$ cm/s^2 的简支梁或板）

桥梁跨度 L/m	桥梁单位长度质量 $\overline{m}$/t·m^{-1}					
	$10\leqslant\overline{m}<13$	$13\leqslant\overline{m}<15$	$15\leqslant\overline{m}<18$	$18\leqslant\overline{m}<20$	$20\leqslant\overline{m}<25$	$25\leqslant\overline{m}$
$15.0\leqslant L<17.5$	6.33	6.50	6.50	6.50	7.80	7.80
$17.5\leqslant L<20.0$	6.50	7.17	10.67	10.67	12.80	12.80
$20.0\leqslant L<25.0$	7.50	13.54	13.75	13.96	14.17	14.38
$25.0\leqslant L<30.0$	10.42	10.63	10.63	12.75	12.75	12.75
$30.0\leqslant L<40.0$	18.33	18.61	18.89	18.89	19.17	19.17
$40.0\leqslant L$	15.00	15.56	15.83	18.33	18.33	18.33

2. 桥梁振幅和加速度评价标准

(1)桥梁横向振幅评价标准

为保证桥梁具有足够的横向刚度，我国《铁路桥梁检定规范》（铁运函［2004］120 号）10.0.5 条中对各类简支桥跨结构在荷载平面处跨中横向振幅行车安全限值$[A_{max}]5\%$的要求见表 6-9；客货列车通正常运行时，各类简支桥跨结构在荷载平面处跨中最大横向振幅和最低横向自振频率的通常值见表 6-10。

表 6-9　桥跨结构横向振幅行车安全限值$[A_{max}]5\%$

类别	结构类型			跨中横向振幅行车安全限值$[A_{max}]5\%$
钢梁	无桥面系的板梁或桁梁			$L/5\ 500$
	有桥面系	板梁		$L/6\ 000$
		桁梁	$L\leqslant 40$ m	$L/6\ 500$
			$40<L\leqslant96$ m	$L/(75L+3\ 500)$
钢筋混凝土梁、预应力混凝土梁				$L/9\ 000$

注：L 为跨度(m)。

表 6-10　桥跨结构横向刚度的通常值

类别	结构类型		货车重车实测跨中横向最大振幅通常值 $v\leqslant80$ km/h $(A_{max})5\%$/mm	客车实测跨中横向最大振幅通常值 $(A_{max})5\%$/mm				实测横向最低自振频率的通常值 f/Hz
				$v\leqslant120$ km/h		$120<v$ $\leqslant$ 160 km/h	*$160<v$ $\leqslant$ 200 km/h	
				有缝线路	无缝线路			
钢梁	无桥面系的板梁、桁梁	普通桥钢	$\leqslant\dfrac{L}{3.8B}$	$\leqslant\dfrac{L}{9.9B}$	$\leqslant\dfrac{L}{11.4B}$	$\leqslant\dfrac{L}{9.4B}$	$\leqslant\dfrac{L}{8.0B}$	$\geqslant\dfrac{100}{L}$
		低合金钢	$\leqslant\dfrac{L}{3.2B}$	$\leqslant\dfrac{L}{8.3B}$	$\leqslant\dfrac{L}{9.6B}$	$\leqslant\dfrac{L}{7.9B}$	$\leqslant\dfrac{L}{6.7B}$	$\geqslant\dfrac{90}{L}$
	有桥面系的板梁、桁梁	普通桥钢	$\leqslant\dfrac{L}{2.6B}$	$\leqslant\dfrac{L}{6.8B}$	$\leqslant\dfrac{L}{7.8B}$	$\leqslant\dfrac{L}{6.4B}$	$\leqslant\dfrac{L}{5.4B}$	$\geqslant\dfrac{100}{L}$
		低合金钢	$\leqslant\dfrac{L}{2.2B}$	$\leqslant\dfrac{L}{5.7B}$	$\leqslant\dfrac{L}{6.6B}$	$\leqslant\dfrac{L}{5.4B}$	$\leqslant\dfrac{L}{4.6B}$	$\geqslant\dfrac{90}{L}$
	预应力混凝土梁		$\leqslant\dfrac{L}{7.0B}$	$\leqslant\dfrac{L}{18.2B}$	$\leqslant\dfrac{L}{20.9B}$	$\leqslant\dfrac{L}{17.2B}$	$\leqslant\dfrac{L}{14.7B}$	$\geqslant\dfrac{90}{L}$

* 本栏为参考值，L 为跨度(m)，B：钢梁为主梁中心距(m)，预应力混凝土梁为支座中心距(m)。

我国《京沪高速铁路设计暂行规定》中规定,在列车摇摆力、离心力、风力和温度的作用下,梁体的水平挠度应小于或等于计算跨度的 1/4 000。

日本国铁研究所根据不同行车速度的要求,规定桥梁的最大横向振幅应符合表 6-11 的要求。

表 6-11　日本国铁研究所规定的桥梁横向振幅限值

列车类别	客　　车
列车速度	$v \leqslant 160$ km/h
最大振幅 A_{max}/mm	$A_{max} \leqslant 0.001\,67L^2 \sim 0.001\,97L^2$

日本国铁技术研究所对于铁路列车在线路上脱轨的临界情况进行了一系列研究。试验结果表明,当梁的水平加速度达到 0.1 g～0.2 g 时,列车就容易脱轨,并由此推算出梁的横向振幅限值为:

$$A_{max} = \frac{a_{max}}{\pi^2 \left[\left(\dfrac{v}{L} \right)^2 + 4f^2 \right]} \tag{6-39}$$

式中　v——车辆速度,km/h;

　　　L——桥梁的跨度,m;

　　　f——桥梁的横向自振频率,Hz。

(2)振动加速度评价标准

限制桥梁竖向振动加速度的目的是避免出现过大的轮轨接触力,使道床不致失稳,以保证列车运行的安全。在我国秦沈客运专线(设计时速 200 km/h)桥梁的研究和设计中,参考国外对桥梁振动响应参数的限制,提出桥梁跨中的最大竖向振动加速度应满足(6-40)式的规定:

$$a_{max} \leqslant 0.35g \tag{6-40}$$

欧洲规范 EUROCODE 规定,计算桥梁振动加速度时至少考虑结构的三阶振型,频率考虑至 $f_{lim} = \max[30, \lambda f_0]$Hz,$f_0$ 是结构的一阶自振频率,$\lambda = 1 \sim 2$。桥梁竖向振动加速度不得大于(6-41)式的标准:

$$[a]_{max} = \begin{cases} 350 \text{ cm/s}^2 & \text{有砟道床的桥梁} \\ 500 \text{ cm/s}^2 & \text{明桥面桥梁} \end{cases} \tag{6-41}$$

我国《铁路桥梁检定规范》规定,当列车通过时,桥跨结构在荷载平面的横向振动加速度不应超过 1.4 m/s²。

(3)桥梁变位评价标准

为了保证桥上线路的平顺性和运行列车的安全性,必须对桥梁的挠度加以限制。我国铁道部标准《铁路桥涵设计基本规范(TB 10002.1—1999)》规定,对于列车运行速度≤140 km/h 的新建、改建标准轨距的铁路桥梁,其由列车静活载所引起的竖向挠度不应超过表 6-12 的容许值。

我国《京沪高速铁路设计暂行规定》中规定,对于跨度 $L \leqslant 80$ m 的梁,在 ZK 活载静力作用下,梁体的竖向挠度不应大于表 6-13 所列数值。

而对于跨度 $L > 80$ m 的梁,在 ZK 活载静力作用下,梁体的竖向挠度不应大于计算跨度的 1/1 000。

表 6-12　梁式桥跨结构竖向挠度容许值

桥跨结构		挠度容许值
简支钢桁梁		$L/900$
连续钢桁梁	边跨	$L/900$
	中跨	$L/750$
简支钢板梁		$L/800$
简支钢筋混凝土和预应力钢筋混凝土梁		$L/800$
连续钢筋混凝土和预应力钢筋混凝土梁	边跨	$L/800$
	中跨	$L/700$

注:L 为简支梁或连续梁的计算跨度(m)。

表 6-13　京沪高速铁路桥梁竖向挠度限值

跨度	$L\leqslant24$ m	24 m$<L\leqslant$40 m	40 m$<L\leqslant$80 m
单跨	$L/1\ 300$	$L/1\ 000$	$L/1\ 000$
多跨	$L/1\ 800$	$L/1\ 500$	$L/1\ 200$

注:L 为梁跨度(m)。

我国《铁路桥梁检定规范》规定,当列车静活载(换算至中—活载)作用时,实测桥梁跨中竖向挠跨比通常值见表 6-14。

表 6-14　桥梁跨中竖向挠跨比通常值

桥梁类别	结构类型		竖向挠跨比
钢梁	板梁	普通桥梁钢梁	$1/1\ 200$
		低合金钢梁	$1/950$
	桁梁	普通桥梁钢梁	$1/1\ 500$
		低合金钢梁	$1/1\ 250$
钢筋混凝土梁	普通高度($h/L=1/7\sim1/9$)		$1/4\ 000$
	低高度($h/L=1/13\sim1/15$)		$1/1\ 900$
型钢混凝土梁			$1/1\ 250$
预应力混凝土梁	普通高度($h/L=1/11\sim1/13$)		$1/1\ 800$
	低高度($h/L=1/14\sim1/16$)		$1/1\ 300$

注:L 为梁跨度(m),h 为梁高(m)。

欧洲规范 EUROCODE 按满足乘坐舒适度要求确定了桥梁的挠度限值:在不同设计车速时,桥梁的跨挠比不得小于图 6-11 给出的限值$[L/\delta]$。

对该图说明如下:

①图中的跨挠比限值$[L/\delta]$是按乘坐舒适度标准 b_{v1}(优秀)给出的。如果采用其他等级的舒适度标准,则相应的$[L/\delta]$应乘以 1/1.3(良好)或 1/2(合格)的系数;

②图中的跨挠比限值$[L/\delta]$适用

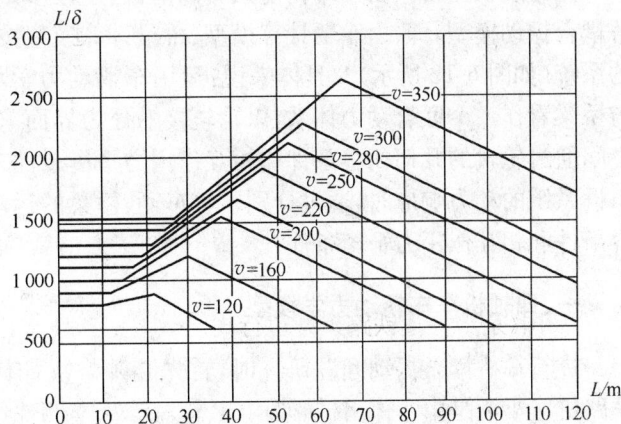

图 6-11　不同车速下桥梁跨挠比的限值$[L/\delta]$

大于等于三跨的简支梁。对于单跨或双跨简支梁或双跨连续梁,则相应的$[L/\delta]$应乘以 0.7 的系数;对于三跨或三跨以上的连续梁,则相应的$[L/\delta]$应乘以 0.9 的系数;

③ 图中的跨挠比限值$[L/\delta]$适用于跨度小于等于 120 m 的桥梁。跨度超过 120 m 时,应进行专门的分析。

日本铁路结构设计标准规定的桥梁竖向挠度限值见表 6-15。

表 6-15　日本钢桥设计规范规定的容许设计挠度

				0<L<50		L≥50	
普通铁路	机车荷载	桥梁跨度/m		0<L<50		L≥50	
		挠度容许值		L/800		L/700	
	电车及内燃动车荷载	桥梁跨度/m		0<L≤20	20<L≤50	L≥50	
		两跨以上	列车速度	v≤100	L/800	L/850	L/700
				100<v≤130	L/1 000	L/1 100	L/900
				130<v≤160	L/1 300	L/1 400	L/1 200
		单跨	列车速度	v≤100	L/700		
				100<v≤130	L/800		L/700
				130<v≤60	L/1 100		L/900
新干线		桥梁跨度/m		0<L≤40	40<L≤50	50<L<100	L≥100
		两跨以上		L/1 800	L/2 000	L/2 500	L/2 000
		单跨		L/1 600			

第五节　车—桥耦合振动分析理论

车桥耦合振动分析理论目前主要有两大类,一类是不考虑轨道的振动影响,即通常所说的车-桥耦合振动;另一类考虑轨道的振动影响,即车—线—桥耦合振动。前者——车—桥耦合振动模型是由车辆模型和桥梁模型组合而成,借助轮轨关系将二者联系起来。后者——车—线—桥耦合振动模型是由车辆模型、轨道模型和桥梁模型组合而成,通过轮轨关系将机车车辆与轨道两个子系统联系起来,通过桥轨关系将轨道与桥梁两个子系统联系起来,建立列车—线路—桥梁大系统的动力学分析理论与模型。

大跨度铁路桥梁由于结构复杂,计算自由度较多,受计算条件的限制,往往更多采用车—桥耦合振动模型,即:由车辆计算模型、桥梁计算模型按一定的轮轨运动关系联系起来而组成的系统(如图 6-12 所示)。具体来说:运用车辆动力学与桥梁结构动力学的研究方法,将车辆与桥梁看作一个联合动力体系,以轮轨接触处为界面,分别建立桥梁与车辆的运动方程,两者之间通过轮轨的几何相容条件和相互作用力平衡条件来联系。在具体运用直接积分法来求解车桥系统的动力响应时,通过分别求解车辆、桥梁的运动方程,用迭代过程来满足轮轨几何相容条件和相互作用力平衡条件。

一、四轴机车车辆动力学模型

进行车桥耦合振动问题研究时,首先必须解决如何建立机车车辆振动分析模型的问题。铁路机车车辆是由车体、转向架构架、轮对等基本部件组成的多自由度系统,在车辆运行中会出现复杂的振动现象,要全面地考虑机车车辆各部件及其之间连接的真实力学特性是非常困

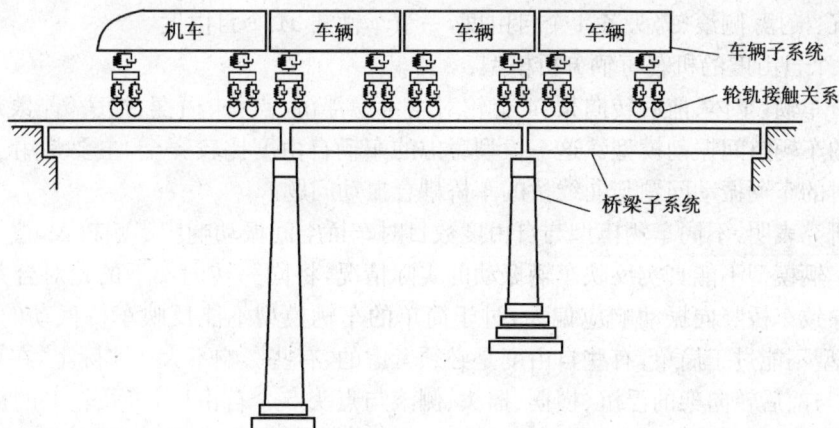

图 6-12　车桥耦合振动体系分析模型

难的,甚至是不可能的。从解决工程问题的角度来看,也是没有必要的。实际研究中往往要对机车车辆作适当的简化,要求所采取的计算分析模型既能比较真实地反映车辆的实际运动状态,同时得到的系统运动方程要便于求解。

因此,在机车车辆动力学研究中,建立用于研究机车车辆动力特性的数学模型时,往往把组成机车车辆的各基本部件,如车体、构架、摇枕和轮对等都视作刚体。一个刚体在空间有 6 个自由度(图 6-13),分别为沿 3 个坐标轴的线位移和绕 3 个坐标轴的转动位移;各基本部件之间由弹性约束或刚性约束连接。

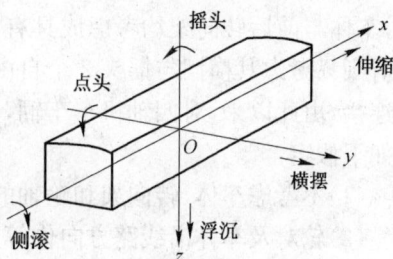

图 6-13　刚体的 6 个空间自由度

由于车体、构架及轮对沿列车运行方向的振动(伸缩)对桥梁的竖向及横向振动几乎无影响,因此,在车辆模型中一般不需要考虑各刚体沿列车运行方向的振动,于是每一刚体有 5 个自由度,分别是浮沉、横摆、侧滚、点头及摇头。如轮对的某些自由度是受约束的,则实际的分析模型可作进一步简化。根据简化的侧重点不同,可得到不同自由度的机车车辆空间分析模型。

具有代表性的主要有:

(1)21 个自由度的机车车辆分析模型:

对一节车辆,车体考虑浮沉、点头、横摆、摇头、侧滚 5 个自由度,前后转向架考虑浮沉、横摆、摇头、侧滚各 4 个自由度,每一轮对考虑浮沉、横摆各 2 个自由度,车辆按二系悬挂系统处理,轮对的竖向位移认为与桥梁保持一致。

(2)23 个自由度的机车车辆分析模型:

对一节车辆,车体与前后转向架均考虑浮沉、点头、横摆、摇头、侧滚各 5 个自由度,每一轮对考虑横摆、摇头各 2 个自由度,车辆按二系悬挂系统处理,一节车辆共 23 个自由度。

(3)27 个自由度的机车车辆分析模型:

对一节车辆,车体与前后转向架均考虑浮沉、点头、横摆、摇头、侧滚各 5 个自由度,每一轮对考虑浮沉、横摆、摇头各 3 个自由度,车辆按二系悬挂系统处理,一节车辆共 27 个自由度。

(4)31 个自由度的机车车辆分析模型:

对一节车辆,车体和前后转向架均考虑浮沉、点头、横摆、摇头、侧滚各 5 个自由度,每一轮对考虑浮沉、横摆、侧滚、摇头各 4 个自由度，一节车辆共 31 个自由度。

(5)35 个自由度的机车车辆分析模型：

对一节车辆，车体、前后转向架、4 个轮对均考虑浮沉、点头、横摆、摇头、侧滚运动，共 35 个自由度的车辆空间振动模型。这一模型考虑的车辆自由度比较齐全，主要是用于研究列车曲线通过时的车辆振动问题与曲线桥的车桥耦合振动问题。

大量研究表明，不同车辆模型与自由度数目对车桥空间振动响应影响较大，按等效一系悬挂处理的车辆模型不能真实反映车辆振动的实际情况，将同一转向架下的轮对合并成一个等效轮对会导致车桥竖向振动响应偏大，过于简单的车辆模型不能反映车桥振动的真实性；因此，车辆模型不能过于简单，有些自由度是必须考虑的，有些影响不大。实际上，在车辆各自由度中，车体与前后转向架的浮沉、横摆、摇头、侧滚与点头 5 个自由度，以及轮对的横摆与摇头自由度 2 个自由度不能忽略，而轮对的浮沉与侧滚自由度可略去，并不影响车桥振动响应结果。因此，上述 5 种车辆空间分析模型在分析车桥耦合振动问题时，并没有明显的差别，实践证明均是可行的。

这里主要介绍 23 个自由度的机车车辆分析模型。该模型中，机车车辆视为由车体、前后转向架与轮对等刚体以及一系、二系悬挂等弹性元件组成的二系悬挂多刚体多自由度系统，其中，车体与前后转向架均考虑成具有浮沉、横摆、侧滚、点头及摇头 5 个自由度的刚体，而一个轮对则只考虑其横摆与摇头 2 个自由度。车体、前后转向架与各轮对之间通过一系、二系悬挂等连接，由此以来，对四轴机车车辆，一辆车共有 23 个自由度。在建立车辆动力分析模型时，作如下假定：

(1)不考虑车体、转向架和轮轴的弹性变形，即认为车体、转向架和轮对均为刚体；

(2)轮对及车体沿线路方向作等速运动，不考虑纵向动力作用的影响；

(3)一系与二系悬挂及轮对定位的弹簧特性是线性的；

(4)车辆所有悬挂系统之间的阻尼均按黏性阻尼计算；

(5)车体关于质心左右对称和前后对称；

(6)车体、转向架及轮对各刚体均在基本平衡位置作小位移振动。

图 6-14 为机车车辆振动分析模型图。

图 6-14 中：

Y_{ci}、Z_{ci}、θ_{ci}、φ_{ci} 和 ψ_{ci}——第 i 节车辆车体的横摆、浮沉、侧滚、点头和摇头自由度；

Y_{tij}、Z_{tij}、θ_{tij}、φ_{tij} 和 ψ_{tij}——第 i 节车的第 j 个转向架的横摆、浮沉、侧滚、点头和摇头自由度；

Y_{wijl}、ψ_{wijl}——第 i 节车第 j 个转向架下的第 l 个轮对的横摆和摇头自由度。

上述各自由度的定义可参见图 6-15。

为方便后面车辆运动方程的推导，对各符号的意义说明如下：

M_c、M_t、M_w——车体、每台转向架构架、每一轮对的质量；

J_{cx}、J_{cy}、J_{cz}——车体的侧滚、点头、摇头转动惯量，或写成 $J_{c\theta}$、$J_{c\varphi}$、$J_{c\psi}$；

J_{tx}、J_{ty}、J_{tz}——每台转向架的侧滚、点头、摇头转动惯量，或写成 $J_{t\theta}$、$J_{t\varphi}$、$J_{t\psi}$；

J_{wx}、J_{wy}、J_{wz}——每一轮对的侧滚、点头、摇头转动惯量，或写成 $J_{w\theta}$、$J_{w\varphi}$、$J_{w\psi}$；

K_{1x}、K_{1y}、K_{1z}——每一轮对的纵向、横向、垂向定位刚度；

K_{2x}、K_{2y}、K_{2z}——每台转向架中央悬挂的纵向、横向、垂向刚度；

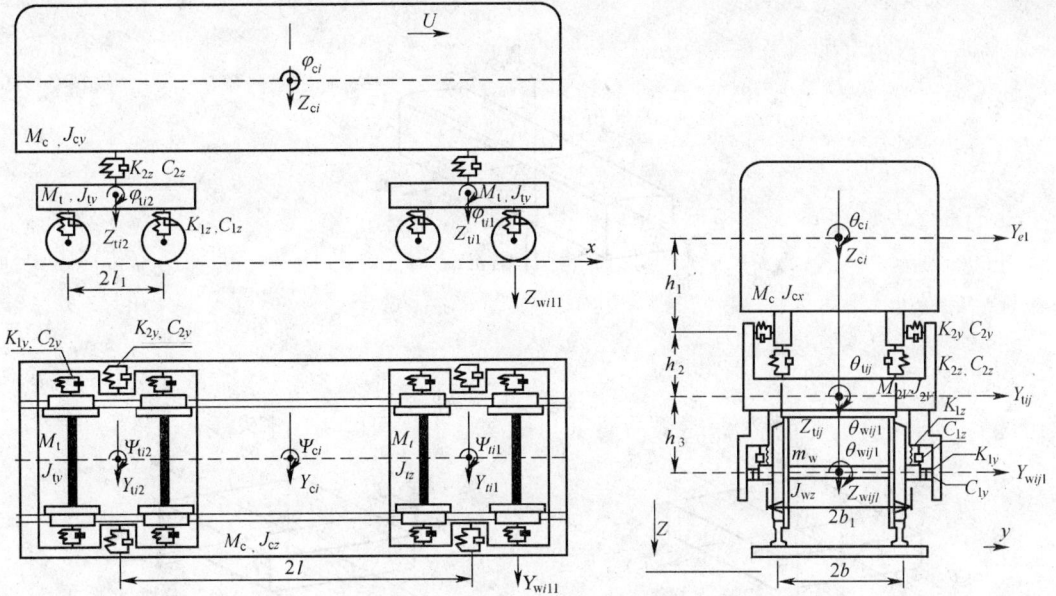

图 6-14　为机车车辆振动分析模型

C_{1x}、C_{1y}、C_{1z}——每一轮对轴箱悬挂的纵向、横向、垂向阻尼系数；

C_{2x}、C_{2y}、C_{2z}——每台转向架中央悬挂的纵向、横向、垂向阻尼系数；

$K_{1\theta}$、$K_{1\phi}$、$K_{1\psi}$——每一轮对轴箱悬挂的侧滚、点头、摇头角刚度,其表达式如下:

$$K_{1\theta}=2b_1^2 K_{1z},\ K_{1\psi}=b_1^2 K_{1x};$$

$K_{2\theta}$、$K_{2\phi}$、$K_{2\psi}$——每台转向架中央悬挂的侧滚、点头、摇头角刚度,其表达式如下:

$$K_{2\theta}=b_2^2 K_{2z},\ K_{2\psi}=b_2^2 K_{2x};$$

$C_{1\theta}$、$C_{1\phi}$、$C_{1\psi}$——每一轮对轴箱悬挂的侧滚、点头、摇头角阻尼,其表达式如下:

$$C_{1\theta}=2b_1^2 C_{1z},\ C_{1\psi}=b_1^2 C_{1x};$$

$C_{2\theta}$、$C_{2\phi}$、$C_{2\psi}$——每台转向架中央悬挂的侧滚、点头、摇头角阻尼,其表达式如下:

$$C_{2\theta}=b_3^2 C_{2z},\ C_{2\psi}=b_4^2 C_{2x};$$

l——机车车辆定距之半；　　　　　l_1——轮对轴距之半；

l_0——轮对两滚动圆跨距之半；　　　b——轮对两滚动圆间距之半；

b_1——轮对轴箱弹簧横向间距之半；　b_2——中央弹簧横向间距之半；

b_3——中央弹簧垂向减振器横向间距之半；

b_4——中央纵向弹簧及纵向减振器横向间距之半；

h_1——车体重心到摇枕重心平面的垂向高度；

h_2——摇枕重心与构架重心的距离；

h_3——构架中心与轮对中心的距离；

v——列车运行速度；

r_0——车轮滚动名义圆半径；

车体与转向架之间的二系悬挂作用力如图 6-16 所示,图中 F 与 R 分别为弹簧与阻尼引起的集中力,M 是力矩。为方便起见,把作用力 F、R 与作用力矩 M 用同一双箭头表示,箭头方向既表示力的方向,又按右手螺旋定则表示力矩方向。上标 x,y,z 表示力或力矩的方向；

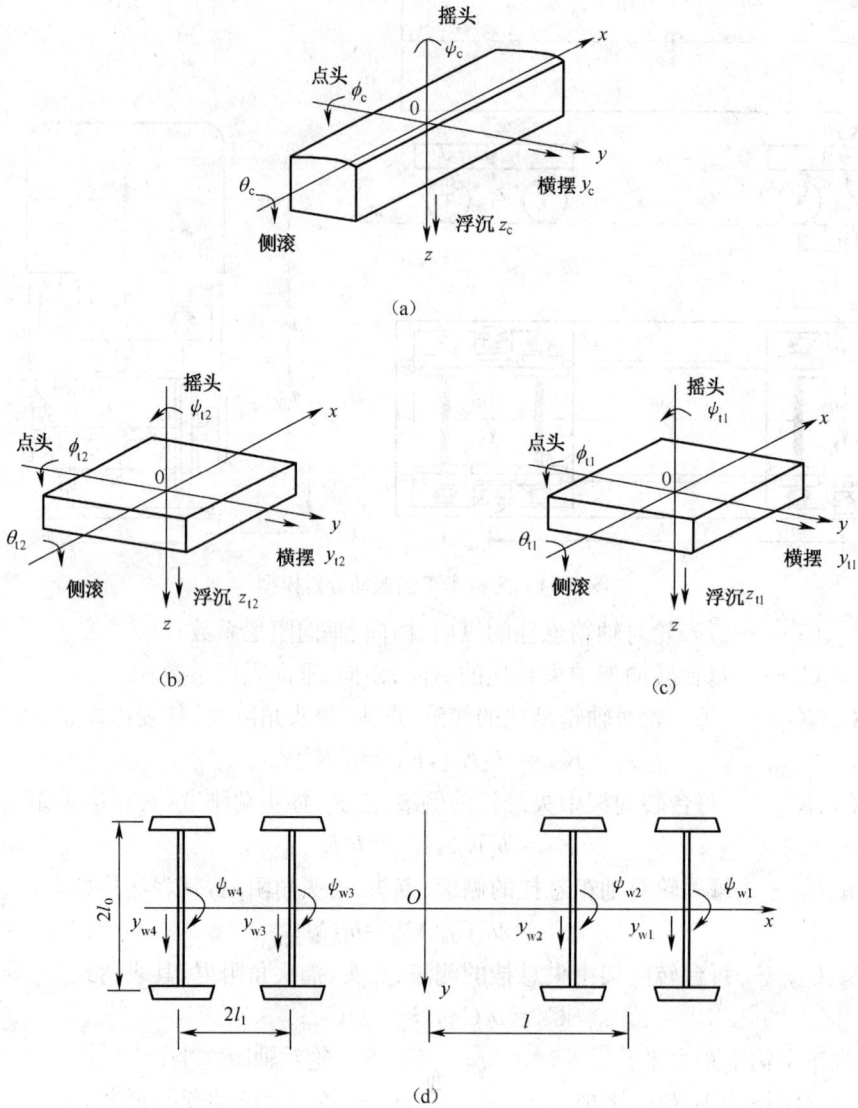

图 6-15　23 个自由度的车辆计算模型

(a)车体的 5 个空间自由度：y_c,z_c,θ_c,ϕ_c,ψ_c；(b)后转向架的 5 个空间自由度：y_{t2},z_{t2},θ_{t2},ϕ_{t2},ψ_{t2}；(c)前转向架的 5 个空间自由度：y_{t1},z_{t1},θ_{t1},ϕ_{t1},ψ_{t1}；(d)四个轮对的空间自由度：y_{w1},ψ_{w1},y_{w2},ψ_{w2},y_{w3},ψ_{w3},y_{w4},ψ_{w4}

下标 s 表示二系悬挂(secondary suspension)，t_1 表示前转向架，t_2 表示后转向架。

车体与前后转向架轮对的运动方程可以通过对各刚体逐一应用 D′Alembert 原理而获得。车体的运动方程如下：

车体横摆 y_c
$$M_c \ddot{y}_c + \sum_{j=1}^{2} F_{stj}^{y} + \sum_{j=1}^{2} R_{stj}^{y} = 0 \tag{6-42}$$

车体浮沉 z_c
$$M_c \ddot{z}_c + \sum_{j=1}^{2} F_{stj}^{z} + \sum_{j=1}^{2} R_{stj}^{z} = 0 \tag{6-43}$$

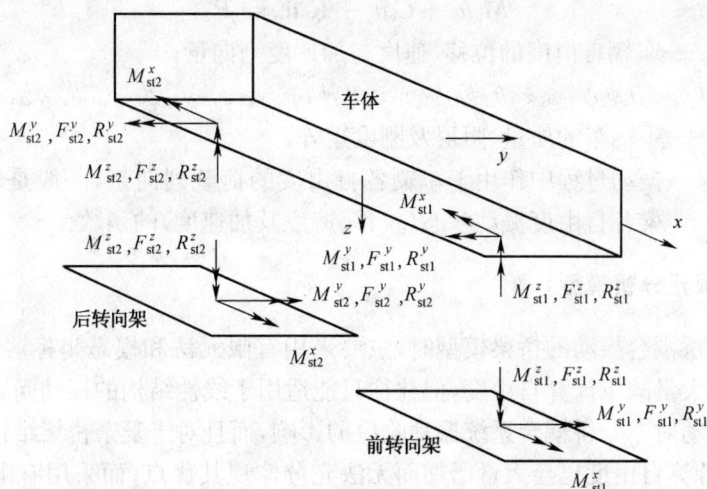

图 6-16 车体与转向架之间的二系悬挂作用力

车体侧滚 θ_c
$$J_{cx}\ddot{\theta}_c + \sum_{j=1}^{2} M_{stj}^x - h_1 \sum_{j=1}^{2} F_{stj}^y - h_2 \sum_{j=1}^{2} R_{stj}^y = 0 \tag{6-44}$$

车体点头 ϕ_c
$$J_{cy}\ddot{\phi}_c + \sum_{j=1}^{2} M_{stj}^y - l \cdot \sum_{j=1}^{2} (-1)^j F_{stj}^z - l \cdot \sum_{j=1}^{2} (-1)^j R_{stj}^z = 0 \tag{6-45}$$

车体摇头 ψ_c
$$J_{cz}\ddot{\psi}_c + \sum_{j=1}^{2} M_{stj}^z - l \cdot \sum_{j=1}^{2} (-1)^j F_{stj}^y - l \cdot \sum_{j=1}^{2} (-1)^j R_{stj}^y = 0 \tag{6-46}$$

前后转向架的运动方程可以写成如下统一的形式：

转向架横摆 y_{tj}
$$M_t\ddot{y}_{tj} + \sum_{i=m}^{m+1} F_{pwi}^y + \sum_{i=m}^{m+1} R_{pwi}^y - F_{stj}^y - R_{stj}^y = 0 \tag{6-47}$$

转向架浮沉 z_{tj}
$$M_t\ddot{z}_{tj} + \sum_{i=m}^{m+1} F_{pwi}^z + \sum_{i=m}^{m+1} R_{pwi}^z - F_{stj}^z - R_{stj}^z = 0 \tag{6-48}$$

转向架侧滚 θ_{tj}
$$J_{tx}\ddot{\theta}_{tj} + \sum_{i=m}^{m+1} M_{pwi}^x - h_4 \sum_{i=m}^{m+1} F_{pwi}^y - h_4 \sum_{i=m}^{m+1} R_{pwi}^y - M_{stj}^x + h_3 F_{stj}^y + h_5 R_{stj}^y = 0 \tag{6-49}$$

转向架点头 ϕ_{tj}
$$J_{ty}\ddot{\phi}_{tj} + \sum_{i=m}^{m+1} M_{pwi}^y - l_1 \cdot \sum_{i=m}^{m+1} (-1)^i F_{pwi}^z - l_1 \cdot \sum_{i=m}^{m+1} (-1)^i R_{pwi}^z - M_{stj}^y = 0 \tag{6-50}$$

转向架摇头 ψ_{tj}
$$J_{tz}\ddot{\psi}_{tj} + \sum_{i=m}^{m+1} M_{pwi}^z + l_1 \cdot \sum_{i=m}^{m+1} F_{pwi}^y + l_1 \cdot \sum_{i=m}^{m+1} R_{pwi}^y - M_{stj}^z = 0 \tag{6-51}$$

在式(6-47)～(6-51)中，$j=1,2$ 表示前、后转向架，$m=(j-1)\times2+1$ 是控制轮对求和的参数，

$$j=1 时，i=1,2；j=2 时，i=3,4。$$

具体变量的含义参见文献[37]《高速铁路列车—桥梁—基础空间耦合振动研究》。

为了便于进行有限元分析，往往需要将上述 23 个自由度的运动方程写成如下矩阵形式

$$M_v\ddot{u}_v + C_v\dot{u}_v + K_v u_v = P_v \tag{6-52}$$

式中 u_v、$\dot{u}_v$、$\ddot{u}_v$——车辆自由度的位移、速度与加速度列向量；

$u_v = \{ y_c \ z_c \theta_c \phi_c \psi_c \ y_{t1} z_{t1} \theta_{t1} \phi_{t1} \psi_{t1} \ y_{t2} z_{t2} \theta_{t2} \phi_{t2} \psi_{t2} \ y_{w1} \psi_{w1} \ y_{w2} \psi_{w2} \ y_{w3} \psi_{w3} \ y_{w4} \psi_{w4} \}^T$ ；

M_v、C_v、K_v——一辆车的质量、阻尼及刚度矩阵；

P_v——振动过程中作用于车辆各自由度的荷载列向量，一般是轨道不平顺及桥梁各自由度振动状态（位移、速度及加速度）的函数。

二、桥梁有限元分析模型

建立用于车桥耦合振动的桥梁模型时，主要采用有限元法和模态坐标法。模态坐标法的主要优点是可以大量减少计算自由度，但往往只能适用于线性结构的振动问题，也无法考虑结构局部杆件的振动对车—桥耦合系统振动响应的影响，而且对于复杂桥梁结构，因需要高阶振型参与贡献，其计算自由度也会大量增加而无法充分体现其优点；而采用有限元方法，用空间杆系单元、板壳单元、实体单元来模拟桥梁结构，在桥梁结构分析中非常成熟，因此，这里简单介绍有限元法来建立桥梁的计算分析模型。

1. 桥梁有限元分析的基本理论

有限元法的基本思路是，首先将复杂结构离散成有限个单元的集合体，然后在各自单元内选择适当的位移模式，并计算每个单元及整个结构的动能和应变能，再由 Hamilton 原理导出结构的振动方程，最后，由直接积分法或振型叠加法进行结构振动响应的求解。

用有限元方法进行结构振动分析的基本步骤如下：

(1)连续区域的离散化

在动力问题中，因为引入了时间坐标，所以处理的是四维(x,y,z,t)问题。有限元分析中一般采用部分离散的方法，即只对空间域进行离散，这样，此步骤与静力分析相同。

(2)构造插值函数

单元位移模式的选取应满足以下两个条件：

①完备性要求：即位移模式应包括刚体位移和单元内的常应变；

②相容性要求：即满足在单元边界上和结构外部边界的连续性。

由于只对空间域进行离散，所以单元内位移 u,v,w 的插值表示为

$$\left.\begin{aligned}
u(x,y,z,t) &= \sum_{i=1}^{n} N_i(x,y,z)u_i(t) \\
v(x,y,z,t) &= \sum_{i=1}^{n} N_i(x,y,z)v_i(t) \\
w(x,y,z,t) &= \sum_{i=1}^{n} N_i(x,y,z)w_i(t)
\end{aligned}\right\} \tag{6-53}$$

或写成

$$u = Nu^e \tag{6-54}$$

其中

$$u = \begin{Bmatrix} u(x,y,z,t) \\ v(x,y,z,t) \\ w(x,y,z,t) \end{Bmatrix}, \qquad N = \begin{bmatrix} N_1 & N_2 & \cdots & N_n \end{bmatrix}$$

$$\boldsymbol{N}_i = N_i \boldsymbol{I}_{3\times3} \quad (i = 1, 2, \cdots, n)$$

式中，u 是单元内任一点位移向量，N 是形函数矩阵，u^e 是单元节点位移向量，I 是单位矩阵。

（3）形成系统的运动方程

单元的应变分量可由式(6-55)求得

$$\boldsymbol{\varepsilon} = \Delta \boldsymbol{u} = \Delta \boldsymbol{N} \boldsymbol{u}^e = \boldsymbol{B} \boldsymbol{u}^e \tag{6-55}$$

式中　Δ——计算单元应变得微分算子矩阵；

B——单元应变矩阵，$B = \Delta N$。

单元的应力分量为

$$\boldsymbol{\sigma} = \boldsymbol{D} \boldsymbol{\varepsilon} = \boldsymbol{D} \boldsymbol{B} \boldsymbol{u}^e = \boldsymbol{S} \boldsymbol{u}^e \tag{6-56}$$

式中　D——弹性矩阵；

S——应力矩阵。

单元的应变能为

$$\boldsymbol{v}^e = \frac{1}{2} \int_V \boldsymbol{\varepsilon}^T \sigma \mathrm{d}v = \frac{1}{2} \int_V \boldsymbol{u}^{e^T} \boldsymbol{B}^T \boldsymbol{D} \boldsymbol{B} \boldsymbol{u}^e \mathrm{d}v = \frac{1}{2} \boldsymbol{u}^{e^T} \left(\int_V \boldsymbol{B}^T \boldsymbol{D} \boldsymbol{B} \mathrm{d}v \right) \boldsymbol{u}^e = \frac{1}{2} \boldsymbol{u}^{e^T} \boldsymbol{K}^e \boldsymbol{u}^e \tag{6-57}$$

式中，$\boldsymbol{K}^e = \int_V \boldsymbol{B}^T \boldsymbol{D} \boldsymbol{B} \mathrm{d}v$ 称为单元的刚度矩阵。

单元的动能为

$$\boldsymbol{T}^e = \frac{1}{2} \int_V \rho \boldsymbol{u}^T \boldsymbol{u} \mathrm{d}v = \frac{1}{2} \boldsymbol{u}^{e^T} \left(\int_V \rho \boldsymbol{N}^T \boldsymbol{N} \mathrm{d}v \right) \boldsymbol{u}^e = \frac{1}{2} \boldsymbol{u}^{e^T} \boldsymbol{m}^e \boldsymbol{u}^e \tag{6-58}$$

式中，$\boldsymbol{m}^e = \int_V \rho \boldsymbol{N}^T \boldsymbol{N} \mathrm{d}v$ 称为单元的一致质量矩阵。

如果有体积力 $\boldsymbol{q}^e$ 作用，其等效节点力 $\boldsymbol{R}^e$ 可由虚功原理得到

$$\boldsymbol{R}^e = \int_V \boldsymbol{N}^T \boldsymbol{q}^e \mathrm{d}v \tag{6-59}$$

如果有黏性阻尼力 $\boldsymbol{q}_f^e$ 作用，可表示为

$$\boldsymbol{q}_f^e = -\gamma \boldsymbol{u} = -\gamma \boldsymbol{N} \boldsymbol{u}^e \tag{6-60}$$

其等效节点力 $\boldsymbol{R}_f^e$ 为

$$\boldsymbol{R}_f^e = -\int_V \gamma \boldsymbol{N}^T \boldsymbol{N} \boldsymbol{u}^e \mathrm{d}v = -\left(\int_V \gamma \boldsymbol{N}^T \boldsymbol{N} \mathrm{d}v \right) \boldsymbol{u}^e = -\boldsymbol{C} \boldsymbol{u}^e \tag{6-61}$$

式中　γ——阻尼系数；

$\boldsymbol{C} = \int_V \gamma \boldsymbol{N}^T \boldsymbol{N} \mathrm{d}v$ 称为黏性阻尼矩阵。

借助于坐标转换矩阵，可以将局部坐标系下的节点位移与节点力向量转换到整体坐标系下，然后，可求出结构的总的应变能 V、总动能 T 及外力、阻尼力虚功总和 δW，分别如下：

$$V = \sum_e V^e = \frac{1}{2} \sum_e \boldsymbol{u}^{e^T} \boldsymbol{K}^e \boldsymbol{u}^e = \frac{1}{2} \boldsymbol{u}^T \left(\sum_e \boldsymbol{K}^e \right) \boldsymbol{u} = \frac{1}{2} \boldsymbol{u}^T \boldsymbol{K} \boldsymbol{u} \tag{6-62}$$

$$T = \sum_e \boldsymbol{T}^e = \frac{1}{2} \sum_e \boldsymbol{u}^{e^T} \boldsymbol{m}^e \boldsymbol{u}^e = \frac{1}{2} \boldsymbol{u}^T \left(\sum_e \boldsymbol{m}^e \right) \boldsymbol{u} = \frac{1}{2} \boldsymbol{u}^T \boldsymbol{M} \boldsymbol{u} \tag{6-63}$$

$$\delta W = \sum_e \delta W^e = \sum_e \delta \boldsymbol{u}^{e^T} (\boldsymbol{R}^e + \boldsymbol{R}_f^e)^e = \delta \boldsymbol{u}^T \left(\sum_e \boldsymbol{R}^e + \sum_e \boldsymbol{R}_f^e \right) = \delta \boldsymbol{u}^T (\boldsymbol{R} + \boldsymbol{R}_f) \tag{6-64}$$

式中　$\boldsymbol{K} = \sum_e \boldsymbol{K}^e$——结构的总刚度矩阵，它是单元刚度矩阵的总和；

$M = m^e$ ——结构的总质量矩阵，它是单元质量矩阵的总和。

利用式(6-61)，得

$$R_f = \sum_e R_f^e = -\sum_e C^e u^e = -\left(\sum_e C^e\right)u = -Cu \tag{6-65}$$

这里，$C = \sum_e C^e$ 为结构的总阻尼矩阵。

于是，式(6-64)变成

$$\delta W = \delta u^T R' \tag{6-66}$$

式中，

$$R' = R + R_f = R - Cu \tag{6-67}$$

将式(6-62)，式(6-63)和式(6-67)代入 Lagrange 方程，得

$$M\ddot{u} + Ku = R' = R - C\dot{u}$$

即

$$M\ddot{u} + C\dot{u} + Ku = R \tag{6-68}$$

这就是在总体坐标系下的结构振动方程。

(4)系统运动方程的求解

结构动力学问题的求解，大都采用直接积分法或振型叠加法[36]，这里不再赘述。

(5)计算结构的应力和应变

可以看出，和静力分析相比，在动力分析中，由于惯性力和阻尼力出现在平衡方程中，因此引入了质量矩阵和阻尼矩阵，最后得到的系统运动方程不是代数方程组，而是常微分方程组。其他计算步骤和静力分析是完全相同的。

2.常用桥梁结构的有限元分析模型

在采用有限元方法建立桥梁结构的分析模型时，为了适应各种不同型式的桥梁结构，可以选用空间梁单元、空间杆单元、板单元和三维实体单元等。针对具体的不同型式的桥梁，采用不同的计算分析模型：

(1)对单双线简支箱梁与预应力混凝土连续梁，采用等直空间梁单元模型，忽略箱形截面的畸变与翘曲位移的影响。

(2)对四片式 T 梁，采用如图 6-17 所示的 4 根等直空间梁单元的梁格体系模型进行车桥计算；对单线 Ⅱ 梁，按 2 根等直梁单元的梁格体系模型进行分析，或采用实体单元进行建模(图 6-18)。

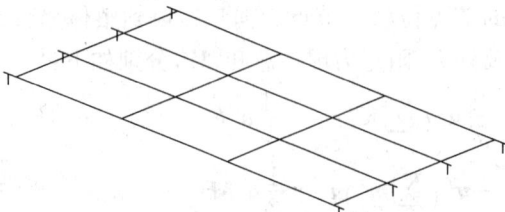

图 6-17 T 梁按 4 根等直梁的梁格体系计算模型

图 6-18 分片式 T 梁的实体单元模型

(3)对混凝土连续刚构(包括斜交刚构连续梁)桥，可采用图 6-19(a)所示的梁—格体系模型进行分析；也可采用如图 6-19(b)所示的板壳单元的计算模型。

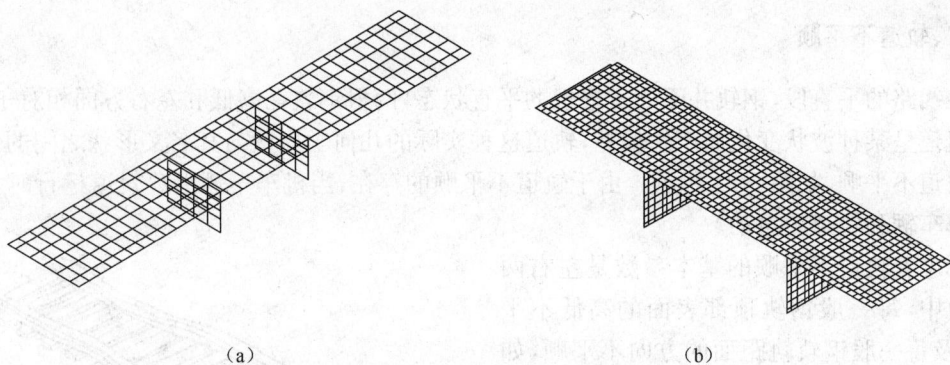

图 6-19　连续刚构桥按板壳单元计算模型

(a)BDAP 给出的模型；(b)ANSYS 给出的模型

(4)对钢桁梁桥，按结构实际情况对上下弦杆、腹杆、上下平联、纵横梁、桥门架等杆件进行离散，采用空间杆单元模拟；如图6-20所建立的广深线石滩大桥的计算分析模型。

(5)对斜拉桥，桥塔按空间梁单元模拟，斜拉索按空间杆单元模拟，并用 Ernst 公式

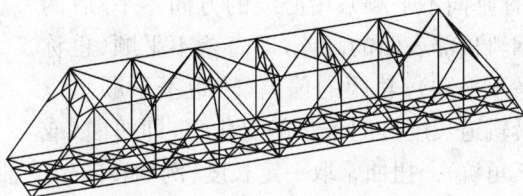

图 6-20　石滩大桥计算模型空间图

对其弹性模量进行折减来考虑斜拉索因自重垂曲引起的非线性效应的影响；如果主梁为混凝土箱梁(单箱、多箱或分离箱)，则用带刚臂的空间梁单元将主梁简化为鱼脊形模型(如图6-21)；如果主梁为桁梁，则按实际情况将上下弦杆、腹杆、上下平联、纵横梁、桥门架等离散为空间梁单元(图 6-22)。

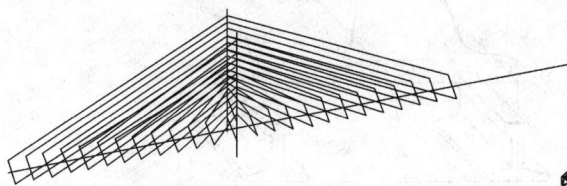

图 6-21　混凝土独塔斜拉桥的计算模型

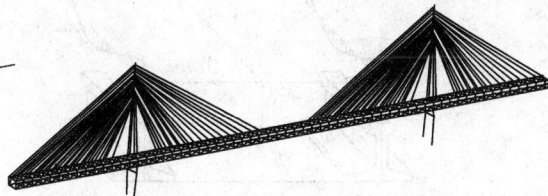

图 6-22　钢桁梁斜拉桥的计算模型

(6)铁路悬索桥往往多采用桁架主梁，因此在建立桥梁分析模型时，钢桁梁杆件包括上下弦杆、腹杆、横撑、斜杆等均采用空间梁单元模拟，正交异性整体钢桥面按"梁格法"简化处理；桥墩和桥塔也采用空间梁单元；主缆和吊索采用空间杆单元，并计入恒载初始索力对刚度的影响。主缆和桥塔顶采用主从约束，墩梁、塔梁间也采用主从约束处理；主缆两端固结，桥墩底和桥塔底均采用弹簧约束来考虑基础刚度的影响(图 6-23)。

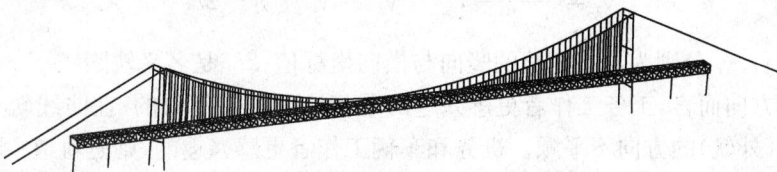

图 6-23　钢桁梁悬索桥的计算模型

三、轨道不平顺

在线路的平直段,钢轨并不处于理想的平直状态,两根钢轨在高低和左右方向相对于理想平直轨道呈某种波状变化而产生偏差,轨道这种实际的几何学形状与其名义形状之间的偏差,就是轨道不平顺,如图 6-24 所示。由于轨道不平顺的存在,当机车车辆沿着轨道运行时,会引起机车车辆和轨道的振动。

标志着轨道不平顺的基本参数是左右两股钢轨中,每一股钢轨顶部表面的高低不平顺,以及每一股钢轨轨距面的方向不平顺,如图 6-25 所示。

由此可导出轨道中心线的高低不平顺(也称垂向不平顺);中心线的方向不平顺;两股钢轨顶部表面的高差,即高差不平顺(也称水平不平顺);轨距的偏差(轨距不平顺);以及沿轨道长度方向水平的变化率,即扭曲(或

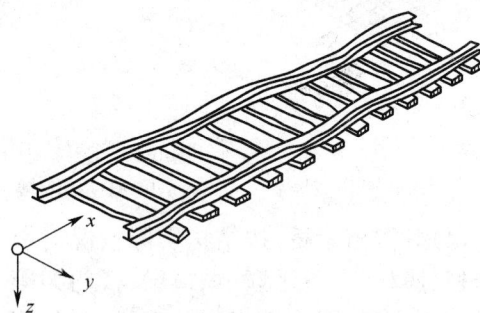

图 6-24 轨道不平顺

称三角坑)。扭曲常取一定长度(例如转向架的轴距以及机车车辆的中心销距)进行度量。

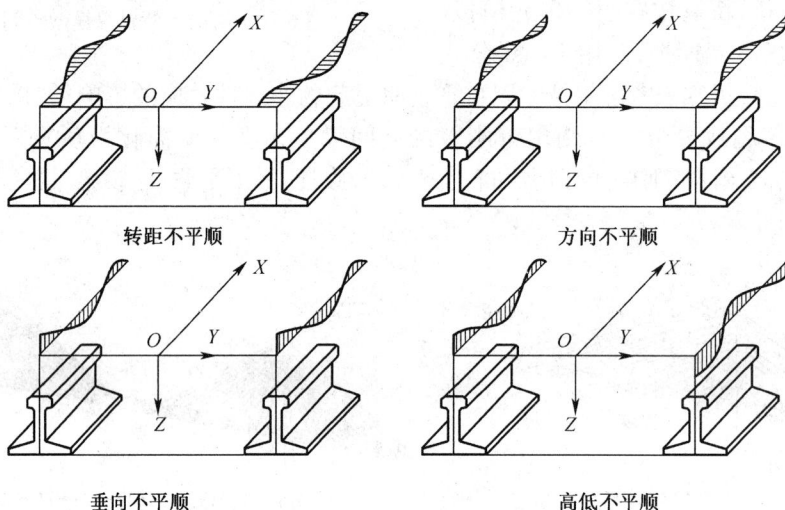

转距不平顺 方向不平顺

垂向不平顺 高低不平顺

图 6-25 轨道不平顺的定义

上述轨道的高低不平顺 z_v、方向不平顺 y_a、垂向不平顺 z_c 和轨距不平顺 y_g 可分别表示为

$$z_v = \frac{z_1 + z_r}{2}, \qquad z_c = z_1 - z_r \qquad (6\text{-}69)$$

$$y_a = \frac{y_1 + y_r}{2}, \qquad y_g = y_r - y_1 - 2l_0 \qquad (6\text{-}70)$$

式中,z_1、z_r 与 y_1、y_r 分别为左右钢轨的竖向与横向坐标值;$2l_0$ 是名义轨距。

就高低和方向而言,工务工作者更感兴趣的是相应于每根钢轨的;在曲线轨道上,他们还特别重视高轨(外轨)的方向不平顺。机务和车辆工作者更感兴趣的,则是轨道中心的不平顺,因为在机车车辆动力学的分析时,这可直接作为"输入"之用。

在车桥耦合振动分析中，一般将轨道不平顺作为系统的激励输入来加以考虑，这种激励可以是按轨道不平顺谱模拟的随机函数，也可以是实测的轨道不平顺值，也有直接采用给定不平顺曲线的。

国内外的研究与实践表明，在线路方面，轨道不平顺是引起机车车辆振动、限制列车运行速度提高的控制因素，如果轨道的平顺状态不良，轨道不平顺引起的列车振动和轮轨作用力随车速的提高将成倍急剧增大，并会导致列车脱轨。不同等级的线路具有不同的轨道不平顺养护维修标准、行车安全控制标准。轨道不平顺对动力分析的影响不容忽视，选取合理的轨道不平顺谱是计算结果真实可靠的重要条件。

基于此，在进行车桥动力仿真分析时，所选轨道不平顺输入样本的幅值大小与幅值变化率、波长结构与谐波特性等会直接影响计算结果，因此，车桥动力仿真分析模型中轨道不平顺的输入，应根据具体研究对象来选择具有代表性的轨道不平顺样本。

实际线路的几何状态受众多因素的影响往往表现出明显的随机性，这些影响因素包括：钢轨初始弯曲，钢轨磨耗、损伤，轨枕间距不均、质量不一，道床的级配和强度不均、松动、脏污、板结，路基下沉不均匀、刚度变化等等，它们的综合作用构成了轨道不平顺的随机特征。

轨道不平顺的统计特征只能靠线路实地测量获得。英国铁路于 1964 年就开始了这项测试工作，是世界上开展这一研究最早的国家之一。目前，英、日、德、美、俄罗斯、印度、捷克等国家都测定了各自的轨道不平顺的谱密度和相关函数。20 世纪 90 年代以来，铁道部组织有关科研单位对我国轨道不平顺进行了深入细致的研究，在我国东南西北各主要干线约 4 万 km 轨检车检测数据和部分地面测量数据的基础上，经筛选、分类处理、统计分析，提出了我国主要干线高低、水平、轨向三种轨道不平顺和部分轨道长波长不平顺的功率谱密度，即所谓的三大干线轨道谱。

铁道科学研究院建议的轨道谱对轨道高低、水平、方向不平顺功率谱密度采用系数不同的同一解析式表达：

$$S(f) = \frac{A(f^2 + Bf + C)}{f^4 + Df^3 + Ef^2 + Ff + G} \, mm^2/(1/m) \tag{6-71}$$

式中，A、B、C、D、E、F、G 是轨道不平顺功率谱密度的特征参数，对不同线路和不同类型的不平顺有不同的数值。

图 6-26 和图 6-27 分别比较了我国三大干线轨道谱与美国六级、五级轨道谱的方向和高底不平顺之差异。由图可见：(1)中国三大干线谱的方向不平顺在 7～30 m 的波长范围内基本上与美国五级线路谱相当，在 1～7 m 的波长范围还不如美国五级线路谱好，在整个频率范围均比美国六级线路谱明显要差；(2)中国三大干线谱高低不平顺在整个波长范围基本上都处在美国五级线路谱和美国六级线路谱中间，即比美国五级线路谱要好，比美国六级线路谱要差。综合来看，我国三大干线轨道谱与美国五级轨道谱大体相当。

在进行 200 km/h 速度级的车桥动力分析时，轨道不平顺输入样本的选取方式主要有两种：一是根据国外高速线的轨道不平顺功率谱进行时频转换而得到的等效轨道不平顺样本，或国外高速线实测轨道不平顺；二是根据在我国进行的高速与准高速试验中实测的轨道不平顺作为 200 km/h 速度级的轨道不平顺样本，如 1998 年 6 月在郑武线(许昌—小商桥)进行的速度 200 km/h 以上的高速综合试验、广深线 200 km/h 高速试验。

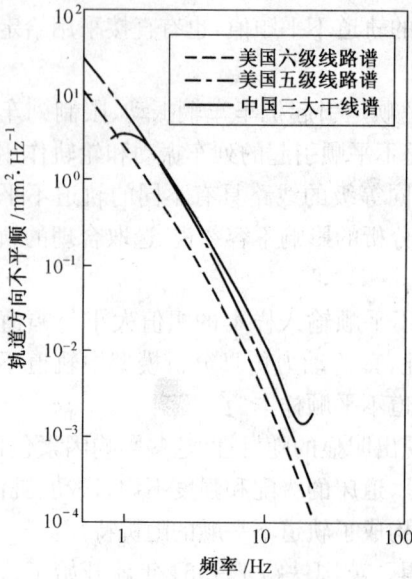

图 6-26 轨道方向不平顺功率谱的比较

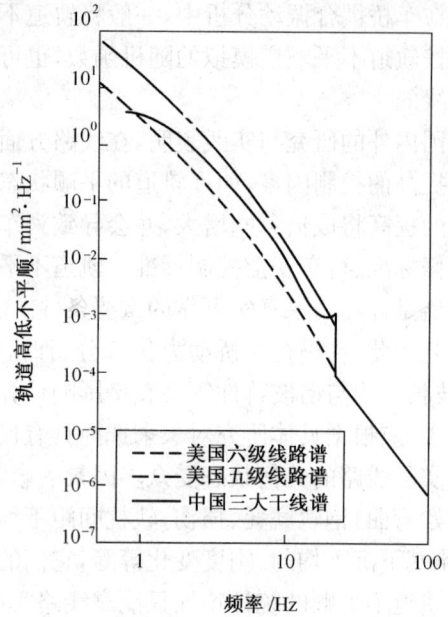

图 6-27 轨道高低不平顺功率谱的比较

四、轮轨接触关系

机车车辆沿钢轨运行时,其运行性能与轮轨接触几何关系和轮轨之间的相互作用有着密切的关系;进行车桥系统耦合振动分析研究时最困难的便是轮轨关系的建立,包括轮轨接触几何参数与轮轨相互作用力的确定。前者涉及到轮轨接触几何关系,即接触面各点几何量和坐标量所构成的轮轨几何约束,后者则是轮轨滚动接触理论所要解决的问题。

由轮轨接触几何学理论及 Kalker 滚动接触蠕滑理论,可以给出蠕滑率与蠕滑力/力矩的关系,然后由 D'Alembert 原理建立起轮对的运动方程。由于轮轨法向力是轮对位移的函数,因此,可以运用迭代法来求解轮轨力(蠕滑力/力矩)。

根据轮轨作用力的大小,进而可计算脱轨系数、轮重减载率等列车运行安全性指标,并根据相关评价标准对列车在桥上运行时的安全性进行评价。因此,轮轨关系(包括轮轨接触几何与轮轨相互作用力的计算)是车桥耦合振动分析中必不可少的一个环节,无法避开。只有通过尽可能准确地研究轮轨接触关系,将轮轨之间相互作用力与轮轨接触几何关系描述清楚,才能准确得到轮轨相互作用力的大小,进而计算出准确的脱轨系数、轮重减载率等。因此,轮轨接触关系的研究是整个车桥耦合振动研究工作中非常重要、必不可少的一个环节,避开轮轨关系来研究脱轨系数、轮重减载率是毫无意义的。

1. 轮轨接触几何关系

钢轨对轮对的几何约束是分析轮轨接触的基础。一方面,轮轨接触点的位置随轮对在钢轨上的横移和摇头而随时改变,而且轮轨型面、轨距、超高、轨底坡等也是影响轮轨接触点位置的基本因素;另一方面,在接触点处的几何参数,如曲率半径、等效锥度、接触角等,更是决定轮轨接触斑大小的要素。轮轨接触几何学研究的就是如何确定轮对在轨道上的接触点位置以及轮轨接触几何参数。

轮对在轨道上运行时,将产生轮对的横移、摇头与侧滚位移,因此轮对与轨道之间存在着坐标转换问题,图 6-28 为轮对与轨道坐标系的定义情况。

当轮对发生横移 y_w、摇头 ψ_w 与侧滚 θ_w 位移后,车轮踏面上任意一点 (X', Y', Z') 到轮轨固定坐标系 $OXYZ$ 之间的转换关系为:

$$\begin{Bmatrix} X' \\ Y' \\ Z' \end{Bmatrix} = \begin{bmatrix} \cos\psi_w & \sin\psi_w & 0 \\ -\cos\theta_w\sin\psi_w & \cos\theta_w\cos\psi_w & \sin\theta_w \\ \sin\theta_w\sin\psi_w & -\sin\theta_w\cos\psi_w & \cos\theta_w \end{bmatrix}$$

$$\begin{Bmatrix} X_w \\ Y_w + y_w \\ Z_w \end{Bmatrix}$$

具体进行轮轨接触几何参数的计算时,是以轮对的横移和摇头作为轮对运动的广义坐标的,即轮轨接触几何的各项参数是轮对横移量和摇头角的函数。一般将某一种形状的车轮踏面与某一型号的钢轨相匹配,组成一对轮轨关系,以轮对的横移量和摇头角为变量,计算出各轮轨接触几何参数,以数表形式存入计算机,在具体进行车桥耦合振动分析时,根据求得的轮对横移和摇头角,由上述数表进行线性插值得到。

对于磨耗型的踏面,由于其曲率是变化的多变量的连续函数,轮轨的轮廓形状只能用测量得到的一系列离散的坐标点来表示,而且左右轮外形通常是不对称的,因此,要精确计算轮轨的轮廓形状时很难用简单解析式来表示。常用的办法是将轮轨外形转化为离散的坐标,再用三次样条函数来拟合轮轨外形。

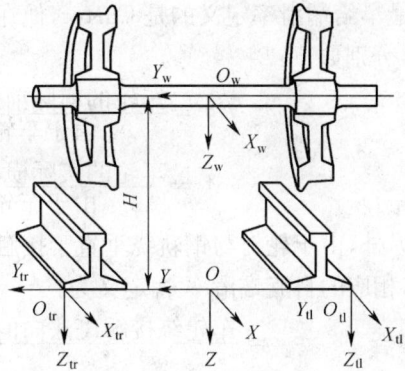

图 6-28　轮对与轨道坐标系

2. 轮轨接触蠕滑理论

轮对在轨道上滚动时,轮轨间将产生相对位移和速度差,轮轨接触斑金属表层不仅有微量弹性变形,还含有微量的速度差(微量滑动),这种金属材料的微量弹性滑动称为蠕滑。由于车轮与钢轨间的滑动将产生两者之间的速度差;车轮与钢轨两紧压着的弹性体之间将形成接触斑。由于摩擦的存在,车轮与钢轨在接触斑上会产生切向力(蠕滑力)。轮轨接触蠕滑理论就是研究轮轨接触斑处轮轨切向力随蠕滑而变化的规律。

(1)轮轨接触椭圆斑

车轮与钢轨紧压着的弹性体之间形成接触斑,该接触斑一般为椭圆(图 6-29)。

早在 19 世纪,Hertz 就用弹性力学理论研究了两弹性体的接触问题,认为两弹性体间的接触斑的形状是一个椭圆,并推导了接触斑椭圆长短半轴 a 和 b 的计算式:

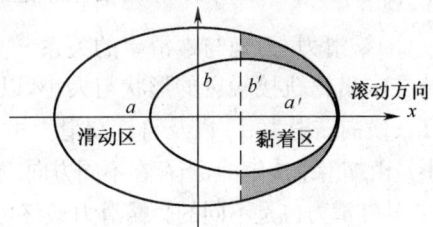

图 6-29　轮轨接触椭圆斑

$$a = m \cdot \left[\frac{3\pi N(k_1 + k_2)}{4(A + B)} \right]^{\frac{1}{3}} \tag{6-72}$$

$$b = n \cdot \left[\frac{3\pi N(k_1 + k_2)}{4(A + B)} \right]^{\frac{1}{3}} \tag{6-73}$$

式中　A、B——与车轮、轨头、踏面外形尺寸有关的常数;

　　　　k_1、k_2——与车轮与钢轨的弹性模量 E 和泊松比 σ 有关的常数;

　　　　N——接触椭圆斑上的法向荷载。

（2）蠕滑率的定义

最早给蠕滑率定义的是 Carter，他在 20 世纪 20 年代就定义出纵向蠕滑率 ξ_x 和横向蠕滑率 ξ_y，分别如下：

$$\left.\begin{array}{l}\xi_x = \dfrac{\text{车轮的实际前进速度}-\text{纯滚动时的前进速度}}{\text{由于车轮纯滚动产生的前进速度}}\\[4mm]\xi_y = \dfrac{\text{车轮的实际横向速度}-\text{纯滚动时的横向速度}}{\text{由于车轮纯滚动产生的前进速度}}\end{array}\right\} \quad (6\text{-}74)$$

另外，由于轮对与钢轨绕垂直于接触面平面的法线而旋转的转速之间的差别，会产生自旋蠕滑，相应的自旋蠕滑率 ξ_{sp} 定义为：

$$\xi_{sp} = \frac{\text{车轮绕接触斑法向的角速度}-\text{钢轨绕接触斑法向的角速度}}{\text{车轮名义转速}} \quad (6\text{-}75)$$

20 世纪 70 年代初，UIC 的 C116 委员会考虑到大蠕滑情况时车轮在钢轨的运动特点，对蠕滑率作了如下更为确切的定义：

以轮轨接触椭圆的中心为原点，建立 $O\text{-}X'Y'Z'$ 坐标系，如图 6-70 所示。OX' 轴为车轮前进方向，与 OX 轴相重合；OY' 轴在轮轨接触平面内，与 OY 轴间的夹角为接触角 δ；OZ' 轴为接触面的法向。

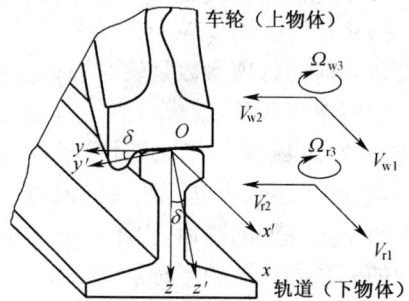

图 6-30 轮轨接触椭圆上的两个坐标系统

在 $O\text{-}X'Y'Z'$ 坐标系下，设车轮上的接触椭圆沿 OX' 轴、OY' 轴和绕 OZ' 轴的刚体速度分别为 V_{w1}、V_{w2} 和 Ω_{w3}，相应地钢轨上接触椭圆的刚体速度分别为 V_{r1}、V_{r2} 和 Ω_{r3}，则各项蠕滑率可定义如下：

纵向蠕滑率： $\qquad \xi_x = \dfrac{2(V_{r1}-V_{w1})}{V_{r1}+V_{w1}}$

横向蠕滑率： $\qquad \xi_y = \dfrac{2(V_{r2}-V_{w2})}{V_{r1}+V_{w1}}$ $\qquad\qquad (6\text{-}76)$

自旋蠕滑率： $\qquad \xi_{sp} = \dfrac{2(\Omega_{r3}-\Omega_{w3})}{V_{r1}+V_{w1}}$

式中，$\dfrac{1}{2}(V_{r1}+V_{w1})$ 表示轮对沿钢轨运行的平均速度。

（3）蠕滑力/力矩与蠕滑率的关系

在求出轮轨接触斑的形状与大小，以及蠕滑率之后，就可以计算轮轨接触斑上的纵向蠕滑力 T_x、横向蠕滑力 T_y 以及自旋蠕滑力矩 M_z。蠕滑力的大小是由蠕滑率决定的，当存在不同方向、不同数量的蠕滑率时，其蠕滑力也是不同的。蠕滑力最终可表示为蠕滑率的函数，即

$$\left\{\begin{array}{l}T_x = f_1(\xi_x,\xi_y,\xi_{sp})\\ T_y = f_2(\xi_x,\xi_y,\xi_{sp})\\ M_z = f_3(\xi_x,\xi_y,\xi_{sp})\end{array}\right. \quad (6\text{-}77)$$

蠕滑力/力矩和蠕滑率之间的关系可见图 6-31。

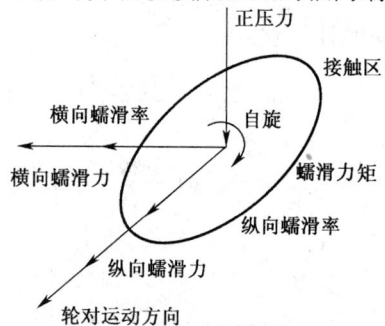

图 6-31 蠕滑率和蠕滑力

式(6-77)中的函数 f_1、f_2 和 f_3，反映轮轨接触斑上蠕滑力的分布规律，这一问题也正是近半个世纪以来广大学者颇为关注的研究领域，他们进行了大量的弹性体滚动接触理论研究和实验研究，提出了不同的理论，这些理论有二维的、三维的，线性的、非线性的，精确的、简化的，也有以实验为基础的关系表达式，其中，以 Cartar、Johnson 和 Vermeulen、Kalker 的理论最具代表性。以下介绍 Kalker 滚动接触理论。

(4)Kalker 滚动接触理论

Kalker 在其线性理论中，假定接触区全部为粘着区，且切向力的分布为对称，因此，纵向蠕滑力与横向蠕滑率无关，而横向蠕滑力与纵向蠕滑率无关。由此给出了蠕滑力 T_x、T_y、M_z 与蠕滑率 ξ_x、ξ_y、ξ_{sp} 的线性关系式如下

$$\left.\begin{array}{l} T_x = -f_{11} \cdot \xi_x \\ T_y = -f_{22} \cdot \xi_y - f_{23} \cdot \xi_{sp} \\ M_z = f_{32} \cdot \xi_y - f_{33} \cdot \xi_{sp} \end{array}\right\} \tag{6-78}$$

式中　f_{11}——纵向蠕滑系数；

　　　f_{22}——横向蠕滑系数；

　$f_{23} = f_{32}$——横向/自旋蠕滑系数；

　　　f_{33}——自旋蠕滑系数。上述蠕滑系数由下式确定

$$\left.\begin{array}{l} f_{11} = EabC_{11} \\ f_{22} = EabC_{22} \\ f_{23} = E(ab)^{\frac{2}{3}}C_{23} \\ f_{33} = E(ab)^2 C_{33} \end{array}\right\} \tag{6-79}$$

式中　a、b——轮轨接触椭圆的长短半轴；

　　　E——轮对与钢轨材料的杨氏弹性模量；

　　　C_{ij}——无因次的 Kalker 系数，C_{ij} 与 a/b、σ 有关，可查表求得。

有了 Kalker 线性理论定义的蠕滑率与蠕滑力/力矩的关系，就可以建立起轮对的运动方程，然后，采用迭代法来求解轮轨力(蠕滑力/力矩)。

五、轮对的运动方程

轮对在轨道上运行时，由于轨道对轮对的约束作用，轮对的垂向运动是被约束的，轮对的侧滚可由轮轨接触几何关系确定，轮对的自旋和纵向运动对车桥动力响应影响很小，故在本文的研究中，只考虑轮对的两个独立自由度，即横摆和摇头。

1. 基本假定

(1)自旋蠕滑力矩很小，忽略它的影响；

(2)忽略轮对垂向惯性力的影响；

(3)忽略轮对侧滚惯性力的影响；

(4)轮对侧滚速度 θ_w 很小，忽略它的影响。

2. 运动平衡方程

轮对在运动过程中处于空间受力状态，它所承受的力包括：

(1)轮对自重 $M_w g$；

(2)重力刚度力 F_{gy} 和重力刚度力矩 $M_{g\psi}$;

(3)左右轮所受的轮轨法向力 N_l 和 N_r;

(4)左右轮所受的横向蠕滑力 T_{yl} 和 gT_{yr};

(5)左右轮所受的纵向蠕滑力 T_{xl} 和 T_{xr};

(6)一系悬挂作用于轮对上的横向力、垂向力与力矩 F_{pw}^y、F_{pw}^z、M_{pw}^x、M_{pw}^z。

设 $OXYZ$ 为轮对运动之前的坐标系,$O'X'Y'Z'$ 为轮对发生横移 y_w、侧滚角 θ_w、摇头角 ψ_w 位移后的坐标系。为清楚起见,在作轮对的受力图分析时,分别将其投影到 YOZ 平面和 XOY 平面进行,如图 6-32(a)、(b)所示。

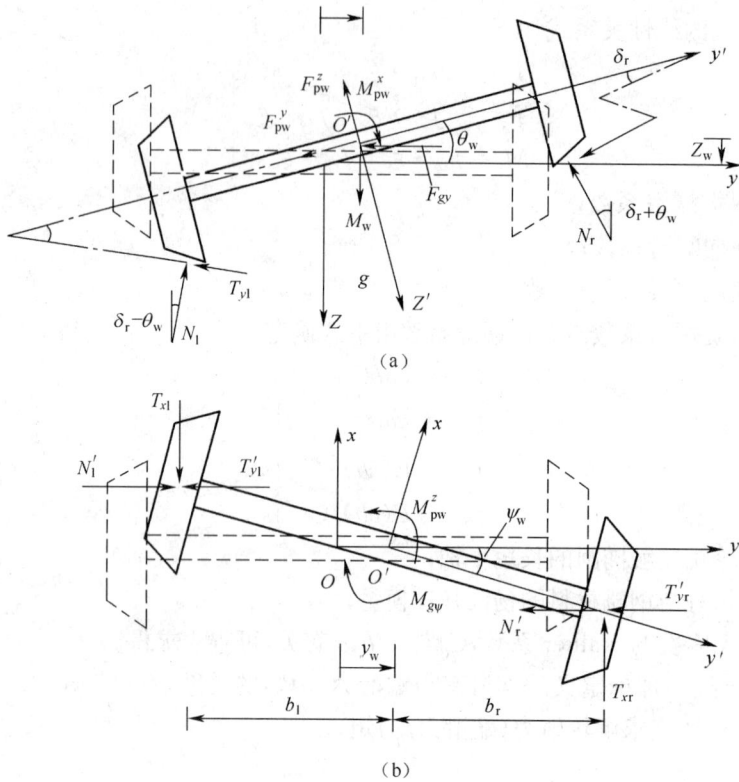

(a)

(b)

图 6-32 轮对受力图

(a)轮对在 YOZ 平面内的受力图;(b)轮对在 XOY 平面的受力图

上图中　　y_w、θ_w、ψ_w——轮对的横移、侧滚角和摇头角位移;

　　　　　　δ_l、δ_r——轮轨接触点处左、右轮与左、右轨的接触角;

　　　　　　b_l、b_r——左右轮轨接触点到轮对质心的距离在 y 轴上的投影,由轮轨接触几何关系求出;

　　　　　　N_l'、N_r'——左右轮所受的轮轨法向力 N_l 和 N_r 在 y 轴上的投影,即

$$N_l' = N_l\sin(\delta_l - \theta_w), \qquad N_r' = N_r\sin(\delta_r + \theta_w) \tag{6-80}$$

　　　　　　T_{yl}'、T_{yr}'——轮轨接触处左、右轮所受横向蠕滑力 T_{yl} 和 T_{yr} 在 y 轴上的投影,即

$$T_{yl}' = T_{yl}\cos(\delta_l - \theta_w), \qquad T_{yr}' = T_{yr}\cos(\delta_r + \theta_w) \tag{6-81}$$

F_{pw}^y、F_{pw}^z、M_{pw}^x、M_{pw}^z——一系悬挂作用于轮对上的横向力、垂向力、侧滚力矩和摇头力矩。

由 D'Alembert 原理,可以得到轮对的横移、浮沉、侧滚与摇头运动平衡方程如下:

轮对横移 y_w

$$M_w \ddot{y}_w + F_{pw}^y \cos\theta_w + F_{pw}^z \sin\theta_w + F_{gy} + T_{yl}\cos(\delta_1 - \theta_w) + T_{yr}\cos(\delta_r + \theta_w)$$
$$- N_1 \sin(\delta_1 - \theta_w) + N_r \sin(\delta_r + \theta_w) = 0 \tag{6-82}$$

轮对浮沉 z_w

$$M_w \ddot{z}_w - M_w g + F_{pw}^y \sin\theta_w + F_{pw}^z \cos\theta_w + T_{yl}\sin(\delta_1 - \theta_w) - T_{yr}\sin(\delta_r + \theta_w)$$
$$+ N_1 \cos(\delta_1 - \theta_w) + N_r \cos(\delta_r + \theta_w) = 0 \tag{6-83}$$

轮对侧滚 θ_w

$$J_{w\theta} \ddot{\theta}_w + M_{pw}^x - [N_r \cos(\delta_r + \theta_w) - T_{yr}\sin(\delta_r + \theta_w)]b_r$$
$$+ [N_r \sin(\delta_r + \theta_w) + T_{yr}\cos(\delta_r + \theta_w)](r_r + b_r\theta_w)$$
$$+ [T_{yl}\cos(\delta_1 - \theta_w) - N_1 \sin(\delta_1 - \theta_w)](r_1 - b_1\theta_w) \tag{6-84}$$
$$+ [T_{yl}\sin(\delta_1 - \theta_w) + N_1 \cos(\delta_1 - \theta_w)]b_1 = 0$$

轮对摇头 ψ_w

$$J_{w\psi} \ddot{\psi}_w + M_{pw}^z - M_{g\psi} + T_{xr}b_r + T_{xl}b_1 - [N_r \sin(\delta_r + \theta_w)] + T_{yr}\cos(\delta_r + \theta_w)]b_r\psi_w$$
$$+ [T_{yl}\cos(\delta_1 - \theta_w) - N_1\sin(\delta_1 - \theta_w)]b_1\psi_w = 0 \tag{6-85}$$

在式(6-82)~(6-85)中,法向力 N_1 和 N_r 是未知的,必须事先求出。

根据假定,忽略垂向惯性力的影响,即 $M_w z_w = 0$,同时,令

$$\begin{cases} A = -M_w g + F_{pw}^y \sin\theta_w + F_{pw}^z \cos\theta_w + T_{yl}\sin(\delta_1 - \theta_w) - T_{yr}\sin(\delta_r + \theta_w) \\ B = M_w \ddot{y}_w + F_{pw}^y \cos\theta_w + F_{pw}^z \sin\theta_w + F_{gy} + T_{yl}\cos(\delta_1 - \theta_w) + T_{yr}\cos(\delta_r + \theta_w) \end{cases} \tag{6-86}$$

则式(6-82)、(6-83)变成

$$\begin{cases} B - N_1\sin(\delta_1 - \theta_w) + N_r\sin(\delta_r + \theta_w) = 0 \\ A + N_1\cos(\delta_1 - \theta_w) + N_r\cos(\delta_r + \theta_w) = 0 \end{cases} \tag{6-87}$$

于是可求得轮对法向力 N_1 和 N_r 为

$$\begin{cases} N_1 = \dfrac{-A\sin(\delta_r + \theta_w) + B\cos(\delta_r + \theta_w)}{\cos(\delta_1 - \theta_w)\sin(\delta_r + \theta_w) + \sin(\delta_1 - \theta_w)\cos(\delta_r + \theta_w)} \\[4mm] N_r = \dfrac{-A\sin(\delta_1 - \theta_w) - B\cos(\delta_1 - \theta_w)}{\cos(\delta_r + \theta_w)\sin(\delta_1 - \theta_w) + \sin(\delta_r + \theta_w)\cos(\delta_1 - \theta_w)} \end{cases} \tag{6-88}$$

如前所述,在轮对运动方程中法向力未知,须事先由式(6-88)求出。注意到在式(6-88)中,法向力 N_1、N_r 与 A、B 有关,而 A、B 又取决于横向蠕滑力 T_{yl}、T_{yr} 的值,T_{yl}、T_{yr} 中的蠕滑系数 f_{22} 和 f_{23} 是 N_r、N_1 的函数,因此,式(6-88)是关于 N_r、N_1 的隐式表达式,无法直接计算,可以采取迭代法求解法向力 N_r、N_1。迭代步骤如图6-33所示。

六、车—桥振动方程及其求解

车辆各自由度的运动方程可运用 D′Alembert 原理得到,并可写成如下的矩阵形式

$$M_v \ddot{u}_v + C_v \dot{u}_v + K_v u_v = P_v \tag{6-89}$$

式中,M_v、C_v、K_v 分别表示车辆的质量、阻尼和刚度矩阵;u_v、$\dot{u}_v$、$\ddot{u}_v$ 分别表示车辆各自由度的位移、速度和加速度列向量;P_v 表示振动过程中作用于车辆各自由度的荷载列向量;P_v 一般是轨道不平顺及桥梁各自由度振动状态(位移、速度及加速度)的函数。对于车辆来说,由于忽略纵向车辆与车辆之间的联系,因此它们之间的振动方程无直接的显性关系,其相互影响仅与桥梁的振动有关,其相互影响是比较弱的。

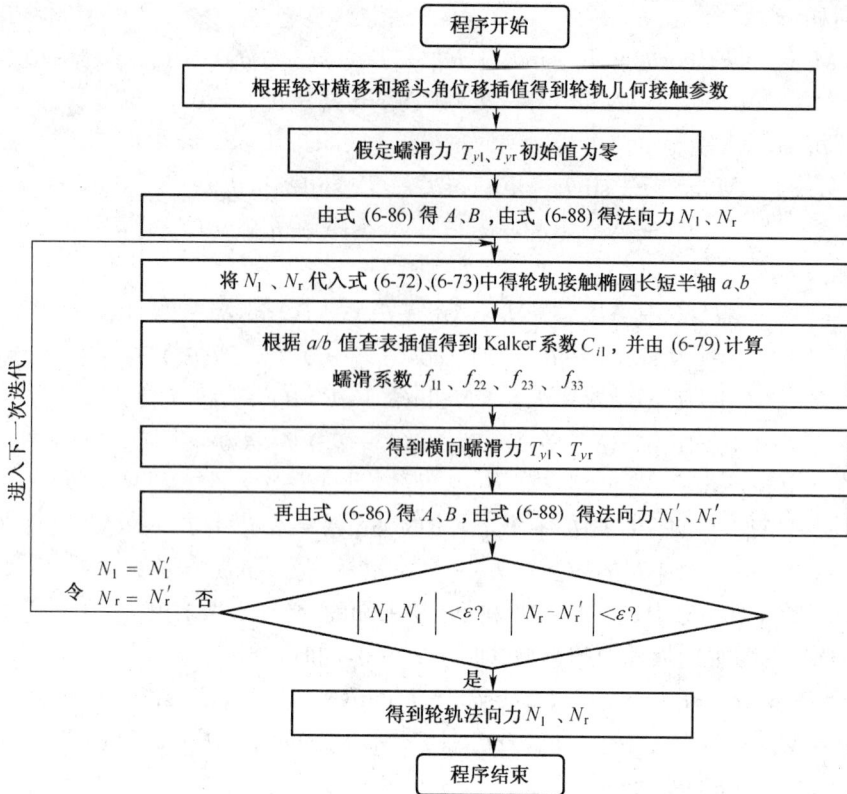

图 6-33 轮轨法向力的迭代求解

类似地,可建立桥梁的运动方程,写成矩阵形式如下

$$M_b\ddot{u}_b + C_b\dot{u}_b + K_bu_b = P_b \tag{6-90}$$

式中,M_b、C_b、K_b 分别表示桥梁的质量、阻尼和刚度矩阵;u_b、$\dot{u}_b$、$\ddot{u}_b$ 分别表示桥梁结构自由度的位移、速度及加速度列向量;P_b 是过桥车辆作用于桥梁各自由度的荷载,它是在桥上车辆振动状态(位移、速度及加速度)的函数。车辆对桥梁的强迫作用仅发生在车辆在桥上时。

方程(6-89)与方程(6-90)的右端项互为相关,若在分析中将其合并统一组成一方程组,一方面会使整个方程质量矩阵、刚度矩阵和阻尼矩阵变为时变的,即每一时间步长时都需计算对应时刻的系统质量矩阵、阻尼矩阵和刚度矩阵;另一方面也会使系统的计算量大大增加,增加许多不必要的计算。鉴于此,在进行数值积分时采用分离的车辆与桥梁振动方程,两者之间通过迭代求解,以车辆轮对与桥面钢轨之间的相互作用力迭代结果的相对误差小于允许误差作为收敛条件,在每一时间步长内运用了 Newmark-β 积分格式。计算时,车—桥动力响应均不滤波,时间步长为 0.005 s。

第六节　大跨度铁路桥梁车—桥耦合振动实例分析

高速铁路桥梁承受的动力作用远大于一般桥梁。根据行车安全性和乘坐舒适性的要求,高速铁路桥梁需要比普通铁路、公路桥梁更大的刚度和整体性。因此,高速铁路桥梁通常采用中小跨度桥梁结构。但近年来,随着我国高速铁路、客运专线的迅速发展,跨越大江、大河、深谷和繁忙干道等的高速铁路大跨度桥梁已经得到大量采用。

对大跨度铁路桥梁而言,其车桥耦合振动分析具有自身的一些特点:

(1)大跨度铁路桥梁属于柔性结构,其自振频率一般较低,列车荷载作用下的挠跨比一般满足不了现行桥梁规范中对桥梁竖向横向刚度的要求,尤其是用于高速铁路线上的大跨度铁路桥梁,往往是桥梁的刚度控制设计,这就要求其主梁既要具有足够的重力,又必须具有较好的截面刚度。

(2)大跨度铁路桥梁一般属于长大桥梁,桥梁总长度一般都很大,且大都为双线铁路,桥上有列车运行的时间比例较普通桥梁要大得多,列车一旦脱轨所造成的损失也较普通桥梁大得多,因此,对于大跨度铁路桥梁的车桥耦合振动问题,各国桥梁研究人员一般持谨慎的态度。

(3)大跨度铁路桥梁结构的几何非线性行为突出,尤其是大跨度悬索桥,其几何非线性影响明显。在对大跨度铁路桥梁进行车桥耦合振动分析时,由于轮轨接触系统的随机性和复杂性,直接考虑桥梁结构的几何非线性因素往往会将问题复杂化,甚至可能难以分清各种因素对车桥耦合振动的影响程度。因此,在对大跨度铁路桥梁进行车桥耦合振动分析时,可以首先考虑进行考虑桥梁结构几何非线性因素的桥梁静力分析,分析研究斜拉索(或大缆)的自重垂曲、大位移效应、初始轴力效应对桥梁结构受力及刚度的影响程度,采用等效线性的计算方法或公式,近似考虑非线性因素对车桥耦合振动响应的影响,从而建立既能考虑桥梁结构几何非线性因素的影响,又切实可行的大跨度铁路桥梁的车桥耦合振动分析理论和模型。

(4)在强风作用下大跨度铁路桥梁的动力响应与结构抗风性能问题一直是影响大跨度铁路桥梁结构设计的一个重要因素,对大跨度铁路桥梁往往需要进行风洞试验和抗风分析。列车过桥时,由于列车的阻风面积较大,在风荷载作用下结构的气动性能与无车时可能有较大的变化,一方面可能导致桥梁在一定的风速下发生明显影响的抖振响应,另一方面又影响列车过桥时的车—桥系统动力响应,或者说,列车过桥时由于风的脉动效应产生的车桥系统动力响应往往有可能起重要作用。因此,风荷载作用下的大跨度铁路桥梁的车桥耦合振动分析,往往在桥梁结构设计中起更重要的控制作用。

(5)对于大跨度铁路桥梁而言,从桥梁地震动力响应对列车运行安全性影响的角度来看,与普通桥梁有明显的差别。首先,大跨度桥梁由于跨度大,且多为双线桥梁,桥上有列车运行的时间比例相应大为增加,在抗震设计中应该考虑车桥系统的耦合振动响应问题;其次,大跨度桥梁的固有周期较长,地震激励中的长周期分量对桥梁振动响应的贡献及响应的长周期分量相应增加。由于列车的横向摇摆振动周期较低,在桥梁低频振动激励的作用下,车辆有可能发生共振响应从而危及行车安全;另外,由于大跨度桥梁的横向刚度较低,地震位移响应较大,在与列车及其他横向荷载引起的位移叠加时也有可能危及列车的运行安全性。因此,研究地震动作用下桥上列车的安全性问题十分必要。

研究表明[1]地震发生时,在桥梁上运行的车辆在桥梁振动的频率和振幅的激发下,产生滚摆振动,振幅超过一定限度就会发生脱轨的危险。由于地震是一种突发的偶然荷载,对行车安全的影响是主要矛盾,在车桥系统分析中一般不需要考虑地震发生时车辆的运行平稳性问题;同时,发生地震往往会导致桥梁结构受力进入塑性范围,而车桥耦合振动本身就是一个复杂的问题,因此,地震—车—桥耦合振动分析起来更加困难。

本节以武汉天兴洲公铁两用长江大桥为例,对大跨度铁路桥梁的车桥耦合振动进行分析;第七节以南京大胜关长江大桥为例,对风荷载作用下的大跨度铁路桥梁的车桥耦合振动进行分析;第八节以武汉天兴洲公铁两用长江大桥为例,对地震荷载作用下的大跨度铁路桥梁的车桥耦合振动进行分析。

一、桥梁动力分析模型的建立

武汉天兴洲公铁两用长江大桥正桥全长 4 657.1 m,公铁合建段长 2 842.1 m,上层为公路桥面,下层为铁路桥面。公路六车道,全宽 27 m,铁路四线,其中下游侧两线为 I 线干线,上游侧两线为客运专线。主桥采用斜拉桥体系,主桥设计(96+196+504+196+98)m 两塔三索面斜拉桥,斜拉桥主梁采用板桁结合钢桁梁,桁宽 30 m,桁高 15.2 m,节间长度 14 m。铁路桥面系采用纵横梁体系,道砟桥面。铁路纵梁为"工"形断面,高 1 700 mm,每线铁路下设两片纵梁,间距 2 m。铁路横梁为"工"形截面,高 2 700 mm。主桥跨径布置图如图 6-34 所示。

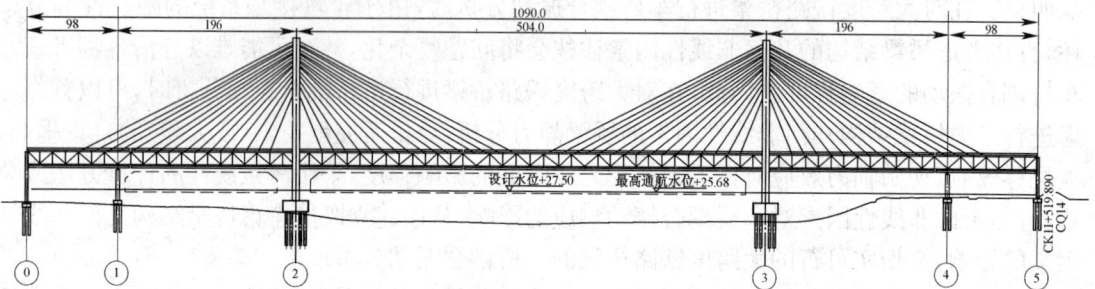

图 6-34　桥梁跨径布置(单位:m)

分别采用采用西南交通大学桥梁结构振动研究室自行研制的桥梁动力分析程序 BDAP2.0 以及通用软件 ANSYS 来建立武汉天兴洲主跨 504 m 斜拉桥三桁四线方案的动力分析模型。

主桁杆件全部采用空间梁单元进行模拟,钢材容重考虑 15% 的提高系数,全桥钢桁梁总重:95 441.82 t,即 87.4 t/m。公路正交异性板桥面纵向简化为 5 根梁(其中三根合并到钢桁上弦),见图 6-35;每个节间横桥向简化为 3 根梁,见图 6-36;一个节间的梁格简化的俯视图如图 6-37 所示。

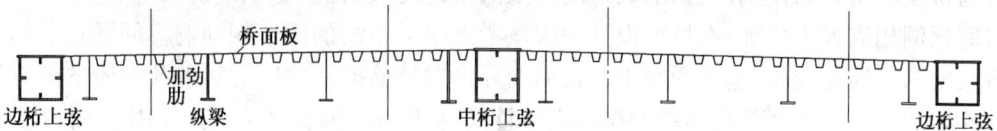

图 6-35　公路正交异性板桥面梁格简化的横切面

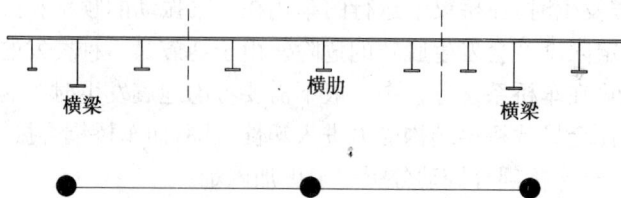

图 6-36　公路正交异性板桥面梁格简化的纵切面

梁的截面特性取其所代表的宽度范围内实际结构的截面特性。桥面铺装和钢桥面的重量纵横梁格各分一半,栏杆重量分配到代表边桁的梁上,纵梁、加劲肋、横梁和弦杆重量就分配到代表它们的梁上。以这样的梁格简化来反映结构的刚度和质量分布。将钢混结合桥面等效为钢桥面。

公路钢混结合桥面钢混弹模比取 21/3.6＝5.83,按此比值将钢混结合桥面等效为钢桥面。按照梁格法,纵向简化为 5 根梁(其中三根合并到钢桁上弦),见图 6-38。

公路横梁处混凝土板的计算宽度取 5 m。公路钢混结合桥面梁格简化计算图如图 6-39。

除公路横梁按照上述计算宽度取特性值外,梁的截面特性取其所代表的宽度范围内实际结构的截面特性。混凝土板和桥面铺装按照比例分配到纵向梁格和横梁上。

将每线下的铁路纵梁和并为单根梁,其截面特性按照两根单纵梁组成的截面取值。再将二期恒载分配到其容重里。钢桁容重提高 15％,以考虑节点等的重量。斜拉索容重提高 15％,以考虑护套、减震器等的重量。斜拉索弹性模量取值考虑了自重垂曲非线性。

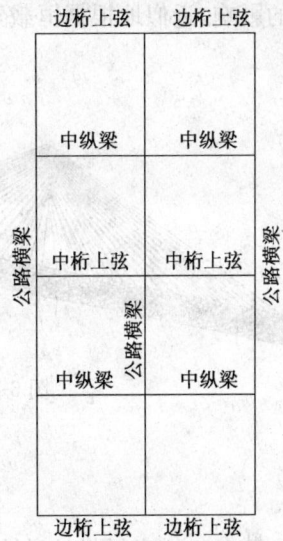

图 6-37 一个节间正交异性桥面板的梁格简化计算图(俯视)

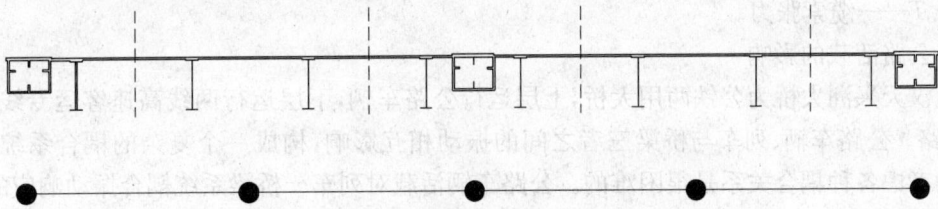

图 6-38 公路钢混结合桥面梁格简化的横切面

全桥共划分为 5 632 个单元,2 359 个节点,最终得到主桥斜拉桥的动力分析模型,分别如图 6-40 所示。

二、车桥耦合振动响应分析

1.结构非线性因素的影响

大跨度斜拉桥的结构非线性因素主要表现为以下三个方面:

①结构大位移;

②轴力引起的 P-Δ 效应;

③斜拉索自重垂曲的影响;

诸多研究表明:是否考虑上述三种结构非线性因素,分析得到的斜拉桥结构内力和变形相差一般在 10％以内。对于车桥耦合振动分析,由于同时考虑车辆、轨道、桥梁三者的振动,本身就是一个非常复杂的动力学问题;同时,由于车辆荷载引起的桥梁变形是非常小的;因此,在进行车桥耦合振动分析时,往往不考虑结构大位移非线性因素的影响;而对于轴力引起的 P-Δ 效应,为

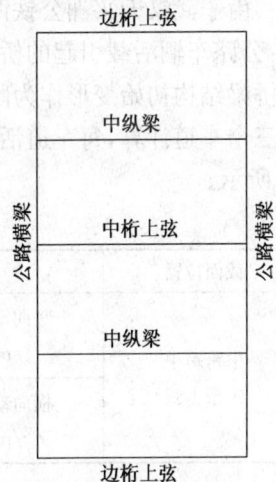

图 6-39 一个节间钢混结合桥面板的梁格简化计算图

简单起见，只考虑结构在恒载作用下的轴力影响，忽略活载引起的轴力变化；对于斜拉索自重垂曲的影响，近似地根据恒载索力按以下 Ernst 公式对弹性模量进行修正来考虑：

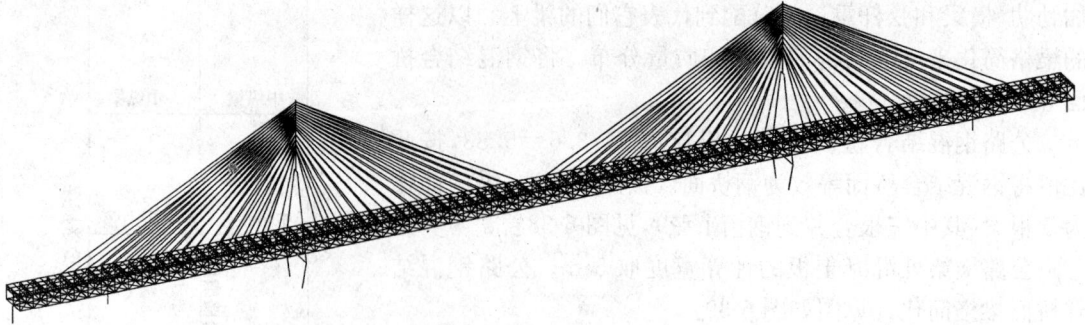

图 6-40　主桥斜拉桥动力分析模型（BDAP 给出）

$$E_{eq} = \frac{E_c}{1 + \frac{(WH)^2 A_c E_c}{12 T^3}} \tag{6-91}$$

式中　E_c——缆索材料的弹性模量；

W——单位长度缆索重量；

H——缆索水平投影长度；

A_c——缆索截面面积；

T——缆索张力。

2. 公路活载的影响

武汉天兴洲大桥为公铁两用大桥，上层运行公路车辆，下层运行两线高速客运专线、两线 I 级铁路。公路车辆、列车与桥梁三者之间的振动相互影响，构成一个复杂的耦合系统，要完全准确考虑各种耦合关系是很困难的。公路车辆活载对列车－桥梁系统耦合振动响应的影响主要表现在两个方面：①增加了结构总质量；②公路车辆活载作用会导致铁路桥面存在初始变形。

由于武汉天兴洲公铁两用大桥为四线铁路，公路车辆活载远小于铁路活载，可以近似认为：公路车辆活载引起的桥梁振动远小于铁路活载；因此，近似地将公路车辆活载作用下引起的桥梁结构初始变形作为附加的线路不平顺考虑。最不利情况为公路桥面汽车活载按桥面一侧三个车道计算，每车道活载按 1.1 t/m 考虑，不及冲击系数。由此得到中跨跨中变形如表 6-16 所示。

表 6-16　公路静活载引起的桥面变形

截面位置	—	—	公路桥面	铁路桥面
中跨跨中 主桁下弦	竖向动位移 /mm	行车侧	78.6	77.1
		非行车侧	50.3	51.1
	横向动位移 /mm	行车侧	1.3	14.6
		非行车侧	1.1	14.1

3. 车桥耦合振动响应与分析

武汉天兴洲公铁两用大桥为四线铁路，存在单线运行、双线对开、多线并行等等多种运行情况,在实际进行车桥耦合振动分析时,不可能也没有必要针对所有工况进行分析,往往选取典型的代表性工况,见表 6-17。

表 6-17 天兴洲大桥车桥耦合振动分析计算工况

列车类型与计算工况	速度等级/km·h⁻¹
C62 货车单线运行(分重车、空车、混编车)	60、70、80
SS8 中速客车单线运行	160、180、200
ICE 高速客车单线运行	200、220、250
C62 货车双线对开(分重车、空车、混编车)	60、70、80
SS8 中速客车双线对开	160、180、200
ICE 高速客车双线对开	200、220、250
单线 C62 货与单线 SS8 中速客车对开	C62-80 SS8-160、180、200
单线 C62 货车与单线 ICE 高速客车对开	C62-80 ICE-200、220、250
双线 C62 货与双线 SS8 中速客车对开	C62-80 SS8-160、180、200
双线 C62 货车与双线 ICE 高速客车对开	C62-80 ICE-200、220、250

为了方便计算结果的说明,对四线铁路编号如下:上游侧高速客运专线为①号和②号线,下游侧Ⅰ级铁路为③号和④号线。见图 6-41。

按上述工况分别计算了列车通过天兴洲主跨 504 m 斜拉桥三桁四线方案的车桥空间耦合振动响应,包括机车车辆的最大竖向横向振动加速度、Sperling 指标、轮重减载率、脱轨系数、轮对摇摆力、桥梁跨中竖向横向动位移、桥梁跨中振动加速度等数据,并记录了这些响应的时程曲线。

表 6-18 给出部分工况下的车辆响应计算结果,表 6-19 给出部分工况下的桥梁响应计算结果。

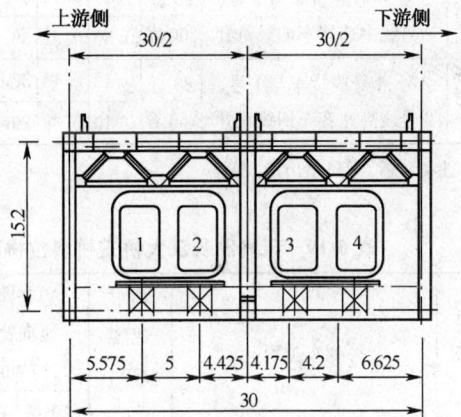

图 6-41 四线铁路编号示意图(单位:m)

表 6-18 天兴洲长江大桥主桥斜拉桥车桥耦合振动分析——车辆响应计算结果(一)

工况	列车类型	列车速度/km·h⁻¹	机车(动车)							车辆(拖车)						
			脱轨系数 Q/P	轮重减载率 ΔP/P	横向力 /kN	竖向加速度 /m·s⁻²	横向加速度 /m·s⁻²	Sperling 舒适性指标		脱轨系数 Q/P	轮重减载率 ΔP/P	横向力 /kN	竖向加速度 /m·s⁻²	横向加速度 /m·s⁻²	Sperling 舒适性指标	
								竖向	横向						竖向	横向
单线货车	4 号线货车	80	0.38	0.40	34.5	1.13	1.72	2.65	2.79	0.44	0.44	36.0	1.50	2.23	3.19	3.64
	4 号线货车(空车)	80	0.42	0.45	38.5	1.27	1.91	2.95	3.10	0.49	0.49	40.4	1.67	2.48	3.54	4.04
	4 号线货车(空重混编)	80	0.45	0.44	37.1	1.19	1.89	2.91	3.08	0.55	0.47	37.9	1.63	2.44	3.64	4.07

续上表

工况	列车类型	列车速度/km·h⁻¹	机车(动车)							车辆(拖车)						
			脱轨系数 Q/P	轮重减载率 ΔP/P	横向力/kN	竖向加速度/m·s⁻²	横向加速度/m·s⁻²	Sperling舒适性指标 竖向	Sperling舒适性指标 横向	脱轨系数 Q/P	轮重减载率 ΔP/P	横向力/kN	竖向加速度/m·s⁻²	横向加速度/m·s⁻²	Sperling舒适性指标 竖向	Sperling舒适性指标 横向
双线货车对开	3号、4号线货车(重车)	80	0.40	0.42	35.9	1.18	1.79	2.69	2.83	0.46	0.46	37.4	1.56	2.32	3.24	3.69
	3号、4号线货车(空车)	80	0.44	0.47	40.0	1.32	1.99	2.99	3.15	0.51	0.51	42.0	1.74	2.58	3.59	4.10
	3号、4号线货车(空重混编)	80	0.47	0.46	38.6	1.24	1.97	2.95	3.13	0.57	0.49	39.4	1.70	2.54	3.69	4.13
单线客车	1号线单线中速客车	200	0.46	0.49	37.2	0.88	0.83	3.04	2.77	0.47	0.43	28.9	0.86	0.91	2.65	2.69
	1号线单线高速客车	250	0.36	0.34	26.9	1.02	1.12	2.60	2.54	0.32	0.33	22.1	1.04	1.05	2.57	2.49
双线客车对开	1号、2号线双线中速客车	200	0.47	0.50	37.6	0.91	0.85	2.81	2.81	0.44	0.44	29.4	0.88	0.94	2.68	2.71
	1号、2号线双线高速客车	250	0.37	0.36	27.5	1.05	1.15	2.63	2.57	0.33	0.35	22.9	1.08	1.09	2.61	2.52
单线货车与单线客车对开	4号线货车与1号线中速客车对开	80货	0.41	0.43	36.52	1.20	1.80	2.51	2.86	0.47	0.49	38.14	1.59	2.33	3.14	3.71
		200客	0.50	0.53	39.75	0.99	0.94	3.15	2.88	0.51	0.47	31.62	0.98	1.05	2.75	2.78
	4号线货车与1号线高速客车对开	80货	0.41	0.43	36.58	1.24	1.81	2.52	2.86	0.47	0.49	38.21	1.60	2.33	3.14	3.71
		250客	0.40	0.39	29.70	1.13	1.24	2.70	2.64	0.36	0.39	25.19	1.19	1.20	2.68	2.59
双线货车与双线客车对开	3号、4号线货车与1号、2号线中速客车四线对开	80货	0.41	0.43	37.0	1.22	1.83	2.52	2.87	0.47	0.49	38.14	1.59	2.33	3.15	3.71
		200客	0.50	0.52	39.9	0.98	0.94	3.12	2.85	0.50	0.46	31.12	0.96	1.03	2.73	2.76
	3号、4号线货车与1号、2号线高速客车四线对开	80货	0.41		37.1	1.20	1.83	2.52	2.87	0.47	0.49	38.21	1.60	2.33	3.15	3.71
		250客	0.40	0.38	29.7	1.13	1.24	2.68	2.62	0.35	0.37	24.49	1.15	1.16	2.65	2.57

注：双线行车只给出最大值。

表 6-19　天兴洲长江大桥主桥斜拉桥车桥耦合振动分析——桥梁响应计算结果（一）

工况	列车类型	列车速度/km·h⁻¹	边跨跨中竖向挠度/mm 左下弦	边跨跨中竖向挠度/mm 右下弦	中跨跨中竖向挠度/mm 左下弦	中跨跨中竖向挠度/mm 右下弦	中跨跨中横向动位移/mm 左下弦	中跨跨中横向动位移/mm 右下弦	中跨跨中振动加速度最大值/m·s⁻² 竖向	中跨跨中振动加速度最大值/m·s⁻² 横向	中跨跨中竖向挠跨比
单线货车	4号线单线货车(重车)	80	21.73	30.53	108.21	151.72	22.94	23.15	0.18	0.09	1/3 322
	4号线单线货车(空车)	80	6.06	8.77	30.07	42.10	6.40	6.45	0.12	0.07	1/11 971
	4号线单线货车(空重混编)	80	14.44	20.18	71.85	101.09	15.35	15.49	0.15	0.08	1/4 986
双线货车对开	3号、4号线双线货车(重车)	80	27.23	32.70	203.28	276.32	34.40	34.72	0.20	0.14	3 101
	3号、4号线双线货车(空车)	80	7.64	9.37	56.47	76.69	9.59	9.68	0.14	0.10	11 173
	3号、4号线双线货车(空重混编)	80	18.07	21.62	135.06	184.07	23.03	23.24	0.17	0.12	4 655
单线客车	1号线单线中速客车	200	12.44	9.63	66.64	46.55	11.22	11.12	0.04	0.02	1/7 563
	1号线单线高速客车	250	12.09	9.85	67.65	47.67	11.07	10.98	0.05	0.04	1/7 450
双线客车对开	1号、2号线双线中速客车	200	15.17	12.70	131.29	96.60	18.51	18.40	0.05	0.03	1/3 839
	1号、2号线双线高速客车	250	14.83	12.87	133.41	98.74	18.26	18.15	0.04	0.04	1/3 778

续上表

工况	列车类型	列车速度 /km·h⁻¹	边跨跨中竖向挠度 /mm		中跨跨中竖向挠度 /mm		中跨跨中横向动位移 /mm		中跨跨中振动加速度最大值 /m·s⁻²		中跨跨中竖向挠跨比
			左下弦	右下弦	左下弦	右下弦	左下弦	右下弦	竖向	横向	
单线货车与单线客车对开	4号线货车与1号线中速客车双线对开	80货 200客	26.29	30.89	158.96	198.27	17.57	18.04	0.08	0.11	1/2 542
	4号线货车与1号线高速客车双线对开	80货 250客	26.02	31.06	159.87	199.39	17.80	18.26	0.07	0.13	1/2 528
双线货车与双线客车对开	3号、4号线货车与1号、2号线中速客车四线对开	80货 200客	42.40	45.40	304.15	372.92	19.07	19.58	0.08	0.17	1 352
	3号、4号线货车与1号、2号线高速客车四线对开	80货 250客	42.06	45.57	306.08	375.06	19.37	19.88	0.08	0.19	1 344

注：1. 双线行车只给出最大值；2. 左下弦靠近1号线，右下弦靠近4号线。

从天兴洲大桥的车桥耦合振动响应分析结果可以看出：

(1)单线与双线货车列车C62（重车）以速度60～80 km/h运行时，桥梁动力性能满足良好，列车行车安全性满足要求，车辆竖向舒适性为"优"，车辆横向舒适性为"良"；

(2)单线与双线货车列车C62（空车与空重混编）以速度60～80 km/h运行时，桥梁动力性能满足良好，列车行车安全性满足要求，车辆竖向舒适性为"良"，车辆横向舒适性仅为"合格"；

(3)单线与双线中速客车SS8以速度160～200 km/h运行时，桥梁动力性能满足良好，列车行车安全性满足要求，车辆竖向与横向舒适性均为"良"；

(4)单线与双线高速客车ICE以速度200～250 km/h运行时，桥梁动力性能满足良好，列车行车安全性满足要求，车辆竖向舒适性为"良"，横向舒适性为"优"；

(5)单线与双线货车列车C62（重车）以速度80 km/h、中速客车SS8以速度160～200 km/h交会运行时，桥梁动力性能满足良好，列车行车安全性满足要求，车辆竖向舒适性为"优"或"良"，车辆横向舒适性为"良"或"合格"；

(6)单线与双线货车列车C62（重车）以速度80 km/h、高速客车ICE以速度200～250 km/h交会运行时，桥梁动力性能满足良好，列车行车安全性满足要求，车辆竖向舒适性为"优"或"良"，车辆横向舒适性为"良"或"合格"。

第七节　风荷载作用下大跨度铁路桥梁的车桥耦合振动

一、风—车—桥耦合振动分析的基本思路

列车过桥时，由于列车的阻风面积较大，在风荷载作用下结构的气动性能与无车时相比可能有较大的变化，这一方面可能导致桥梁在一定的风速下发生明显影响的抖振响应，另一方面，又影响列车过桥时的车桥动力响应，或者说，列车过桥时由于风的脉动效应产生的车桥动力响应往往有可能起重要作用。

要准确考虑风—车—桥之间的相互耦合作用是非常困难的，因为风荷载和列车荷载共同作用下的车桥系统振动分析是一个非常复杂的问题。一方面，列车过桥时列车—桥梁系统本

身的振动分析就是一个复杂时变力学系统;另一方面,风对结构(桥梁与列车)的作用、以及作用在桥梁与列车上的风荷载的计算也是非常复杂的空气动力学问题。借鉴现行的桥梁抖振时域分析方法,合理可行的处理方法仍然是采用时域分析法用计算机进行模拟求解。即:

(1)忽略列车高速通过桥梁时引起的列车风与自然风的相互耦合作用,将自然风作用在列车与桥梁上的荷载(含静风荷载、脉动风荷载,忽略自激力的影响)作为车桥系统的外荷载,来考虑风-车-桥耦合振动问题。

(2)根据桥址风速谱,针对大跨度桥梁的特点,通过数字模拟的方法获得考虑空间相关特性的风速场(为简便见,一般只考虑沿桥跨方向的水平脉动风速场)。

(3)通过风洞试验,测试在有车和无车情况下结构的气动参数(包括桥梁与列车的);在没有风洞试验结果的情况下,可参照类似桥梁的风洞试验结果。

(4)根据结构的气动参数来计算作用在桥梁与列车上的风荷载。

(5)将上述风荷载作为车桥系统的外荷载,在前述车桥动力仿真分析模型的基础上,将它们分别加到车辆运动方程与桥梁运动方程的右端项中,以此来考虑风-车-桥系统振动问题。

二、作用于桥梁上的风荷载

作用在主梁上的风荷载通常被分成三部分,即由平均风引起的静风力、由脉动风引起的抖振力以及由结构与流体相互作用引起的自激力。结构时域分析需要时域化的风荷载。静风力仅与来流平均风速有关,各时刻保持不变,抖振力和自激力则是时间的函数。静风力采用基于三分力系数的定常表达。抖振力采用基于脉动风速场的 Scanlan 准定常表达形式,并引入气动导纳函数修正。自激力忽略不计。

作用在主梁上的风荷载分述如下:

1. 静风力

作用在主梁上的静风载通常用体轴坐标系和风轴坐标系表达(图 6-42)。

体轴坐标系下,作用在主梁单位长度上的静力风荷载可表达为:

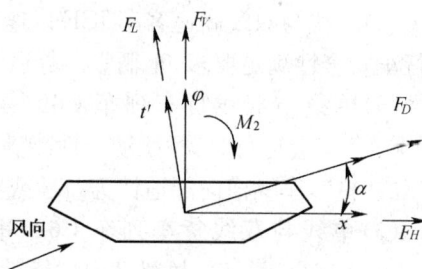

图 6-42 体轴坐标系与风轴坐标系

横桥向风荷载 $\quad F_H = \frac{1}{2}\rho U^2 C_H(\alpha_0)D$

竖向风荷载 $\quad\quad\quad F_V = \frac{1}{2}\rho U^2 C_V(\alpha_0)B$ $\quad\quad\quad$ (6-92)

扭转力矩 $\quad\quad\quad F_M = \frac{1}{2}\rho U^2 C_M(\alpha_0)B^2$

式中 $\quad\quad\quad\quad\quad\rho$——空气密度;

$\quad\quad\quad\quad\quad U$——来流平均风速;

$C_H(\alpha_0),C_V(\alpha_0),C_M(\alpha_0)$——体轴系下攻角为 α_0 时的三分力系数;

$\quad\quad\quad\quad\quad D、B$——主梁截面的高度和宽度。

风轴坐标系下,作用在主梁单位长度上的静力风荷载可表示为

顺风向风荷载 $\quad\quad\quad F_D = \frac{1}{2}\rho U^2 C_D(\alpha_0)D$

与风向垂直的风荷载 $$F_L = \frac{1}{2}\rho U^2 C_L(\alpha_0)B \tag{6-93}$$

扭转力矩 $$F_M = \frac{1}{2}\rho U^2 C_M(\alpha_0)B^2$$

式中　$C_D(\alpha_0),C_L(\alpha_0),C_M(\alpha_0)$——风轴系下攻角为 α_0 时的三分力系数;

$\quad\quad F_D(\alpha)$、$F_L(\alpha)$、$M_Z(\alpha)$——攻角 α 情况下采用风轴坐标系时的阻力、升力和俯仰力矩。

三分力系数通常随攻角而变化,一般应通过静力节段模型试验来确定。

2. 抖振力

根据 Scanlan 的准定常气动力表达式,并引入气动导纳函数修正,作用在主梁单位长度上的抖振力可表达如下:

$$D_{bu}(x,t) = \frac{1}{2}\rho U^2 B\left[2\frac{A}{B}C_D(\alpha_0)\frac{u(x,t)}{U}\gamma_1(t)\right]$$

$$L_{bu}(x,t) = -\frac{1}{2}\rho U^2 B\left\{2C_L(\alpha_0)\frac{u(x,t)}{U}\gamma_2(t) + \left[C_L'(\alpha_0)+\frac{A}{B}C_D(\alpha_0)\right]\frac{w(x,t)}{U}\gamma_3(t)\right\}$$

$$\tag{6-94}$$

$$M_{bu}(x,t) = \frac{1}{2}\rho U^2 B^2\left[2C_M'(\alpha_0)\frac{u(x,t)}{U}\gamma_4(t) + C_M'(\alpha_0)\frac{w(x,t)}{U}\gamma_5(t)\right]$$

式中　D_{bu},L_{bu},M_{bu}——抖振阻力、抖振升力及抖振力矩;

$\quad\quad \rho$——空气密度;

$\quad\quad U$——平均风速;

$\quad\quad A$——梁高;

$\quad\quad B$——桥面宽度;

$\quad\quad \alpha_0$——桥面与来流的夹角;

$\quad\quad C_D$、C_L、C_M——主梁断面的阻力、升力、力矩系数;

$\quad\quad C_D'$、C_M'——升力系数和力矩系数的斜率;

$\quad u(x,t),w(x,t)$——主梁 x 处横桥向及竖向的脉动风速;

$\quad\quad \gamma_1(t)\sim\gamma_5(t)$——时域气动导纳函数。

三、作用于车辆上的风荷载

作用在车辆上的风荷载也是由阻力 F_D、升力 F_L 和升力矩 F_M 三个分量组成。当列车通过桥梁时,带有横向平均风压的车辆形成移动的荷载列通过车轮传到桥面,这时,即使是平均风引起的静风力,也会对桥梁产生动力作用(图 6-43)。

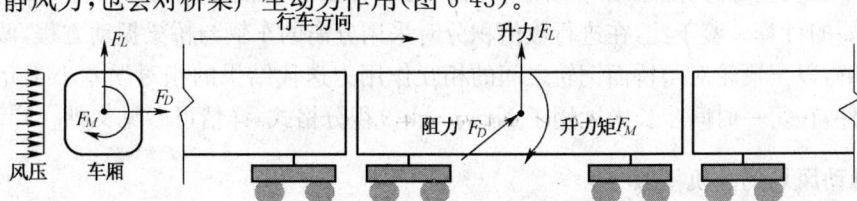

图 6-43　作用于车辆上的风力

另一方面,静风作用下的车辆自身还有倾覆稳定安全性的问题,在振动的桥梁上二者可能会叠加,形成最不利状态,因此,进行风荷载作用下车桥系统的动力分析时,往往要考虑作用在移动列车车体上的平均风所产生的静风力。

车辆所受静风力按式(6-92)及式(6-93)求解,式中的三分力系数取车辆的三分力系数值。当桥道截面沿跨向不变时,列车通过整个桥梁的过程中车辆的三分力系数不变。列车位于迎风侧时和位于背风侧时的三分力系数不同。

列车所受抖振力可按式(6-94)求解,式中横桥向及竖向的脉动风速根据车辆所在位置确定,车辆所受的脉动风速与车辆所在梁段的脉动风速相同。随着列车的前行,车辆所受的脉动风速对应于不同风速模拟点处的风速时程。

列车宽度较窄(约3 m),且断面较为钝化,其气动耦合作用应较弱。因此,风-车-桥系统耦合分析中忽略列车的自激力作用。

四、风—车—桥耦合振动方程及求解

车辆各自由度的运动方程可运用 D'Alembert 原理得到,并可写成如下的矩阵形式

$$M_v\ddot{u}_v + C_v\dot{u}_v + K_vu_v = P_{vb} + P_{vw} \tag{6-95}$$

式中 M_v、C_v、K_v——车辆的质量、阻尼和刚度矩阵;

u_v、$\dot{u}_v$、$\ddot{u}_v$——车辆自由度的位移、速度和加速度列向量;

P_{vb}——振动过程中因桥梁位移和轨道不平顺作用于车辆各自由度的荷载列向量;P_{vb}一般是轨道不平顺及桥梁各自由度振动状态(位移、速度及加速度)的函数。对于车辆来说,由于忽略纵向车辆与车辆之间的联系,因此它们之间的振动方程无直接的显性关系,其相互影响仅与桥梁的振动有关,其相互影响是比较弱的。

P_{vw}——振动过程中风荷载作用于车辆各自由度的荷载列向量;包括车辆所受的静风力和抖振力。

类似地,可建立桥梁的运动方程,写成矩阵形式如下

$$M_b\ddot{u}_b + C_b\dot{u}_b + K_bu_b = P_{bv} + P_{bw} \tag{6-96}$$

式中 M_b、C_b、K_b——桥梁的质量、阻尼和刚度矩阵;

u_b、$\dot{u}_b$、$\ddot{u}_b$——桥梁结构自由度的位移、速度及加速度列向量;

P_{bv}——过桥车辆作用于桥梁各自由度的荷载,它是在桥上车辆的振动状态(位移、速度及加速度)的函数。车辆对桥梁的强迫作用仅发生在车辆在桥上时。

方程(6-95)与方程(6-96)的右端项互为相关,若在分析中将其合并统一组成一方程组,一方面会使整个方程质量矩阵、刚度矩阵和阻尼矩阵变为时变的,即每一时间步长时都需计算对应时刻的系统质量矩阵、阻尼矩阵和刚度矩阵;另一方面也会使系统的计算量大大增加,增加许多不必要的计算。鉴于此,在进行数值积分时采用分离的车辆与桥梁振动方程,两者之间通过迭代求解,以车辆轮对与桥面钢轨之间的相互作用力迭代结果的相对误差小于允许误差作为收敛条件,在每一时间步长内运用了 Newmark-β 积分格式,详情可参见文献[63]。

五、脉动风场的随机模拟

自然风系多维多变量随机过程,一般可近似假定为各态历经的平稳高斯随机过程。大跨

度桥梁主梁上的风速场不仅包含了在 x,y,z 三个方向上的脉动,而且还沿着主梁长度方向变化。如果将风场近似看作沿主梁长度方向上若干点处的随机风波的总和,那么该随机风场可以看作是一个多维多变量的平稳高斯随机过程。若不考虑三个方向风速间的相关性,可以把该风场处理为三个独立的一维多变量随机过程。

脉动风速场的模拟方法较多,总的说来可分为以下两类:

(1)时间序列法(AR、ARMA);

(2)谐波合成法(WAWS)。

时间序列法基于数字滤波技术,其特点是计算速度快,但算法烦琐,需对模型的类型、阶次、参数进行估计,模拟精度较差。谐波合成法通过一系列三角余弦函数的叠加来模拟随机过程样本。Rice 首先提出谐波合成法的概念,Shinozuka 将该方法推广到多维、多变量及非平稳问题中,Yang 与 Shinozuka 将 FFT 技术引入随机过程的模拟,极大地提高了模拟效率。谐波合成法的特点是算法简单,理论完善,其样本的高斯特性、均值及相关函数的一致性、均值及相关函数的各态历经特性等都已得到数学证明,模拟结果较为可靠,但计算工作量较大。随着计算技术的发展,谐波合成法在工程领域得到了广泛应用。具体模拟过程可参考相关文献[66]与[67]。

六、南京大胜关长江大桥主梁静力三分力系数测试

南京大胜关长江大桥主桥为(108＋192＋336＋336＋192＋108)m 六跨连续钢桁拱桥和 2×84 m 连续钢桁梁,引桥为 32 m 预应力混凝土简支梁桥。具有双线高速铁路、双线 I 级干线客货共线铁路和二线城市铁路,是一座具有高技术含量的大跨度连续拱铁路桥,其规模及设计难度国内外无先例。

大桥的总体布置及横断面布置如图 6-44、图 6-45 所示。

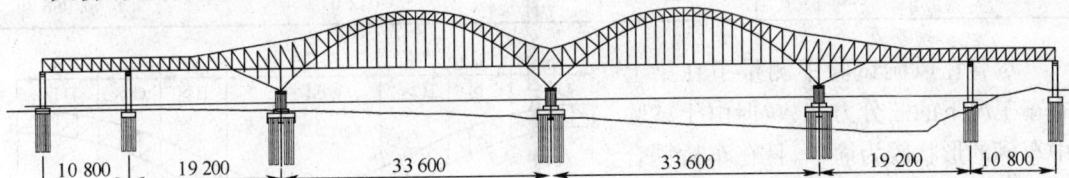

图 6-44　高速铁路(108＋192＋2×336＋192＋108)m 钢桁拱桥立面图(单位:cm)

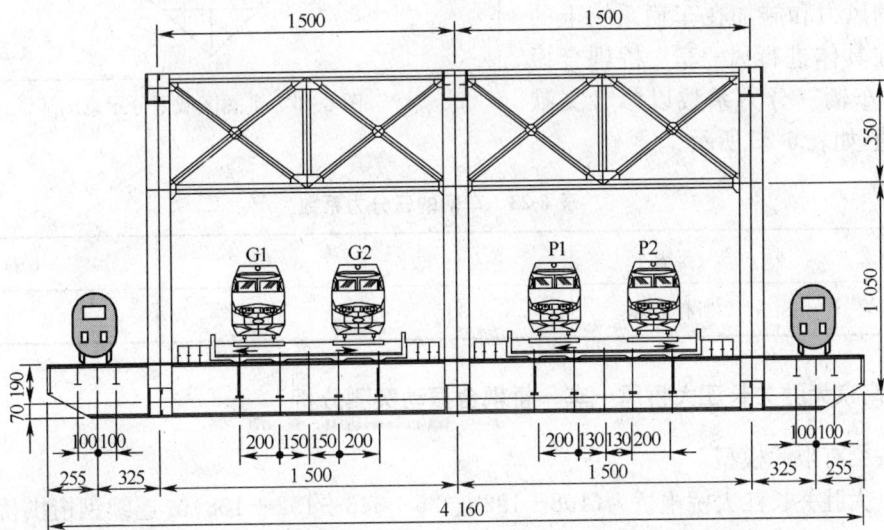

图 6-45　高速铁路 108＋192＋2×336＋192＋108 m 钢桁拱桥横断面图(单位:cm)

三分力系数采用风洞试验得到。

主桥(108＋192＋336＋26＋192＋108)m 连续钢拱梁桥的边跨桁梁部分的三分力系数见表 6-20,该桥中跨主梁(桥面部分)的三分力系数见表 6-21,拱圈的区域划分见图 6-46,各区域的三分力系数见表 6-22。

表 6-20　无车状态边跨桁梁静力三分力系数

边跨桁梁	静力三分力系数			零攻角时的一阶导数		
	C_H	C_V	C_M	C'_H	C'_V	C'_M
	0.976 8	−0.286 8	0.042 4	0.004 8	0.080 0	0.007 6

表 6-21　无车状态中跨主梁静力三分力系数

中跨主梁	静力三分力系数			零攻角时的一阶导数		
	C_H	C_V	C_M	C'_H	C'_V	C'_M
	1.830 3	0.087 2	0.015 8	−0.001 4	0.110 7	0.015 5

表 6-22　各区域拱圈静力三分力系数

区域	静力三分力系数			零攻角时的一阶导数		
	C_H	C_V	C_M	C'_H	C'_V	C'_M
A 区	1.911 0	—	4.223 3	0.016 8	—	0.037 0
B 区	1.501 5	—	6.110 6	0.011 7	—	0.040 7
C 区	1.433 3	—	8.193 3	0.011 8	—	0.059 1
D 区	1.365 0	—	9.960 2	0.012 0	—	0.066 4

尽管在风洞试验中测量了在梁上有车工况下的三分力系数,但由于试验中车辆的形状较为简单,且在车桥耦合系统动力方程中,难以区分施加在桥梁系统上的风力和施加在车辆系统上的风力。在具体进行风—车—桥耦合振动分析,车辆三分力系数以参考文献[68]取值,如表 6-23 所示。

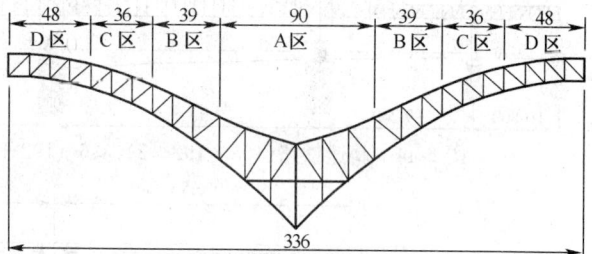

图 6-46　拱圈区域划分示意图

表 6-23　车辆的三分力系数

桥梁	车辆	C_D	C_L	C_M
钢梁	所有车辆	0.30	0.25	0.30

七、南京大胜关长江大桥风—车—桥耦合振动实测分析

1. 桥梁有限元模型

南京大胜关长江大桥主桥为(108＋192＋336＋336＋192＋108)m 连续钢桁拱桥,在建立有限元分析模型时,钢桁梁各杆件、桥墩均采用空间梁单元及相应参数来模拟,正交异性钢桥

面按"梁格法"简化成梁单元,正交异性桥面部分纵向简化为 4 根梁(不计下弦杆),见图 6-47,横桥向在每根主横梁和次横梁处均简化成一根等效横梁。梁的截面特性取所代表的宽度范围内实际结构的截面特性。钢桥面的重量仅分配到纵梁中,横梁未计。二期恒载的重量分配到纵梁上。以这样的梁桥简化来反映结构的刚度和质量分布。将铁路纵梁视为倒 T 形截面做为纵向杆件,将节点横梁及非节点横梁视为 I 形截面作为横向杆件,桥面板(厚度为 16 mm 的钢板)视为横向杆件的上翼缘板。

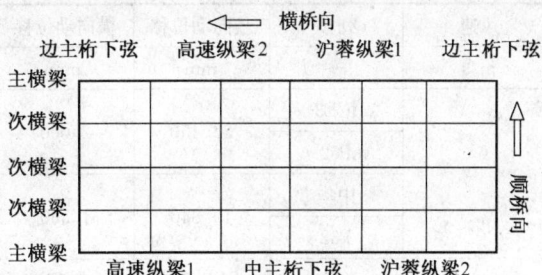

图 6-47 12 m 节间正交异性桥面简化计算图(平面)

桥梁系统的阻尼按 Rayleigh 阻尼考虑,阻尼比均取 0.01,桥梁的二期恒载按 388 kN/m 考虑。梁一墩之间的约束关系可通过主从节点来方便地模拟,墩底、拱座底处地基基础的刚度分别叠加于相应的节点上,所建立的计算模型如图 6-48 所示。

图 6-48 主桥(108+192+336+336+192+108) m 连续钢桁拱桥分析模型

2. 风—车—桥耦合振动响应

在进行风—车—桥耦合振动分析时,桥面平均风速分别取:0,10,15,20,25,30,35,40,45,50 m/s,机车车辆类型和速度分别考虑:

(1)单线德国 ICE3 动车组:速度取 160、180、200、220、240、260、280、300、320、340、360 km/h。

(2)单线中华之星动车组:速度取 160、180、200、220、240 km/h。

(3)单线 P62 货车:速度取 80 km/h。

(4)双线 ICE3 动车组对开:速度取 300 km/h。

(5)单线 ICE3 动车组速度 300 km/h 和单线 P62 货车速度 80 km/h 对开。

(6)单线中华之星动车组速度 200 km/h 和单线 P62 货车速度 80 km/h 对开。

风—车—桥耦合振动响应计算结果较多,这里略去,给出最不利数值于表 6-24,其中列车安全性、平稳性给出满足要求的最高车速。

表 6-24 跨度(108+192+336+336+192+108)m 连续钢桁拱桥动力响应汇总表

风速	列车	竖向动位移	横向动位移	竖向加速度	横向加速度	车辆安全性	车辆平稳性
m/s	—	mm	mm	m/s²	m/s²	—	—
0	ICE3	17.560	2.060	0.320	0.270	360 km/h	360 km/h
	中华	15.150	1.680	0.250	0.230	240 km/h	240 km/h
	地铁	14.530	1.440	0.170	0.140	80 km/h	80 km/h
	P62	11.680	1.220	0.160	0.110	80 km/h	80 km/h
	双 ICE3	26.790	2.100	0.390	0.290	300 km/h	300 km/h

续上表

风速	列车	竖向动位移	横向动位移	竖向加速度	横向加速度	车辆安全性	车辆平稳性
m/s	—	mm	mm	m/s²	m/s²	—	—
0	ICE3	22.450	2.000	0.300	0.260	300 km/h	300 km/h
	P62					80 km/h	80 km/h
	中华	19.840	1.560	0.270	0.240	200 km/h	200 km/h
	P62					80 km/h	80 km/h
10	ICE3	17.74	4.10	0.40	0.51	360 km/h	360 km/h
	中华	15.33	3.48	0.34	0.48	240 km/h	240 km/h
	地铁	14.71	3.48	0.25	0.36	80 km/h	80 km/h
	P62	11.86	3.20	0.24	0.31	80 km/h	80 km/h
	双ICE3	26.97	3.95	0.46	0.50	300 km/h	300 km/h
	ICE3	22.64	3.88	0.38	0.46	300 km/h	300 km/h
	P62					80 km/h	80 km/h
	中华	20.03	3.33	0.36	0.48	200 km/h	200 km/h
	P62					80 km/h	80 km/h
15	ICE3	17.95	7.85	0.43	0.86	360 km/h	360 km/h
	中华	15.56	6.86	0.38	0.83	240 km/h	240 km/h
	地铁	14.92	7.23	0.28	0.67	80 km/h	80 km/h
	P62	12.07	6.83	0.27	0.59	80 km/h	80 km/h
	双ICE3	27.20	7.35	0.49	0.79	300 km/h	300 km/h
	ICE3	22.87	7.33	0.41	0.74	300 km/h	300 km/h
	P62					80 km/h	80 km/h
	中华	20.25	6.58	0.40	0.81	200km/h	200km/h
	P62					80 km/h	80 km/h
20	ICE3	18.12	12.97	0.47	1.03	260 km/h	280 km/h
	中华	15.75	11.84	0.42	1.00	240 km/h	240 km/h
	地铁	15.09	12.35	0.32	0.83	80 km/h	80 km/h
	P62	12.25	11.78	0.31	0.73	80 km/h	80 km/h
	双ICE3	27.39	11.99	0.53	0.94	—	—
	ICE3	23.05	12.04	0.45	0.88	—	300 km/h
	P62					80 km/h	80 km/h
	中华	20.44	11.00	0.44	0.98	200 km/h	200 km/h
	P62					80 km/h	80 km/h
25	ICE3	18.84	18.76	0.64	1.18	360 km/h	360 km/h
	中华	16.52	17.42	0.61	1.15	240 km/h	240 km/h
	地铁	15.80	18.15	0.48	0.96	80 km/h	80 km/h
	P62	12.97	17.39	0.47	0.85	80 km/h	80 km/h
	双ICE3	28.15	17.24	0.67	1.07	300 km/h	300 km/h

续上表

风速	列车	竖向动位移	横向动位移	竖向加速度	横向加速度	车辆安全性	车辆平稳性
m/s	—	mm	mm	m/s²	m/s²	—	—
25	ICE3	23.82	17.38	0.61	1.00	300 km/h	300 km/h
	P62					80 km/h	80 km/h
	中华	21.20	16.02	0.63	1.12	200 km/h	200 km/h
	P62					80 km/h	80 km/h
30	ICE3	19.24	26.95	0.92	1.48	360 km/h	360 km/h
	中华	16.91	25.34	0.89	1.45	240 km/h	240 km/h
	地铁	16.17	26.33	0.73	1.22	80 km/h	80 km/h
	P62	13.35	25.31	0.72	1.09	80 km/h	80 km/h
	双 ICE3	28.54	24.66	0.89	1.32	300 km/h	300 km/h
	ICE3	24.22	24.92	0.86	1.24	300 km/h	300 km/h
	P62					80 km/h	80 km/h
	中华	21.59	23.10	0.91	1.41	200km/h	200km/h
	P62					80 km/h	80 km/h
35	ICE3	20.11	34.11	1.23	1.78	360 km/h	360 km/h
	中华	17.78	32.27	1.20	1.75	240 km/h	240 km/h
	地铁	16.98	33.49	1.00	1.49	80 km/h	80 km/h
	P62	14.17	32.24	0.99	1.33	80 km/h	80 km/h
	双 ICE3	29.41	31.14	1.13	1.57	300 km/h	300 km/h
	ICE3	25.09	31.51	1.13	1.48	300 km/h	300 km/h
	P62					80 km/h	80 km/h
	中华	22.45	29.29	1.22	1.70	200 km/h	200 km/h
	P62					80 km/h	80 km/h
40	ICE3	22.40	44.68	2.07	2.58	260 km/h	280 km/h
	中华	20.09	42.50	2.04	2.55	240 km/h	240 km/h
	地铁	19.11	44.06	1.73	2.19	80 km/h	80 km/h
	P62	16.34	42.47	1.72	1.97	80 km/h	80 km/h
	双 ICE3	31.68	40.72	1.78	2.24	—	—
	ICE3	27.39	41.25	1.86	2.12		300 km/h
	P62	24.72	38.44	2.06	2.47	80 km/h	80 km/h
	中华	19.11	44.06	1.73	2.19	200 km/h	200 km/h
	P62					80 km/h	80 km/h

3. 保证桥上列车运行安全平稳性的风速阈值的确定

确定风速阈值的步骤如下：

(1)保持桥面风速不变,模拟列车在这一恒定风速作用下以不同速度(车速递增量可取为 20 km/h)通过桥梁的情况,计算车辆的各项运行安全性指标(主要包括车辆脱轨系数、轮重减载率、轮轴横向力、车体加速度、舒适度/平稳性等),直至有某一项指标超出规范要求。将此时的车速作为该风速下保证列车在桥上运行安全的临界车速。

(2)依次增大或减小桥面平均风速的数值,对应于每一平均风速按上述方法计算保证列车在桥上运行安全的临界车速。将不同风速下的临界车速作为一个点画在一张图中,并用线条连接起来,即能找到桥面风速和车速阈值之间的对应关系。

从风—车—桥计算结果可以看出:

(1)在无风状态下,德国 ICE3 动力分散式高速列车以 160~360 km/h、南京轻轨列车以 80 m/h、空载 P62 货物列车以 80 m/h 通过南京大胜关长江大桥跨度(108+192+336+336+192+108)m 连续钢桁拱桥时,满足各项桥梁安全性和列车安全性、平稳性指标,列车平稳性优良。

(2)德国 ICE3 动力分散式高速列车通过(108+192+336+336+192+108)m 连续钢桁拱桥,桥面平均风速不超过 15 m/s 时,可在 160~360 km/h 速度范围内正常通行;桥面平均风速 15~20 m/s 时,限速 260 km/h;桥面平均风速 20~25 m/s 时,限速 180 km/h;桥面平均风速 25~30 m/s 时,限速 160 km/h;桥面平均风速超过 30 m/s 时,应关闭桥梁。

(3)中华之星列车通过(108+192+336+336+192+108)m 连续钢桁拱桥,桥面平均风速不超过 20 m/s 时,可在 160~240 km/h 速度范围内正常通行;桥面平均风速 20~25 m/s 时,限速 200 km/h;桥面平均风速 25~30 m/s 时,限速 160 km/h;桥面平均风速超过 30 m/s 时,应关闭桥梁。

(4)南京轻轨列车以 80 m/h 通过(108+192+336+336+192+108)m 连续钢桁拱桥时,在桥面平均风速不超过 25 m/s 时,可满足各项列车安全性、桥梁安全性指标。

(5)空载 P62 货物列车以 80 m/h 通过(108+192+336+336+192+108)m 连续钢桁拱桥时,在桥面平均风速不超过 20 m/s 时,可满足各项列车安全性、桥梁安全性指标。

由此得到 ICE3 列车和中华之星列车通过该桥梁时的阈值风速曲线,见图 6-49、图 6-50。

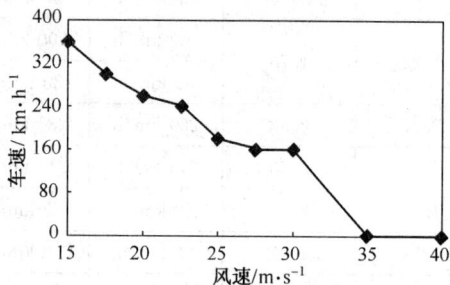

图 6-49　ICE3 行车安全性指标
与风速和车速的关系图

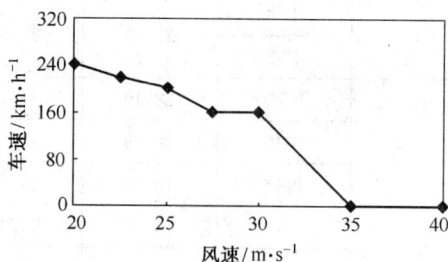

图 6-50　中华之星行车安全性指标
与风速和车速的关系图

第八节　地震荷载作用下大跨度铁路桥梁的车桥耦合振动

一、概　述

地震是一种罕遇的、破坏性极大的地面振动形式,可能造成的桥梁破坏形式也非常多。随着高速铁路和大跨度铁路桥梁的建设,地震对行车安全的影响也受到各国学者的重视。研究内容包括地震激励所诱发的车桥系统的振动及行车稳定性、地震动的空间变异性对大跨度桥梁的影响等问题。

地震发生时,桥上运行的车辆在桥梁振动的频率和振幅的激发下,产生滚摆振动,振幅超过一定限度就会发生脱轨的危险。作为一个地震危害极为严重的国家,日本铁道结构物设计标准针对混凝土桥梁,包括长跨桥、高墩桥以及特殊地基上的桥梁,对横向按正弦波规律振动的桥梁上的车辆走行安全性进行了分析,给出了图 6-51 的安全界限。

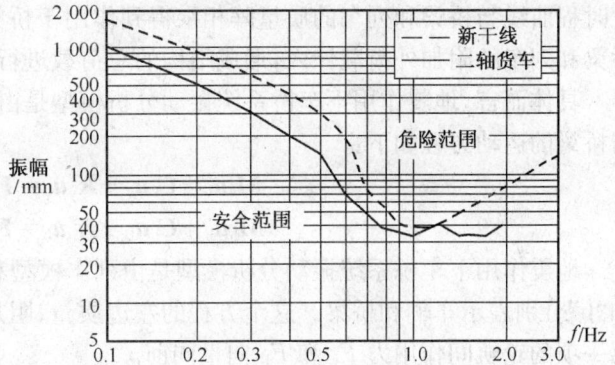

图 6-51　地震作用下桥上车辆的运行安全界限

从图 6-51 中可以看出,对二轴货车来说,其安全界限在频率为 1~2 Hz 的范围为最低,振幅的单峰值约 30 mm 左右;而对新干线的高速列车,其安全界限在频率为 0.9~1.5 Hz 的范围为最低,振幅的单峰值约 40 mm 左右;对这两种车辆,都是振动频率越低,安全界限值就越高。当桥梁横向振动频率为 0.2 Hz,横向振幅近 40 cm 时,车辆仍处于安全区域,即不发生脱轨。这说明当桥梁发生较大幅度的横向摆振时,车辆可能跟随桥梁作大幅度运动而不致于脱轨。

日本学者还将图 6-51 中的安全极限曲线,应用到在地震无规律波作用下列车沿桥梁运行的安全性分析中。图 6-52 表示轨道动车刚好在桥上运行时,桥梁基础受到横桥向地震运动作用时,桥梁横向振动加速度和车轮脱轨系数 Q/P 的时程,该图是在日本 Kaihoku 桥实际观测到的典型波。从图中可看到,即使桥梁横向振动加速度最大值达 0.4 g,对应的脱轨系数仅 0.4。

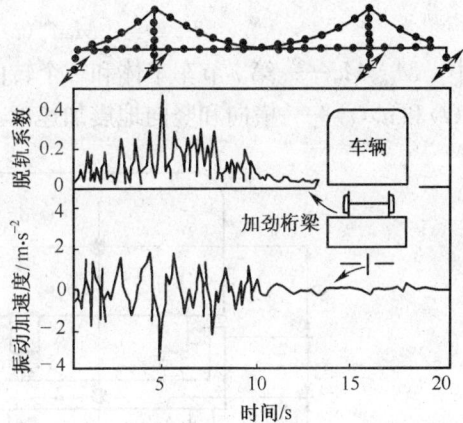

图 6-52　遭受地震运动的桥上轨道动车

对于地震作用下桥上车辆的运行安全性评价,脱轨系数仍然是最重要的控制指标。日本将车辆的脱轨安全指标分为三个限度,见表 6-25。其中 A 限度和 B 限度作为一般车辆运行的安全指标;C 限度是特别为地震时的行车安全制定的指标,其脱轨特征是由于横向地震力的作用,在轮重不减小的情况下就有可能产生很大的脱轨系数和横向压力。

表 6-25　日本脱轨安全度评价的三个限度

类　别	脱轨系数	轮重减载率	横向力/kN	说　　明
A 限度	0.8	28.1%	48	轮重减少和横压增大同时发生
B 限度	1.0	37.5%	64	轮重减少和横压增大同时发生
C 限度	1.2	66.7%	78	轮重减少和横压增大不是同时发生

二、地震—车—桥耦合振动分析的基本思路

由于地震—车—桥系统的复杂性,本节在进行地震作用下的车—桥耦合振动分析时,简单

地将地震引起的惯性力作为外荷载加到桥梁与车辆运动方程的右端项,即:将产生的地面加速度时程曲线与桥梁和列车的质量阵相乘得到作用于桥梁和列车上的惯性力,将此惯性力作为桥梁和列车的附加外荷载计入,形成结构的总荷载进行动力分析。

具体而言,地震作用下车桥系统振动分析模型是由列车模型和桥梁模型组成的系统,车辆与桥梁的运动方程如下:

$$M_v u_v + C_v u_v + K_v u_v = F_v + F_v^* \tag{6-97}$$

$$M_b u_b + C_b u_b + K_b u_b = F_b + F_b^* \tag{6-98}$$

地震作用下车桥系统振动分析模型是由列车模型和桥梁模型组成的系统,式中的下标"v"和"b"分别表示车辆和桥梁。这个方程的左边质量、阻尼、刚度矩阵和位移向量以及方程右边第一项的轮轨间作用力 F_v 和 F_b 向量同前。

设地震发生时桥上共有 N_v 节车,车辆的地震力向量 F_v^* 可表示为

$$F_v^* = \begin{bmatrix} F_{v1}^* & F_{v2}^* & \cdots & F_{vN_v}^* \end{bmatrix}^T \tag{6-99}$$

式中,第 i 节车的地震力 F_{vi}^* 向量由车体地震力(上标 c)和转向架地震力(上标 t_1、t_2)子向量组成,参见图 6-53。

$$F_{vi}^* = \begin{bmatrix} F_{vi}^{c*} & F_{vi}^{t1*} & F_{vi}^{t2*} \end{bmatrix}^T \tag{6-100}$$

车体地震力和转向架地震力子向量的表达式分别为:

$$F_{vi}^{c*} = \begin{bmatrix} M_{ci} a_g^u(t) & 0 & 0 & M_{ci} a_g^v(t) & 0 \end{bmatrix}^T \tag{6-101}$$

$$F_{vi}^{tj*} = \begin{bmatrix} M_{ti} a_g^u(t) & 0 & 0 & M_{ti} a_g^v(t) & 0 \end{bmatrix}^T \tag{6-102}$$

式中 M_{ci}、M_{ti}——第 i 节车车体和一个转向架的质量;

$a_g^u(t)$ 和 $a_g^v(t)$——横向和竖向地震加速度。

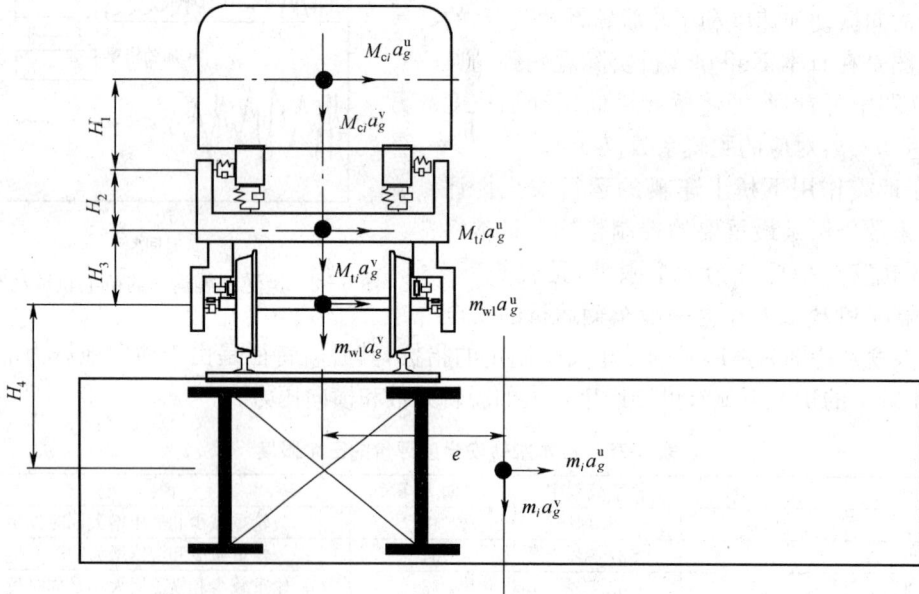

图 6-53   车桥相互作用系统地震力示意图

设桥梁有限元模型共有 N_b 个节点,则节点地震力向量可表示为:

$$F_b = \begin{bmatrix} F_1 & F_2 & \cdots & F_{N_b} \end{bmatrix}^T \qquad (6\text{-}103)$$

其中，第 i 节点的地震力子向量 $F_i(i = 1, 2, \cdots, n)$ 为：

$$F_i = \begin{bmatrix} m_i a_g^u(t) & m_i a_g^v(t) \end{bmatrix}^T \qquad (6\text{-}104)$$

式中，m_i 为桥梁第 i 节点的质量。

当地震加速度 $a_g^u(t)$ 和 $a_g^v(t)$ 确定之后，车辆的地震力向量 F_v^* 和桥梁模态地震力向量 F_b^* 均为已知向量，则车桥系统方程(6-97)、(6-98)仍采用逐步积分法求解。

三、天兴洲主桥斜拉桥地震—车—桥耦合振动分析

对天兴洲桥主桥斜拉桥而言，在进行地震—车—桥耦合振动分析后，近似地认为结构处于弹性工作阶段，满足正常使用功能。具体来说，采用较低标准进行地震—车—桥耦合振动分析，即采用天兴洲 50 年超越概率 63.2％的水平方向人工合成加速度时程数据。该时程数据共计 1 024 点，时间间隔为 0.02 s。计算中采用的时程曲线见图 6-54。

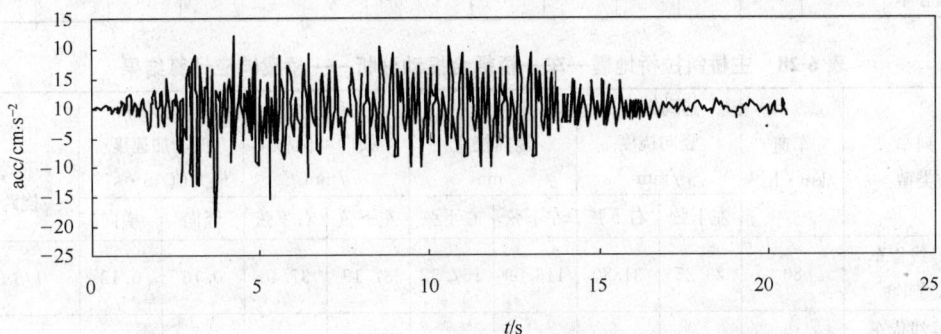

图 6-54　地震时程曲线

分别进行了货物列车重车、货物列车空车以 80 km/h 以及中速客车以 200 km/h、高速客车以 250 km/h 通过时的考虑地震影响的车桥振动分析，如表 6-26 所示。

表 6-26　主桥斜拉桥地震—车—桥耦合振动分析计算工况

工作内容	列车类型与计算工况	速度等级/km·h^{-1}
地震—车桥分析	C62 货车单线运行（分重车、空车）	80
	SS8 中速客车单线运行	200
	ICE 高速客车单线运行	250
	按设计地震烈度转换成标准地震波时程曲线	

主桥斜拉桥地震—车—桥耦合系统车辆响应计算结果见表 6-27，桥梁响应结果见表 6-28，评价结果汇总见表 6-29。

表 6-28～表 6-30 分析结果表明：

(1)货车列车 C62(重车)以速度 80 km/h 运行时，桥梁动力性能良好，列车行车安全性满足要求，车辆竖向舒适性为"良"，横向舒适性为"合格"。

表 6-27　主桥斜拉桥地震—车—桥耦合振动分析——车辆响应计算结果

工况	列车类型	车速/km·h⁻¹	机车（动车）							车辆（拖车）						
			脱轨系数 Q/P	轮重减载率 ΔP/P	横向力/kN	竖向加速度/m·s⁻²	横向加速度/m·s⁻²	Sperling舒适性指标		脱轨系数 Q/P	轮重减载率 ΔP/P	横向力/kN	竖向加速度/m·s⁻²	横向加速度/m·s⁻²	Sperling舒适性指标	
								竖向	横向						竖向	横向
单线	4号线货车（重车）	80	0.41	0.44	38.2	1.24	1.90	2.86	2.98	0.48	0.48	39.9	1.64	2.47	3.46	3.88
	4号线货车（空车）	80	0.46	0.50	42.5	1.40	2.11	3.17	3.29	0.54	0.54	44.6	1.84	2.74	3.82	4.29
	1号线中速客车	200	0.49	0.52	39.5	0.96	1.00	3.24	2.95	0.51	0.46	31.3	0.95	1.14	2.89	2.92
	1号线高速客车	250	0.40	0.38	30.4	1.11	1.30	2.80	2.73	0.37	0.37	25.7	1.16	1.29	2.84	2.73

表 6-28　主桥斜拉桥地震—车—桥耦合振动分析——桥梁响应计算结果

工况	列车类型	车速/km·h⁻¹	边跨跨中竖向挠度/mm		中跨跨中竖向挠度/mm		中跨跨中横向动位移/mm		中跨跨中振动加速度最大值/m·s⁻²		中跨跨中竖向挠跨比
			左下弦	右下弦	左下弦	右下弦	左下弦	右下弦	竖向	横向	
单线	4号线货车（重车）	80	23.25	31.80	116.09	157.52	37.19	37.48	0.16	0.12	1/3 200
	4号线货车（空车）	80	7.55	10.09	37.95	47.91	12.42	12.48	0.11	0.11	1/10 520
	1号线中速客车	200	13.91	10.90	74.57	52.40	19.56	19.39	0.06	0.07	1/6 758
	1号线高速客车	250	13.57	11.14	75.65	53.59	19.34	19.19	0.07	0.08	1/6 662

表 6-29　主桥斜拉桥地震—车—桥耦合振动分析评价结果汇总表

工况	列车类型	车速/km·h⁻¹	桥梁动力性能	行车安全性		乘坐舒适性（运行平稳性）			
						机车		车辆	
				脱轨系数	减载率	竖向	横向	竖向	横向
单线	4号线货车（重车）	80	满足	满足	满足	良	良	良	合格
	4号线货车（空车）	80	满足	满足	满足	合格	合格	良	不合格
	1号线中速客车	200	满足	满足	满足	合格	良	良	良
	1号线高速客车	250	满足	满足	满足	良	良	良	良

（2）货车列车 C62（空车）以速度 80 km/h 运行时，桥梁动力性能良好，列车行车安全性满足要求，车辆竖向舒适性为"良"，横向舒适性为"不合格"。

（3）中速客车 SS8 以速度 200 km/h 运行时，桥梁动力性能良好，列车行车安全性满足要求，车辆竖向与横向舒适性均为"良"；

（4）高速客车 ICE 以速度 250 km/h 运行时，桥梁动力性能良好，列车行车安全性满足要求，车辆竖向与横向舒适性均为"良"。

？ 复习思考题

1. 车辆—桥梁耦合振动研究主要包括哪些内容？
2. 车辆—桥梁耦合振动经典振型主要可分为哪几种形式？

第七章
大跨度铁路桥梁的抗风与抗震

第一节 桥梁风工程及风特性

1940 年 11 月 7 日,美国华盛顿州建成才四个月的跨度为 853 m、桥宽 11.9 m、梁高 2.4 m 的塔科马海峡悬索桥(Tacoma Narrows Bridge)在约为 19 m/s 的风速作用下发生强烈的风致振动而破坏。该事件促进了桥梁工程界对空气动力问题的研究,形成了一门新兴的结合桥梁工程与空气动力学的交叉学科——桥梁风工程学,近 70 年来,桥梁风工程学已得到了很大的发展并日趋成熟和完善。

由于大跨度桥梁的自振频率往往较低,该频率与强风作用频率往往较接近,因而大跨度桥梁的风致动力响应问题尤为突出,对于中小跨度桥梁,其刚度较大,自振频率较高,风致动力响应问题较小。

风对桥梁的作用是一个十分复杂的现象,它受到风的自然特性、结构动力特性和风与结构相互作用三方面的制约。因而,桥梁风工程学中应对风的自然特性、结构动力特性和风与结构相互作用三方面进行分析。

从桥梁抗风的角度来讲,桥梁所受的自然风为近地风,由于地表的地形和各种障碍物的影响,使靠近地面的风(即近地风)的流动发生紊乱。一般来讲桥梁抗风主要关心的是风对桥梁产生的作用,而这一作用与风速直接相关,因而风速是桥梁抗风分析中的主要素。从风速仪的实测纪录中可以看出,不同空间位置同一时刻或同一空间位置不同时刻的风速均不尽相同,风速的时程曲线是一个非平稳的随机过程。

在近地风范围内,由于地表的摩阻力影响,风速的平均值随高度增加而增加,只有到了离地面 300～700 m 之间的梯度风高度,风速才趋于常数。梯度风高度以下称为大气边界层,梯度风高度以上无摩阻的影响,风速沿等压线以梯度风速流动。

由于一定时距内的平均风速受高度、地表类别等等的影响,从设计的角度及一定的可比性要求出发,常常定义一个基本风速(或标准风速)。由于强风是随机的,因此,为了科学定义基本风速,除了标准时距和标准高度外,还需要从概率的角度确定年最大平均风速的标准重现期。

桥梁风工程学中定义基本风速所用时距多取 10 min 时距(标准时距);高度取 10 m 高度为标准高度;地表地貌取一般空旷平坦地表;最大风速样本为一年;最大风速的重现期世界各国规范的规定不尽相同,有 10 年、30 年、50 年和 100 年不等,也有按结构的重要性规定不同的重现期。我国《公路桥梁抗风设计规范》JTG/TD 60—01—2004 规定重现期取 100 年,时距取 10 min。

因此,考虑大跨度桥梁的抗风设计时,首先要弄清桥址处的风环境和了解当地气象台站的实测资料。主要包括：

(1)表示风向概率分布特性的风玫瑰图。确定卓越风向。

(2)基本风速的定义，即平均时距、重现期、标准高度等。

(3)长期实测的年最大平均风速和历史最大风速。

(4)气象台站的地形、地貌，注意与桥址现场的区别。考虑周围地形的影响。

(5)对风速的统计处理方法。

(6)实测阵风因子。确定风的紊流度。

根据流体力学中的泊努力方程，风速与风压之间的关系为：

$$w_0 = \frac{1}{2}\rho v^2 = \frac{1}{2}\frac{\gamma}{g}v^2 = \frac{1}{1.6}v^2 \tag{7-1}$$

式中 ρ——空气质点密度=1.225 kg/m^3；

$\quad\quad w_0$——基本风压，N/m^2；

$\quad\quad v$——平均风速，m/s。

大气边界层内风速沿高度的分布，大多采用对数法则或幂指数法两种，我国桥梁风工程学中则采用幂指数法则。

$$v(z) = v_0 \left(\frac{z}{z_0}\right)^\alpha \tag{7-2}$$

式中 z_0——标准参考高度，我国公路与铁路相关规范规定取标准参考高度为 10 m，与世界各国相同；

$\quad\quad v_0$——z_0 高度处的平均风速（基准风速）；

$\quad\quad z$——离地面高度；

$\quad\quad \alpha$——与地表状况（粗糙度）相关的常数，我国《公路桥梁抗风设计规范》JTG/TD 60—01—2004 根据地表粗糙度由小到大将地表分为 A、B、C、D 四类。

对脉动风进行平稳化处理后，其概率密度曲线接近于正态分布，可近似地作为高斯过程考虑。假定脉动风速由极值的概率分布确定，则瞬时风速为

$$v_d = v + \mu\sigma \tag{7-3}$$

式中 v_d——瞬时风速；

$\quad\quad v$——平均风速；

$\quad\quad \mu$——峰值因子；

$\quad\quad \sigma$——根方差。

脉动风速的基本特性包括以下几个重要参数：

(1)紊流强度

紊流强度描述风速随时间和空间变化的紊流程度。三个正交风速分量的紊流度可表示为

$$I_x = \frac{\sigma_x}{v_x} \quad I_y = \frac{\sigma_y}{v_y} \quad I_z = \frac{\sigma_z}{v_z} \tag{7-4}$$

其中最主要的是顺风向水平脉动风速紊流度。紊流度随高度的增加而减少，它与平均风速大小、时距以及地面粗糙度均有关。

(2)风速谱

Kaimal 谱：

水平脉动风功率谱： $$\frac{nS_v(n)}{v_*^2}=\frac{200x}{(1+50x)^{5/3}}$$ (7-5a)

竖向脉动风功率谱： $$\frac{nS_w(n)}{v_*^2}=\frac{6x}{(1+4x)^2}$$ (7-5b)

式中 $x=\dfrac{nz}{v(z)}$——折算频率；

$v_*=\dfrac{Kv(z)}{\ln\dfrac{z-Z_d}{Z_0}}$——气流摩阻速度(或称剪切速度)。此处采用的是对数率风部面。

其中，K 为无量纲量，$K\approx0.4$；

$Z_d=H-Z_0/K$，H 为周围建筑物的平均高度(m)，Z_0 为地面粗糙高度(m)，对应 A、B、C、D 地表分别为 0.01、0.05、0.3、1.0。其他意义同前。

(3)空间相关性

强风观测表明，在紊流风场中，各点的风速和风向不可能是完全同步的，甚至可能不相关的。空间相关性主要指侧向左右相关和竖向上下相关，对于水平方向有一定长度的大跨度桥梁，左右相关性尤其重要。当某点达到最大风速时，离该点愈远处同时达最大风速的概率就愈小。

第二节 风对桥梁的作用及抗风设计准则

一、风对桥梁的作用

风对桥梁的作用与风的自然特性、桥梁结构动力性能、风与桥梁的相互作用有关。由于近地边界层的紊流影响，风的速度和方向及其空间分布都是非定常(即随时间变化的)和随机的。当平均风带着脉动风绕过一般是非流线形截面的桥梁结构时，就会产生旋涡和流动的分离，形成复杂的作用力(空气力)。这种作用将会引起桥梁的振动(风致振动)，而振动起来的桥梁又将反过来影响流场，改变空气作用力，引起风与结构的相互作用机制，更加深了问题的复杂性。

为了便于分析风对桥梁的作用，桥梁风工程学常将风速分为两部分：即平均风(稳定风)和脉动风(紊流风)，并认为平均风在时间和空间上都是不变的，其对桥梁的作用称为定常空气力，脉动风包括来流本身紊流和流固相互作用引起的紊流，其对桥梁的作用随时间和空间变化，称为非定常空气力。

对于桥梁结构，依据其刚度的不同可分为两类：第一类刚度很大，在风的作用下保持静止不动或者在风作用下的响应很小可忽略。第二类为柔性结构，在风作用下的结构响应不能忽略，必须作为一个振动体系来考虑。

因此，风对桥梁的作用可归纳如图 7-1 所示，相应的风致响应性能如图 7-2 所示。

二、风对桥梁的静力作用

假定在稳定风的作用下，结构保持静止不动，或结构刚度很大、风速所引起的结构振动很小，或其振动不影响空气力，此时的定常反应即为风的静力作用。

当气流以恒定不变的流速和方向绕过假定静止不动的桥梁时，就形成了一个定常的流场，空气对桥梁表面的动压力的合力就是空气的作用力，也是定常的。由于桥梁主梁是一个基本

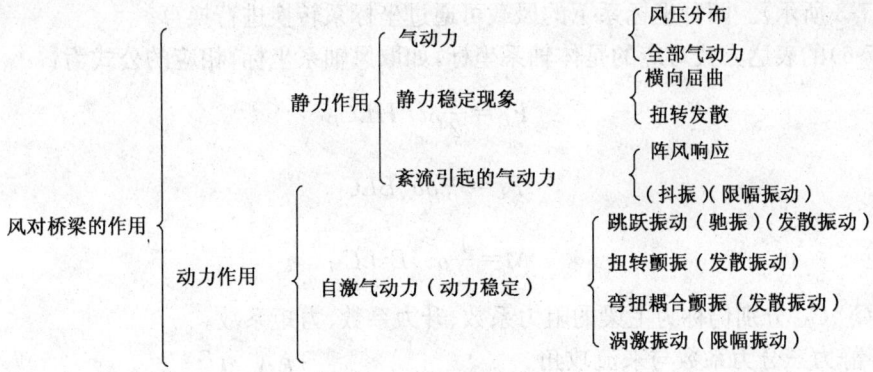

图 7-1　风对桥梁的作用

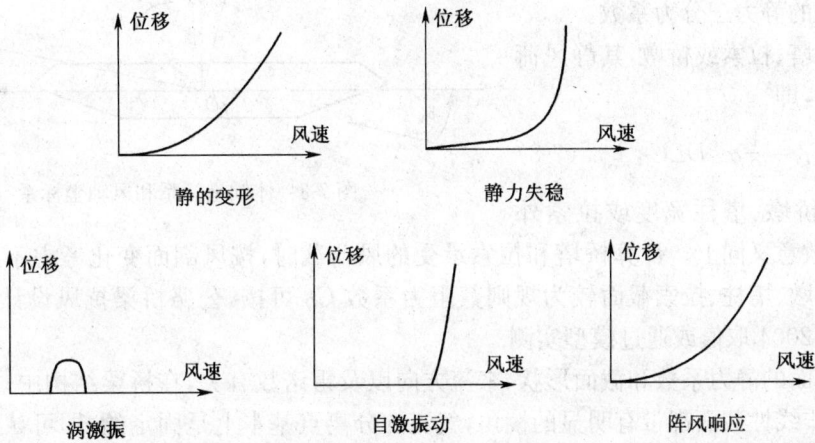

图 7-2　结构风致响应的概念图

水平方向的线状结构,流场可近似看作是二维的,此时空气作用力可分解为三个分量。

对于主梁,作用于其上的定常空气力通常有三个分量,它们分别为:

阻力
$$F_H = \frac{1}{2}\rho v^2 HLC_H \qquad (7\text{-}6a)$$

升力
$$F_v = \frac{1}{2}\rho v^2 BLC_v \qquad (7\text{-}6b)$$

力矩
$$M = \frac{1}{2}\rho v^2 B^2 LC_M \qquad (7\text{-}6c)$$

式中,ρ 为空气密度,H 为梁高,B 为梁宽,L 为长度,$\frac{1}{2}\rho v^2$ 为气流的动压。C_H、C_v、C_M 分别为主梁的阻力系数、升力系数、力矩系数,它们分别由节段模型风洞试验(Section Model Test)提供。

由于风的来流方向不一定水平,多数情况下风向与水平面(桥面)有一夹角,我们称风向与水平桥面的夹角为攻角 α,且当风向斜向上时攻角为正。

节段模型风洞试验往往容易测量出与风向、与风正交方向的风力。而桥梁工程学中实际分析计算则常取水平横轴向、竖向和桥纵轴向为计算坐标,由于攻角 α 的存在,风向与桥横轴向又常常不一致,因此,作用于主梁断面上的静力三分力按所取坐标系不同,有两种表示方法,即按体轴坐标系(坐标系沿梁截面形心主轴建立)表示和按风轴坐标系(坐标系沿风向建立)表示(如图 7-3 所示)。两种坐标系下的风载可通过坐标系转换进行换算。

式(7-6)的表达方式对应的是体轴系坐标,如取风轴系坐标,相应的公式为:

阻力

$$F_D = \frac{1}{2}\rho v^2 HLC_D \qquad (7\text{-}7a)$$

升力

$$F_L = \frac{1}{2}\rho v^2 BLC_L \qquad (7\text{-}7b)$$

力矩

$$M = \frac{1}{2}\rho v^2 B^2 LC_M \qquad (7\text{-}7c)$$

C_D、C_L、C_M 分别仍称为主梁的阻力系数、升力系数、力矩系数。

由于静力三分力系数与来流攻角 α(图示为正)有关,在风洞试验时应测不同攻角时的静力三分力系数。

对于桥塔、拉索或桥墩,其静风荷载只计阻力,即

$$F_D = \frac{1}{2}\rho v^2 DLC_D \qquad (7\text{-}8)$$

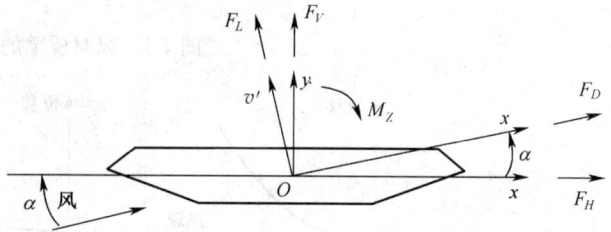

图 7-3 体轴坐标系和风轴坐标系

式中,D 为桥墩、塔柱宽度或拉索外径,其余参数意义同上。计算桥塔和拉索承受的风荷载时,按风剖面变化考虑不同高度的风速。由于桥墩、塔柱、拉索截面较为规则其阻力系数 C_D 可按《公路桥梁抗风设计规范》JTG/TD 60-01—2004 取值或通过模型实测。

桥梁截面的静力系数和截面形状、来流方向以及雷诺数有关,在桥梁结构中,除了圆截面外,大部分非线性截面都带有明显的棱角,气流的分离点基本上是固定的,即可认为不会随风速变化。因此,雷诺数的影响可忽略不计。虽如此,在节段模型风洞试验测量桥梁的静力三分力系数时仍应在不同风速下分别测量,并进行比较分析,考查雷诺数的影响。

下面给出几种典型截面的静力三分力系数风洞试验结果。

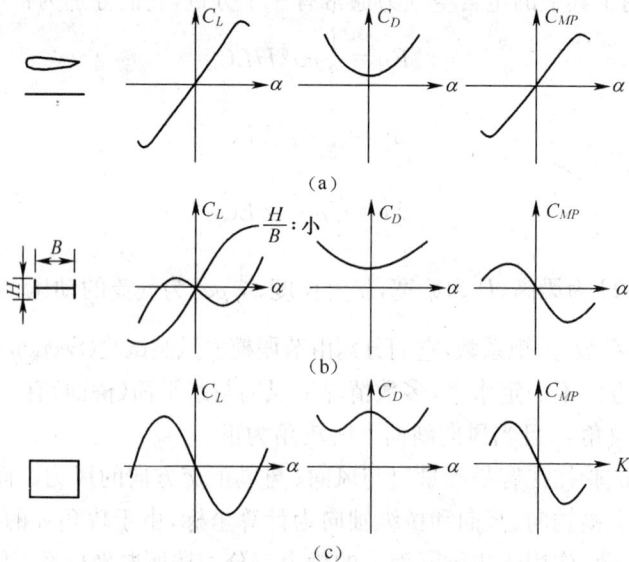

图 7-4 三种典型截面的三分力系数

其中：(a)对应平板型截面、流线型截面或扁平箱梁截面，由该图可见，在一定的正负攻角范围内，其 C_L、C_M 曲线的斜率均为正，在正攻角时，升力、力矩也是正的，在负攻角时，升力、力矩是负的。在 0 攻角时，阻力为最小。

(b)为 H 形截面，C_L、C_M 曲线的形状取决于截面的扁度，当 H/B 较小时接近于平板的特性，随着 H/B 的加大，在 0 攻角附近出现负斜率。其中 H 为翼板高，B 为 H 形截面的宽度。

(c)为矩形截面，C_L、C_M 曲线的变化特性与 H 形截面相似。C_D 在 0 攻角附近不是最小，矩形截面的扁平度对 C_L、C_M 曲线影响较大。

对于扁形的矩形截面，尾流的再附着会降低其阻力系数，但力矩则略有升高。

静力稳定性：在空气静力扭转力矩作用下，当风速超过某一临界值时，悬吊桥梁的主梁扭转变形的附加攻角所产生的空气力矩增量超过了结构抵抗力矩的增量，使主梁出现一种不稳定的扭转发散现象。或当作用于悬吊桥梁主梁上的横向静风载超过主梁侧向屈曲的临界荷载时出现的一种静力屈曲失稳现象。目前跨度范围内的斜拉桥和悬索桥的静力失稳风速往往大于设计风速或颤振临界风速，因而静力稳定问题并不突出，当桥面宽度加大、桥梁为超大跨度桥梁时静力失稳风速将降低，因而超大跨度斜拉桥、悬索桥的静力稳定仍是需研究的问题。

空气静力三分力系数虽然只是描述静态作用下的定常空气力与攻角的关系，但与结构的风致振动也有密切关系。因为按照准定常的空气动力学理论，当结构在气流中发生振动时，其变位速度和均匀风速之比就形成一个相对的攻角。

由竖向振动形成的相对攻角：

$$(\alpha_{re})_h = tg^{-1}\frac{\dot{h}}{v} \approx \frac{\dot{h}}{v} \tag{7-9a}$$

由扭转振动形成的相对攻角：

$$(\alpha_{re})_a = tg^{-1}\frac{\dot{\alpha}b}{v} \approx \frac{\dot{\alpha}b}{v} \tag{7-9b}$$

利用空气静力和攻角的关系曲线，即可得出振动结构截面上（单位长度）的准定常空气力为：

$$F_L = \frac{1}{2}\rho v^2 (2b)\frac{\partial C_H}{d\alpha}(\alpha_{re})_h \approx \rho v b \frac{dC_H}{d\alpha}\dot{h} \tag{7-10a}$$

$$M = \frac{1}{2}\rho v^2 (2b^2)\frac{\partial C_M}{d\alpha}(\alpha_{re})_a \approx \rho v b^3 \frac{dC_M}{d\alpha}\dot{\alpha} \tag{7-10b}$$

式中　F_L——单位跨长的准定常升力；

M——单位跨长的准定常俯仰力矩；

$\frac{\partial C_H}{\partial \alpha}$ 空气力 $F_H = F_L\cos\alpha + F_D\sin\alpha$ 的系数 C_F 的斜率，

当 α 很小，$\frac{\partial C_H}{\partial \alpha} \approx \frac{\partial C_L}{\partial \alpha} + C_D$。

$\frac{\partial C_M}{\partial \alpha}$ 空气力矩系数 C_M 的斜率。

可见，空气静力系数的斜率的正负将决定与速度成正比的空气阻尼力（式 7-10）的正负。由此可简单判断截面的气动稳定性。据此分析，可知上面三个典型截面中：

平板截面：$\frac{\partial C_L}{\partial \alpha}>0$，$\frac{\partial C_M}{\partial \alpha}>0$，挠曲与扭转振动都是稳定的，但有可能发生弯扭耦合的不稳

定振动,见后。

H 形截面和矩形截面:当 B/H 较大时,$\frac{\partial C_L}{\partial \alpha}>0$,挠曲振动是稳定的,$\frac{\partial C_M}{\partial \alpha}<0$ 可能发生不稳定的扭转振动,如 Tacoma 桥;当 B/H 较小,$\frac{\partial C_L}{\partial \alpha}<0$,$\frac{\partial C_M}{\partial \alpha}<0$ 可能发生不稳定的弯曲或扭转振动。

由于风与结构的相互作用问题的复杂性,桥梁所受的空气力非式(7-10)如此简单,因而式(7-10)只能作为稳定性判别的初步判式。

三、风对桥梁的动力作用概念

风对结构的动力作用是一个复杂的现象,桥梁在近地紊流风作用下的空气弹性动力响应是许多因素共同作用的结果。为了便于对风对桥梁的动力作用的空气动力机制进行分析,先根据动力响应现象进行分类。

桥梁在平均风作用下,振动的桥梁从流动的风中吸收能量,产生一种自激振动。如流线形截面可能发生的弯扭耦合的古典颤振(Classic flutter),非流线形截面的分离流扭转颤振(Separated-flow Torsional Flutter),矩形截面和方形截面的桥塔可能发生挠曲振动占优势的驰振(Galloping),以及伴随着上述振动同时发生的因旋涡脱落而引起的涡激振动(Vortex induced Vibration)。涡激振动虽也有自激性质,但它与颤振或驰振的发散性质不同,其振动响应是一种强迫型的限幅振动,因而具有双重性。

在脉动风作用下,桥梁受振动,由于脉动风的随机性质,这种阵风带的脉动风谱引起的随机振动响应(阵风响应)称为抖振(Buffeting)。抖振不象颤振和驰振具有自激振动及发散的特性,它是一种限幅振动,但由于发生抖振响应的风速低,频度大,易使杆件的接头或支座等构造细节发生局部疲劳,过大的抖振还会危及行车安全。

因此,Scanlan 认为风对桥梁的动力作用力表示为自激力与抖振力的和。即

升力 $\qquad\qquad\qquad\qquad L=L_{se}+L_b \qquad\qquad\qquad\qquad$ (7-11a)

力矩 $\qquad\qquad\qquad\qquad M=M_{se}+M_b \qquad\qquad\qquad\qquad$ (7-11b)

阻力 $\qquad\qquad\qquad\qquad D=D_{se}+D_b \qquad\qquad\qquad\qquad$ (7-11c)

式中,下标 se 表示自激力;下标 b 表示抖振力。自激力表达式为

$$L_{se}=\frac{1}{2}\rho v^2 B\left[KH_1^*\,\frac{\dot{h}}{v}+KH_2^*\,\frac{B\dot{\alpha}}{v}+K^2H_3^*\,\alpha+K^2H_4^*\,\frac{h}{B}+KH_5^*\left(\frac{\dot{p}}{v}\right)+K^2H_6^*\left(\frac{p}{B}\right)\right]$$

$$M_{se}=\frac{1}{2}\rho v^2 B^2\left[KA_1^*\,\frac{\dot{h}}{v}+KA_2^*\,\frac{B\dot{\alpha}}{v}+K^2A_3^*\,\alpha+K^2A_4^*\,\frac{h}{B}+KA_5^*\left(\frac{\dot{p}}{v}\right)+K^2A_6^*\left(\frac{p}{B}\right)\right]$$

$$D_{se}=\frac{1}{2}\rho v^2 B\left[KP_1^*\left(\frac{\dot{p}}{v}\right)+KP_2^*\,\frac{B\dot{\alpha}}{v}+K^2P_3^*\,\alpha+K^2P_4^*\left(\frac{p}{B}\right)+KP_5^*\,\frac{\dot{h}}{v}+K^2P_6^*\,\frac{h}{B}\right]$$

其中:$K=\frac{B\omega}{v}=2k$ 为折算频率;$B=2b$ 为桥宽;v 为风速;ρ 为空气密度;h、α、p 分别为桥梁的竖向位移、扭转角、横向位移,其上加点表示相应的速度。气动系数:H_i^*,A_i^*,P_i^*($i=1,2,3,4,5,6$)为 K 的无量纲函数,称为气动导数或颤振导数。颤振导数的精确测量是困难的,尤其是横向振动与扭转、横向振动与竖向振动的耦合项对应的颤振导数,因而在分析时常将上述三式中的后两项略去,这对于斜拉桥、或者主梁截面扭转中心与几何中心不重合的截面、或者振

动模态耦合严重的桥梁来说会有一定的误差。另外,由于 H_4^* ,A_4^* ,P_i^* 的测量也不易实现,且假定其影响很小,因而常常被忽略。有些文献采用下式来计算 P_i^* ($i=1,2,3$)

$$P_1^* = -\frac{2}{K}C_D; P_2^* = \frac{1}{K}\frac{\partial C_D}{\partial \alpha_w}; P_3^* = \frac{1}{K^2}\frac{\partial C_D}{\partial \alpha_w}$$

式中,C_D 为阻力系数;α_w 为风的攻角。对于桥梁的多模态耦合振动来说,上述处理所产生的影响有多大,仍需要进一步评估。

抖振力的表达式可以近似地按准定常理论写成

$$L_b(x,t) = -\rho v^2 B\left[C_L(\alpha_0)\frac{u(x,t)}{v} + \left[\frac{1}{2}\frac{dC_L}{d\alpha}\Big|_{\alpha=\alpha_0} + \frac{A}{B}C_D(\alpha_0)\right]\frac{w(x,t)}{v}\right]$$

$$D_b(x,t) = \rho v^2 B\left[\frac{A}{B}C_D(\alpha_0)\frac{u(x,t)}{v}\right]$$

$$M_b(x,t) = \rho v^2 B^2\left[C_M(\alpha_0)\frac{u(x,t)}{v} + \frac{1}{2}\frac{dC_L}{d\alpha}\Big|_{\alpha=\alpha_0}\frac{w(x,t)}{v}\right]$$

式中,A 为桥面沿跨长,并垂直于平均风方向的投影面积;$u(x,t)$ 为顺风向分量,$w(x,t)$ 为竖直向分量,其余符号意义同前。

桥梁的空气弹性动力响应根据其现象可以分为如下几种:

1. 颤振(flutter)

颤振是一种危险的自激发散振动,当风速达到临界风速时,振动的桥梁通过气流的反馈作用不断吸取能量从而使振幅逐步增大直至最后使结构破坏。颤振分扭转颤振和弯扭耦合颤振两种。

古典耦合颤振理论,对平板截面作了系统的分析,并导出了相应的颤振临界风速计算公式。

当弯曲和扭转两个自由度按一定的相位差发生耦合振动时,却可能在一定的临界风速下发生危险性的耦合颤振。图 7-5 示出了耦合颤振的发散机理。可见,两种振动相互配合的结果使桥面可以从空气中吸收能量,从而形成振幅发散的耦合颤振。图 7-6 表示在均匀流和紊流风作用下的典型位移反应。

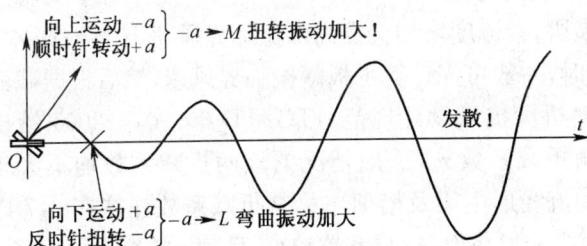

图 7-5　耦合颤振的发散机理

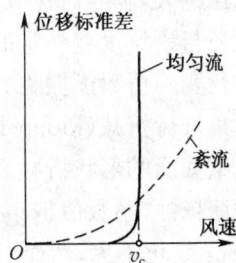

图 7-6　桥梁颤振反应

(1)平板颤振临界风速计算的 Selberg 公式:

$$\frac{v_{cr}}{f_t b} = 3.72\sqrt{\left(\frac{m}{\rho b^2}\frac{r}{b}\right)\left[1-\left(\frac{f_b}{f_t}\right)^2\right]} \tag{7-12}$$

式中　v_{cr}——颤振临界风速;

　　　b——半桥宽;

f_b——弯曲振动频率；

f_t——扭转振动频率；

r——惯性半径；

m——单位长度质量。

(2)平板耦合颤振临界风速计算的 Van der Put 公式：

$$v_{cr}=\left[1+(\varepsilon-0.5)\sqrt{\left(\frac{r}{b}\right)0.72\mu}\right]\omega_b b \tag{7-13}$$

式中 v_{cr}——耦合颤振临界风速；

b——半桥宽；

ω_b——弯曲振动圆频率；

ω_t——扭转振动圆频率；

ε——扭弯频率比 $\varepsilon=\dfrac{\omega_t}{\omega_b}$；

r——惯性半径；

m——单位长度质量；

μ——桥面质量与空气的密度比 $\mu=\dfrac{m}{\pi\rho b^2}$。该公式略去了阻尼的影响（偏于安全）。

颤振的发生在运动微分方程中体现为总阻尼为负。颤振临界风速与桥梁的扭弯频率比 $\varepsilon=\dfrac{w_t}{w_b}$、桥面质量与空气的密度比 $\mu=\dfrac{m}{\pi\rho b^2}$ 以及桥面的惯性半径式 $\dfrac{r}{b}=\dfrac{1}{b}\sqrt{\dfrac{I}{m}}$、阻尼比以及桥梁断面形状等等相关。

ε 越大，临界风速 v_{cr} 越大，因而提高扭转频率是有利的。

μ 越大，临界风速 v_{cr} 越大，桥面越重稳定性越好。

r/b 越大，临界风速 v_{cr} 越大，加大回转半径是有利的，但应注意有可能降低扭转频率。常用桥梁的 $r/b\approx0.27\sim0.32$。

阻尼比越大，临界风速 v_{cr} 越大，但影响不是十敏感。

颤振还与紊流度有一定的关系，一般来讲，紊流度增加会提高颤振临界风速 $10\%\sim20\%$。

在进行实际桥梁颤振临界风速的估算时，一般可先计算平板颤振临界风速，然后根据截面形状及攻角进行折减（kloppel 理论），《公路桥梁抗风设计规范》JTG/TD 60—01—2004 给出了几种典型截面的形状折减系数 η_s 和攻角折减系数 η_a，一般情况下该两折减系数均不大于 1.0，且截面越钝，系数值越小。比较扁平的流线形主梁及桁架主梁其折减系数往往在 0.7 以上，并且随 ε 变化不大，然而对于 H 形截面或 π 形截面，折减系数较小，且随 ε 的增大而下降。

耦合颤振必须是相互相似的振型耦合，如第一对称竖弯与第一对称扭转耦合，第一反对称竖弯与第一反对称扭转耦合，相似程度越高的振型耦合的可能性越大，不同类型的振型不可能耦合。

分离流扭转颤振（Separated-flow Torsional Flutter）或简称扭转颤振，其临界风速计算式可用下式：

$$v_{cr}=T_h^{-1}Bf_t \tag{7-14}$$

式中 T_h^{-1}——Theodorson 数，由风洞试验得到；

f_t——扭转基频；

B——桥面宽。

由于桥梁主梁断面的变化（形状或尺寸）对颤振临界风速的影响很大，因此在实际进行桥梁抗风稳定性分析时，一般均应进行风洞试验（节段模型或者全桥模型等），以确定计算颤振临界风速所需的折减系数或 Theodorson 数，或直接测量临界风速。

2. 弛振（galloping）

对于非圆形截面的边长比在一定范围内的类似矩形断面的钝体结构及构件，由于升力曲线的负斜率效应，微幅振动的结构能够从风流中不断吸收能量，当风速在达到临界风速时，结构吸收的能量将克服结构阻尼所消耗的能量，形成一种发散的横风向单自由度弯曲自激振动。

结构是否发生弛振，主要取决于结构横截面的外形，桥梁结构的塔柱，特别是施工阶段独塔状态应该考虑弛振现象，另外结冰的拉索也有可能发生弛振现象。

《公路桥梁抗风设计规范》JTG/TD 60—01—2004 规定，弛振临界风速的估算可根据下式进行：

$$v_{cr} = -\frac{4m\omega_1 \zeta_1}{\rho D} \frac{1}{\dot{C}_L + C_D} \quad \text{当弛振力系数}(\dot{C}_L + C_D) < 0 \tag{7-15}$$

而当弛振力系数$(\dot{C}_L + C_D) \geqslant 0$不会发生弛振。

式中 ω_1——结构一阶弯曲圆频率；

ζ_1——结构阻尼比；

D——迎风面宽度；

m——结构单位长度质量；

$\dot{C}_L$——升力系数对攻角的斜率；

C_D——阻力系数。

弛振力系数可通过风洞试验测量获得，在初步设计时可根据《公路桥梁抗风设计规范》JTG/TD 60-01—2004 中表 6.2.2 条取值。

弛振临界风速与结构阻尼比、密度比成正比，与升力曲线的斜率成反比。

抵抗弛振的方法有以下几种：

(1)在塔顶安装调质阻尼器（TMD），提高结构阻尼比。

(2)对矩形截面采用倒角的方法，降低升力曲线的斜率。

(3)加大结构的刚度，提高弯曲频率。

(4)加大结构的密度和阻尼，如混凝土塔较钢塔阻尼比大。

3. 涡激振（votex-excitation vibration）

风流经各种断面形状的钝体结构时都有可能发生旋涡的脱落，出现两侧交替变化的涡激力，当旋涡脱落频率接近或等于结构的自振频率时，将由此发生结构共振。

试验表明，对于一确定形状和大小的截面，旋涡的脱落频率与风速成正比。涡激振动的最大振幅的大小随结构阻尼的增大而减少，而发生涡振的风速与频率则几乎不受阻尼的影响。

一般来讲，透风率低的扶手栏杆、防撞栏、防眩面板等对涡振有不利的影响，而趋于防止或延迟风流从结构表面脱离的装置、促使分离流对结构重黏着的装置等均对防止或减少涡振有有利的影响。另外来流的紊流度对涡激共振也有一定的影响。

旋涡脱落频率与结构断面形状有关，对某一结构有：

$$S_t = \frac{f_v D}{v} \tag{7-16}$$

式中　S_z——斯特罗哈数(Strouhal)，一般由风洞试验得到，或者查有关规范；

　　　f_v——旋涡脱落频率(Hz)；

　　　D——结构特征尺寸(m)；

　　　v——风速(m/s)。

从上式可见，涡频 f_v 与风速 v 成线性关系，当涡脱频率 f_v 等于桥梁某阶自振频率 f_s 时，可能发生涡激共振现象，因而涡激共振只在某特定风速时才发生，当以频率为 f_s 振动的体系将对涡的脱落产生反馈作用，使涡频 f_v 在相当长的风速范围内被 f_s 所"俘获"，产生一种"锁定"(lock-in)现象。

涡激振动作为一种带有某些自激性质(反馈作用)的强迫振动现象，有以下特征：

(1)是一种在较低风速区发生的有限振幅振动；

(2)只是某一风速区域内发生；

(3)最大振幅对阻尼比有很大的依赖性；

(4)断面形状的微小变化对响应很敏感；

(5)涡激振动可以是弯曲振动，也可以是扭转振动。

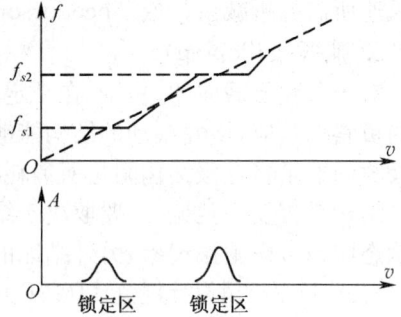

图 7-7　锁定现象

因此，涡激共振不是一种危险性的发散振动，通过增加阻尼，或者适当的整流装置可以将其振幅限制在可以接受的范围内。

降低涡激共振振幅的办法如下：

(1)增大阻尼、或安装 TMD 等；

(2)采取适当的整流装置[如整流板(fairing)]来限制涡激振动响应。减振整流装置的办法有多样，如：折翼板、扰流板、分流板等，具体采用何种装置，可通过风洞试验来确定。

4. 抖振(buffeting)

大气中的紊流成分所激起的强迫振动，也称紊流风响应。抖振是一种限幅振动，由于它发生频率高，可能会引起结构的疲劳。过大的抖振振幅会引起人感不适，甚至危及桥上高速行车安全。

由于空间紊流及结构本身的复杂性，加上对于非流线形的桥梁截面由脉动风转化成抖振空气力的机理还有许多困难和不确定因素，因此，关于大跨度桥梁的抖振计算还没有一个成熟的方法，目前只能通过一些近似假定，对抖振反应作一个粗略的估计。

抖振分析方法根据其自变量不同可分为频域法和时域法。

目前常用的频域法有 Davenport 方法和 Scanlan 的颤抖振理论：

(1)Davenport 方法

Davenport 最早开始进行桥梁抖振研究，它利用 Liepmann 在求解飞机阵风响应时所运用的思想，基于片条理论和准定常空气动力理论，将概率统计的方法首次应用于求解柔性细长结构的阵风响应。该理论认为风速的脉动决定了风荷载的统计特性，柔性细长结构的阵风响应可以通过模态叠加求得。其基本思路为：

①确定自然风风谱；

②计算结构的动力特性；

③假定风的空间相关函数；

④利用振型分解法计算各振型下的抖振位移均方根值；

⑤求出结构各阶振型下的抖振内力和位移响应并组合；

⑥抖振评估。

Davenport 的方法开创了桥梁抖振计算的途径，引入气动导纳来修正准定常气动力的误差，引入了联合承受函数来反映空气动力沿横向的相关性。但他对自激力仅考虑气动阻尼的影响，对自激力的共同作用注意不够，忽略了气动刚度的影响和气动耦合效应。对于断面两个方向尺寸相当的结构，这样简化还基本上可以接受。但对于大跨度桥梁断面来说，特别是由于竖向和扭转运动的相互耦合作用，这种简化有较大的局限性。全模型风洞试验表明：心须对空气动力阻尼，特别是扭转阻尼作适当的调整才能使理论分析结果与实际结果相吻合。

（2）Scanlan 的颤抖振理论

Scanlan 及其合作者在其原先提出的颤振分析理论的基础上，提出了同时考虑结构自身运动引起的自激力和自然风产生的抖振力的抖振分析理论，Scanlan 求解抖振的方法主要还是频域分析，计算方法与 Davenport 基本相同，都是通过模态分解，求出各阶模态的响应，再叠加求出总体的响应。

①将风的作用分解为自激力和抖振力，并导出其计算式；

②利用振型分解法得桥梁以某阶振型振动的运动方程；

③对运动方程及广义抖振力进行 Fourier 变换并求解；

④利用解的功率谱密度及风谱求得位移反应的均方根值。

⑤求得结构的抖振响应内力和位移。

Scanlan 的方法对桥梁颤抖振理论进行了简化，避免了非常繁杂、冗长的计算，从而更适合于工程应用。

频域分析基于结构的固有模态坐标，具有较高的效率。且具有简单、实用、有效等特点，桥梁结构抖振频域分析一直以来都被广泛应用。而随着桥梁施工技术的发展和跨江、跨海工程的需要，桥梁越来越向大跨度、超大跨度发展。这些大型的柔性结构具有各种非线性特性，如结构的几何非线性、脉动风速的空间相关性、空气动力受结构变形的影响等。频域分析方法对这些非线性影响因素的处理比较困难。而且频域分析方法中往往要人为选取参与计算的模态，给分析结果带来一定的不确定性。而建立在数值积分基础上的时域分析方法在处理以上非线性因素及湍流的影响上却比较容易、直观、自然。利用时域分析方法，可以深入理解各种非线性因素对大跨度桥梁空气动力特性的影响，更好地揭示抖振气动弹性现象的发生、演变的过程。利用时程响应曲线，还可以分析桥梁的疲劳特性和可靠性。

对大跨桥梁风致抖振时域分析的研究，国内大约是从 90 年代中期开始进行的。基于有限元软件进行桥梁抖振时域分析的程序化方法通常可分为以下四步。第一，在通用有限元软件中建立桥梁空间有限元模型，并进行动力特性分析以检验模型的准确性。第二，依照桥梁设计资料和桥梁风荷载规范，选定桥梁抗风计算加载节点和风速模拟参数，依照模拟程序编制的流程图模拟脉动风速场。第三，按照所推导的基于准定常假定的实用转换公式，将模拟所得的脉动风速转换为作用在桥梁结构上的抖振力时程。第四，将第三步得到的荷载时程施加于有限元模型上，利用通用有限元软件进行时程分析，即可得到抖振时域分析结果。

在风振时程分析中，所有作用于结构上的风荷载都需要表达成时域的形式。作用于桥梁结构各部分的风荷载可以处理为三部分：平均风引起的静风力、脉动风引起的抖振力和气动耦合产生的自激力。其中,静风力荷载根据节段模型试验获得的静力三分力系数确定;抖振力和自激力可按照 Scanlan 的准定常气动力公式计算,并考虑气动导纳的修正。

5. 斜拉桥拉索的风致振动

斜拉桥的风致振动大致可分为涡激振、尾流驰振(wake gallloping)、雨振（rain vibration）及参数共振等。

涡激振:一般拉索的小振幅风致振动大多是由于涡激共振产生,圆形截面的斯特罗哈数等于 0.2,其旋涡脱落频率随风速而线性变化,当涡脱频率与拉索某阶横向振动频率相一致时会发生涡激共振,此时的风速即为临界风速。由于拉索振动对旋涡脱落的反馈作用,涡脱频率在接近临界风速的一定范围内被拉索频率所锁定,使发生涡激共振的风速范围扩大。一般观察到的涡激共振大都是四阶或五阶的振型。

由于斜拉桥各根拉索的索力、直径、长度不同,其振动频率也是各不相同的,因此,在不同风速条件下会激起不同部位的拉索振动。

尾流驰振:当 2 根斜拉索并列布置,且间距为斜拉索直径的 10～20 倍时,上风侧斜索的尾流会激发下风侧拉索发生椭圆形振动。尾流驰振风速计算范围为 $v=(25\sim50)f_n\times D$,f_n 为 n 次振型的固有频率,D 为斜拉索直径。

雨振:下雨时当风的作用方向与斜拉索的下坡一致时,在斜拉索的表面会形成上下两条通道,雨振即为由于这些通道的形成,使斜拉索的截面变为对空气动力不稳定时所发生的振动。

雨振特点:

①雨振常发生在斜拉索表面为光滑时;

②它是在风速为 6～18 m/s 的范围内所发生的一种有限振动;

③发生的频率处于 3 Hz 以下的范围内;

④易受紊流的影响,紊流强度达 15% 时有可能不发生雨振;

⑤结构阻尼增加后振幅减少,如附加对数衰减率为 0.02～0.03 的结构阻尼后即可制振。

参数共振:当斜拉桥主梁受到各种外界的激励,桥面以总体的弯曲频率发生振动时,将使下端与桥面相连接的拉索以同样频率随之振动,当桥面的振动频率和拉索的横向振动频率满足倍数关系条件时会发生拉索的参数共振。对较长的拉索,微小的桥面振动会激起大振幅的拉索横向振动。

减少斜拉桥拉索的风雨振动的方法有:

①在拉索两端装阻尼器,常用在拉索与桥面的连接端安装阻尼器,但阻尼器的位置愈近端部,阻尼比越小,减振效果愈差。

②把拉索从外索至内索相互连接起来,通过连接件的伸缩来消能,同时利用各根索固有频率的不同所产生的干扰效应来传递能量以达到抑振的目的。

③在拉索表面加纵向突出条、螺旋条、分布凹陷、分布凸点等等方法,将水道隐蔽起来或改变水路或防止水路形成等,从而使振动得到抑制。

四、桥梁抗风设计准则

1. 桥梁设计风速的确定

设计风速是作为计算设计风荷载及检算抗风稳定性的基准而采用的风速,它是通过对基本风速进行重现期修正、地形修正、高度修正和阵风脉动修正而求得的。

　　基本风速又称参考风速或标准风速,如前所述,它是相对于某一标准高度(10 m 高度)标准时距(10 min 时距);标准地表地貌(一般空旷平坦地表,B 类地表);100 年重现期的年最大平均风速。

　　桥梁抗风设计的基本风速的确定,可先按以下几种方法确定:

　　①桥位处现场实测,该法能直接给出桥位处的风速,较合实际,但由于基准风速的确定需要的周期很长,数据量很大,而实际桥位的确定不可能提前很长时间确定。

　　②根据桥位附近的气象台站的资料进行推算,注意考虑气象台站的地形与桥位处地形的差别。

　　③根据《公路桥涵设计规范》的基本风压值进行推算。

　　然后,对上述所得到的基本风速按实际情况进行修正求得设计风速:

　　①重现期修正,主要依据结构的重要性,或施工周期等等进行考虑。

　　②桥位处地表特征修正。根据桥位处的地表特征、地表粗糙度、风向、峡谷效应等进行修正。对于有峡谷、深沟等地的桥梁,由于峡谷、深沟对风速有压缩加速效应,因而在确定设计风速时可适当考虑乘以大于 1 的数以考虑峡谷或深沟对风速的放大作用。对于不同地表粗糙度的修正,可假定标准地表与桥位处地表的边界层高度处风速相等,进行换算得桥位处的基本风速。

　　③高度修正。设计基本风速给出了 10 m 高度处的基本风速,实际桥梁桥面高度处的高度不可能正好是 10 m,因而桥梁的设计风速应根据 10 m 高度处风速 v_{10} 进行高度修正。《公路桥梁抗风设计规范》对设计基准风速的确定作了说明,并给出了相应的计算式和图表。在进行高度修正时,高度 Z 原则上是以桥梁所跨越的海面、水面或地表面为基准面(河流以平均水位即一年有半年不低于该水位的水面或常年水位为基准面,海面以平均海面或平均潮位为基准面),对于主梁,高度 Z 为主跨跨中桥面至基准面距离,对于桥塔,高度 Z 为塔高的 0.65 高度处至基准面距离。

　　2. 桥梁抗风设计准则

　　由平均风速(风压)所产生的风力通常被视作一种静荷载,因而它还须与恒载或活载等等进行组合,对这种组合的荷载进行常规的静力分析自然就把该项影响纳入了考虑。就现行的极限状态而言,各荷载的分项系数及抗力系数都必须视不同情况(如施工阶段、成桥阶段等)予以制定。

　　对大跨度斜拉桥或悬索桥这类柔性结构,由于风的动力效应明显,仅仅验算静风荷载是不够的,且有时其动力效应更为重要。如前所述,它在不同风速作用下可能出现不同形式的风致振动。

　　为了确保桥梁的安全性和使用性,通常制定如下准则:

　　①对于限幅振动:最大响应≤容许值;

　　②对于稳定问题:临界风速＞安全系数×设计风速。

　　对于限幅振动,如涡振、抖振等等,其响应包括振幅响应、内力响应、加速度响应等,目前,限幅振动的容许值还未有具体的规定,至多针对抖振响应进行内力分析及验算,这是由于它涉及到构件的疲劳性能和对人体舒适度的要求。

　　稳定问题包括静力稳定和动力稳定,一般认为目前跨度的桥梁其静力稳定问题没有动力稳定问题突出。对于动力稳定,包括颤振和驰振,日本规范要求,临界风速必须大于设计风速的 1.2 倍,即安全系数取 1.2,而英国规范则取 1.3。

第三节 大跨度桥梁的抗风减振措施

根据大跨度桥梁风致响应性能的特点,其抗风减振设计可参考以下两向面进行[1]。

一、改善结构的动力特性

结构的动力特性表现在固有频率、振型和阻尼三个方面。

(1)提高结构的刚度以加大固有频率,从而提高临界风速和减少振幅。然而对于柔性大跨桥梁结构,增加主梁刚度来满足抗风要求是不经济的,有时也会带来恶化气动外形的结果。

(2)增加结构质量,可以减少一些风致振动的振幅,但应注意该法同时也降低了频率,带来不利的影响。

(3)对于多数带非流线形截面的大跨度桥梁,其颤振形态是以扭转为主的。提高主梁扭转刚度可采用抗扭刚度大的结构,有利于提高颤振临界风速,如斜拉桥采用布置成斜索面的 A 型桥塔、在悬索桥中采用中央扣或斜吊索、将塔梁固结以约束扭转变形等等。

(4)除了古典颤振以外,其他各种风致振动都可以通过提高结构的阻尼来提高抗风稳定性或减少振幅,然而结构本身的阻尼是有限的,因而可采用安装阻尼器的方法间接提高结构阻尼,如 TMD、TLD 等。另外混凝土桥较钢桥阻尼高。

(5)斜拉桥斜拉索的减振制振措施也很多,如采用阻尼器、将拉索相互连接等。

二、改善截面气动性能

造成结构风致振动的空气作用力(自激力、涡激力和抖振力)都是空气(平均风和脉动风)绕过桥梁断面时发生相互作用而产生的。改变截面的气动外形必将引起空气力的增大或者减少。然而由于钝体结构空气动力学在理论上的不成熟,目前只能通过风洞模型试验的手段来识别各种空气作用力,并在大量的试验中总结出一些有效的措施。

(1)通过各种截面的颤振导数的测试,发现截面的宽高比是衡量截面流线形的重要标志,对于同样形状的截面,不同的扁度(宽高比)直接影响 Theodorson 数 Th 的值,扁度大,Th 愈小,稳定性好。因而大跨桥梁常采用气动性能较好的断面扁平箱梁。一般要求桥梁截面的扁平度>7。

(2)带悬臂的截面较钝头截面有较好的气动性能,且悬臂愈长,气动稳定性愈好。在截面头增设风嘴、裙板将改善气流的流态,减少涡脱,使截面趋于流线形。相反,桥面的防撞栏、透风率低的栏杆、路缘石等对气动性能是不利的。

(3)采用桥面局部开槽的透风措施,增加气动稳定性,对于超大跨度桥梁,这种措施是必须的。

(4)附加一些抑流板、导流板和扰流板等减少抖振反应,但应注意到,由于各种风振的机理不同,一种措施并不能兼顾各个方面,有时,某种措施能抑制一种风致振动,而对另一种风致振动的效果不大,甚至会引起相反的效果。因而必须经风洞试验验证其效果。

(5)斜拉索可采用表面刻槽、表面加螺旋条、表面加凹凸斑点等方式进行改善抗雨振的性能。

第四节 风洞模型试验简介

风洞按风路形式分开路式和回流式,而回流式又可分为单回、双回和环回几种。风洞按风速分有:低风速、高亚音速、跨音速、超音速、高超音速几种。桥梁及土木结构由于其试验风速较低,一般在低风速风洞中进行。

根据低速风洞中试验段的流场形式不同,风洞又可分为:均匀流风洞、紊流风洞、边界层风洞。

用几何缩尺模型模拟实桥,保证其物理相似、几何相似及流场相似,结构的响应才能相似,因而,风洞模型试验应有适当的相似准则,相似准则的确立一般通过量纲分析来确立。

由于结构的风激振动响应的复杂性、桥梁断面形式的多样化以及分析方法的不完善,风洞模型试验仍是桥梁风工程学中不可替代的研究方法。

风洞试验模型是根据一定的相似关系制作的相似模型。总的说来,桥梁的风洞模型试验,一般分为全桥整体模型试验和节段局部模型试验两类。

全桥整体模型(气动弹性模型或刚性模型)是一种弹性模型,模型的长度缩尺不超过风洞有效试验宽度,其几何相似比可小到 1/100 以下。其试验内容一般有:(1)测定在常风力作用下的三个分力,即垂直于加劲梁平面的阻力、垂直于平联平面的升力,以及绕桥跨纵轴的升力矩;(2)测定风作用下桥跨结构的动力反应;(3)求出桥跨结构失稳的临界风速;(4)求出桥跨结构的自振特性;(5)检验桥跨结构抗风措施的效果。

气动弹性模型用于测量气动弹性响应(自激振动或强迫振动);气动弹性响应包括:涡激振动响应、抖振响应、颤振等等。它能最真实模拟实桥,但其有缩尺小、细部模拟困难、需大型风洞的缺点,且费用较高。

全桥气动模型试验的优点是能较逼真地再现空气动力和悬索桥结构所有部件之间的相互作用。但是,全桥模型试验必须在大风洞内进行,试验费用较大,且模型加工量和精度都很大、更改也很困难。

全桥气弹模型,加劲梁和桥塔一般芯梁可用铝合金材料或钢材制作,用以模拟其刚度,外形可用木材或其他易加工材料制作,外形应断开,以便不提供刚度的影响,在集中质量处如横梁、锚旋等加上局部的钢板或者铅配重。这样,模拟实际的荷载分布情况与重心位置,就能使模型的竖向、水平及扭转振动符合实桥要求。当然,这些附加钢板所造成的刚度与阻尼的影响是相当小的。缆索可用不锈的细钢丝制作,其弯曲刚度应为零,而轴向刚度可比按相似条件要求大,然后用设在锚锭后的弹簧来调节缆索中的张力。每根索的重量也应按模拟规定加上。

节段模型的断面是根据实桥的断面模拟,即考虑梁的抗弯刚度和抗扭刚度等,而其他部分对该节段的约束,则用支持该节段的弹簧或其他边界条件来模拟。所以节段模型是一种刚性模型,模型的几何相似比可用到 1/50 左右。根据测定目的不一样,可分为静力节段模型试验和动力节段模型试验两种。而模型一般有如下三种:(1)静力刚性模型,即利用两端固定的刚性模型,进行定常风力作用下三分力系数及风压分布试验;(2)弹簧支承模型,即由弹簧支承着的刚性模型,可进行上下、回转两个自由度的振动;(3)强制振动模型,即在刚性支承上的刚性模型上加振,并在风力作用下测出振动力和变位的相位差及振幅的改变,计算出非定常风力作用下的三分力。

刚体节段模型当采用静力支承安装于测定装置(如应变式天平或者机械式天平)上可进行定常力测定、或用于测量主梁的静力三分力测定、斯特罗哈数测定等。这称为静力节段模型试验。

刚体节段模型当采用弹簧悬挂的弹性支承时,可进行气动弹性响应测试(自激振动或强迫振动)、非定常气动力测定(气动导数或气动导纳)、非定常压力测定等。称为动力节段模型试验。

节段模型试验具有缩尺大,模型失真少,制作方便,易于细部模拟,如栏杆,也易修改,从而达到优化的结果,费用低,可在小风洞里进行等优点,但能模拟的振型较少(仅三个)。同时模型转动方便,变化攻角方便,但变化偏角不便。

刚体节段模型要求几何外形与实桥相似,几何缩尺比应不小于1/100,模型的长宽比应不小于2。

第五节　地震及桥梁震害

地震是与地球构造运动密切相关的一种自然现象。按成因区分,地震可分为构造地震、火山地震、塌陷地震等。一般造成较大灾害的都是构造地震,并尤以浅源地震危害最大。因此,工程结构抗震主要考虑浅源地震。

我国地震活动区分布广,是地震多发国家之一,20世纪以来我国发生了多起7.0级以上的地震,如:1923年四川炉霍、道孚7.25级地震;1933年四川叠溪7.5级大地震;1948年理塘7.3级大地震;1970云南通海7.7级地震;1973年四川省甘孜藏族自治州境内的炉霍7.9级地震;1974年云南昭通7.1级地震;1976年云南龙陵7.3级地震;1976年四川松潘7.2级地震;1976年中国唐山7.8级地震;1988年澜沧、耿马7.6级地震;1999年的台湾集集7.6级地震;2002年昆仑山8.1级地震;2008年汶川7.9级大地震等,如图7-8所示。

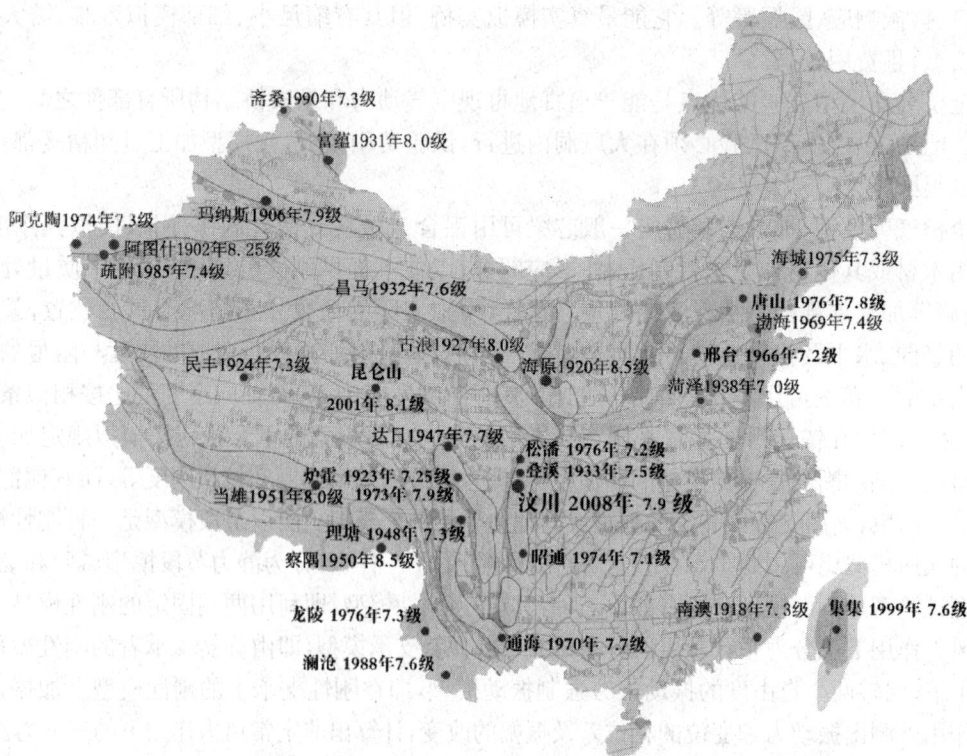

图7-8　中国的主要地震带及20世纪以来的7级以上地震分布示意

国外也发生过多次震级较大的地震,如 1906 年美国旧金山大地震(M8.3);1923 年日本关东大地震(M8.2);1960 年智利南部大地震(M8.5);1964 年美国阿拉斯加大地震(M8.4);1968 年日本十胜冲大地震(M8.0);1989 年美国洛马．普里埃塔(Loma Prieta)地震(M7.0);1994 年美国诺斯雷奇(Northridge)地震(M6.7);日本 1995 年的神户地震(M7.2);印尼 2004 年 8.9 级地震及海啸和 2006 年 7 月的 7.7 级地震,苏门答腊 2005 年 3 月的 8.7 级地震,秘鲁 2007 年 8 月的 8.0 级地震等等,这些地震都造成相当多的也做过抗震设计的大型桥梁的倒塌或严重损坏。这种情况导致对抗震设计方法的讨论和新桥的抗震研究设计活动以及对已建桥梁的抗震评价与加固的研究活动明显增加。

地震震级用于表示地震大小的指标。震级高低,是地震释放能量多少的尺度。1935 年,里克特(Richter. C. F)首先引入震级的概念,并提出以地震仪记录的水平向地震波最大位移的平均值来测定震级的大小。他提出的近震震级的定义为:
$$M_L = \log B - \log B_0$$
式中　B——标准地震仪(周期 0.8 s,阻尼比 0.8,放大倍数 2 800)记录的两水平向分量最大振幅的平均值(单位为 mm);

　　$\log B_0$——起算函数,与震中距有关。

地震烈度是表示某一区域范围内地面和各种建筑物受到一次地震影响的平均强弱程度的一个指标。这一指标反映了在一次地震中一定地区内地震动多种因素综合强度的总平均水平,是地震破坏作用大小的一个总评价。目前,除日本外,全世界使用的基本上是 12 等级划分的烈度表,所有的烈度表都是以宏观现象为指标的。

现有的实际烈度等震线图都是从 12 级中的 V 度开始直至 X 度,并包括可感范围,它约相当于 Ⅲ 度左右,因此可以说,使用得最经常的烈度是 Ⅵ-Ⅹ,它们大多是根据低层房屋震害评定的,正好是地震工程中最关心的烈度范围,因为更小的烈度对工程无影响,更高的烈度既少见而且又超过人们可以经济地防御的范围。

地震动以波动的方式从震源处传播而来,使地基产生应变,从而对桥梁基础产生作用,然而,地震作用又由基础通过墩台、支座传给上部结构;上部结构的惯性力又反过来通过支座、墩台、基础反馈给地基。因而桥梁基础与其周围的地基存在着较强的相互作用,这种相互作用的影响根据基础的型式和土层性质的不同而不同。地震工程学中常以加速度时程曲线来描述地震波,图 7-9 给出了几个典型实测地震动加速度时程。

地震动是一个复杂的随机现象,其

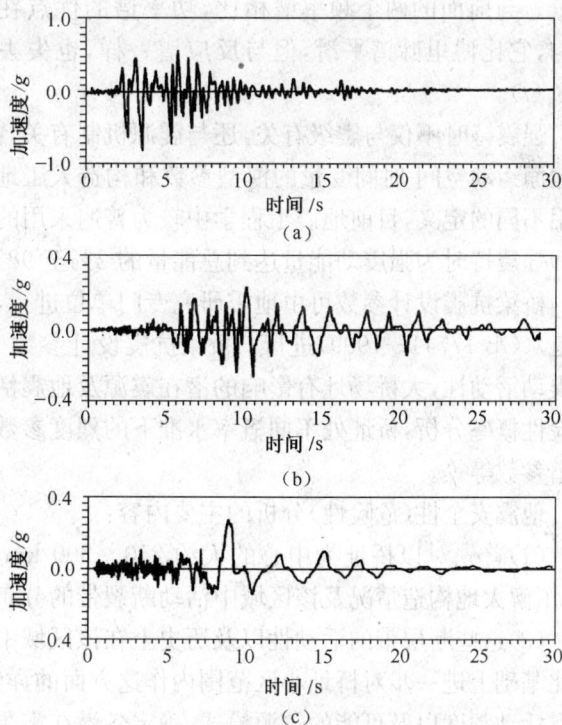

图 7-9　地震动时程曲线示意图

所以复杂是因为我们对许多重要因素尚难精确估计。如震源、传播介质中千差万别的动力过程及裂隙构造，从而产生许多不确定性的变化。因而地震动是随机不平稳过程。

一般认为，对于工程抗震来讲，地震动的特性可以通过其三要素来描述，即地震动振幅、频谱和持时。由于地震波在地层内的传播与地层土特性、地震发生机理、地震能等密切相关，而震源发生机制、土层等因素十分复杂，要准确描述地震动是十分困难的。

地震动的振幅是指地震动加速度、速度、位移三者之一的峰值、最大值或某种意义的有效值。由于影响地震动振幅的因素很多，如记录仪的失真等，地震动的最大值有时会有较大的误差，同时单一峰值对结构抗震来讲影响并不显著，因而工程界对地震动振幅有多种定义，详细定义可参见相关文献。

理解了振动力学中的共振效应现象，就很好理解频谱组成对结构反应的重要影响，由于结构本身有自振频率，如果地震动的频谱集中于低频，它将引起长周期结构物的巨大反应；反之，若地震动的卓越频率在高频段，则它对刚性结构物的危害大。

地震动是随机振动，它由许多不同频率的简谐波组合而成，凡是表示一次地震动中振幅与频率关系的曲线，称为频谱。地震工程中常用的频谱有三：即傅里叶谱、反应谱和功率谱。

反应谱是 1940 年前后提出来的，它通过理想简化的单质点体系的反应来描述地震动特性。设有一自振频率为 ω、阻尼比为 ξ 的单质点体系，在支承处受到地震动加速度过程 $\ddot{\delta}_g(t)$ 作用，其相对位移最大响应、最大速度最大响应、最大绝对加速度最大响应分别称为相对称位移谱、相对速度谱和绝对加速度谱。与傅里叶谱相比，反应谱失去了地震动各频率分量之间的相位差，所以不能再返回到地震动 $\ddot{\delta}_g(t)$。

功率谱密度函数（又称功率谱或功率谱密度）是随机过程在频域中描述过程特性的物理量。与前面的两个频率谱相比，功率谱的优点在于它具有明确的统计意义，由于是一种平均，它比傅里叶谱平滑，但与反应谱一样，也失去了相位信息，所以也不能再返回到地震动 $\ddot{\delta}_g(t)$。

强震持时不仅与震级有关，还与震源机制有关，持时加长，震害加大。持时还用作描述地震地面运动空间-时间变量的模型参数和构造人工地震波的参数，然而对强震持时，不同学者采用不同的定义，目前地震工程学中较为普遍采用的是以地震能量作为主要工具的持时定义，也即强震持时为强震动能量达到总能量的 2% 至 98% 所需要的时间。

桥梁抗震设计参数可由地震研究专门单位进行，依据我国《工程场地地震安全性评价技术规范》（GB 17741—1999）进行。桥梁抗震设计参数一般包括桥梁场地区域内地震地质特征，地震动活动性，大桥场址有影响的潜在震源及地震活动参数，地震动衰减规律，工程场地地震危险性概率分析，桥址处不同概率水准下的烈度参数、最大加速度参数（最大峰值和时程）、反应谱参数等等。

地震安全性（危险性）分析的主要内容：

（1）首先对以桥址为中心的大约 $250 \sim 300$ km 的区域内的地震构造和地震活动进行调查，了解大地构造情况及该区域中活动断裂带的分布；

（2）这些断层带的活动性以及历史上在该区域中地震活动的空间分布及时间分布的特征，在此基础上进一步对桥址小区范围内作这方面的详细调查以判明潜在震源区的位置、规模和地震活动频度以及可能的震源模式，确定各潜在震源的发震率；

（3）根据地震动衰减规律和地震危险性概率模型计算得不同概率的基岩地震动参数（主要

包括基岩目标反应谱、地震动峰值加速度和地震动持时);

(4)平稳随机过程的数学模式计算基岩加速度时程曲线,并将它作为基岩地震输入,进行土层的地震反应计算;

(5)土层反应主要和土的动剪切模量、阻尼比和动剪切应变有关。这些基本的土的动力性能资料可根据波速测定以及从钻孔中取若干土样进行土的动力性能的室内试验取得;

(6)然后用一维或者二维波动模型计算土层的地震反应,从而取得土层的峰值加速度、土层的设计反应谱及其他有关参数,同时取得土层的人工地震波时程。

由于地震发生的随机性,进行土层地震反应分析时要取桥址附近多个钻孔资料的试验结果作为计算依据。

由于土层性质的影响,地震波在各土层中会得到滤波和放大的作用,因而不同的土层的地震动也会是不同的。桥梁是个多支点的长线型结构,由于行波的影响,各基础所受的地震动激励是不同的,且会产生不相同的差动位移,而且桥的长度越大,差动位移越显著。因而对长大跨度的桥梁作地震反应分析时,行波效应和多点激励问题不容忽视。

由于设计时没有考虑地震设防,海城地震中618座桥梁有193座遭到不同程度损坏,占31.2%,唐山地震中遭震灾的铁路桥占39.3%,而公路桥占62%。其中包括落梁、拱倒坍、墩台折损和压屈、主要承重构件的破碎、断裂、梁裂缝、墩台滑移断裂、严重倾斜、跨度明显变化、承载力大大降低、支座锚栓剪断等等,这些震灾除了由于桥梁场地土液化引起外,其他是由于桥梁抗震能力不足引起的,特别是下部结构和支座处的震灾说明,该部分抗震能力尤为薄弱。

地震对桥梁的破坏作用是严重的,由于桥梁是生命线工程之一,所以因其本身的破坏而引发的次生灾害将会很大,桥梁的震害可以发生在桥梁的各个部位,具体可归纳如下:

(1)上部结构的震害。梁本身遭受震害破坏的情形比较少,往往是由于桥梁结构其他部位的损坏而导致梁体的破坏,拱桥拱体的破坏主要也是由于地基、墩台条件差的缘故。但对一些高架桥(框架结构)的钢筋混凝土结构或钢结构桥有时会有较大塑性变形的震害发生。

(2)支座震害。地震作用通过基础传给桥墩(台),再传给支座,直至桥梁上部结构,而上部结构的惯性力又通过支座传给桥墩(台),因而支座受力较为复杂。分析表明,支座动力水平放大系数比桥墩底面的应力放大系数大。另外,下部结构(墩、台)的顺(横)桥向变位的不一致也会引起支座的附加反力,因而支座是抗震薄弱而又关键的环节。

(3)落梁或垮塌震害。主要表现为顺桥向的落梁。其主要原因为:桥跨在纵向的相对位移超出支座长度、或墩(台)顶部的变位差使跨度加大、或由于地基土的作用使墩(台)移位以至梁错位并与墩(台)脱开。

(4)下部结构(墩、台)的震害。表现在施工缝处的裂缝扩展,直至墩身被剪断或墩身混凝土局部被压溃。其主要原因为:弯曲强度不足、弯曲延性(韧性)不足、桥墩配筋过早切断、剪切强度不足。所谓延性即为结构经过大于屈服位移的几个周期性变形,而强度不会有明显的折减的性质。

(5)基础震害。地基沉降和水位移动引发基础下降或移位,饱和砂土液化使地基丧失或部分丧失承载力等。

(6)附属结构破坏。如栏杆、伸缩缝、挡块、桥台胸墙等的破坏。

第六节　桥梁抗震设计方法

抗震设计理论是各项工程结构抗震技术研发的基础。伴随着对各次大地震造成结构破坏状态的调查分析及对结构抗震性能的认识深入，结构抗震设计理论和方法已取得了一定进步。总体上，结构抗震设计分析方法可分为静力分析、反应谱和动力分析三个阶段，而按结构性能反应，结构抗震设计可分为弹性、延性、能力、性能设计方法。

地震时地面运动对结构产生动态作用，地面运动可以用强震加速度仪测量或其他方法推算，由于地震动是随机的，结构在随机强地震强迫作用下的响应也是随机的，其地震响应计算相当复杂。在桥梁抗震计算中，早期采用简化的静力法，20世纪50年代后发展了动力法的反应谱法，而后发展了对重要结构采用的动态时程反应分析法。

静力法也叫地震系数法，它假定结构物与地震动具有相同的振动，因而结构物上的振动加速度与地面运动加速度相同，取地面运动加速度峰值代入，则惯性力为最大作用力，从而可以对结构进行静力计算。

地震系数法忽略了结构的动力特性这一重要因素，对于刚度较大的笨重结构物，采用该法进行抗震分析比较合理，所以现行规范中桥梁的桥台等的计算仍采用此法。

地震反应动力分析法采用计算机分析结构地震时的动态状况，该法首先选定合适的地震动作为结构的激励，在频域或时域内进行线性或非线性反应分析，对应频域计算有反应谱法和功率谱法，而对应时域方法的是时程反应分析法。

一、反应谱法

地震反应谱法系将结构置换成单自由度或多自由度的线性振动体系，根据用其他方法求得的反应谱图，由体系的固有周期和阻尼比求得最大反应值的方法。

对于多自由度体系，可利用振型的下正交性质，采用振型分解法，将多自由度多振型体系的振动分解成多个广义单自由度振动体系的叠加，所谓广义即指系统以某一振型振动。

如多自由度体系受地震加速度 $\ddot{\delta}_g(t)$ 作用产生振动的动力方程为：

$$M\ddot{x}+C\dot{x}+Kx=-MI\ddot{\delta}_g(t) \tag{7-17}$$

式中，M,C 和 K 分别为体系的质量矩阵，阻尼矩阵和刚度矩阵。

令 $x=\phi y$，其中 ϕ 为模态矩阵，y 为广义坐标。

利用振型分解法可得：

$$\ddot{y}_i+2\zeta_i\omega_i\dot{y}i+\omega_i^2 y_i=-\frac{1}{M_{Pi}}\phi_i^T MI\ddot{\delta}_g(t) \quad (i=1,2,\cdots,n)$$

式中　ζ_i 和 ω_i——体系以第 i 阶振型振动的阻尼比和圆频率；

　　　ϕ_i——第 i 阶振型（模态列阵），$M_{Pi}=\phi_i^T M\phi_i$

令

$$\gamma_i=\frac{1}{M_{Pi}}\phi_i^T MI=\frac{\phi_i^T MI}{\phi_i^T M\phi_i} \tag{7-18}$$

γ_i 称为第 i 阶振型参与系数。式(7-17)变为

$$\ddot{y}_i+2\zeta_i\omega_i\dot{y}_i+\omega_i^2 y_i=-\gamma_i\ddot{\delta}_g(t)(i=1,2,\cdots,n) \tag{7-19}$$

容易证明：$\sum_{i=1}^{n} \gamma_i \phi_i = 1$。

从而有，作用在第 j 节点上由第 i 阶振型振动引起的最大地震荷载为

$$F_j = K_H \beta_i \gamma_i \phi_{ij} W_j \quad (j=1,2,\cdots,n) \tag{7-20}$$

式中　ϕ_{ij}——对应第 i 阶模态第 j 节点的振型值。

$\quad\quad W_j$——第 j 节点的重量。

$\quad\quad K_H$——水平地震系数或地震动峰值加速度，应根据结构抗震设防的烈度水准取用，根据我国《铁路工程抗震规范》规定：设计烈度Ⅶ度以上进行抗震设防，相应于Ⅶ度、Ⅷ度、Ⅸ度的水平地震系数分别为 0.1、0.2 和 0.4。

$\quad\quad \beta_i$——动力放大系数或加速度反应谱，可根据结构频率换算的周期，查相应的规范获得。

具体计算时，根据多自由度体系的动力方程，求出其各阶（或取部分低阶）频率 ω_i 和对应的模态列阵 ϕ_i，然后，根据频率 ω_i 求出对应周期 T_i，并查反应谱曲线求出对应的 β_i，同时，利用模态矩阵 ϕ_i 和式(7-18)求出 γ_i，再后，利用式(7-20)求出对应第 i 阶振型作用在各节点上的地震荷载 F，最后，利用静力方程 $Kz=F$，求得结构内对应第 i 阶振型振动时各项反应的最大值 $R_{i,\max}$，由平方根法进行叠加，得各阶振型振动的总反应的最大值：

$$R_{\max} = \sqrt{\sum_{i=1}^{n} R_{i,\max}^2}$$

这种方法有许多不足之处，如不能描述出地震作用下桥梁的反应过程，而只能给出反应的极值。反应谱法是建立在结构响应可以分解成两正交平面的分量的基础上的。反应谱理论无法反映许多实际结构的复杂因素，诸如大跨桥梁的地震波输入的相位差，结构的非线性二次效应，地震振动的结构—基础—土的相互作用的影响等问题。目前，大多数国家对常用的桥梁结构型式的中小跨度桥梁仍用反应谱理论进行计算，对重要的复杂的大跨度桥梁的抗震计算都建议采用动态时程分析法。

二、时程反应分析法

动态时程反应分析法，首先利用有限元法建立桥梁结构计算模型并建立相应的振动方程：

$$M\ddot{x} + C\dot{x} + Kx = -MI\ddot{\delta}_g(t)$$

然后，选取合适的地震动输入（地震动加速度时程），采用数值积分法对振动方程进行求解，计算出每一瞬时的结构的位移、速度和加速度响应，从而可以分析出结构在地震作用下弹性或非弹性阶段的内力反应、构件变形形态。

相对反应谱法而言，动态时程分析法可以具体地考虑结构、土—深基础相互作用，地震波相位差以及不同地震波多分量多点输入等因素，从而建立结构（包括基础与地基）动力计算模型和相应地震振动方程，同时可考虑结构的几何和物理非线性以及各种减振、隔震装置的非线性性质（如桥梁的橡胶支座，特种阻尼装置等）。

对于复杂桥梁，如悬索桥、斜拉桥、斜交支承桥、弯梁桥等桥梁，其振动模态存在着纵、横、垂直、扭转等的耦合，这些耦合效应就要求对这些桥梁的动力分析用三维时程反应分析法来进行。美国的州公路运输处联合会（AASHTO）和应用技术委员会（ATC）、日本的公路协会都规定对于复杂的新型桥梁应进行动力分析。

采用动态时程反应方法对桥梁进行地震反应分析时应注意考虑以下几方面的问题：

1. 行波效应与多点激励模型

通常桥梁结构的地震反应分析是假定所有桥墩底的地面运动是一致的,实际上,由于地震机制、波的传播特征、地形、地质的不同,入射地震波在空间上是变化的,对于长跨桥梁,在桥长范围内,各墩基础类型和周围土质条件可能有较大的差别,因此各墩的地震波的幅值是不同的,甚至波形亦有变化。欧洲规范在规定地震作用时考虑了空间变化的地震运动特征,并指出在下面情况下考虑地震运动的空间变化:(1)桥长大于 200 m,并且有地质上的不连续或明显的不同地貌特征;(2)桥长大于 600 m。

2. 土与结构相互作用

结构物与支承它的地基之间,总是有相互作用的。土-结相互作用是一个长期受到重视的课题,在机械基础振动中最早受到重视。

地基与结构的动力相互作用可以分为运动学相互作用和惯性相互作用。地震波在土层中的传播引起自由场运动,使得各土层的运动互不相同。运动学相互作用就是指自由场中的地震波与基础的相互作用,其结果是使得结构实际受到的地震输入不同于邻近自由场地表的地面运动。而惯性相互作用是指结构的惯性力对地基运动的影响。在地震中,上部结构的惯性力通过基础反馈给地基,使地基发生变形,从而使结构的平动输入发生改变,同时还使结构受到转动输入分量的作用。

桩基础是建于软弱土层中的桥梁最常用的基础形式。桩—土—结构动力相互作用使结构的动力特性、阻尼和地震反应发生改变,而忽略这种改变并不总是偏安全的。国内外许多学者对桩—土—结构相互作用问题进行了很多研究,其分析模型和方法主要有:质弹阻模型,Winkler 模型、连续介质力学模型、有限元法和边界元法。其中,质弹阻模型(或称集中质量法)的应用具有一定的优越性。这种将地基等价为质量—弹簧—阻尼系统的时域方法,被工程界广泛应用,具有很大的发展潜力。

三弹簧法也是应用较为广泛的一种分析桩—土—结构相互作用的简化方法。该方法将桩—土—结构相互作用分成两步来考虑:(1)运动学相互作用。通过修正自由场地地表地震运动来考虑;(2)惯性相互作用。将桩—土系统的刚度用三根弹簧来模拟,并和上部结构耦合成为一个整体,输入修正后的地面波进行地震反应分析。

3. 桥梁在地震作用下动力方程的求解

利用动态时程分析法求解桥梁结构的地震反应分析,特别是要考虑体系的非线性时,一般可采用逐步积分法,这种方法把反应的时程划分为短的、相等的(也可以不等)时段,对每一时段,按照线性体系来计算其反应,这个线性体系的特性是时段开始时刻限定的特性,时段结束时的特性按照那时体系的变形和应力状态来修正。

常用的数值积分有:线性加速法、Newmark 法、Wilson-θ 法。

4. 阻尼问题

阻尼是结构的一个重要动力特性,也是结构地震反应中最为重要的参数之一,其大小和特性直接影响结构的基本动力反应特征。由于阻尼的存在,物体的自由振动将会逐步衰减,而不会无限延续。

在一般桥梁结构的地震反应分析中,阻尼可用阻尼比的形式计入;而对于非线性地震反应分析,或具有非均匀阻尼的桥梁(如斜拉桥、悬索桥等)的地震反应分析,则必须采用正确的方法计算阻尼矩阵。目前,均质结构一般都采用瑞利阻尼矩阵,即假定阻尼矩阵为刚度矩阵和质量矩阵的线性组合。

现行的《公路工程抗震设计规范》中关于桥梁的一章适用于跨径不超过 150 m 的钢筋混凝土和预应力混凝土梁桥、圬工或钢筋混凝土拱桥的抗震设计,结构的阻尼比取 5%。另外,钢结构的阻尼比较钢筋混凝土结构低,一般可取 3%。缆索承重桥梁(斜拉桥、悬索桥)与普通桥梁相比,结构更为复杂,而且是非均质结构,各部分的能量耗散机理不同,因而阻尼比的确定也就更加困难。各国的规范也没有给出参考值。因此,在地震反应分析中,只能参考同类型桥梁结构的实测阻尼比来近似取值。国内 7 座斜拉桥(钢桥 1 座,结合梁桥 3 座,混凝土桥 3 座)的实测资料表明,实测阻尼比大部分在 0.5%～1.5% 之间,结合梁斜拉桥各阶振型的实测阻尼比集中在 0.01 附近,而混凝土斜拉桥阻尼比大部分在 0.012 附近,阻尼比与固有频率之间没有明确关系。国内两座悬索桥(虎门大桥和江阴大桥)的实测阻尼比大部分也在 0.5%～1.5% 之间。需要指出的是,在缆索承重桥梁的地震反应分析中,特别关心的是以塔为主的振型,但能找到的实测阻尼比的资料只有江阴大桥的,第一阶以塔的纵向弯曲为主的振型的阻尼比仅为 0.5%。因此,一般说来,在缆索承重桥梁的地震反应分析中,阻尼比的取值不宜大于 1.0%。

5. 桥梁在地震作用下的非线性问题

桥梁抗震设计中,特别是超大跨度悬索桥和斜拉桥的发展,由于它们固有的几何和结构特征,使非线性分析已不可避免。桥梁在地震作用下的非线性特征主要表现为:

(1)由于自重引起的(斜拉桥或悬索桥)缆索的垂度效应,使其轴力与伸长量呈非线性关系。其一般用等效弹性模量来模拟。常用的等效弹性模量计算式为 Ernst 式:

$$E_{eq} = \frac{E}{\dfrac{(WL)^2 EA}{12T^3} + 1}$$

式中　E_{eq}——等效弹性模量;

E——缆索材料的有效弹性模量;

L——缆索的水平投影长度;

W——缆索单位长度和重量;

A——缆索的横截面面积;

T——索中张力。

(2)大变形引起的塔、梁、柱效应。即梁柱单元的轴向变形和弯曲变形的耦合作用,$P\text{-}\Delta$ 效应。一般引入几何刚度来模拟。

(3)大位移引起的几何形状的变化。考虑大位移对刚度影响的最有效的方法是拖动坐标法。分析表明,大跨度桥梁由于地震引起的位移并不大,相对于跨径来说很小,因而可以忽略大位移引起的几何非线性。一般来说,对于大跨度桥梁,在恒载作用的平衡位置下进行地震反应分析,由于此时结构刚度较大,地震反应位移相对结构尺寸来说并不大,因而,在地震反应分析时,常忽略大位移或大变形引起的几何刚度,而只考虑(斜拉桥或悬索桥)缆索的垂度效应产生的几何刚度。

(4)桥梁支座、伸缩缝、挡块、阻尼器及连接单元等的非线性。支座是桥梁结构最易受地震作用损害的部位之一,支座及其他连接部件的力学性能和构造特点也直接影响到桥梁主体的地震反应性能,桥梁隔震减振也常在支座处设置减震耗能装置。

(5)地震土层的材料非线性。桥梁基础处于土层中,土层抗力的非线性、阻尼的非线性对结构的地震性能有较大的影响。因而考虑根据土层性质采用良好的土结构相互作用模型是桥梁结构地震反应分析的重要因素。

（6）桥梁结构材料非线性。如桥梁结构在地震作用下局部进入弹塑性状态，此时其材料非线性的影响不可忽视，对于钢筋混凝土结构来说，其延性特征尤其重要，构件的屈服准则的确定是考虑该项非线性特征的难点，也是重点。

三、地震荷载的组合

由于地震的发生在空间和时间上的随机性，因此要确定一种使结构产生最大反应的地震作用方向是困难的，目前在分析中大多采用三个正交方向即顺桥向、横桥向、竖直方向的地震荷载的组合，但组合系数在各国规范中有所不同。

实际上，上述方法是假定地震的主方向与桥梁纵、横、竖三个主方向重合，这样应是偏于安全的。

1. 美国规范

《美国公路桥梁抗震设计规则》(1991)中规定两正交方向的弹性地震力和力矩应合并成两种荷载形式：

杆件上每一主轴方向的地震力和弯矩是由 100％正交轴（纵向或横向）的地震分析所产生的杆件弹性地震力和弯矩的绝对值加上 30％第二正交向（横向或纵向）的地震分析所产生的弹性地震力和弯矩的绝对值来获得。

对于多数桥梁，运动的竖向分量效应不考虑，不需要作详细的竖向分析，但是对于设计水准要求较高的桥梁上所有支承处和连续结构的铰上应考虑竖向地震力所产生的上拔力的作用，从而决定是否需要设置锚定装置。

2. 欧洲规范

1993 年起草的《欧洲规范》规定，作为在设计中采用的地震作用力，其最不利的组合为：

$$E_x + 0.3E_y + 0.3E_z$$
$$0.3E_x + E_y + 0.3E_z$$
$$0.3E_x + 0.3E_y + E_z$$

式中，E_x，E_y，E_z 分别代表作用于顺桥向(X)，横桥向(Y)，竖直向(Z)的地震力。

对于竖向地震力，另有规定：

（1）在桥墩中竖向地震力一般可不考虑，除非当桥墩承受由桥面系产生的永久性的高的弯曲应力状态；

（2）预应力混凝土桥面应考虑竖直分量的影响；

（3）对于支座和连接部位应考虑竖直分量的影响。

3. 中国规范

我国《公路工程抗震规范》中总则规定："验算构造物地震作用时，竖直地震系数取水平系数的 1/2"，在"桥梁"篇中规定"应分别考虑顺桥向和横桥向两个方向的水平地震荷载，对于位于基本烈度为Ⅸ度区的大跨径悬臂桥梁，还应考虑竖向地震荷载与水平地震荷载的不利组合。

我国《铁路工程抗震规范》中规定："设计烈度为Ⅸ度的悬臂结构和预应力混凝土刚构桥等，应计入竖向地震作用，并应按水平和竖向地震作用同时发生的最不利情况组合。竖向地震作用可取结构恒载和活荷载的 7％，有条件也可按竖向地震系数 K_v 等于 0.2 进行计算。

第七节 桥梁设计地震确定及抗震减振措施

一、桥梁设计地震的确定

目前《铁路桥梁抗震设计规范》针对大跨度桥梁的抗震设计多参照以下三级设防的原则执行：当遭受低于本地区抗震设防烈度的多遇地震影响时，一般不受损坏亦不需要修理仍可继续使用，此为地震水平Ⅰ；当遭受相当本地区抗震设防烈度的设计地震影响时，有限损坏，经及时修理就可继续使用，此为地震水平Ⅱ；当遭受高于本地区抗震设防烈度的罕遇地震影响时，不致倒塌。结构损伤，但仍可在加固后恢复交通，此为地震水平Ⅲ；而对于三级地震多遇地震、设计地震、罕遇地震，常选择为50年超越概率63％、10％和3％三个地震等级。

中国地震烈度规划图所给出的地震烈度的设防标准相当于50年超越概率10％的偶遇地震，我国规范《铁路工程抗震设计规范》和《公路工程抗震设计规范》均依该烈度图为设计基准烈度。

根据《中国地震动参数区划图》中规定的工程所在地区地震动峰值加速度值A，对不同水准的地震动峰值加速度取值定义如下：

多遇地震：地震动峰值加速度取$0.33A$，地震重现期为50年的地震动。

设计地震：地震动峰值加速度取$1.0A$，地震重现期为475年的地震动。

罕遇地震：地震动峰值加速度取$2.1A$，地震重现期为2475年的地震动。

对桥梁工程则按三个地震动水准设防：

多遇地震时，按反应谱或线性时程反应法（当能采集到符合要求的地震波时，可用时程反应法），验算强度、稳定性，以抗震性能要求Ⅰ为设防目标；

设计地震时，结构超过弹性反应，验算桥梁上、下部结构连接构造（如支座、伸缩缝、抗震挡块、限位装置等）的安全，同时按宏观震害经验采取抗震措施，以抗震性能要求Ⅱ为设防目标；

罕遇地震时，结构呈塑性反应，对钢筋混凝土桥墩，计入塑性变形的耗能影响，做延性设计，以抗震性能要求Ⅲ为设防目标。

对铁路桥梁在不同概率水平地震作用下的反应性能要求如下：

性能要求Ⅰ：构筑物处于正常使用状态，从抗震分析角度，结构可视为弹性体系，在预期的地震动作用下，构筑物一般不受损坏或轻微损坏，但不中断行车。

性能要求Ⅱ：结构进入非弹性工作阶段，结构的非弹性变形或结构体系的损坏应控制在可修复的范围，在预期的地震动作用下，构筑物不致产生大的破坏（大的破坏如路基崩坍或滑动、挡土墙倒毁、桥梁坠落、墩台折断、隧道错动等），经修补后可限速通车。

性能要求Ⅲ：结构进入弹塑性工作阶段，结构发生较大的非弹性变形，但应控制在规定的范围内，在预期的地震动作用下，结构物可能产生较大破坏，但不出现整体倒塌，经抢修后可限速通车。

桥梁设计水准的重现期与概率水平的换算关系如下：

$$T = \frac{1}{1 - Q^{1/N}}$$

式中 T——重现期（年）；

N——设计寿命（年）；

Q——非超越概率$=1-P$；

P——超越概率，如 50 年超越概率 10% 的偶遇地震，其 $T=475$ 年。

抗震设防烈度和地震动峰值加速度 A 间的对应关系见表 7-1。

表 7-1　抗震设防烈度和地震动峰值加速度 A 间的对应关系

设防烈度	6 度	7 度		8 度		9 度
设计地震 A_g	$0.05g$	$0.1g$	$0.15g$	$0.2g$	$0.3g$	$0.4g$
多遇地震	$0.02g$	$0.04g$	$0.05g$	$0.07g$	$0.1g$	$0.14g$
罕遇地震	$0.11g$	$0.21g$	$0.32g$	$0.38g$	$0.57g$	$0.64g$

铁路抗震规范采用三水准设防，规定了不同水准下抗震设计的内容、验算方法。由于静力法和反应谱法不能有效解决桥墩的延性设计、最大位移分析等问题，在罕遇地震作用下，桥梁的抗震设计需要用线性和非线性时程反应法进行分析。

结构的动力反应与结构的自振周期和输入的地震波密切相关，因此在进行线性和非线性时程反应分析时，一般都取多组地震波进行分析、比较。常用的地震波包括：根据规范反应谱拟合的人工地震波；地震灾害性分析提供的至少 3 条人工地震波；历史记录的实际地震波。

图 7-10 为《铁路工程抗震设计规范》给出的动力放大系数曲线。

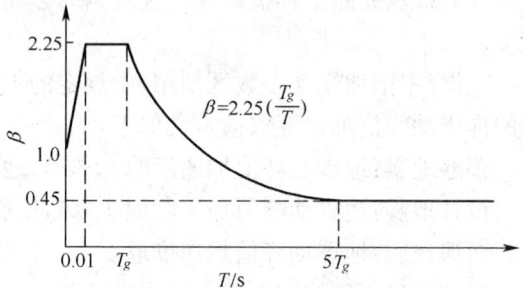

图 7-10　规范的动力放大系数曲线

（T_g 为地震动反应谱特征周期）

在进行桥梁抗震设计中，可采用反应谱法在方案设计阶段作抗震性能评估。在初步或技术设计阶段根据设计地震动参数进行结构空间非线性地震反应时程分析，进行其抗震性能的进一步评估。

对于桥梁抗震分析研究来说，下列各地震动参数是必须的：

(1)桥址场地处的不同概率水准下的烈度参数、最大加速度参数。

(2)桥址场地处基岩或土层的不同概率水准下的标准化设计水平加速度反应谱，对于大跨度桥梁最好能有不同阻尼时的水平加速度反应谱。

(3)桥址场地处基岩或土层的不同概率水准下的加速度时程曲线，为了保证结构抗震分析的可靠性，对于每个概率水准都应有一组加速度时程（不少于三条）。以便为桥梁抗震时程反应分析之用。

二、桥梁抗震减振措施

桥梁的抗震构造措施中以防止落梁为最多，目前已在桥梁中应用的有以下几类：

(1)在活动支座处特别设置防止上浮及限制位移的装置，以防止上支座从下支座上脱开。

(2)保证下部结构顶部边缘到支座边缘有一定的距离，这样万一支座锚固螺栓被剪断或失效，或桥墩间相对位移引起的跨度变大时上部结构从支座上脱落，仍可在某一程度上有效地保证和下部结构有一定的重叠长度，特别是桥梁位于软弱地基或有液化可能的砂质地基上时，这一距离更应保证。

（3）相邻两孔梁连接起来的装置。该装置对一般钢梁多采用栓销，或带环杆件结构，而预应力混凝土梁多采用预应力筋承受拉力。如果某一侧的梁从支座上脱落，由于连接作用，另一侧的梁将限制它脱落。

（4）连接上、下部结构的装置，该装置可防止支座过大的移动量，以限制上、下部结构过大相对位移。

（5）在桥墩（台）上或梁上设置突出挡块，以限制上、下部结构过大的相对位移。

抗震构造措施应保证不影响支座的特性，同时，在温度变化、挠曲移动、混凝土徐变收缩及施工误差等时有富余量，而仅在强震作用时才起作用。

桥梁的隔震措施与抗震构造措施不同，它通过改变桥梁振动的动力特性，即通过增大结构的阻尼、延长振动周期等来达到减振的目的。桥梁结构的减振措施很多，不同国家也各有不同的措施，现罗列比较典型的几种如下：

目前，橡胶支座等弹性支座已得广泛的应用，与刚性支座相比它减小了支座的刚度，加大了桥梁周期，但常用的橡胶支座的滞回曲线是狭长的，因而其耗能性能很小，为达到更好的减振的目的，可在支座处设阻尼耗能器，如铅芯橡胶支座就是一个将阻尼器与弹性支座结合得很好的支座。

阻尼器和隔震支座在许多国家已有一定的应用，但由于认识上的差异，不同国家的规范和设计思路又不同，主要有两种倾向：一种是利用柔性支座加大结构的固有周期，同时由阻尼器的滞回特性吸能，从而改善结构内力分布，消除或减小局部截面处的塑性变形；另一种是利用刚性隔震支座和阻尼器吸能改善结构内力分布，同时又避免了结构产生过大的位移。

可见，桥梁隔震支座和阻尼器能有效地改善桥梁的内力分配，相对传统的非隔震桥梁来说，它减小了梁、墩和基础的地震力，降低了对桥墩的延性要求，因而隔震支座对减少桥梁震害是十分有效的。但应注意到：

（1）随着下部结构（桥墩）的长细比增大，即柔性增加，上、下部结构（包括地基）间有可能发生耦联振动，隔震支座的隔震效果也下降，因而对于长大跨度桥梁（其固有周期本来就长的桥梁），隔震支座的作用可能很小。

（2）建在软弱地基上的桥梁，采用隔震装置使桥梁的固有周期增长，有可能与地基的卓越周期接近而引发共振反应。因此，对建立在软弱地基上桥梁，是否安装隔震装置及其性能如何应具体分析。要对隔震效果进行正确评估，应考虑土的性质和土-结构的相互作用的影响。

第八节　大跨度铁路桥梁的抗风与抗震的实例分析

一、天兴洲公铁两用长江大桥

武汉天兴洲公铁两用长江大桥主桥采用斜拉桥体系，主桥设计为（96＋196＋504＋196＋98）m 的两塔三索面斜拉桥，斜拉桥主梁采用板桁结合钢桁梁，桁宽 30 m，桁高 15.2 m，节间长度 14 m，斜拉索下端锚固于主桁上弦节点。在斜拉桥 98 m 锚跨及相邻边跨 5 个节间段，上弦杆顶面与混凝土桥面板通过剪力钉相结合，其余与正交异性钢桥面板结合成为一体。每个主塔及桥墩在三片主桁下均设竖向支座，支座为滑式铸钢支座，纵向为活动，两主塔处主塔横梁与主桁之间设纵向液压阻尼支座以传递纵向力。

采用有限元计算，可得其成桥状态的动力特性如表 7-2 所示。

表7-2　成桥状态动力特性

阶次	频率/Hz	振型特点	阶次	频率/Hz	振型特点
1	0.135 2	主梁纵振	6	0.769 7	主梁对称扭转
2	0.213 3	主梁对称侧弯	7	0.795 2	塔侧弯
3	0.365 1	主梁对称竖弯	8	0.822 4	塔侧弯+主梁扭转
4	0.589 8	主梁反对称侧弯	9	0.878 4	塔侧弯
5	0.643 8	主梁反对称竖弯	10	1.026 8	主梁对称竖弯

1. 抗风分析

天兴洲公铁两用长江大桥是主跨达 504 m 的双层桥面公铁两用斜拉桥,其规模及设计难度国内外无先例。根据国内外资料及研究经验,与实腹式斜拉桥相比,桁梁式斜拉桥在抗风方面具有以下两个特点:主梁抗扭刚度较大,因而颤振稳定性较好;主梁风阻力较大,从而主梁横向位移及横向抖振响应也较大。

就天兴洲公铁两用长江大桥而言,抗风性能研究的重点应在以下几方面:

(1)施工架设阶段由于抖振及平均风压引起的风载内力及减振措施;

(2)桥塔附近风速局部变化对行车安全的影响及改善措施;

(3)斜拉索振动评估及减振措施。

为确保武汉天兴洲公铁两用长江大桥成桥运营阶段和施工架设阶段的抗风安全,西南交通大学风工程试验研究中心对该桥抗风性能进行了计算分析和模型风洞试验研究。

根据气象资料,桥位处地表粗糙度应为 B 类地表粗糙度类别。该桥主跨桥面距最低水位的平均高度约为 60 m,可推算出该桥在成桥状态下在桥面高度处的设计基准风速为 39.8 m/s,对于施工阶段,取重现期为 30 年,则设计风速为 36.5 m/s。

成桥状态的颤振检验风速为 61.1 m/s,施工阶段的颤振检验风速为 56.1 m/s,施工状态裸塔的设计风速按 65% 塔高(约 127.2 m)处的风速取用,取重现期为 30 年,故桥塔的设计风速为 41.1 m/s。

通过对天兴洲公铁两用大桥的抗风性能分析研究,可以得出如下结论:

(1)在 $\alpha=0°$ 的情况下,成桥状态主梁的阻力系数为 0.894;施工状态时为 0.848。无论在成桥状态或施工状态,升力系数曲线($C_L-\alpha$)和力矩系数曲线($C_M-\alpha$)的斜率在较大的正、负攻角范围内均为正值,这说明主梁断面具备气动稳定的必要条件。

(2)天兴洲公铁两用大桥的成桥状态和施工状态的颤振临界风速均远高于相应的颤振检验风速,这说明该桥的颤振稳定性具有充分的安全储备。

(3)天兴洲公铁两用大桥的成桥状态和施工状态的涡激振动,振幅不大,不影响桥梁的安全和行车舒适性。

(4)裸塔状态的气弹模型试验表明,桥塔不会发生驰振失稳,因而其动力稳定是满足要求的。

(5)天兴洲公铁两用长江大桥的最大单、双悬臂状态气弹模型试验表明,在不同来流风向作用下其风致响应横桥向为最大,且主梁的扭转响应位移均十分小。在施工状态设计风速 36.5 m/s 时,最大单悬臂状态悬臂端竖向位移均方根为 0.030 m,相应的全振幅为 0.210 m,横向位移均方根为 0.035 m,相应的全振幅为 0.242 m,最大双悬臂状态悬臂端竖向位移均方根为 0.023 m,相应的全振幅为 0.161 m,横向位移均方根为 0.023 m,相应的全振幅为 0.161 m。

(6)通过最大双悬臂状态和最大单悬臂状态气弹模型试验和风载内力计算分析,获得了成桥状态及两种施工状态下控制截面的风载内力。对结构安全进行评价,应将风载内力与其他设计内力组合之后进行强度检算,能满足要求。

(7)桁梁的腹杆对列车来说具有一定的风栅功能,在同等风气象天气,列车在天兴洲公铁两用长江大桥上运行时所受到的侧向风力与在平坦线路上运行相当。

(8)当汽车通过塔梁交汇区,同时横向自然风来流风速达 20 m/s,汽车上的气动力不致导致汽车的倾覆等事故。

2. 抗震分析

根据地震危险性分析,大桥场址在平均土质条件下 50 年超越概率 10% 水平的基本烈度为Ⅵ度,根据中国地震局地震工程研究所《武汉天兴洲公铁两用长江大桥地震安全性评价报告》,取桥位处阻尼比为 0.05,水平方向反应谱曲线为:

$$\beta(T)=\begin{cases} 1.00+12.5T & T\geqslant 0.1\ \text{s} \\ 2.25 & 0.1\geqslant T<0.38\ \text{s} \\ 2.25(0.38/T)^{1.056} & 0.38\geqslant T<2.55\ \text{s} \\ 0.3 & T\geqslant 2.55\ \text{s} \end{cases}$$

竖直方向阻尼比为 0.05,反应谱曲线为:

$$\beta(T)=\begin{cases} 1.00+12.5T & T\leqslant 0.1\ \text{s} \\ 2.25 & 0.1\leqslant T<0.31\ \text{s} \\ 2.25(0.31/T)^{1.068} & 0.31\leqslant T<2.05\ \text{s} \\ 0.03 & T\geqslant 2.05\ \text{s} \end{cases}$$

地震响应分析计算工况考虑两种:

工况一:纵桥向地震输入+竖向地震输入;

工况二:横桥向地震输入+竖向地震输入。

表 7-3 为水平地震系数取 0.1 g 时天兴洲长江大桥典型断面主要内力响应。

表 7-3　各典型断面主要内力响应

工　况	工　况　一		工　况　二	
截面位置	轴力/kN	顺桥向弯矩/kN·m	轴力/kN	横桥向弯矩/kN·m
塔底	18 650	261 500	24 300	305 700
塔下横梁上侧	14 320	86 425	21 850	58 325

二、大胜关长江大桥

京沪高速南京大胜关长江大桥为六跨双联连续钢桁梁拱桥,其跨度布置为(108+192+2×336+192+108) m,为世界同类桥梁最大跨度。钢桁梁由三片主桁架组成,每两片主桁间的中心距均为 15.0 m,上游侧是两线沪蓉铁路;下游侧是两线高速铁路。在两边桁的外侧,各外挑 5.2 m 的悬臂托架,支撑南京市地铁轨道交通。结构总宽 40.40 m。全联桁架的两端 240 m 为平弦桁架,高 16.0 m,节间长度 12.0 m 的 N 形桁式,竖杆与线路的纵坡垂直。两个 336 m 的主跨为钢桁拱连续梁,拱的矢高 84.2 m,矢跨比约 1/4,拱顶桁高 12 m,从拱趾到拱顶总高 96.2 m。平弦与拱桁间设加劲弦变高桁相连接。铁路桥面设在平弦的下弦和拱桁的系杆上,离拱趾约 28 m 高。三个主墩的两侧各 60 m 范围内为 15 m 节间,其余的节间长均为 12 m,竖杆呈竖直设置。

表 7-4 成桥状态动力特性计算结果

阶次	频率/Hz	振型特点	阶次	频率/Hz	振型特点
1	0.347 6	反对称竖弯	6	0.719 5	对称侧弯＋桥面对称扭转
2	0.364 0	反对称侧弯	7	0.795 9	反对称侧弯＋桥面反对称扭转
3	0.398 1	对称侧弯	8	0.807 7	对称竖弯
4	0.650 6	对称竖弯	9	0.831 7	对称侧弯＋扭转
5	0.651 8	反对称竖弯	10	0.900 3	反对称侧弯＋扭转

主桥 4、5、6、8、9、10 号墩边桁采用双向滑动支座,中桁为纵向滑动支座;7 号墩边桁采用固定支座,中桁为横向滑动支座。

采用有限元方法建立计算模型,分析计算得其成桥状态前十阶频率与振型如表 7-4 所示。

1. 抗风分析

由于京沪高速铁路南京大胜关长江大桥主通航孔桥的主跨为 336 m,主跨拱高 84 m,结构有"跨度大、吊杆长、阻尼弱"的特点,其抗风性能及风致振动问题需进行专门的研究。

南京大胜关大桥采用悬臂拼装法施工,最大双悬臂状态单边臂长近 170 m,自振频率较低,施工架设阶段及成桥状态由抖振引起的风载内力则不容忽视。另外,由于该桥吊杆较长,易发生由于风致作用涡振或驰振,从而降低其疲劳寿命甚至破坏。因此,其成桥状态的风致响应问题、典型施工阶段的风致响应问题、成桥状态和施工状态主梁的颤振稳定性问题、吊杆的风致振动问题等等,是抗风性能研究的重点。

为确保该桥成桥运营阶段和施工架设阶段的抗风安全,西南交通大学风工程试验研究中心对南京大胜关长江大桥抗风性能进行了研究。

进行大跨度桥梁的抗风性能研究的基本途径是通过模型风洞试验,通过风洞试验测量其风荷载参数、风致响应,进而进行理论计算。

根据气象资料推算,该桥主跨桥面最低水位的平均高度约为 45 m 左右,可推算出该桥在成桥状态下在桥面高度处的设计基准风速为 39.1 m/s,对于施工阶段,取重现期为 30 年的设计风速为 34.5 m/s,成桥状态的颤振检验风速为 59.6 m/s,施工阶段的颤振检验风速为 52.6 m/s。

吊杆的设计风速按跨中最长吊杆中间高度(约 74 m)处的风速取用,故吊杆的设计风速为 42.0 m/s,相应的驰振检验风速为 50.4 m/s。

大胜关长江大桥风洞试验及研究分析表明:

(1)边跨主桁在 $\alpha = 0°$ 的情况下,成桥状态的阻力系数为 0.976 8;施工状态为 0.925。无论在成桥状态或施工状态,升力系数曲线和力矩系数曲线的斜率在较大的正、负攻角范围内均为正值,这说明主梁断面具备气动稳定的必要条件。

(2)中跨主梁在 $\alpha = 0°$ 的情况下,成桥状态的阻力系数为 1.830 3;施工状态为 1.544 1。无论在成桥状态或施工状态,升力系数曲线和力矩系数曲线的斜率在较大的正、负攻角范围内均为正值,这说明主梁断面具备气动稳定的必要条件。

（3）京沪高铁南京大胜关大桥的成桥状态和施工状态的颤振临界风速均远高于相应的颤振检验风速，这说明该桥的颤振稳定性满足要求。

（4）京沪高铁南京大胜关大桥的成桥状态在风攻角为－3度和＋0度时的均发现有轻微涡激振动现象，但振幅不大，不会影响桥梁的安全和行车舒适性。对于最大单悬臂施工状态或最大双悬臂施工状态，在各风攻角下均没发现有涡振发生。

（5）在施工阶段设计风速下及横桥向风作用下，最大双悬臂状态悬臂端竖向位移均方根为0.112 m，相应的全振幅为0.392 m，横向位移均方根为0.101 m，相应的全振幅为0.353 m。

（6）根据风洞试验结果，大胜关桥吊杆存在发生风致较大振动的可能，对于该类振动可采用以下方式解决：

①长方大切角断面吊杆＋大阻尼；

②四边均挖孔的矩形断面吊杆，透孔率大于40％，孔型式为圆端长孔或格构式孔。

（7）通过对最大双悬臂状态、成桥状态的风致内力计算分析，大胜关大桥施工状态和成桥状态的风致响应强度验算满足要求。

2. 抗震分析

根据《铁路工程抗震设计规范》的反应谱，抗震设防烈度取7度（地震加速度峰值为0.1 g）进行抗震计算。计算工况如下：

工况一：纵桥向地震输入＋竖向地震输入；

工况二：横桥向地震输入＋竖向地震输入。

表 7-5 为典型截面地典型内力的地震响应结果。

表 7-5　各墩墩底内力计算结果

工况号	墩号	纵向剪力 F_x/kN	横向剪力 F_z/kN	面内弯矩 M_z/kN·m	面外弯矩 M_y/kN·m
一	6	90 879	78	1 241 680	24
	7	132 120	106	3 148 100	89
	8	96 443	75	1 309 020	52
二	6	9	67 290	131	30
	7	283	84 385	5 946	1 460
	8	9	67 355	139	50

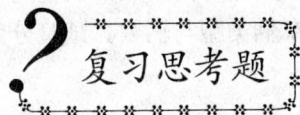

？ 复习思考题

1. 桥梁的空气弹性动力响应根据其现象可分为哪几种？

2. 简述桥梁的抗风设计准则。

第八章
大跨度铁路桥梁的静动载试验与健康检测

铁路桥梁是铁路基础设备的重要组成部分,具有技术性强、结构构造复杂、投资大、修建修复困难等特点。铁路桥梁在长期的运营中,除承受设计运营荷载外,还需经受列车提速、重载、超重货物列车的作用,遭受地震、洪水、泥石流等自然灾害的侵袭和风雨、冰冻、有害物质的侵蚀,以及车或船的意外撞击等。因此,做好铁路桥梁检定评估工作,对保证铁路运输安全畅通有着重要的意义。

桥梁检定(bridge rating)是对既有桥梁进行调查、测试和分析,检定桥梁的承载能力和抗洪能力,系统地掌握桥梁的技术状态,并据以制定运用条件、养护方式或加固措施。不同年代,采用不同设计规范,用不同材料和施工方法修建的桥梁,往往不能适应铁路运输事业的发展,不能满足铁路列车活载的增长和车速的提高,所以要对它进行检定。另外,桥梁使用中遭受自然因素的侵蚀或人为破坏,在需要修复和加固时,也要进行检定。桥梁的主要检定内容有:①掌握桥梁的技术状态,确定桥梁的承载能力,规定其运用条件;②进行桥梁孔径和冲刷的检算,判断桥梁的抗洪能力;③分析桥梁病害,提出养护措施和整治意见;④对新建的特大桥、新型桥梁结构和加固后的桥梁进行竣工检定,以检验设计和施工的质量和效果;⑤积累桥梁技术资料,为加强科学管理和改善桥梁技术状态创造条件。

铁路桥梁的检定方法主要包括检查、检算和试验。

(1)检查是测定桥梁结构各部位和杆件截面的既有尺寸,检查各部位的病害和缺陷情况。

(2)检算是根据结构的既有尺寸,实际截面的大小和材料的容许应力,推算结构的承载能力;对于桥梁孔径和冲刷的检算是根据桥梁的既有高程、孔径大小、基础埋置深度以及水文、河床地质资料,求算其抗洪能力(桥梁的检定抗洪能力,以洪水频率衡量,应满足桥梁孔径检定洪水频率标准,在通过检定流量时,桥下净空高度、基础埋深均应满足有关规定)。

(3)检定试验可以直接了解结构在荷载作用下的实际工作状态,由专门组织的试验列车进行测试,根据桥梁的跨度及试验目的,决定单机或双机牵引以及车辆类型与辆数。试验分为静载试验和动载试验。

第一节　静动载试验的目的和准备工作

一、桥梁荷载试验

桥梁结构荷载试验是对实桥进行无损检测的一项科学实验工作,其目的是通过荷载试验,了解结构在荷载作用下的实际工作状态,借以综合判断结构的承载能力和制定安全运用条件。

桥梁荷载试验是一项复杂而细致的工作,技术含量高,涉及面广。桥梁荷载试验的目的是对新建桥梁进行竣工验收和对已建桥梁的运营进行承载力的评定。检测桥梁整体受力性能是否满足设计和标准规范要求,是评定桥梁运营荷载等级最直接且最有效的办法。桥梁荷载试验分为静载试验和动载试验两种。二者虽然在试验目的、测试内容等方面有所不同,是两种性质的试验,但对于全面分析、掌握桥梁结构的工作性能是同等重要的。

1. 静载试验

试验荷载停于预定加载位置对结构进行静应变、静位移等测定,以了解结构截面的应力分布、桁梁杆件的实际内力、混凝土梁的中性轴位置、梁跨中点的挠度、活动支座的水平位移等,据以判断结构在静载作用下的工作状态。

2. 动载试验

试验荷载以不同速度通过试验桥梁进行动应变、动位移、竖向与横向振动的测定,以了解结构的动力系数、振动特征(振幅、频率、模态振型、阻尼比)等,据以判断结构在动载作用下的工作状态。

3. 铁路桥梁荷载试验的理论依据

在桥梁的检定过程中,对旧桥结构的检定,一般以检查、检算为主,辅以试验;而对新建和加固桥梁结构的检定则以试验为主。通过检查、检算和试验,可确定桥梁的承载能力。承载能力以检定承载系数 K 表示,K 为结构所能承受的活载与标准活载的比值。运行活载的活载系数以 Q 表示,Q 为实际运行的活载与标准活载的比值。如果桥梁结构所能承受的活载与标准活载的比值(K)大于实际运行的活载与标准活载的比值(Q),即 $K > Q$,则桥梁就能满足运营的要求,可以继续使用;否则($K < Q$),就应进行限速运行,或需加固、换梁或改建(如列车通过病害桥梁,或超过标准活载的长大货物运输通过桥梁,可能有 $K < Q$ 的情况)。通过检算和试验,还可以确定结构校验系数 η,这是在评判桥梁承载能力和工作状态时所常用的一个重要指标。

在 20 世纪 70 年代,我国制定了《铁路桥梁检定规范》,其内容包括钢梁、圬工梁拱、墩台基础、桥梁孔径、结构试验等。由于检定规范的主要对象是旧桥,从现实出发,着眼于满足当前和近期运量的需要,故安全系数较桥梁设计规范取值较为低。标准活载为中—活载,以系数 K 表示桥梁的承载能力,规范的理论基础是以容许应力的方法来确定容许活载。随着高速、重载运输的发展,中国现行规范中需要补充高速和重载条件下列车冲击系数的试验研究成果,关于桥梁动力特性"限值"等规定也需要补充修改,此项研究工作正在积极进行。当前,俄罗斯的《铁路桥梁检定规范》采用极限状态理论来评估铁路桥梁的承载能力;美国新的《既有桥梁承载力评估规范》则是参考结构可靠性理论制定的。

桥梁结构所能承受的活载与标准活载的比值,称为检定承载系数,用 K 表示。当 $K > 1$时,表明桥梁承载能力满足标准活载的要求。当 $K < 1$ 时,桥上容许通过的运行活载,必须满足 $Q \leqslant K$ 的要求。Q 为运行活载的活载系数,即实际运行活载与标准活载的比值。K 和 Q 的表达式为

$$K = k/k_0$$
$$Q = k_q/k_0$$

式中　k——桥梁构件的容许换算均布活载;

　　　k_0——标准活载的换算均布活载,计入动力系数;

　　　k_q——运行活载的换算均布活载,计入相应的动力系数。

结构校验系数,桥梁检定试验所得数据(应力、挠度)与理论计算值(应力、挠度)之比。用 η 表示。η 是评判桥梁承载能力和工作状态的一个重要指标。若 $\eta > 1$ 则说明结构设计强度不足且不安全。在大多数情况下,结构的校验系数 $\eta < 1$,其值过大或过小都应该仔细分析原因。值过小的原因

可能是:材料弹性模量高出设计值较多,桥梁结构整体工作性能好,计算理论或简化计算偏于安全(如钢筋混凝土梁不计受拉区混凝土的抗拉能力、空间结构按平面结构计算)。综合多年运营经验和检定实测资料表明:普通钢筋混凝土梁应力 $\eta=0.45\sim0.65$,挠度 $\eta=0.55\sim0.65$;预应力钢筋混凝土梁应力 $\eta=0.90\sim1.0$,挠度 $\eta=0.70\sim0.80$;下承钢桥梁应力 $\eta=0.70\sim1.0$,挠度 $\eta=0.79\sim0.75$;上承钢桥梁和钢板梁应力 $\eta=0.75\sim0.95$,挠度 $\eta=0.75\sim0.85$。

二、桥梁荷载试验的目的

桥梁荷载试验是对桥梁结构工作状态进行直接测试的一种检定手段。试验的目的、任务和内容通常由实际的生产需要或科研需要所决定。一般桥梁荷载试验的目的有:

(1)检验桥梁设计与施工的质量:对于一些新建的大、中型桥梁或者具有特殊设计的桥梁,在设计施工过程中必然会遇到许多新问题,为保证桥梁建设质量,施工过程中往往要求做施工监控。在竣工后一般还要求进行荷载试验,以检验桥梁整体受力性能和承载力是否达到设计文件和规范的要求,并把试验结果作为评定工程质量优劣的主要技术资料和依据。

(2)判断桥梁结构的实际承载力:旧桥由于构件局部发生意外损伤,使用过程中产生明显病害,设计荷载等级偏低等原因,有必要通过荷载试验判定构件损伤程度及承载力、受力性能的下降幅度,确定其运营荷载等级。同时,旧桥荷载试验也是改建、加固设计的重要依据。

(3)验证桥梁结构设计理论和设计方法:对于桥梁工程中的新结构、新材料和新工艺,应通过荷载试验验证桥梁的计算图式是否正确,材料性能是否与理论相符,施工工艺是否达到预期目的。对相关理论问题的深入研究,往往也需要大量荷载试验的实测数据。

(4)桥梁结构的长期监测与健康诊断:桥梁的荷载试验能较早地发现桥梁病害以有利于及时维修,以此确保桥梁的运营安全、延长桥梁的使用寿命。及时的养护维修还能降低维修费用,并避免桥梁大修时关闭交通所引起的重大损失。

三、荷载试验的准备工作

桥梁结构试验前,按照《铁路桥梁检定规范》,除进行技术资料的调查研究、桥梁现状检查、材料和地质的检验外,尚应着重对以下各项作实地查勘:

(1)当前结构的技术状态,特别是列车通过时结构的动态状况;

(2)桥上线路的轨型、轨缝位置及宽度,桥枕类型及间距,扣件型式及扣压力,线、桥、墩三者关系等;

(3)桥梁结构的附属设备如人行道、避车台、砂箱、水箱、通信、电力支架的布置情况;

(4)桥址线路平纵断面状况,线路容许最高速度以及当前列车编组、实际过桥速度和行车密度等。

(5)轨道检查车最新的桥上线路动态检测资料(轨距、水平、三角坑、左右轨向等)。

四、荷载试验的主要工作内容

试验方案宜在实地查勘的基础上制定,应包括如下主要内容:试验目的、试验项目、测点布置、试验荷载与速度、试验程序、仪器配备、安全措施等。

试验项目可根据不同的结构和具体的试验任务参照下列项目选择有关内容进行:

1. 钢结构

(1)控制截面以及理论计算承载系数最低的杆件；

(2)承受反复应力杆件的受力状态；

(3)二主梁的受力均匀性及多主梁的受力分配系数；

(4)杆件的次应力和应力集中；

(5)节点板或整体节点的受力状态；

(6)纵横梁连接的受力状态；

(7)控制部位的挠度和活动支座位移；

(8)连续梁的支座倾角；

(9)主要杆件的动力系数；

(10)梁跨的竖、横向振动特征(振幅、频率、模态振型、阻尼比)；

(11)大跨结构的模态振型；

(12)高强度螺栓的联接状态；

(13)其他特征部位(例如裂损、弯扭部位)的受力状态；

(14)斜拉桥的索力。

2. 混凝土梁拱结构

(1)控制截面受压混凝土和受拉钢筋的弯曲应力,腹板厚度变化处和梁端截面的剪应力；

(2)控制截面的中性轴位置；

(3)控制部位的挠度和活动支座位移；

(4)控制截面受压混凝土与受拉钢筋的动力系数；

(5)结构的竖、横向振动特征(振幅、频率、模态振型、阻尼比)；

(6)裂纹在活载作用下的变化；

(7)其他特征部位的受力状态。

3. 墩台结构

(1)墩台顶纵、横向振动特征(振幅、频率、模态振型、阻尼比)；

(2)墩台顶纵、横向的位移；

(3)墩台控制截面的应力；

(4)高墩的振型。

测点布置应目的明确,重点突出,并宜布置一定的校核性测点,测点布置应绘制图表。

第二节　静载试验项目与方法

桥梁静载试验是按照预定的试验目的和试验方案,将静止的荷载作用在桥梁上的指定位置上,观测桥梁结构的静力位移、静力应变、裂缝、沉降等参量的试验项目,然后根据有关规范和规程的指标,判断桥梁结构的承载能力以及在荷载作用下的工作性能。

一、静载试验项目

1. 静载试验的测试内容

桥梁的静载试验,一般需进行以下测试:

(1)结构的竖向挠度、侧向挠度和扭转变形。每个跨度内至少有三个测点，并取得最大的挠度及变形值，同时观测支座下沉值。

(2)记录控制截面的应力分布，并取得最大值和偏载特性。沿截面高度不少于5个测点，包括上、下缘和截面突变处。有些结构需测试支点及其附近、横隔板附近的剪应力和主拉应力，此时需将应变计布成应变花。

(3)支座的伸缩、转角、沉降；墩顶位移及转角。

(4)仔细观察是否已出现裂缝及出现初始裂缝时所加的荷载，标明裂缝出现的位置、方向、长度、宽度及卸载后闭合的情况。如果结构的控制截面变形，应力或裂缝扩展，在尚未加到预计最大试验荷载前，已提前达到或超过设计标准的允许值，应立即停止加载，同时注意观察裂缝扩展情况，撤离仪器和人员。

(5)卸载后的残余变形。对于特殊结构而言，如悬索桥和斜拉桥，尚需观察索力和塔的变位并进行支座的测定。

2. 加载试验项目的确定

为了满足鉴定桥梁承载力的要求，荷载工况选择应反映桥梁设计的最不利受力状态，简单结构可选1～2个工况，复杂结构可适当多选几个工况，但不宜过多。进行各荷载工况布置时可参照截面内力（或变形）影响线进行，下面给出常见桥型荷载工况（表8-1）。

此外，对桥梁施工中的薄弱截面或缺陷修补后的截面可以专门进行荷载工况设计，以检验该部位或截面对结构整体性能的影响。

使用车辆加载而又未安排动载试验项目时，可在静载试验项目结束后，将加载车辆（多辆车则相应地进行排列）沿桥长慢速行驶一趟，以全面了解荷载作用于桥面不同部位时结构承载状况。

二、静载试验的前期工作

1. 试验荷载的确定

桥梁试验可根据不同的试验目的、结构形式及桥梁跨度，采用下列荷载作为试验荷载：

(1)铁路荷载：单机、双机联挂、三机联挂、重车或空重混编列车、特种大型车辆等；

(2)公路荷载：载重汽车、履带式车辆、半挂车、全挂车、特种大型车辆等；

(3)其他荷载：千斤顶、激振器、弹性聚能力锤、环境微振动等。

试验要求各种荷载装载正确。公铁两用桥可选择公路荷载与铁路荷载同时或分别加载。重要的结构试验，应组织专门的试验列车封锁线路进行。

桥梁环境微振动测量应选择场地环境最安静时刻进行。

2. 静载试验效率

根据《铁路桥梁检定规范》，试验荷载要求其荷载效率 η 达到 $0.80 \leqslant \eta \leqslant 1.00$，在有困难时可稍予降低，但不得小于现行最大运行荷载。病害桥梁的试验荷载应慎重选择。

$$\eta = \frac{S_{star}}{S(1+\mu)} \tag{8-1}$$

式中　S_{star}——试验荷载作用下，检测部位的变位或力的计算值；

　　S——标准活载作用下检测部位的变位或力的计算值；

　　$1+\mu$——检定取用的动力系数。

表 8-1　主要桥型的内力或位移控制截面

序号	桥　　型	内力或位移控制截面	
1	简支梁桥	主要	(1)跨中截面最大正弯矩和挠度; (2)支点截面最大剪力
		附加	(1)L/4 截面最大正弯矩和挠度; (2)墩台最大垂直力
2	连续梁桥、连续刚构桥	主要	(1)跨中最大正弯矩和挠度; (2)内支点截面最大负弯矩; (3)L/4 截面最大弯矩和挠度
		附加	(1)端支点截面的最大剪力; (2)L/4 截面最大弯剪力; (3)墩台最大垂直力; (4)连续刚构固结墩墩身控制截面的最大弯矩
3	悬臂梁桥、T 形刚构桥	主要	(1)锚固跨跨中最大正弯矩和挠度; (2)支点最大负弯矩; (3)挂梁跨中最大正弯矩和挠度
		附加	(1)支点最大剪力; (2)挂梁支点截面或悬臂端截面最大剪力
4	拱桥	主要	(1)拱顶截面最大正弯矩和挠度、拱脚截面最大负弯矩; (2)刚架拱上弦杆跨中最大正弯矩
		附加	(1)拱脚最大水平推力; (2)L/4 截面最大正、负弯矩及其最正、负挠度绝对值之和; (3)刚架拱斜腿根部截面最大负弯矩
5	刚架桥(包括框架、斜腿刚构和刚架—拱式组合体系)	主要	(1)跨中截面最大正弯矩和挠度; (2)刚结点截面的最大负弯矩
		附加	(1)柱脚截面最大负弯矩、最大水平推力
6	钢桁桥	主要	(1)柱脚截面最大负弯矩、最大水平推力; (2)跨中截面的挠度
		附加	(1)L/4 截面的主桁杆件最大内力和挠度; (2)桥面系结构构件控制截面的最大内力和变位; (3)墩台最大垂直力
7	斜拉桥与悬索桥	主要	(1)主梁最大挠度; (2)主梁控制截面最大内力; (3)索塔塔顶水平变位; (4)主缆最大拉力,斜拉索最大拉力
		附加	(1)主梁最大纵向漂移; (2)主塔控制截面最大内力; (3)吊索最大索力

公铁两用桥试验荷载效率的 η 值:对仅承受铁路荷载的杆件为铁路标准活载,对仅承受公路荷载的杆件为公路标准活载,对同时承受公铁荷载的杆件为铁路标准活载加 75% 公路标准活载。

荷载试验宜选择温度稳定的季节和天气进行。当温度变化对桥梁结构内力影响较大时,应选择温度内力较不利的季节进行荷载试验,否则应考虑用适当增大静载试验效率 η_q。来弥补温度影响对结构控制截面产生的不利内力。

3. 静载加载方法

根据《铁路桥梁检定规范》,静荷载轮位应加载在影响线最不利位置处,轮位允许偏差为 ± 10 cm,动载试验车速测试允许偏差为 $\pm 2\%$。

静荷载的加载持续时间:不同材质桥梁的结构变形的稳定时间不同,当结构最后 5min 内的变形值小于仪器的最小分辨值时,可认为结构已相对稳定,这时可进行仪器读数。试验要按预定的"试验程序表"进行,但在执行过程中遇有不测事件时,应立即作出调整甚至终止试验。在做超出线路规定速度的试验时,应会同有关线路人员随时检查桥上及两端线路的技术状态。试验结束后,应对结构进行一次全面的检查,并作出记录。

4. 测点布设

(1)主要测点的布设

测点的布设不宜过多,但要保证观测质量。有条件时,同一测点可用不同的测试方法进行校对,一般情况下,对主要测点的布设应能控制结构的最大应力(应变)和最大挠度(或位移)。几种常用桥梁体系的主要测点布设如下:

①简支梁桥:跨中挠度,支点沉降,跨中截面应变。

②连续梁桥:跨中挠度,支点沉降,跨中和支点截面应变。

③悬臂梁桥:悬臂端部挠度,支点沉降,支点截面应变。

④拱桥:跨中,$L/4$ 处挠度,拱顶、$L/4$ 和拱脚截面应变。

挠度观测测点一般布置在桥中轴线位置。截面抗弯应变测点应设置在截面横桥向应力可能分布较大的部位,沿截面上、下缘布设,横桥向测点设置一般不少于 3 处,以控制最大应力的分布。

当采用测点混凝土表面应变的方法来确定钢筋混凝土结构中钢筋承受的拉力时,考虑到混凝土表面已经和可能产生的裂缝对观测的影响,测点的位置应合理进行选择。如凿开混凝土保护层直接在钢筋上设置拉应力测点,则在试验完后必须修复保护层。

(2)其他测点的布设

根据桥梁调查和检算工作的深度,综合考虑结构特点和桥梁目前状况等可适当加设以下测点:

①挠度沿桥长或沿控制截面桥宽方向分布;

②应变沿控制截面桥宽方向分布;

③应变沿截面高分布;

④组合构件的结合面上、下缘应变;

⑤墩台的沉降、水平位移与转角,连拱桥多个墩台的水平位移;

⑥剪切应变;

⑦其他结构薄弱部位的应变;

⑧裂缝的监测测点。

一般应实测控制断面的横向应力增大系数,当结构横向联系构件质量较差,联结较弱时则必须测定控制截面的横向应力增大系数。简支梁跨中截面横向应力增大系数的测定,既可采用观测跨中沿桥宽方向应变变化的方法,也可采用观测跨中沿桥宽方向挠度变化的方法进行计算或用两种方法互校。

对于剪切应变测点一般采取设置应变花的方法进行观测。为了方便,对于梁桥的剪应力也可在截面中性轴处主应力方向设置单一应变测点来进行观测。梁桥的实际最大剪应力截面应设置在支座附近而不是支座上。

(3)温度测点的布设

选择与大多数测点较接近的部位设置 1～2 处气温观测点,此外可根据需要在桥梁主要测点部位设置一些构件表面温度观测点。

5. 试验仪器设备

桥梁静载试验时需测结构的反力、应变、位移、倾角、裂缝等物理量,应选择适当的仪器进行量测。常用的仪器有百分表、千分表、位移计、应变仪、应变计(应变片)、精密水准仪、经纬仪、倾角仪、刻度放大镜等。这些测试仪器按其工作原理可分为机械测试仪器、电测仪器、光测仪器等。机械式仪器具有安装与便用方便、迅速、读数可靠的优点,但需要搭设脚手架,而且使用试验人员较多,观测读数费时,不便于自动记录;电测仪表安装调试比较麻烦,影响测试的精度的因素也较多,但测试记录仪较方便,便于数据自动采集记录,操作安全。荷载试验应根据测试内容和量测值的大小选择仪器,试验前应对测试值进行理论分析估计,选择仪器的精度和量测范围。

三、静载试验过程

静载试验应在现场统一指挥下按计划有秩序进行。首先检查不同分工的测试人员是否各行其职;交通管理、加载(或司机)和联络人员是否到位;加载设备、通迅设备和电源(包括备用电源)是否准备妥当;加载位置测点放样和测试仪器安装是否正确。然后调试仪器(自动记录时对测试仪表数据采集和记录设备进行联结),利用过往车辆(或初试荷载)检查各测点的观测值的规律性,使整个测试系统进入正常工作状态。随后记录气候天气情况和试验开始时间,进行正式试验。试验按预定的"试验程序表"进行,但在执行过程中遇有不测事件时,应立即作出调整甚至终止试验。

1. 试验观测与记录

(1)温度稳定观测

仪表安装完毕后,一般在加载试验之前应对各测点进行一段时间的温度稳定观测,中间可每隔 10 min 读数一次。观测时间应尽量选择在加载试验时,外界气候条件对观测造成误差小的时间段,如凌晨时段,温度变化小等。

(2)仪表的测读与记录

人工读表时,仪表的测读应准确、迅速、并记录在专门的表格上(表 8-2,表 8-3),以便于资料的整理和计算。记录者应对所有测点量测值变化情况进行检查,看其变化是否符合规律,尤其应着重检查第一次加载时量测值变化情况。对工作反常的测点应检查仪表安装是否正确,并分析其他可能影响其正常工作的原因,及时排除故障。对于控制测点应在故障排除后重复一次加载测试项目。

当采用仪器自动采集数据记录时,应对控制点的应变和位移进行监控,测试结果规律异常时,应查明原因采取补救措施。将记录结果整理成表 8-2 和表 8-3 的格式,以便进行结果分析,并与原始记录一同保存备查。

(3)裂缝观测

加载试验中裂缝观测的重点是结构承受拉力较大部位及旧桥原有裂缝较长、较宽的部位。这些部位应测量裂缝长度、宽度,并在混凝土表面沿裂缝走向进行描绘。加载过程中观测裂缝长度及宽度的变化情况,可直接在混凝土表面进行描绘记录,也可采用专门表格记录。加载至最不利荷载及卸载后应对结构裂缝进行全面检查,尤其应仔细检查是否产生新的裂缝,并将最后检查情况填入裂缝观测记录表,必要时可将裂缝发展情况绘制在裂缝展开图上。

表 8-2　电阻应变仪应变观测记录表

仪器型号:_____　仪器采用灵敏系数:_____　应变单位:$\mu\varepsilon$

电阻片标距:_____ mm　电阻片灵敏系数:_____

应变计算修正系数:_____

观测号													
观测时间	加载程序	读数	应变	修正应变	总应变	读数	应变	修正应变	总应变	读数	应变	修正应变	总应变

表 8-3　百分表挠度(位移)观测记录表

仪器型号:_____　挠度(位移)单位:0.01mm

观测号													
观测时间	加载程序	读数	应变	修正应变	总应变	读数	应变	修正应变	总应变	读数	应变	修正应变	总应变

2. 加载实施与控制

(1)加载程序

加载应在指挥人员指挥下严格按计划程序进行。采用重物加载时按荷载分级逐级施加,每级荷载堆放位置准确、整齐稳定。荷载施加完毕后,逐级卸载。采用车辆加载时,先由零载加至第一级荷载,卸载至零载;再由零载加至第二级荷载,卸至零载,直至所有荷载施加完毕(有时为了确保试验结果准确无误,每一级荷载重复施加 $1\sim2$ 次),每一级荷载施加次序为纵向先施加重车,后施加两侧标准车;横向先施加桥中心的车辆,后施加外侧的车辆。

(2)加载稳定时间控制

为控制加卸载稳定时间,应选择一个控制观测点(如简支梁的跨中挠度或应变测点),在每级加载(或卸载)后立即测读一次,计算其与加载前(或卸载前)测读值之差值 s_g,然后每隔 2 min测读一次,计算 2 min 前后读数的差值 Δ_s,并按下式计算相对读数差值 m:

$$m = \frac{\Delta_s}{s_g}$$

当 m 值小于 1%或小于量测仪器的最小分辨值时即认为结构基本稳定,可进行各观测点读数。但当进行主要控制截面最大内力荷载工况加载程序时,荷载在桥上稳定时间应不少于 5 min,对尚未投入营运的新桥应适当延长加载稳定时间。某些桥梁,如拱桥,有时当拱上建筑或桥面系参与主要承重构件的受力,因连接较弱或变形缓慢,造成测点观测值稳定时间较长,如结构的实测变位(或应变)值远小于计算值,可将加载稳定时间定为 $20\sim30$ min。

(3)加载过程的观察

加载试验过程应对结构控制点位移(或应变)、结构整体行为和薄弱部位破损实行监控,并将结果随时汇报给指挥人员作为控制加载的依据。随时将控制点位移与计算结果比较,如实测值超过计算值较多,则应暂停加载,待查明原因再决定是否继续加载。试验人员如发现其他测点的测值有较大的反常变化也应查找原因,并及时向试验指挥人员报告。加载过程中应指定人员随时观察结构各部位可能产生的新裂缝,注意观察:构件薄弱部位是否有开裂、破损,组合构件的结合面是否有开裂错位、支座附近混凝土是否开裂、横隔板的接头是否拉裂、结构是否产生不正常的响声、加载时墩台是否发生摇晃现象等等。如发生这些情况应报告试验指挥人员,以便采取相应的措施。

(4)终止加载控制条件

发生下列情况应中途终止加载:

①控制测点应力值已达到或超过用弹性理论按规范安全条件反算的控制应力值时;

②控制测点变位(或挠度)超过规范允许值时;

③由于加载,使结构裂缝的长度、缝宽急剧增加,新裂缝大量出现,缝宽超过允许值的裂缝大量增多,对结构使用寿命造成较大的影响时;

④拱桥加载时沿跨长方向的实测挠度曲线分布规律与计算相差过大或实测挠度超过计算值过多时;

⑤发生其他损坏,影响桥梁承载能力或正常使用时。

3. 试验数据分析

(1)对静载试验资料应得到的结果

①根据截面上实测的纤维应力,用数解法或图解法计算出构件的轴向应力 σ_0、竖向弯曲应力 σ_x、侧向弯曲应力 σ_y 及约束扭转应力 σ_t,并求出构件或截面的结构校验系数 ξ_σ 和截面次应力系数 m。

$$\xi_\sigma = \frac{杆件实测轴向应力}{杆件理论轴向应力}$$

或

$$\xi_\sigma = \frac{截面实测竖向弯曲应力}{截面理论竖向弯曲应力}$$

$$m = \frac{杆件实测最大纤维应力}{杆件实测轴向应力}$$

②根据实测的结构整体位移值（跨中挠度与支座位移等）与理论计算值比较，求出挠度（或支座位移）的结构校验系数

$$\xi_\delta = \frac{实测跨中挠度}{理论跨中挠度}$$

$$\xi_\Delta = \frac{实测支座位移}{理论支座位移}$$

(2)试验资料的修正

①测值修正。根据各类仪表的标定结构进行测试数据的修正，如考虑机械式仪表校正系数、电测仪表率定系数、灵敏系数、电阻应变观测的导线电阻影响等等。当这类因素对测值的影响小于 1% 时可不予修正。

②温度影响修正。温度对测试的影响比较复杂。结构构件的各部位不同的温度变化、结构的受力特性、测试仪表或元件的温度变化、电测元件的温度敏感性、自补性等均对测试精度造成一定的影响，逐项分析这些影响是困难的。一般可采用综合分析的方法来进行温度影响修正，即利用加载试验前进行的温度稳定观测数据，建立温度变化（测点处构件表面温度或空气温度）和测点测值（应变和挠度）变化的线性关系，然后按下式进行温度修正计算：

$$s = s' - \Delta t K_t \tag{8-2}$$

式中　s——温度修正后的测点加载测值变化；

　　　s'——温度修正前的测点加载测值变化；

　　　Δt——相应于 s' 观测时间段内的温度变化（℃）；

　　　K_t——空载时温度上升 1℃，测点测值变化量。

$$K_t = \frac{\Delta s}{\Delta t_1} \tag{8-3}$$

式中　Δs——空载时某一时间区段内测点测值变化量；

　　　Δt_1——相应于 Δs 同一时间区段内温度变化量。

温度变化量的观测对应变宜采用构件表面温度，对挠度宜采用气温。温度修正系数 K_t 应采用多次观测的平均值，如测值变化与温度变化关系不明显时则不能采用。由于温度影响修正比较困难，一般不进行这项工作，而采取缩短加载时间、选择温度稳定性较好的时间进行试验等办法尽量减小温度对测试精度的影响。

③支点沉降影响的修正。当支点沉降量较大时，应修正其对挠度值的影响，修正量 C 可按下式计算：

$$C = \frac{l-x}{l}a + \frac{x}{l}b \tag{8-4}$$

式中　C——测点的支点沉降影响修正量；

　　　l——A 支点到 B 支点的距离；

x——挠度测点到 A 支点的距离；

a——A 支点沉降量；

b——B 支点沉降量。

（3）各测点变化（挠度、位移、沉降）与应变的计算

根据量测数据作下列计算：

总变位（或总应变）　　　$S_t = S_1 - S_i$

弹性变位（或弹性应变）　$S_e = S_1 - S_u$

残余变位（或残余应变）　$S_p = S_t - S_e = S_u - S_i$

式中　S_i——加载前测值；

　　　S_1——加载达到稳定时测值；

　　　S_u——卸载后达到稳定时测值。

引入相对残余变位（或应变）的概念描述结构整体或局部进入塑性工作状态的程度。

相对残余变位（或应变）按下式计算：

$$S'_p = \frac{S_p}{S_t} \times 100\% \tag{8-5}$$

式中，S'_p 为相对残余变位（或应变）；S_p，S_t 意义同前。

（4）应力计算

根据测量到的测点应变，当结构处于线弹性工作状态时可以利用应力应变关系计算测点的应力。

①当主应力方向已知时：

$$\sigma_1 = \frac{E}{1-v^2}(\varepsilon_1 + v\varepsilon_2) \tag{8-6}$$

$$\sigma_2 = \frac{E}{1-v^2}(\varepsilon_2 + v\varepsilon_1) \tag{8-7}$$

式中　E——构件材料弹性模量；

　　　v——构件材料泊松比；

ε_1，ε_2——方向相互垂直的主应变；

σ_1，σ_2——方向相互垂直的主应力。

②主应力方向未知时需用应变花测量其应变计算主应力。应变花的常见形式为直角形或等边形，如图 8-1(a)、(b)、(c)所示，由三个应变片组成；也可以增加校核应变片布置为扇形和伞形，如图 8-1(d)、(e)所示。采用图 8-1 中的五种应变花时，测点主应力可以表示为

$$\sigma_1 = (\frac{E}{1-v})A + (\frac{E}{1+v})\sqrt{B^2 + C^2} \tag{8-8}$$

$$\sigma_2 = (\frac{E}{1-v})A + (\frac{E}{1+v})\sqrt{B^3 + C^2} \tag{8-9}$$

$$\sigma_{max} = (\frac{E}{1+v})\sqrt{B^2 + C^2} \tag{8-10}$$

$$\phi_0 = \frac{1}{2}\arctan\frac{C}{B} \tag{8-11}$$

其中参数 A，B，C 由应变花的形式而定，上面五种形式应变花的参数见表 8-4。

表 8-4　应变花参数

测量平面上一点主应变时应变计的布置		A	B	C
应变花名称	应变花形式			
45°直角应变花	图 8-1(a)	$\dfrac{\varepsilon_0+\varepsilon_{90}}{2}$	$\dfrac{\varepsilon_0-\varepsilon_{90}}{2}$	$\dfrac{2\varepsilon_{45}-\varepsilon_0-\varepsilon_{90}}{2}$
60°等边三角形应变花	图 8-1(c)	$\dfrac{\varepsilon_0+\varepsilon_{60}+\varepsilon_{120}}{3}$	$\varepsilon_0-\dfrac{\varepsilon_0+\varepsilon_{60}+\varepsilon_{120}}{3}$	$\dfrac{\varepsilon_{60}-\varepsilon_{120}}{\sqrt{3}}$
伞形应变花	图 8-1(d)	$\dfrac{\varepsilon_0+\varepsilon_{90}}{2}$	$\dfrac{\varepsilon_0-\varepsilon_{90}}{2}$	$\dfrac{\varepsilon_{60}-\varepsilon_{120}}{\sqrt{3}}$
扇形应变花	图 8-1(e)	$\dfrac{\varepsilon_0+\varepsilon_{45}+\varepsilon_{90}+\varepsilon_{135}}{4}$	$\dfrac{1}{2}(\varepsilon_0-\varepsilon_{90})$	$\dfrac{1}{2}(\varepsilon_{135}-\varepsilon_{45})$

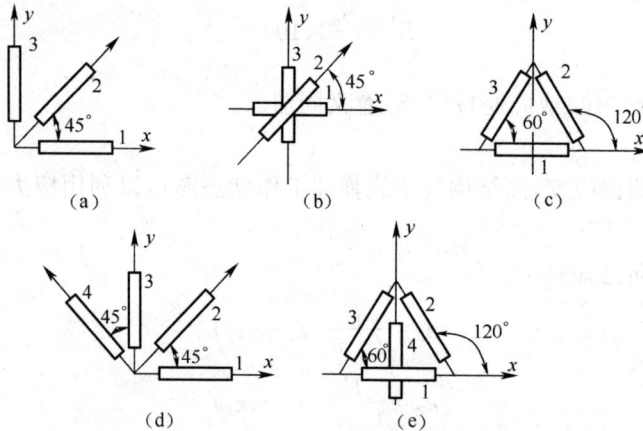

图 8-1　常用应变花的形式

(a)直角形;(b)直角交叉形;(c)等变形;(d)扇形;(e)伞形

(5)横向增大系数 η 计算

可用实测的变位(或应变)最大值 S_{emax} 与横向各测点实测变位(或应变)平均值 $\overline{S_e}$,按下式进行计算:

$$\eta=\frac{S_{emax}}{\overline{S_e}} \tag{8-12}$$

(6)荷载横向分布系数计算

可根据量测截面实测的各主梁或拱肋的测点挠度,按下式进行计算:

$$m_i=\frac{f_i}{\sum_{i=1}^{n}f_i} \tag{8-13}$$

式中　m_i——试验荷载作用下,某一量测截面第 i 片主梁或拱肋的荷载横向分布系数;

　　　f_i——试验荷载作用下,某一量测截面第 i 片主梁或拱肋的测点挠度;

　　　n——主梁或拱肋的根数。

第三节 桥梁的动载试验

在工程结构所受的荷载中,除了静荷载外,往往还会受到动荷载的作用。所谓动荷载,通俗地讲,即是随时间而变化的荷载。桥梁结构在车辆、人群、风力和地震等动力荷载作用下产生振动,桥梁在动力荷载作用下的受力分析是桥梁结构分析的又一重要任务。桥梁的振动问题影响因素复杂,仅靠理论分析还不能满足工程应用的需要,需要理论分析与实验测试相结合的方法解决,桥梁动载试验就成为解决该问题必不可少的手段。动载试验是试验荷载以不同速度通过试验桥梁进行动应变、动位移、竖向与横向振动的测定,以了解结构的动力系数、振动特性(振幅、频率、模态振型和阻尼比)等,据以判断结构在动载作用下的工作状态。

结构振动问题涉及振源(输入)、结构(系统)和响应(输出),它们的关系为:

在结构振动问题中输入、系统和输出中知其中两者,可以求第三者,所以桥梁的动载试验可以划分为三类基本问题。

(1)测定桥梁荷载的动力特性(数值、方向、频率等)。

(2)测定桥梁结构的动力特性(自振频率、阻尼、振型等)。

(3)测定桥梁在动荷载作用下的响应(动位移、动应力等)。

桥梁的振动试验涉及很宽的范畴,如模拟地震试验、抗风试验、疲劳试验等。本节着重介绍桥梁结构动力特性和动载响应的试验与分析。

一、动载试验的常用仪器设备

结构振动的测试仪器包括:测振传感器、信号放大器、光线示波器、磁带记录仪和数字信号处理机。近年振动信号分析处理技术发展很快,已开发出多种以 A/D 转换和微机结合的数据采集和分析一体化的智能仪器,可以进行实时数据采集分析,并能实现数据储存,有取代磁带记录仪和专用信号处理机的趋势,但还有待普及。

1. 测振传感器(拾振器)

振动参数有位移、速度和加速度。测量这些振动参数的传感器有许多种类。但由于振动测量的特殊性,如测量时难以在振动体附近找到一个静止点作为测量的基准点,所以就需要使用惯性式测振传感器。通常所指的测振传感器即为惯性式测振传感器(以下简称为测振传感器)。测振传感器的基本原理为:由惯性质量、阻尼和弹簧组成一个动力系统,这个动力系统固定在振动体上(即传感器的外壳固定在振动体上),与振动体一起振动。通过测量惯性质量相对于传感器外壳的运动,就可以得到振动体的振动,如图 8-2 所示。由于这是一种非直接

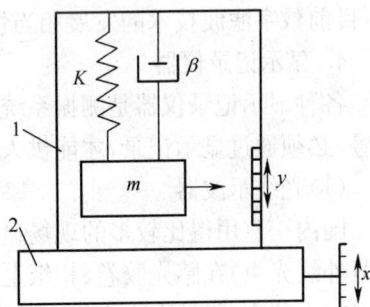

图 8-2 测振传感器力学原理
1—传感器;2—振动体

的测量方法,所以,这个传感器动力系统的动力特性对测量结构具有很重要的影响。

拾振器的选用原则有以下几点：

（1）灵敏度。传感器灵敏度当然越高越好，但是当灵敏度很高时，与测量无关的噪声也容易混入，并且也同样被放大，这就要求拾振器的信噪比愈大愈好。与灵敏度密切相关的量程范围要注意，当输入量超出拾振器标定的线性范围时，除非有专门的非线性校正措施，否则拾振器不应进入非线性区域，更不能进入饱和区。

当被测量的是一个向量，并且是一维向量时，要求拾振器单向灵敏度愈高愈好，而横向灵敏度愈小愈好；如被测量的是二维或三维向量，则要求拾振器的交叉灵敏度愈小愈好。

（2）线性度。任何拾振器都有一定的线性范围，线性范围宽，工作量程则大。

（3）稳定性。这里说的稳定性包括两方面：一是拾振器受现场环境影响后的使用性能的稳定；二是拾振器使用一段时间后，其性能指标会受各种因素的影响，一般须重新标定。

（4）精度。拾振器能否真实地反映被测量值大小对整个测试有直接影响，但是也并非要求拾振器的精度愈高愈好，还应考虑经济性。

（5）工作方式。拾振器的工作方式首先是要看它的安装方式，是惯性式还是非惯性式，是接触式还是非接触式等；其次要结合拾振器与被测物的传感关系，选择能使拾振器恰当工作的方式安装测量。

2. 信号放大器

信号放大器的种类很多，它们之间的输入和输出特性、频响特性等往往都是根据所配拾振器而定，如磁电式位移计通常要求匹配带有微积分电路的电压放大器，以便求得速度、加速度等力学量；压电式加速度计因为它的输出阻抗相当高，一般配电荷放大器，主要是从电学原理出发，使拾振器传来的信号真实地放大，输出又能适应各种二次仪表的要求。

3. 滤波器

在测试系统中，拾振器接放大器送出的信号有时包含许多与测量无关的信号（噪声）成分，去掉这些噪声信号而获得有用信号的方法之一就是采用滤波器，滤波器是实现电信号滤波的装置。

滤波器是一种选择装置，可以使信号中有用的成分通过，滤去不需要的成分，根据它的选频特点，滤波器有低通（通带 $0\sim f_c$）、高通（通带 $f_c\sim\infty$）、带通（通带 $f_{c1}\sim f_{c2}$）、带阻（通带 $0\sim f_c$，$f_c\sim\infty$）四种，桥梁测振中最常用的是低通滤波器，有时也用带通滤波器。

滤波器根据处理信号的不同，分成模拟和数字式两类，测试仪器中使用较多的是模拟滤波，目前数字滤波技术的发展相当快，一些数据处理设备往往带有数字滤波功能。

4. 显示记录仪器

各种显示记录仪器是测振系统人机联系的纽带，一套由拾振器测量到放大器放大的振动信号，必须通过显示记录，才能供人们直接观察和分析，才能进一步处理。

（1）光线示波器

国内一直用得比较多的现场显示型记录仪器是光线示波器，光线示波器是利用细光束（包括紫外线光束）在感光胶卷、相纸上记录、显示被测信号的，它的频响范围为 DC-50 kHz，国内许多二次仪表（如动态应变仪）都按光线示波器的输入要求设计了（低电阻输出）匹配电路。该仪器是一种常用的模拟式记录器，主要用于振动测量的数据记录，它将电信号转换为光信号并记录在感光纸或胶片上，得到的是试验变量与时间的关系曲线。

图 8-3 为光线示波器的工作原理，当振动的信号电流输入振动子线圈 2 时，在固定磁场 3

内的振动子线圈就发生偏转，与线圈连着的小镜片及其反射的光线也随之偏转，偏转的角度大小和方向与输入的信号电流相对应，光线射在前进着的感光记录纸上即留下所测信号的波形，与此同时在感光记录纸上用频闪灯 8 打上时间标记。光线示波器可以同时记录若干条波形曲线，它还可以用于静力试验的数据记录。

对光线示波器记录的试验结果进行数据处理，与 X-Y 记录仪相同，要用尺直接在曲线上量取大小，根据标定值按比例换算得到代表试验结构的数值；关于时间的数值，可用记录纸上的时间标记按同样方法进行换算。

图 8-3　光线示波器的工作原理

1—张丝；2—线圈；3—磁场；4—镜片；
5—光源；6—输入线；7—记录纸；8—频闪灯

（2）磁带记录仪

磁带记录仪是一种常用的较理想的记录器，可以用于振动测量和静力试验的数据记录，它将电信号转换成磁信号并记录在磁带上，得到的是试验变量与时间的变化关系。

磁带记录仪由磁带、磁头、磁带传动机构、放大器和调制器等组成，它的原理见图 8-4。记录时，从传感器来的信号输入到磁带记录仪，经过放大器和调制器的处理，通过记录磁头把电信号转换成磁信号，记录在以规定速度作匀速运动的磁带上。重放时，使记录有信号的磁带按原来记录时的速度（也可以改变速度）作匀速运动，通过重放磁头从磁带"读出"磁信号，并转换成电信号，经过放大器和调制器的处理，输出给其他仪器。磁带记录仪的记录方式有模拟式和数字式两种，对记录数据进行处理应采用不同的方法。用模拟式记录的数据，可通过重放，把信号输送给 X-Y 记录仪或光线示波器等，用前面所提到的方法，得到相应的数值。或者可把信号输送给其他分析仪器，用 A/D 转换，得到相应的数值。用数字式记录仪记录的数据，可直接输送给打印机打印输出，或输送到计算机等。

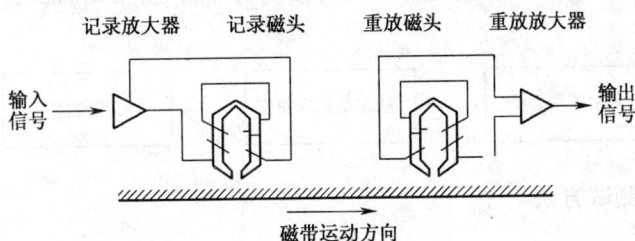

图 8-4　直接记录式磁带记录仪原理图

磁带记录仪的特点是：①工作频带宽，可以记录从直流到 2 MHz（DC—2 MHz）的信号；②可以同时进行多通道记录，并能保持多通道信号之间正确的时间和相位关系；③可以快速记录慢速重放，或慢速记录快速重放，使数据记录和分析更加方便；④通过重放，可以很方便地将磁信号还原成电信号，输送给各种分析仪器。

二、测试系统的选配

根据常用的一些测振仪器的性能，一般可构成电磁式测试系统、压电式测试系统和电阻应变式测试系统三种测试系统。

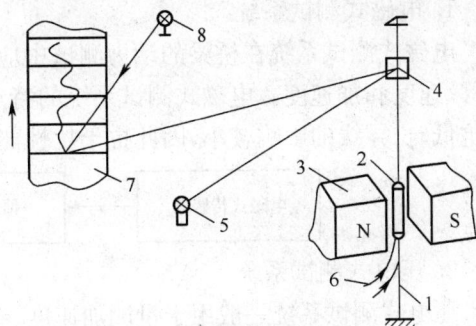

1. 电磁式测试系统

电磁式测试系统在桥梁的动力测试中应用较为普遍,这类系统通过仪器的组合变换可测位移、速度和加速度。电磁式测试系统的特点是输出信号强、灵敏度高、稳定性好、传感器输出阻抗低、长导线的影响较小,因此抗干扰性能好。系统的组成为:

```
┌──────────────┐      ┌──────────────┐      ┌──────────────┐
│  电磁式传感器  │ ───> │   信号扩大器   │ ───> │   记录装置    │
└──────────────┘      └──────────────┘      └──────────────┘
```

2. 压电式测试系统

压电式测试系统一般用于量测加速度。由于压电式传感器具有高输出阻抗的特性,要求与输入阻抗很高的放大器相连,因此放大器输入阻抗的大小将对测试系统的特性产生重大影响。由于压电式传感器自振频率较高,因此可测频响较宽,但系统抗干扰性差。长导线对阻抗影响较大,易受电磁场干扰。配套的前置放大器有两种基本形式:一种是电压放大器,它的输出电压正比于输入电压;另一种是电荷放大器,它的输出电压正比于压电传感器输出电荷。这两种前置放大器各具特点,电压放大器的输出电压受输出电缆长度的影响,低频特性也受其他输出电阻的影响,由这种放大器组配的系统适用于一般频率范围的动力测试;电荷放大器不受传输电缆分布电容的影响,低频特性也很少受输入电阻的影响,使用频率可达到零,它适用于低频或超低频长距离的动力测试。系统的组成为:

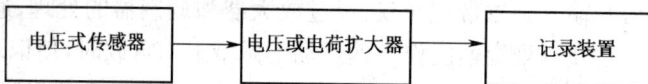

```
┌──────────────┐      ┌──────────────┐      ┌──────────────┐
│  电压式传感器  │ ───> │ 电压或电荷扩大器 │ ───> │   记录装置    │
└──────────────┘      └──────────────┘      └──────────────┘
```

3. 电阻应变式测试系统

电阻应变式测试系统中传感器的种类较多,例如应变计、位移计、加速度计等,需配套使用的放大器是各类动态电阻应变仪,记录装置为常用的光线振子示波器或磁带机等。这类测试系统的低频响应好,可从零赫兹开始。动态电阻应变仪可作为各类电阻应变式传感器的放大器。但这类测试系统易受温度的影响,抗干扰性能较差,长导线对灵敏度也有影响。电阻应变式测试系统中各部分仪器具有通用性强、应用方便等特点,在桥梁动力试验中应用普遍。系统的组成为:

```
┌──────────────┐      ┌──────────────┐      ┌──────────────┐
│  电阻式传感器  │ ───> │  动态电阻应变仪 │ ───> │   记录装置    │
└──────────────┘      └──────────────┘      └──────────────┘
```

三、动力特性的测试方法

1. 自由振动法

自由振动法的特点是使桥梁产生有阻尼的自由衰减振动,记录到的振动图形是桥梁的衰减振动曲线。为使桥梁产生自由振动,一般常用突加荷载和突卸荷载两种方法。

(1)突加荷载法

在被测桥梁结构或构件上急速地施加一个冲击作用力,由于施加冲击作用的时间短促,因此施加于结构的作用实际上是一个冲击脉冲作用。由振动理论可知,冲击脉冲的动能传递到结构振动系统的时间,要小于振动系统的自振周期,并且冲击脉冲一般都包含了从零到无限大的所有频率的能量,它的频谱是连续谱,只有被测结构固有频率与之相同或很接近时,冲击脉冲的频率分量才对结构起作用,从而激起结构以其固有频率作自由振动。

突加荷载分垂直加载和水平加载两类，如图 8-5 与图 8-6。

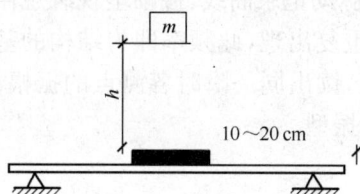

图 8-5　垂直自由落体突加荷载法

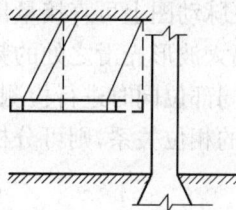

图 8-6　水平撞击式突加荷载法

（2）突卸荷载法

采用突然卸载法时，在结构上预先施加一个荷载作用，使结构产生一个初位移，然后突然卸去荷载，利用结构的弹性使其产生自由振动。图 8-7 为卸载法的简单激振装置。

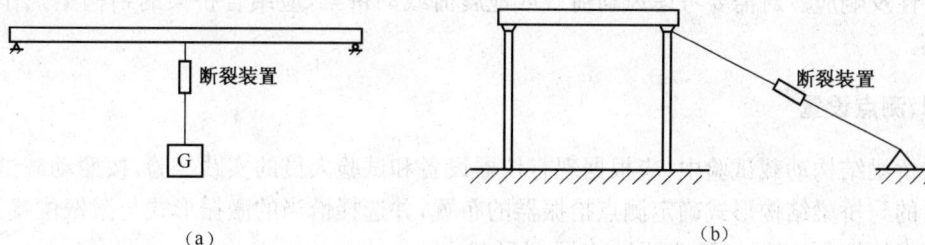

（a）

（b）

图 8-7　卸载法激振装置

2. 共振法

共振法是利用专门的激振器，对结构施加简谐动荷载，使结构产生稳态的强迫简谐振动，借助对结构受迫振动的测定，求得结构动力特性的基本参数。

该方法由激振器产生稳态简谐振动，使被测建筑物发生周期性强迫振动，当激振器的频率由低到高（扫频）时，即可得到一组振幅（A）—频率（f）的关系曲线，如图 8-8 所示。

强迫振动频率可由激振设备的信号发生器上调节并读取，或由专门的测速、测频仪上读取。振幅 A 由安装在被测结构上的

图 8-8　共振时的振动图形和振动曲线

拾振器传感，由测振仪器系统记录。当强迫振动频率与结构自振频率相同时即共振。若结构为多自由度体系，则会对应每一阶振型出现多个峰值（如图 8-8），即第一频率、第二频率、第三频率，由此可得出此建筑物的各次自振频率，并可从共振曲线 $A—f$ 上得出其他自振参数。

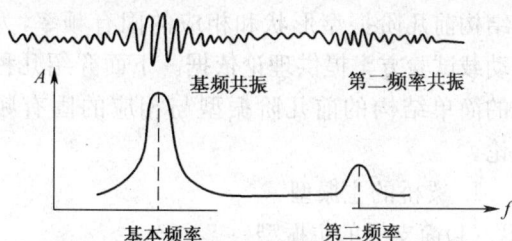

3. 脉动法

对于大跨度悬吊结构，如悬索桥、斜拉索桥跨结构、塔墩以及具有分离式拱肋的大跨度下承式或中承式拱桥，可利用结构由于外界各种因素所引起的微小而不规则的振动来确定结构动力特性。这种微振动通常称为"脉动"，它是由附近的车辆、机器等振动或附近地壳的微小破裂和远处的地震传来的脉动所产生。

结构的脉动有一重要特性，就是它能明显地反映出结构的固有频率。由于结构的脉动是

因外界不规则的干扰所引起的,因此它具有各种频率成分,而结构的固有频率的谐量是脉动的主要成分,在脉动图上可直接量出。如图 8-9 所示结构脉动记录曲线,振幅呈现有规律的增减现象,凡振幅大波形光滑之处的频率都相同,而且多次重复出现,此频率即为结构的基频。如果在结构不同部位同时进行检测,记录在同一记录纸上,读出同一瞬时各测点的振幅值,并注意它们之间的相位关系,则可分析得到某一固有频率的振型。

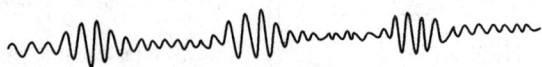

图 8-9　结构脉动曲线

在桥梁结构的正常运营条件下,经常作用于结构上的动力荷载是各类车辆荷载,在进行桥梁的动载试验中,首先应考虑采用车辆荷载作为试验荷载,以便确定桥梁在使用荷载作用下的动力特性及响应。对需要考虑风动荷载或地震荷载的桥梁,应结合桥梁的结构型式作进一步的研究。

四、测点设置

在桥梁结构动载试验中,应根据现有仪器设备和试验人员的实践经验,按照动载试验的要求和目的与桥梁结构形式确定测点拾振器的布置,并选择恰当的激振形式与激振位置。

测点拾振器布置一般按照结构振型形状,在变位较大的部位布置测点,尽可能避开各阶振型的节点。

根据桥梁结构形式与结构体系,可以利用结构动力分析通用程序进行结构动力分析,从而估计结构前几阶振型形状和相应的固有频率,为制定动载试验方案提供理论依据。下面介绍几种常见的简单结构的前几阶振型与相应的固有频率理论。

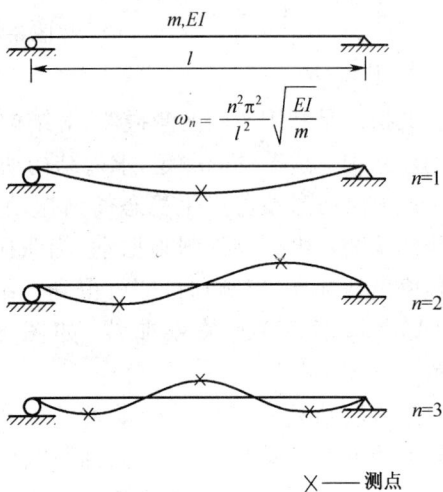

$$\omega_n = \frac{n^2\pi^2}{l^2}\sqrt{\frac{EI}{m}}$$

×——测点

图 8-10　简支梁桥的主振型

1. 梁桥的主振型

(1)简支梁的主振型

均质简支梁的前三阶主振型如图 8-10 所示。一阶振型的测点布置在跨中,二阶振型的测点布置在 1/4 跨处。

(2)固端梁的主振型

均质固端梁的前三阶主振型如图 8-11 所示。前几阶振型的测点布置类似于简支梁桥。

(3)悬臂梁的主振型

均质悬臂梁的前三阶主振型如图 8-12。一阶振型测点布置在悬臂端,二阶振型测点宜布置在 1/2 悬臂长度处。

(4)三跨连续梁的主振型

均质三等跨连续梁的主振型如图 8-13 所示。一阶振型测点布置在三跨的跨中,二阶振型测点布置在两边跨跨中和中跨的两个四分点上。

$$\omega_1 = \frac{(0.597\pi)^2}{l^2}\sqrt{\frac{EI}{m}}$$

$n>1$ 时：

$$\omega_n = \frac{(n-1/2)^2\pi^2}{l^2}\sqrt{\frac{EI}{m}}$$

$$\omega_n = \frac{(n+1/2)^2\pi^2}{l^2}\sqrt{\frac{EI}{m}}$$

×—— 测点

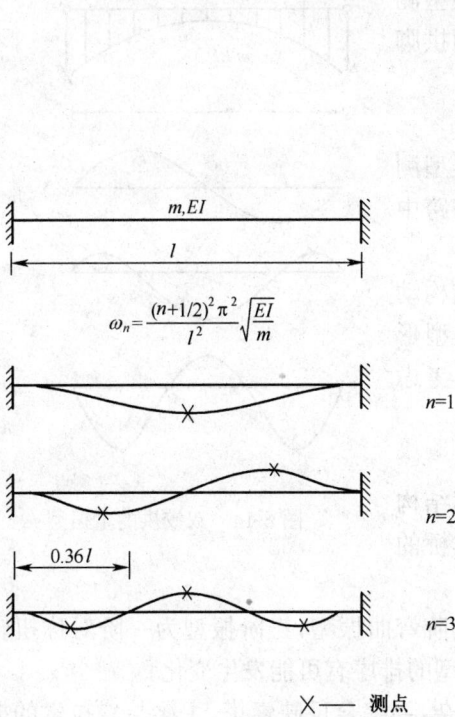

图 8-11　固端梁的主振型

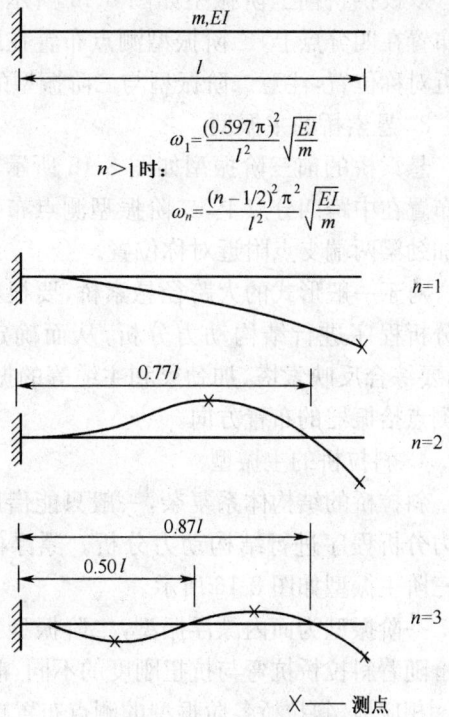

×—— 测点

图 8-12　悬臂梁的主振型

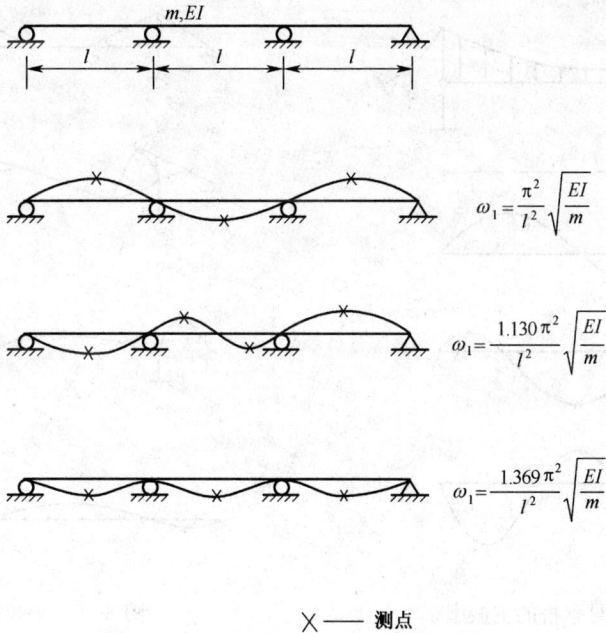

$$\omega_1 = \frac{\pi^2}{l^2}\sqrt{\frac{EI}{m}}$$

$$\omega_1 = \frac{1.130\pi^2}{l^2}\sqrt{\frac{EI}{m}}$$

$$\omega_1 = \frac{1.369\pi^2}{l^2}\sqrt{\frac{EI}{m}}$$

×—— 测点

图 8-13　三跨连续梁的主振型

2. 拱桥的主振型

工程中常用的拱桥形式多样,结构体系也比较复杂。这里仅以两铰拱为例,说明拱桥振型形状与测点布置。

双铰拱桥前三阶振型如图 8-14 所示。一阶振型测点布置在四分点上,二阶振型测点布置在跨中与两拱脚附近对称位置,注意二阶振型与三阶振型的辨别。

3. 悬索桥的主振型

悬索桥的前三阶振型如图 8-15 所示。一阶振型测点布置在中跨四分点上,二阶振型测点布置在中跨跨中和加劲梁两端支点附近对称位置。

对于一般形式的大跨径悬索桥,要根据空间结构动力分析程序进行结构动力分析,从而确定结构振型形式,要综合反映索塔、加劲梁和主缆等的振动特性,考虑各测点拾振器的布置方向。

4. 斜拉桥的主振型

斜拉桥的结构体系复杂,一般只能借助于空间结构动力分析程序进行结构动力分析。漂浮体系斜拉桥的前三阶主振型如图 8-16 所示。

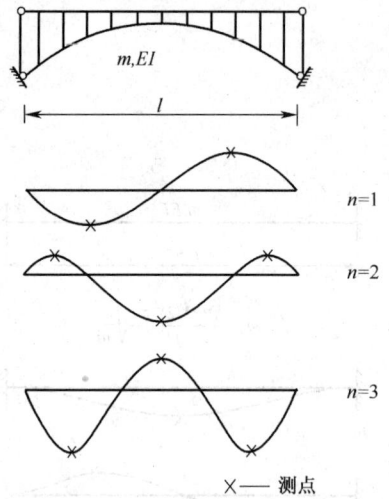

图 8-14　双铰拱的主振型

一阶振型为面内漂浮振型,二阶振型为面内一阶弯曲振型,三阶振型为一阶对称扭转振型。随着斜拉桥抗弯与抗扭刚度的不同,前三阶振型的排序有可能发生变化。

相应地,斜拉桥各阶振型的测点布置也比较复杂,要综合反映索塔、主梁与斜拉索的振动特性,考虑各测点拾振器的布置方向。

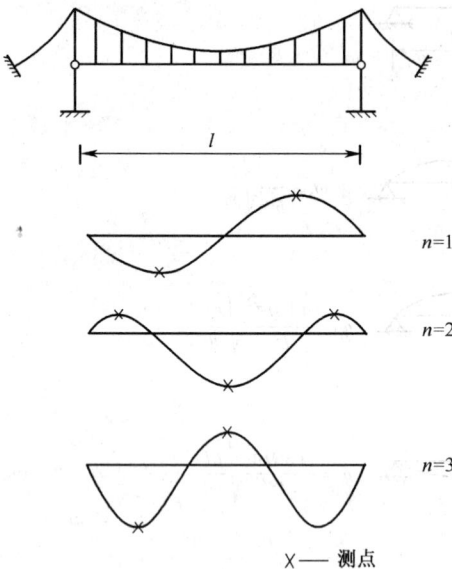

图 8-15　悬索桥的主振型

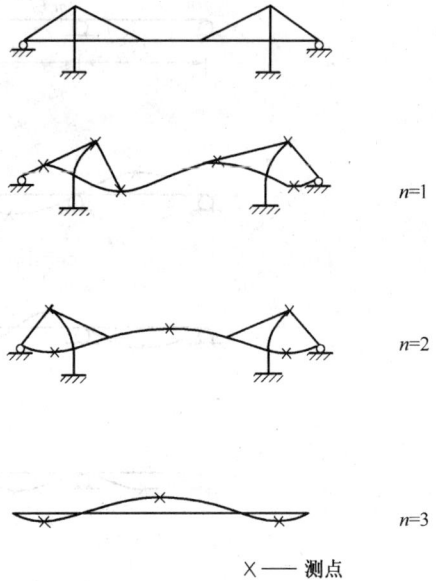

图 8-16　斜拉桥的主振型

五、桥梁结构自振特性的测定与分析

桥梁结构的动力特性(例如结构的固有频率、阻尼系数和振型等)只与结构本身的固有性质有关(如结构的组成形式、刚度、质量分布和材料的性质等),而与荷载等其他条件无关。结

构的动力特性是结构振动系统的基本特性,是进行结构动力分析所必需的参数。

对于比较简单的结构,一般只需结构的一阶频率,对于较复杂的结构动力分析,还应考虑第二、第三甚至更高阶的固有频率及相应的振型。至于系统的阻尼特性只能通过试验的方法确定。

桥梁在实际的动荷载作用下,结构各控制部位的动力响应,如振幅、频率、速度和加速度以及反映结构整体动力作用的冲击系数等,除了可用来分析结构在动荷载作用下的受力状态外,还可验证或修改理论计算值,并作为结构设计的依据。

1. 结构动力系数的测定

在动力荷载作用下,桥梁结构某些部位的振动参数如振幅、频率、位移、应力等的测定,可根据试验的具体要求和结构的型式布置测点,采用适当的仪表进行测试。动力荷载作用于结构上产生的动挠度,一般较同样的静荷载所产生的相应静挠度要大。动挠度与静挠度的比值称为活荷载的冲击系数。由于挠度反映了桥跨结构的整体变形,是衡量结构刚度的主要指标,因此活载冲击系数综合反映了荷载对桥梁的动力作用。它与结构的型式、车辆运行速度和桥面的平整度等有关。

桥梁动载试验可以从动挠度、竖向振动、动应力等项的实测波形获得相应的动力系数。

(1)从动挠度波形获得(图 8-17)

$$1+\mu=\frac{\delta_{dmax}}{\delta_{smax}} \tag{8-14}$$

式中　δ_{dmax}——实测最大动挠度值;

δ_{smax}——本次波形的振幅中小轨迹线的顶点值,或低速(准静态)最大挠度值。

(2)从竖向振动波形获得(图 8-18)

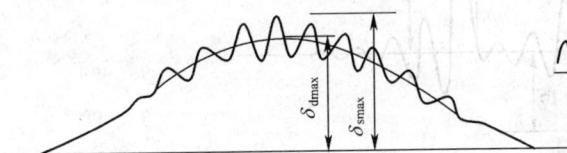

图 8-17　移动荷载作用下结构变形曲线

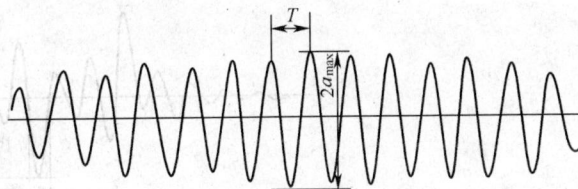

图 8-18　竖向振动波形

$$1+\mu=1+\frac{a_{max}/\beta}{\delta_{smax}} \tag{8-15}$$

式中　β——相应于 T(振动周期)的动态放大倍数;

a_{max}——实测最大竖向振幅;

δ_{smax}——静载挠度实测值。

(3)从应力波形获得(图 8-19)

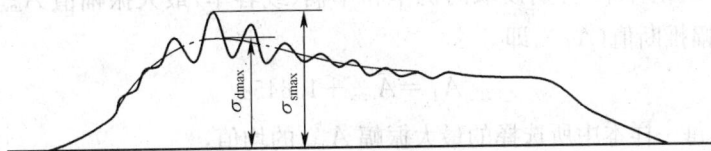

图 8-19　动应力波形

$$1+\mu=\frac{\sigma_{dmax}}{\sigma_{smax}} \tag{8-16}$$

式中 σ_{dmax}——实测最大动应力值；

σ_{smax}——本次波形的振幅中心轨迹线的顶点值，或低速（准静态）最大应力值。

2. 桥梁振动时域波形的判读

对预检后的桥梁时域波形样本进行判读，目视检查或进行合成频谱分析，确认结构的各种特征频率。

3. 桥梁振动的实际振幅 A

(1)基线两侧基本对称的振动波形（图 8-20），振幅可由峰值 $2a$ 得出：

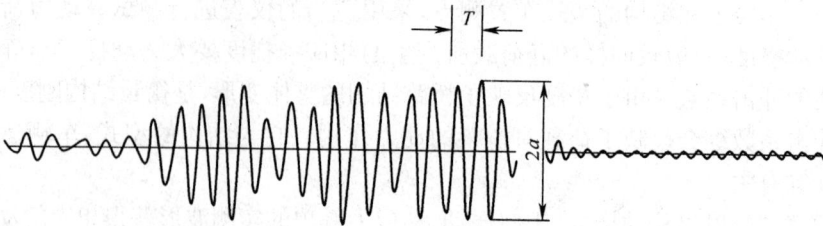

图 8-20 对称振动波形

$$A=\frac{1}{2}\left(\frac{2a}{\beta}\right) \tag{8-17}$$

(2)基线两侧很不对称的振动波形（图 8-21），振幅应由单峰值得出：

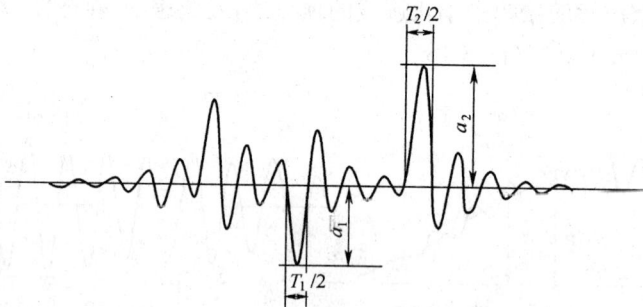

图 8-21 基线两侧不对称振动波

$$A_1=\frac{a_1}{\beta_1};A_2=\frac{a_2}{\beta_2} \tag{8-18}$$

式中，β,β_1,β_2 分别为对应于 T,T_1,T_2（T,T_1,T_2 为振动对应的不同周期）的动态放大倍数。

4. 最大振幅推断值

根据同一速度级（货列级差为 10 km/h，客列级差为 20 km/h），共振区段均为 5 km/h 的多次同模式列车编组样本，分别读取的机车和车辆（或客车）最大振幅值 A_{imax}，按超越或然率 5% 计算最大振幅推断值（A_I），即

$$A_I=\overline{A}_{max}+1.645\sigma \tag{8-19}$$

式中 $\overline{A}_{max}$——每一样本中所选择的最大振幅 A_{imax} 的均值，

$$\overline{A}_{max}=\frac{1}{N}\sum_{i=1}^{n}A_{imax} \tag{8-20}$$

$$\sigma \text{——方差}, \sigma = \sqrt{\frac{\sum\limits_{i=1}^{n}(A_{i\max}-\overline{A}_{\max})^2}{N-1}}。$$

5. 结构各阶振动的固有自振频率和阻尼比特性

(1)由实测时域余振波形的自由振动衰减曲线(图 8-22)确定

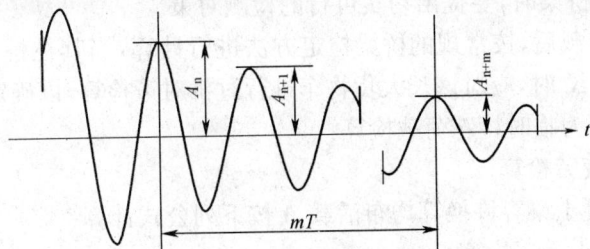

图 8-22　自由衰减振动波形

$$\text{固有自振频率}\quad f_0 = \frac{m}{mT} \tag{8-21}$$

$$\text{阻尼比}\quad D = \frac{1}{2\pi} \cdot \frac{1}{m} \ln \frac{A_n}{A_{n+m}} \tag{8-22}$$

式中,m 为自由振动衰减波形图上取振幅的整周期波数。

(2)由环境微振动频谱分析(图 8-23)确定

$$\text{固有自振频率}\quad f_0 = \frac{\omega_0}{2\pi} \tag{8-23}$$

$$\text{阻尼比}\quad D = \frac{\Delta\omega}{2\omega_0} \tag{8-24}$$

6. 结构强迫振动频率

截取振动时域波形样本中机车和车辆(或客车)的最大振幅时段的波形段,分别作最大熵法频谱分析,求取机车和车辆(或客车)对结构产生的强迫振动频率。当该时域波形呈现共振形态时,最大熵法频谱分析得出的强迫振动频率即为结构在该荷载下的有载自振频率。

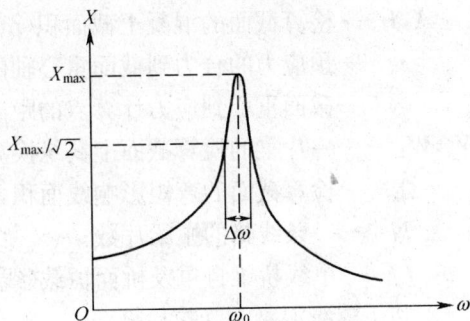

图 8-23　功率谱图

7. 列车在桥上的脱轨系数和减载率按如下方式分析:

(1)最大车辆脱轨系数 Q/P:机车、车辆轮对对左右股钢轨同一瞬间产生的最大 Q/P 值(列出 Q 与 P 值)。Q 为车轮作用于钢轨上的横向力;P 为车轮作用于钢轨上的垂直力。

(2)最大车辆轮重减振率 $\Delta P/\overline{P}$ 值:机车、车辆轮对左右车轮,同一瞬间在左右股钢轨上发生的最大 $\Delta P/\overline{P}$ 值。

$$\overline{P} = \frac{P_1 + P_2}{2} \tag{8-25}$$

$$\Delta P = \left| \frac{P_1 - P_2}{2} \right| \tag{8-26}$$

式中　P_1, P_2——实测左右轮重;

$\overline{P}$——减载和增载侧车轮的平均轮重;

ΔP——轮重减载量。

六、长大货物车过桥的检测对策

为了满足国民经济发展的需要,铁路经常承担一些长大货物的运输任务,为保证这些长大货物车能够安全到达目的地,要求桥检技术人员对通过的所有桥梁进行检测,尤其是必须通过存在严重损伤的铁路桥梁时,要提出切实可行的检测对策。

1. 长大货物车装载后,按常规的桥梁检定方法进行计算,当其在桥上的运行活载 Q 超过桥梁的检定承载系数 K 时,应对该长大货物车进行过桥对策检算,以确定能否安全承运。

2. 长大货物车作为临时特殊荷载检算:

(1)对钢梁不作疲劳检算;

(2)对预应力混凝土梁容许换算均布活载 A 按下列公式计算:

1)按上翼缘混凝土受压检算

$$k=\frac{N(0.6f_c-\sigma_c)W_s\times10^3}{\Omega_k}-p_1\frac{W_s}{W_{ks}}-p_2 \tag{8-27}$$

式中　f_c——梁体混凝土抗压极限强度,MPa;

　　　σ_c——在预应力作用下,(按 $\sigma_c=\frac{N_p}{A}\pm\frac{N_pe_0y}{I}$)检算截面上翼缘混凝土的有效预应力,MPa,如为拉应力应加负号;

　　　N_p——扣除全部损失后,钢筋预应力的合力,MN;

　　　A,I——检算截面的混凝土截面积(m²)及惯性矩(m⁴);

　　　e_0——预应力的合力到截面重心轴的距离,m;

　　　y——截面重心到应力计算点的距离;

W_s,W_{ks}——一片梁的检算截面上翼缘换算截面抵抗矩及净截面抵抗矩,m³;

　　　Ω_k——检算截面的弯矩影响线面积,m²;

　　　N——一条线路的主梁片数;

　　p_1,p_2——单线桥梁自重及桥面恒载(线路设备及人行道等重量),kN/m。

2)按下翼缘混凝土受拉检算

$$k=\frac{N(\sigma_c+c\cdot f_{ct})W_x'\times10^3}{\Omega_k}-p_1\frac{W_x'}{W_{kt}'}-p_2 \tag{8-28}$$

式中　c——不允许出现拉应力的构件为0.6,允许出现拉应力、不允许开裂的构件为0.8;

　　　f_{ct}——混凝土实测抗拉强度极限强度,MPa;

W_x',W_{kt}'——一片梁的检算截面下翼缘不计管道部分的换算截面地抗矩及净截面抵抗矩,m³。其他符号意义同前。

3)不容许出现拉应力的构件按正截面抗裂性检算

$$k=\frac{N\left(\sigma_c+\frac{2S}{W_x'}f_{ct}\right)W_x'\times10^3}{1.10\Omega_k}-p_1\frac{W_x'}{W_{kt}'}-p_2 \tag{8-29}$$

式中,S 为一片梁的换算截面重心轴以下面积对换算截面重心轴的面积矩,m³。其他符号意义同前。

(3)对墩台材料的检定容许应力(主拉应力、剪应力及黏结力除外)可乘以1.40的提高系数。

(4)对经过长期运营、沉降已基本终止及无倾斜等病害的桥墩台地基,其检定容许承载力可乘以 1.60 的提高系数。

3. 长大货物车过桥可采用如下对策:

(1)在长大货物车前后,视桥梁跨长编挂若干辆 20 kN/m 的空车作隔离车。

(2)采取限速措施,降低的动力系数可分别按下列公式计算:

对钢梁

$$1+\mu = 1+\frac{28}{40+L}\times 0.75\times \frac{v}{60} \tag{8-30}$$

对混凝土和预应力混凝土梁

$$1+\mu = 1+\frac{12}{30+L}\times 0.75\times \frac{v}{60} \tag{8-31}$$

式中　L——跨度,m;

　　　v——限制速度,km/h。

4. 长大货物车进行过桥检算时,应考虑所运输的大件重心在长大货物车上实际装载位置引起车辆轮重变化对桥梁的影响。

5. 采取对策后的特种大型车辆的运行活载 Q 必须满足

$$Q\leqslant K \tag{8-32}$$

式中,$Q=k_q/k_0$;

k_0——标准活载的换算均布活载(kN/m)计入动力系数;

k_q——长大货物车的换算均布活载(kN/m)计入相应的动力系数。

6. 公铁两用桥公路运行的汽车活载超过公路桥面系汽车检定承载等级汽车 K_H 级时称为超重车,其过桥对策为:

(1)超重车运行时应禁止其他车辆运行;

(2)超重车必须沿桥梁的中心线行驶,左右偏离不得大于 0.25 m;

(3)慢速行驶:当车速不超过 5 km/h 时,可不计其动力系数;当车速为 5 km/h/$v\leqslant$ 15 km/h时,可按下式计算动力系数:

$$1+\mu = 1+\frac{15}{37.5+L}\cdot \frac{v}{45} \tag{3-33}$$

式中　L——桥面系纵、横梁内力影响线的荷载长度,m;

　　　v——限制速度,km/h。

(4)不得在桥上制动、变速和停留;

(5)采取对策后的超重车,其运行活载 $Q_{(H)}$ 级必须满足 $Q_H=K_H$。

七、芜湖长江大桥成桥静动载试验

1. 概述

芜湖长江大桥为国家"九五"重点工程,是公铁两用特大型桥梁,公路桥全长 5 681.2 m,铁路桥全长 10 520.97 m,正桥长 2 193.7 m。正桥主航道采用 180 m + 312 m + 180 m 的矮塔斜拉桥,副航道采用基本跨度为 144 m 的连续桁梁;铁路引桥采用基本跨度为 40 m 预应力混凝土箱梁和 32 m 预应力混凝土 T 梁;公路引桥采用基本跨度为 40 m 预应力混凝土 T 梁。

2. 试验概况

为了对大桥的设计、制造及施工质量和行车性能作出科学评估，为大桥工程验收及开通提供可靠依据，为今后安全运营提供必要的技术参数，工作人员对芜湖长江大桥进行了成桥静动载试验。选择在具有代表性的正桥 180 m ＋312 m ＋ 180 m 斜拉桥、3×144 m 连续钢桁梁，铁路引桥 48 m ＋ 68 m ＋ 48 m 预应力混凝土连续梁、40 m 部分预应力混凝土箱梁和 32 m 预应力混凝土 T 梁上进行试验。测试的主要内容有桥梁变位、主要构件受力状况；桥梁的自振特性；在各种车速和列车紧急制动时桥梁主要测点振幅、冲击系数、脱轨系数和减载率等。此处只对正桥 180 m ＋312 m ＋ 180 m 斜拉桥的静动荷载试验进行介绍。

3. 试验方案

(1)试验荷载

根据试验有关要求及当地可能提供的车辆，本次静动载试验中，铁路荷载采用东风 4 内燃机车(DF₄)加 C62 货车，汽车荷载采用泰脱拉载重汽车(26 t/辆)及一辆 40 t 平板载重车。试验荷载组成及加载位置见表 8-5。

表 8-5　试验荷载组成及加载位置

荷载组成	加载位置
	(180 ＋ 312 ＋ 180)m 斜拉桥
8×C62 (重) ＋ 2×DF₄＋8×C62 (重)，公路 4 列，每列 9 辆 26 t 车	312 m 中孔静载
铁路双线，每线 2×DF₄	
公路：4 辆 26 t 车、1 辆 40 t 重车	公路面局部静、动载试验
4×C62 (重) ＋ 2×DF₄＋ 4×C62 (重)	180 m 边孔(无为)静载
8×C62 (重) ＋ 2×DF₄＋ 8×C62 (重)	边、中孔静载
8×C62 (重) ＋ 2×DF₄＋ 8×C62 (重)	
3×C62 (重) ＋ 2×DF₄＋ 3×C62 (重)	
铁路双线，每线：2×DF₄ ＋ 16×C62 (重) ＋ 8×C62 (空)	铁路双线同向动载试验，车速(5～75)km/h，从芜湖至无为
铁路下游单线：2×DF₄＋ 32 ×C2 (重)＋ 8×C62 (空)	铁路单线动载试验，车速(5～60)km/h，从无为至芜湖
3×DF₄＋ 32 ×C2 (重) ＋ 16×C62 (空)	同上，车速(70～80)km/h
2×DF₄＋ 32×C2 (重)	铁路单线车速 50 km/h 紧急制动试验

(2)静载试验

整体加载检验钢桁主要杆件应力、斜拉索和弹性索的索力以及钢桁挠度、主塔变位。共分成中孔(312 m)、边孔(无为岸侧 180 m)和中边孔三种工况，每种工况包括双线，上、下游偏载三次加载。中孔加载为公、铁路双层加载，跨中下弦杆轴力的加载效率系数为 0.82。边孔和中边孔仅为铁路面加载。公路局部加载检测公路桥面系纵、横梁和桥面板受力。

铁路动载试验包括双线和下游单线两种试验工况，分别测定在铁路中孔双线满载和单线沿桥全长满载运营状态时桥梁的动应力和动位移，单线动载试验时尚可测定相应动力系数。

此外在单线动载试验时，还进行车速 50 km/h 时的制动试验。双线荷载的组成为：每线 2 台东风 4 机车、拖挂 16 辆 C₆₂ 重车和 8 辆 C₆₂ 空车，车全长 365 m，总重 1 780 t。单线荷载的组成为：3 辆东风 4 机车、拖挂 32 辆 C₆₂ 重车和 16 辆 C₆₂ 空车，车全长 708 m，总重 2 932 t。公路动载试验实测不同车速下公路桥面系的动力响应、车速 50 km/h 时的制动试验、落差 75 mm 的跳车试验。

4. 试验结果，各项试验结果见表 8-6。

表 8-6　静动载试验结果汇总

桥梁	测试内容		静载校正系数	动载冲击系数	试验结论
(180+312+180) m 斜拉桥	斜拉索索力	恒载	0.914~1.012		$\sigma_{max}=0.375\sigma_b$ $\Delta\sigma_{max}=100$ MPa
		恒载＋中跨满载	0.919~1.023		
	弹性索索力	恒载＋中跨满载	0.810~1.023		$\sigma_{max}=0.361\sigma_b$ $\Delta\sigma_{max}=209$ MPa
	主桁挠度	中跨满载	0.930~0.954		换算至设计荷载，挠跨比为：1/709(<1/550)
		边跨满载	0.735~0.825		
	主桁节点振幅	双线铁路			横向 4.14 mm,竖向 3.02 mm
	主桁杆件	E14~E1　中跨满载	1.054~1.128	1.014~1.046 (<1.080)	上弦、竖杆、副杆实测应力小于计算值
		E27~E2	0.990~1.032		
		腹杆	0.912~1.049		
	铁路桥面系	模梁跨中		1.047(<1.533)	$\sigma_{max}=43.3$ MPa $\Delta\sigma_{max}=54.0$ MPa
		纵梁跨中		1.128(<1.538)	$\sigma_{max}=87.1\sigma_b$ $\Delta\sigma_{max}=77.5$ MPa
		纵梁支点		1.096(<1.438)	$\sigma_{max}=-30.2\sigma_b$ $\Delta\sigma_{max}=26.0$ MPa
	公路桥面系	横梁跨中		1.326(≈1.300)	$\sigma_{max}=13.2$ MPa
		纵梁跨中		1.274(<1.303)	$\sigma_{max}=26.0$ MPa
	塔顶位移	纵向(中跨满载)	0.829~0.957		
		横向(双线动载)			1.16mm
	自振频率				横向 0.47 Hz,竖向 0.55 Hz

5. 结论

(1) 静载试验中的结构校正系数在正常范围，梁体的竖向刚度大，桥梁实际工作状况（包括梁、塔、墩）符合设计标准和设计规范的要求。在斜拉桥和连续钢桁梁试验（未详细给出试验过程和结果）中，在双线荷载作用下，主桁上、下游相应节点的挠度值十分接近；在单线偏载作用下，实测两桁挠度值之比为 0.48∶0.58（静载）和 0.42∶0.58（动载），要比设计中取用的分配比 0.34∶0.66 均匀。这说明板桁结合增强了结构的空间作用，桥梁的整体刚度大。

(2) 静载试验中，斜拉桥、连续钢桁梁未恢复的挠度值仅占 4% 和 2.8%，跨中下弦杆杆端的应力分布较均匀,最大应力与平均值之比分别为 1.063 和 1.106,次应力影响小。实测斜拉桥中斜拉索和弹性索索力与设计计算值接近。在斜拉桥边跨端部上弦节点处,实测桥面混凝土板与钢桁上弦杆之间相对变形小,无滑移现象发生,板桁结合正常。因此,正桥钢梁的结构设计、制造和施工安装、监控质量优良。

(3)实测桥梁自振频率均高于计算值。在铁路动载试验中,实测应力冲击系数值低于设计规范取用值。预应力连续箱梁和 40 m 箱梁的横向振幅符合"桥检规"的要求。斜拉桥和连续钢桁梁的竖、横向振幅小,在试验中未出现扭振现象,桥梁整体刚度优良。当货车以80 km/h 速度通过时,斜拉桥中跨跨中和端支点两处测得的最大脱轨系数为 0.75($<$0.80),轮重减载率为 0.59($<$0.60),均在通常评定的参考限值内。在公路面局部动载试验中,包括 26 t 载重车的紧急制动及跳车试验,均属正常。因此,上述检测桥梁的运营状态良好。

第四节　大跨度桥梁的健康检测原理和方法

随着我国铁路向高速、重载方向不断推进,高速重载列车对桥隧建筑物的破坏日趋严重。桥梁作为铁路线路的重要组成部分,造价较高、结构复杂、修建困难,为确保行车安全,需要经常对运营中的铁路桥梁进行健康检测,测试评定其运营性能,并据此制定运用对策,以便在保障行车安全和桥梁结构安全的基础上,充分发挥设备的运行潜能,降低维护成本,提高铁路运输经济效益。

《铁路桥隧建筑物大修维修规则》中要求工务部门对桥梁技术状态要进行定期检查和专项检查,及时掌握桥梁的技术状态变化。但是传统的检测方法存在不少缺陷:一是检测设备昂贵,需要专业人员进行操作和解释,普通工务维修部门只能请有关权威部门对桥梁进行全面的技术状况检测;二是实时性差,需要请专业部门来检测,检测过程时间太长,不能应对突发事件后迅速查明结构状态的要求,不能实时获取结构损伤状态数据资料,不能及时为桥梁管理部门提供足够的决策数据;三是监测结果只能反映桥梁结构的当前状态,难以反映桥梁的安全状况,缺乏科学的历史数据的积累,难以对桥梁的安全储备情况做出系统评估。因此,产生了现在意义上的大跨度桥梁健康检测系统。

一、桥梁健康检测的内涵及特点

桥梁健康检测是指运用现代的传感与通信技术,适时地(定期地或突发事件后特别地)采集桥梁的工作参数,由计算机采用健康检测智能系统对工作参数进行识别、加工和分析,给出桥梁的健康状况或损伤状况,为桥梁维护、维修与管理决策提供依据和指导,并为桥梁设计理论的发展提供足尺寸真实构件、真实环境的长期设计验证。

桥梁健康检测不只是传统的桥梁检测技术的简单改进,它在各方面与之均有很大的差别。

(1)在目的方面,传统桥梁检测往往仅是为了确定桥梁的损伤状况,最多是在一定程度上对桥梁的继续工作能力提出评价。然而桥梁健康检测不仅获得桥梁的损伤状况或健康状况,而且利用其智能系统中开放的数据库的数字化参数积累,对已用的桥梁设计理论提供长期的、及时的由足尺寸真实构件在真实环境下结构响应为基础的设计验证,继而为研究发展桥梁理论提供低成本高效率的"试验"支持。以桥梁健康检测作为设计的验证具有前所未有的优越性,它比模型试验成本低;模型就是已有的桥梁,省去了模型制作费用;效果真实,完全的足尺寸,真实的环境,真实的载荷;数据的采集具有长期性,只要桥梁"健在",数据就可以长期地采集下去。

(2)在实现的手段方面,传统桥梁检测的手段虽然有很大发展并且日趋成熟,但对这些手段的应用往往是孤立的、被动的。桥梁健康检测通过现代的传感与通信技术的运用使得桥梁健康检测智能系统像人的神经系统一样将人体各部分协调起来一样,将各种检测手段通过计算机系统有机地组合在一起,利用内部数据库和信号软件接口实现参数的采集和存放,并借助于现代通信宽带的不断拓宽和高速高容量的计算机系统可以实现异地数据采集,便捷、准确、安全。

(3)在发展趋势方面,桥梁健康检测取代传统的桥梁检测已是大势所趋。桥梁健康检测可以为业主提供更加准确和全面的检测评定,而且可为设计人员提供前所未有的设计验证资料和理论研究依据。

二、健康检测的基本内容及流程

桥梁健康检测是一种客观见之于主观、主观再见之于客观的过程。检测人员对于桥梁这样一种客体,通过数据采集的客观实践活动将其纳入主观世界,分析、判断后再见于客观,体现在评定后的维修、加固以及今后设计建设的客观活动。桥梁健康检测的基本内容主要包括参数采集、参数处理、健康评定三部分,下面就分别进行介绍。

1. 参数采集

参数采集,就是根据事先确定的健康检测方案,按照步骤采集桥梁在一定条件下的工作参数。与传统检测不同,桥梁健康检测着眼于桥梁在正常环境与交通条件下运营的物理与力学状态,以及桥梁的主要非结构构件(如支座)、附属设施的工作状况,同时包括大桥所处的环境条件。所以,桥梁健康检测概念下的桥梁工作参数包括桥形参数、变异参数、动力参数、环境参数等。下面以对一座斜拉桥的健康检测为例说明这四种参数的具体含义和内容。

首先,应该认识到决定参数内容的是桥梁的类型和具体情况。

斜拉桥是由主梁、索塔、斜索等组成的一种自锚体系,其理想的受力状态是斜索受拉,主梁、索塔尽可能小地承受弯矩或不受弯而仅受压力作用。主塔受压是由对称分布的斜索将静、动荷载作用合理传递而形成的,因此斜索索力的大小和变化情况直接决定着主塔以及整体结构的受力、变形状态。主梁、索塔是斜拉桥的主要承重构件,在恒载和不同活载的作用下,其内力必将发生变化,并产生不同的位移。因此,主梁和索塔的空间位置及变化情况是反映斜拉桥营运状态的一项重要指标。斜拉桥的桥面系是直接承受交通荷载的构件,在恒载及各种交通恒载的作用下,其主梁线性及挠度变化是反应主梁工作状况的重要参数,了解全桥的桥面高程变化能同样反应主梁高程变化情况。另外,对于以混凝土为主要材料的主梁,在多次重复荷载的作用下,其结构性能会因疲劳而逐渐退化直至破坏;而主梁自振特性是取决于本身的材料特性及刚度、质量和其分布规律的参数,对主梁自振特性进行测试,了解其振动频率、振型等特性的变化与否,是分析主梁结构性能老化程度的主要依据。

所以,对于一般的斜拉桥而言,桥形参数包括主梁的轴线、高程参数;索塔的位移参数,斜拉索的索力参数。变异参数一般包括结构外观变异参数(如混凝土的裂缝、斜索的锈蚀程度)、非结构构件的变异参数(如支座、伸缩缝的损伤状况)、附属设施的变异参数(如斜拉索锚固区的状况、斜拉索锚固端振动控制元件的状况)等;动力参数一般包括斜拉桥的自振特性参数和强振特性参数;环境参数,是指广义的环境参数,包括与其他参数同时的大气温度、气压、阳光照射方向、风向、风速等环境参数和斜拉桥即时的车载情况。

2. 参数处理

参数处理,就是依靠健康检测智能系统分析处理采集到的桥梁工作参数,形成可与桥梁"健康指纹"比较或与智能系统内部专家数据库内数据比较的状态参数。当然,在必要时可以形成用于健康诊断型荷载试验的试验参数及试验方案。通过健康诊断型荷载试验,采集必要的参数用于参数处理。如可以利用健康诊断型荷载试验获得的参数形成当前状况下(可在加固处理后进行)的桥梁"健康指纹",则可便于再次的健康检测。当然,也可以把参数处理理解为采集到的客观桥梁工作参数与健康评定的主观分析的接口,其重要性不言而喻。

3. 健康评定

健康评定,就是依靠健康检测智能系统参数处理得到的状态参数,根据不同的结构整体性评估方法评估、比较、判定,最终给出桥梁的健康状况或损伤状况,为桥梁维护、维修与管理决策提供依据和指导,并为桥梁设计理论的发展提供足尺寸真实构件、真实环境的长期设计验证。目前,结构整体性评估方法可以归纳为模式识别法、系统识别法以及神经网络方法三大类。在桥梁健康检测智能系统内建有这三类的多种方法,并且可以植入其他更新的结构整体性评估方法供选用。应该说,最后的评定是在多种评估方法分析比较后的动态的统一。

实现健康监测的这三个主要内容,一般需要传感系统、信号采集与处理系统、通信系统、监控中心相互配合:

(1)传感系统。由传感器、二次仪表及高可靠性的工控机等部分组成。

(2)信号采集与处理系统。实现多种信息源、不同物理信号的采集与预处理,并根据系统功能要求对数据进行分解、变换以获取所需要的参数,以一定的形式存储起来。

(3)通信系统。将处理过的数据传输到监控中心。

(4)监控中心。利用可实现诊断功能的各种软硬件对接收到的数据进行诊断,包括结构是否受到损伤以及损伤位置、损伤程度等。传感器监测到的实时信号,经过采集与处理,由通信系统传送到监控中心进行分析和判断,从而对结构的健康状况作出评估。若结构出现异常行为,则由监控中心发出预警信号,并对检测出来的损伤进行定性、定位和定量分析,同时提供维修建议。桥梁健康监测系统的基本工作流程如图 8-24 所示。

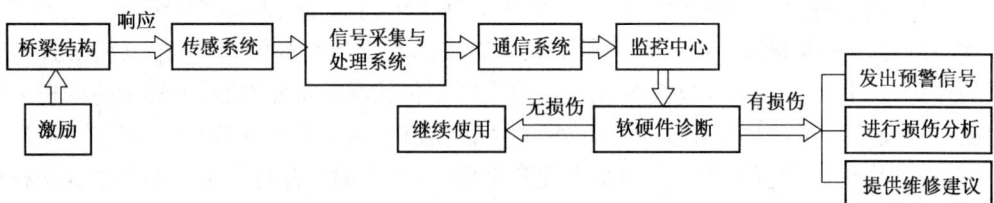

图 8-24 桥梁健康检测系统工作流程

三、桥梁损伤检测方法

1. 红外热像仪检测技术

物体只要高于绝对零度都会发射红外线,对桥梁的检测就是当桥梁中有缝隙或损伤的时候,发出的红外线与周围的不一致。红外线检测技术是依据物体的红外辐射、表面温度、材料特性三者间的内在关系,借助红外热像仪把来自目标的红外辐射转变为可见的热图像,通过热图像特征分析,直观地了解物体的表面温度分布,进而达到推断混凝土梁内部结构和表面状态的目的。红外热像仪检测技术可以非接触地测量,具有快速、高稳定的特性,设备轻便,后处理灵活。热成像图可以很好地反映温度的信息。

2. 电检测方法

传统的桥梁检测方法为电检测方法,电检测法是在桥梁的某个部位上外粘电阻应变片来测量应变的方法。它所依据的原理是将应变片组成桥式结构来感应被测体应变的变化,并将转换与应变片的电阻变化之间的关系成需要的电量,以利用应变变化为应变率进行检测。

3. 声检测技术

声探测技术主要包括超声波探测技术、声发散检测技术和冲击—回声检测技术。声探测技术是目前发展最迅速的无损检测。

超声波探测技术:利用声脉在缺陷处发生特性变化的原理来进行检测。超声波能够以一定的速度在某种材料中传播,直至遇到不连续点或抵达测试物的边界时才反射回来,通过信号的强度可以获知损伤的程度,而将信号发生的时间和超声波在材料中的传播速度联系起来,则可以获知损伤的位置。

声发散技术:大多数结构材料在受力后出现如塑性变形、裂纹开裂、裂纹开展等微结构损伤时,就以声波的形式释放能量,它可以对处于荷载作用状态下的桥梁结构的内部材料和结构变化进行稳定的监视,并给出早期报警。

冲击—回声:根据应力波能够在材料中传播的原理设计,基本的测试方法和超声波相似应力波可以通过以下两种方法产生:使用转换器产生的应力波称为脉冲—回声法;使用机械冲击器产生应力波称为冲击—回声法,它同样可以通过应力波的强度和发生时间测定缺陷程度和位置。

4. 电磁波探测技术

磁探测技术主要包括探地雷达技术和涡流检测技术。

(1)探地雷达技术

探地雷达是军用技术民用化的典型代表,已经在建筑物、桥梁和其他结构评估中广泛使用,其基本原理是将雷达脉冲传进被检测材料,然后测量材料表面的反射量确定损伤。在桥梁无损中的典型应用如混凝土中的钢筋和孔道的定位以及缺陷和疲劳探测等。

(2)涡流检测技术

涡流的基本原理为电磁感应,主要应用于检测表面损伤,当检测线圈与导电材料的构件表面靠近,并通过以交流电时,所产生的交变磁场将在构件表面产生感应电流,呈环形涡流状,电涡流的大小与分布受构件材料介质和表层缺陷的影响,根据所测电涡流的变化量,就可以判定材料表层的缺陷情况。

下面通过表 8-7 对几种桥梁检测技术进行比较。

5. 无损检测方法

无损检测技术(Nondestructive Evaluation, NDE)是指在不破坏混凝土结构构件的条件下,在混凝土结构构件原位上对其混凝土强度和缺陷进行直接定量检测的技术,根据原理可分为三种。

表 8-7　几种桥梁检测技术的比较

检测技术	原　理	优　点
红外热像仪检测技术	当桥梁中有缝隙或损伤的时候,发出的红外线与周围的不一致,它是依据物体的红外辐射、表面温度、材料特性三者间的内在关系,借助红外热像仪把来自目标的红外辐射转变为可见的热图像,通过热图像特征分析,直观地了解物体的表面温度分布,进而达到推断混凝土内部结构和表面状态的目的	非接触的测量,快速,高稳定性,设备轻便,后处理灵活、对结构无损伤
电检测法	将应变片组成桥式结构来感应被测物体应变的变化,并转换与应变片的电阻变化之间的关系成需要的电量(以利用应变变化为应变率)进行检测	传统的桥梁检测方法,技术成熟
声探测技术	超声波探测技术、声发散检测技术和冲击—回声检测技术	对结构无损伤,适用性强,价格低,设备简单,对人体无害
电磁波探测技术	将雷达脉冲穿过被检测材料,然后测量材料表面的反射量确定损伤	对结构无损伤,快速,方便

(1)半破损法:半破损法是以不影响构件的承载能力为前提,在构件上直接进行局部破坏性试验,或直接钻取芯样进行破坏性试验。

(2)非破损法:非破损法以混凝土强度与某些物理量之间的相关性为基础。检测时在不影响混凝土任何性能的前提下,测试这些物理量然后根据相关关系推算被测混凝土的强度。

(3)综合法:采用两种或两种以上的无损检测方法,获取多种物理参量,并建立强度与多项物理参量的综合相关关系,以便从不同角度综合评价混凝土的强度。

曾用在土木结构的 NDE 技术不外乎下述五种之一:涡流仪,磁试验,透入试验,X 射线试验和超声试验。目前,这些技术又有了发展,如声发射、磁分子和磁漏、Barkhausen 噪声、涡流、电、Y 或 X 射线照相和层析摄像仪、全息摄影、冲击反射和回弹锤、远红外热像仪、微波吸收、中子射线照相和散射、核磁共振、光干涉、流体渗透、脉冲雷达、超声波、X 射线衍射、共振超声光谱仪和振动模态分析等。此外已经用于对混凝土进行探伤或半探伤检测的技术,如拔拉(间接抗剪、抗拉强度)、拉伸(抗拉强度)、折断(抗折模量)、Windson 试验(抗贯入)、Tescon 试验(应力—应变关系)、Cores 试验(强度)、成熟度法(温度与时间关系)和渗透性试验(氯离子、电和气体渗透)等。传统的 NDE 只作为外观检测中的补充手段。基础设施检测的方法大多是由检测人员用手持仪器或把传感设备安装在结构上(安放在桥上或桥下),由导线连接到计算机或记录仪上进行采样的。

四、铁路桥梁的动力性能检测

1. 检测内容

根据《铁路桥梁检定规范》第 10.0.2 条规定,铁路桥梁运营性能检验有两种判别值:一是行车安全限值,保证列车以规定的速度安全通过时桥梁结构必须满足的限值指标,超过此值,应立即采取必要的措施。二是通常值,合格桥梁在正常运营中实测值的上限(挠度、振幅)、下限(频率)或均值(结构校验系数)。铁路桥梁在运营过程中,如超过此值,应仔细检查桥梁结构是否存在隐藏的病害,同时调查列车曾否产生异常激励。因此,桥梁动力学性能检测系统应能测试列车通过桥梁时(特别是上下行会车)的梁体跨中竖向振幅与梁体和桥墩横向振动加速度,以了解桥梁结构的振动特征,据以判断结构在动载作用下的工作状态,判断桥梁的动力学性能与《铁路桥梁检定规范》的差距。同时为了研究列车速度与桥梁动力学性能的关系,需要检测记录列车的速度及检测时列车的具体位置。

2. 检测系统

为了利用各检测装置实现对桥梁动力学性能的检测,以及实现对检测数据的分析、保存,需要将各检测装置整合在一起,通过研究分析,采用主分式结构能够将各检测装置有机地组合起来。整套系统自成体系,由一台主机和若干台分机组成,主机、分机之间通过无线数据传输模块进行命令及检测数据的传输。

主机由计算机和控制盒构成,是整个检测系统的控制部分。计算机主要对检测数据进行分析、处理,并显示各检测装置的工作状态及检测结果,同时对桥梁振动检测数据进行振动频谱分析,对检测数据进行分类保存,以便对检测数据进行对比分析。控制盒通过 USB 接口与计算机连接,由蓄电池、控制电路、通信电路、无线数据传输模块等构成,接收计算机发来的控制命令。通过无线数据传输模块发送给相应的分机,同时接收各分机上传的检测数据,传送给计算机。

分机分为三类,一是测速分机,二是挠度测量分机,三是振动测量分机。每个分机均带有蓄电池、无线数据传输模块及相应的控制电路,以实现对检测数据的传输。

系统采用全自动和手动两种工作方式,一般使用全自动工作方式。当列车通过第一个光电传感器时,测速分机通过无线数据传输模块发送开始检测命令,挠度测量分机和振动测量分机接到命令后开始检测。挠度测量分机在 3 min 内对梁体跨中的挠度上下位移量取样比较,减去位移静态 O 点,选出运行中的最大及最小位移;振动测量分机通过加速度传感器测量桥梁跨中 5 s 的横向振动加速度的变化,将振动加速度信息变为电压信号,经放大调整后用 A/D 转换变为数值存储,当列车全部通过后,速度测量分机向主机发出测试结束信号,主机依次向各分机收取测试数据,挠度及速度直接显示测试结果,横、纵向振动检测数据以文件方式保存,以供振动测试频谱分析软件分析出结果,并建立测试档案。

手动方式需要在列车到达检测地点时通过点击主机屏幕上的开始测试按钮发送开始检测命令。

五、健康检测评估方法

1. 模式识别法

根据结构的模态参数,利用振动诊断技术进行试验模态分析,通过提取反映结构损伤存在及其位置的特征,建立相应的模式识别向量及特征向量,进而利用模式识别技术,实现结构损伤位置的识别,这就是模式识别法。

2. ARMA 时序分析法

ARMA(自回归移动平均 Autoregressive Moving-Average)时序分析法实际上是利用系统的输出数据(时间序列)来进行系统识别的方法。任何结构都可以看成是由刚度、质量、阻尼矩阵组成的力学系统,可以用一个运动微分方程来描述,并且在离散时间域内可以转换成一个差分方程。此差分方程与 ARMA 模型具有相同的表达形式。因此,可以利用 ARMA 模型与结构运动微分方程之间的等价关系来确定结构所处的状态。基于 ARMA 时序分析法的损伤识别方法,以其在小损伤识别、可操作性强等方面的明显优势,在理论研究和实际运用方面有着极大的潜力,因此近年来在桥梁工程健康监测领域内得到了飞速的发展。我国的秦权等学者从已测试的香港青马大桥脉动加速度反应信号中识别出全桥的振动模态,并对桥梁健康监测中的模态识别、损伤识别、传感器优化布置和误差分析等问题进行了研究,为青马大桥健康诊断系统的实现提供了一定的理论研究依据。

3. 神经网络方法

人工神经网络是由大量的、功能比较简单的神经元互相连接而构成的复杂网络系统,用它可以模拟人的大脑的许多基本功能和简单的思维方式。通过对网络进行训练,网络可以获得相关信息,并将信息存储在神经元的连接权值中。人工神经网络具有并行处理、容错性及鲁棒性等特点。利用神经网络进行损伤识别,多采用多层 BP 网络。BP 网络结构简单,学习、训练算法较为成熟,对多层 BP 网络,采用适当的权值和激活函数,可以对任意非线性映射进行任意程度的近似。这对于模拟结构物理参数和结构模态参数之间的非线性关系极为重要。BP 网络应用典型步骤:①确定网络结构及训练算法;②生成训练样本数据;③用训练数据对网络进行训练;④测试网络的泛化能力;⑤用神经网络进行损伤检测。早在 1992 年就有人利用 BP 网络对一个三层剪切框架结构进行损伤识别——以对楼层加速度时程响应进行傅里叶变换得到的加速度幅值谱作为网络输入,正确地实现了特定楼层的损伤识别。由于直接采用离散频谱幅值作为网络输入,所以不需要进行模态参数识别,但输入层节点数较多,这会大大降低网络训练的效率。Tsou 和 Shen 对一个三自由度的弹簧质量系统进行了研究,网络输入采用相对于未损伤状况特征值变化的绝对值,输出为弹簧刚度损伤相对变化。相对于以频谱作为输入而言,输入节点数大大减少,简化了网络结构,缩短了训练时间。

结构整体性评估方法可以归结为以上三大类方法。结构模态参数常被用作结构的指纹特征,也是系统识别法和神经网络法的主要输入信息。另外,基于结构应变模态,应变曲率以及其他静力响应的评估方法也在不同程度上显示了各自的检伤能力。然而,尽管某些整体性评估技术已在一些简单结构上有成功的例子,但还不能可靠地应用于复杂结构。阻碍这一技术进入实用的原因主要包括:①结构与环境中的不确定性和非结构因素影响;②测量信息不完备;③测量精度不足和测量信号噪声;④桥梁结构赘余度大而且测量信号对结构局部损伤不敏感。

另外,从评估方法上,目前对大跨度桥梁的安全评估基本上仍然沿袭常规中小桥梁的定级评估方法,这是一种主要围绕结构的外观状态和正常使用性能进行的定性、粗浅的安全评价。

第五节　大跨度桥梁的试验与健康检测的实例分析

一、南京长江大桥健康监测系统

南京长江大桥是我国自行设计建造的首座特大公路、铁路两用桥,地处繁忙干线。该桥现已运营 30 多年,结构的自然老化和损伤积累不可避免,某些部位已开始出现轻微病害。因此,对该桥实施健康监测,实时了解大桥的工作状态十分必要。

南京长江大桥健康监测系统由传感系统、信号采集与处理系统和评估系统 3 部分组成。

1. 传感系统

包括多种类型的传感器及相应的信号放大和接收装置,可完成大桥在运营时对各种动态响应、环境状态、荷载等信号的检测及转换功能。考虑经费及便于管理,结合理论和实测数据分析,在广泛征求专家和桥管处工作人员的意见,并进行多次模拟试验的基础上,确定的监测内容及优化测点布置方案,如表 8-8 所示。

表 8-8　南京长江大桥健康检测系统检测内容及优化测点布置方案

检测项目	测点位置	传感器类型	数量/个	测试方式
环境温度	南京岸侧联一截面	DS1820 测温计	30	实时连续
风速风向	桥头堡	EC9-1 风速仪	1	实时连续
地震	5 号墩	GDQJ-IA 型地震仪	1	实时触发
船舶撞击	1~4 号,6~8 号	AS-5GB 加速度计	14	实时触发
列车轴重	南京岸		2 套	实时触发
墩位沉降	墩顶	蔡司(ZEISS)全站仪	1	定时
恒载几何线形	主桁节点	蔡司(ZEISS)全站仪	1	定时
主桥振动测试	纵梁和下弦杆	AS-5GB 加速度计	8	实时触发
主桥振动测试	纵梁和下弦杆	941B 型拾振器	4	实时触发
主桥振动测试	纵梁和下弦杆	891-3 型拾振器	22	实时触发
杆件内力	主桁杆件纵、横梁	BS-8FT 应变计	50	实时触发
引桥墩、梁振动	14~15 号	AS-5GB 加速度计	6	实时触发
支座位移	所有活动支座	WS10 型位移计	12	实时连续变频

2. 信号采集与处理系统

将所有的信号分为振动类(1 台工控机)、位移类(1 台工控机)、应变/应力类(1 台工控机)、荷载环境类(2 台工控机),由 5 台工控机分别完成各类信号的采集与分析处理,并与 1 台服务器组成局域网,实现数据共享。

3. 评估系统

主要以设计文件、现场监测数据、相关的规范及标准、大桥多年运营以及管理维护方面的信息为依据,利用监测到的结构特性参数(如应变、应力、挠度、自振频率、振型、振动位移、支座位移等),对大桥的运营状态进行评价,分析大桥的安全性、耐久性和疲劳寿命。主要包括以下内容:

(1)报告桥梁工作环境情况,定期或在偶发事件(地震、船舶撞击等)后,报告地震烈度或船舶撞击程度,识别结构的损伤和关键部位的变化,为维护加固工作提供依据。

(2)实时反映大桥的基本状态,包括结构主要部位的应力状态、结构的振动水平、空间振型和大桥主要构件及全桥疲劳损伤状况。

(3)实时反映引桥高墩及简支梁的振动幅度、自振频率等特性。

(4)实时反映大桥支座的位移。

4. 监测系统特点

(1)长距离传输。实现了桥上不设工作站的信号长距离(约 2 km)不失真传输。

(2)自动采集。当列车通过或有船舶撞击时,系统通过外触发或信号触发方式进行自动采集。

(3)自动分析处理。实时对大量信号进行分析处理,提取特征参数,可大大减少原始数据存储量,同时,也可保留一定量的原始数据。

(4)自动报警。对超过报警值的信号进行多种方式报警,并永久保留相应的原始数据。

(5)自动入库。对提取的特征参数自动存入指定数据库。

(6)历史查询。可查询任意时间段的特征参数历史曲线和生成报表。

(7)远程访问、控制。可通过网络实现指定权限的访问及查阅相关监测结果和修改参数设置等。

(8)自诊断。在测试系统长期工作过程中对系统工作状态进行自诊断。

(9)采取多项措施提高可靠性。

(10)出现局部故障不会造成系统瘫痪。

二、芜湖长江大桥长期健康监测系统

芜湖长江大桥是由钢桁斜拉桥、连续钢桁梁和混凝土引桥组成的公铁两用桥,铁路桥总长度约为 10.624 km,图 8-25 是正桥钢梁部分的结构示意图。斜拉桥由两个低高度索塔、三跨连续桁梁组成,其主跨跨度为 312 m,两个边跨各 180 m;连续钢桁梁每三孔一联、每孔跨度 140 m。

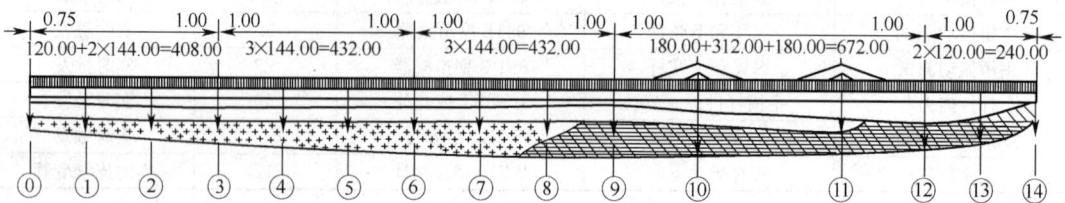

图 8-25　芜湖长江大桥钢梁(连续梁、斜拉桥)布置示意图

芜湖长江大桥长期健康监测系统所包含的监测内容多、测点分布范围广,监测对象既包括钢桁斜拉桥,又包括连续钢桁梁桥,整个系统结构复杂,技术难度高。它的成功实施,对保证大桥的运营安全,推动我国铁路桥梁健康监测技术的发展,完善大型桥梁结构的设计理论,指导大桥的科学养护具有重要意义。

1. 长期健康监测系统的结构体系

健康监测系统的测点分布从 5 号墩开始,一直到 29 号墩的列车轴重检测仪,监测系统的传输光缆一直延伸到桥下健康监测中心,整个监测系统的跨距大于 2 km,其测点分布广、信号传输距离长。

根据现场的实际情况,考虑到目前测试技术的成熟程度和可靠性等因素,长期健康监测系统采用分布式、小集中的网络体系结构。凡是测点比较集中的区域均设置数据采集终端(即小测站),先将测点就近接入数据采集终端,再将多个数据采集终端通过光纤通讯网络与数采计算机和数据库服务器连接,完成整个监测系统的数据采集与传输。监测数据在桥下健康监测中心的数据库服务器内保存,供用户浏览和查询。

芜湖长江大桥长期健康监测系统的网络体系结构见图 8-26。整个网络系统在数据采集端包含 8 个基于嵌入式系统的动态数据采集终端、一个列车轴重测试终端、一个行车安全(列车脱轨系数)测试终端,共集成了 49 个振动位移传感器、10 个加速度传感器、46 个动态应力测点、6 个行车速度测点、24 个温度测点、8 路列车车轴检测信号、8 路行车安全测试信号、一个列车轴重检测仪等多路信号。按测点的分布区域不同,目前大桥上主要有两套数据采集系统,分别对连续钢桁梁和斜拉桥进行数据采集。部分列车轴重测试位置安排在引桥上,构成单独的数据采集系统。桥下健康监测中心由机房、控制室和培训教室三个单元组成。机房有两个数据库服务器、一个网络页面服务器、若干数据浏览用户操作终端;控制室有一个大屏幕电视监视屏,若干台用户操作终端,可以浏览、查询任何时刻的监测结果,并可以实时显示列车过桥时

的桥梁动态响应波形；培训教室有一个大屏幕投影,亦可进行监测结果的浏览、查询演示和实时显示动态波形。

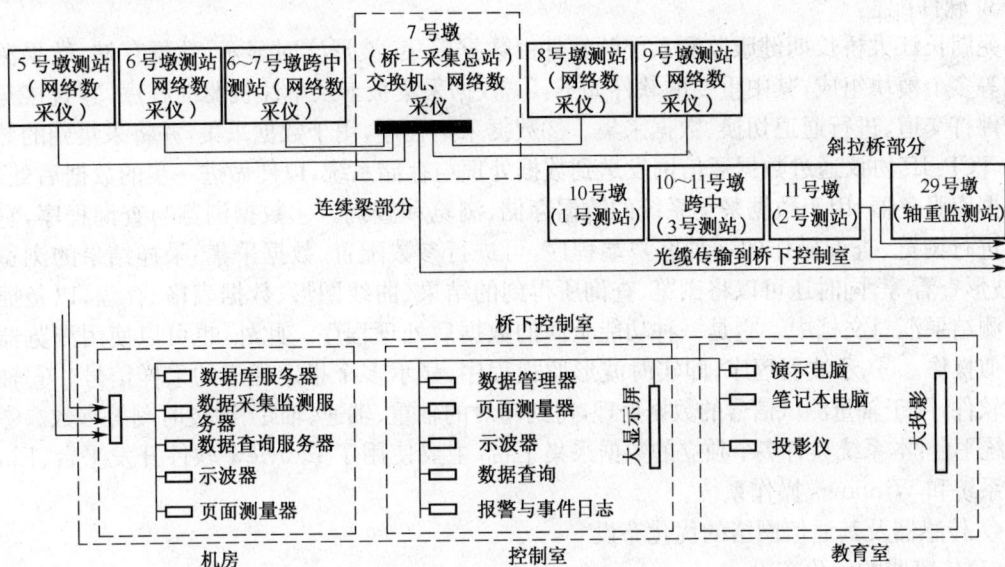

图 8-26　芜湖长江大桥长期健康监测系统示意图

除了上述直接服务于数据采集的硬件单元外,还有保障数据通信网络正常运转的其他设备,如集线器、路由器等,还有光纤通信、局域网通信的硬件。

健康监测系统的分布式网络数据采集体系结构,充分利用电脑网络实现了多套独立数据采集系统的第一次整合,而在桥下健康监测中心布置的视频切换系统又对信息显示系统的全部资源进行了二次整合。经过两次整合后形成一个完整的实时健康监测系统,非常适合芜湖长江大桥这种多内容、多任务、各种类型测点混杂布置的大型桥梁健康监测任务。

2. 主要监测内容与监测系统的特点

根据结构的受力特点及健康监测与安全评价的要求,系统监测有以下主要内容：

(1)实时监测内容

①桥梁工作环境的监测,主要包括车辆荷载、行车速度和环境温度等；

②桥梁结构性能的监测,主要包括桥梁位移(梁端位移和跨中挠度)、主桁杆件及铁路纵横梁应力和结构振动等；

③列车行车安全监测,主要包括脱轨系数 Q/P 和轮重减载率等。

(2)定期检测内容

①混凝土桥面板应力检测；

②整体节点应力检测；

③公路、铁路纵横梁应力监测。

监测系统实现了对大桥梁体及桥塔的振动、主桁副桁杆件及铁路公路纵横梁的应变、梁端纵向位移、梁体跨中挠度、环境及应变测点处温度、列车速度、轴重、轴数等多种物理量进行实时监测,监测数据可边采边显,并可及时对监测结果进行分析、处理、存储及传输,可方便、快捷地查询各种监测结果,实现了对大桥结构健康状况的分级报警功能。

在监测系统中,采用了如光纤应变传感器、列车轴重检测仪等先进的传感元件和仪器设备,利用 TCP/IP 协议及网络技术构建数据通信网络,采用 Labview、Linux 和 Windows 等功能强大的软件开发平台和操作系统,确保大桥监测系统运行性能稳定,监测结果准确、可靠。

3. 软件配置

芜湖长江大桥长期健康监测系统的软件由数据采集、波形实时显示、数据存储、结果浏览查询等多个模块组成,其中重要的软件如下:① 数据采集板卡及单片机驱动程序,它直接与数采硬件打交道,进行通道切换、数据采集。②数据采集程序,用于数据采集,并将采集到的数据利用 TCP/IP 协议通过数据通信网发送到数据处理与存储系统,以便做进一步的数据后处理。③数据库服务器,用于数据采集系统的数据存储、浏览和查询。④数据浏览与查询程序,它是用户进行浏览、查询操作的一种客户端程序,可进行参数配置、数据采集、采样结果的浏览查询、波形查看等,同时还可以将浏览、查询所得到的结果(曲线图形、数据表格)存盘,以备插入到监测结果汇总文档中。它是一种功能全面的数据后处理程序。此外,也可以使用浏览器进行类似操作。⑤ 示波器程序,即实时波形监视程序,显示多个指定通道的采样信号。⑥轴重测试软件,用于轴重测试信号的数据处理,得到轮对的轴重、轴速、轴距、通过时刻等参数。⑦操作系统平台:本系统具有多个独立的数据采集平台,主要使用了 Labview 软件开发平台、Linux 操作系统和 Windows 操作系统。

4. 传感器及其通信网络的优化布设

(1)传感器的优化布设

根据芜湖长江大桥的受力特点和监测系统的总体目标,传感器的优化布设,主要考虑以下因素:

①利用尽可能少的传感器获取尽可能全面而又精确的结构参数信息;

②要使测得的模态能够与模型分析的结果建立起对应的关系;

③使测得的时程记录对模态参数的变化更为敏感;

④对荷载及环境的监测,应有利于掌握环境和列车荷载的强度及准确的进出桥时间,能够建立起荷载源与结构内力、变形及振动之间的关系,以便正确评价桥梁结构的健康状态,校核结构设计的理论和方法;

⑤能够通过合理添加传感器对特殊部位或重点部位进行重点监测;

⑥将对桥梁结构主要构件进行危险性和易损性评级结果作为传感器布设的参考指标;

⑦兼顾结构整体损伤与局部损伤诊断识别的要求,布设一部分传感器用于整体损伤监测,一部分用于局部损伤识别。

(2)通信网络的优化布设

在芜湖长江大桥健康监测系统中,传感器布置的特点是其分布的范围"线长面宽",传感器分布在近 2 000 km 长的范围内。为了满足桥梁监测系统的通信要求,保证监测系统获取到最佳的测试信号,网络通信快捷方便,在通信网络优化布设的过程中主要遵循以下原则:

①传感器的信号传输线不宜过长,一般长度小于 200 m,尽量就近进行 A/D 转换,以减少传感器模拟信号在传输过程中的衰减和干扰噪声的加入;

②传感器的信号传输线远离电力线,以避免电源的电磁干扰;

③现场"小集中"分散数据采集测站之间及它们与上位机(监测控制总站)之间采用光缆进行信号传输;

④利用以太网技术建立监测系统的通信网络。

芜湖长江大桥健康监测系统的通信网络和现场"小集中"分散数据采集测站布设位置见图 8-27。

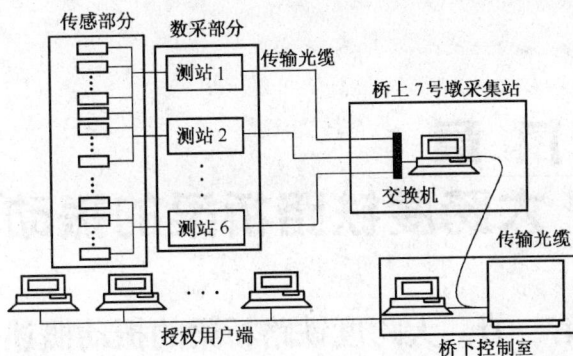

8-27　连续梁部分小集中分散数据采集系统通信网络拓扑图

5. 数据预处理

从列车车头进入监测测试区,到列车车尾驶出测试区,监测系统将自动依次触发各种独立的数据采集系统,进行一次完整的数据采集动作。对于每个数据采集测次,在数据采集动作完成后、采样数据入库之前可以对所得到的采样信号(数字信号)进行一些简单的预处理。数据入库后,还可以视情况进行进一步的数据处理,如强迫振动卓越振动频率的自动提取、雨流法应力谱分析及疲劳与寿命评估等。当发现有应力或振幅超过报警限值范围的情况时,可进行实时报警。报警规则中报警限值的上限和下限设有两个级别,即正常值(通常值)及报警值。

在提取强迫振动卓越振动频率时,先找到测点采样信号绝对值的最大值附近的一段时域信号(长度约 10 s),然后对这段信号进行频谱分析和细化谱分析。频谱分析寻找卓越振动谐波 1 Hz 带宽的一个大致频率范围,然后以 0.01 Hz 为步长在此频带范围内进行精细的细化谱分析,得到精确的卓越振动频率。

6. 安全报警系统的功能

(1)监测系统在实时监测过程中,可自动发出分级报警信息:在活载(过路车)作用下,当某被测量值的最大值(或最小值)在正常值范围以内变化时,报警信息为绿灯;当某被测量值的最大值(或最小值)超限,即超过它的正常值范围时系统自动报警(或亮黄灯,或亮红灯,亮红灯的报警级别最高)。

(2)监测系统自动记录结构在恒载(即桥上无车时)作用下,桥梁结构主要被测参量(如桥梁跨中挠度、梁端纵向位移、主桁杆件应力及结构自振频率等)随时间或环境温度而变化的情况,给出主要被测参量随时间或环境温度的变化曲线。

(3)可自动将恒载作用下桥梁结构主要被测参量的当前值与以往相同环境温度条件下的参考值进行对比,一旦发现某参量的数值发生突变(即某参量的当前值大于以往相同条件下参考值的 1.2 倍)时系统自动发出警示信号以提醒维修管理部门的注意,并根据监测数据结果及时查明该参量发生突变的原因,分析和判断结构可能发生的损伤。

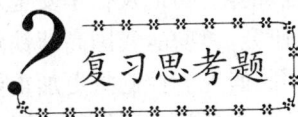

？复习思考题

1. 简述桥梁检定的主要内容。
2. 简述桥梁静载试验的测试内容。

第 九 章
大跨度铁路桥梁的振动控制

第一节　大跨度铁路桥梁的振动概述

桥梁振动控制的主要对象是大跨度桥梁的风振、所有桥梁的地震响应和行车(人)响应。

在跨度为数百米的桥梁中,风振制约着上部结构的设计。桥梁的风振响应可分为颤振和抖振。颤振是由风引起的桥梁的自激振动,桥梁常见的涡激振动就是颤振的一种。抖振则是由风的紊流诱发的桥梁不规则的强迫振动。在较易挠曲的悬索桥和斜拉桥中,风致振动较为常见。

悬索桥的缆索、吊杆、索塔、桥道梁都存在风振问题,且多为涡激振动。尤其是在悬索桥的施工过程中,索塔尚未与缆索完全连接,而处于独立状态期间以及桥道梁在合龙之前,尚处于悬臂状态时,它们与竣工后的完整体系相比,更容易产生振动。当风速在 10 m/s 以下时,索塔的涡激振动振幅可达几米,这种情况并不罕见。悬索桥的风致振动最著名的例子是 1940 年美国塔科马海峡大桥坠落事故。

斜拉桥与悬索桥一样,柔性较大,但到目前还没有观测到剧烈的风致振动,原因是由于斜拉桥是出现在海峡桥风毁事故之后,并且其跨度一般比悬索桥小,刚度也比悬索桥大。但在较低风速下发生涡激振动的实例却不少。

地震属于一种自然灾害,其成因源于地壳的运动,控制桥梁结构的地震响应非常重要。当很大的地震能量从地面传递给桥梁,抗震设计主要考虑的问题是如何为桥梁提供抵抗这种地震作用的能力。尽管通过适当选择塑性铰的位置和仔细设计构件的细部构造可以确保桥梁的整体性和防止桥梁倒塌,但桥梁构件的损伤是不可避免的。近几十年来,为了提高桥梁的抗震性能,一些研究人员提出了桥梁抗震控制技术。但是还有许多问题没有解决。由于地震频发,一些国家如日本和墨西哥,大跨度桥梁的新规划不得不搁置,同时也使得顺利发展起来的振动控制技术应用走入了低谷,然而这也为重新审视振动控制技术的现状与未来的发展提供了机会。

行车和行人的共振响应是很敏感的,需要进行研究和采取对应控制振动的措施。我们不仅要对桥梁安全性构成威胁的较大振动进行控制,而且还要控制桥梁中小振动,以减小乘客或行人的不舒适感和不安全感。我国铁路提速过程中,当提速列车经过中小跨度桥梁时,在较高速度范围内车辆与桥梁发生的共振、挠度已经超过了《铁路桥梁检定规范》的限值,危及行车安全及乘坐舒适度。因此,有必要对车桥共振控制技术进行进一步的深入研究。现在,我国高速铁路正在大力建设之中,大跨的铁路桥梁建设也越来越多,车桥相互作用的研究和控制将更加重要。

无论从理论、实验研究还是现有的工程实例来看,振动控制技术在桥梁工程中的应用一定会有其光明的前景。振动控制包括动力响应的控制与动稳定性的控制。受控对象对外界随时间变化的扰动都会引起动力响应,各个工程领域中大量存在这类响应,如由于受控结构对象的某个固有频率与外激励频率接近或重合而出现的共振,其大幅度的振动常导致桥梁结构在短时间内失效或破坏。近年来,铁路桥梁有向大跨度发展的趋势,因而必须采用振动控制技术,尽可能地去开发和利用振动控制方法满足大跨桥梁设计施工和运营的安全和稳定的需要。

第二节 振动控制的原理和方法

一、振动控制原理

振动控制的任务就是通过一定的手段使受控对象的振动水平满足人们的预定要求。这里的受控对象是各类桥梁结构、构件、产品、机构或系统的统称,为达到振动控制的目的所采取的手段,通常需经历以下五个环节。

(1)确定振源特性与振动特征:即确定振源的位置,激励的特性(简谐性、周期性、窄带随机性或宽带随机性),振动特征(受迫型、自激型或参数型)等,因为不同性质的振源引起的振动,其解决的方法也不同。

(2)确定振动控制水平:即确定衡量振动水平的量及其指标,这些量可以是位移、速度或加速度、应力等,也可以是其最大值的均方值。

(3)确定振动控制方法:不同的振动控制方法其适用性不同,这些方法包括隔振、吸振、阻振、消振及结构修改等。

(4)进行分析与设计:包括建立受控对象与控制装置(如吸振器、隔振器、阻尼器等)的力学模型、进行振动分析,以及对控制装置参数与结构的设计。

(5)实现:将控制装置的结构与参数从设计转化为实物。可实现性是振动控制研究中需注意的重要问题。

二、振动控制的方法

常见的振动控制方法,按不同性质的振动区分,包括动力响应的控制与动稳定性的控制。受控对象对外界随时间变化的扰动都会引起动力响应,各个工程领域中大量存在这类响应,如由于受控对象的某个固有频率与外激励频率接近或重合而出现的共振,其大幅度的振动常导致产品或结构在短时间内失效或破坏。动不稳定是由于受控对象内部出现正反馈而引起随时间增长越来越大的振动,即使在无交变外扰(但存在外界常能源)的情况下也会出现,也是一类容易短时间内导致产品或结构严重破坏的振动。

按采用的抑制振动手段区分,振动控制的方法有五种:

(1)消振:即消除或减弱振源,这是治本的方法。因为受控对象的响应是由振源引起的,外因消除或减弱,响应自然也消除或减弱。

(2)隔振:在振源与受控对象之间串加一个子系统称之为隔振器,用它减小受控对象对振源激励的响应。

(3)吸振:又称为动力吸振。在受控对象上附加一个子系统称之为动力吸振器,用它产生吸振力以减小受控对象对振源激励的响应。

(4)阻振:又称为阻尼减振。在受控对象上附加阻尼器或阻尼原件,通过消耗能量而使振动响应减小。

(5)结构修改:通过修改受控对象的动力学特性参数使振动满足预定的要求,这是一种不需附加任何子系统的振动控制方案,目前是非常引人注目的。所谓动力学特性参数是指影响受控对象质量、刚度与阻尼特性的那些参数,如惯性元件的质量、转动惯量及其分布。对实际存在的受控对象来说,这是个结构修改问题,而对处于初始设计阶段的受控对象来说,则是个动态设计问题。

按需不需要外部能源区分,振动控制可分为无源控制和有源控制以及混合控制,前者又被称为被动控制,后者则被称为主动控制。

振动被动控制由于不需外界能源,装置结构较简单,易于实现,经济性与可靠性好,在许多场合下减振效果满意,已广泛地在各工程领域中得到应用。但随着科学技术的发展,以及人们对振动环境、对产品与结构振动特性越来越高的要求,振动被动控制的局限性就暴露出来了,难以满足人们的要求。如无阻尼动力吸振器对频率不变或变化很小的简谐外扰激起的振动能进行有效的抑制,但它不适用于频率变化较大的简谐外扰情况;另外,其吸振器质量块的重量代价与振幅限制也是妨碍这类吸振器更广泛应用的原因。又如被动隔振器对外扰频率大于受控对象——隔振器系统的固有频率的数倍时能起减振作用,但对于低频(如小于 2.0 Hz)外扰的隔振在实现时就会遇到静变形过大与失稳的问题,造成低频隔振难题;另外,隔振器的阻尼是降低隔振效率的因素,而阻尼又是减小共振频率下的响应所必不可少的。再如由黏弹性材料构成的阻尼材料与金属材料相比有较大的损耗因子,但其值还有待进一步提高。因此,人们除在振动被动控制的研究领域内继续探讨更为有效的减振方案外,又进一步寻求新的振动控制方法。

主动控制技术由于具有效果好、适应性强等潜在优越性,很自然地成为一条重要的新途径。振动主动控制是主动控制技术在振动领域中的一项重要应用,又称有源控制,这种控制需要消耗外界能量的作动机构,而能量要靠能源来补充。它包括开环与闭环两类控制。开环控制又称为程序控制,其控制器中的控制律是预先按规定的要求设置好的,与受控对象的振动状态无关,而闭环控制中的控制器是按受控对象的振动状态为反馈信息而工作的,后者是目前应用最为广泛的一类控制。

混合控制是将主动控制与被动控制相结合,以期发挥这两种控制方法各自的优点,使主动控制所需提供的巨大控制力大幅度减小,就可以有效地控制桥梁振动。

1. 被动控制

常见的被动控制的类型有如下几种:

(1)摩擦阻尼器

摩擦阻尼器的原理是通过摩擦装置滑动做功来消耗能量,这是在桥梁中最早大规模实施的振动控制技术。1973 年建成的日本关门悬索桥(主跨 712 m),在索塔施工中,为了防止缆索的涡激振动,采用了滑动摩擦控制方式,即用长为 100 m 的缆索将位于塔顶和地面的滑车相连,随着塔的振动,滑车与轨道之间产生滑动摩擦,以此来增大振动衰减率。

(2)黏性阻尼器

黏性阻尼器是利用材料的粘弹性来瞬时改变结构的能量储备与瞬时耗散能量。1985 年,在日本因岛悬索桥的索塔施工中,采用了阻尼控制方式,即将滑车改为油压减振器。后来,这种控制方式在日本濑户大桥的建设中也被采用。法国的诺曼底斜拉桥、日本多多罗斜拉桥、名港西斜拉桥均采用钢丝绳阻尼器来控制拉索振动,这三座桥所采用的钢丝绳副索与主梁的夹角从 0°到 90°都有,何种角度最优,值得进一步研究。

（3）调谐质量阻尼器（TMD）

调谐质量阻尼器是在主结构上附加一个由质量块、弹簧、阻尼组成的子振动系统。主系统发生振动时，通过参数设计，主结构的振动转移到子系统中，使主系统振动衰减。TMD 最先用于桥梁结构，是在 1973 年 Chasteau 提到的一座步行桥的制振，后来美国阿拉斯加的 Sitka-Harber 桥、苏格兰 Kessock 斜拉桥主梁、以及泰国的 Dao Khanong 斜拉桥主梁都应用了TMD。主跨为 856 m 的法国诺曼底斜拉桥在最大双悬臂的施工中估计横向阵风响应较大，也采用了 TMD，效果明显。日本首次在桥梁结构中采用 TMD 是在 1985 年竣工的名港西斜拉桥索塔的施工过程中用来控制涡激振动。图 9-1 为日本在千叶港观光塔上安装的 TMD 装置。中国桥梁工作者在九江长江大桥上安装了 TMD 来抑制拱桥吊杆的涡激振动，还研究了利用 TMD 来控制汕头海湾斜拉桥（主跨 452 m）、珠海淇澳斜拉桥（主跨 320 m）的风振。TMD 的质量不宜过大，因为过大的质量势必对桥梁的静力强度不利，而且可能降低桥梁固有频率，使桥梁振动增大，因此，一般 TMD 的质量应控制在桥梁受控模态质量的 1% 以内。

图 9-1　日本千叶港观光塔 TMD 装置

（4）多重调谐质量阻尼器（MTMD）

TMD 往往只针对桥梁的某阶振型进行振动控制，对于频率偏离最优频率比稍远的模态，尤其是对于模态密集的大跨度桥梁，TMD 的抑制效果就显著降低。例如 1976 年建成的英国Humber 桥，频率在 0.063～0.816 Hz 范围内模态高达 40 阶，这就很难用单一频率的 TMD对其振动进行有效的控制，而且风谱的能量大都集中在低频范围内，不可能仅仅有某阶模态的能量远远大于其他阶模态而占主导地位，因此，不可能仅对某一阶模态进行控制，因而有必要研究如何提高 TMD 的抑制范围。1991 年，Manikanahally 和 Crocker 提出了用多重调谐质量阻尼器来抑制不同固有频率结构的振动。MTMD 由几个小的 TMD 组成，小 TMD 的频率与受控振型频率对应，它不但对某一阶振型的抑制效率比常规的 TMD 要高，且抑制频带较宽，是今后 TMD 的发展方向之一。同时，各个小的 TMD 可安装在梁体内部，不会影响到桥梁美观。1982 年竣工的 Kessock 桥的跨中设置了 8 个质量为 2 t 的 TMD，将成桥状态风速 25 m/s时竖向弯曲一阶对称振型的最大振幅由 100 mm 降至 12 mm。我国也研究了利用 MTMD 控制上海南浦斜拉桥（主跨 423 m）、杨浦斜拉桥（主跨 602 m）的风振。

（5）调谐液体阻尼器（TLD）

调谐液体阻尼器利用水槽中浅水层的波浪效应来消耗振动能量，控制桥梁的振动反应，如

图 9-2 所示。日本的 Lkuchi、Satitama、瀬户大桥三座斜拉桥的索塔均设置了该装置。研究还发现：抑制桥梁横向抖振时，TLD 比 TMD 的效果要好。1992 年 FUJINO 和 Sun 还提出了多重调谐液体阻尼器(MTLD)，可见 TLD 的研究和应用有很大的发展潜力。

(6)调谐液体柱式阻尼器(TLCD)

调谐液体柱式阻尼器利用液体在水管(柱)中的流动来达到减振的目的，如图 9-2(b) 所示。日本的 Higashikobe 斜拉桥的索塔采用了该方式减振。

(7)改变空气动力外形

改变桥梁结构的断面形状或者设置能使空气动力保持稳定的固定附加物(如绞链板、百叶板等)，有一定的振动衰减效果。但是，仅仅为了较短工期内的施工而大幅度改变结构物的断面形状是不可取的，这也正是较多采用 TMD、TLD、TLCD 等装卸两便的机械装置的原因。

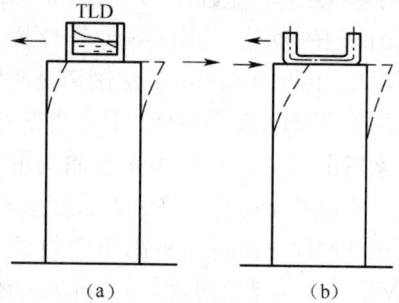

图 9-2　调谐液体阻尼器

(8)柔性抗震支座

柔性抗震支座的基本思想是将桥梁与墩台阻隔，以大幅度地减小由于墩台振动传递作用而导致的桥梁振动，可分为以下两类：

①叠层高阻尼橡胶支座。高阻尼橡胶是在橡胶材料中加入石墨，以提高阻尼。根据石墨加入量的多少，可以调整阻尼大小。这类支座充分利用了高阻尼橡胶的粘弹性耗能特性，具有良好的使用性和养护性，在多跨连续梁中采用这种支座，可将地震向各个桥墩分散，因而有可能实现超过 500 m 或 1 000 m 的多跨连续梁桥。1992 年日本制造出了承载力为 5 000 t 的这类支座。我国的相关领域的专家学者也设计制造了承载力为 1 000 t 的这类支座，并系统地研究了该类支座的耐久性、非线性等相关问题，已可满足工程需要。

②铅芯叠层橡胶支座。这种支座充分利用了橡胶的粘弹性及铅独特的塑性耗能特性，其滞回性能稳定，耗能效果显著。铅芯叠层橡胶支座最早是由新西兰从 70 年代起开发研制的，目前，新西兰、日本、美国、瑞士都已应用此技术。铅芯叠层橡胶支座将橡胶硫化使其与钢板逐层黏结并在中心压入铅芯而成的，中心孔与铅芯以 1% 的过盈配合使两者成为一体。当有一定的竖向载荷作用时，进一步促进了铅芯、钢板、橡胶的一体化；而当支座受到水平地震力的作用时，则会在铅芯的全长范围上产生同等的应变。

(9)单柱桁架—拉索

1987 年 Abdel-Rohman 和 Nnyfeh 提出将单柱桁架—拉索连接到桥梁梁体或墩台上，以增大桥梁固有频率，使其远离共振频率，图 9-3 为斜拉桥的缆索振动控制。

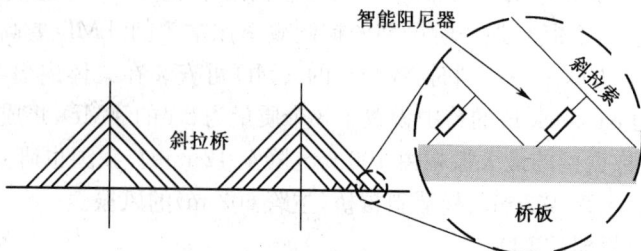

图 9-3　斜拉桥缆索振动控制

被动控制系统不需要外部能源，一般只对某种设定的地震动特征进行控制，缺乏跟踪和调节的能力，其效果明显依赖于输入激励的频谱特性和结构的动态特性。目前对于被动控制的研究主要存在下面几个问题：

(1)被动控制装置的研究：一方面研究新的、有效的、经济效益好的被动控制装置。另一方面对现有的被动控制装置进行研究，消除其局限性，扩大其适用范围；

(2)被动控制装置耐久性的研究及其材料性能的研究；

(3)被动控制减震效果的定量设计控制问题；

(4)被动控制系统的可靠性研究包括结构自身可靠性与控制器可靠性的研究；

(5)被动控制装置的安装、维修与更换；

(6)被动控制的应用开发研究：包括编制我国的减震技术规程，进一步推广并正确指导应用减震技术。

2. 主动控制

主动控制技术用于土木工程结构始于 20 世纪 60 年代后期。结构主动控制领域的先驱是加拿大滑铁卢大学的 LCipholz 教授(已故)和美国德克萨斯 A&M 大学的 Yao 教授。近年来，设在纽约州立大学布法罗分校的美国地震工程中心的 Soong 教授和 Yang 教授在土木结构物的振动控制领域的理论和实验研究、应用方面做了大量工作，代表了国际最高水平。在日本，建设公司和重工公司集科研、技术开发、应用推广为一体，能够迅速吸收国际上的先进理论和技术，并及时地投入实际工程应用，这一点值得我国借鉴。

各国已研究出多种不同的控制方法：最优反馈控制、次最优反馈控制、独立模态空间控制、瞬时最优控制、有界状态控制、预测控制、模糊控制等。

主动控制与被动控制相比有以下优点：(1) 反馈控制力可直接作用于结构物，无 TMD 的滞后现象，具有较高的控制性能；(2) 即使桥梁结构的固有频率发生变化，只需调整控制软件参数，比被动控制需调整设备要简单；(3) TMD 只能控制一阶振型，而主动控制能控制二阶乃至更高的振型；(4) 系统本身的摩擦系数小，对微小振动控制效果好。

当然，主动控制需对传感器和电液伺服作动筒进行系统监控和系统维护，以保证其正常工作。在成本方面，几年前，具有同等控制效果的主动控制设备所需费用高于 TMD 几倍，最近才有大幅度的降低。

桥梁主动控制设施是以确保索塔、架桥机和振动影响下的作业安全为设计原则的，是在综合调整与作业相关的作业项目、与工期和控制装置相关的成本费用等问题的基础上，来设计控制系统的。控制设备安装完毕后，由振动试验和动态观测来进行控制系统的可靠性和有效性的检定试验。

目前对主动控制的研究多集中在理论领域，提出了相当多的控制算法：

(1)主动控制算法

土木工程中应用的主动控制算法最初直接引用了现代控制理论的一般结果，如经典线性最优控制法等。这些算法目前仍是主动控制算法建立的依据，也有一些是根据土木工程的特点，专门用于土木工程的主动控制算法，如瞬时最优控制算法等。

1)经典线性最优控制法

该算法基于现代控制理论，以线性二次型性能指标为目标函数来确定控制力与状态向量之间的关系式。目标函数中用权矩阵来协调经济性与安全性之间的关系，需求解 Riccati 方程。由于该算法忽略了荷载项,严格说来,由它得到的控制不是最优控制,但数值分析和有限的试验证明:这一控制算法虽然不是最优的,但是可行的和有效的。

2)瞬时最优控制算法

该算法以瞬时状态反应和控制力的二次型作为目标函数,在动荷载作用的时间范围内,每一瞬时都实现其目标函数最小化。该算法不需求解 Riccati 方程,计算量减小,增益矩阵与受控结构的协调特性无关,控制系统的鲁棒性能较好,且具有时间步进性,可推广用于非线性、时变结构系统。但该算法只是一种局部最优控制算法,从控制结构最大反应这个意义上讲,仍然不是最优控制。

3)极点配置法

在状态空间里,系统矩阵决定系统的动态特性,因此可通过选择适当的增益矩阵,使闭环系统的动态特性取得满足设计者要求的预期值,这就是极点配置法。极点配置法在仅考虑对结构反应影响较大的少数几阶振型时,可以很容易地实现。这种方法所选择的增益矩阵通常都不是唯一的,因此极点配置法得出的控制律也不是最优的,但该算法较为简单、易行。

4)独立模态空间控制法

独立模态空间控制法是基于振动体系振型分解的概念建立的,多个自由度体系的运动方程由正交原理可分解为各独立的对应不同模态的单自由度运动方程,对各模态可分别进行控制设计。对于求出的模态控制作用通过模态的参与矩阵进行线性变换,由模态控制作用得出结构控制作用。为了节省时间,控制设计可只针对几个主要振型进行。

该算法的先决条件是结构必须可控而且可观测。在实际结构中,由于模态截断引起控制溢出和观测溢出,前者将影响实际系统的性能,而后者可导致残余模态的不稳定,且该控制法显然仅对线性系统有效。严格来讲,独立模态控制的必要条件是控制器布满体系的所有自由度,但作为一种近似方法,控制器数目少于体系自由度时,亦可应用此法,只是所截取的振型数目要和控制器的数目相同。

5)随机最优控制法

将随机最优控制理论用于结构控制,对于线性二次高斯问题(LQG),分离原理成立,可直接求解最优反馈控制的 Riccati 方程满足解答。对于其他的随机最优控制问题,分离原理还没有得到证明。工程上有许多随机过程都应用分离原理,将最优估计与最优控制分开进行,从而给设计工作带来方便,并且应用上大多是成功的,但其控制效果是否是最优的,在理论上尚未证明。

6)界限状态控制法

根据结构的安全性、适用性和舒适性要求,预先给定结构反应的限值,一旦实际结构反应超出限值,则控制系统启动,利用外加控制力减低结构反应,这就是界限状态。该算法控制目标明确,实施简便,在线计算量小,适用于线性和非线性系统。尽管界限状态控制法在控制力计算中建立了目标函数,但脉冲控制力的施加在本质上仍是试探性和直接推断的,因此,它不是最优控制法。

7)自适应控制法

自适应控制大致可分为自适应前馈控制、自校正控制和模型参考自适应控制三大类。结构振动自校正控制是一种将受控结构参数在线辨识与控制器参数整定相结合的控制方式。控制时辨识器根据系统的输入输出信息,在线地辨识系统的模型参数或状态,并自动校正控制律。这样,结构可以根据状态和干扰特性的变化自动校正控制动作,达到输出方差最小的控制目的。

8)模糊控制法

模糊控制方法是处理工程结构和环境中不确定因素的一种有效的控制方法。模糊控制不需要对系统模型进行精确计算,直接根据系统的输入输出特性给出控制指令,因此其控制虽然不是最优的,却是较有效的。

9)预测实时控制法

预测控制采用最优估计理论,由所测得的结构反应预测将要发生的结构反应或外部激励,并不断修正预测律,针对预测的结构反应或外部激励,计算施加的控制力。

在实际工程中,结构的自由度往往很大,很难实现全状态观测。此外,分析模型与实际结构往往也存在差异。因此,从应用的角度出发,各国学者提出了许多既能满足工程要求,又能简化计算的准最优控制,如降阶控制、状态重构控制等。

(2)主动控制方法

1)主动拉索控制(Active Tendon Control)

1960 年由 Freyssinet 提出的采用结构拉索的主动控制一直是研究得最多的控制系统之一。该系统一般由一组预应力拉索组成,拉索与结构相连,其张力由电液压伺服机构控制。工程师们偏爱这一控制机构的原因之一是由于拉索已经成为许多结构的组成部分,所以主动拉索控制可利用已有的拉索,减少对已建结构进行添加和修改,比较适合改造或加固既有结构,另一个特点是主动拉索可以在脉冲状态和连续时间状态下工作。因此,主动拉索控制适宜于连续时间和脉冲控制算法。

1979 年 Yang 和 Giannopoulos 对主动拉索控制进行了理论研究,并结合了斜拉桥的控制研究。与拉索有关的早期实验已在一系列结构模型上进行过,该结构由一个简单的悬臂梁,一个单柱桁架和一个自由立柱组成,控制装置是人工操作的拉索控制或伺服阀控制的作动筒,共研究了作动筒的动力特性、传感器与控制器的摆放位置等方面内容,而延时的影响是通过改变反馈控制力的相位来表示的。

1987 年 Bryson 等人和 Bouten 等人介绍了对一个 10 m 梁所做的主动变形控制的理论和试验研究情况:在钢缆索下垫有气压垫,缆索与梁的两端相连,垫的气压力按梁的挠度调节,直到缆索力与静重和活载之和相等为止。

2)主动质量阻尼器(Active Tuned Mass Damper)

由于已经有了用于桥梁振动控制的调谐质量阻尼器(但处于被动状态),所以产生了对主动质量阻尼器做试验研究的想法,也就很自然地要问到这样的问题:如果它们按主动控制原理起作用时,会有什么优点呢?

随着大跨桥梁的设计施工的增多,使得高索塔应用越来越多,施工过程的索塔高度相应地增加,其固有频率也在改变。因此,施工过程中,就要相应地移动 TMD 的设置位置,并调整其固有频率。相对而言,主动控制方式性能较高,不仅仍可进一步实现小型化,同时,也具有只需改变控制程序,即可与索塔的固有频率做出相应的调整之优点。另外,有时风载可能会激起索塔的二阶以上(含二阶)的振型。与 TMD 只能衰减一阶振型的特性相反,主动控制方式从机理上是能够实现由一台设备衰减二阶以上振型的目的。

该种方式的控制对象绝大多数为索塔的面外弯矩的一阶振型,因此在控制系统的设计中,多采用单自由度结构模型和与振动速度成正比的控制力的"速度直接反馈程序控制"（DVFB）方式。该方式是将阻尼直接附加于结构物并以附加阻尼值来反映控制性能的指标和目标值，也就是以试验的数据为依据，将由安全性和使用性所确定的极限振幅，换算成必要的阻尼来设计控制系统。一般说来，对数衰减率需要 20％左右。

3）主动质量激发器（Active Mass Driver）

没有采用重锤，直接由外部能源提供控制力的装置，称为主动质量激发器（尽管在名字中有"质量"，但实际上没有）。图 9-4 为南京电视塔风振 AMD 主动控制系统。该方式与主动质量阻尼器相比，控制性能有时较差，但也正因为没有设置重锤，而具有较易控制之优点。

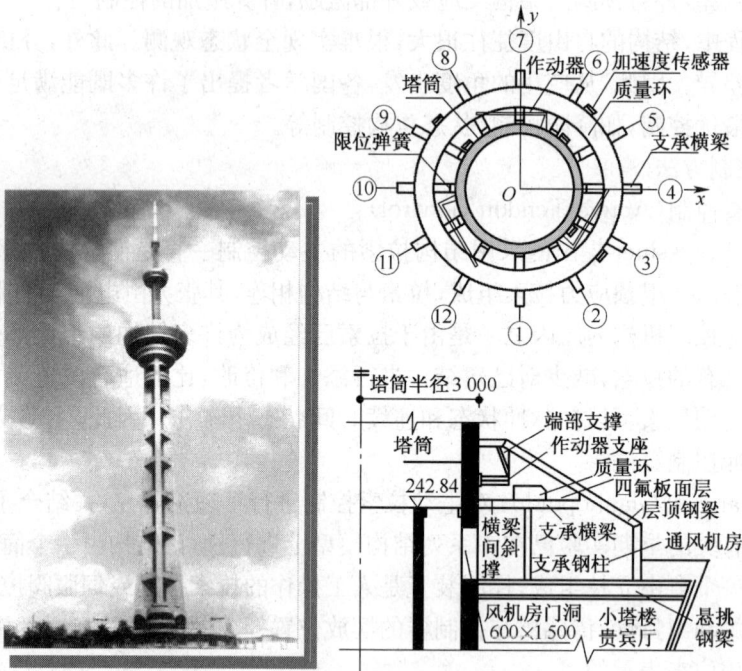

图 9-4　南京电视塔风振 AMD 主动控制

4）空气动力附件（Aerodynamic Appendages）

用空气动力附件作为主动控制装置来减小由风力引起的桥梁运动，其主要特点在于设计者能用风能来控制桥梁振动，而桥梁当时正被这阵风激励，这样就不需要用外部能源来产生必要的控制力，所需的唯一能源只是给附件定位于合适角度所需的控制力。

5）陀螺稳定器（Gyroscope）

1971 年 Murata 和 Ito 提出了用陀螺稳定器减小悬索桥的风振，该方式是在索塔的顶部设置陀螺仪，并对旋转产生的力矩实施主动控制来控制索塔的弯矩变形。1991 年日本的山田进行了主动陀螺稳定器作用的理论与实验研究。

6）脉冲发生器（Pulse Generators）

通过脉冲所产生的反力来控制桥梁振动，脉冲可以由释放压缩空气（气体脉冲发生器）或由液压式、电磁式作动筒产生，该方式既可控制桥梁的线性振动，也可控制其非线性振动，并降低各种类型的外界扰动响应。1976 年，日本在讨论本州—四国联络桥设计方案时，"采用陀螺稳定器还是气体脉冲发生器方式控制悬索桥梁体扭转振动"的讨论曾成为热门话题。

7) 主动支座(Active Bearing)

主动支座是在中小跨度桥梁梁体与墩台之间设置电液伺服作动筒(主动质量激发器),沿构件的轴向施加作用力,用电磁阀来控制减振器的三级切换,从而改善系统的性能,有效地直接控制地震时桥梁的振动。目前,用单自由度模型在振动台上模拟地震波的激振试验,取得了良好的防振效果。该方式的优点在于可方便地安装在既有桥梁上,且作动筒的行程不很大。日本曾经在一座高架桥行车振动控制中采用了主动支座,当一般车辆经过时,桥墩的纵向加速度幅值减小了一半。

日本的川岛等人研究了用该方式来控制公路桥梁的地震响应,但这种方式会引起地震时梁体纵向位移增大,而可能使桥梁伸缩缝顶死。

主动控制从理论上可以通过开闭环控制使结构完全"镇定"下来,但从工程实际的观点来看,仍存在一些可行性问题。目前主动控制系统的研究主要需要解决下面的一些问题:

①模态误差和信息溢出误差。该误差是由于实际连续结构与离散的分析模型之间的差异造成的,由此产生的误差如不能有效的控制,将影响控制的精度;

②参数不确定性和系统识别问题;

③时间滞后导致控制力的非同步作用,降低了结构的有效性,甚至可能导致结构的不稳定。调整控制力补偿时间延迟是主动控制能够实施的一个关键环节;

④传感器与控制器的数目和位置问题。由于土木桥梁结构自由度数多,从实用和经济观点出发,传感器和控制器不可能布满体系的所有自由度,这就引起在控制实现方面附加的复杂性;

⑤主动控制系统的可靠性评价。主动控制系统的可靠性维护和性能问题的解决是主动控制应用与推广的前提;

⑥作动系统稳定余量与超调的影响;

⑦主动控制的时间过程的合理离散化,以最大限度地减轻时滞的影响;

⑧实现主动控制系统的其他问题,包括计算机硬件、作动器的设计、目标函数的有效性和该系统的完美性。

(3) 半主动控制

半主动控制一般以被动控制为主体,它仅需少量能量用于改变被动控制系统的参数或工作状态,以适应系统对最优状态的跟踪。半主动控制比主动控制容易实施且更经济,而且控制效果又与主动控制相近,所以有较大的研究和应用开发价值。半主动控制机构往往都利用开关控制或称为"0-1"控制,通过开关改变控制器的工作状态,从而改变机构的动力特性,以达到比被动控制更好的控制效果。除"0-1"控制外,还可采用最优控制。半主动控制的优化控制规律一般仍采用现代控制理论解决,变结构控制理论是处理半主动控制理论的有效工具。

目前,国内外对半主动控制的研究尚不多见。较为典型的半主动控制装置有:

①半主动隔震装置。半主动装置中以磁流变阻尼器(Magnetorheological Damper,MRD)为代表,它是一种性能优良的可控智能式变阻尼控制装置,通过调节磁场强度可以迅速地改变磁流变液的力学阻尼特性,具有能耗小、阻尼力可调范围宽、响应速度快等优点。将 MRD 与普通橡胶隔震支座结合组成的智能隔震系统,不仅能够减小上部结构的地震反应,而且能够有效地抑制隔震层的大变形,是一种性能优异的混合控制系统。

②半主动 TMD。半主动 TMD 是在结构的顶部设置惯性质量、弹簧及阻尼系统,通过 TMD 系统与主结构控制振型谐振来重新分配和消耗振动能量。与 TMD 不同的是 ATMD 内安装了一套精密的设备对参数进行调整。

③半主动动力触动器。

④主动变刚度装置。其基本思想是通过主动变刚度控制装置使受控结构的刚度在每一采样周期内部根据外荷载的频谱特性而在不同刚度值之间进行切换,从而使得受控结构在每一采样周期内都尽可能远离共振状态,达到减振的目的。

⑤主动变阻尼装置。可变阻尼系统是根据可调附加阻尼来减小受控结构反应峰值,通过控制装置使得受控结构的阻尼在每一采样周期内都可能在不同阻尼状态之间进行切换,从而达到减振目的,是一种非频变的减震方法。在振动控制界对变阻尼控制的研究一度非常活跃,其目的是追求比定阻尼系统更好的减振效果。研究表明,当结构自振周期在地震动卓越周期范围以内时,增加阻尼能够明显减小地震反应(包括相对位移和绝对加速度反应)。此时变阻尼半主动控制的效果不会比采用上限阻尼更好,这说明对中、短周期的结构,当设计地震动的卓越周期较短时,不必要采用半主动变阻尼系统。但是对长周期结构,采用半主动变阻尼控制方法与采用上限阻尼时相比可以明显地减小绝对加速度反应,对相对反应也无不利影响。因此,只有当需要同时减小长周期结构的相对位移反应和绝对加速度反应时才有必要采用变阻尼半主动控制。

最近世界第一栋采用可变阻尼控制的建筑在日本静岗完工。这是一栋五层钢框架结构,如图 9-5 所示。在该结构上安装的每个阻尼器最大可提供 1 000 kN 的阻尼力,功率为 70 W。响应分析表明此系统可以明显减小结构层间剪力和层间位移。

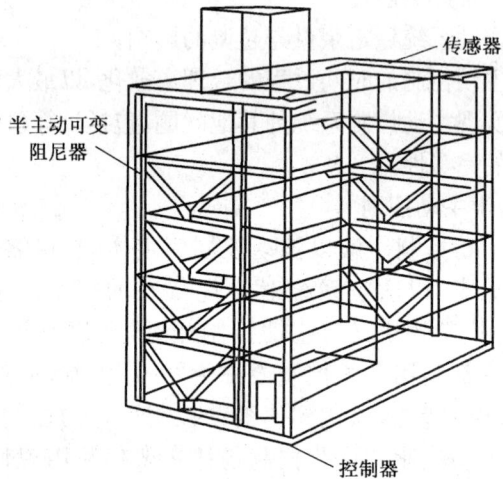

图 9-5　应用可变阻尼控制装置的 Kajima Shizuoka 大楼

3. 混合控制

混合控制是将主动控制与被动控制同时施加在同一结构上的结构振动控制形式。从其元素所起作用的相对大小来看,有两种组合方式:一种是主从组合方式,即以某一控制为主控制部件,其他部件通过主要部件实现对结构的控制;另一种是并列组合方式,即两种控制各自独立工作,对结构实施校正作用。近年来研究最多的是以被动控制为主,主动控制为辅的主从结合方式,将被动控制与主动控制相结合,取长补短,既达到了保证建筑结构的抗震安全和风振舒适感,又获得了直接的经济效益和社会效益。被动控制由于引入了主动控制,其控制效果显著增强,系统可靠度得以提高;另一方面,主动控制由于被动控制的参与,主动控制实施所需的控制力大大减小,抗震系统的稳定性和可靠度都较纯主动控制的有所增强。国外近年来已开始研究利用混合控制来控制非线性和非弹性结构系统,效果较为理想,在理论研究上也有一些进展。

两种典型的混合控制方案是:

(1)被动控制作为结构对常遇荷载作用的保护装置,主动控制系统作为结构抵抗罕遇地震荷载的元件,是结构破坏的最后一道防线。

(2)被动控制作为控制系统的主体,主动控制对被动控制系统减小限位控制,并提供被动控制系统所需的恢复力。

目前,较为典型的几种混合控制装置是:

(1)AMD 和 TMD(TLD)的混合控制

1)中小震时采用 AMD,大震时当控制力超过系统控制能力时,TMD 亦参与。

2)用 TMD 控制中小震,大震时 AMD 亦参与。

3)对双向多维振动,分别采用 AMD 和 TMD。

我国的南京电视塔采用了 TLD 和 AMD 对风振反应进行混合控制。

(2)阻尼耗能与主动控制的结合

用粘弹性阻尼器和主动支撑系统(ABS)混合控制。一方面,由于粘弹性阻尼器作用,大大减小了需要主动支撑控制系统所提供的控制力;另一方面,由于 ABS 的作用,大大提高了粘弹性阻尼器的阻尼比,减小了粘弹性阻尼器所承受的剪力,改善了其力学性能提高了其使用寿命。

(3)隔震系统与 AMD 的混合控制

隔震系统与 AMD 的混合控制主要有:

1)滑动隔震与 AMD 相结合;

2)叠层橡胶隔震与 AMD 相结合。

这种控制作用既利用了切断地震传播途径的控制方法,又利用了主动控制对结构振动进行抑制的控制方法,效果显著。

(4)其他,如被动 HMS 与主动 AMD 相结合。

日本已建成了多栋主动控制的房屋以及其他结构,绝大多数都采用混合控制方式。其中最高的是 1993 年建成的三菱重工界碑塔,该塔为 70 层钢结构(其中有部分是劲性混凝土),296 m 高,在顶层用了两个吊重通过伺服马达施加控制力。

总之,混合控制系统充分利用了被动控制与主动控制两者的优点,既可以改变结构的振动特性,增加人工阻尼,又可以利用主动控制系统来保证控制效果。混合控制比单纯的主动控制能节省大量的能源,因此具有良好的工程应用价值。

三、桥梁振动控制未来发展方向

结构振动控制的研究与应用有着广泛的前景,它的研究和发展将给土木结构工程抗震抗风设计带来一场革命,其巨大的经济效益和社会效益已初步得到证明,总结结构振动控制未来主要有两个大的发展方向。

未来的发展方向之一:是进行立足于"能使幻想中的桥梁变成现实的振动控制技术"的开发。目前,国外跨度为 3 300～5 000 m 的大跨度桥梁正在规划之中。空气动力振动将直接影响其安全性和使用性。而以往的主动质量控制方式,必须提供巨大的控制力,这并非最佳方式。首先,应从空气动力学的角度,探讨能使得振动响应至最小的桥梁几何形状,改变惯性力较小的气流方向,以衰减空气动力振动;再结合主动方式加以控制,其效果应是良好的。现已开始对气体脉冲发生器、陀螺稳定器等辅助控制方式进行了初步探讨,尚需进一步深入开展研究。

未来的发展方向之二:在既有桥梁的振动控制技术中,振动控制系统多是设置于桥梁外部,给人们的感觉是一种附加物。甚至在一些专家的概念中,也认为振动控制设备只是桥梁的特殊附属物,因此,为使振动控制系统可被认为是桥梁不可分割的一部分,从设计观念上获得等同于钢材、混凝土的地位,还需要在学术导向和规范的调整上作大量的工作。

第三节 风振控制

一、桥梁风致振动

风是大气边界层内空气流动的现象,其流动的速度和方向具有随时间和空间随机变化的特征。在研究风对桥梁的作用时,通常把风处理为在一定时距内不随时间变化的平均风和随时间随机变化的脉动风速两部分。风作用于桥梁结构时,由风的压力作用形成对结构的风荷载,同时,风还会引起桥梁的颤振、驰振、抖振和涡激振动等各种形式的振动。

通过长期的观察研究,人们总结出对结构风致作用有重要影响的几个风特性:对平均风反映其特性的主要是其随高度的变化曲线,简称风剖面或风廓线。而风速的脉动特性对结构设计和受力分析极其重要,主要因为:(1)刚性结构会受脉动风速所产生的阵风荷载影响。(2)柔性结构在脉动风速作用下会发生动力响应。(3)结构的空气动力特性会受到气流脉动的影响。脉动风特性主要包括湍流度、脉动风速功率谱、湍流积分尺度、湍流的空间相关函数。

20 世纪 80 年代以来,我国建成了或正在建设或拟建一批以悬索桥和斜拉桥为主要形式的大跨径的桥梁,由于这些特大桥明显具有大、轻、柔的特点,对风的作用十分敏感,风荷载已成为支配性的荷载,甚至控制大桥主梁断面的选择和桥型的选择。因此,研究桥梁风致振动的机理,减小桥梁的风振响应,保证桥梁的安全工作成为当前桥梁风工程研究的重点问题。

1. 静力作用

静风作用是指在平均风作用下,假定结构保持静止不动或者虽有轻微振动,但不影响空气的作用力,即忽略气流绕过桥梁时所产生的特征紊流以及漩涡脱落等非定常(随时间变化的)效应,只考虑定常的空气作用力。

静力作用当风速不超过临界风速时,静风压产生的阻力、升力和扭转力矩作用会引起结构的内力和变形;当达到或超过临界风速时,将使结构出现空气静力失稳。空气静力失稳是指结构在给定风速作用下,主梁发生弯曲和扭转,一方面改变了结构刚度,另一方面改变了风荷载的大小,并反过来增大结构的变形,最终导致结构失稳的现象。静力失稳主要包括两种形式:(1)静扭转力矩会导致结构扭转发散;(2)静阻力导致结构横向屈曲。过去,人们普遍认为大跨径桥梁的颤振临界风速一般都低于静力失稳,但随着桥梁跨径的不断增大,不少学者在风洞试验中观察到了大跨径桥梁的静力失稳现象。此外,早期的空气静力理论为线性理论,基于线性理论计算出侧倾失稳临界风速和扭转发散临界风速,由于忽略了结构几何、材料和静风载非线性的影响,因此在一定程度上会高估结构的抗静风的能力。研究表明:考虑几何非线性和气动非线性后,静力稳定性的临界风速大约需要折减 60% 左右。

2. 动力作用

当风绕过一般为非流线形截面的桥梁结构时,会产生漩涡和流动的分离,形成复杂的空气作用力。桥梁的风致振动包括两大类。

(1)发散振动

当风速达到某一临界值时,桥梁振幅不断增大直至产生使结构毁坏的自激振动,它是一种发散振动,包括桥梁的颤振和矩形断面等钝体结构的驰振。

1)颤振

颤振指在风的动力作用下激发了桥梁结构的振动,振动又反过来影响空气的流场、改变空气力,形成风与结构的相互作用机制,当空气力受结构形式影响较大时,这时的空气力主要是自激力。当桥梁结构与产生自激空气力的绕流气流所形成的振动系统的阻尼在不断的相互反馈作用中由正值趋向负值时,振动系统所吸收的能量超越了自身的耗能能力而造成系统运动的发散。描述颤振的主要参数是"颤振临界风速"。当来流风速低于颤振临界风速时,振动就收敛;反之振动就发散。颤振是大跨度桥梁风致振动中最危险的振动。美国的塔科马大桥的风毁原因就是属于这一类型的振动破坏。颤振主要有两种:一种是流线形断面的颤振,称之为耦合颤振;另一种是非流线形断面的分离流扭转颤振。前者是一种刚度驱动,通过空气刚度改变弯曲和扭转两个频率并使之接近,最终耦合成单一的颤振频率,使振动发散,其特点是桥梁弯曲和扭转的振幅同样显著,颤振频率为桥梁的弯曲振动固有频率与扭转振动固有频率的中间值,当扭弯频率之比为 1.0 时,颤振临界风速最小。后者则是由于空气的负阻尼不断抵消结构的正阻尼,最后通过阻尼驱动使振动发散,其特点是:当桥梁发生颤振时,扭转变形明显比弯曲变形多,颤振频率与桥梁的扭转振动固有频率接近,当扭弯频率之比为 1.0 时,临界风速最大。扭转颤振主要发生在具有尖锐棱角的非流线型截面的结构中,故大跨度桥梁的各部分截面形式应尽量避免尖锐棱角,以流线型为佳。通常,扭转颤振的临界风速大于耦合颤振的临界风速。颤振是一种危险的自激发散振动。在桥梁抗风设计中要求发生危险性颤振的临界风速与桥梁的设计风速相比具有足够的安全度。

2)驰振

驰振是由气流引起的大振幅、低频率的自激振动,是一种发生在单自由度的弯曲振动体系中横风向的发散振动,一般发生在具有棱角的方形或接近方形的矩形截面的结构中。驰振发生的机理在于其升力曲线具有负斜率,因此空气升力具有负阻尼作用,从而源源不断地吸收能量,造成类似颤振的不稳定振动。与颤振一样,驰振一旦发生,也会愈演愈烈,直至达到极限振幅而破坏,直接造成桥梁本身或部分杆件的破坏。所以要保证结构物的驰振临界风速远远大于其设计风速,以免发生破坏。驰振通常发生在具有轻质量、大柔度的结构上,主要表现在支撑索结构桥梁的索塔、斜拉索或吊杆中。对于索塔,由于其高度大、施工工况多,其动力特性又在不断变化,对驰振的抑制也主要在施工阶段。对于拉索,驰振形式主要有两种,其一为风雨激振,即拉索在雨天会发生比晴天更大的风致振动;其二为尾流驰振,即背风拉索会比迎风拉索发生更大的振动。

（2）限幅振动

它所引起结构的振幅有限，不会发散，但在低风速时经常发生，包括涡激共振和抖振等。

1）抖振

由短周期的脉动风引起的强迫振动。根据紊流产生的原因主要有三种：

①由来流中的大气紊流成分所造成，这种紊流称为来流紊流；

②上游临近结构的尾流中的紊流成分；

③结构本身尾流中的紊流成分造成。

后两种成分带有结构的特征，称为特征紊流。桥梁中的抖振主要是考虑来流中由于大气边界层的影响带来的紊流。虽然其发生的风速较低，但抖振振动频率较高，即使不引起结构物破坏，也可以引起构件、接头的疲劳，影响桥梁的使用寿命，或会危及行车安全或造成司乘人员的不舒适。此外，施工阶段过大的抖振会造成施工质量无法保证或停工。1951 年在美国金门大桥的一次实测中，测量到在八至九级风力作用下，主梁 1/4 跨处的抖振最大单幅达 1.7 m。如此强烈的振动，对桥梁结构的使用寿命、桥上运行车辆的行驶安全等的危害是不言而喻的。随着桥梁跨度记录的一再被打破，桥梁变得更加柔性和轻型化，此外，不断增加的桥面宽度也提高了所受风力水平，这些都加剧了桥梁的抖振响应，使之超过颤振而成为目前桥梁风工程中研究的焦点。

2）涡激振动

风流经过桥梁断面等钝体结构时，会产生称为卡曼涡旋的尾流，当涡脱频率与结构的固有频率一致时，产生由涡旋脱离引起的强迫振动，这就是涡激振动。涡激振动兼有自激振动和强迫振动的性质，它也是一种发生在较低风速区内的有限振幅振动。通常情况下，涡激振动的振幅很小，但当涡旋脱离频率与结构的固有频率相接近时，流体与结构间产生强烈的相互作用引起涡激共振，同时也将产生"锁定"现象。涡激频率与风速成正比，出现共振时振幅相当大，反过来控制涡激频率。截面发生的微小变化都会对振动特性产生敏感的影响。这种涡激振动对大跨度桥梁有一定的危害，即使不至于引起结构物发生破坏，也可能使构件发生裂纹或疲劳损失。

二、风振响应的控制方式

桥梁结构对风的反应非常复杂，除了由于风的作用和桥梁结构动态特性本身的复杂性外，还由于风和结构物的相互干涉作用。近年来，由于桥梁结构的日益长大、轻柔、低阻尼化，长大桥梁以及某些跨度虽不甚大的桥梁结构或其构件由风引起的振动必须认真考虑的情况愈来愈多。在设计阶段，就应研究由风引起振动的可能性，并有必要通过事前研究确定各种相应对策，但将抗风设计完全渗透于结构设计之中是很困难的。因此，在结构施工和建成后会产生不少风致振动问题，处理这些问题就不得不在受到种种条件制约的情况下进行。

所谓桥梁结构振动控制，就是在设计和施工过程中，通过采取措施以控制结构所受到的振动，将结构在地震、风、车辆、环境振动等条件下的动力响应限制在允许范围内，使之能够保证结构的正常使用功能。对经理论分析和风洞试验检验仍不能满足抗风要求的设计方案，必须采取抗风措施或修改设计，使其满足抗风设计要求。

桥梁风致振动控制的对策包括：（1）杜绝颤振和驰振现象的发生；（2）将发生颤振和驰振、涡激共振的起始风速提高；（3）将涡激共振、抖振的振幅减少到可以接受的程度。

桥梁风致振动的具体控制措施可以分为以下三种：

1. 结构措施

结构措施的主要目的是为了提高结构的刚度，增大结构的固有频率尤其是扭转频率，以提高结构的抗风稳定性。在大跨径桥梁的抗风设计中，主要采用的结构措施如下：

(1) 对于多数非流线型截面的大跨径桥梁，其颤振形态是以扭转为主的，提高截面的扭转刚度，可以提高其抗风稳定性，如在斜拉桥中采用易于形成斜索面的 A 形、倒 Y 形和钻石形等的桥塔结构型式；在悬索桥中采用短边跨、增大主缆矢度和主梁高度等。

(2) 采用斜拉—悬吊协作体系的混合设计和混凝土与钢梁截面的混合设计、自锚和地锚混合的缆索承重体系以及空间的索网体系等。

(3) 通过调整主缆同加劲梁的相对位置和增加特定的竖向和斜向的交叉索以达到提高结构抗扭刚度和扭转振动频率的目的，并有效地提高大跨和特大跨悬索桥的抗风稳定性。

2. 气动措施

气流绕过桥梁截面时，发生相互作用而产生空气作用力。截面气动外形的改变势必会影响到空气力。由于目前的钝体空气动力学在理论上尚不成熟，故只能通过风洞试验来识别各种空气作用力。在大量试验的基础上，人们总结出以下一些有效措施来改善截面的气动性能。

(1) 采用透空的桁架型式桥面主梁。桁架梁的优点是桥面主梁可以达到比较高的抗扭刚度，且透风性能好，所以其颤振临界风速较高，如日本的明石海峡大桥悬索桥就采用了这种型式的桥面主梁。

(2) 提高加劲梁截面的扁平度。加劲梁宽高比越大，即扁度越大，则气动稳定性越好。一般要求桥梁截面的扁度 $B/h>7$，随着跨径的增大这一要求还要进一步提高。

(3) 带悬臂的截面与钝头截面相比有较好的气动性能，而且悬臂越长，稳定性越好。

(4) 改善加劲梁截面两端（来流分离的主要部位）的外形，如添加风嘴等，以改善气流绕流的流态，减少涡脱，使截面趋向流线型。

(5) 加劲梁中心开槽以增加透风率，减小加劲梁顶底面的压力差。试验和分析都显示中心开槽的闭口箱梁的颤振临界风速将得到一定程度的提高，而且随着开槽宽度的增加，桥梁的颤振临界风速会继续上升。

(6) 一些附加的抑流板、导流板和扰流板对减小抖振反应十分有效。

(7) 避免采用实体栏杆和较高的缘石，增加栏杆的透风率。

(8) 采用分离式闭口箱梁，在分离的箱梁间通过横梁连接成整体。通过分离箱梁间的开放空间增加透风率，减小加劲梁顶底面的空气压力差从而增加结构的气弹稳定性。有关的计算和试验结果表明这种方案对提高特大跨径悬索桥的抗风稳定性是卓有成效的。

(9) 在加劲梁断面的迎风、背风边缘安装薄平板。当加劲梁在气流作用下发生振动时，利用作用在控制面上的气动力来达到抑制颤振，提高颤振临界风速的效果。

3. 机械措施

机械措施的设置是以减小桥梁结构整体或部分构件的振动输出为目的的。以上两种措施不能截然分开，尤其是在振动反应输出反馈影响到空气力输入的、具有强烈自激特性的结构中，这两种措施的相互影响更加密切。由于种种条件的制约，在实际应用中不可能仅仅通过气动措施解决风致振动问题，因此时常需要采用机械措施，如增加调制质量阻尼器，调制液体阻尼器等机械阻尼。这些阻尼器的制振减振原理是将主结构的振动能量传递到频率相近的阻尼器上,然后加以耗散,从而达到减小结构振幅的目的。应用被动调质阻尼器除了可以有效改善大跨桥梁的抖振和涡振性能外,还能提高桥梁的颤振稳定性。调质阻尼器的优点在于它的低造价和简便性。

三、大跨度桥梁桥面风致抖振的控制

随着设计施工技术的发展以及高强材料的应用,现代桥梁正朝着跨径更大、更加轻巧的方向发展,使得桥梁结构越来越轻柔,并且阻尼极低,增加了对风的敏感性。紊流风诱发桥梁结构的抖振虽然是限幅的随机强迫振动,但由于诱发抖振的风速较低、频率大,已经成为桥梁抗风设计中相当重要的环节。

过大的抖振响应还将导致构件较大变形以及结构局部疲劳,同时会引起行人或行车的不舒适。因此,在应对桥梁结构在强风中的抖振响应问题时,应给予高度重视,并对其进行研究和加以控制。

抖振控制同样有空气动力学措施及机械阻尼器措施。空气动力学措施包括两个内容:一是在大跨桥梁的初步设计阶段通过"抖振选型"来选择主梁基本断面;二是通过在主梁上增设风嘴等措施来改善其抖振性能,机械阻尼器目前主要是调质阻尼器。

1. 空气动力学控制措施

在大跨桥梁的初步设计阶段,通过"气动选型"可以选择一个具有较好气动性能的主梁基本断面。过去的"气动选型"主要依据颤振性能进行主梁断面选择,但实际情况是:提供选型的各种断面都能满足该桥的颤振设计要求。根据这一情况,有些学者提出在满足颤振性能要求的断面中依据抖振性能再进一步作出最优断面选择的设想,这就是"抖振选型"的概念。依据这一概念,在初步设计阶段尚无该桥动力特性分析结果的条件下建立了"抖振选型"的方法。这一方法目前已应用于广东虎门大桥和江阴长江公路大桥的气动选型研究上。

2. 机械阻尼控制措施

机械阻尼控制措施,也就是用调质阻尼器(TMD)来控制桥梁抖振,国外已有许多工程实例,但从有关文献来看,TMD 的设计主要还是基于其基本原理,而没有针对大跨径桥梁抖振控制的特点进行 TMD 的分析和设计。

近年来结构振动控制取得了很大进展,被动控制不需要外界能量输入且造价低,易于实现,所以在实际工程中得到了广泛的应用。粘滞阻尼器(VD, Viscous Damper)由于其耗能能力强,且具有在温度、收缩和徐变作用下不会使结构产生过大的内力等优良特性而受到桥梁工程师的青睐。最近用其作为桥梁减振保护装置的例子有很多,如美国加州南部 Vincent Thomas 悬索桥,加州旧金山—奥克兰海湾大桥,加州圣地亚哥 Coro-nado 大桥,加州南部 91/5 公路立交桥,希腊西部 Rion-Antirion 斜拉桥,美国旧金山著名的金门大桥等。其中,在加州旧金山—奥克兰海湾大桥加固中,其西跨悬索桥的塔、梁连接处使用了 100 个由 Taylor 公司生产的 Taylor 液体阻尼器。在金门大桥中,粘滞阻尼器的最大阻尼力为 23 000 kN。在国内,重庆鹅公岩大桥(主跨 600 m,悬索桥)和上海卢浦大桥(主跨 550 m,拱桥)上也安装了非线性粘滞阻尼器。

原则上,粘滞阻尼器应当安装在结构最大位移处。区别于高层建筑结构,桥梁结构安装阻尼器的位置受到限制,可以采用在边塔和桥面主梁之间设置粘滞阻尼器的方式,且阻尼器与桥面纵向成 45°,利用其侧向分力来控制桥面侧向位移。

四、斜拉索风致振动的控制

斜拉索是一种效率极高的全张力柔性构件,可满足人们对大跨度的追求。斜拉索具有灵活的布置方式,在现代土木工程中的应用越来越广泛,在斜拉网构中成为主要的承重构件。然而,由于这类结构大多重量轻、阻尼小,风荷载远远超过结构自重,成为控制性荷载。斜拉索柔性大,多暴露于大气中,在风或索锚固端运动作用下发生横向振动。随着跨度的增加,拉索振动愈加显著。目前对斜拉索风致振动研究还主要集中在单索的风致振动方面。

1. 拉索振动的形式

根据风致振动激励的不同来源可区分拉索振动形式:(1) 顺风向振动是拉索振动最常见的一种;(2) 在拉索的风致振动中,风雨激振是最激烈的振动之一;(3) 横风向驰振和尾流驰振;(4) 拉索涡激振,风作用在圆截面拉索,产生交替脱落的旋涡,拉索在横风向上被周期性驱动;(5) 自激振动,拉索细长而柔,且为高强材料,阻尼小,拉索本身的振动引起空气相对于拉索的运动及由此产生拉索的自激振动;(6) 参数振动,拉索两端是和其他结构物相联系的,其他结构物的振动势必造成拉索承受周期性弦向力。当周期性弦向力的变化频率为拉索的自振频率两倍时出现的大振幅即为参数共振。

2. 拉索振动的危害

迄今为止,已有许多斜拉索风致振动的报导:上海杨浦大桥的尾索曾发生强烈振动,最大幅值超过 2 m;日本名港大桥斜拉索系统振幅大到相邻拉索发生碰撞的程度。拉索的振动对拉索本身,以及其他构件都存在不容忽视的危害。主要表现有:

(1)由于拉索并非理想的柔性体,有一定的抗弯曲能力,在支点接合处拉索承受周期性变化的拉弯应力,引起索本身的疲劳,严重的会造成索本身完全拉断;

(2)拉索的振动会破坏拉索的防腐系统,严重影响拉索寿命;

(3)埋置于混凝土中的索锚由于混凝土相对较差的抗拉能力和振动敏感性,长期承受索的振动拉力后会出现裂纹,破坏结构的耐久性,并造成事故隐患;

(4)造成人的不舒适和不安全感。由此可见,对斜拉索的风致振动问题必须给予足够的关注。

3. 斜拉索减振研究

斜拉索的风致振动是一种十分复杂的气固两相(甚至气液固三相)耦合体系,加上拉索同与其相连的屋盖和塔柱或桅杆的共同作用形成了一种极其复杂的耦合振动系统。目前,对于拉索振动问题的研究目前还不充分。各国学者从上个世纪八十年代初就对桥梁的拉索振动进行了研究,并提出了不同的振动机理和制振措施。

结构顺风向脉动风振动是最早被研究,也是理论最成熟的一种振动型式。世界各国工程界均已经形成各自标准化、规范化的计算方法,它的研究重点是对脉动风的模拟,而脉动风速谱是研究脉动风的重要手段,脉动风速谱表征了脉动风能量同其频率的关系。许多风工程专家对水平脉动风功率谱进行了研究,得出了不同形式的风速表达式,其中著名的有:达文波特(Davenport)脉动风速谱,美国西廖(Simiu)脉动风速谱,日本盐田新井(Hino)脉动风速谱,卡曼(Kaimal)脉动风速谱,以及英国哈里斯(Harris)脉动风速谱等。

4. 拉索制振的主要方法及其措施

如何抑制大跨径斜拉桥拉索的振动问题已经成为世界各国桥梁界研究的热点,控制拉索振动已成为继拉索防腐与疲劳之后，拉索的第三大难题。从目前来看，世界各国在实桥上采取的抑制拉索振动的主要方法有三种。

（1）阻尼器方式

在拉索的端部安装阻尼器来增加拉索的阻尼，使拉索自身的初始阻尼大于外界激励力提供的负阻尼，从而能有效地减小拉索的振动。此种措施在实桥上应用的具体形式以及各自特点如下：

①油阻尼器。此种阻尼器在桥梁上应用是源于汽车的减振措施。它由活塞、油缸及节流孔构成，节流孔的大小决定通过活塞的油量从而确定其所能提供的阻尼力。为了抑制拉索面内和面外两个方向的振动必须安装两个油阻尼器，与此同时，为防止在工作中产生漏油和渗油现象，在生产阻尼器时要求具有较高的制作工艺。国内在南京长江二桥和杭州钱塘江三桥应用了油阻尼器进行拉索减振。

②高阻尼橡胶阻尼器。在拉索与套筒之间安装高阻尼橡胶块，利用拉索与套筒之间的相对变形挤压橡胶块来耗散能量的阻尼器叫做高阻尼橡胶阻尼器。该阻尼器具有结构简单、安装方便和较好的美观效果，故在国内建造的斜拉桥大多用该阻尼器进行拉索减振，如上海南浦大桥、杨浦大桥和徐浦大桥等都采用的是这种阻尼器。需要注意的是如果在拉索上同时还安装外置式阻尼器时，则必须在拉索与橡胶阻尼器之间预留一定的空隙以便能使外置式阻尼器发挥最佳效果。

③黏性剪切型阻尼器。该阻尼器是利用与拉索做同步运动的插板剪切箱体中的黏性材料，使黏性材料产生剪切变形来耗散拉索的振动能量。由于插板可以在 2 个方向剪切黏性材料，所以 1 个黏性剪切型阻尼器可以同时抑制拉索面内和面外 2 个方向的振动，并且阻尼器所需提供的阻尼系数可以很方便地调节插板剪切面积的大小来实现。由于黏性材料力学性能受温度和振动频率影响较大，在设计时必须综合考虑各方面的因素，合理确定插板的剪切面积使阻尼器达到最优工作状态。我国的武汉军山大桥、武汉白沙洲大桥中也应用了该阻尼器进行拉索减振。

④磁流变阻尼器。磁流变阻尼器系统通过钢棒在磁流变液中运动时，由切割磁力线以及和磁流变液摩擦而产生阻尼力，抑制斜拉索振动。该阻尼器的特点是随着施加的电压增大，其阻尼力也随之增大，并且其阻尼力不受环境温度影响。这样就可以利用其特点，调节阻尼器的输入电压使拉索在不同模态的振动下都能得到最优的模态阻尼。该阻尼器和油阻尼器一样都只提供轴向阻尼力，为了抑制拉索面内和面外两个方向的振动，必须在一根拉索上安装两个阻尼器。国内曾经在岳阳洞庭湖大桥进行了磁流变阻尼器减振效果的试验研究。

阻尼减振法对涡激共振、尾流驰振、雨振以及由支座激励引起的拉索共振和参数振动都能起到较好的抑制作用。根据与拉索的相互关系，阻尼装置又可分为安放在套筒内的内置式阻尼器（见图 9-6）和附着于拉索之上的外置式阻尼器（见图 9-7）。

（2）构造措施

对于长索的振动控制目前还没有很好的措施，不少结构工程师提倡用辅助索方法。采用辅助索将若干根斜拉索连接起来，或者采用连接器将相互并列的两根索连接起来，从而可增加拉索体系整体的刚度，提高索的振动频率和拉索各阶振型的广义质量，增加拉索的机械阻尼和气动阻尼。同时，由于每根索的振动频率、相位和幅值不同，可使索之间的运动受到制约而达到一定的减振效果。日本的名港西大桥、柜石岛桥用的就是构造措施。构造措施在国内也有

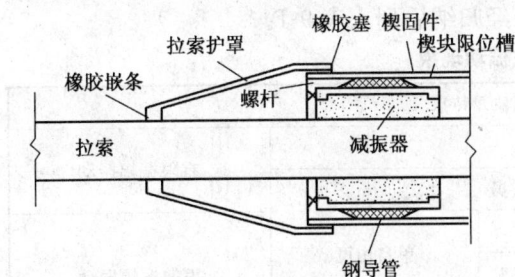

图 9-6　内置式阻尼器

图 9-7　外置式阻尼器

应用,如济南黄河桥、重庆石门桥、天津永和桥。尽管辅助索方法有不少的优点,但它在实际工程中的应用并不是很普遍,其主要原因是:首先,辅助索结构较复杂,其作用和机理仍没有确切的定论,也没有较完善的设计理论,在设计、施工中只能依照经验,由此发生过不少断索事故;其次,辅助索破坏了原有拉索系统独有的美观效果。图 9-8 是日本多多罗大桥采用这种方式的示意图。多多罗桥

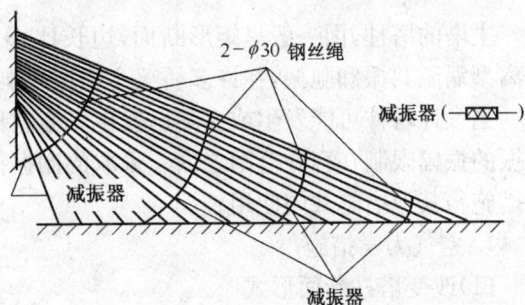

图 9-8　多多罗大桥的制振缆索

的最大索长超过 450 m,每半个扇面采用 4 道制振缆绳,每道的截面为 2 mm×30 mm,除此之外该桥上还兼用了一些阻尼减振器。

(3)空气动力学措施

该法是将斜拉索原来的光滑表面做成带有螺旋凸纹、条形凸纹、V 形凹纹或圆形凹点的非光滑表面,通过提高斜拉索表面的粗糙度,使气流经过拉索时在表面边界层形成湍流,从而防止涡激共振的产生。同时,拉索表面的凹凸纹还能阻碍下雨时拉索上、下缘迎风面水线的形成,从而防止雨振的发生,但其对塔、梁在外界激励下导致索两端的支座激振(又称参数振动)无减振作用,且由于表面粗糙度的增加,会增大斜拉索对风的阻力。目前,如何定量地确定其减振效果目前还处在研究阶段,故各种空气动力学措施的实施前必须做相应的风洞试验,以确定其减振能力。

五、桥塔风致振动的控制

随着斜拉桥、悬索桥跨度的增大,主塔的高度也随之愈来愈高,例如,前世界跨度第一的斜拉桥——日本多多罗大桥(主跨 890 m)主塔高 220 m;悬索桥——日本明石海峡大桥(主跨 1 991 m)主塔高 282.8 m;我国在建的跨度 1 490 m 的润扬大桥,主塔高 207 m;主跨 1 088 m 的苏通长江大桥,主塔高 298 m。虽然迄今为止我国建设的大跨度斜拉桥、悬索桥都还是混凝土主塔,但高塔的抗风稳定性,特别是施工架设期间的抗风稳定已是重大的工程实际问题,必

须予以充分注意。同时,今后也不能排除综合考虑各种因素后采用钢塔作为斜拉桥或悬索桥的主塔,与混凝土塔相比,钢塔将更加柔、细,阻尼更低,架设方法也不相同,抗风稳定的要求将更加严苛。日本是一个经常遭强台风袭击,又是一个强烈地震多发的国家,近20年来,日本成功地修建了许多座世界级的大跨度斜拉桥和悬索桥,主塔在架设施工中采用的振动控制方法,可供借鉴参考。

桥梁上的风致振动现象是复杂而多种多样的,经归纳后列入表9-1。

表9-1 桥梁风致振动现象

序号	振动现象及特点			
1	由于气流紊乱而产生的抖振			有限振幅振动
2		涡激共振		
3	动态 不稳定现象	跳跃驰振	单自由度	发散振幅振动
4		扭转颤振		
5		弯曲、扭转耦合颤振	双自由度	

主塔的塔柱,因一般呈矩形断面,边长比小于3.0,故发生于主塔的风致振动现象为完全剥离型涡激共振和驰振,在许多桥梁主塔或风洞试验中都发现过这两种类型的风致振动。

当预计塔柱可能发生或实际已发生涡激共振或驰振时,应采取措施使其不发生或将涡激共振的振幅限制在容许范围之内。采取的制振措施可分为空气力学措施和机械措施,或将两种措施与其他措施共同使用。

1. 空气力学措施

(1)改变塔柱断面形式

塔柱的断面形式影响绕过塔柱的气流形态,而变化塔柱的断面形式又将改变气流状态,从而改变激振力。日本大阪跨度为485 m的东神户大桥,主塔高146.5 m,为H形塔,塔面内刚度小,且上横梁以上为单根柱,高达75.5 m,风洞试验发现塔柱有可能在20 m/s的低风速下产生驰振,因而将矩形断面切角改变为十字形断面(图9-9(a)),切角率为10%;明石海峡大桥的主塔亦采用了十字形断面[图9-9(b)]。

(2)附加空气力装置

若因其他原因导致塔柱的矩形断面不能改变时,可附加空气力装置制振,如在东京葛饰高低单柱塔(桥面以上高塔高65 m,低塔高29 m)曲线斜拉桥矩形断面塔柱四周,从塔顶至主塔高的1/3处安装了圆弧形抑流板抑制驰振,塔高1/3以下则将抑流板联结起来,成为封闭断面(图9-10)。

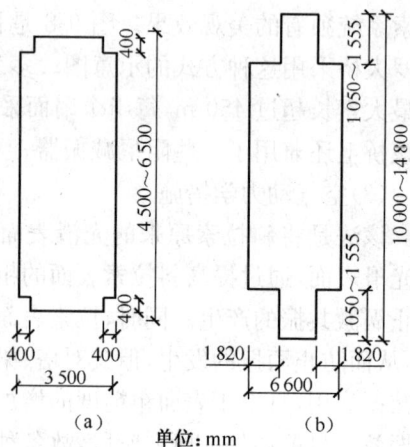

单位:mm

图9-9 十字形塔柱

(a)东神户大桥;(b)明石海峡大桥

2. 机械措施

(1)滑块摩擦和油阻尼器

与成桥状态相比,主塔在施工架设期间的抗风稳定性问题更加突出。1973年建成的跨度712 m的关门桥主塔施工时,将塔柱用超过100 m长的钢丝绳和滑块相连,通过滑块和滑台间

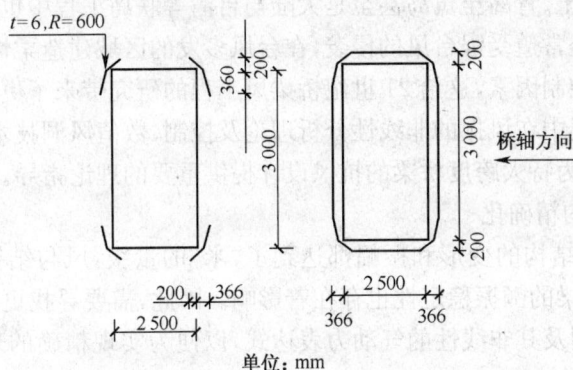

图 9-10　塔柱的抑流板

单位：mm

的摩擦加大塔柱的阻尼，减小或消除涡激共振；1983 年建成的跨度 770 m 的因岛大桥主塔施工时，一个主塔采用了滑块摩擦，而另一个主塔却采用了油阻尼器代替了滑块，这种方法一直延用到 1985 年建成的跨度 876 m 的大鸣门桥及本州四国连络线中的许多斜拉桥和悬索桥的主塔架设中。

（2）调谐质量阻尼器 TMD

主塔制振时，有时很难找到放置滑块或油阻尼器的位置，连接用的钢丝绳太长，又会大大降低制振效果，同时，也希望不因主塔较短施工架设期的抗风稳定性要求，而大幅度地改变塔柱的断面，再加之随着振动控制技术的进步，主塔施工架设中开始逐渐采用体积小、可安放在塔柱内的调谐质量阻尼器 TMD。TMD 首先应用在 1985 年建成的、跨度 405 m 的名港大桥122 m高的主塔施工架设中，其后包括明石海峡大桥、来岛大桥等多座大跨度悬索桥、斜拉桥的主塔施工架设，并延用至成桥运营期。东神户大桥主塔施工架设中，根据拟制振的振型采用了三种调谐质量阻尼器，而且还试验了调谐液柱阻尼器，亦具有良好的制振效果。

3. 其他措施

根据主塔施工架设方法和工序应使用相应的各种施工机械（如塔吊等）、临时支撑或脚手平台，可考虑抗风稳定性的要求，确定施工机械的固定连接方式与位置，拆除临时支撑或脚手平台的时间或顺序，以改变主塔的动力特性。此外，也可将成桥后主塔的抗风制振措施结合施工架设期抗风稳定要求设置安装。例如，上述的葛饰桥建成后，主塔在桥轴向风与桥轴夹角小于 20°的斜风吹动下会产生涡激共振和驰振，因而通过风洞试验确定了在塔柱周围安装抑流板的抗风制振对策，在主塔施工架设中，由于塔柱和脚手架间的气动干涉，塔柱会产生双振幅可达 1.0 m 以上的涡激共振，为了塔柱施工架设期的抗风稳定，将本来用于成桥后塔柱制振的连续抑流板沿塔柱高度断续安装。

六、桥梁风致振动研究展望

在 20 世纪桥梁工程取得巨大成就的基础上，21 世纪的世界桥梁工程将进入建设跨海联岛工程的新时期。我国正在实施的五纵七横的骨干公路网建设中将规划建设跨越长江、黄河和珠江等大河以及横断跨越沿海海湾、海峡的特大跨径桥梁，特别是在沿太平洋海岸的南北公路干线——同三线上将依次修建跨越渤海湾、长江口、杭州湾、珠江口以及琼州海峡的特大跨径桥梁,此外舟山与本土、青岛至黄岛甚至是大陆与台湾等联岛工程中也将规划建设特大跨径桥梁。这些沿海区域经常遭受强台风的侵袭,在台风多发的区域建造柔性的特大跨径桥梁,抗风安全将是最重要的控制因素,这给21世纪桥梁风工程的研究带来了更大的机遇和挑战。21世纪的桥梁风工程将集中在风振的非线性分析理论及控制、数值风洞技术、气动参数识别以及抗风对策等方面,以期为特大跨度桥梁的抗风设计提供重要的理论指导。

1. 桥梁风振理论的精确化

随着跨径的增加,结构的变形和振幅都达到了"米"的量级,风与结构的耦合作用比较强烈,而且大气紊流对桥梁的颤振稳定性也存在着影响。因此,需要寻找更为适合柔性特大跨径桥梁风和结构相互作用及其非线性的气动力表达式,以便为实现精确的理论分析奠定更科学和坚实的理论基础。

2. 数值风洞技术

计算机技术和计算流体动力学方法的发展给桥梁风工程研究提供了一种可能代替风洞实验的手段,即数值风洞。随着钝体空气动力学在理论和算法上的不断进步,大容量的并行计算机更为普及以后,数值风洞的发展前景是毋庸置疑的,它有可能替代风洞试验方法而成为桥梁抗风设计的主要手段。人们将在屏幕上预见大桥在灾害气候条件下的振动景象,并据此判断结构的抗风安全。因此,数值风洞将成为21世纪桥梁风工程研究的一个亮点。

3. 气动参数识别的改进

气动参数是大跨桥梁风振数值分析的重要数据,其识别精度将直接影响到分析结果的准确性。目前一般都通过模型风洞试验方法来获得,但在风洞模拟、模型制作和相似以及识别方法等方面仍需要进一步的完善。此外,在气动导纳函数方面,除了少数几个探索性的研究外,基本还停留在1962年Davenport建立的用Sears函数(Liepmann表达式)考虑气动导纳修正的最初框架上,至今没有实用性的成果。因此,需要加紧研究气动导纳函数研究,提出便于实用的合理的参数值,建立精细化的抖振分析方法,使理论分析和实测结果达到一致,以满足特大跨径桥梁对风振分析提出的更高要求。

4. 超大跨径桥梁的抗风对策

对于斜拉桥,在跨径超过千米后,悬臂施工阶段桥面的风振和长拉索的风雨激振问题将比较突出,需要采用一些被动控制措施加以抑制。和斜拉桥相比,悬索桥的刚度要小得多。21世纪的跨海大桥工程提出了建造2 000 m以上悬索桥的要求,除了采用中央开槽的分体式桥面并配合中央稳定板和导流板等有效措施外,还应对特大跨径悬索桥的新型结构体系如采用斜拉—悬吊协作体系、空间索网体系、多跨多缆形式以及采用碳纤维做主缆等进行抗风性能研究。

5. 施工过程特大跨径桥梁的抗风性能

随着跨径的增大,桥梁在施工过程如斜拉桥在长悬臂状态和悬索桥在施工初期的抗风稳定性问题将更加突出。为确保桥梁能安全顺利地架设,必须探索一些有效可行的施工方法和辅助措施来提高施工过程中桥梁的抗风稳定性。

第四节　车桥共振控制

在桥梁工程建设竣工后,除了风振控制,还要考虑控制地震响应和行车(人)响应。除了对桥梁安全性构成威胁的较大振动进行控制外,还要控制桥梁中小振动,以减小乘客或行人的不舒适感和不安全感。我国铁路提速过程中,当提速列车经过中小跨度桥梁时,在较高速度范围内桥梁发生的共振、挠度已经超过了《铁路桥梁检定规范》的限值,危及行车安全及乘坐舒适度。加上现在我国正在大规模的建设高速铁路的大跨度桥梁,对车—桥—人的动力响应的研究和测试显得更加重要。因此,有必要对车桥共振控制技术进行进一步的深入研究。

一、桥梁车振控制的分类

根据振动控制装置是否要求该振动系统之外的设备提供能源支持它正常工作,桥梁振动控制可分为三类:

1. 被动控制

该种控制易于实现,且已经在各种减振防冲问题中起到了很好的作用,因此得到了广泛的应用。结构简单和工作可靠是其主要优点。

2. 主动控制

由于大跨度桥梁的柔性很大,容易发生低频振动,这种低频振动用被动控制装置或阻尼技术有一定的局限性。因此,必须研究主动控制。

3. 混合控制

该控制方法将主动控制与被动控制相结合,以期发挥这两种控制方法各自的优点,使主动控制所需提供的巨大控制力大幅度减小,就可以有效地控制桥梁振动。

二、桥梁车振的被动控制

桥梁车振的被动控制设备包括有:摩擦阻尼器、黏性阻尼器、调谐质量阻尼器(TMD)、多重调谐质量阻尼器(MTMD)、调谐液体阻尼器(TLD)、调谐液体柱式阻尼器(TLCD)、改变空气动力外形、柔性抗震支座、单柱桁架—拉索等。值得注意的是:摩擦阻尼器和黏性阻尼器两种装置的体积较大。

其中,调谐质量阻尼器早在 1985 年建成的日本秩父桥时就被使用,该桥为倒 Y 型独塔单索面斜拉桥,在施工长达 99 m 的悬臂时,安装了 TMD,效果明显。后来,日本的关西机场斜拉桥主梁、东京港悬索桥索塔和横滨海湾桥索塔也应用了 TMD 进行控制。

黏性阻尼器,作为另一种应用较为广泛的被动控制设备,在我国的武汉长江二桥上曾被采用。

三、桥梁车振的主动控制

1. 主动质量阻尼器(Active Mass Damper)

桥梁竣工后,索塔的动态特性多是由激振试验来进行检定的,而主动控制系统恰好可作为激振器,这是主动控制方式的一个优点。

鉴于前面提到的 TMD 成功的实例,1991 年 2 月～1992 年 4 月在日本东京的虹悬索桥索塔施工过程中,作为减振措施,首次在桥梁工程中采用了主动控制系统——主动质量阻尼器(AMD),见图9-11。

但是该系统只对一阶振型进行控制,而其他振型是由 TMD 来控制的。这一方式,又在白鸟大桥、鹤见航桥、明石海峡大桥(初期采用过 TMD,主跨 1 990 m)、名港中央大桥、大阪中岛大桥、来岛大桥索塔中被采用,均是以悬索桥主塔施工中的涡激振动为控制对象,均采用 AMD 装置,没有按塔的施工状况相应地调整振子的固有频率,因而没有将 TMD 与主动控制的优点完美地结合起来。若能使得振子的固有频率与塔的最不利振动频率同步,从其振动控制性能来说,是能够满足施工阶段的一般要求的。

2. 脉冲发生器(Pulse Generators)

1987 年 Dehghamyar 等人建议将半主动辅助质量阻尼器作为另一种脉冲控制装置,如图 9-12所示。这样,可以不用脉冲发生器来直接产生所需的控制力,而通过结构和辅助质量之间的内部动量转换来实现控制目的,同时采用联机控制方法来优化置于结构上的辅助质量阻尼器的参数。

图 9-11　主动质量阻尼器

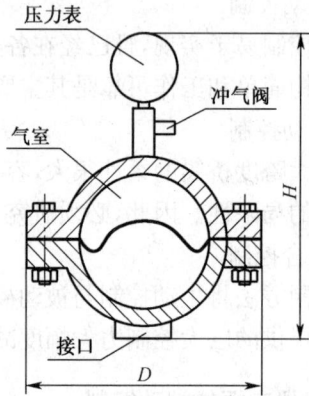

图 9-12　脉冲阻尼器

其他常见的桥梁车振的主动控制还包括主动拉索控制(Active Tendon Control)、主动质量激发器(Active Mass Driver)、空气动力附件(Aerodynamic Appendages)、陀螺稳定器(Gyroscope)、主动支座(Active bearing)。

四、混合控制

1987 年 Abdel-Rohman 和 Nayfeh 在进行了用单柱桁架—拉索被动控制桥梁振动试验之后指出,尽管这样可以将桥梁的固有频率移到共振范围之外,但同时固有频率会伴随着桥梁的阻尼比而减小。因此,为了进一步减小振动幅值,引入主动阻尼(被动阻尼不可能太大),用主动控制与被动控制的组合方式来控制桥梁振动,效果很好。

五、桥梁车振研究展望

(1)风—车—桥系统耦合振动分析影响因素较多,涉及气动参数、风场模拟,轮轨接触几何、轮轨接触蠕滑、车辆动力学、桥梁动力学、空气动力学、有限元分析程序设计等。尽管已经有人作了一些研究工作,但在以下几个方面仍需进一步深入。

①风场模拟方法

寻求更为快捷的风场模拟方法,更全面地模拟主梁、桥塔及斜拉索等处的脉动风场,进一步实现时域分析过程中脉动风场的时模拟。在风场模拟中考虑局部地形的影响,更真实地反映桥址区的流场特性。

②风荷载

考虑列车运行速度的影响,更精确地测试桥梁和列车的气动参数,分析桥梁和列车气动特性的相互作用影响,更可靠地测定桥梁和列车的气动导纳函数,研究计算风荷载与实测结果的差异。

③车辆分析模型

针对高速运行的车辆系统,建立更为详细的分析模型,综合考虑悬挂系统的非线性、轮轨接触几何非线性、轮轨蠕滑非线性、车体和转向架及轮对的弹性变形、不均匀载重、系统纵向动力作用、不平顺的非平稳特性、轨道和路基的变形及小半径弯道效应等因素的影响,更为真实地模拟列车的脱轨、跳轨过程,从而更真实地实现车辆动力学的数字仿真。

④建立车辆—线路—桥梁耦合振动理论和模型

车辆—轨道耦合动力学的研究结果表明,轨道本身的振动属于高频范围,这种高频振动本身对车辆振动、桥梁振动的影响不大(因为车辆桥梁大都属于低频振动),但是,对轮轨相互作用力的影响极大。也就是说,考虑轨道的振动,并不显著影响车辆与桥梁的振动响应(动位移、加速度),但会极大地影响脱轨系数与轮重减载率的大小。鉴于此,现有的车桥耦合振动中不考虑轨道的振动是一个急需解决的问题,有必要建立车辆—线路—桥梁整个大系统的动力学分析理论与模型。虽然已经有一些初步探讨,将整个车—线—桥大系统分为车辆、轨道、桥梁三个子系统,分别建立车辆、轨道、桥梁各自的运动方程,然后通过轮轨相互作用关系将车辆与轨道两个子系统联系起来,通过线桥相互作用将轨道与桥梁两个子系统联系起来,但为解决铁路提速及高速铁路中的桥梁动力学问题,还需进一步做很多研究工作。

⑤现场实测

现场实测是对分析理论、计算结果最有效、最直接的检验,比较实测结果和分析结果的差异,分析关键性影响因素,开展针对性研究,进一步完善理论分析模型。

(2)无论从理论、实验研究还是现有的工程实例来看,振动控制技术在桥梁车振研究中的应用有着光明的前景。最近几年,桥梁有向大跨度发展的趋势,在施工过程中,风载可能使桥梁产生较大的空气动力共振,而且列车行驶速度及车辆荷载逐渐增加,因而必须采用振动控制技术并尽可能地去开发和应用。

第五节 抗震控制

传统的桥梁抗震设计方法是依靠增加桥梁构件自身的强度、变形能力来抵抗地震作用。在这些传统方法中,容许很大的地震能量从地面传递给桥梁,而抗震设计主要考虑的问题是如何为桥梁提供抵抗这种地震作用的能力。尽管通过适当选择塑性铰的位置和仔细设计构件的细部构造可以确保桥梁的整体性和防止桥梁倒塌,但桥梁构件的损伤是不可避免的。近几十年来,为了提高桥梁的抗震性能,一些研究人员提出了桥梁抗震控制技术。桥梁抗震控制技术是指在工程桥梁的特定部位装设某种装置、或某种机构(如耗能支撑等)或某种子结构(如调频质量等)或施加外力(外部能量输入),以改变或调整桥梁的动力特性,减轻和抑制桥梁本身及其附属物在地震作用下的动力反应,增强其动力稳定性,同时提高桥梁结构抵抗外界振动的能力,以满足桥梁结构的安全性、适用性、舒适性的要求。

作为振动控制技术的一个类别,抗震控制技术包括主动抗震控制、被动抗震控制和混合抗震控制三个类别。近年来研究最多的是被动的减隔震控制技术,其技术发展相对成熟、实际工程应用也比较广泛,是桥梁抗震控制方法中最重要的部分。本节主要对减隔震技术研究与应用进行详细的介绍。

桥梁减隔震技术是通过引入隔震装置改变结构在地震中的动力响应特性,从而减少地震输入,外加耗能机制以控制桥梁内力的分布和大小。在该方法中,基本目的是要大大减小传递到结构上的地震力和能量,其抗震能力是通过延长结构周期,增加耗能能力来实现的。

桥梁减隔震技术的研究和应用开始于二十世纪六、七十年代,其发展速度很快。目前,减隔震技术是简便、经济、先进的抗震控制手段,也是工程抗震的研究热点之一,世界上已经有很多桥梁都进行了减、隔震设计。另外,随着研究的深入,减隔震技术已不单单应用于新建桥梁的抗震设计中并且正在广泛地应用于桥梁结构的加固设计中。

一、减隔震技术的基本原理

1. 隔震

(1)隔震的基本概念

隔震的本质和目的就是将结构与可能引起破坏的地面运动尽可能分离开来,延长结构基本自振周期,远离场地卓越周期,使结构基频处于地震能量高的频段之外,从而有效地降低建筑物的地震反应(如图9-13所示),同时适度增大橡胶支座的阻尼,以更多地吸收传入结构的地震能量,抑制地震波中长周期成分可能给建筑物带来的大变形。但是,通过延长结构周期来折减地震力,必然会使结构的响应位移增大(如图9-14所示),因此可能会造成设计上的困难。此外,由于结构较柔,在正常使用荷载作用下结构也可能发生有害振动,为了控制过大变形,可通过在结构中引入阻尼装置,以增加结构的阻尼,从而减低结构的位移。

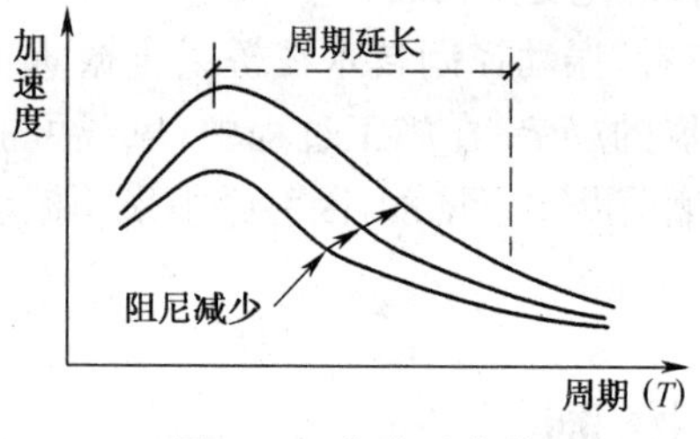

图9-13 位移反应谱

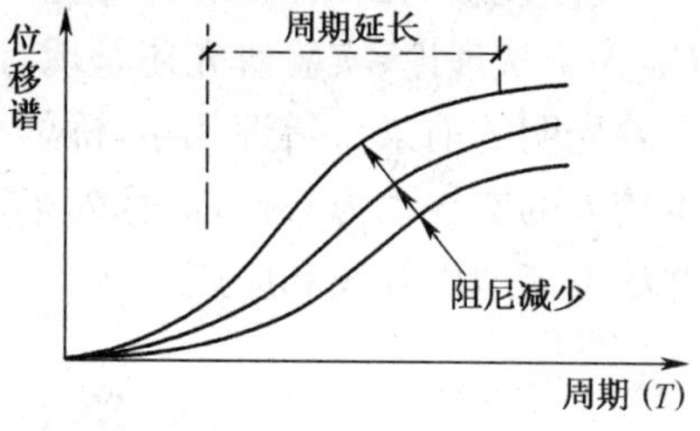

图9-14 加速度反应谱

(2)隔震系统的组成

隔震系统一般由隔震器、阻尼器、微震与风振控制装置组成。

隔震器:竖向支撑建筑物的自重与竖向活荷载,水平方向有弹性和一定的水平刚度,延长建筑物的自振周期,降低建筑物的地震反应。

阻尼器:吸收、耗散地震能力,抑制结构产生较大位移反应。

微震与风振的控制装置:增加隔震系统的初始刚度,使建筑物在风荷载或轻微地震作用下保持稳定。

(3)桥梁的隔震系统应满足的特性

桥梁的隔震系统应满足三个基本的特性:第一是一定的柔度(柔性支承):用来延长结构周

期,降低地震力;第二是耗能能力(阻尼、耗能装置):降低支承面处的相对变形,以便使位移在设计允许的范围内;第三是一定的刚度和屈服力:在正常使用荷载下(如风,制动力等),结构不会发生屈服和有害振动。

2. 减震

(1)减震的基本概念

减震是增大结构的能量耗散能力来减小结构的地震响应。通过在结构中某些部位设置耗能元件或耗能器,利用耗能元件或耗能器的滞回变形特性耗能来吸收和消耗地震输入结构的能量,减小结构的地震反应,从而减轻其破坏,达到减震控震的目的。耗能减震结构由于减震机理明确、减震效果显著、安全可靠、经济合理,可用于不同烈度区不同抗震要求的结构。

(2)减震系统的类型

现在一般使用的减震系统有:橡胶减震器、弹簧减震器、空气式减震器、油液空气式减震器、全油液式减震器。

3. 减隔震技术的分类

减隔震技术又可以进行分类,隔震技术一般可以分为地基隔震、基础隔震以及上部结构的隔震,而一般针对减震的分类比较少,也可以分类为对应结构各部分相应的减震。

(1)地基隔震

地基隔震的方法可分成绝缘和屏蔽两种:绝缘的方法是希望在地基自身中降低输入波的方法,可以采用软弱地基或高刚性基础及利用地基逸散衰减的方法;屏蔽的方法是在建筑物周围挖深沟或埋入屏蔽板等,将长周期为卓越的那部分表面波隔断,但这种方法不能屏蔽直下型输入波。

(2)基础隔震

基础的隔震是在基础与上部结构之间设置隔震装置,基础隔振能显著降低结构的自振频率,一般适用于中短周期的桥梁结构。基础隔震又可以分为周期延长、能量吸收及绝缘等方法。周期延长法是采用某种装置将整个结构体系周期加长的方法;能量吸收是采用减震装置以控制地震发生时结构物不产生过大变形,并在地震结束时尽早停止振动;绝缘是采用液体浮油、磁悬浮、滑动支承、滚动轴承等装置将地震动断开,如能保证机构的稳定性,这种方法是理想的隔震方法。

第一个基础隔震的结构是由日本人 Kawai 于 1891 年建成的,他在自己的住宅底部放置多层互相垂直的圆木以形成隔震层,从而允许结构在任何一个方向运动。此外,另一个值得注意的实例是日本东京的"帝国饭店",该结构完成于 1921 年,建筑支承在浅层的硬土层上,其下部是软泥层。在关东大地震中,这个结构的抗震性能很好。这是一个很好的基底隔震实例,表明了隔震技术可通过一种相对简单的方式来实现。此外,在 1976 年的唐山大地震中,一些砖结构房屋由于在基础附近发生了滑动,从而使结构幸存下来。这也为隔震技术应用提供了一个间接的证明。

(3)上部结构隔震

上部结构的隔震是指在桥墩与上部结构之间设置隔震装置,可以分为能量吸收和附加振动两种型式。能量吸收型是在任意层设置弹塑性变形型、黏性液体或像油那样速度比例型或摩擦型等各种阻尼器以吸收能量;附加振动体型式则是在任意层上加设振动体,构成新的振动体系,将振动由结构物本身向附加振动体转移。

二、减隔震技术的方法与应用

减隔震技术是通过引入隔震装置改变结构在地震中的动力响应特性,减少地震输入,外加耗能机制作为主要的抗震构件,以结构构件抗震为辅。减隔震技术构造简单、造价低、易于维护,并且不需要外部能源支持等,同时提高了结构的抗震性能。作为一种在传统抗震技术之外可选择的方案,该技术方法将会得到更广泛的应用。

在进行实际抗震控制和设计时,首先,需根据减隔震技术设计的原则和其相应的适用条件来选择合适的减隔震技术方法,其次,根据所选的减隔震技术方法选取合适的装置和布置的位置。

1. 减隔震技术的适用条件

与依靠增加结构构件自身强度、变形能力来抵抗地震反应的传统结构的抗震设计方法相比,结构的减隔震技术无论在提高结构的整体抗震性能方面还是在降低结构的工程造价方面都具有很明显的好处。减隔震技术已经广泛地应用于各类桥梁结构中,可以根据结构自身特点,采用在不同的位置设置不同的减隔震装置,来提高桥梁结构的整体抗震性能。但是,正如前面所讲,并非所有情况都适合采用减隔震技术。对于不同的场地条件、不同的地震波,各种减隔震装置的减震效果也不一样。因此,在进行地震分析时,应该根据具体情况,经过具体分析确定采用合适的减隔震装置,来达到减隔震目的。

(1)隔震技术的适用条件

场地比较软弱、不稳定、或延长桥梁结构周期后容易发生共振等情况,不宜使用隔震技术。因此,在进行桥梁结构的抗震设计之前需要判断该桥是否适合采用隔震技术。经研究表明,只要满足下面任何一条条件,就可以尝试采用隔震技术进行桥梁结构的减隔震设计:

1)地震波的角度:适用于能量集中于高频的波。

2)结构的角度:桥梁是高度不规则的,例如相邻桥墩的高度显著不同,因而可能存在对某个墩的延性要求很高的情况。

3)场地的角度:对于给定的场地,预期地面运动特性比较明确,具有较高的卓越频率和在长周期范围内所含能量较低。

(2)减震技术的适用条件

桥梁减震技术的适用条件有三个:首先,减震装置和结构物要有一定的质量比;其次,结构的振动主要受第一振型控制;第三,输入的地震波需满足一定的特性。

2. 常见的减隔震装置

最近三十多年来,科研人员和工程师研制并开发出许多类型的隔震装置和耗能装置,并进行了大量的实验研究,有些已较广泛地应用于实际工程结构中。减隔震装置必须有足够的柔性以延长周期、减小地震反应,同时在运营荷载下,又要保证结构不发生大变形和有害振动。通过选择某种特性的弹性支承材料,可以达到上述目的。同时,需采用特殊的构造措施保证支承以上结构有较大的活动空间,但又不至于发生桥梁结构落梁和碰撞震害。一个完善的桥梁减隔震系统应包含柔性支承、阻尼装置和构造措施三部分。常见的柔性支承装置是橡胶支座,它能满足桥梁在正常使用状态下如温度等因素产生的位移要求。提供耗能的阻尼装置主要有两种:一种是利用材料塑性变形耗能的滞回阻尼;另一种是利用摩擦方式的摩擦耗能。下面分别从隔震系统、耗能减震系统和调谐减震系统介绍各类减隔震装置。

(1)隔震系统装置

隔震系统装置主要是包括各种橡胶支座,当然有些支座也具有较强的耗能能力。目前常见的橡胶支座有分层橡胶支座、铅芯橡胶支座、滑动摩擦型减隔震支座、高阻尼橡胶支座。

1)分层橡胶支座

分层橡胶支座的基本构造如图 9-15 所示,它是由薄橡胶片与钢板相互交错叠置数层,上下有翼缘,支座平面形状多为圆形或矩形。分层橡胶支座中心通常为空心孔,从分层橡胶支座的承载能力来考虑,最好是没有该中心孔,但在橡胶支座的硫化过程中,为使从外部加热时在橡胶层内部热分布均匀,保证产品质量,有时设置该中心孔是必要的。特别在分层支座的尺寸较大时,仅从外部加热,热的传递很不充分。此外,为使分层橡胶支座适应气候的变化,在支座外部设置保护层,该保护层采用耐候性好的材料制作。

2)铅芯橡胶支座

在分层橡胶支座中插入铅芯,则可得到一个紧凑的隔震装置,铅芯提供了地震下的耗能和静力荷载下所必须的屈服强度与刚度,在较低水平力作用下,因具有较高的初始刚度,其变形很小,在地震作用下,由于铅芯的屈服,一方面消耗地震能量,另一方面,刚度降低,达到延长结构周期的目的,因而满足一个良好隔震系统所应具备的要求。图 9-16 中给出铅芯橡胶支座的构造示意图。

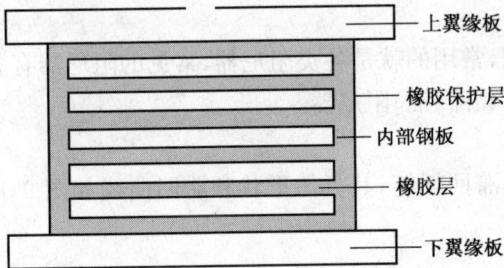

图 9-15　分层橡胶支座的基本构造

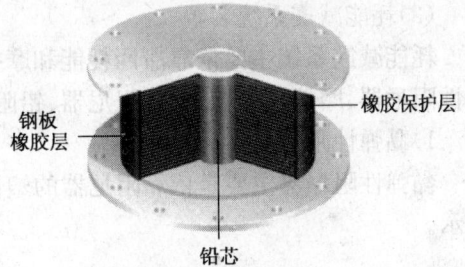

图 9-16　铅芯橡胶支座

3)滑动摩擦型减隔震支座

利用不锈钢与聚四氟乙烯材料之间存在相对低的滑动摩擦系数制成的支座已在桥梁中使用了 30 多年,这种支座具有摩擦系数小,水平伸缩位移大的优点,作为桥梁活动支座十分适宜,可使桥梁上部结构变形不受限制。在由温度、徐变等引起上部结构的变形中,支座产生的抗力很低。而聚四氟乙烯与不锈钢板之间的摩擦系数通常低于 0.08,涂有润滑剂时,约为 0.01~0.03。但需要注意的是:这种支座需要定期检查和维修。

4)高阻尼橡胶支座

高阻尼橡胶支座是采用特殊配制的橡胶材料制作的,其形状及构造与天然橡胶支座相同。但该橡胶材料黏性大,其自身可以吸收能量。由于与耗能功能集成在一起,可以节省使用空间,施工上也比较方便。图 9-17 为这种橡胶支座的滞回曲线,其滞回环面积较大,表明有较大的耗能能力。从图中的滞回曲线可以看出,该支座在变形较小就表现为非线性,而且与反复次数、变形大小和位移历程有关。在建立反应分析模型时,可采用等效线性化模型即等效阻尼比、等效刚度模型,或采用更复杂的恢复力模型进行分析,作为后一种计算方法的滞回模型,通

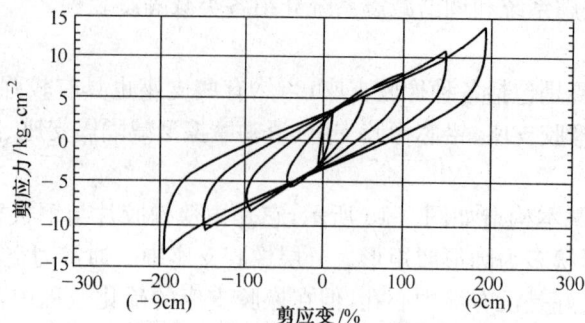

图 9-17　高阻尼橡胶支座的滞回曲线

常多采用修正双线性模型。根据对高阻尼橡胶隔震支座的试验研究表明:其等效线性化模型中的参数,如剪切模量和等效阻尼比均与支座的剪切应变呈高度的非线性关系。如果采用修正双线性模型来描述高阻尼橡胶支座的滞回特性,试验表明该模型中的参数也均与支座的剪切应变呈高度非线性关系。此外,这些模型中的参数还与支座所受的加载历程有关。因而,目前关于高阻尼橡胶支座等效线性化模型中的等效刚度、等效阻尼比的计算以及非线性滞回模型中的参数,许多文献的研究成果均是基于试验结果给出的关于支座剪切应变、加载历程的经验函数关系。

(2)耗能减震系统装置

耗能减震系统主要依靠滞回耗能和摩擦耗能,常用的就是各类阻尼器,常见的阻尼器有黏弹性阻尼器、摩擦阻尼器、软钢阻尼器、铅阻尼器、黏滞(油)阻尼器。

1)黏弹性阻尼器

黏弹性阻尼器主要是依靠阻尼器的塑性变形滞回耗能,其具体形状和滞回曲线如图 9-18 所示。

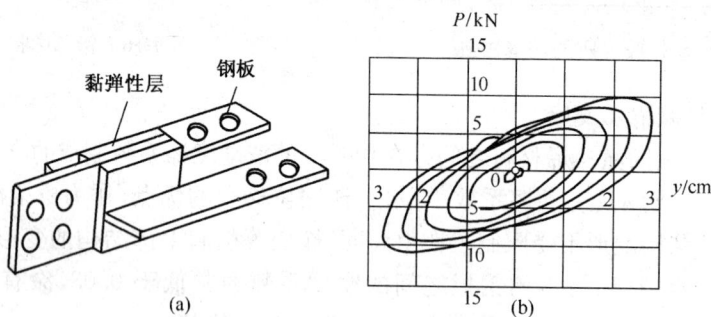

图 9-18　黏弹性阻尼器及其滞回曲线
(a)黏弹性阻尼器　(b)黏弹性阻尼器的滞回曲线

2)摩擦阻尼器

摩擦阻尼器主要是依靠摩擦耗能,它的主要缺点是没有自复位能力,摩擦系数不易控制,震后易存在较大的残余变形。图 9-19 就是典型的摩擦阻尼器及其摩擦特性曲线。

3)软钢阻尼器

软钢阻尼器(如图 9-20 所示)在结构中用来消耗地震能量并控制地震引起结构产生的位

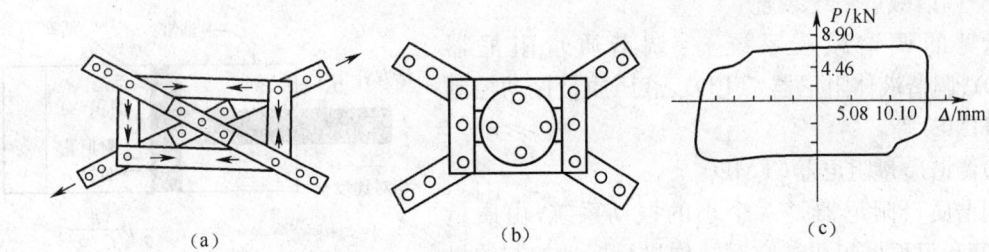

图 9-19 摩擦阻尼器及其摩擦特性曲线
(a)、(b) 摩擦阻尼器 (c) 摩擦阻尼器的摩擦特性曲线

移,同时提供满足正常使用荷载下的一些性能要求。软钢阻尼器的优点是制造不需要特殊的设备,制作费用也比较合适,坚实耐用,又具有较大的耗能能力。另一方面,由于钢阻尼器只有利用塑性变形才能发挥耗能效果,因此在屈服以前的小变形范围不发挥阻尼器作用。但软钢阻尼器通常需做适当防锈处理。不同类型钢阻尼器的选择取决于阻尼器放置的位置、可利用的空间、连接的结构以及力和位移的大小。

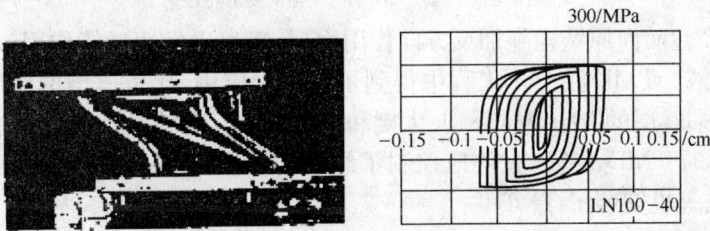

图 9-20 低屈服点钢阻尼器的构造与典型滞回曲线
(a)低屈服点刚阻尼器的构造 (b)低屈服点刚阻尼器的滞回曲线

4)铅阻尼器
铅阻尼器的具体构造和受力特性曲线如图 9-21 所示。

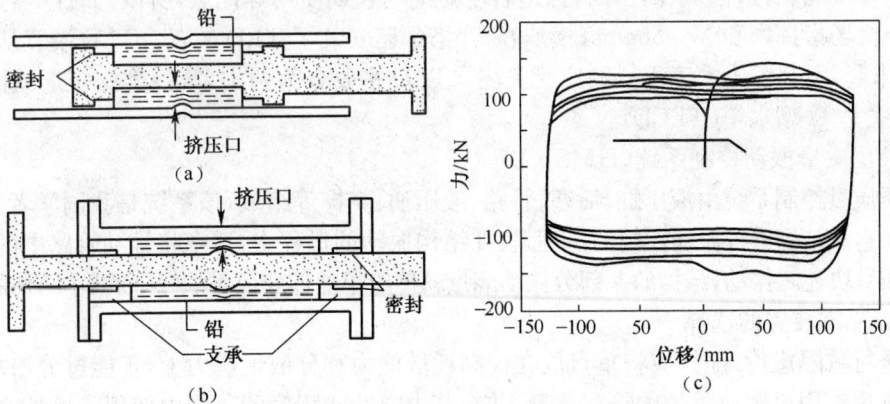

图 9-21 铅阻尼器构造及受力特性曲线
(a)、(b) 铅阻尼器构造 (c) 铅阻尼器的受力特性曲线

5)黏滞(油)阻尼器
油阻尼器这类装置是利用活塞前后压力差使油流过阻尼孔产生阻尼力,它的具体工作机理、构造及其滞回曲线如图 9-22 和图 9-23 所示。

（3）调谐减震系统装置

常见的调谐减震系统有：调谐质量阻尼器（TMD）、调谐液体阻尼器（TLD）、液压质量振动控制系统（HMS）等。

1）调谐质量阻尼器（TMD）

调谐质量阻尼器是一个小的振动系统，由质量块、弹簧和阻尼器组成。它对结构进行振动控制的机理是：原结构体系由于加入了TMD，其动力特性发生了变化。原结构承受动力作用而剧烈振动时，由于

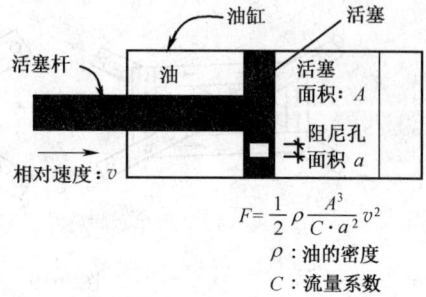

$$F = \frac{1}{2}\rho\frac{A^3}{C \cdot a^2}v^2$$

ρ：油的密度
C：流量系数

图 9-22　油阻尼器的工作机理

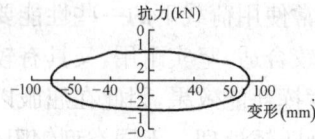

图 9-23　油阻尼器及滞回曲线
(a)油阻尼器　(b)油阻尼器的受力特性

TMD质量块的惯性而向原结构施加反方向作用力，其阻尼也发挥耗能作用，从而使原结构的振动反应明显衰减。TMD在土木工程中得到了广泛的应用，比较典型的应用有：20世纪70年代，美国波士顿60层的John Hancock大楼和纽约274 m高的世界贸易中心大楼，它们分别安装了数百吨重的TMD装置，有效地控制了结构的风振反应；日本的Chiba Port塔、大阪Funade桥的桥塔等也安装了TMD。

2）调谐液体阻尼器（TLD）

调谐液体阻尼器是一种固定在结构上的、具有一定形状的盛水容器。它对结构进行振动控制的机理是：在结构振动的过程中，容器中水的惯性力和波浪对容器壁产生的动压力构成对结构的控制力，同时结构振动的部分能量也将由于水的黏性而耗散掉，从而达到减小结构反应的目的。TLD具有造价低、简单易行、适合于短期与长期使用等优点，所以，如日本的Nagasaki（长崎）机场指挥塔和Yokohama（横滨）海洋塔都已安装了TLD装置。TLD装置从20世纪80年代末起，引起了土木工程界的广泛关注。TLD主要分为两类，第一类是矩形或圆形的水箱，第二类是U型水箱（TLCD）。

3）液压质量振动控制系统（HMS）

液压质量控制系统由液压缸、活塞、管路、液压油、支撑等组成，该系统是我国学者刘季等人研制的。它对结构进行振动控制的机理是：在结构振动的过程中，活塞将推动管路中的液体，使液体和质量块随之振动，结构的一部分振动能量就传给了液体和质量块，从而减小结构的振动。

3. 减隔震装置的选择

在进行减隔震设计时，应将重点放在提高耗散能力和分散地震力上，不能过分追求加长周期。应选用作用机制简单的减隔震装置，并在其力学性能明确的范围内使用。另外，减隔震装置不仅要能减震耗能，还应满足正常运营荷载的承载要求。要根据结构特点和场地地震动特点决定是否要进行减、隔震设计，以及采取什么减、隔震装置。具体有以下四点要求：

（1）在不同水准地震作用下，减隔震支座都应保持良好的竖向荷载支承能力；

（2）减隔震装置应具有较高的初始水平刚度，使桥梁在风荷载、制动力等作用下不发生过大的变形和有害的振动；

(3)当温度、徐变等引起上部结构缓慢的伸缩变形时，减隔震支座产生的抗力比较低；

(4)减隔震装置应具有较好的自复位能力。

在选择了合适的减隔震装置类型之后，还需要利用设计计算来确定桥梁各装置的型号、大小等参数。例如对橡胶支座，可以依据设计计算结果来选取合理的支座厚度、平面尺寸、厚度等。

4. 减隔震装置的布置

在减隔震设计中，要使减隔震装置充分发挥减震耗能的作用，必须使非弹性变形和耗能主要集中在减隔震装置上。为了使大部分变形集中于减隔震装置，不仅要使减隔震装置的水平刚度远低于桥墩、桥台、基础的刚度，还要避免桥墩屈服先于减隔震装置屈服。另外，构造措施对减隔震桥梁的动力特性和抗震性能有重要影响。减隔震装置的布置位置有两种：第一种是布置在桥墩顶部，起降低上部结构惯性力的作用；第二种是布置在桥墩底部，能较大幅度降低整个结构的动力响应。另外，在减隔震设计时应充分注意构造细节的设计，并对施工质量给予明确规定。

三、桥梁抗震控制技术的发展展望

目前，由于地震的特殊性，国内外的桥梁抗震控制技术研究主要集中在桥梁减隔震技术方面。从长远来看，桥梁抗震控制还有很大的发展前景，减隔震等被动控制技术肯定还会得到继续发展和广泛的应用，同时也会向主动控制、混合控制、智能控制以及其他研究方向继续发展应用，像防止地震时落梁而设置的防震挡块等的研究这类。

综上所述，当前桥梁抗震控制技术的研究和应用仍存在的有待进一步研究的问题有：

(1)各种耗能少、造价低、稳定可靠且施工简便的控制装置的研制开发以及推广应用；

(2)与主动和被动控制相关的新材料的研究；

(3)基于随机振动理论的结构时变、非线性控制的研究；

(4)控制系统的可行性、稳定性、耐久性和经济性论证，这是结构主动控制技术推广应用的关键；

(5)地震动多向输入时，结构由于刚度与质量的不均匀分布将发生扭转振动，对于结构扭转振动的控制研究；

(6)控制力的大小、控制律的研究；

(7)主动控制的时滞研究以及传感器、作动器的数目和位置的最优化研究；

(8)主动控制系统的试验研究——受控结构体系的室内地震模拟试验，建立标准的试验规程和评价系统性能的指标；

(9)与主动控制在线监测、系统识别和控制计算相关的人工智能、神经网络及模糊逻辑的研究；

(10)半主动控制和混合控制的研究；

(11)对一些较为成熟的控制技术的应用开发；

(12)采用隔震、减震耗能技术，对防落梁装置等构造措施的要求也在不断地改进并且趋合理化。

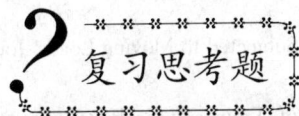

？ 复习思考题

1. 按抑制振动的手段区分，振动控制分为哪几种？
2. 按需不需要外部能源区分，振动控制分为哪几种？

参 考 文 献

[1] 谢幼藩,车惠民,何广汉. 铁路钢筋混凝土桥(下册). 北京:中国铁道出版社,1982.

[2] 范立础. 桥梁工程(上册). 北京:人民交通出版社,1987.

[3] 范立础. 桥梁工程(上册). 北京:人民交通出版社,2001.

[4] 范立础. 预应力混凝土连续梁桥. 北京:人民交通出版社,1988.

[5] 中国铁路桥梁史编辑委员会. 中国铁路桥梁史. 北京:中国铁道出版社,2000.

[6] 中华人民共和国铁道部 . TB 10002.3-1999 铁路桥涵设计基本规范. 北京:中国铁道出版社,2000.

[7] 中华人民共和国铁道部 . TB 10002.3-1999 铁路桥涵钢筋混凝土和预应力混凝土结构设计规范. 北京:中国铁道出版社,2000.

[8] 中华人民共和国交通部 . JTJ 021-1989 公路桥涵设计规范(合订本). 北京:人民交通出版社,1989.

[9] Tom Ingebrigtsen, Stolma Bridge, Norway. Structural Engineering International,1999(5):100-102.

[10] 成昆铁路技术总结委员会. 成昆铁路第四 桥梁. 北京:中国铁道出版社,1980.

[11] 林亚超,王邦楣. 铁路桥梁工程技术发展动态. 桥梁建设,1997(1):7-19.

[12] 杨耀乾,唐昌荣. 结构力学(下册). 北京:高等教育出版社,1989.

[13] 中华人民共和国铁道部. TB 10002.1—2005 铁路桥涵设计基本规范. 北京:中国铁道出版社,2006.

[14] 中华人民共和国铁道部. TB 10002.3—2005 铁路桥涵钢筋混凝土和预应力混凝土结构设计规范. 北京:中国铁道出版社,2005.

[15] 郑健编. 高速铁路桥梁. 北京:高等教育出版社,2008.

[16] 邬晓光,邵新鹏,万振江. 成都:公路桥梁设计丛书"刚架桥". 北京:人民交通出版社,2001.

[17] 严国敏. 现代斜拉桥. 成都:西南交通大学出版社,2000.

[18] 周孟波. 斜拉桥手册. 北京:人民交通出版社,2000.

[19] 刘士林. 斜拉桥. 北京:人民交通出版社,2000.

[20] 高余宗. 武汉天兴洲公铁两用长江大桥总体设计. 桥梁建设,2007,(1).

[21] 徐伟. 武汉天兴洲公铁两用长江大桥主桥钢梁设计. 桥梁建设,2008(1).

[22] 蒋本俊. 武汉天兴洲公铁两用长江大桥斜拉桥主塔施工技术. 桥梁建设,2008(4).

[23] 方秦汉. 芜湖长江大桥正桥钢梁设计特色. 中国铁道科学,2001(5).

[24] 方秦汉. 芜湖长江大桥. 华中科技大学学报,2002(3).

[25] 段雪炜,邹恒银. 芜湖长江大桥吊索塔架的设计与施工. 中国铁道科学,2003(3).

[26] 中铁大桥局桥梁科学研究院. 大跨度铁路(公铁两用)斜拉桥和悬索桥资料调研. 武汉:中铁大桥局桥梁科学研究院,2000.

[27] 夏禾. 车辆与结构动力相互作用. 北京:科学出版社,2002.

[28] Timoshenko. 工程中的振动问题. 胡人礼,译. 北京:人民铁道出版社,1978.

[29] 松浦章夫. 高速铁路桥梁动力问题的研究. 日本土木学会论文报告集,1976,12,(256):35-47.

[30] K. H. Chu, V. K. Garg, C. L. Dhar. Railway-Bridge Impact: Simplified Train and Bridge Model, Journal of the Structural Division, ASCE, 1979, 105(9): 1823-1844.

[31] C. L. Dhar. A Method of Computing Bridge Impact. Illinois Institute of Technology ,Chicago, Illinois,1978.

[32] G. Diana, F. Cheli. Dynamic Interaction of Railway Systems with Large Bridges. Vehilce System Dynamics. 1989, 18(1): 71-106.

[33] M. Olsson. Finite Element Model Co-ordinate Analysis of Structures Subjected to Moving Loads. Journal of Sound & Vibration. 1985, 99(1): 1-12

[34] Makoto Tanabe, Yoshiaki Yamada. Modal Method for Interaction of Train and Bridge. Computer & Structures. 1987, 27(1): 119-127.

[35] 中国铁道科学研究院铁建所. 高速铁路桥梁动力性能研究报告. 北京,1995.

[36] 中国铁道科学研究院铁建所."九五"国家重点科技攻关计划专题—高速铁路线桥结构与技术条件(标

准)的研究(总报告及各分报告).北京,1996.

[37] 李小珍.高速铁路列车—桥梁系统耦合振动理论及应用研究.成都:西南交通大学,2000.

[38] 宁晓骏.高速铁路列车—桥梁—基础空间耦合振动研究.成都:西南交通大学,1998.

[39] 李永乐.风—车—桥系统非线性空间耦合振动研究.成都:西南交通大学,2003.

[40] 何发礼.高速铁路中小跨度曲线梁桥车桥耦合振动研究.成都:西南交通大学,1999.

[41] 单德山.高速铁路曲线梁桥车桥耦合振动分析及大跨度曲线梁桥设计研究.成都:西南交通大学,1999.

[42] 沈锐利.列车过桥时桁梁桥的空间振动分析.成都:西南交通大学,1987.

[43] 蔡成标.高速铁路列车—线路—桥梁耦合振动理论及应用研究.成都:西南交通大学,2004.

[44] 晋智斌.车—线—桥耦合系统及车桥随机振动.成都:西南交通大学,2007.

[45] 西南交通大学,铁道科学研究院,北京交通大学,中南大学.列车—线路—桥梁动力学仿真通用软件的研究总报告.2005年.

[46] 李国豪.桁梁桥的扭转、稳定和振动.北京:人民交通出版社,1975.

[47] 陈英俊.车辆荷载下桥梁振动基本理论的演变.桥梁建设,1975,(2):21-35.

[48] 胡人礼.普通桥梁结构振动.北京:中国铁道出版社,1988.

[49] 何度心.列车动载.地震工程与工程振动,1988,8(4):78-98.

[50] 曾庆元.桁梁行车空间振动计算的桁段有限元法.桥梁建设,1985,(4):1-16.

[51] 朱汉华,列车—桥梁时变系统振动能量随机分析理论.长沙:长沙铁道学院,1991.

[52] 郭向荣,曾庆元.高速铁路简支钢桁梁桥横向刚度限值研究.长沙铁道学院学报,1998,16(2):1-6.

[53] 曹雪琴.列车通过时桥梁结构竖向振动分析.上海铁道学院学报,1981,2(3):1-15

[54] 许慰平.大跨度铁路桥梁车桥空间耦合振动研究.北京:铁道科学研究院,1988.

[55] 张煛,柯在田.既有线提速至160 km/h桥梁评估的研究.中国铁道科学,1996,17(1):9-20.

[56] 杨宜谦.铁路桥梁的振动控制.北京:铁道科学研究院,1998.

[57] 夏禾,陈英俊.车—梁—墩体系动力相互作用分析.土木工程学报,1992,25(2):3-12.

[58] 夏禾,阎贵平.列车-斜拉桥系统在风载作用下的动力响应.北方交通大学学报,1995,19(2):131-136.

[59] 阎贵平,夏禾.列车与刚梁柔拱组合系桥系统的地震响应分析.北方交通大学学报,1994,18(1):9-16.

[60] 夏禾,陈英俊.风和列车荷载同时作用下车桥系统的动力可靠性.土木工程学报,1994,27(2):14-21.

[61] 翟婉明.车辆—轨道耦合动力学.3版.北京:科学出版社,2004.

[62] 朱伯芳.有限单元法原理与运用(第2版).北京:中国水利水电出版社,1998.

[63] V. K. Garg.铁道车辆系统动力学.沈利人,译.成都:西南交通大学出版社,1998.

[64] 铁道部科技发展计划项目《天兴洲公铁两用长江大桥关键技术研究》—主桥斜拉桥动力特性分析报告.西南交通大学,2005.

[65] 埃米尔.希缪,罗伯特.H.斯坎伦.风对结构的作用.刘尚培,项海帆,谢霁明,译.上海:同济大学出版社,1992.

[66] C. S. Cai,S. R. Chen. Framework of Vehicle-bridge-wind Dynamic Analysis. Journal of Wind Engineering and Industrial Aerodynamics. 2004,92:579-607.

[67] 蒋永林.斜拉桥抖振响应分析.成都:西南交通大学,2000.

[68] 铁道部科技研究开发计划项目:南京大胜关长江大桥关键技术研究之大跨度铁路钢桁拱桥抗风性能研究研究报告.北京交通大学等.2008.

[69] 石田弘明,宫本岳史.地震时车辆走行稳定性的分析——铁道车辆在受振动轨道上的走行稳定性.严国敏,译.武汉:铁道部大桥局勘测设计院技术室,1997.

[70] 李国豪.桥梁结构稳定与振动.北京:中国铁道出版社,1992.

[71] 胡人礼.普通桥梁结构振动.北京:中国铁道出版社,1988.

[72] 范立础.桥梁抗震.上海:同济大学出版社,1996.

[73] 陈仁福.大跨悬索桥理论.成都:西南交通大学出版社,1994.

[74] 刘延柱.振动力学.北京:高等教育出版社,1998.

[75] K. J. Bathe.工程结构分析中的有限元法.傅子智,译.北京:机械工业出版社,1991.

[76] 铁道部大桥工程局桥梁科学研究所.悬索桥.北京:科技文献出版社,1996.

[77] 胡聿贤.地震工程学.北京:地震出版社,1988.

[78] 郑史雄.长大跨度桥梁的地震反应分析.成都:西南交通大学,1996.

[79] 李杰等.地震工程学导论.北京:地震出版社,1992.

[80] 范立础,胡世德,叶爱君.大跨度桥梁抗震设计.北京:人民交通出版社,2001.

[81] M. J. N. 普瑞斯特雷.桥梁抗震设计与加固.袁万城,译.北京:人民交通出版社,1997.

[82] C. M. 哈里斯,C. E. 克瑞德.众师,译.冲击和振动手册.北京:科学出版社,1990.

[83] 陈政清.桥梁风工程.北京:人民交通出版社,2005.

[84] E. 希缪,R. H. Scanlan.风对结构的作用—风工程导论.刘尚培,项海帆,译.上海:同济大学出版社,1992.

[85] 中华人民共和国交通部.JTG/TD 60—01—2004 公路桥梁抗风设计规范.北京:人民交通出版社,2004.

[86] 中华人民共和国铁道部.GB 50111—2006 铁路工程抗震设计规范.北京:中国计划出版社,2006.

[87] 项海帆.现代桥梁抗风理论与实践.北京:人民交通出版社,2005.

[88] 陈龙,蔡晓红,郭陆山.大跨度桥梁的风致振动问题.湖北工业大学学报,2008,23(2):92-93.

[89] 刘智虎.大跨度桥梁风振问题综述.湖北工业大学学报,2007,23(24):319-320.

[90] 王廷臣.大跨径桥梁的风振控制研究.噪声与振动控制,2007(3):28-30.

[91] 郑万山,刘建新.大跨径斜拉桥拉索致振原因与减振装置探讨.公路交通技术,2003(1):45-48.

[92] 梁剑青,欧进萍.大跨斜拉桥桥面风致抖振的黏滞阻尼控制分析.地震工程与工程振动,2006,26(1):139-144.

[93] 张文学,陈伟,李文平.东京湾大桥风振与控制,世界桥梁,2005(4):60-64.

[94] 程兆君.浅谈桥梁抗风设计.商品储运与养护,2008,30(4):96-97.

[95] 张新军.桥梁风工程研究的现状及展望.公路,2005(9):27-32.

[96] 陈勇,宋晓,徐光胜.桥梁自立杆风致振动 TMD 控制及优化设计.振动与冲击,2008,27(6):70-74.

[97] 项海帆,陈艾荣.特大跨度桥梁抗风研究的新进展.土木工程学报,2003,36(4):1-8.

[98] 杨光,王丽荣,王国峰.斜拉桥拉索振动控制新技术研究.黑龙江工程学院学报(自然科学版),2006,20(4):26-28.

[99] 符旭晨,周岱,吴筑海.斜拉索的风振与减振.振动与冲击,2004,23(3):29-32.

[100] 刘建新,鲍卫刚.主塔的风致振动控制.公路,2005(2):39-42.

[101] 杨宜谦,张煟,周宏业,等.振动控制技术在桥梁工程中的应用.中国铁路,1996(3):7-11.

[102] 肖新标,沈火明.移动荷载作用下的桥梁振动及其 TMD 控制.振动与冲击,2005,24(2):58-61.

[103] 肖艳平,沈火明,叶献辉.两种桥梁振动控制方法的对比分析.噪声与振动控制,2006 (4):36-39.

[104] 沈火明,肖艳平.TMD 控制下车桥动力特性研究.西华大学学报(自然科学版),2005,24(4):24-27.

[105] 李春详.大跨桥梁振动控制的杠杆主动多重调谐质量阻尼器策略.地震工程与工程振动,2005,25(4):155-161.

[106] 雷俊卿.大跨度桥梁结构理论与应用.北京:清华大学出版社,2007.

[107] 孟庆涛,颜全胜.风—车—桥耦合振动系统研究现状//2007 年全国桥梁学术会议论文集.北京:人民交通出版社,2007.

[108] 夏禾,张楠.车辆与结构动力相互作用.北京:科学出版社,2005.

[109] 刘保东.工程振动与稳定基础.北京:北方交通大学出版社,2002.